진짜 실력을 기르는 수능 국어의 시작!
3개의 **Zone**에서 **3**명의 **선생님**과 함께 하는 **3**가지 **코칭**!

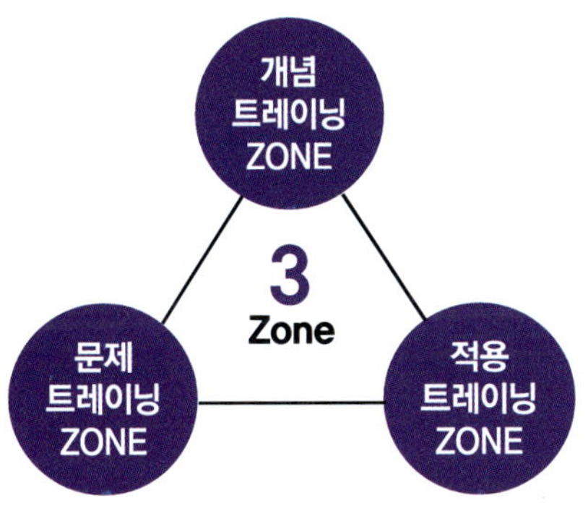

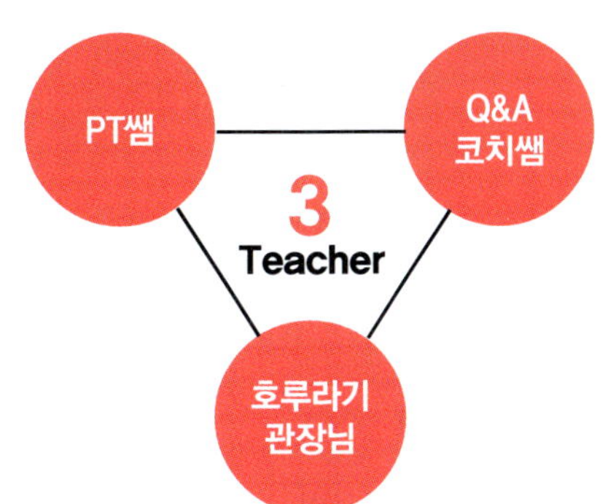

펌핑-UP

기출문제를 풀어 보며
분석의 힘 기르기

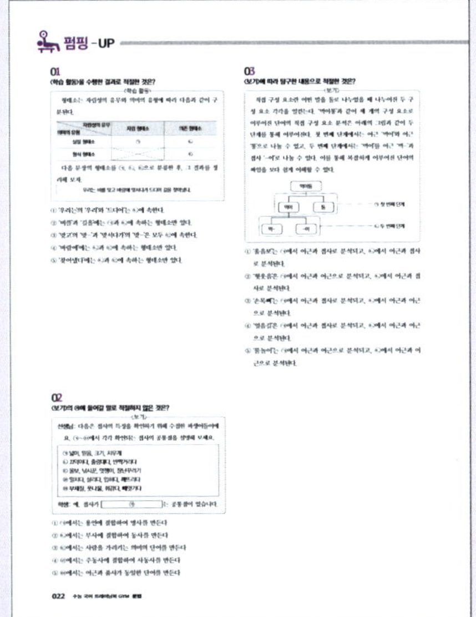

● ON

중간 난이도의 기출문제 풀이로 실력 점검
체화된 개념을 바탕으로 중간 난이도의 기출문제를 풀어 보며 문제에 적용된 개념과 내용 이해를 통해 실력을 확인할 수 있습니다.

벌크-UP

심화 기출문제 풀이 훈련으로
실전 대비하기

● ON

고난도 심화 문제로 실력 상승
지문 복합 문제나 어려운 개념을 다룬 심화 문제를 풀며 기본 실력이 상승했음을 확인하고 실전 수능에 대비할 수 있습니다.

하드 트레이닝

문제를 풀며 개념을 복습하고
실력 확인하기

● ON

개념 복습과 실력 확인이 가능한 마무리 트레이닝
앞서 학습한 개념을 다룬 다양한 유형의 문제를 풀며 개념을 복습하고, 자신의 실력을 확인할 수 있습니다.

수능 국어를 시작하는 모두의 기본서
2022 개정 교육과정
수능 국어
트레이닝북
GYM
3 ZONE
3 TEACHER
3 COACHING
문법
이투스북

구성과 특징

진짜 실력을 기르는
수능 국어 트레이닝북

GYM

문법편

개념 학습	개념 트레이닝	워밍-UP
문법 필수 개념을 상세한 설명으로 학습하기	개념의 예문을 모아 몰입(FLOW) 연습으로 체화하기	필수 개념을 적용하여 기출문제 분석적 풀이하기

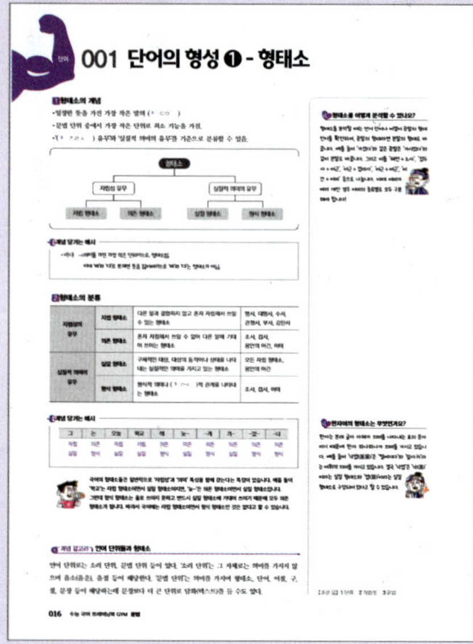

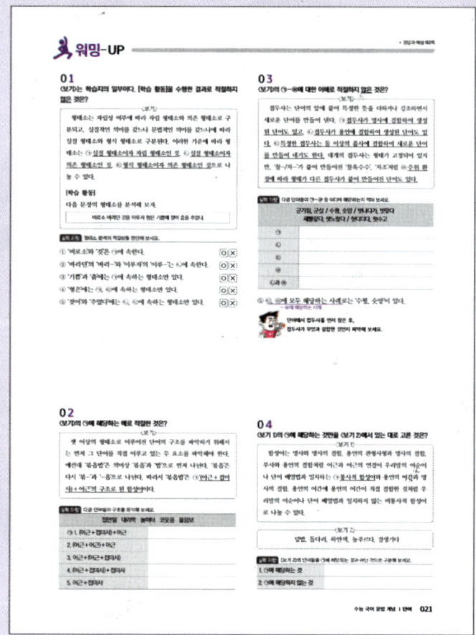

● ON

100개의 필수 개념으로 기본기 다지기
어떤 문법 문제도 풀 수 있도록 100개의 필수 개념을 상세하게 설명하여 기본적인 문법 개념을 익힐 수 있도록 하였습니다.

● ON

몰입(FLOW) 연습으로 개념 집중 학습
필수 개념이 적용된 예문을 모아 집중 훈련을 함으로써 필수 개념을 체득하고 예문 분석을 통해 문제 풀이력을 기를 수 있습니다.

● ON

기출문제 변형 문제 풀이로 개념 적용 연습
기출문제를 변형한 문제를 풀어 보며 학습한 필수 개념을 적용하고 문제를 분석하는 연습을 할 수 있습니다.

나의 공부 계획

📋 이렇게 활용할 수 있어요!

1. 이 교재를 **몇 달** 또는 **몇 주** 동안 공부할지 정하세요.

2. 일주일에 **며칠** 또는 **몇 회**를 공부할지 정하세요.

3. 하루 중 **몇 시**에 **몇 시간** 동안 공부할지 정하세요.

4. 공부 계획에 공부할 날짜와 요일을 적으세요.

5. 실제로 공부를 한 후 공부한 날짜와 요일을 적으세요.

6. 성취도에 맞게 기호를 쓰세요.

7. 실제로 공부하는 데 걸린 시간을 적으세요.

나와의 약속

나 _______________은/는

〈수능 국어 트레이닝북, GYM - 문법편〉을

_______월 _______일부터

_______월 _______일까지

_______주 동안

주 _______회 공부하겠습니다.

○ 완료　△ 미완　→ 진행 중

공부 내용	일차	공부 계획			공부한 날			성취도	시간	
001　단어의 형성 ❶ – 형태소	1일	월	일	요일	월	일	요일		시간	분
002　단어의 형성 ❷ – 어근과 접사										
003　단어의 형성 ❸ – 합성어										
004　단어의 형성 ❹ – 파생어										
005　품사 ❶ – 명사	2일	월	일	요일	월	일	요일		시간	분
006　품사 ❷ – 대명사										
007　품사 ❸ – 수사										
008　품사 ❹ – 관형사	3일	월	일	요일	월	일	요일		시간	분
009　품사 ❺ – 부사										
010　품사 ❻ – 조사										
011　품사 ❼ – 감탄사	4일	월	일	요일	월	일	요일		시간	분
012　품사 ❽ – 동사										
013　품사 ❾ – 형용사										
014　어간과 어미	5일	월	일	요일	월	일	요일		시간	분
015　본용언과 보조 용언										
016　용언의 활용										
017　단어의 의미 유형	6일	월	일	요일	월	일	요일		시간	분
018　단어의 의미 관계 ❶ – 유의 / 반의 / 상하										
019　단어의 의미 관계 ❷ – 동음이의어 / 다의어										
020　단어의 의미 – 국어사전 활용										
021　어휘 체계와 양상 ❶ – 고유어 / 한자어 / 외래어	7일	월	일	요일	월	일	요일		시간	분
022　어휘 체계와 양상 ❷ – 표준어 / 방언										
023　어휘 체계와 양상 ❸ – 유행어 / 은어 / 전문어										
024　단어의 의미 변화										

공부 내용	일차	공부 계획			공부한 날			성취도	시간	
025 문장의 구성 단위	8일	월	일	요일	월	일	요일		시간	분
026 문장 성분										
027 주성분 ❶ – 주어										
028 주성분 ❷ – 서술어										
029 주성분 ❸ – 목적어										
030 주성분 ❹ – 보어	9일	월	일	요일	월	일	요일		시간	분
031 부속 성분 ❶ – 관형어										
032 부속 성분 ❷ – 부사어										
033 독립 성분 – 독립어										
034 서술어의 자릿수										
035 홑문장과 겹문장	10일	월	일	요일	월	일	요일		시간	분
036 이어진문장 ❶ – 대등										
037 이어진문장 ❷ – 종속										
038 안긴문장 ❶ – 명사절	11일	월	일	요일	월	일	요일		시간	분
039 안긴문장 ❷ – 관형절										
040 안긴문장 ❸ – 부사절										
041 안긴문장 ❹ – 인용절										
042 안긴문장 ❺ – 서술절										
043 높임 표현 ❶ – 주체 높임법	12일	월	일	요일	월	일	요일		시간	분
044 높임 표현 ❷ – 객체 높임법										
045 높임 표현 ❸ – 상대 높임법										
046 종결 표현										
047 시간 표현 ❶ – 시제	13일	월	일	요일	월	일	요일		시간	분
048 시간 표현 ❷ – 동작상										
049 부정 표현	14일	월	일	요일	월	일	요일		시간	분
050 피동 표현										
051 사동 표현										
052 문장 다듬기 ❶ – 문장 성분 호응	15일	월	일	요일	월	일	요일		시간	분
053 문장 다듬기 ❷ – 중의적 문장										
054 문장 다듬기 ❸ – 올바른 표현										
055 언어의 본질과 기능	16일	월	일	요일	월	일	요일		시간	분
056 음운										
057 자음 체계										
058 모음 체계	17일	월	일	요일	월	일	요일		시간	분
059 음운 교체 ❶ – 음절의 끝소리 규칙										
060 음운 교체 ❷ – 구개음화										

○ 완료　△ 미완　→ 진행 중

공부 내용	일차	공부 계획			공부한 날			성취도	시간	
061 음운 교체 ❸ – 비음화	18일	월	일	요일	월	일	요일		시간	분
062 음운 교체 ❹ – 유음화										
063 음운 교체 ❺ – 된소리되기										
064 음운 교체 ❻ – 모음 동화	19일	월	일	요일	월	일	요일		시간	분
065 음운 교체 ❼ – 두음 법칙										
066 음운 축약										
067 음운 탈락	20일	월	일	요일	월	일	요일		시간	분
068 음운 첨가 ❶ – 'ㄴ' 첨가 / 반모음 첨가										
069 음운 첨가 ❷ – 사잇소리 현상										
070 담화 구성 요소와 기능	21일	월	일	요일	월	일	요일		시간	분
071 담화 표현 방식										
072 담화의 통일성										
073 담화의 응집성										
074 담화의 맥락										
075~078 표준어 규정 ❶~❹	22일	월	일	요일	월	일	요일		시간	분
079~083 표준 발음법 ❶~❺	23일	월	일	요일	월	일	요일		시간	분
084~088 한글 맞춤법 ❶~❺	24일	월	일	요일	월	일	요일		시간	분
089 외래어 표기법	25일	월	일	요일	월	일	요일		시간	분
090 로마자 표기법										
091 훈민정음 창제 이전 표기 방식	26일	월	일	요일	월	일	요일		시간	분
092 훈민정음 창제 원리										
093 훈민정음 운용 원리										
094 세종어제훈민정음										
095 중세 국어의 음운	27일	월	일	요일	월	일	요일		시간	분
096 중세 국어의 단어										
097 중세 국어의 높임법	28일	월	일	요일	월	일	요일		시간	분
098 중세 국어의 의문문과 시간 표현										
099 국어 음운의 변천	29일	월	일	요일	월	일	요일		시간	분
100 국어 어휘와 문법의 변천										
부록 헷갈리는 우리말 ❶ ~ ❻	30일	월	일	요일	월	일	요일		시간	분

선생님 수업 계획

📋 이렇게 수업 계획을 세워요!

1. 이 교재를 **몇 달** 또는 **몇 주** 동안 수업할지 정하세요.

2. 일주일에 **며칠** 또는 **몇 회**를 수업할지 정하세요.

3. 실제로 수업 한 후 수업한 날짜와 요일을 적으세요.

4. 수업 진행 상황에 맞게 기호를 쓰세요.

5. 제시한 과제를 적고 다음 수업 시간에 확인하세요.

○ 완료　△ 미완　→ 진행 중

일차	수업 내용	수업 1 수업한 날			진행	과정	수업 2 수업한 날			진행	과정
001	단어의 형성 ❶ – 형태소	월	일	요일			월	일	요일		
002	단어의 형성 ❷ – 어근과 접사	월	일	요일			월	일	요일		
003	단어의 형성 ❸ – 합성어	월	일	요일			월	일	요일		
004	단어의 형성 ❹ – 파생어	월	일	요일			월	일	요일		
005	품사 ❶ – 명사	월	일	요일			월	일	요일		
006	품사 ❷ – 대명사	월	일	요일			월	일	요일		
007	품사 ❸ – 수사	월	일	요일			월	일	요일		
008	품사 ❹ – 관형사	월	일	요일			월	일	요일		
009	품사 ❺ – 부사	월	일	요일			월	일	요일		
010	품사 ❻ – 조사	월	일	요일			월	일	요일		

○ 완료　△ 미완　→ 진행 중

일차	수업 내용	수업 1				수업 2			
		수업한 날		진행	과정	수업한 날		진행	과정
011	품사 ❼ – 감탄사	월　일　요일				월　일　요일			
012	품사 ❽ – 동사	월　일　요일				월　일　요일			
013	품사 ❾ – 형용사	월　일　요일				월　일　요일			
014	어간과 어미	월　일　요일				월　일　요일			
015	본용언과 보조 용언	월　일　요일				월　일　요일			
016	용언의 활용	월　일　요일				월　일　요일			
017	단어의 의미 유형	월　일　요일				월　일　요일			
018	단어의 의미 관계 ❶ – 유의 / 반의 / 상하	월　일　요일				월　일　요일			
019	단어의 의미 관계 ❷ – 동음이의어 / 다의어	월　일　요일				월　일　요일			
020	단어의 의미 – 국어사전 활용	월　일　요일				월　일　요일			
021	어휘 체계와 양상 ❶ – 고유어 / 한자어 / 외래어	월　일　요일				월　일　요일			
022	어휘 체계와 양상 ❷ – 표준어 / 방언	월　일　요일				월　일　요일			
023	어휘 체계와 양상 ❸ – 유행어 / 은어 / 전문어	월　일　요일				월　일　요일			
024	단어의 의미 변화	월　일　요일				월　일　요일			
025	문장의 구성 단위	월　일　요일				월　일　요일			
026	문장 성분	월　일　요일				월　일　요일			
027	주성분 ❶ – 주어	월　일　요일				월　일　요일			
028	주성분 ❷ – 서술어	월　일　요일				월　일　요일			
029	주성분 ❸ – 목적어	월　일　요일				월　일　요일			
030	주성분 ❹ – 보어	월　일　요일				월　일　요일			
031	부속 성분 ❶ – 관형어	월　일　요일				월　일　요일			
032	부속 성분 ❷ – 부사어	월　일　요일				월　일　요일			
033	독립 성분 – 독립어	월　일　요일				월　일　요일			
034	서술어의 자릿수	월　일　요일				월　일　요일			
035	홑문장과 겹문장	월　일　요일				월　일　요일			
036	이어진문장 ❶ – 대등	월　일　요일				월　일　요일			
037	이어진문장 ❷ – 종속	월　일　요일				월　일　요일			
038	안긴문장 ❶ – 명사절	월　일　요일				월　일　요일			
039	안긴문장 ❷ – 관형절	월　일　요일				월　일　요일			
040	안긴문장 ❸ – 부사절	월　일　요일				월　일　요일			
041	안긴문장 ❹ – 인용절	월　일　요일				월　일　요일			

일차	수업 내용	수업 1				수업 2				
		수업한 날			진행	과정	수업한 날			진행	과정
042	안긴문장 ❺ – 서술절	월	일	요일			월	일	요일		
043	높임 표현 ❶ – 주체 높임법	월	일	요일			월	일	요일		
044	높임 표현 ❷ – 객체 높임법	월	일	요일			월	일	요일		
045	높임 표현 ❸ – 상대 높임법	월	일	요일			월	일	요일		
046	종결 표현	월	일	요일			월	일	요일		
047	시간 표현 ❶ – 시제	월	일	요일			월	일	요일		
048	시간 표현 ❷ – 동작상	월	일	요일			월	일	요일		
049	부정 표현	월	일	요일			월	일	요일		
050	피동 표현	월	일	요일			월	일	요일		
051	사동 표현	월	일	요일			월	일	요일		
052	문장 다듬기 ❶ – 문장 성분 호응	월	일	요일			월	일	요일		
053	문장 다듬기 ❷ – 중의적 문장	월	일	요일			월	일	요일		
054	문장 다듬기 ❸ – 올바른 표현	월	일	요일			월	일	요일		
055	언어의 본질과 기능	월	일	요일			월	일	요일		
056	음운	월	일	요일			월	일	요일		
057	자음 체계	월	일	요일			월	일	요일		
058	모음 체계	월	일	요일			월	일	요일		
059	음운 교체 ❶ – 음절의 끝소리 규칙	월	일	요일			월	일	요일		
060	음운 교체 ❷ – 구개음화	월	일	요일			월	일	요일		
061	음운 교체 ❸ – 비음화	월	일	요일			월	일	요일		
062	음운 교체 ❹ – 유음화	월	일	요일			월	일	요일		
063	음운 교체 ❺ – 된소리되기	월	일	요일			월	일	요일		
064	음운 교체 ❻ – 모음 동화	월	일	요일			월	일	요일		
065	음운 교체 ❼ – 두음 법칙	월	일	요일			월	일	요일		
066	음운 축약	월	일	요일			월	일	요일		
067	음운 탈락	월	일	요일			월	일	요일		
068	음운 첨가 ❶ – 'ㄴ' 첨가 / 반모음 첨가	월	일	요일			월	일	요일		
069	음운 첨가 ❷ – 사잇소리 현상	월	일	요일			월	일	요일		
070	담화 구성 요소와 기능	월	일	요일			월	일	요일		
071	담화 표현 방식	월	일	요일			월	일	요일		
072	담화의 통일성	월	일	요일			월	일	요일		

일차	수업 내용	수업 1				수업 2			
		수업한 날		진행	과정	수업한 날		진행	과정
073	담화의 응집성	월　일　요일				월　일　요일			
074	담화의 맥락	월　일　요일				월　일　요일			
075	표준어 규정 ❶	월　일　요일				월　일　요일			
076	표준어 규정 ❷	월　일　요일				월　일　요일			
077	표준어 규정 ❸	월　일　요일				월　일　요일			
078	표준어 규정 ❹	월　일　요일				월　일　요일			
079	표준 발음법 ❶	월　일　요일				월　일　요일			
080	표준 발음법 ❷	월　일　요일				월　일　요일			
081	표준 발음법 ❸	월　일　요일				월　일　요일			
082	표준 발음법 ❹	월　일　요일				월　일　요일			
083	표준 발음법 ❺	월　일　요일				월　일　요일			
084	한글 맞춤법 ❶	월　일　요일				월　일　요일			
085	한글 맞춤법 ❷	월　일　요일				월　일　요일			
086	한글 맞춤법 ❸	월　일　요일				월　일　요일			
087	한글 맞춤법 ❹	월　일　요일				월　일　요일			
088	한글 맞춤법 ❺	월　일　요일				월　일　요일			
089	외래어 표기법	월　일　요일				월　일　요일			
090	로마자 표기법	월　일　요일				월　일　요일			
091	훈민정음 창제 이전 표기 방식	월　일　요일				월　일　요일			
092	훈민정음 창제 원리	월　일　요일				월　일　요일			
093	훈민정음 운용 원리	월　일　요일				월　일　요일			
094	세종어제훈민정음	월　일　요일				월　일　요일			
095	중세 국어의 음운	월　일　요일				월　일　요일			
096	중세 국어의 단어	월　일　요일				월　일　요일			
097	중세 국어의 높임법	월　일　요일				월　일　요일			
098	중세 국어의 의문문과 시간 표현	월　일　요일				월　일　요일			
099	국어 음운의 변천	월　일　요일				월　일　요일			
100	국어 어휘와 문법의 변천	월　일　요일				월　일　요일			
부록	헷갈리는 우리말 ❶ ~ ❻	월　일　요일				월　일　요일			

Ⅰ 단어

001 단어의 형성 ❶ - 형태소

1 형태소의 개념

- 일정한 뜻을 가진 가장 작은 말의 (¹ ㄷㅇ)
- 문법 단위 중에서 가장 작은 단위로 최소 기능을 가짐.
- '(² ㅈㄹㅅ) 유무'와 '실질적 의미의 유무'를 기준으로 분류할 수 있음.

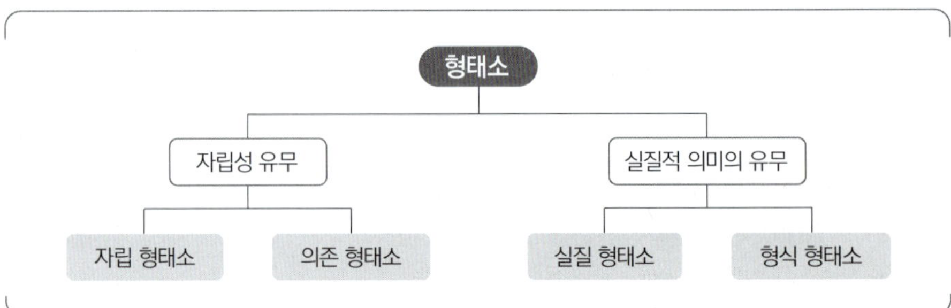

개념 당기는 예시

- 바다 → 의미를 가진 가장 작은 단위이므로, 형태소임.

  이때 '바'와 '다'로 쪼개면 뜻을 잃어버리므로 '바'와 '다'는 형태소가 아님.

2 형태소의 분류

자립성의 유무	자립 형태소	다른 말과 결합하지 않고 혼자 자립해서 쓰일 수 있는 형태소	명사, 대명사, 수사, 관형사, 부사, 감탄사
	의존 형태소	혼자 자립해서 쓰일 수 없어 다른 말에 기대어 쓰이는 형태소	조사, 접사, 용언의 어간, 어미
실질적 의미의 유무	실질 형태소	구체적인 대상, 대상의 동작이나 상태를 나타내는 실질적인 의미를 가지고 있는 형태소	모든 자립 형태소, 용언의 어간
	형식 형태소	형식적 의미나 (³ ㅁㅂ)적 관계를 나타내는 형태소	조사, 접사, 어미

개념 당기는 예시

그	는	오늘	학교	에	늦-	-게	가-	-았-	-다
자립	의존	자립	자립	의존	의존	의존	의존	의존	의존
실질	형식	실질	실질	형식	실질	형식	실질	형식	형식

국어의 형태소들은 일반적으로 '자립성'과 '의미' 특성을 함께 갖는다는 특징이 있습니다. 예를 들어 '학교'는 자립 형태소이면서 실질 형태소이지만, '늦-'은 의존 형태소이면서 실질 형태소입니다. 그런데 형식 형태소는 홀로 쓰이지 못하고 반드시 실질 형태소에 기대어 쓰이기 때문에 모두 의존 형태소가 됩니다. 따라서 국어에는 자립 형태소이면서 형식 형태소인 것은 없다고 할 수 있습니다.

개념 갈고리 ┐ 언어 단위들과 형태소

언어 단위로는 소리 단위, 문법 단위 등이 있다. '소리 단위'는 그 자체로는 의미를 가지지 않으며 음소(음운), 음절 등이 해당한다. '문법 단위'는 의미를 가지며 형태소, 단어, 어절, 구, 절, 문장 등이 해당하는데 문장보다 더 큰 단위로 담화(텍스트)를 들 수도 있다.

형태소를 어떻게 분석할 수 있나요?

형태소를 분석할 때는 먼저 단어나 어절이 준말의 형태인지를 확인하여, 준말의 형태라면 본말의 형태로 바꿉니다. 예를 들어 '가셨다'와 같은 준말은 '가시었다'와 같이 본말로 바꿉니다. 그리고 이를 '체언＋조사', '접두사＋어근', '어근＋접미사', '어근＋어근', '어간＋어미' 등으로 나눕니다. 이때 어미가 여러 개인 경우 어미의 종류별로 모두 구분해야 합니다!

한자어의 형태소는 무엇인가요?

한자는 본래 글자 자체가 의미를 나타내는 표의 문자이기 때문에 한자 하나하나가 의미를 가지고 있습니다. 예를 들어 '낙엽(落葉)'은 '떨어지다'와 '잎사귀'라는 어휘적 의미를 가지고 있습니다. 결국 '낙엽'은 '낙(落)'이라는 실질 형태소와 '엽(葉)'이라는 실질 형태소로 구성되어 있다고 할 수 있습니다. 하지만 우리말에서 한자어가 하나의 단어로 굳어진 경우에는 하나의 형태소로 간주하여 형태소를 분석하지 않는 것이 일반적입니다.

【초성 답】 1 단어　2 자립성　3 문법

002 단어의 형성 ❷ - 어근과 접사

1 어근

- 단어를 형성할 때 실질적인 의미를 나타내는 (¹ ㅈㅅ) 부분

▶ 개념 당기는 예시

- 행복 → 단일어 '행복'은 그 자체로 어근임.
- '슬픔'의 '슬프-' → '슬픔'은 형용사 '슬프다'의 어근 '슬프-'에 명사 파생 접미사 '-ㅁ'이 결합한 파생어임.

2 접사

- 어근의 앞이나 뒤에 붙어 의미를 더해 주거나 (² ㄱㄴ)을 바꿔 주는 주변 부분
- 어근의 앞에 붙으면 접두사, 어근의 뒤에 붙으면 접미사임.

접두사	• 어근의 앞에 붙어 어근에 특정한 뜻을 더하거나 강조함. 예 덧-(접두사) + 버선(어근) → '거듭된' 또는 '겹쳐 신거나 입는'의 뜻을 더하는 접두사 '덧-' • 뒤에 오는 어근의 의미만 제한할 뿐, 일반적으로 품사를 바꾸지는 않음.
접미사	• 어근의 뒤에 붙어 어근에 특정한 뜻을 더하거나 품사를 바꿈. • 어근의 뜻만 제한하는 것이 아니라, 품사를 바꾸는 역할도 함. 예 많-(형용사) + -이(접미사) → 많이(부사)

▶ 개념 당기는 예시

- 구름 → 하나의 어근(실질 형태소)으로 이루어진 단어로, 형태소를 더 이상 분리할 수 없음.
- 꽃바람 → '꽃이 필 무렵에 부는 봄바람'이라는 뜻으로, '어근(꽃) + 어근(바람)'으로 이루어진 단어
- 맨다리 → '살이 드러난 다리'라는 뜻으로, '접두사(맨-) + 어근(다리)'으로 이루어진 단어
- 지우개 → '글씨나 그림 따위를 지우는 물건'이라는 뜻으로, '어근(지우-) + 접미사(-개)'로 이루어진 단어

접사는 품사의 전성 여부에 따라서도 구분할 수 있습니다. 문장의 구조나 단어의 품사에 영향을 미치지 않고 실질적 의미에 제한적인 의미만을 덧붙이는 접사를 '한정적 접사(굴절 접사)'라고 하고, 문장의 구조를 바꾸거나 단어의 품사를 바꾸는 접사를 '지배적 접사(파생 접사)'라고 합니다.

◎ 개념 갈고리 형태소의 이형태

문장에서 동일한 기능을 하지만 환경에 따라 다른 모습으로 실현되는 형태소를 이형태라고 한다.

음운론적 이형태	앞뒤 음운 환경에 따라 그 이형태가 결정되는 유형 예 주격 조사 '이/가': 자음 + '이' / 모음 + '가'
형태론적 이형태	특정한 형태론적 조건에서만 일어나는 변이 형태 예 명령형 어미 '-어라': 하- + -여라, 가- + -거라, 오- + -너라

형태소와 단어는 어떤 차이가 있나요?

형태소 중 자립 형태소는 모두 단어가 됩니다. 그리고 형태소는 최소한의 의미만을 갖지만, 단어는 형태소가 결합된 형태이므로 복합적인 의미를 가질 수 있습니다. 예를 들어 '먹었다'는 '먹- + -었- + -다'와 같이 3개의 형태소로 이루어진 단어로, '먹다'의 의미와 '과거에 일어난 일'이라는 의미를 동시에 가집니다.

개념 알통

접미사와 접미 파생어의 예

-가	그것을 전문적으로 또는 직업으로 하는 사람 예 건축가, 작곡가
-개	행위를 하는 간단한 도구 예 덮개, 지우개
-꾸러기	그것이 심하거나 많은 사람 예 잠꾸러기, 장난꾸러기
-기/-음	명사를 만듦. 예 달리기, 믿음, 웃음
-자	사람 예 과학자, 교육자, 연기자
-쟁이	속성을 많이 가진 사람 예 겁쟁이, 멋쟁이
-질	도구를 가지고 하는 일 예 가위질, 부채질
-이	① 명사를 만듦. 예 넓이 ② 부사를 만듦. 예 같이, 많이

【초성 답】 1 중심 2 기능

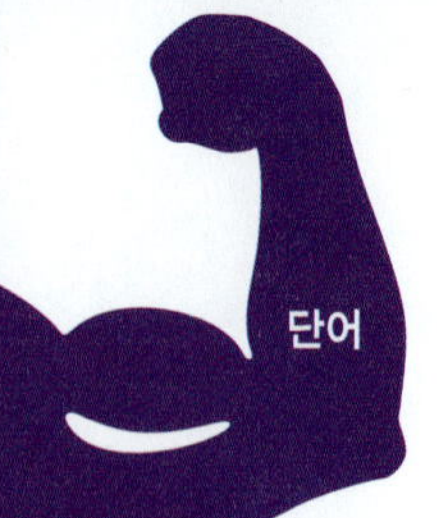

003 단어의 형성 ❸ - 합성어

1 단어

- (¹ ㅈㄹ)하여 쓰일 수 있는 말. 또는 그 말의 뒤에 붙어서 문법적인 기능을 나타내는 말
- 조사는 자립할 수 없는 형태소이지만 예외적으로 단어의 자격을 부여함.

2 단일어과 복합어

- 단일어: 하나의 (² ㅇㄱ)으로 이루어진 단어
- 복합어: 둘 이상의 어근으로 이루어진 단어(합성어)나 어근과 접사로 이루어진 단어(파생어)

3 합성어

- 파생 (³ ㅈㅅ) 없이 둘 이상의 어근이 직접 결합하여 만들어진 단어

4 합성어의 분류

(1) 배열 방식에 따른 합성어 분류

통사적 합성어	어근과 어근의 배열 방식이 우리말의 어순이나 단어 배열법과 일치하는 합성어	**명사*** + 명사	예 눈물, 논밭
		관형어 + 명사	예 작은형, 첫사랑
		부사* + 부사	예 더욱더, 이리저리
		부사 + **용언***	예 잘나다
		주어(조사 생략) + 서술어	예 값싸다, 힘들다
		목적어(조사 생략) + 서술어	예 애쓰다
		용언의 어간 + 연결 어미 + 용언	예 돌아가다, 알아보다
비통사적 합성어	어근과 어근의 배열 방식이 우리말의 어순이나 단어 배열법과 일치하지 않는 합성어	관형사형 어미 없이 어근이 명사와 연결된 경우	예 덮밥(덮- + 밥), 검버섯(검- + 버섯)
		용언의 어간들이 연결 어미 없이 이어진 경우	예 뛰놀다, 오르내리다
		부사가 명사를 직접 꾸미는 경우	예 산들바람, 척척박사

(2) 결합 관계에 따른 합성어 분류

대등 합성어	어근들이 대등하게 연결되어 각각 본래의 뜻을 유지하는 합성어	예 남과 여 → 남녀, 손과 발 → 손발, 앞과 뒤 → 앞뒤, 오고 가다 → 오가다
종속 합성어	한 어근이 다른 어근을 수식하는 합성어	예 책을 넣는 가방 → 책가방, 돌로 만든 다리 → 돌다리
융합 합성어	각각의 어근이 원래 지닌 의미를 잃고 새로운 (⁴ ㅇㅁ)를 나타내는 합성어	예 강산(자연), 춘추(연세), 피땀(노력), 돌아가다(죽다)

개념 알통

단어의 유형

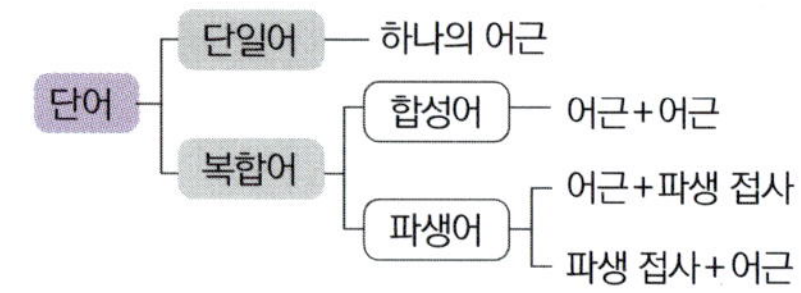

💓 조사는 자립할 수 없는데 왜 단어인가요?

조사는 문장에 쓰인 단어들의 관계를 나타내는 역할을 하는 단어입니다. 앞에 결합하는 단어들이 자립성이 있으므로 분리가 잘 되며 어느 정도 자립적으로 쓰인다고 봐서 단어로 인정하고 있습니다. 이와 달리 어미나 접사는 자립성이 낮다고 봐서 단어로 인정하지 않고 있습니다.

💓 합성어와 구(句)는 어떻게 구분하나요?

큰형	둘 이상의 형 가운데 맏이인 형을 이르거나 부르는 말 → 합성어
큰 형	키가 큰 형 → 구(句)

합성어는 띄어쓰기를 하지 않지만, 구는 띄어쓰기를 합니다. 또한 합성어 사이에는 다른 말이 끼어들 수 없지만, 구에는 다른 말이 끼어들 수 있습니다. 예를 들어 '둘 이상의 형 가운데 맏이인 형을 이르거나 부르는 말'을 의미하는 '큰형'은 합성어이고 '키가 큰 형'과 같은 의미로 쓰인 '큰 형'은 '키가 큰 우리 형'과 같이 다른 말이 끼어 들 수 있으므로 구(句)입니다.

***명사**: 사물이나 사람의 이름을 나타내는 단어
***부사**: 용언이나 다른 부사, 문장 등을 꾸며 주는 단어
***용언**: 주어를 서술하는 기능을 하는 동사와 형용사

【초성 답】 **1** 자립 **2** 어근 **3** 접사 **4** 의미

004 단어의 형성 ❹ - 파생어

1 파생어

• 어근과 (¹ ㅈㅅ)가 결합하여 만들어진 단어

구분	접두 파생어	접미 파생어
개념	• 접두사가 붙어서 만들어진 파생어 • '접두사 + 어근'의 구성임.	• 접미사가 붙어서 만들어진 파생어 • '어근 + 접미사'의 구성임.
품사의 변화	일반적으로 품사가 바뀌지 않음. 예 맨-(접두사) + 발(명사) → 맨발(명사) → 품사가 바뀌지 않음.	품사가 바뀌지 않는 경우도 있고, 품사가 바뀌는 경우도 있음. 예 선생(명사) + -님(접미사) → 선생님(명사) → 품사가 바뀌지 않음. 지우-(동사 어근) + -개(접미사) → 지우개(명사) → 품사가 바뀜.

2 접두사

• 어근의 앞에 붙는 접사로, 뜻을 (² ㅎㅈ)하는 의미적 기능을 하며 일반적으로 어근의 품사를 바꾸지 않음.

접두사	의미	예시
군-	쓸데없는	군말, 군살, 군침
맨-	다른 것이 없는	맨발, 맨땅, 맨주먹
홀-	짝이 없이 혼자뿐인	홀몸, 홀아비, 홀시어머니
새-	매우 짙고 선명하게	새파랗다, 새까맣다, 새빨갛다
날-	㉠ 말리거나 익히거나 가공하지 않은 ㉡ 지독한	㉠ 날것, 날고기 ㉡ 날강도, 날건달
풋-	㉠ 처음 나온 또는 덜 익은 ㉡ 미숙한, 깊지 않은	㉠ 풋감, 풋고추 ㉡ 풋잠, 풋사랑

접두사는 나름대로 일정한 형태를 가지고 있으나 때로는 그 형태를 바꾸기도 합니다. 예를 들어 '멥쌀'과 '메벼', '찹쌀'과 '찰벼'를 비교해 보면 같은 의미의 접두사가 다른 형태로 쓰인다는 것을 알 수 있습니다.

3 접미사

• 어근의 뒤에 붙는 접사로, 뜻을 더하는 기능뿐만 아니라 어근의 (³ ㅍㅅ)를 바꾸는 기능도 함.
• 접미사가 붙어서 파생어가 되는 품사 유형은 매우 다양함.

형성 방법		예시
어근의 품사를 유지하는 경우		더욱(부사) + -이 → 더욱이(부사) 밀다(동사) → 밀- + -치- + -다(동사)
어근의 품사가 바뀌는 경우	명사 + 접미사	마음(명사) + -껏 → 마음껏(부사) 사랑(명사) + -하다 → 사랑하다(동사)
	동사 어근 + 접미사	울- + -보 → 울보(명사), 맞- + -우 → 마주(부사) 붙- + -어 → 부터(조사)
	형용사 어근 + 접미사	넓- + -이 → 넓이(명사), 많- + -이 → 많이(부사)
	부사 + 접미사	번쩍(부사) + -거리다 → 번쩍거리다(동사)

관형사와 접두사는 어떻게 구분하나요?

관형사는 명사, 대명사, 수사의 내용을 꾸며 주는 독립적인 하나의 단어이기 때문에 띄어쓰기를 하여 나타냅니다. 반면, 접사인 관형사성 접두사는 붙여쓰기를 하므로 띄어쓰기 여부를 통해 구분할 수 있습니다.

관형사 '맨'	더할 수 없을 정도나 경지에 있음을 나타내는 말 예 맨 처음, 맨 구석
접두사 '맨'	'다른 것이 없는'의 뜻을 더하는 말 예 맨눈, 맨발, 맨땅

개념알통

한정적 접사와 지배적 접사

한정적 접사	• 어근의 품사를 바꾸지 않는 접사 • 접두사와 일부 접미사가 해당함. 예 군- + 말(명사) → 군말(명사) 새- + 파랗다(형용사) → 새파랗다(형용사)
지배적 접사	• 어근의 품사를 바꾸는 접사 • 일부 접미사가 해당함. 예 먹- + -다(동사) → 먹- + -이(명사) 어른(명사) + -스럽다 → 어른스럽다(형용사)

【초성 답】 1 접사 2 한정 3 품사

개념 트레이닝 ZONE

💪 문제를 풀며 개념 근육을 키워 보세요!

01 다음 설명이 맞으면 ○에, 맞지 않으면 ✕에 표시하시오.

(1) 일정한 뜻을 가진 가장 작은 말이라서 더 이상 나눌 수 없는 소리 단위를 형태소라고 한다. ○ ✕

(2) 단어에서 실질적인 의미를 나타내는 중심 부분인 어근은 모두 실질 형태소이다. ○ ✕

(3) 모든 조사, 어간, 어미, 접사는 형식 형태소인 동시에 의존 형태소이다. ○ ✕

(4) 복합어는 둘 이상의 어근이나 어근과 접사로 이루어진 단어로 나눌 수 있다. ○ ✕

(5) 어근끼리 결합하여 만들어진 단어가 새로운 뜻을 나타내는 합성어를 종속 합성어라고 한다. ○ ✕

02 다음 단어를 형태소로 나누어 쓰시오.

(1) 별자리	(2) 주름살	(3) 둘레길	(4) 사랑꾼

(1)		(3)	
(2)		(4)	

03 다음 문장을 기준에 따라 나누어 쓰시오.

하늘에 꽃구름이 끼었다.

어절	
단어	
형태소	

※ 위의 형태소를 기준에 따라 분석하시오.

자립성 유무	
의미의 성격	

나는 오늘 일찍 자야겠다.

어절	
단어	
형태소	

※ 위의 형태소를 기준에 따라 분석하시오.

자립성 유무	
의미의 성격	

04 다음 파생어를 예시와 같이 구성 요소로 나누어 쓰시오.

예 잎사귀	잎+-사귀
(1) 먹이	(6) 지우개
(2) 웃음	(7) 새빨갛다
(3) 헛기침	(8) 햇병아리
(4) 낚시질	(9) 잠꾸러기
(5) 짓밟다	(10) 걱정스럽다

05 다음 합성어의 형태소를 구분하고 종류에 ○표 하시오.

예 팔다리	팔+다리	대등 합성어	종속 합성어	융합 합성어
(1) 논밭		대등 합성어	종속 합성어	융합 합성어
(2) 입방아		대등 합성어	종속 합성어	융합 합성어
(3) 물걸레		대등 합성어	종속 합성어	융합 합성어
(4) 힘쓰다		대등 합성어	종속 합성어	융합 합성어
(5) 높푸르다		대등 합성어	종속 합성어	융합 합성어

합성어의 어근들이 대등하게 결합하는지, 한 어근이 다른 어근을 수식하는지, 새로운 의미를 생성하는지 파악해 보세요!

06 다음 파생어의 형태소를 구분하고 종류에 ○표 하시오.

예 맨주먹	맨-+주먹	접두 파생어	접미 파생어
(1) 들끓다		접두 파생어	접미 파생어
(2) 선생님		접두 파생어	접미 파생어
(3) 참사랑		접두 파생어	접미 파생어
(4) 새하얗다		접두 파생어	접미 파생어
(5) 멋쟁이		접두 파생어	접미 파생어

07 다음 합성어를 기준에 따라 나누어 쓰시오.

굳세다　뛰놀다　젊은이　잡아먹다　큰아버지　오르내리다

통사적 합성어	비통사적 합성어

워밍-UP

01

〈보기〉는 학습지의 일부이다. [학습 활동]을 수행한 결과로 적절하지 <u>않은</u> 것은?

〈보기〉

형태소는 자립성 여부에 따라 자립 형태소와 의존 형태소로 구분되고, 실질적인 의미를 갖느냐 문법적인 의미를 갖느냐에 따라 실질 형태소와 형식 형태소로 구분된다. 이러한 기준에 따라 형태소는 ㉠실질 형태소이자 자립 형태소인 것, ㉡실질 형태소이자 의존 형태소인 것, ㉢형식 형태소이자 의존 형태소인 것으로 나눌 수 있다.

[학습 활동]

다음 문장의 형태소를 분석해 보자.

비로소 바라던 것을 이루자 형은 기쁨에 젖어 춤을 추었다.

실력 자랑 형태소 분석의 적절성을 판단해 보세요.

① '비로소'와 '것'은 ㉠에 속한다. ⃝ ⃠

② '바라던'의 '바라-'와 '이루자'의 '이루-'는 ㉡에 속한다. ⃝ ⃠

③ '기쁨'과 '춤'에는 ㉠에 속하는 형태소만 있다. ⃝ ⃠

④ '형은'에는 ㉠, ㉢에 속하는 형태소만 있다. ⃝ ⃠

⑤ '젖어'와 '추었다'에는 ㉡, ㉢에 속하는 형태소만 있다. ⃝ ⃠

02

〈보기〉의 ㉠에 해당하는 예로 적절한 것은?

〈보기〉

셋 이상의 형태소로 이루어진 단어의 구조를 파악하기 위해서는 먼저 그 단어를 직접 이루고 있는 두 요소를 파악해야 한다. 예컨대 '볶음밥'은 의미상 '볶음'과 '밥'으로 먼저 나뉜다. '볶음'은 다시 '볶-'과 '-음'으로 나뉜다. 따라서 '볶음밥'은 <u>㉠'(어근＋접미사)＋어근'의 구조로 된 합성어</u>이다.

실력 자랑 다음 단어들의 구조를 파악해 보세요.

집안일　내리막　놀이터　코웃음　울음보

㉠ 1. (어근＋접미사)＋어근	
2. (어근＋어근)＋어근	
3. 어근＋(어근＋접미사)	
4. (어근＋접미사)＋접미사	
5. 어근＋접미사	

03

〈보기〉의 ㉠~㉣에 대한 이해로 적절하지 <u>않은</u> 것은?

〈보기〉

접두사는 단어의 앞에 붙어 특정한 뜻을 더하거나 강조하면서 새로운 단어를 만들어 낸다. ㉠접두사가 명사에 결합하여 생성된 단어도 있고, ㉡접두사가 용언에 결합하여 생성된 단어도 있다. ㉢특정한 접두사는 둘 이상의 품사에 결합하여 새로운 단어를 만들어 내기도 한다. 대개의 접두사는 형태가 고정되어 있지만, '찰-/차-'가 붙어 만들어진 '찰옥수수', '차조'처럼 ㉣주위 환경에 따라 형태가 다른 접두사가 붙어 만들어진 단어도 있다.

실력 자랑 다음 단어들이 ㉠~㉣ 중 어디에 해당하는지 적어 보세요.

군기침, 군살 / 수꿩, 숫양 / 빗나가다, 빗맞다 새빨갛다, 샛노랗다 / 헛디디다, 헛수고	
㉠	
㉡	
㉢	
㉣	
㉡과 ㉣	

⑤ ㉢, ㉣에 모두 해당하는 사례로는 '수꿩, 숫양'이 있다.
　　→ ㉣에 해당하는 사례

단어에서 접두사를 먼저 찾은 후, 접두사가 무엇과 결합한 것인지 파악해 보세요.

04

〈보기 1〉의 ㉠에 해당하는 것만을 〈보기 2〉에서 있는 대로 고른 것은?

〈보기 1〉

합성어는 명사와 명사의 결합, 용언의 관형사형과 명사의 결합, 부사와 용언의 결합처럼 어근과 어근의 연결이 우리말의 어순이나 단어 배열법과 일치하는 ㉠통사적 합성어와 용언의 어간과 명사의 결합, 용언의 어간에 용언의 어간이 직접 결합한 것처럼 우리말의 어순이나 단어 배열법과 일치하지 않는 비통사적 합성어로 나눌 수 있다.

〈보기 2〉

덮밥, 돌다리, 하얀색, 높푸르다, 잘생기다

실력 자랑 〈보기 2〉의 단어들을 ㉠에 해당하는 것과 아닌 것으로 구분해 보세요.

1. ㉠에 해당하는 것

2. ㉠에 해당하지 않는 것

01

〈학습 활동〉을 수행한 결과로 적절한 것은?

〈학습 활동〉

형태소는 자립성의 유무와 의미의 유형에 따라 다음과 같이 구분된다.

의미의 유형 \ 자립성의 유무	자립 형태소	의존 형태소
실질 형태소	㉠	㉡
형식 형태소		㉢

다음 문장의 형태소를 ㉠, ㉡, ㉢으로 분류한 후, 그 결과를 정리해 보자.

우리는 비를 맞고 바람에 맞서다가 드디어 길을 찾아냈다.

① '우리는'의 '우리'와 '드디어'는 ㉡에 속한다.

② '비를'과 '길을'에는 ㉠과 ㉡에 속하는 형태소만 있다.

③ '맞고'의 '맞–'과 '맞서다가'의 '맞–'은 모두 ㉢에 속한다.

④ '바람에'에는 ㉡과 ㉢에 속하는 형태소만 있다.

⑤ '찾아냈다'에는 ㉡과 ㉢에 속하는 형태소만 있다.

02

〈보기〉의 ㉮에 들어갈 말로 적절하지 <u>않은</u> 것은?

〈보기〉

선생님: 다음은 접사의 특징을 확인하기 위해 수집한 파생어들이에요. ㉠~㉤에서 각각 확인되는 접사의 공통점을 설명해 보세요.

㉠ 넓이, 믿음, 크기, 지우개
㉡ 끄덕이다, 출렁대다, 반짝거리다
㉢ 울보, 낚시꾼, 멋쟁이, 장난꾸러기
㉣ 밀치다, 살리다, 입히다, 깨뜨리다
㉤ 부채질, 풋나물, 휘감다, 빼앗기다

학생: 예, 접사가 [㉮]는 공통점이 있습니다.

① ㉠에서는 용언에 결합하여 명사를 만든다

② ㉡에서는 부사에 결합하여 동사를 만든다

③ ㉢에서는 사람을 가리키는 의미의 단어를 만든다

④ ㉣에서는 주동사에 결합하여 사동사를 만든다

⑤ ㉤에서는 어근과 품사가 동일한 단어를 만든다

03

〈보기〉에 따라 탐구한 내용으로 적절한 것은?

〈보기〉

직접 구성 요소란 어떤 말을 둘로 나누었을 때 나누어진 두 구성 요소 각각을 일컫는다. '먹이통'과 같이 세 개의 구성 요소로 이루어진 단어의 직접 구성 요소 분석은 아래의 그림과 같이 두 단계를 통해 이루어진다. 첫 번째 단계에서는 어근 '먹이'와 어근 '통'으로 나눌 수 있고, 두 번째 단계에서는 '먹이'를 어근 '먹–'과 접사 '–이'로 나눌 수 있다. 이를 통해 복잡하게 이루어진 단어의 짜임을 보다 쉽게 이해할 수 있다.

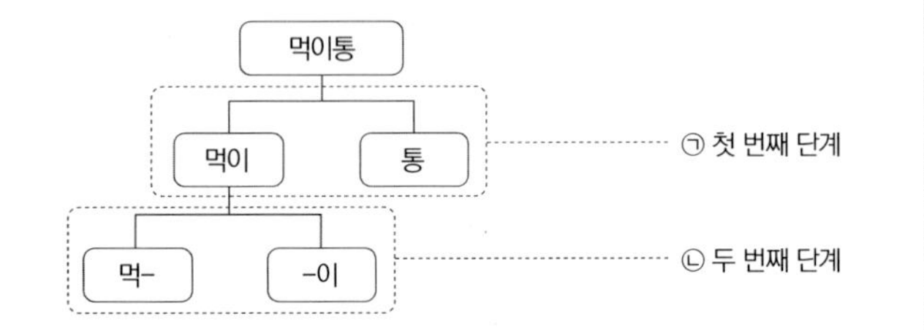

① '울음보'는 ㉠에서 어근과 접사로 분석되고, ㉡에서 어근과 접사로 분석된다.

② '헛웃음'은 ㉠에서 어근과 어근으로 분석되고, ㉡에서 어근과 접사로 분석된다.

③ '손목뼈'는 ㉠에서 어근과 접사로 분석되고, ㉡에서 어근과 어근으로 분석된다.

④ '얼음길'은 ㉠에서 어근과 접사로 분석되고, ㉡에서 어근과 어근으로 분석된다.

⑤ '물놀이'는 ㉠에서 어근과 어근으로 분석되고, ㉡에서 어근과 어근으로 분석된다.

04

〈보기〉의 ㉠과 ㉡을 모두 충족하는 예로 적절한 것은?

〈보기〉

'붙잡다'의 어간 '붙잡-'은 어근 '붙-'과 어근 '잡-'으로 나뉘고, '잡히다'의 어간 '잡히-'는 어근 '잡-'과 접사 '-히-'로 나뉜다. 이렇듯 어떤 말을 둘로 나누었을 때 나누어진 두 요소 각각을 직접 구성 요소라 하는데, 어근과 어근으로 분석되는 말을 합성어라 하고 어근과 접사로 분석되는 말을 파생어라 한다.

그런데 ㉠어간이 3개 이상의 구성 요소로 이루어진 경우가 있다. 이때 ㉡직접 구성 요소가 먼저 어근과 어근으로 분석되면 합성어이고 어근과 접사로 분석되면 파생어이다. 예컨대 '밀어붙이다'는 직접 구성 요소가 먼저 어근과 어근으로 분석되므로 합성어이다.

① 밤새 거센 비바람이 <u>내리쳤다</u>.

② 책임을 남에게 <u>떠넘기면</u> 안 된다.

③ 차바퀴가 진흙 바닥에서 <u>헛돌았다</u>.

④ 거리에는 매일 많은 사람이 <u>오간다</u>.

⑤ 그들은 끊임없이 <u>짓밟혀도</u> 굴하지 않았다.

05

〈보기〉의 ㉠에 해당하는 예로 적절한 것은?

〈보기〉

합성어는 어근과 어근이 결합하여 형성되는데, 어근들의 결합 방식에 따라 다음과 같이 둘로 나눌 수 있다.

• 통사적 합성어: 어근들의 결합 방식이 일반적인 문장 구성 방식과 같은 합성어

• ㉠비통사적 합성어: 어근들의 결합 방식이 일반적인 문장 구성 방식과 다른 합성어

① 아이들이 <u>뛰노는</u> 소리가 밖에서 들렸다.

② 서로 <u>몰라볼</u> 정도로 세월이 많이 흘렀다.

③ 저마다의 <u>타고난</u> 소질을 계발하는 것이 중요하다.

④ <u>지난달</u>부터 공부를 열심히 했더니 자신감이 생겼다.

⑤ 망치질을 자주 하다 보니 손바닥에 <u>굳은살</u>이 박였다.

06

〈보기〉의 ㉠~㉣을 바르게 분류한 것은?

〈보기〉

※ 다음 밑줄 친 단어를 통해 합성어의 형성 과정을 탐구해 보자.

• 이곳은 ㉠<u>이른바</u> 우리나라의 곡창 지대이다.
• 붕대로 ㉡<u>감싼</u> 상처가 정말 심각해 보였다.
• 집행부가 질서과 ㉢<u>바로잡을</u> 계획을 세웠다.
• 대학교에 가려면 ㉣<u>건널목</u>을 건너야만 한다.

[탐구 과정]

어근의 배열이 우리말의 일반적인 문장 구성 방식에 맞습니까? → (아니요) → [A]

↓ 예

합성어의 품사와 합성어를 이루는 뒤 어근의 품사가 일치합니까? → (아니요) → [B]

↓ 예

[C]

	[A]	[B]	[C]
①	㉠	㉡, ㉣	㉢
②	㉠, ㉢	㉡	㉣
③	㉡	㉠	㉢, ㉣
④	㉡	㉢	㉠, ㉣
⑤	㉡, ㉣	㉢	㉠

07

〈보기〉의 ㉠과 ㉡에 모두 해당하는 단어로 적절한 것은?

〈보기〉

복합어는 어근과 어근이 결합되거나 어근에 접사가 결합되어 만들어진다. 이런 결합 관계는 여러 번에 걸쳐 일어나기도 해서, ㉠<u>어근과 어근이 결합한 데 다시 접사가 붙는 경우</u>도 있고, 어근과 접사가 결합한 데 다시 접사가 붙는 경우도 있다. 이때 ㉡<u>접사가 결합되어 어근의 품사가 변하는 경우</u>도 있다.

① 군것질　② 바느질　③ 겹겹이　④ 다듬이　⑤ 헛웃음

벌크-UP

[01~02] 다음 글을 읽고 물음에 답하시오.

합성어는 일반적으로 두 개 이상의 어근이 결합되어 형성된 단어를 말하는데, 분류 기준에 따라 몇 가지로 나눌 수 있다.

첫째, 합성 명사, 합성 부사, 합성 동사 등과 같이 합성어의 품사를 기준으로 분류할 수 있다. 예를 들어 '불꽃'은 명사와 명사가 결합한 합성 명사이고, '곧잘'은 부사와 부사가 결합한 합성 부사, '힘쓰다'는 명사와 동사가 결합한 합성 동사이다.

둘째, 대등 합성어, 종속 합성어, 융합 합성어와 같이 결합하는 어근들의 의미 관계를 기준으로 분류할 수 있다. 대등 합성어는 결합하는 어근들의 의미가 대등한 관계를 이루는 것으로, '앞뒤, 오르내리다' 등이 여기에 해당한다. 종속 합성어는 선행 어근이 후행 어근을 수식하는 구조로, 선행 어근이 후행 어근에 의미상 종속되어 있는 합성어이다. '돌다리, 산길' 등이 여기에 해당한다. 한편, 융합 합성어는 어근들이 결합하면서 각 어근이 본래 갖고 있던 의미에서 벗어나 새로운 의미를 갖는 합성어를 말한다. 예를 들어 '나는 그분께 춘추(春秋)를 여쭈어 보았다.'에서 '춘추(春秋)'는 '봄'과 '가을'이라는 기존의 의미에서 벗어나 '어른의 나이를 높여 이르는 말'로 사용된 것이다.

[A]
셋째, 어근의 결합 방식이 국어의 일반적인 통사적 구성과 일치하는지를 기준으로 통사적 합성어와 비통사적 합성어로 분류할 수 있다. 통사적 합성어는 명사와 명사가 결합한 '산나물', 부사와 부사가 결합한 '실룩샐룩', 부사와 용언이 결합한 '그만두다', 연결 어미에 의해 용언의 어간과 어간이 결합한 '뛰어가다' 등과 같이 국어의 일반적인 통사적 구성을 따른 합성어를 말한다. 반면 비통사적 합성어는 용언의 어간과 명사가 결합한 '접칼', 연결 어미 없이 용언의 어간과 어간이 직접 결합한 '굶주리다', 부사와 명사가 결합한 '척척박사' 등과 같이 국어의 일반적인 통사적 구성과 일치하지 않는 합성어를 말한다.

01

윗글을 바탕으로 〈보기〉의 ㉠~㉣을 이해한 내용으로 적절하지 <u>않은</u> 것은?

〈보기〉
• 농부들이 ㉠피땀으로 일군 ㉡논밭에 가을이 왔다.
• 이 ㉢봄비가 그치고 여름이 오면, 포도가 ㉣송이송이 영글어 갈 것이다.

① ㉠은 두 어근의 본래 의미에서 벗어나 '노력과 수고'라는 새로운 의미로 사용되었으므로 융합 합성어이다.

② ㉡은 합성 명사로, 선행 어근이 후행 어근에 의미상 종속되어 있다.

③ ㉠과 ㉣은 모두 명사와 명사가 결합한 합성어이며, 두 합성어의 품사는 동일하다.

④ ㉡과 ㉢은 결합하는 어근들의 의미 관계가 다른 합성어이지만, 두 합성의 품사는 동일하다.

⑤ ㉡과 ㉣은 모두 결합한 어근들의 의미가 대등한 관계를 이루는 합성어이지만, 두 합성어의 품사는 다르다.

02

다음은 [A]와 관련된 학습지의 일부이다. ㉠~㉤에 들어갈 내용을 탐구한 것으로 적절하지 <u>않은</u> 것은?

〈보기〉

단어	결합 방식	구분	다른 예
또다시 → 또+다시	㉠	통사적 합성어	㉡
첫사랑 → 첫+사랑	관형사와 명사의 결합	㉢	왼쪽
붙잡다 → 붙-+잡다	용언의 어간과 어간이 직접 결합	㉣	㉤

① ㉠에는 '부사와 부사의 결합'이 들어가겠군.

② ㉡에는 '하루빨리'를 넣을 수 있겠군.

③ ㉢에는 '통사적 합성어'가 들어가겠군.

④ ㉣에는 '비통사적 합성어'가 들어가겠군.

⑤ ㉤에는 '굳세다'를 넣을 수 있겠군.

호루라기 관장님의
하드 트레이닝

공부한 날	월	일	요일
맞은 개수		/ 35	

No	다음 빈칸에 알맞은 말을 써서 문장을 완성하시오.
01	(　　　　)는 일정한 뜻을 가진 가장 작은 말의 단위를 의미한다.
02	(　　　)는 뜻을 가지고 홀로 쓰일 수 있는 말과 자립할 수 있는 말의 뒤에 붙어서 문법적 기능을 나타내는 말이다.
03	형태소의 종류는 자립성이 있으면 (　　　) 형태소, 자립성이 없으면 (　　　) 형태소로 분류할 수 있다.
04	형태소의 종류는 의미와 기능에 따라 구체적인 대상, 상태, 동작 등의 실질적인 의미가 있으면 (　　　) 형태소, 형식적이면서 문법적인 의미가 있으면 (　　　) 형태소로 분류할 수 있다.
05	(　　　) 형태소에는 조사, 어간, 어미, 접사가 속하고, (　　　) 형태소에는 조사, 어미, 접사가 속한다.
06	뜻을 지니고 홀로 쓰일 수 있는 말의 단위는 (　　　)이므로, (　　　) 형태소는 그 자체가 하나의 단어가 된다.
07	(　　　)는 홀로 쓰일 수 없는 의존 형태소이지만 단어로 인정되므로, 단어에는 홀로 쓰일 수 있는 말에 붙어 쉽게 분리되는 말이라는 의미도 포함된다.
08	(　　　)은 단어에서 중심 의미를 나타내는 부분으로, 단어의 실질적인 의미를 나타내는 형태소이다.
09	(　　　)는 어근의 앞이나 뒤에 붙어서 뜻을 더하거나 제한하는 형태소이다.
10	'어머니'와 같이 하나의 어근으로 이루어진 단어는 (　　　)이다.
11	'알밥, 지우개'와 같이 둘 이상의 어근이 만나거나 어근과 접사의 결합으로 이루어진 단어는 (　　　)이다.
12	'집안'과 같이 둘 이상의 어근으로 구성된 복합어는 (　　　)라고 하고, '부채질'과 같이 어근과 접사로 구성된 복합어는 (　　　)라고 한다.
13	우리말의 일반적인 배열 순서에 따라 만들어진 합성어는 (　　　) 합성어, 우리말의 일반적인 배열 순서에 어긋나는 합성어는 (　　　) 합성어라고 한다.
14	어근의 앞에 붙는 접사는 (　　　), 어근의 뒤쪽에 붙는 접사는 (　　　)라고 한다.

No	단어	단어의 형태소를 다음과 같이 나누시오.
예	참치김밥	참치/김/밥
15	날고기	
16	높푸르다	
17	민소매	
18	검붉다	
19	풋사과	
20	새파랗다	
21	꽃답다	
22	볶음밥	
23	이야기책	
24	뛰놀다	
25	굳세다	
26	또다시	
27	돌아가다	
28	덮밥	
29	사랑하다	
30	맨주먹	
31	휘날리다	
32	덧버선	
33	코흘리개	
34	평화롭다	
35	반짝거리다	

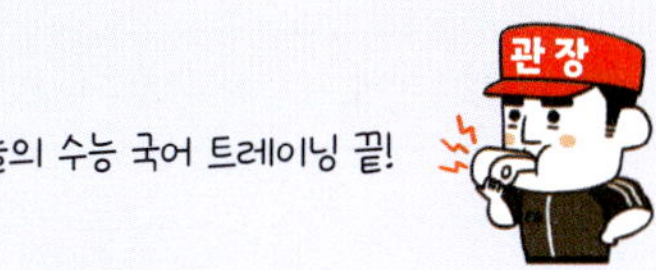
오늘의 수능 국어 트레이닝 끝!

005 품사 ❶ - 명사

1 품사

- 단어들을 (1 ㅅㅈ   )이 공통된 것끼리 모아 갈래를 지어 놓은(분류한) 것
- 형태, 기능, 의미를 기준으로 구분함.

(1) 형태에 따른 분류

가변어	문장 안에서 형태가 변하는 단어	동사, 형용사, 서술격 조사 '이다'
불변어	문장 안에서 형태가 변하지 않는 단어	명사, 대명사, 수사, 관형사, 부사, 조사, 감탄사

조사가 불변어에 속하는 것은 조사를 단어로 인정했기 때문입니다. 이때 조사 가운데 서술격 조사 '이다'는 예외적으로 가변어에 속하는 것으로 분류합니다. '이다, 이니, 이면서, 이니까' 등과 같이 여러 가지 형태를 가질 수 있기 때문입니다.

(2) 기능에 따른 분류

체언	• 문장에서 (2 ㅈㅇ), 목적어, 보어와 같은 주체적인 성분을 이루는 단어 • 명사, 대명사, 수사가 해당됨. • 조사와 결합하거나 **관형어***의 수식을 받을 수 있음.
관계언	문장에 쓰인 단어들의 관계를 나타내는 기능을 하는 단어로, 조사가 해당됨.
수식언	• 뒤에 오는 말을 수식하거나 한정하는 기능을 하는 단어 • 관형사와 부사가 해당되며, 관형사는 체언을 수식하고, 부사는 용언이나 문장, 관형사나 다른 부사 등을 수식함.
독립언	문장 성분과 관계없이 독립적으로 쓰일 수 있으며, 감탄사가 해당됨.
용언	• 문장 내에서 주어를 서술하는 기능을 함. • 동사와 형용사가 해당됨.

(3) 의미에 따른 분류

- 단어의 의미에 따라 명사, 대명사, 수사, 조사, 관형사, 부사, 감탄사, 동사, 형용사로 분류함.

2 명사

- 사람이나 사물, 장소 등 구체적인 대상의 이름을 나타내는 말
- 관형어의 수식을 받거나 조사와 결합할 수 있음.

3 명사의 분류

(1) 사용 범위에 따른 분류

고유 명사	• 특정 대상을 다른 개체와 구별하여 붙인 이름 • 특정하거나 유일한 대상의 이름을 나타내는 명사	예 서울, 이순신, 한라산, 대한민국
보통 명사	• 공통된 속성을 지닌 대상들을 아울러 (3 ㅁㅍ)하는 이름 • 어떤 속성을 지닌 대상의 이름에 두루 쓰이는 명사	예 꽃, 나무, 생각, 우정, 하늘, 학생

(2) 자립성 유무에 따른 분류

자립 명사	다른 말의 도움 없이 혼자 자립적으로 쓰일 수 있는 명사	예 구름, 노을, 사람
의존 명사	반드시 앞에 꾸며 주는 말이 있어야 하는 명사	예 것, 뿐, 따름

개념알통

감정 표현과 구체성 여부에 따른 명사 분류

감정 표현 여부	유정 명사	감정 표현이 가능함.
	무정 명사	감정 표현이 불가능함.
구체성 여부	구체 명사	손으로 만질 수 있는 대상임.
	추상 명사	손으로 만질 수 없는 대상임.

→ 예를 들어 '사람'은 유정 명사이자 구체 명사이고, '꽃'은 무정 명사이자 구체 명사이다.

의존 명사는 의존 형태소가 아닌가요?

네, 맞습니다. 의존 명사는 의존 형태소가 아니라 자립 형태소입니다. 의존 명사는 관형어 없이 쓰일 수 없는 의존성을 지니고 있지만, 명사이기 때문에 자립 형태소로 분류합니다.

개념알통

의존 명사와 조사의 구별

의존 명사	조사
• 주로 용언의 관형사형 뒤에 옴. 예 원하는 <u>만큼</u> 가져라.	• 주로 체언 뒤에 오며, 체언에 붙여 씀. 예 꽃이 사과<u>만큼</u> 빨갛다.

***관형어**: 체언 앞에서 체언의 뜻을 꾸며 주는 구실을 하는 문장 성분

【초성 답】 **1** 성질 **2** 주어 **3** 대표

006 품사 ❷ - 대명사

1 대명사

- 명사를 대신하여 나타내는 말
- 주로 인칭 대명사와 지시 대명사로 구분함.

2 인칭* 대명사

- (1 ㅅㄹ)을 대신하여 가리키는 말
- 지시 대상이 화자냐, 청자냐, 제3자냐에 따라 1~3인칭으로 나눌 수 있음.

1인칭 대명사	화자가 자기 혹은 자기의 무리를 이르는 대명사	예 나, 저, 우리
2인칭 대명사	(2 ㅊㅈ)를 이르는 대명사	예 너, 그대, 너희, 당신, 자네
3인칭 대명사	화자와 청자 이외의 사람을 가리키는 대명사	예 그, 이분, 그분, 저분, 그이, 저이
미지칭 대명사	모르는 대상을 가리킬 때 사용하는 대명사	예 누구, 어느
부정칭 대명사	정해지지 않은 대상을 가리킬 때 사용하는 대명사	예 아무, 아무개
재귀 대명사	앞에서 나온 대상을 도로 나타낼 때 사용하는 3인칭 대명사	예 저, 자기, 당신

'우리'는 두 가지 해석이 가능한데, '우리 빵 먹자!'처럼 화자와 청자를 모두 가리키는 경우와 '너 혼자 먹어. 우리는 밥 먹었어.'처럼 청자를 제외하는 경우가 있습니다. 또한 '우리'는 '우리 집', '우리 아빠', '우리나라'처럼 공동체 의식을 나타내는 데 쓰이기도 합니다.

3 지시 대명사

- 사람 이외의 사물이나 (3 ㅈㅅ)의 이름을 대신하여 지시하는 대명사
- 인칭 대명사에 비해 지시 대명사는 수가 비교적 한정됨.
- 사물을 가리키는 사물 대명사와 장소를 가리키는 처소* 대명사가 있음.

사물 대명사	사물의 이름을 대신하여 가리키는 대명사	예 이, 그, 저, 이것, 그것, 저것, 무엇
처소 대명사	장소의 이름을 대신하여 가리키는 대명사	예 여기, 거기, 저기, 이곳, 그곳, 저곳

개념 당기는 예시

- 자네, 이도 저도 아니고 어중간하게 서 있지 말고 여기로 와.
- → 대명사는 한 문장에서 여러 번 사용될 수 있음.

개념 알통

대명사의 특징

- 선행 개념을 대신함. 이때 선행 개념은 문맥이나 말하는 상황에 의해 결정됨.
- 명사는 관형사의 수식을 받는 반면, 대명사는 관형사의 수식을 받지 못함.
  예 <u>그 내가</u> 빵을 먹을래요. (×)

개념 알통

인칭 대명사 '당신'의 쓰임

인칭 대명사 '당신'은 대개 선행하는 3인칭 주어를 도로 가리키지만 2인칭 주어를 가리킬 때도 사용된다.

- 듣는 이를 가리키는 2인칭 대명사
  예 <u>당신</u>은 내일 어디로 가나요?
- 부부 사이에서 상대편을 높여 이르는 2인칭 대명사
  예 <u>당신</u>에게 좋은 남편이 되도록 노력할게요.
- 맞서 싸우는 상대방을 낮잡아 이르는 2인칭 대명사
  예 <u>당신</u>이 뭔데 참견을 해.
- 존칭으로 쓰이는 3인칭 재귀 대명사
  예 사장님께서는 <u>당신</u>의 주장만 옳다고 하신다.

---

* **인칭**: 명사, 대명사, 동사에 관계하는 문법 범주의 하나. 화자가 자신을 가리키는 제일 인칭, 청자를 가리키는 제이 인칭, 제일 인칭과 제이 인칭을 제외한 나머지를 가리키는 제삼 인칭이 있음.

* **처소**: 사람이 기거하거나 임시로 머무는 곳. 또는 어떤 일이 벌어지거나 어떤 물건이 있는 곳

【초성 답】 1 사람 2 청자 3 장소

007 품사 ❸ - 수사

단어

❶ 수사의 개념

• 사물의 수량이나 순서를 나타내는 말

양수사	사물의 수량을 나타내는 수사	예 하나, 둘, 셋, 일, 이, 삼
서수사	사물의 순서를 나타내는 수사	예 첫째, 둘째, 셋째, 제일, 제이, 제삼

❷ 수사의 특징

• 조사와 결합할 수 있다는 점에서 (¹ ㅊㅇ)의 하나임.
• 접미사로 복수의 의미를 나타낼 수는 없고, (² ㅂㅂ)을 통해 복수의 의미를 나타냄.
• 특별한 경우가 아니면 관형사의 수식을 받을 수 없음.

개념 당기는 예시

• 하나하나, 둘둘 → 하나의 수를 반복하여 여러 개가 있음을 나타냄.
• 새 하나, 헌 둘(×) → 수사는 '새, 헌' 등과 같은 관형사의 수식을 받을 수 없음.

• 사물의 (³ ㅅㄹ)이나 순서를 가리키는 단어로 크게 양수사와 서수사로 나눔.

양수사	고유어계 양수사	예 하나, 둘, 셋
	여러 개를 한꺼번에 셀 때 사용되는 고유어계 양수사	예 몇, 한둘, 두셋, 대여섯
	한자어계 양수사	예 영(零), 일, 이, 백(百), 천(千)
서수사	'째'가 결합하는 고유어계 서수사	예 첫째, 둘째, 셋째
	한자어계 서수사	예 제일, 제이, 제삼

개념 갈고리 수사와 수관형사의 차이

구분	수사	수 관형사
개념	사물의 수량이나 순서를 나타내는 품사	사물의 수나 양을 나타내는 관형사
문장 성분	체언	수식언
조사 결합	조사와 결합할 수 있음.	조사와 결합할 수 없음.
역할	문장에서 주어나 목적어 등의 역할을 함.	체언을 수식하는 역할을 함.
예시	• 냉장고에서 사과 하나를 꺼냈다. → '하나'라는 수사 뒤에 조사 '를'이 결합함. • 우리 가족은 모두 셋이다. → '셋'이라는 수사 뒤에 조사 '이다'가 결합함.	• 저 책 한 권 주세요. → 수 관형사 '한'이 단위성 의존 명사 '권'을 수식함. • 세 사람이 마트에서 장을 보고 있다. → 수 관형사 '세'가 단위성 의존 명사 '사람'을 수식함.

개념 알통

수사와 명사의 품사 통용

차례를 나타내는 수사가 특별한 의미를 가지거나 사람을 지칭하면 명사로 쓰인 것이다.

첫째	
수사	순서가 가장 먼저인 차례 예 수술할 때는 첫째, 마취를 해야 한다.
명사	(주로 '첫째로' 꼴로 쓰여) 무엇보다도 앞서는 것 예 신발은 첫째로 발이 편해야 한다.
	여러 형제자매 가운데서 제일 손위인 사람(= 맏이) 예 옆집 첫째가 벌써 고등학생이다.

둘째	
수사	순서가 두 번째가 되는 차례 예 첫째, 밥을 잘 먹고, 둘째, 잠을 잘 자라.
명사	맨 앞에서부터 세어 모두 두 개가 됨을 이르는 말 예 잡초를 벌써 둘째 뽑는다.
	둘째 자식 예 우리 둘째가 시험에 합격했다.

개념 트레이닝 ZONE

문제를 풀며 개념 근육을 키워 보세요!

01 다음 설명의 알맞은 말에 ○표 하시오.

(1) 체언은 주로 (어미 / 조사)와 결합하며 형태가 변하지 않는다.

(2) 구체적인 대상의 이름을 나타내는 단어는 (명사 / 대명사)라고 하고, 이를 대신하여 가리키는 단어는 (명사 / 대명사)라고 한다.

(3) 명사는 일반적인 대상을 나타내는 (보통 / 고유) 명사와 특정한 하나의 대상을 나타내는 (보통 / 고유) 명사로 나눌 수 있다.

(4) '누구'는 대상의 이름이나 신분을 모를 때 사용하는 (미지칭 / 부정칭) 인칭 대명사이다.

(5) 수사는 (조사 / 어미)와 결합할 수 있으며 혼자서 복수의 의미를 나타낼 수 (있다 / 없다).

02 다음 단어를 항목에 따라 나누어 쓰시오.

배　우리　셋　저기　너　이순신　그것　나라　첫째

이름을 나타내는 말	
이름을 대신 나타내는 말	
수량이나 순서를 나타내는 말	

03 다음 문장에서 밑줄 친 단어들을 항목에 따라 나누어 쓰시오.

> 나는 지수에게 갖고 있던 연필 하나를 주었다.

이름을 나타내는 말	
이름을 대신 나타내는 말	
수량이나 순서를 나타내는 말	

04 다음 문장에서 밑줄 친 단어들을 항목에 따라 나누어 쓰시오.

> 동네 서점에서 파는 책 한 권의 가격은 반장인 하준이가 안다.

사용 범위	고유 명사	
	보통 명사	
자립성 유무	자립 명사	
	의존 명사	

05 다음 인칭 대명사를 인칭에 따라 나누어 쓰시오.

너　그　나　자네　이분　저　이이　그대　저희

1인칭 대명사	
2인칭 대명사	
3인칭 대명사	

06 다음 밑줄 친 대명사의 종류에 ○표 하시오.

(1) 저 사람은 <u>누구</u>인가?	재귀	부정칭	미지칭
(2) 약속 장소에 <u>아무</u>도 오지 않았다.	재귀	부정칭	미지칭
(3) 재민이는 뭐든지 <u>자기</u> 마음대로 한다.	재귀	부정칭	미지칭

07 다음 ㉠, ㉡에서 체언에 해당하는 부분을 모두 찾아 쓰시오.

> ㉠ 첫째, 저는 이곳에 처음으로 찾아온 것입니다.
> ㉡ 하나라도 거기에 문제가 발생한다면 용서하지 않겠다.

구분	㉠	㉡
명사		
대명사		
수사		

08 다음 짝지어진 문장의 뜻이 비슷하도록 알맞은 수사를 쓰시오.

고유어계 양수사	하나에 넷을 더하면 다섯이다.
↓	
한자어계 양수사	(　　)에 (　　)를 더하면 (　　)이다.
고유어계 서수사	나의 꿈은 첫째도 자유이고, 둘째도 자유이다.
↓	
한자어계 서수사	나의 꿈은 (　　)도 자유이고, (　　)도 자유이다.

워밍-UP

01

밑줄 친 부분이 〈보기〉의 ㉠에 해당하지 <u>않는</u> 것은?

> ────〈보기〉────
>
> 국어에서는 의존 명사가 수량을 표현하는 말 뒤에 쓰여 수효나 분량 따위의 단위를 나타내는 경우가 일반적이지만, ㉠<u>자립 명사가 단위를 나타내는 경우</u>도 있다. 예를 들어 '사람'은 자립 명사로 쓰이기도 하지만 수량을 표현하는 말 뒤에 쓰여 사람을 세는 단위를 나타낼 수도 있다.
>
> • 의존 명사: 그 아이는 올해 아홉 살이다.
> • 자립 명사: 그는 <u>사람</u>을 부리는 재주가 있다.
> • 자립 명사가 단위를 나타내는 경우: 친구 다섯 <u>사람</u>과 함께 도서관에 갔다.

실력 자랑 밑줄 친 부분이 ㉠에 해당하는지 아닌지 파악해 보세요.

① 이 글에는 여러 <u>군데</u> 잘못이 있다. ○✕
② 앉은자리에서 밥 두 <u>그릇</u>을 다 먹었다. ○✕
③ 시장에서 수박 세 <u>덩어리</u>를 사 가지고 왔다. ○✕
④ 할아버지께서는 밥을 몇 <u>숟가락</u> 겨우 뜨셨다. ○✕
⑤ 나는 서너 <u>발자국</u> 뒤로 물러서다가 냅다 도망쳤다. ○✕

02

밑줄 친 말 가운데 〈보기〉의 [A]의 사례로 추가하기에 적절하지 <u>않은</u> 것은?

> ────〈보기〉────
>
> 합성어의 품사는 합성어를 구성하는 어근의 품사와 관계없이 새로운 품사가 되기도 하지만, [A]<u>일차적으로 직접 구성 성분[*] 분석을 했을 때 맨 끝 구성 성분의 품사에 따라 결정되는 경우</u>가 많다. 그 사례는 아래와 같다.
>
> | 단어 | 직접 구성 성분 분석 | 단어의 품사 |
> | --- | --- | --- |
> | 큰집 | 큰(형용사)+집(명사) | 명사 |
> | 본받다 | 본(명사)+받다(동사) | 동사 |
> | ⋮ | ⋮ | ⋮ |
>
> *직접 구성 성분: 어떤 언어 단위를 층위를 두고 분석할 때 일차적으로 분석되어 나오는 성분

실력 자랑 다음 단어들의 직접 구성 성분을 분석해 보세요.

낯설다	낯( )+설다( )
어느새	어느( )+새( )
남다르다	남( )+다르다( )
하루빨리	하루( )+빨리( )

03

〈보기〉의 담화 상황으로 볼 때, ㉠~㉣에 대한 설명으로 적절하지 <u>않은</u> 것은?

> ────〈보기〉────
>
> A: 영희가 말도 없이 책을 가져갔다고 민수가 화가 많이 났더라. 그런데 ㉠<u>그것</u>이 사실이야?
> B: 아니, 내가 영희에게 민수 말이 맞느냐고 물어봤는데, ㉡<u>자기</u>는 분명히 말하고 가져갔다고 그러더라.
> A: 서로 의사소통이 잘 안됐나 보다. ㉢<u>아무나</u> 좋으니 일단 나서서 민수와 영희의 오해를 풀어주는 게 좋겠다. 그나저나 어제 저녁에 교실에 있었던 애들이 ㉣<u>누구</u>였는지 기억나?
> B: 나도 ㉤<u>거기</u>에 누가 있었는지는 기억이 안 나네.

실력 자랑 ㉠~㉤에 대해 파악해 보세요.

㉠	( )는 사실
㉡	(영희 / 민수)
㉢	(특정 대상 / 불특정 대상)
㉣	지시 대상을 알고 있음. (○ / ✕)
㉤	( )을 가리킴.

① ㉠은 '민수가 화가 많이 난 것'을 간단히 표현하려고 사용한 대명사이다. ○✕
② ㉡은 B가 앞서 언급한 '영희'를 도로 나타내기 위해 사용한 대명사이다. ○✕
③ ㉢은 화자가 <u>불특정 대상을 가리키기 위해 사용한 대명사이다.</u> ○✕
④ ㉣은 화자가 <u>지시 대상을 정확히 모르고 있어서 사용한 대명사</u>이다. ○✕
⑤ ㉤은 A가 앞서 언급한 '교실'을 가리키기 위해 사용한 대명사이다. ○✕

펌핑-UP

01

㉠~㉾ 중 〈보기〉의 '바'에 해당하는 것만을 고른 것은?

> ㉠ 다양한 유형의 선행 요소와 결합하는 것
> ㉡ 선행 요소로 용언의 관형사형과만 결합하는 의존 명사
> ㉢ 다양한 격 조사와 결합하여 여러 문장 성분으로 쓰이는 것
> ㉣ 특정 격 조사와만 결합하는 것
> ㉤ 다양한 용언과 결합하여 쓰일 수 있는 것
> ㉥ 특정 용언과만 결합하는 것

〈보기〉

의존 명사 '바'

- 우리가 나아갈 바를 밝혔다.
- 이것이 우리가 생각한 바이다.
- 그것은 *그 / *생각의 바와 다르다.
- 그것에 대해 내가 아는 바가 없다.
- 그가 우리 사회에 공헌한 바가 크다.

※ '*'는 어법에 맞지 않음을 나타냄.

① ㉠, ㉢, ㉤   ② ㉠, ㉣, ㉥   ③ ㉡, ㉢, ㉤

④ ㉡, ㉣, ㉤   ⑤ ㉡, ㉣, ㉥

02

〈보기〉의 담화 상황에서 ⓐ~ⓔ가 가리키는 대상이 같은 것끼리 바르게 짝지은 것은?

〈보기〉

(수빈, 나경, 세은이 대화를 하고 있다.)

수빈: 나경아, 머리핀 못 보던 거네. 예쁘다.

나경: 고마워. ⓐ우리 엄마가 얼마 전 새로 생긴 선물 가게에서 사 주셨어.

세은: 너희 어머니 참 자상하시네. 나도 그런 머리핀 하나 사고 싶은데 ⓑ우리 셋이 지금 사러 갈까?

수빈: 미안해. 나도 같이 가고 싶은데 ⓒ우리 집에 일이 있어 못 갈 것 같아.

세은: 그래? 그럼 할 수 없네. ⓓ우리끼리 가지, 뭐.

나경: 그래, 수빈아. 다음엔 꼭 ⓔ우리 다 같이 가자.

① ⓐ-ⓑ   ② ⓐ-ⓓ   ③ ⓑ-ⓔ

④ ⓒ-ⓓ   ⑤ ⓒ-ⓔ

03

〈보기〉의 선생님의 질문에 답한 내용으로 적절하지 <u>않은</u> 것은?

〈보기〉

선생님: 우리말에서 어근과 어근이 결합하여 합성 명사를 이룰 때, 뒤 어근의 예사소리가 된소리로 바뀌거나 두 어근 사이에 'ㄴ'이 첨가되기도 합니다. 다음은 이와 관련된 표준 발음법의 규정을 정리한 것입니다.

> ㉮ 'ㄱ, ㄷ, ㅂ, ㅅ, ㅈ'으로 시작하는 단어 앞에 사이시옷이 올 때는 이들 자음만을 된소리로 발음하는 것을 원칙으로 하되, 사이시옷을 [ㄷ]으로 발음하는 것도 허용한다.
> ㉯ 사이시옷 뒤에 'ㄴ, ㅁ'이 결합되는 경우에는 [ㄴ]으로, '이' 음이 결합되는 경우에는 [ㄴㄴ]으로 발음한다.

㉮는 앞 어근의 끝소리가 울림소리이고 뒤 어근의 첫소리가 안울림 예사소리이면 뒤의 예사소리가 된소리로 바뀌는 현상과 관련된 규정입니다. 그리고 ㉯는 앞 어근이 모음으로 끝나고 뒤 어근이 'ㄴ, ㅁ'으로 시작되면 앞 어근의 끝소리에 'ㄴ' 소리가 첨가되는 현상, 혹은 앞 어근이 모음으로 끝나고 뒤 어근이 모음 'ㅣ'나 반모음 'ㅣ'로 시작되면 앞 어근의 끝소리와 뒤 어근의 첫소리에 각각 'ㄴ'이 첨가되는 현상과 관련된 규정입니다.

그러면, 이를 바탕으로 다음 단어들에 대해 설명해 볼까요?

> 빨랫돌[빨래똘 / 빨랟똘], 옷깃[옫낃],
> 홑이불[혼니불], 뱃머리[밴머리], 깻잎[깬닙]

① '빨랫돌'은 합성 명사로, 앞 어근의 끝소리가 울림소리이고 뒤 어근의 첫소리가 된소리로 바뀌므로 ㉮의 예로 볼 수 있어요.

② '옷깃'은 합성 명사이고 예사소리가 된소리로 바뀌는 현상이 나타나므로 ㉮의 예로 볼 수 있어요.

③ '홑이불'은 'ㄴ'의 첨가가 나타나지만, '홑-'이 접사이므로 ㉯의 예로 볼 수 없어요.

④ '뱃머리'는 합성 명사로, 앞 어근이 모음으로 끝나고 뒤 어근이 'ㅁ'으로 시작하는 음운 환경에서 앞 어근의 끝소리에 'ㄴ'이 첨가되므로 ㉯의 예로 볼 수 있어요.

⑤ '깻잎'은 합성 명사로, 앞 어근이 모음으로 끝나고 뒤 어근이 'ㅣ'로 시작되는데 앞 어근의 끝소리와 뒤 어근의 첫소리에 각각 'ㄴ'이 첨가되므로 ㉯의 예로 볼 수 있어요.

 벌크-UP

[01~02] 다음 글을 읽고 물음에 답하시오.

명사는 자립성의 유무에 따라 자립 명사와 의존 명사로 나눌 수 있다. 가령 '새 물건이 있다.'에서 '물건'은 관형어인 '새'가 없이 단독으로 쓰일 수 있기 때문에 자립 명사이다. 이와 달리 '헌 것이 있다.'에서 '것'은 관형어인 '헌'이 생략되면 '것이 있다.'와 같이 문법에 맞지 않는 문장이 되므로 의존 명사이다. 이처럼 의존 명사는 관형어의 수식 없이 단독으로 쓰일 수 없으며 조사와 결합한다는 특징이 있다.

의존 명사는 특정한 형태의 관형어를 요구하는 선행어 제약과, 특정 서술어나 격 조사와만 결합하는 후행어 제약이 있다. 다음 예문에서 (ㄱ)은 선행어 제약을, (ㄴ)은 후행어 제약을 보여 준다.

(ㄱ) 여기 (온 / *오는 / *올 / *오던) 지가 오래되었다.

(ㄴ) 나는 공부를 할 수가 있다.

그는 좋아서 어쩔 줄을 몰랐다.

일어난 김에 일을 마무리하자.

우리는 네게 그저 고마울 따름이다.

(ㄱ)에서 '지'를 수식하는 관형어는 관형사형 어미 '-(으)ㄴ'과만 결합하므로 선행어가 제약된다. (ㄴ)에서 '수'는 주격 조사 '가'와, '줄'은 목적격 조사 '을'과, '김'은 부사격 조사 '에'와, '따름'은 서술격 조사 '이다'와만 결합하므로 후행어가 제약된다. 이와 달리 '것'은 결합할 수 있는 격 조사의 제약이 없이 두루 사용된다. 의존 명사가 선행어 제약이나 후행어 제약이 있는지를 판단할 때는 의존 명사가 쓰일 수 있는 다양한 예를 고려해야 한다.

[A]
한편 의존 명사 중에는 '만큼'과 같이 동일한 형태가 조사로도 쓰이는 경우가 있는데, 이처럼 하나의 형태가 여러 개의 품사로 쓰이는 것을 품사 통용이라 한다. 예를 들어 '먹을 만큼 먹었다.'의 '만큼'은 관형어 '먹을'의 수식을 받는 의존 명사이지만, '너만큼 나도 할 수 있다.'의 '만큼'은 체언 '너' 뒤에 붙는 조사이다. 이때 의존 명사는 앞말과 띄어 쓰고, 조사는 앞말과 붙여 써야 한다.

01

[A]를 참고할 때, 밑줄 친 단어의 띄어쓰기가 옳은지 판단한 결과로 적절하지 <u>않은</u> 것은?

	예문	판단 결과
①	노력한 <u>만큼</u> 대가를 얻는다.	✕
②	나도 형 <u>만큼</u> 운동을 잘 할 수 있다.	✕
③	그 사실을 몰랐던 <u>만큼</u> 충격도 컸다.	○
④	시간이 멈추기를 바랄 <u>만큼</u> 즐거웠다.	○
⑤	그곳은 내 고향<u>만큼</u> 아름답지는 않다.	○

02

윗글을 바탕으로 〈보기〉의 밑줄 친 단어를 이해한 내용으로 적절한 것은?

〈보기〉
ㄱ. 우리는 어찌할 <u>바</u>를 모르겠다.
ㄴ. 그들은 칭찬을 받을 <u>만</u>도 하다.
ㄷ. 그를 만난 것은 해 질 <u>무렵</u>이다.
ㄹ. 동생이 그런 일을 할 <u>리</u>가 없다.
ㅁ. 포수는 호랑이를 산 <u>채</u>로 잡았다.

① ㄱ의 '바'는 목적격 조사와만 결합할 수 있으므로 후행어 제약이 있군.
② ㄴ의 '만'은 관형사형 어미 '-(으)ㄹ'만 올 수 있으므로 선행어 제약이 있군.
③ ㄷ의 '무렵'은 서술격 조사 '이다'와만 결합할 수 있으므로 후행어 제약이 있군.
④ ㄹ의 '리'는 격 조사의 제약이 없이 두루 결합할 수 있으므로 후행어 제약이 없군.
⑤ ㅁ의 '채'는 '-(으)ㄴ' 외에 다른 관형사형 어미도 올 수 있으므로 선행어 제약이 없군.

🐾 두뇌 스트레칭 ZONE

의존 명사와 조사의 차이

관형어가 앞에 오면 의존 명사이고, 체언이 앞에 오면 조사임.

예 • 엄마가 화를 내실 <u>만</u>도 하다. → 의존 명사
　 • 나는 하루 종일 잠<u>만</u> 잤다. → 조사

No	다음 빈칸에 알맞은 말을 써서 문장을 완성하시오.
01	성질이 공통된 것끼리 모아 갈래를 지어 놓은 것을 (　　　)라고 한다.
02	품사는 단어의 (　　　) 변화의 여부, 문장 속에서 담당하고 있는 (　　　), 단어가 나타내는 (　　　)를 기준으로 하여 분류할 수 있다.
03	단어는 형태의 변화에 따라서 (　　　)와 불변어로 나눌 수 있다.
04	단어가 문장 안에서 하는 역할에 따라서 (　　　), 수식언, 관계언, 독립언, 용언으로 나눌 수 있다.
05	단어들이 어떠한 (　　　)를 가진 말이냐에 따라서 명사, 대명사, 수사, 관형사, 부사, 조사, 감탄사, 동사, 형용사로 나눌 수 있다.
06	단어의 형태가 변하는 것을 (　　　)라고 하고, 형태가 변하지 않는 것을 (　　　)라고 한다.
07	(　　　)은 문장에서 몸(體)의 역할을 하는 단어, 즉 문장의 뼈대가 되는 말이다.
08	(　　　)은 문장에서 주로 사물이나 사람의 움직임, 상태, 성질 등을 설명하는 단어로, 상황에 따라 다양하게 형태를 변화시켜 활용할 수 있다.
09	(　　　)는 사물의 이름을 나타내는 단어로, 구체적인 대상이나 추상적인 개념을 나타낸다.
10	특정한 사람이나 사물을 다른 것과 구별하여 부르기 위해 붙인 이름을 (　　　) 명사라고 하고, 여러 사물에 대하여 두루 적용될 수 있는 명사를 (　　　) 명사라고 한다.
11	홀로 쓰이지 못하고 다른 말의 꾸밈을 반드시 필요로 하는 자립성이 없는 명사를 (　　　) 명사라고 한다.
12	'삶, 우정, 행복, 평화'처럼 추상적인 개념을 나타내는 명사를 (　　　) 명사라고 한다.
13	(　　　)는 사물의 이름을 대신하여 가리키는 단어이다.
14	'이것, 저것'처럼 사물을 가리키는 대명사를 (　　　) 대명사라고 하고, '나, 너, 우리'처럼 사람을 가리키는 대명사를 (　　　) 대명사라고 한다.
15	수사는 수량이나 순서를 나타내는 단어로, 수량을 나타내는 수사는 (　　　), 순서를 나타내는 수사는 (　　　)라고 한다.

No	단어	단어의 종류를 모두 찾아 ○표 하시오.		
16	사랑	고유 명사	보통 명사	추상 명사
17	지우개	고유 명사	보통 명사	추상 명사
18	설악산	고유 명사	보통 명사	추상 명사
19	광화문	고유 명사	보통 명사	추상 명사
20	정의(正義)	고유 명사	보통 명사	추상 명사

No	문장에서 의존 명사를 찾아 ○표 하시오.
21	내가 1등인 것은 두말 할 나위가 없다.
22	한국을 떠난 지도 꽤 오래 되었다.
23	수영장에서 발을 헛디뎌 물에 빠질 뻔했다.
24	남아 있는 물건을 있는 대로 다 가져오세요.
25	잔칫상에 음식이 많아 먹을 만큼 덜어 먹었다.

No	단어	대명사의 종류를 찾아 ○표 하시오.		
26	우리	1인칭	2인칭	3인칭
27	자네	1인칭	2인칭	3인칭
28	저희	1인칭	2인칭	3인칭
29	그분	1인칭	2인칭	3인칭
30	여러분	1인칭	2인칭	3인칭

No	문장에서 지시 대명사를 모두 찾아 ○표 하시오.
31	어제 여기에서 먹은 떡볶이 맛이 최고였다.
32	고객님, 거기 앉아서 잠시만 기다려 주세요.
33	친구가 이것을 나에게 주어서 정말 감동이었다.
34	내가 저것을 그린 사람이야. 저기에 걸린 사실이 놀라워.

No	체언을 모두 찾아 ○표 하고, 품사를 순서대로 쓰시오.
35	넷이서 숲길을 산책했다.
36	우리는 함께 도서관에 가서 공부했다.

오늘의 수능 국어 트레이닝 끝!

008 품사 ❹ - 관형사

1 수식언의 개념

- 체언이나 용언 같은 다른 말 앞에 놓여 그 말을 (¹ ㅅㅅ)하거나 한정하는 기능을 하는 단어로, 관형사와 부사가 있음.
- 어형*이 고정되어 있어 활용할 수 없는 불변어임.
- 문장 안에서 주성분을 꾸며 주는 부속 성분임.

개념 당기는 예시

- 놀이공원에 온 모든 사람이 몹시 즐거워했다.
  - '사람'을 꾸며 주는 관형사 　　'즐거워했다'를 꾸며 주는 부사

2 관형사의 개념

- 체언 앞에서 주로 그 (² ㅊㅇ)을 꾸며 주는 말
- 조사와 결합할 수 없으며, 형태가 변하지 않음.
- 관형사와 체언 사이에는 다른 말이 들어갈 수도 있음. 예 그 아름다운 꽃

3 관형사의 종류

- 관형사는 **성상*** 관형사, 지시 관형사, 수 관형사로 나뉨.

성상 관형사	사람, 사물의 성질이나 상태를 나타내는 관형사	예 새, 헌
지시 관형사	특정 (³ ㄷㅅ)을 가리키는 관형사	예 이, 그, 저
수 관형사	수량이나 순서를 나타내는 관형사	예 한, 두, 모든, 여러

개념 당기는 예시

- 새 집 앞에 서 있는 그 사람은 키가 크다.
  - 성상 관형사　　　지시 관형사

개념 갈고리 관형사와 다른 품사의 구별

이, 그, 저	조사와 결합이 가능하면 대명사	예 이보다, 그를, 저는
	'이것, 그것, 저것'으로 바꾸어도 되면 대명사	예 이보다 / 이것보다
	조사와 결합이 불가능하면 지시 관형사	예 이 사람(○) / 이가 사람(×)
수사	조사와 결합이 가능하면 수사	예 딸기 하나를 사다.
	조사와 결합이 불가능하면 관형사	예 딸기 한 개를 주세요.

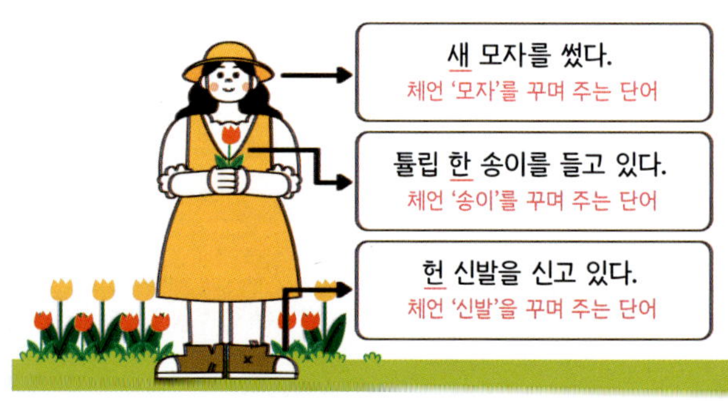

개념 알통

관형사의 배열 순서

관형사 여러 개가 동시에 쓰여 하나의 체언을 수식하는 경우에는 '지시 → 수 → 성상' 관형사의 순서로 배열되는 것이 일반적이다.

예 이 두 새 신발을 어디에 둘까?
(지시)(수)(성상)

관형사는 체언만 꾸며 주나요?

관형사는 체언 이외의 다른 품사를 꾸미는 일이 없습니다. 다만 '저 새 책'이나 '이 헌 가방'과 같이 관형사가 나란히 연결될 때 앞의 관형사가 뒤의 관형사를 꾸미는 것처럼 보일 때가 있습니다. 그러나 '저'나 '이'는 바로 뒤의 '새'나 '헌'을 꾸미는 것이 아니고, 명사구 '새 책', '헌 가방' 전체를 꾸미고 있으므로 궁극적으로는 명사구를 꾸미는 것입니다.

개념 알통

관형사와 관형어의 구분

관형사는 품사의 한 갈래이고, 관형어는 문장 성분의 한 갈래이다. 관형사는 반드시 관형어가 되지만, 관형어에는 관형사 외에도 다른 품사가 포함될 수 있다.

관형어	관형사	예 새 모자
	동사 어간 + 관형사형 어미	예 먹은 빵
	형용사 어간 + 관형사형 어미	예 예쁜 꽃
	체언(관형격 조사 생략)	예 동생 책
	체언 + 관형격 조사	예 나의 옷

***어형**: 말이나 단어의 형태

***성상**: 사람의 성질과 행실 또는 사물의 성질과 상태를 아울러 이르는 말

【초성 답】 **1** 수식　**2** 체언　**3** 대상

단어 009 품사 ❺ - 부사

1 부사

- 용언이나 (1 ㅁㅈ   ), 다른 부사 등을 꾸며 주는 말
- 어형이 고정되어 활용할 수 없는 불변어임.
- 격 조사와는 결합하지 못하나, 때로는 보조사와 결합하는 경우도 있음.
- 문장에서의 역할에 따라 크게 성분 부사와 문장 부사로 나뉨.

개념 당기는 예시

- 일을 <u>빨리만</u> 해서는 안 된다. / 시간이 <u>많이도</u> 남았다.
- → 부사는 '만, 도'와 같은 보조사를 취할 수 있음.
- 그는 내 말은 <u>곧이를</u> 듣지 않는다.
- → 부사는 '를'과 결합할 수도 있는데, 이때 '를'은 격 조사가 아닌 강조하는 뜻의 보조사로 볼 수 있음.

2 부사의 종류

(1) 성분 부사

- 문장의 한 성분을 꾸며 주는 부사

성상*부사	사람, 사물의 성질이나 상태를 꾸며 주는 부사		예 잘, 매우, 바로
지시 부사	(2 ㅈㅅ)나 시간을 가리켜 한정하거나 앞의 이야기에 나온 사실을 가리키는 부사	공간 지시 부사	예 이리, 그리, 저리
		시간 지시 부사	예 오늘, 내일
부정 부사	용언 앞에 놓여 그 내용을 부정하는 뜻을 가진 부사		예 못, 안, 아니

- 성분 부사는 대체로 위치 이동이 자유롭지 않음.

개념 당기는 예시

- 노을이 <u>매우</u> 아름답다.(○)
- <u>매우</u> 노을이 아름답다.(✕)
- → 성분 부사인 '매우'는 피수식어 앞에 있을 때 자연스럽고, 위치를 이동하면 문장 배열 순서가 어색해짐.

(2) 문장 부사

- 문장 전체를 꾸며 주는 부사

양태*부사	화자의 심리적 (3 ㅌㄷ)를 나타내는 부사	예 과연, 설마, 어찌, 정말, 제발
접속 부사	단어와 단어, 문장과 문장을 이어 주는 부사	예 그러나, 그런데, 그리고, 하지만

문장 부사는 성분 부사와 달리 문장 속에서 여러 위치에 나타날 수 있습니다. '다행히 주연이는 다치지 않았다.'처럼 문장의 맨 앞에 나타날 수도, '주연이는 다행히 다치지 않았다.'처럼 문장의 중간에 나타날 수도 있죠.

부사가 체언을 수식하기도 하나요?

부사는 용언이나 관형사, 부사, 문장 등을 수식하는 것이 일반적입니다. 하지만 부사 중 일부는 '우리 학교는 경찰서 바로 옆에 있다.'에서의 '바로'와 같이 체언을 수식하는 기능을 합니다. 체언을 꾸며 주는 성상 부사는 대체로 정도, 위치, 수량을 나타내는 말과 어울립니다.

개념 알통

문장 접속 부사의 종류

	원인	예 왜냐하면
순접	결과	예 그러므로, 그러니까, 따라서
	해설	예 그러면, 그래서, 요컨대
역접		예 그러나, 하지만, 그렇지만
병렬		예 그리고, 또한, 또는
첨가		예 또, 더욱, 특히, 더욱이
전환		예 그런데, 아무튼, 어쨌든

---

*양태: 발화 내용과 현실의 관계에 대하여 화자의 주관적 태도를 나타내는 범주

【초성 답】 1 문장 2 장소 3 태도

010 품사 ❻ - 조사

1 조사

- 자립성 있는 말에 붙어 다른 말과의 문법적 관계를 표시하거나 특별한 의미를 더해 주는 말로, 관계언에 해당함.
- 혼자 쓰일 수 없는 (¹ ㅇㅈ) 형태소이며, 실질적 의미 없이 문법적 관계만 나타내는 형식 형태소임.

2 격 조사

- 앞에 오는 체언이 문장 안에서 일정한 (² ㅈㄱ)을 갖도록 하는 조사

주격	앞 체언이 주어의 자격을 갖게 함.	이/가	예 하늘이 푸르다.
		께서	예 아버지께서 잠을 주무신다.
		에서	예 학교에서 학생들에게 책을 주었다.
목적격	앞 체언이 목적어의 자격을 갖게 함.	을/를	예 동생이 빵을 먹었다.
보격	앞 체언이 '되다/아니다' 앞에서 보어의 자격을 갖게 함.	이/가	예 나는 고등학생이 되었다. 나는 과학자가 아니다.
관형격	앞 체언이 관형어의 자격을 갖게 함.	의	예 나의 취미는 영화 감상이다.
부사격	앞 체언이 부사어의 자격을 갖게 함.	에, 에서, (으)로, 로서, 로써, 와/과	예 나는 항상 도서관에서 책을 읽는다.
호격	앞 체언이 독립어의 자격을 갖게 함.	아/야, 이여	예 친구야, 급식실에 함께 가자.
서술격	앞 체언이 서술어의 자격을 갖게 함.	이다	예 저 학생은 반장이다.

주격 조사 '이/가'와 보격 조사 '이/가'는 형태가 같으므로 문장 형태로 구분하면 됩니다. 보어를 취한 문장은 '~이/가(주어) + ~이/가(보어) + 되다/아니다(서술어)'의 형태입니다.

3 보조사

- 앞말에 특별한 (³ ㅇㅁ)를 더해 주는 조사

보조사	의미	예
은/는	대조, 강조	바다는 좋아하지만, 산은 싫어한다.
도	포함	친구와 함께 가는 것도 좋다.
만, 뿐	단독, 한정	나만 몰랐던 사실을 알게 되었다.
까지	끝, 극단	너까지 나를 배신할 줄이야.
부터	시작	오늘부터 좀 쉬기로 했다.
마다	낱낱이 모두	마을마다 축제가 시작되었다.
밖에	그것 말고는	두 개밖에 남지 않았다.
요	높임	비가 오는군요.

4 접속 조사

- 둘 이상의 (⁴ ㄷㅇ)나 구를 같은 자격으로 이어 주는 조사
  예 와/과, (이)랑, 하고, (이)며

개념 알통

조사 '와/과'의 다양한 기능

부사격 조사	예 민서는 소진이와 다르다.(비교) 은지는 지연이와 학교에 갔다. (동반) → '비교'나 '동반'의 뜻을 나타냄.
단어 접속 조사	예 민서와 소진이는 닮았다. → '민서는 닮았다. / 소진이는 닮았다.'와 같이 두 문장으로 분리할 수 없음. → 두 단어를 하나로 묶어서 주어가 되게 하는 기능을 함.
문장 접속 조사	예 민서와 소진이는 우등생이다. → '민서는 우등생이다. / 소진이는 우등생이다.'와 같이 두 문장으로 분리할 수 있음. → 두 홑문장을 묶어서 하나의 겹문장이 되게 하는 기능을 함.

♥ 보조사가 결합하면 문장 성분이 달라지나요?

보조사는 단어에 특별한 의미를 더해 줄 뿐, 문장 성분을 결정하는 데 영향을 주지 않습니다. 예를 들어 '나는 엄마만 좋아한다.'와 '엄마만 나를 사랑한다.'에서 두 문장 모두 보조사 '만'이 쓰였지만, 앞 문장의 '엄마만'은 목적어이고, 뒤 문장의 '엄마만'은 주어입니다. 이를 통해 문장 성분은 보조사에 의해 결정되는 것이 아니라 문장 구조 속에서 기능이나 역할에 의해 결정되는 것임을 알 수 있습니다.

【초성 답】 1 의존 2 자격 3 의미 4 단어

개념 트레이닝 ZONE

문제를 풀며 개념 근육을 키워 보세요!

01 다음 설명이 맞으면 ○에, 맞지 않으면 ×에 표시하시오.

(1) 관형사와 달리 부사는 용언뿐만 아니라 같은 부사나 관형어, 문장 전체를 꾸미기도 한다. ○×

(2) 관형사와 부사는 모두 문장에서 다른 성분을 수식하는 기능을 하며 대상의 이름을 대신 가리킬 때 사용되기도 한다. ○×

(3) 부사 중에는 '겨우, 단지, 다만, 오직, 특히'와 같이 체언을 수식하는 역할을 하는 것도 있다. ○×

(4) 자립성 있는 말 뒤에 붙는 조사는 문장에서 다른 단어들의 관계를 맺어 주기도 한다. ○×

(5) 조사는 체언 이외에 부사나 용언의 활용형, 문장 뒤에도 붙을 수 있지만, 같은 조사끼리는 결합하지 않는다. ○×

02 다음 빈칸에 알맞은 관형사를 넣어 문장을 완성하시오.

새 이 한 모든

(1) 마라톤을 좋아하는 (　　　) 사람이 이곳에 다 모였다.

(2) 우리는 정든 (　　　) 마을을 떠나 낯선 도시로 가게 되었다.

(3) 봄이 되자 (　　　) 학기가 되었고 신입생이 학교에 들어왔다.

(4) 대학교를 졸업한 언니는 사회를 향해 (　　　) 걸음 나아갔다.

03 다음 밑줄 친 단어의 종류를 '성상 관형사 / 지시 관형사 / 수 관형사' 중에 골라 쓰시오.

(1)	오늘 새로 산 책은 총 <u>다섯</u> 권이었다.	
(2)	<u>이</u> 복숭아는 올해 처음 딴 복숭아다.	
(3)	화가 난 동생은 <u>아무</u> 말도 하지 않았다.	
(4)	새해가 되자 헌 달력을 버리고 <u>새</u> 달력을 샀다.	
(5)	우리는 사람이 많은 <u>그</u> 거리에서 만나기로 했다.	

04 다음 문장에서 수식언을 찾아 ○표 하고, 품사와 수식하는 단어를 쓰시오.

예	겨울이 되자 고드름이 (꽁꽁) 얼었다.	부사	얼었다
(1)	모든 친구들이 나의 생일을 축하했다.		
(2)	종이비행기가 생각보다 멀리 날아갔다.		
(3)	개업한 가게에 손님이 한 명도 안 왔다.		
(4)	나는 심장이 빨리 뛰도록 힘차게 달렸다.		
(5)	그 소원이 이루어지기를 우리는 바랐다.		

05 다음 밑줄 친 부사의 종류에 ○표 하시오.

(1)	나는 <u>오직</u> 공부만 했다.	성상 지시 부정 양태 접속
(2)	올 여름에는 비가 <u>자주</u> 왔다.	성상 지시 부정 양태 접속
(3)	가지고 온 짐을 <u>그리</u> 보내겠다.	성상 지시 부정 양태 접속
(4)	어제 다리를 다쳐서 학교에 <u>못</u> 갔다.	성상 지시 부정 양태 접속
(5)	<u>제발</u> 소풍 날 비만 안 왔으면 좋겠다.	성상 지시 부정 양태 접속
(6)	<u>과연</u> 그가 범인인지 모두들 궁금했다.	성상 지시 부정 양태 접속
(7)	봄이 왔다. <u>그러나</u> 저녁에는 쌀쌀했다.	성상 지시 부정 양태 접속
(8)	다시는 그 사람을 <u>안</u> 만나기로 결심했다.	성상 지시 부정 양태 접속

06 다음 문장에 쓰인 격 조사를 모두 찾아 분류해 쓰시오.

- 호준아, 재우가 마을의 의사가 되었니?
- 할머니께서 감자로 우리에게 주실 간식을 만드신다.
- 우리 삼촌이 강원도에서 감자 농사를 짓는 농부이다.

주격 조사	
목적격 조사	
관형격 조사	
보격 조사	
부사격 조사	
서술격 조사	
호격 조사	

07 다음 문장의 빈칸에 들어갈 알맞은 보조사를 찾아 쓰시오.

도 만 는 요 부터

(1) 형은 어렸을 때(　　　) 축구를 잘했다.

(2) 방금 그 말은 정말 멋진 말이었어(　　　).

(3) 산에는 눈이 내리고, 바다에(　　　) 비가 내린다.

(4) 공부(　　　) 하지 말고 휴식도 적절히 취해야 한다.

(5) 고기만 먹지 말고 야채(　　　) 골고루 먹어야 몸에 좋다.

워밍-UP

01

<보기 1>의 밑줄 친 부분에 해당하는 단어를 <보기 2>에서 있는 대로 모두 고른 것은?

〈보기 1〉

선생님: 하나의 단어가 수사로 쓰이기도 하고 수 관형사로도 쓰이는 경우가 많습니다. 그런데 <u>수 관형사로만 쓰이는 단어</u>도 있습니다.

〈보기 2〉

• 그 마트는 매월 <u>둘째</u> 주 화요일에 쉰다.
• 이번 학기에 책 <u>세</u> 권을 읽는 게 내 목표야.
• <u>여섯</u> 명이나 이 일에 자원해서 정말 기쁘다.

실력 자랑 〈보기 2〉에서 수 관형사로만 쓰이는 단어와 아닌 단어를 구분해 보세요.

둘째 세 여섯	
수 관형사로만 쓰이는 단어	
수 관형사로만 쓰이지 않는 단어	

조사와 결합할 수 있으면 수사이고, 조사와 결합할 수 없으면 수 관형사라는 점을 기억하며 단어들을 구분해 보세요.

02

<보기>의 밑줄 친 부분에 해당하는 예로 적절하지 <u>않은</u> 것은?

〈보기〉

국어의 조사 중에는 주로 체언 뒤에 결합하여 문법적인 관계를 나타내는 격 조사와 체언, 부사, 활용 어미 따위에 붙어서 어떤 특별한 의미를 더해주는 <u>보조사</u>가 있다.

실력 자랑 다음 예를 격 조사와 보조사로 나누어 보세요.

① '국수<u>라도</u> 먹으렴.'에서의 <u>라도</u>　　　(격 조사 / 보조사)
② '영어<u>야</u> 철수가 도사지.'에서의 <u>야</u>　　　(격 조사 / 보조사)
③ '그 과자를 먹어<u>는</u> 보았다.'에서의 <u>는</u>　　　(격 조사 / 보조사)
④ '일을 빨리<u>만</u> 하면 안 된다.'에서의 <u>만</u>　　　(격 조사 / 보조사)
⑤ '그는 아이<u>처럼</u> 순진하다.'에서의 <u>처럼</u>　　　(격 조사 / 보조사)

03

밑줄 친 말 중 ㉠의 예로 적절하지 <u>않은</u> 것은?

조사는 주로 체언에 붙어서, 그 체언이 문장 중의 다른 단어와 맺는 관계를 나타내거나 특별한 뜻을 더해 주는 단어이다. 조사는 체언이 문장 속에서 다른 말과 맺는 관계를 표현하는 격 조사, 둘 이상의 체언을 같은 자격으로 이어서 하나의 명사구를 형성하는 접속 조사, ㉠<u>앞말에 특별한 뜻을 더해 주는 보조사</u>로 구분된다.

실력 자랑 다음 밑줄 친 말이 ㉠의 예로 적절하면 ○, 적절하지 않으면 X표 하세요.

① 오직 새소리만 들렸다.　　　○ ✕
② 시험<u>까지</u> 한 달도 안 남았다.　　　○ ✕
③ 나는 개<u>와</u> 고양이를 좋아한다.　　　○ ✕
④ 할아버지께서<u>는</u> 신문을 보셨다.　　　○ ✕
⑤ 그는 평생 가족<u>밖</u>에 모르고 살았다.　　　○ ✕

04

<보기>에 대한 설명으로 가장 적절한 것은?

〈보기〉

부사는 수식하는 범위에 따라 문장의 한 성분을 수식하는 성분 부사와 문장 전체를 수식하는 문장 부사로 나뉜다. 이 중 성분 부사는 주로 용언을 수식하지만 때로는 체언을 수식하거나 관형사, 부사를 수식하는 경우도 있다.

ㄱ. 그녀는 <u>매우</u> 빨리 달린다.
ㄴ. <u>설마</u> 나에게 맞는 옷이 없을까?
ㄷ. 우리 학교 <u>바로</u> 옆에 우체국이 있다.
ㄹ. 내 차는 얼마 전까지 <u>아주</u> 새 차였다.
ㅁ. <u>과연</u> 그 아이는 재능이 <u>정말</u> 뛰어나군.

실력 자랑 ㄱ~ㅁ의 부사가 수식하는 것을 골라 보세요.

ㄱ 매우	(용언 / 체언 / 관형사 / 부사 / 문장)
ㄴ 설마	(용언 / 체언 / 관형사 / 부사 / 문장)
ㄷ 바로	(용언 / 체언 / 관형사 / 부사 / 문장)
ㄹ 아주	(용언 / 체언 / 관형사 / 부사 / 문장)
ㅁ 과연	(용언 / 체언 / 관형사 / 부사 / 문장)
ㅁ 정말	(용언 / 체언 / 관형사 / 부사 / 문장)

 펌핑-UP

01

〈보기〉는 문법 수업의 일부이다. 선생님의 설명에 따라 밑줄 친 단어를 이해한 내용으로 적절하지 <u>않은</u> 것은?

〈보기〉

선생님: 관형사는 체언을 꾸며 주는 품사로 뒤에 오는 체언의 성질이나 상태를 분명하게 해 주는 성상 관형사, 구체적인 대상을 지시해 주는 지시 관형사, 수량을 나타내는 수 관형사로 구분할 수 있습니다. 이러한 관형사는 형태가 변하지 않고 어떤 조사와도 결합하지 않는 특징이 있습니다.

ㄱ. <u>이</u> 상점, 두 곳에서는 <u>헌</u> 물건을 판다.
ㄴ. 우리 <u>다섯</u>이 <u>새로</u> 산 구슬을 나눠 가지자.
ㄷ. 나는 오늘 어머니께 드릴 <u>새</u> 옷 <u>한</u> 벌을 샀다.

① ㄱ에서 '이'는 '상점'을 꾸며 주는 지시 관형사이다.
② ㄱ에서 '헌'은 체언인 '물건'의 상태를 드러내 준다.
③ ㄴ의 '다섯'은 조사와 결합하는 것을 보니 관형사가 아니다.
④ ㄱ의 '두'와 ㄷ의 '한'은 수량을 나타내는 수 관형사이다.
⑤ ㄴ의 '새로'와 ㄷ의 '새'는 형태가 변하지 않는 성상 관형사이다.

02

〈보기 1〉을 바탕으로 ㉠과 품사가 같은 것만을 〈보기 2〉에서 고른 것은?

〈보기 1〉

수 관형사는 수사와 형태가 같은 경우가 많아 혼동하기 쉽다. 문장에서 둘 다 활용을 하지 않고 사물의 수량이나 순서를 가리키지만, 수 관형사는 수사와 달리 단위를 나타내는 의존 명사와 함께 쓰인다는 차이가 있다.

• 이 일을 마치는 데에 ㉠칠 개월 걸렸다. (수 관형사)
• 육에 일을 더하면 칠이다. (수사)

〈보기 2〉

• 명호는 바둑을 ㉮다섯 판이나 두었다.
• 윤배가 고향을 떠난 지 ㉯팔 년이 지났다.
• 은주는 시장에서 토마토를 ㉰하나 사 왔다.
• 현수는 달리기 시합에서 ㉱셋째로 들어왔다.

① ㉮, ㉯   ② ㉮, ㉰   ③ ㉯, ㉰
④ ㉯, ㉱   ⑤ ㉰, ㉱

03

다음의 밑줄 친 부분에 해당하는 예로 적절하지 <u>않은</u> 것은?

국어의 조사 중에는 결합하는 앞말과 다른 말과의 문법적인 관계를 표시하는 격 조사와 특별한 뜻을 더해 주는 <u>보조사</u>가 있다. 격 조사는 특정한 문장 성분에만 쓰인다. 가령 주격 조사는 주어에, 목적격 조사는 목적어에 쓰인다. 반면 보조사는 하나의 문장 성분에만 쓰이는 것이 아니라 여러 문장 성분에 쓰일 수 있다.

① '삼촌이 밤에<u>만</u> 글을 썼다.'에서의 '만'.
② '선수들이 오늘<u>은</u> 간식을 먹었다.'에서의 '은'.
③ '내가 친구<u>한테</u> 가방을 선물했다.'에서의 '한테'.
④ '아이들이 유치원에서 악기<u>도</u> 연주한다.'에서의 '도'.
⑤ '누나가 일기를 책으로<u>까지</u> 만들었다.'에서의 '까지'.

04

㉠, ㉡에 해당하는 예로 적절한 것은?

㉠ 명사와 부사로 쓰인 것
㉡ 명사와 조사로 쓰인 것

① ㉠ ┌ 둘에 다섯을 더하면 <u>일곱</u>이다.
      └ 여기에 사과 <u>일곱</u> 개가 있다.

② ㉠ ┌ 너 <u>커서</u> 무엇이 되고 싶니?
      └ 가구가 <u>커서</u> 방에 들어가지 않는다.

③ ㉠ ┌ 식구 <u>모두</u>가 여행을 떠났다.
      └ 그릇에 담긴 소금을 <u>모두</u> 쏟았다.

④ ㉡ ┌ 나를 처벌하려면 법<u>대로</u> 해라.
      └ 큰 것은 큰 것<u>대로</u> 따로 모아 두다.

⑤ ㉡ ┌ 모두 <u>같이</u> 학교에 갑시다.
      └ 얼음장<u>같이</u> 차가운 방바닥이 생각난다.

[01~02] 다음 글을 읽고 물음에 답하시오.

국어에는 체언이나 부사, 어미 따위에 붙어 그 말과 다른 말과의 문법적 관계를 표시하거나 그 말의 뜻을 도와주는 품사가 있는데, 이를 조사라고 한다. 조사는 그 기능과 의미에 따라 격 조사, 보조사, 접속 조사로 분류한다.

격 조사는 앞에 오는 체언이 문장 안에서 일정한 자격을 가지도록 해 준다. '이/가'와 같이 문장 안에서 체언이나 체언 구실을 하는 말 뒤에 붙어 주어의 자격을 가지게 하는 주격 조사도 있고, '을/를'과 같이 목적어가 되게 하는 목적격 조사도 있다. 또 '의'와 같이 관형어가 되게 하는 관형격 조사도 있고, '이/가'와 같이 '되다', '아니다'와 함께 쓰여 보어가 되게 하는 보격 조사도 있다. 그밖에 '에', '에서', '(으)로', '와/과', '보다'처럼 체언이나 체언 구실을 하는 말 뒤에 붙어 부사어의 자격을 가지게 하는 부사격 조사와 '아/야'와 같이 독립어 가운데 부름말이 되게 하는 호격 조사 등도 격 조사에 속한다. 특히 체언에 붙어 서술어의 자격을 가지게 하는 '이다'는 서술격 조사라고 하는데, 마치 동사나 형용사처럼 활용하는 특징이 있다.

보조사는 체언, 부사, 활용 어미 따위에 붙어서 어떤 특별한 의미를 더해 주는 구실을 한다. 보조사에는 '은/는', '도', '만', '까지', '마저', '조차', '부터' 따위가 있다. '인생은 짧고 예술은 길다.'에 쓰인 '은'은 체언에 붙어서 어떤 대상이 다른 것과 대조됨을 나타내는 보조사이다. 또 '고구마는 구워도 먹고 삶아도 먹는다.'에 쓰인 '도'는 활용 어미 뒤에 붙어서 둘 이상의 대상이나 사태를 똑같이 아우름을 나타내는 보조사이다.

접속 조사는 둘 이상의 단어나 구 따위를 같은 자격으로 이어 주는 구실을 한다. 접속 조사에는 '와/과', '하고', '(이)나', '(이)랑' 등이 있다. '배하고 사과하고 감을 가져오너라.'에 쓰인 '하고'는 둘 이상의 사물을 같은 자격으로 이어 주는 접속 조사이다.

그런데 ⓐ동일한 형태의 조사가 문장에서 서로 다른 기능을 하기도 한다. 예를 들어 조사 '가'는 앞말이 주어임을 나타내는 격 조사로 쓰일 때도 있고, 앞말을 강조하는 뜻을 나타내는 보조사로 쓰일 때도 있다. '를'은 앞말이 목적어임을 나타내는 격 조사로 쓰일 때도 있고, 앞말을 강조하는 뜻을 나타내는 보조사로 쓰일 때도 있다. 또 '에'는 앞말이 부사어임을 나타내는 격 조사로 쓰일 때도 있고, 둘 이상의 사물을 같은 자격으로 이어 주는 접속 조사로 쓰일 때도 있다. '과'는 앞말이 부사어임을 나타내는 격 조사로 쓰일 때도 있고, 두 단어나 문장 따위를 이어 주는 접속 조사로 쓰일 때도 있다. 또 '에서'는 앞말이 부사어임을 나타내는 격 조사로 쓰일 때도 있고, 단체를 나타내는 명사 뒤에 붙어 앞말이 주어임을 나타내는 격 조사로 쓰일 때도 있다.

01

윗글을 바탕으로 〈보기〉의 ㉠~㉤을 탐구한 내용으로 적절하지 <u>않은</u> 것은?

〈보기〉

㉠ 그는 보통 인물<u>의</u> 아니다.

㉡ 철수야, 내일이 무슨 날<u>이니</u>?

㉢ 이번에 성적이 많<u>이도</u> 올랐구나!

㉣ 언니가 동생<u>의</u> 간식을 만들고 있다.

㉤ 백화점에 가서 구두<u>랑</u> 모자<u>랑</u> 샀어요.

① ㉠의 '이'는 체언인 '인물'에 붙어 주어의 자격을 갖게 한다.
② ㉡의 '이니'는 체언인 '날'에 붙어 서술어의 자격을 갖게 한다.
③ ㉢의 '도'는 부사인 '많이'에 붙어 특별한 의미를 더해 주는 구실을 한다.
④ ㉣의 '의'는 체언인 '동생'에 붙어 관형어의 자격을 갖게 한다.
⑤ ㉤의 '랑'은 '구두'와 '모자'를 같은 자격으로 이어 주는 역할을 한다.

02

밑줄 친 조사 중 ⓐ의 사례로 적절한 것은?

① ┌ 방이 깨끗하지<u>가</u> 않다.
　└ 친구마저 미덥지<u>가</u> 못하다.

② ┌ 그녀는 장미<u>를</u> 좋아한다.
　└ 그는 도서관에서 잡지<u>를</u> 읽었다.

③ ┌ 그는 요란한 소리<u>에</u> 잠을 깼다.
　└ 그까짓 일<u>에</u> 너무 마음 상하지 마라.

④ ┌ 친구들<u>과</u> 어울려 늦게까지 놀았다.
　└ 그는 다섯 살 아래의 여성<u>과</u> 결혼했다.

⑤ ┌ 너는 부산<u>에서</u> 몇 시에 출발할 예정이냐?
　└ 우리 학교<u>에서</u> 올해도 우승을 차지했다.

호루라기 관장님의
하드 트레이닝

공부한 날	월	일	요일
맞은 개수		/ 34	

No	다음 빈칸에 알맞은 말을 써서 문장을 완성하시오.
01	(　　　　)은 문장에서 다른 말을 꾸며 주는 역할을 하는 단어이다.
02	(　　　　)는 체언 앞에서 주로 그 체언을 꾸며 주는 말이다.
03	사물의 성질이나 상태를 명확하게 해 주는 관형사를 (　　　) 관형사라고 하고, 특정한 대상을 지시하여 가리키는 역할을 하는 관형사를 (　　　) 관형사라고 한다.
04	수량이나 순서를 나타내는 관형사를 (　　　) 관형사라고 한다.
05	(　　　　)는 용언 또는 다른 말 앞에 놓여 그 내용을 꾸며 주는 말이다.
06	체언을 꾸며 주는 관형사와는 달리, 주로 동사, 형용사와 같은 (　　　)을 꾸미는 역할을 하는 단어는 부사이다.
07	용언이나 관형사, 부사와 같이 문장의 성분을 꾸미는 부사를 (　　　) 부사라고 하고, 문장 전체를 꾸미는 부사를 (　　　) 부사라고 한다.
08	'잘, 매우, 바로'와 같이 사람이나 사물의 상태, 성질을 꾸미는 부사를 (　　　) 부사라고 한다.
09	장소나 시간, 앞에 나온 사실을 가리키는 부사를 (　　　) 부사라고 하며, 용언의 앞에 놓여 그 내용을 부정하는 부사를 (　　　) 부사라고 한다.
10	(　　　) 부사는 말하는 이의 태도를 나타내는 부사이고, (　　　) 부사는 단어와 단어, 문장과 문장을 이어 주는 역할을 하는 부사이다.
11	(　　　　)는 주로 체언에 붙어 그 말과 다른 말과의 문법적 관계를 표시하거나, 특별한 의미를 더해 주는 말이다.
12	조사는 홀로 쓰일 수 없고 다른 말에 붙어 사용되며 자립성이 없지만 다른 말과 쉽게 구분되기 때문에 (　　　)로 인정받는다.
13	앞말이 다른 말에 대하여 어떠한 자격을 가지도록 만들어 주는 조사를 (　　　)라고 한다.
14	두 가지 이상의 단어를 같은 자격으로 이어 주는 역할을 하는 조사를 (　　　) 조사라고 하고, 어떤 특별한 의미를 더해 주는 조사를 (　　　)라고 한다.

No	문장에서 관형사를 찾아 쓰시오.	
15	아버지께서 새 차를 사셨다.	
16	모든 아이들은 사랑받아야 한다.	
17	나는 그 비행기를 타 보고 싶었다.	
18	온갖 영화를 다 보느라 밤을 샜다.	
19	우리는 다른 물건을 사기로 했다.	
20	광장에 여러 사람이 모여 들었다.	

No	문장에서 부사를 모두 찾아 쓰시오.	
21	진달래꽃이 활짝 피었다.	
22	서준이가 매우 빨리 달린다.	
23	과연 그는 어떤 선택을 할까?	
24	밥을 못 먹었더니 어지러웠다.	
25	그 사람이 결코 그럴 리가 없다.	
26	나는 내일 박물관에 갈 것이다.	
27	외국인은 불고기를 가장 좋아한다.	

No	문장에서 조사를 모두 찾아 쓰시오.	
28	나의 직업은 의사이다.	
29	무궁화꽃이 활짝 피었다.	
30	나는 그에게 책을 주었다.	
31	오빠가 새 가방을 팔았다.	
32	동현이마저 시험에 합격했다.	
33	나는 떡볶이와 순대를 좋아한다.	
34	너까지 나를 버리다니 믿을 수 없다.	

오늘의 수능 국어 트레이닝 끝!

011 품사 ❼ - 감탄사

1 감탄사

- 말하는 이의 본능적인 놀람이나 (¹ ㄴㄲ), 부름, 대답 등을 나타내는 말
- 문장 속의 다른 성분에 얽매이지 않고 독립성을 가지므로 독립언이라고 함.
- 형태가 변하지 않는 불변어이며, 조사와 결합하지 않음.
- 실제 **발화*** 상황에서 독백이나 대화에 많이 사용됨.
- 단독으로 문장을 이룰 수 있음.
- 쉼표나 느낌표 등의 문장 부호를 사용하여 독립적인 요소임을 드러냄.

개념 당기는 예시

- 네, 알겠습니다. / 여보, 이리 와 봐. / 우아! 눈 온다. / 에게.
  대답　　　　　　부름　　　　　느낌　　　　　단독으로 문장을 이룸.

2 감탄사의 종류

- 놀람이나 느낌 등의 감정을 나타내거나, 누군가를 부르거나 (² ㄷㄷ)하며 의지를 표출하기도 함.
- 입버릇이나 더듬거리는 의미 없는 표현을 하는 경우도 있음.

감정 감탄사	• 상대방을 의식하지 않고 감정을 표출하는 감탄사 예 허허, 후유, 아이고, 아뿔싸, 에구머니
의지 감탄사	• 말하는 사람의 뜻을 나타내는 감탄사 예 에라, 글쎄요, 천만에
호응 감탄사	• 상대방을 부르거나 상대방의 말에 대답하는 감탄사 예 아서라, 이봐, 자, 여보, 여보세요 ➜ 상대방을 부르거나 행동을 요구함. 네, 응, 그래 ➜ 상대방의 말에 대답함.

3 감탄사의 위치

- 감탄사는 (³ ㅁㅈ) 내에서 홀로 쓰일 수 있으며, 위치 이동이 자유로움.
- 감탄사의 위치는 문장 첫머리에 놓이는 경우가 가장 많지만, 문장 중간이나 끝에 오기도 함.
- 감탄사 중 대답하는 말은 문장의 첫머리에만 놓임.

개념 당기는 예시

- "있지, 나 너에게 할 말이 있어." ➜ 감탄사가 문장의 첫머리에 놓이는 경우
- "제가 어디 장난꾸러기인가요?" ➜ 감탄사가 문장 중간에 오는 경우

감탄사는 어떻게 구별할 수 있나요?

감탄사는 같은 형태라고 하더라도 감탄사가 아닐 수 있으니 구분이 필요합니다. 먼저 '그래'가 '그래, 알았어.'와 같이 대답하는 말로 쓰였을 때는 감탄사이지만, '맛이 그저 그래.'와 같이 쓰였을 때는 형용사입니다. 다음으로 부르는 말이라도 '주연아'와 같이 체언에 호격 조사가 결합한 형태는 감탄사가 아닙니다. 그리고 '청춘, 그 눈부신 이름!'과 같은 제시어는 감탄의 느낌이 있지만 감탄사가 아닌 명사입니다. 이처럼 감탄사처럼 보이지만 실제로는 감탄사가 아닌 경우가 있으니 주의해야 합니다.

개념 알통

관형사·부사·감탄사의 공통점과 차이점

- 관형사, 부사, 감탄사는 형태가 변하지 않는 불변어라는 공통점이 있다.
- 관형사와 부사는 수식 기능을 담당하고, 감탄사는 독립어 구실을 한다.
- 단어의 독립성의 정도는 감탄사가 가장 높고, 관형사가 가장 낮다.
- 흔히 대화체에서 나타나는 것으로, 부사와 감탄사는 단어 하나로도 문장을 이룰 수 있다.

* **발화**: 소리를 내어 말을 함. 또는 그 말

【초성 답】 1 느낌　2 대답　3 문장

012 품사 ❽ - 동사

1 용언

- 문장의 주체를 (1 ㅅㅅ)하는 기능을 가진 말
- 동사와 형용사가 속하며 문장에서 서술어의 기능을 함.

(1) 용언의 특징

- 문장에서 사용될 때 (2 ㅎㅌ)가 변하는 '활용'을 하는 가변어임.
- 활용어의 어간에 어미 '-다'를 붙인 형태가 기본형임.
- 활용할 때 변하지 않는 부분인 어간과 활용할 때 변하는 부분인 어미로 나눌 수 있음.

  예 [기본형] 먹다 [어간/어미 분석] 먹-/-다, 먹-/-으려, 먹-/-었다, 먹-/-어라

- 용언 중에는 동사로도 쓰이고 형용사로도 쓰이는 단어가 있는데, 이런 용언들은 동사로 쓰일 때와 형용사로 쓰일 때의 의미가 다름.

개념 당기는 예시

- 그녀는 약속 시간에 자주 <u>늦는다</u>. → '정해진 때보다 지나다'라는 의미의 동사
- 동생은 발걸음이 <u>늦다</u>. → '곡조, 동작 등의 속도가 느리다'라는 의미의 형용사

(2) 용언의 기능

- 주기능은 문장에서 (3 ㅈㅇ)를 서술하는 서술어로 쓰이는 것임.
- 활용을 통해 다른 문장 성분으로 쓰일 수 있음.

개념 당기는 예시

- 밥을 <u>먹을</u> 시간이 <u>없다</u>. → '먹을'은 관형어, '없다'는 서술어로 쓰이고 있음.

2 동사의 개념과 특징

- 사람이나 사물의 움직임이나 작용, 변화를 나타내는 말
- 시제를 동반하며 동작상을 나타낼 수 있고, 부사의 수식을 받을 수 있음.
- 높임법을 가지며, 조사와의 결합이 가능함.

3 동사의 종류

(1) 자동사

- 동작이 주어 자신에만 관련된 동사
- 동사가 나타내는 움직임이나 작용이 주어에만 관련됨.

(2) 타동사

- 동작의 (4 ㄷㅅ)인 목적어를 필요로 하는 동사
- 동사가 나타내는 움직임이나 작용이 주어가 아닌 다른 대상에 미침.

개념 당기는 예시

- 꽃이 활짝 <u>피었다</u>. / 해가 높이 <u>솟았다</u>. → 자동사
- 태호가 밥을 <u>먹는다</u>. / 재현이가 노래를 <u>부른다</u>. → 타동사

개념 알통

보조 동사

본동사 뒤에서 그것의 의미 풀이를 도와주는 동사를 보조 동사라고 한다. '먹고 싶다'의 '싶다'나 '보내 버리다'의 '버리다'가 보조 동사에 해당한다.

'있다'와 '없다'는 동사인가요, 형용사인가요?

표준국어대사전에서는 '있다'의 품사는 동사와 형용사로, '없다'의 품사는 형용사로 설정하고 있습니다. '있다'가 어느 곳에서 떠나거나 벗어나지 아니하고 머물거나 어떤 상태를 계속 유지한다는 의미로 쓰일 때에는 동사, 나머지 의미로 쓰일 때에는 형용사라고 생각하면 됩니다.

【초성 답】 1 서술 2 형태 3 주어 4 대상

013 품사 ❾ - 형용사

1 형용사의 개념과 특징

- 사람이나 사물의 상태 또는 성질을 나타내는 말
- 사람이나 사물의 (1 ㅅㅌ)가 어떠한가를 **형용**[*]하거나 그 존재를 나타내면서 문장 안에서 주로 서술어의 기능을 가짐.
- **목적어**[*]의 호응이 없어 자동과 타동, 사동과 피동의 구별이 없음.
- 부사의 수식을 받을 수 있으며, 기본형이 (2 ㅎㅈ)형으로 쓰임.
- 격 조사나 보조사와의 결합이 가능함.

개념 당기는 예시

- 이 음식은 <u>달기</u>가 꿀과 같다. → 형용사 '달다'의 명사형인 '달기'에 격 조사 '가'가 결합함.
- 이 음식은 <u>달지도</u> 쓰지도 않다. → 형용사 '달다'에 연결형 어미 '-지'가 결합한 형태에 보조사 '도'가 결합함.

2 형용사의 종류

(1) 성상 형용사

- 사람이나 사물의 성질이나 상태를 나타내는 형용사

  예 달다, 좋다, 아프다, 착하다, 푸르다, 뜨겁다

(2) 지시 형용사

- 사람이나 사물의 성질, 모양, 상태 등이 어떠하다는 것을 (3 ㅎㅅ)적으로 나타내는 형용사

  예 그러하다, 어떠하다, 이러하다, 저러하다

개념 당기는 예시

- 바닷물이 너무 <u>차갑다</u>. / 소설의 결말은 <u>이러하다</u>.
        성상 형용사   지시 형용사

형용사는 대상에 따라 객관적 형용사와 주관적 형용사로도 구분할 수 있습니다. 객관적 형용사는 한 사물에 내재해 있는 성질(속성)을 나타내는 형용사고, 주관적 형용사는 심리적·물리적 요인의 영향을 받아 변할 수 있는 사물의 상태를 나타내는 형용사입니다. 예를 들어 '달다, 희다, 붉다' 등은 객관적 형용사이고, '싫다, 좋다, 아프다, 고프다' 등은 주관적 형용사입니다. 

3 동사와 형용사의 구분

구분	동사	형용사
나타내는 것	주어의 동작이나 작용	주어의 성질이나 상태
현재 시제 선어말 어미 '-는-/-ㄴ-', 관형사형 어미 '-는'	결합할 수 있음. 예 그는 밥을 먹는다.	결합할 수 없음. 예 꽃이 예쁘다(* 예쁘는다/ * 예쁜다)
명령형 어미 '-어라/-아라'	결합할 수 있음. 예 밥을 먹어라.	결합할 수 없음. 예 * 꽃아, 예뻐라.
청유형 어미 '-자'	결합할 수 있음. 예 밥을 먹자.	결합할 수 없음. 예 * 꽃아, 예쁘자.
목적을 나타내는 어미 '-러', 의도를 나타내는 어미 '-려'	결합할 수 있음. 예 밥을 먹으러 나갔다. 밥을 먹으려 한다.	결합할 수 없음. 예 * 예쁘러 화장을 했다. * 예쁘려 화장을 했다.

* 비문임

---

* **형용**: 말이나 글, 몸짓 따위로 사물이나 사람의 모양을 나타냄.
* **목적어**: 주요 문장 성분의 하나로, 타동사가 쓰인 문장에서 동작의 대상이 되는 말

【초성 답】 **1** 상태 **2** 현재 **3** 형식

개념
트레이닝 ZONE

🔅 문제를 풀며 개념 근육을 키워 보세요!

01 다음 빈칸에 들어갈 알맞은 말을 찾아 쓰시오.

> 관계 성질 어간 어미 주어 목적어 움직임 지시성

(1) 감탄사는 문장의 다른 말들과 (   )를 맺지 않고 독립적으로 쓰이는 말이다.

(2) 동사는 사람이나 사물의 (   )이나 작용을 나타내는 말이고, 형용사는 사람이나 사물의 성질이나 상태를 나타내는 말이다.

(3) 용언이 활용할 때 형태가 변하지 않는 부분을 (   )이라고 하고, 형태가 변하는 부분을 (   )라고 한다.

(4) 자동사는 동작이 (   )에만 관련되어 있고, 타동사는 동작의 대상인 (   )를 필요로 한다.

(5) 성상 형용사는 주어의 (   )이나 상태를 나타내고, 지시 형용사는 (   )을 나타낸다.

02 다음 문장에서 감탄사를 찾아 ○표 하시오.

(1) 제가 하지요, 뭐.

(2) 네, 잘 알겠습니다.

(3) 아, 그렇게 하면 되는구나.

(4) 여보세요, 전화 바꿨습니다.

(5) 그게 말이지, 음, 쉽지 않을 거 같아.

03 다음 감탄사의 종류를 찾아 V표 하시오.

(1) 허허	☐ 감정 감탄사	☐ 의지 감탄사	☐ 호응 감탄사
(2) 에라	☐ 감정 감탄사	☐ 의지 감탄사	☐ 호응 감탄사
(3) 후유	☐ 감정 감탄사	☐ 의지 감탄사	☐ 호응 감탄사
(4) 여보	☐ 감정 감탄사	☐ 의지 감탄사	☐ 호응 감탄사
(5) 그래	☐ 감정 감탄사	☐ 의지 감탄사	☐ 호응 감탄사

04 다음 밑줄 친 단어를 기준에 맞게 나누어 쓰시오.

> • 그렇게 옷을 입으니까 정말 잘 어울리네.
> • 두리는 반가운 친구를 보고서 활짝 웃었다.

주어의 움직임이나 작용을 나타냄.	주어의 성질이나 상태를 나타냄.

05 다음 밑줄 친 단어의 품사에 ○표 하시오.

(1)	나는 우주에 외계인이 있다고 믿는다.	동사	형용사
	앞으로 이틀만 있으면 크리스마스이다.	동사	형용사
(2)	나는 머리카락이 잘 기는 편이다.	동사	형용사
	답답한 마음에 길게 한숨을 내쉬었다.	동사	형용사
(3)	우리는 바빠서 늦은 점심을 먹었다.	동사	형용사
	내 친구는 약속 시간에 항상 늦는다.	동사	형용사
(4)	시험공부를 하다가 새벽이 밝아 왔다.	동사	형용사
	밝은 조명 때문에 눈을 뜨기 힘들었다.	동사	형용사
(5)	감사한 말씀이지만 거절하겠습니다.	동사	형용사
	나를 도와준 친구에게 무척 감사하고 있다.	동사	형용사

06 다음 뜻을 보고 빈칸에 들어갈 동사를 찾아 활용형으로 쓰시오.

> 낡다   못나다   잘나다   못생기다   잘생기다

(1) 그 남자는 (   ) 인기가 많다.

(2) 우리 집이 (   ) 새로 짓기로 하였다.

(3) 내 친구가 동창들 중에 가장 (   ) 친구이다.

(4) 내가 (   ) 탓으로 우리 관계는 오래 가지 못했다.

(5) 무대에 올라온 배우 중에 (   ) 사람은 한 명도 없었다.

07 다음 밑줄 친 단어가 동사이면 '동'을, 형용사이면 '형'을 쓰시오.

(1)	그 마을은 겨울이면 분위기가 너무 삭막했다.	( )
(2)	하교하는 길에 분식집에 들렀다가 친구를 만났다.	( )
(3)	놀이동산에서 친구들과 보내는 시간이 즐거웠다.	( )
(4)	인공지능은 한창 크는 분야라서 지원자가 많다.	( )
(5)	아버지는 환갑이 지났지만 매우 젊어 보이셨다.	( )
(6)	활처럼 굽은 산길을 계속해서 걸었다.	( )
(7)	그 사람은 아주 행복해 보였다. 나도 그렇다.	( )
(8)	황소들이 끙끙대며 짚단이 실린 수레를 끌었다.	( )

01

〈보기〉의 ⓐ~ⓔ를 이해한 내용으로 적절하지 <u>않은</u> 것은?

〈보기〉

ⓐ 나는 주로 저녁에 <u>씻는다</u>.

ⓑ 오늘 날씨가 정말 <u>춥구나</u>.

ⓒ 규연아, 지금 밥 <u>먹자</u>.

ⓓ 창문을 활짝 <u>열어라</u>.

ⓔ 그는 어떤 <u>사람이냐</u>?

실력 자랑 ⓐ~ⓓ의 밑줄 친 단어가 동사인지 형용사인지 구분해 보세요.

ⓐ 씻는다	(동사 / 형용사)
ⓑ 춥구나	(동사 / 형용사)
ⓒ 먹자	(동사 / 형용사)
ⓓ 열어라	(동사 / 형용사)

⑤ ⓔ의 '사람이냐'는 체언에 '이다'가 결합한 말이 활용한 것이다.　◯◯Ⅹ

체언에는 명사, 대명사, 수사가 있어요.
그리고 서술격 조사 '이다'는 가변어로서 활용할 때 형태가 변해요.

02

〈보기〉의 [가]를 바탕으로 [나]를 분석한 내용으로 적절하지 <u>않은</u> 것은?

〈보기〉

[가] 품사는 단어를 '형태', '기능', '의미'를 기준으로 분류한 것이다. ㉠'형태'에 따라 불변어, 가변어로, ㉡'기능'에 따라 체언, 용언, 수식언, 관계언, 독립언으로 나뉜다. 그리고 ㉢'의미'에 따라 명사, 대명사, 수사, 동사, 형용사, 관형사, 부사, 조사, 감탄사로 나뉜다.

[나] 열에 아홉은 매우 착실한 학생이다.

실력 자랑 [나]를 ㉡~㉢에 따라 분석해 보세요.

착실한, 이다	㉠	가변어
열, 학생	㉡	
은, 이다		
아홉		수사
학생	㉢	
매우		
착실한		

03

〈보기〉를 바탕으로 ㉠~㉤을 이해한 내용으로 적절하지 <u>않은</u> 것은?

〈보기〉

'동사'는 동작이나 작용을 나타내는 단어이고, '형용사'는 성질이나 상태를 나타내는 단어이다. 동사와 형용사는 활용하는 양상이 다른데, 일반적으로 동사 어간에는 현재 시제 선어말 어미 '-ㄴ-/-는-', 현재 시제의 관형사형 어미 '-는', 명령형 어미 '-아라/-어라', 청유형 어미 '-자' 등이 붙지만, 형용사 어간에는 붙지 않는다.

㉠ 지훈이가 야구공을 멀리 <u>던졌다</u>.

㉡ 해가 떠오르며 점차 날이 <u>밝는다</u>.

㉢ 그 친구는 <u>아는</u> 게 참 많다.

㉣ 날씨가 더우니 하복을 <u>입어라</u>.

㉤ [*]올해도 우리 모두 <u>건강하자</u>.

※ '*'는 비문법적인 문장임을 나타냄.

실력 자랑 ㉠~㉤의 밑줄 친 단어가 동사인지 형용사인지 구분해 보세요.

㉠ 던졌다	(동사 / 형용사)
㉡ 밝는다	(동사 / 형용사)
㉢ 아는	(동사 / 형용사)
㉣ 입어라	(동사 / 형용사)
㉤ 건강하자	(동사 / 형용사)

04

〈보기〉에 대해 이해한 내용으로 적절하지 <u>않은</u> 것은?

〈보기〉

ㄱ. <u>과연</u> 두 사람이 만날 수 있을까?

ㄴ. 합격 소식을 듣고 그가 활짝 <u>웃었다</u>.

ㄷ. <u>학생</u>, 아무리 바쁘더라도 식사<u>는</u> 해야지.

실력 자랑 ㄱ~ㄷ에 대한 이해의 적절성을 판단해 보세요.

① ㄱ의 '과연'은 문장 전체를 수식하는 부사이군.　◯◯Ⅹ

② ㄱ의 '두'는 대상의 수량을 나타내는 수사이군.　◯◯Ⅹ

③ ㄴ의 '웃었다'는 대상의 동작을 나타내는 동사이군.　◯◯Ⅹ

④ ㄷ의 '학생'은 대상의 이름을 나타내는 명사이군.　◯◯Ⅹ

⑤ ㄷ의 '는'은 체언에 붙어 특별한 의미를 더하는 조사이군.　◯◯Ⅹ

01

다음은 문법 수업의 내용을 정리한 학생의 노트이다. 이를 바탕으로 〈보기〉를 탐구한 내용으로 적절하지 <u>않은</u> 것은?

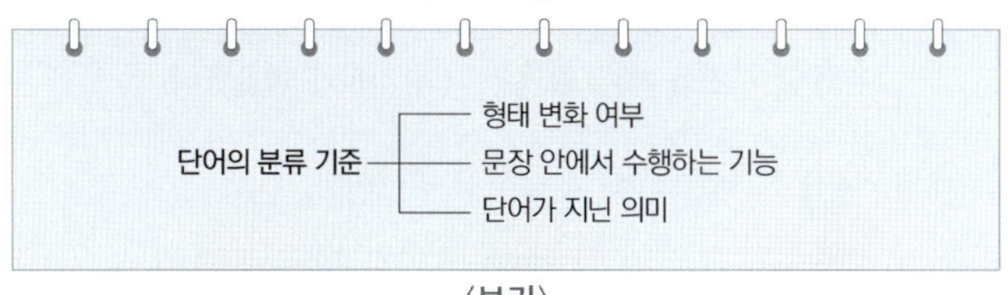

〈보기〉
• 우리도 두 팔을 넓게 벌려 원 하나를 이루었다.
• 동생이 나무로 된 탁자에 그린 꽃만 희미하다.

① '도'와 '만'은 형태가 변하지 않는 단어이다.
② '이루었다'와 '그린'은 형태가 변하는 단어이다.
③ '두'와 '하나'는 문장 안에서 수식의 기능을 하는 단어이다.
④ '나무'와 '꽃'은 사물의 이름을 나타내는 단어이다.
⑤ '넓게'와 '희미하다'는 대상의 상태를 나타내는 단어이다.

02

〈보기〉의 ㉠~㉢에 해당하는 것을 바르게 분류한 것은?

〈보기〉
㉠관형사, ㉡대명사, ㉢부사 중에는 '이, 그, 여기, 이리, 그리' 등과 같이 '지시성'을 지닌 단어들이 있다. 이들은 지시성이라는 공통점 때문에 구별이 쉽지 않으므로 문장 내에서의 기능을 통해 단어의 품사를 파악해야 한다.

ⓐ 이 사과는 맛있게 생겼다.
ⓑ 그 책 좀 나에게 빌려줄 수 있어?
ⓒ 여기가 바로 우리의 고향입니다.
ⓓ 이리 가까이 오게.
ⓔ 그리 물건을 보내겠습니다.

	㉠	㉡	㉢
①	ⓐ	ⓑ, ⓒ	ⓓ, ⓔ
②	ⓐ, ⓑ	ⓒ	ⓓ, ⓔ
③	ⓑ, ⓒ	ⓓ, ⓔ	ⓐ
④	ⓑ, ⓓ	ⓔ	ⓐ, ⓒ
⑤	ⓒ, ⓓ	ⓐ	ⓑ, ⓔ

03

〈보기〉의 밑줄 친 단어의 품사에 대한 이해로 적절하지 <u>않은</u> 것은?

〈보기〉
ㄱ. <u>그곳</u>에서는 빵을 <u>아주</u> <u>쉽게</u> <u>구울</u> 수 있다.
ㄴ. <u>그</u> 사람은 자기<u>가</u> 잠을 <u>잘</u> 잤다고 말했다.
ㄷ. <u>멋진</u> 형이 근처 식당<u>에서</u> 밥을 <u>지어</u> 왔다.

① ㄱ의 '그곳'과 ㄴ의 '그'는 어떤 처소나 대상을 지시하는 대명사이다.
② ㄱ의 '아주'와 ㄴ의 '잘'은 용언 앞에 놓여서 그 뜻을 한정하는 부사이다.
③ ㄱ의 '구울'과 ㄷ의 '지어'는 용언의 어간이 불규칙적으로 활용되는 동사이다.
④ ㄱ의 '쉽게'와 ㄷ의 '멋진'은 어떤 대상의 성질이나 상태를 나타내는 형용사이다.
⑤ ㄴ의 '가'와 ㄷ의 '에서'는 앞말과 다른 말과의 문법적인 관계를 나타내는 조사이다.

04

〈보기〉의 ⓐ~ⓒ를 이해한 내용으로 적절하지 <u>않은</u> 것은?

〈보기〉
ⓐ 아직까지는 그 사실을 <u>아무</u>도 모르고 있다.
ⓑ 할머니께서 <u>온갖</u> 재료로 만두를 곱게 빚으셨다.
ⓒ (대화 중) "들어가도 됩니까?" / "<u>네</u>, 어서 오십시오."

① ⓐ에서 '아무'는 문장에서 주어의 기능을 하는 체언이다.
② ⓑ에서 '온갖'은 문장에서 다른 말을 수식하는 수식언이다.
③ ⓒ에서 '네'는 말하는 이의 응답을 나타내는 감탄사이다.
④ ⓐ와 ⓑ에서 조사는 각각 3개씩이다.
⑤ ⓐ와 ⓑ에서 가변어는 각각 2개씩이다.

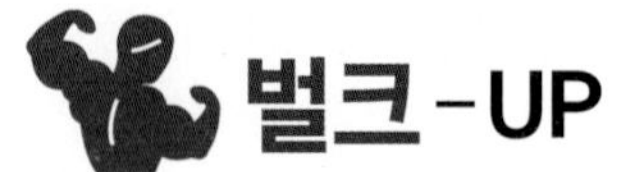

벌크-UP

[01~02] 다음 글을 읽고 물음에 답하시오.

단어를 공통된 성질에 따라 분류한 것을 '품사'라 한다. 품사 분류의 기준으로는 일반적으로 '형태, 기능, 의미'가 있다. '형태'는 단어가 활용하느냐 활용하지 않느냐에 관한 것이고 '기능'은 단어가 문장에서 하는 역할과 관련된다. '의미'는 단어의 구체적인 의미가 아니라 단어 부류가 가지는 추상적인 의미를 말한다.

이러한 기준의 전체 혹은 일부를 적용하여 ㉠활용하지 않으며 사물의 이름을 나타내는 말, ㉡활용하고 사물의 동작이나 작용을 나타내는 말, ㉢활용하지 않으며 수량이나 순서를 나타내는 말, ㉣활용하지 않으며 앞말에 붙어 앞말과 다른 말의 문법적 관계를 나타내거나 특수한 의미를 덧붙이는 말, ㉤활용하지 않으며 뒤에 오는 체언을 수식하는 말 등으로 개별 품사를 분류할 수 있다.

[A]
그런데 실제로 단어의 품사를 분류할 때에는 분류가 쉽지 않은 것들도 있다. 동사와 형용사의 구별이 대표적인데 사물의 속성이나 상태를 나타내는 형용사와 사물의 작용의 일종인 상태 변화를 나타내는 일부 동사는 의미상 매우 밀접하여 좀 더 세밀하게 구분하여야 한다. 가령 '햇살이 밝다'에서의 '밝다'는 상태를 나타내는 형용사이고, '날이 밝는다'에서의 '밝다'는 상태의 변화를 나타내는 동사이다. 동사와 형용사를 구별하는 또 다른 기준으로 활용 양상을 내세우기도 한다. 동사와 달리 형용사는 원칙적으로 선어말 어미 '-ㄴ/는-', 관형사형 어미 '-는', 명령형·청유형 종결 어미, 의도나 목적을 나타내는 연결 어미 등과 결합하여 쓰이지 않는다.

다만, '있다'의 경우는 품사를 분류할 때 더욱 주의해야 한다. '존재', '소유'와 같이 상태의 의미를 나타내는 '있다'는 형용사로, '한 장소에 머묾.'의 의미인 '있다'는 동사로 분류되는데, 동사 '있다'뿐만 아니라 형용사의 '있다'가 관형사형 어미 '-는'과 결합하기 때문이다. 형용사 '없다'의 경우도 반의어인 형용사 '있다'와 동일한 활용 양상을 보여 준다.

01

다음 문장에서 ㉠~㉤에 해당하는 예를 찾아 이를 설명한 내용으로 적절하지 <u>않은</u> 것은?

> 옛날 사진을 보니 즐거운 기억 하나가 떠올랐다.

① '옛날, 사진, 기억'은 ㉠에 해당하고 명사이다.
② '보니, 떠올랐다'는 ㉡에 해당하고 동사이다.
③ '하나'는 ㉢에 해당하고 수사이다.
④ '을, 가'는 ㉣에 해당하고 조사이다.
⑤ '즐거운'은 ㉤에 해당하고 관형사이다.

02

[A]를 참고하여 〈보기〉를 이해한 내용으로 적절하지 <u>않은</u> 것은?

〈보기〉

ⓐ
┌ 영희가 밥을 먹었다. / 꽃이 예뻤다.
└ 영희가 밥을 먹는다. / *꽃이 예쁜다.

ⓑ
┌ 영희야, 밥 먹어라. / *영희야, 좀 예뻐라.
└ 영희야, 밥 먹자. / *우리 좀 예쁘자.

ⓒ
┌ 밥 먹으려고 식당으로 갔다. / *예쁘려고 미용실에 갔다.
└ 밥 먹으러 식당에 갔다. / *예쁘러 미용실에 갔다.

ⓓ
┌ 나에게는 돈이 있다. / 돈이 있는 사람
└ 나에게는 돈이 없다. / 돈이 없는 사람

ⓔ
┌ 나무가 크다. / 나무가 쑥쑥 큰다.
└ 머리카락이 길다. / 머리카락이 잘 긴다.

※ '*'는 비문임을 나타냄.

① ⓐ: 동사와는 달리 형용사는 현재를 나타내는 선어말 어미와 결합할 수 없다.
② ⓑ: 동사와는 달리 형용사는 명령형·청유형 어미와 결합할 수 없다.
③ ⓒ: 동사와는 달리 형용사는 의도·목적을 나타내는 연결 어미와 결합할 수 없다.
④ ⓓ: '있다'와 '없다'는 상태의 의미를 나타내지만 동사로 쓰이고 있다.
⑤ ⓔ: '크다'와 '길다'는 형용사, 동사로 모두 쓰이고 있다.

호루라기 관장님의 하드 트레이닝

공부한 날	월	일	요일
맞은 개수		/ 36	

No	다음 빈칸에 알맞은 말을 써서 문장을 완성하시오.
01	(　　　)은 문장에서 다른 말과 상관없이 독립적으로 사용되는 단어로, 주로 놀람, 느낌, 부름과 같은 내용을 담는 말이다.
02	(　　　)는 말하는 사람의 놀람이나 느낌, 부름, 대답 등을 나타내는 단어이다.
03	감탄사는 형태가 변하지 않는 (　　　)이며, 일반적으로 조사가 결합하지 않고, 다른 단어와 특별한 관계를 맺지 않기 때문에 문장에서 놓이는 위치가 비교적 자유롭다.
04	(　　)은 문장에서 주로 사물이나 사람의 움직임, 상태, 성질 등을 설명하는 단어로, 상황에 따라 다양하게 형태를 변화시켜 활용할 수 있다.
05	용언이 문장에서 형태가 변화하는 것을 (　　　)이라고 하고, 이를 통해 문장을 끝맺거나 연결한다.
06	용언은 활용할 때 변하지 않는 부분인 (　　　)과 활용할 때 변하는 부분인 (　　　)로 이루어져 있다.
07	동사는 사람이나 사물의 (　　　)을 나타내는 단어이다.
08	목적어가 필요 없는 동사는 (　　　)이고, 목적어가 필요한 동사는 (　　　)이다.
09	동사는 움직임을 나타내는 단어이므로 (　　　)의 흐름에 따른 동작을 표현할 수 있어 (　　　) 시제 표현이 가능하지만 형용사는 가능하지 않다.
10	형용사는 사람이나 사물의 상태나 (　　　)을 나타내는 단어이다.
11	성질이나 상태를 나타내는 형용사는 (　　　) 형용사이고, 성질이나 상태가 어떠하다고 형식적으로 나타내는 형용사는 (　　　) 형용사이다.
12	현재 시제 선어말 어미와 결합할 수 있으면 (　　　), 결합할 수 없으면 (　　　)이다.
13	명령형 어미나 청유형 어미와 결합할 수 있으면 (　　　), 결합할 수 없으면 (　　　)이다.

No	문장에서 동사를 찾아 밑줄을 긋고, 동사의 종류를 쓰시오.
14	경찰이 도둑을 잡았다.
15	강아지가 빙그레 웃는다.
16	수찬이가 비행기를 처음 탔다.
17	해인이가 버스 뒷자리에 앉았다.
18	재욱이가 동생에게 선물을 주었다.

No	문장에서 형용사를 찾아 쓰시오.
19	판다는 얼굴이 둥글다.
20	나는 귀신이 없다고 믿는다.
21	살이 많이 쪘더니 옷이 작다.
22	봄이 오니 따뜻한 바람이 불었다.
23	그녀의 눈이 아름답게 빛나고 있었다.
24	경험이 많은 사람을 직원으로 뽑았다.
25	식초를 넣어 새콤하게 양념을 했다.
26	여름이라서 사람들이 느리게 걷는다.
27	동생은 우리 가족 중에서 가장 착하다.

No	밑줄 친 단어가 형용사면 '형', 동사면 '동'을 쓰시오.
28	지은이가 메시지를 <u>읽는다</u>.
29	뜨거운 물이 차갑게 <u>식었다</u>.
30	책상 위에 새로 산 시계가 <u>있다</u>.
31	언덕을 올라가는 수레를 <u>밀었다</u>.
32	건조대에 널어 둔 빨래가 <u>마른다</u>.
33	떡볶이 가게는 여는 시간이 <u>이르다</u>.
34	선크림을 안 발랐더니 많이 <u>늙었다</u>.
35	날이 <u>밝는</u> 대로 여행을 출발하자.
36	그는 <u>젊은</u> 나이에 사업가로 성공했다.

오늘의 수능 국어 트레이닝 끝!

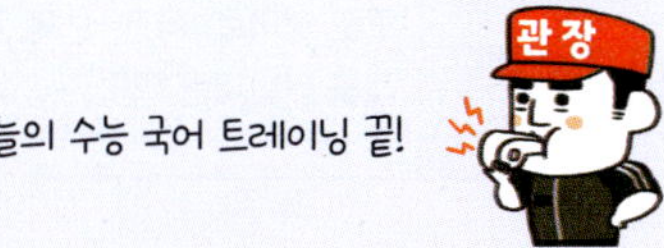

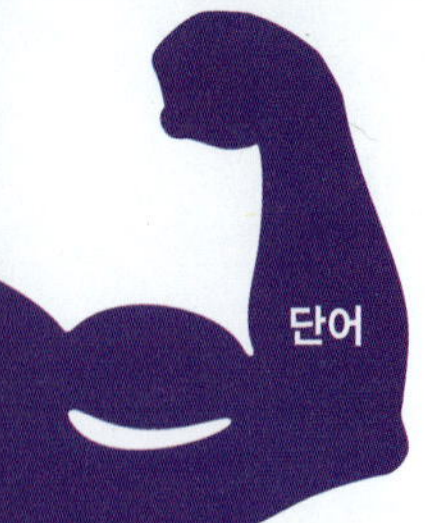

014 어간과 어미

1 어간
- 용언이 활용할 때 형태가 변하지 않는 부분

2 어미
- 어간의 뒤에 붙어서 형태가 변하는 부분으로, (1 ㅁㅂ)적인 의미를 더해 주는 요소

> **개념 당기는 예시**
> - 자다, 자고, 자니, 자라 ➡ 용언 '자다'가 활용할 때 형태가 변하지 않는 '자-'를 어간이라고 함.
> - 자다, 자고, 자니, 자라 ➡ 어간 '자-' 뒤에 붙어서 형태가 변하는 '-다, -고, -니, -라'를 어미라고 함.

(1) 어말 어미
- 문장 (2 ㄱ)에 오는 어미로, 종결 어미, 연결 어미, **전성** 어미로 나뉘며 반드시 있어야 함.

① 종결 어미: 한 문장을 끝맺는 어미로, 동사에는 평서형, 의문형, 감탄형, 명령형, 청유형이 있고, 형용사에는 평서형, 의문형, 감탄형이 있음.

> **개념 당기는 예시**
> - 물이 맑다.(평서형) 물이 맑을까?(의문형) 물이 맑구나.(감탄형) 물을 보아라.(명령형) 물을 보자.(청유형)
> ➡ 형용사는 명령형과 청유형으로 쓰일 수 없음.

② 연결 어미: 앞 문장과 뒤 문장 또는 본용언과 (3 ㅂㅈ) 용언을 연결해 주는 어미

대등적 연결 어미	예 -고, -(으)며, -(으)나	예 물이 맑고, 하늘이 푸르다.
종속적 연결 어미	예 -면, -(으)니, -(으)니까	예 강이 맑으니 고기가 많다.
보조적 연결 어미	예 -아/어, -게, -지, -고	예 바다가 보고 싶다.

연결 어미는 다양한 의미를 가지고 있습니다. 예를 들어 대등적 연결 어미인 '-고, -(으)며'는 나열, '-(으)나, -지만'은 상반의 의미를, 종속적 연결 어미인 '-(으)니까, -(으)므로'는 원인, '-(으)려고, -고자'는 목적의 의미를 가집니다.

③ 전성 어미: 용언의 서술 기능을 다른 기능으로 바꾸어 주는 어미

명사형 전성 어미	예 -(으)ㅁ, -음, -기	예 물이 맑음을 이야기하다.
관형사형 전성 어미	예 -(으)ㄴ, -는, -(으)ㄹ, -던	예 맑은 물이 흐른다.
부사형 전성 어미	예 -게, -도록	예 물이 맑도록 청소를 했다.

(2) 선어말 어미
- 어말 어미의 앞에 오는 어미로, 필수적이지 않음.

(4 ㄴㅇ) 선어말 어미	서술어의 주체를 높이거나 상대방에 대한 공손의 뜻을 표시하는 어미	주체 높임	예 -시-	예 손님이 식사를 하신다.
		공손	예 -옵-	예 어서 드리옵소서.
시제 선어말 어미	어간 뒤에 비교적 자유롭게 오는 어미로, 과거, 현재, 미래를 나타내는 어미	과거 시제	예 -았/었-, -더-	예 나는 밥을 먹었다.
		현재 시제	예 -는-	예 나는 밥을 먹는다.
		미래 시제	예 -겠-	예 나는 밥을 먹겠다.

개념 알통

어미의 종류

- 어미
  - 어말 어미
    - 종결 어미
    - 연결 어미
    - 전성 어미
  - 선어말 어미
    - 높임
    - 시제

개념 알통

'-오'와 '-요'의 쓰임

'-오'는 '당신을 사랑하오.'와 같이 받침 없는 용언의 어간, '이다', '아니다'의 어간 등에 붙어 쓰이는 종결 어미이다. 한편 '-요'는 '이것은 말이요, 저것은 돼지이다.'와 같이 '이다', '아니다'의 어간에 붙어 어떤 사물이나 사실을 열거하는 연결 어미로 쓰이기도 하고, '새싹이 돋는군요.'와 같이 종결 어미 뒤에 붙어 청자에게 존대의 뜻을 나타내는 보조사로 쓰이기도 한다.

*전성: 어떤 품사가 다른 품사로 바뀌는 일

【초성 답】 **1** 문법 **2** 끝 **3** 보조 **4** 높임

015 본용언과 보조 용언

단어

1 본용언

- 문장의 주체를 주되게 서술하면서 보조 용언의 도움을 받는 용언
- 실질적인 뜻을 지녔고, 보조 용언의 앞에 위치함.
- (¹　　ㄷㄷ　　)으로 문장의 서술어*가 될 수 있음.

개념 당기는 예시

- 느낀 점을 <u>적어</u> 두다. / 날씨가 <u>춥지</u> 않다.
→ 본용언은 실질적인 뜻을 가지고 있고, 보조 용언 앞에서 보조 용언의 도움을 받음.

2 보조 용언

- 본용언 뒤에 붙어서 의미를 더해 주는 역할을 하는 용언
- 실질적인 (²　　ㅇㅁ　　)가 없어 단독으로 쓰일 수 없음.

개념 당기는 예시

- 나는 식사를 잘 <u>먹어</u> 두었다. / 나는 식사를 잘 <u>먹었</u>다. / *나는 식사를 잘 <u>두었</u>다.
→ 본용언 '먹다'는 후행하는 용언 없이도 홀로 쓰일 수 있으나, 보조 용언인 '두다'는 선행하는 본용언이 없으면 단독으로 쓰일 수 없음.

- 보조 용언은 보조 동사와 보조 형용사로 나뉨.

(1) 보조 동사

- 본용언과 연결되어 그 풀이를 보조하는 동사

의미	용례
진행	고양이를 안고 <u>있다</u>. / 아침이 밝아 <u>온다</u>.
유지	내일 떠나려면 잘 쉬어 <u>두자</u>. / 물을 사 <u>가지고</u> 왔다.
완료	대회가 다 끝나 <u>버렸다</u>. / 일을 마치고 <u>나니</u> 기분이 좋았다.

(2) 보조 형용사

- 본용언과 연결되어 의미를 (³　　ㅂㅊ　　)하는 형용사

의미	용례
추측	눈이 온 <u>듯하다</u>. / 기차가 도착했나 <u>보다</u>.
소망	집에 가고 <u>싶다</u>. / 어릴 적에는 의사가 되고 <u>싶었다</u>.
가능성	발을 헛디딜 <u>뻔했다</u>. / 그 소문이 사실임 <u>직한데</u> 믿기지 않았다.

'-지 않다'와 '-지 못하다'는 부정의 의미를 가진 보조 용언으로,
앞에 동사가 오면 보조 동사로 쓰이고 앞에 형용사가 오면 보조 형용사로 쓰입니다.

개념 알통

본용언과 보조 용언의 구성

본용언 + 보조 동사	① 용언 어간+보조적 연결 어미+보조 동사 예 먹어 <u>보다</u>, 가지 <u>않다</u> ② 용언 어간+명사형 전성 어미 '-기'+보조사+보조 동사 예 먹기는 <u>한다</u>, 가기도 <u>한다</u>
본용언 + 보조 형용사	① 용언 어간+보조적 연결 어미+보조 형용사 예 먹고 <u>싶다</u>, 예쁘지 <u>않다</u> ② 용언 어간+명사형 전성 어미 '-기'+보조사+보조 형용사 예 높기는 <u>한다</u>, 붉기도 <u>한다</u> ③ '추측'의 의미를 가지는 의문형 어미 예 책인가 <u>보다</u>, 비가 오나 <u>보다</u>

본용언과 보조 용언은 어떻게 구별하나요?

용언이 두 개 이상 연결되어 있을 때 두 번째 이하의 용언이 단독으로 서술어가 되고 의미가 변하지 않으면 본용언입니다. 단독으로 서술어가 될 수 없거나 단독으로 서술어가 되더라도 문장에 쓰인 뜻과 다르면 보조 용언입니다. 또한 '본용언+본용언'인 경우와 달리 '본용언+보조 용언'인 경우에는 그 사이에 다른 문장 성분이 들어갈 수 없습니다.

예 라면을 끓여 (맛있게) <u>먹었다</u>. (○)
　　　본용언+본용언
예 라면을 먹어 (*맛있게) <u>치웠다</u>. (×)
　　　본용언+보조 용언

---

*서술어: 한 문장에서 주어의 움직임, 상태, 성질 따위를 서술하는 말

【초성 답】 1 단독　2 의미　3 보충

016 용언의 활용

1 용언의 활용

- 용언의 어간에 (1 ㅇㅁ)가 다양한 모습으로 결합하여 그 기능을 달리하는 현상

2 규칙 활용

- 용언이 활용할 때 어간과 어미의 형태 변화가 없거나 변화가 있어도 음운 (2 ㄱㅊ)으로 설명이 가능한 활용

개념 당기는 예시

- 먹-+-어 → 먹어, 먹-+-고 → 먹고
  → 어간과 어미가 결합하는 과정에서 어간과 어미 모두 형태 변화가 없는 경우 규칙 활용임
- 쓰-+-어 → 써, 따르-+-아 → 따라, 울-+-는 → 우는
  → 'ㅡ' 탈락과 'ㄹ' 탈락은 모든 활용에 규칙적으로 적용되는 현상임

3 불규칙 활용

- 용언이 활용할 때 형태의 변화를 음운 규칙으로 설명할 수 없는 활용

(1) 어간의 불규칙성에 의한 활용

구분	내용	불규칙 활용의 예	규칙 활용의 예
ㅅ 불규칙	'ㅅ'이 모음 어미 앞에서 (3 ㅌㄹ) 함.	잇-+-어 → 이어 짓-+-어 → 지어	벗-+-어 → 벗어 솟-+-아 → 솟아
ㄷ 불규칙	'ㄷ'이 모음 어미 앞에서 'ㄹ'로 변함.	듣-+-어 → 들어 묻-+-어 → 물어(問)	얻-+-어 → 얻어 묻[埋]-+-어 → 묻어
ㅂ 불규칙	'ㅂ'이 모음 어미 앞에서 '오 / 우'로 변함.	돕-+-아 → 도와 곱-+-아 → 고와	잡-+-아 → 잡아 뽑-+-아 → 뽑아
르 불규칙	'르'가 모음 어미 앞에서 'ㄹㄹ'로 변함.	흐르-+-어 → 흘러 빠르-+-아 → 빨라	치르-+-어 → 치러 따르-+-아 → 따라
우 불규칙	'우'가 모음 어미 앞에서 탈락함.	푸-+-어 → 퍼	주-+-어 → 주어

(2) 어미의 불규칙성에 의한 활용

구분	내용	불규칙 활용의 예	규칙 활용의 예
여 불규칙	'하-' 뒤에 오는 어미 '-아/-어'가 '-여'로 변함.	공부하-+-어 → 공부하여 (※'하다'와 '-하다'가 붙는 모든 용언)	사-+-아 → 사 파-+-아 → 파
러 불규칙	어간이 '르'로 끝나는 일부 용언의 어미 '-어'가 '러'로 변함.	이르(至)-+-어 → 이르러 누르(黃)-+-어 → 누르러	치르-+-어 → 치러

(3) 어간과 어미의 불규칙성에 의한 활용

구분	내용	불규칙 활용의 예	규칙 활용의 예
ㅎ 불규칙	'ㅎ'으로 끝나는 어간에 어미 '-아/-어'가 오면 어간의 일부인 'ㅎ'이 없어지고 어미도 변함.	까맣-+-아 → 까매 하얗-+-아서 → 하얘서	좋-+-아서 → 좋아서 놓-+-아서 → 놓아서

어근과 어간의 차이는 무엇인가요?

어근은 '단어가 형성될 때' 쓰이는 개념이고 어간은 '용언이 활용될 때' 쓰이는 개념이라고 생각하면 쉽습니다. 먼저 어근은 형태소가 결합할 때 실질적인 의미를 나타내는 부분으로 접사와 대응되는 개념이고, 어간은 용언이 활용할 때 변하지 않는 부분으로 어미와 대응되는 개념입니다.

개념 알통

어미 '-느냐'와 '-으냐'의 활용

-느냐	• 해라할 자리에 쓰여 물음을 나타내는 종결 어미로, 예스러운 느낌을 줌. • '있다, 없다, 계시다'의 어간, 동사 어간 또는 어미 '-으시-, -었-, -겠-' 뒤에 결합함. 예 지금 무엇을 먹느냐?
-으냐	• 해라할 자리에 쓰여 물음을 나타내는 종결 어미로, 예스러운 느낌을 줌. • 'ㄹ'을 제외한 받침 있는 형용사 어간 뒤에 결합함. 예 방이 넓으냐?

【초성 답】 1 어미 2 규칙 3 탈락

개념 트레이닝 ZONE

문제를 풀며 개념 근육을 키워 보세요!

01 다음 설명의 알맞은 말에 ○표 하시오.

(1) 용언 '읽다'가 '읽고, 읽으면, 읽는다, 읽으니'와 같이 용언의 형태가 변하는 것을 '(변용 / 활용)'이라고 한다.

(2) '읽–'처럼 형태가 변하지 않는 부분을 (어간 / 어미)(이)라고 하고, '–고, –으면'처럼 형태가 변하는 부분을 (어간 / 어미)(이)라고 한다.

(3) 문장의 주체를 주되게 서술하는 용언을 (본용언 / 보조 용언)이라고 하고, 이것의 뜻을 보충하는 역할을 하는 용언을 (본용언 / 보조 용언)이라고 한다.

(4) 용언이 활용할 때 어간과 어미가 일정한 형태를 보이는 경우를 (규칙 / 불규칙) 활용이라고 한다.

(5) '짓다, 짓고, 지어, 지으니'와 같이 환경에 따라 형태가 달라지고, 이를 일정한 규칙으로 설명할 수 없는 경우를 (규칙 / 불규칙) 활용이라고 한다.

02 다음 단어를 어간과 어미로 구분하여 쓰시오.

(1)	같고	( )–+–( )	(6)	보며	( )–+–( )
(2)	먹어서	( )–+–( )	(7)	이어	잇–+–( )
(3)	입으니	( )–+–( )	(8)	들은	듣–+–( )
(4)	자거라	( )–+–( )	(9)	갈아서	( )–+–( )
(5)	예쁘구나	( )–+–( )	(10)	지으니	짓–+–( )

03 다음 밑줄 친 어간과 어미가 결합한 활용 형태를 쓰시오.

(1)	침대에 눕–+–어 재미있는 만화를 보았다.	
(2)	밥통에서 밥을 푸–+–어 식탁으로 날랐다.	
(3)	우리는 지갑을 줍–+–어 경찰서에 맡겼다.	
(4)	전화번호를 부르–+어 줄테니 꼭 전화해라.	
(5)	마른 미역이 물에 붇–+–어 양이 많아졌다.	
(6)	옥상에 오르–+–아 개기일식을 바라보았다.	
(7)	이 다리는 섬과 육지를 잇–+–어 주는 수단이다.	
(8)	자정에 이르–+–어서야 피곤한 몸으로 돌아왔다.	

04 다음 문장의 ㉠～㉤을 보고 빈칸에 알맞은 말을 쓰시오.

> 친구 주아가 여행을 ㉠갔는데 멋진 선물을 ㉡샀다고 해서 기대 중이야. 주아가 빨리 ㉢와서 함께 ㉣놀고 ㉤싶어.

구분	㉠	㉡	㉢	㉣	㉤
품사					
기본형					
어말 어미의 종류					

05 다음 밑줄 친 단어가 본용언이면 '본', 보조 용언이면 '보'라고 쓰시오.

(1) 지현이는 지금 노래를 <u>듣고</u> <u>있다</u>.
    (　　　) (　　　)

(2) 빨래가 쨍한 햇빛에 바짝 <u>말라</u> <u>간다</u>.
    (　　　) (　　　)

(3) 우리 가족은 새로 산 쇼파에 <u>앉아</u> <u>보았다</u>.
    (　　　) (　　　)

(4) 배가 고파서 밥을 남김없이 다 <u>먹어</u> <u>버렸다</u>.
    (　　　) (　　　)

(5) 나는 생선구이를 먹다가 가시를 <u>발라서</u> <u>버렸다</u>.
    (　　　) (　　　)

(6) 엄마가 손수건과 실내화를 가방에 <u>넣어</u> <u>주셨다</u>.
    (　　　) (　　　)

06 다음 밑줄 친 단어의 기본형, 어간과 어미를 구분해 쓰고 규칙 활용이면 '규', 불규칙 활용이면 '불'이라고 쓰시오.

예	캠핑장에서 밥을 <u>지어</u> 먹었다.	짓다	짓–+–어	불
(1)	떡이 <u>굳어</u> 보였다.			
(2)	축제 준비가 잘 <u>되어</u> 간다.			
(3)	친구의 고민을 <u>들어</u> 주었다.			
(4)	강물이 마을까지 <u>흘러</u> 왔다.			
(5)	친구 집에 잠깐 <u>들러서</u> 놀았다.			
(6)	열심히 일을 <u>하여</u> 부를 이뤘다.			
(7)	남산의 소나무는 항상 <u>푸르렀다</u>.			
(8)	결혼식을 <u>치르느라</u> 무척 바빴다.			

01

다음 '용언'에 관한 설명으로 적절한 것은?

실력 자랑 용언에 대한 설명의 적절성을 판단해 보세요.

① 용언은 어간의 앞뒤에 어미가 결합한 단어이다. ○ ✕

② 어간은 단독으로 쓰여 하나의 용언을 이룰 수 있다. ○ ✕

③ 어미는 용언이 활용할 때 형태가 유지되는 부분이다. ○ ✕

④ 어말 어미는 용언이 활용할 때 나타나지 않을 수 있다. ○ ✕

⑤ 선어말 어미는 한 용언에 두 개가 동시에 쓰일 수 있다. ○ ✕

02

용언의 어간과 어말 어미 사이에 오는 선어말 어미는 ㉠쓰이지 않는 경우도 있고 ㉡하나가 오는 경우도 있으며 ㉢두 개 이상 연달아 나타나는 경우도 있다.

윗글을 읽고 이해한 내용으로 적절하지 않은 것은?

실력 자랑 다음 예가 ㉠~㉢ 중 어디에 해당하는지 써 보세요.

'그녀는 학교 가는 길을 잘 알았다.'에서 '알았다.'	
'여름이 지나고 이제 가을이 왔겠군.'에서 '왔겠군'	
'시골에 계시는 할머니께 편지를 드렸다.'에서	'계시는'
	'드렸다'
'그 사건은 아직 끝난 것이 아니다.'에서 '끝난, 아니다'	

② '시골에 계시는 할머니께 편지를 드렸다.'에서 '계시는', '드렸다'를 모두 ㉡의 예로 들 수 있군.

→ '계시는'을 (   )의 예로, '드렸다'를 (   )의 예로

 용언의 기본형을 먼저 파악한 후에 어떠한 선어말 어미가 왔는지 분석하는 게 좋아요.

03

〈보기〉의 ⓐ~ⓒ에 해당하는 예로 적절하지 않은 것은?

─〈보기〉─

보조 용언 구성 '-고 있-'은 크게 두 가지 의미를 지닌다.

(가) 민수는 지금 떡국을 먹고 있다.

(나) 선생님은 너를 믿고 있다.

(다) 지혜는 모자를 쓰고 있다.

(가)에서처럼 ⓐ'어떤 동작이 진행되고 있음'을 나타내기도 하고, (나)에서처럼 ⓑ'어떤 상태가 지속되고 있음'을 나타내기도 한다. (가)의 '-고 있-'은 '-는 중이-'로 교체하여도 ⓐ의 의미가 유지되지만, (나)의 '-고 있-'은 교체하면 부자연스러운 문장이 되거나 ⓑ의 의미가 유지되지 않는다. 한편 (가), (나)에서는 특정한 문맥이 주어지지 않아도 그 의미를 확정할 수 있는 데 반해, (다)에서는 문맥이 충분히 주어지지 않으면 '-고 있-'이 ⓒ두 가지 의미 모두로 해석될 수 있다.

실력 자랑 다음 예가 ⓐ~ⓒ 중 어디에 해당하는지 써 보세요.

① ┌ A: 아빠 들어오실 때 형은 뭐 하고 있었니?
　 └ B: 형은 양치질을 하고 있었어요.

→ (   )

② ┌ A: 오빠가 너한테 화가 많이 났나 봐.
　 └ B: 오빠는 지금 날 오해하고 있는 것 같아.

→ (   )

③ ┌ A: 내일이 고모님 생신이라고 하네.
　 └ B: 아, 나 그거 이미 알고 있어.

→ (   )

④ ┌ A: 너 안경 잃어버렸다며? 괜찮아?
　 └ B: 눈이 아주 나쁘진 않아서 안경 벗고 있어도 괜찮아.

→ (   )

⑤ ┌ A: 저 중에 신입 사원이 누구야?
　 └ B: 저기에 있잖아. 넥타이를 매고 있네.

→ (   )

04

⊙~ⓒ과 관련하여 〈보기〉의 Ⓐ~Ⓔ의 밑줄 친 부분을 분석한 내용으로 적절하지 **않은** 것은?

> 용언들이 ⊙본용언, 본용언, 보조 용언의 순서로 연결된 경우, ⓒ본용언, 보조 용언, 본용언의 순서로 연결된 경우, ⓒ본용언, 보조 용언, 보조 용언의 순서로 연결된 경우가 있다.

〈보기〉

- Ⓐ 그는 순식간에 사과를 <u>던져서 베어 버렸다</u>.
- Ⓑ 그는 식당에서 고기를 <u>먹어 치우고 일어났다</u>.
- Ⓒ 그에게 전화를 했을 때 그가 <u>깨어 있어 행복했다</u>.
- Ⓓ 나는 경기에 출전하지 못하고 의자에 <u>앉아 있게 생겼다</u>.
- Ⓔ 나는 평소 밥을 좋아하는데 오늘은 갑자기 빵을 <u>먹고 싶게 되었다</u>.

실력 자랑 Ⓐ~Ⓔ의 밑줄 친 부분이 ⊙~ⓒ 중 어디에 해당하는지 써 보세요.

Ⓐ 던져서 베어 버렸다	
Ⓑ 먹어 치우고 일어났다	
Ⓒ 깨어 있어 행복했다	
Ⓓ 앉아 있게 생겼다	
Ⓔ 먹고 싶게 되었다	

② Ⓑ: '치우고'는 어간 '치우–'에 보조적 연결 어미 '–고'가 결합되어 '일어났다'와 연결된 형태이고 ⊙에 해당한다.

→ Ⓑ: '먹어'는 어간 '먹–'에 보조적 연결 어미 '–어'가 결합되어 '(   )'와 연결된 형태이고 (   )에 해당한다.

05

〈보기〉의 설명에 따라 학습지를 푼 결과 중, 바르지 **않은** 것은?

〈보기〉

> 선생님: 본용언과 보조 용언은 띄어 쓰는 것이 원칙이지만 경우에 따라 붙여 쓰는 것도 허용하고 있어요. 그렇지만 앞말에 조사가 붙거나 앞말이 합성 동사인 경우에 그 뒤에 오는 보조 용언은 띄어 써야 해요. 예를 들어, '도와드리다'의 경우 '드리다'가 보조 용언이니까 '도와 드리다'로 쓰는 것이 원칙이지만 '도와드리다'도 허용하는 것이지요. 그럼 선생님 설명을 얼마나 잘 이해했는지 확인해 볼까요?

실력 자랑 학습지를 풀어 보세요.

학습지

*다음은 보조 용언이 쓰인 문장이다. 띄어쓰기에 맞는 표현을 모두 찾아 ○표 하시오.

① 활활 타던 불이 (꺼져 갔다 / 꺼져갔다).

② 의자를 뒤로 (밀어내 버렸다 / 밀어내버렸다).

③ 네가 그 일에 (덤벼들어 보아라 / 덤벼들어보아라).

④ 책을 여러 번 (읽어도 보았다 / 읽어도보았다).

⑤ 공책에 (기록해 두었다 / 기록해두었다).

06

〈보기〉의 ⊙의 방식에 따라 형성된 단어로 적절한 것은?

〈보기〉

> 국어의 단어 형성 방식을 알아보기 위해 한 단어가 아닌 '오고 가다'를, 한 단어인 '뛰어가다', '오가다'와 비교해 보자.
>
> - 많은 사람들이 <u>오고 가다</u>.
> - 사람들이 바쁘게 <u>뛰어가다</u>.
> - <u>오가는</u> 사람이 많다.
>
> '오고 가다'라는 구(句)는 단어 '오다'의 어간 '오–'에 연결 어미 '–고'가 결합하여 '가다'와 이어진 것이다. 이러한 방식은 단어 형성에서도 찾아볼 수 있다. 예를 들어, '뛰어가다'는 '뛰다'와 '가다'의 ⊙<u>어간이 연결 어미로 연결되어</u> 형성된 한 단어이다. 한편 '오가다'는 어간과 어간이 직접 결합해서 한 단어가 되었다는 점에서 '뛰어가다'와 차이가 있다.

실력 자랑 다음 단어가 ⊙의 방식으로 형성되었으면 ○, 아니면 ×표 하세요.

1. 꿈꾸다	(○ / ×)
2. 돌아서다	(○ / ×)
3. 뒤섞다	(○ / ×)
4. 빛나다	(○ / ×)
5. 오르내리다	(○ / ×)

01

〈보기〉를 이해한 내용으로 적절하지 <u>않은</u> 것은?

> ──〈보기〉──
>
> 용언이 활용할 때 어간이나 어미의 기본 형태가 바뀌지 않거나 바뀌어도 일반적인 음운 규칙으로 설명할 수 있는 경우를 '규칙 활용'이라 하고, 어간이나 어미의 기본 형태가 바뀌는 것을 일반적인 음운 규칙으로 설명할 수 없는 경우를 '불규칙 활용'이라 한다. 불규칙 활용은 ㉠<u>어간이 바뀌는 경우</u>, ㉡<u>어미가 바뀌는 경우</u>, ㉢<u>어간과 어미가 모두 바뀌는 경우</u>로 나누어 살펴볼 수 있다.

① '솟다'가 '솟아'로 활용하는 것과 달리, '낫다'는 '나아'로 활용하므로 ㉠에 해당한다.

② '얻다'가 '얻어'로 활용하는 것과 달리, '엿듣다'는 '엿들어'로 활용하므로 ㉠에 해당한다.

③ '먹다'가 '먹어'로 활용하는 것과 달리, '하다'는 '하여'로 활용하므로 ㉡에 해당한다.

④ '치르다'가 '치러'로 활용하는 것과 달리, '흐르다'는 '흘러'로 활용하므로 ㉡에 해당한다.

⑤ '수놓다'가 '수놓아'로 활용하는 것과 달리, '파랗다'는 '파래'로 활용하므로 ㉢에 해당한다.

02

밑줄 친 부분이 〈보기〉의 ㉠에 해당하지 <u>않는</u> 것은?

> ──〈보기〉──
>
> 동사의 어간에 연결 어미 '-(으)며'가 결합할 때, ㉠<u>앞 문장과 뒤 문장의 주어가 서로 같고, '-(으)며'를 연결 어미 '-(으)면서'로 바꾸어 쓸 수 있는 경우에 '-(으)며'는 앞뒤 문장의 동작이 동시에 일어남을 나타낸다.</u>
>
> 예 철수가 음악을 듣는다. + 철수가 커피를 마신다.
>
> → 철수가 음악을 들<u>으며</u>(들으면서) 커피를 마신다.

① 우리는 함께 걸<u>으며</u> 희망에 대해 이야기했다.

② 모두들 음정에 주의하<u>며</u> 노래를 제대로 부르자.

③ 아는 사람 하나가 미소를 지<u>으며</u> 내게 다가왔다.

④ 마라톤 선수가 가쁜 숨을 몰아쉬<u>며</u> 결승선을 통과했다.

⑤ 출근할 때, 일부는 버스를 이용하<u>며</u> 일부는 지하철을 이용한다.

03

〈보기〉의 ㉠~㉤에 쓰인 ⓐ, ⓑ에 대한 설명으로 옳지 <u>않은</u> 것은?

> ──〈보기〉──
>
> 용언은 어간에 어미가 붙어 다양한 의미를 나타내며 활용된다. 어미는 ⓐ<u>선어말 어미</u>와 ⓑ<u>어말 어미</u>로 나뉜다. 어말 어미는 다시 종결 어미, 연결 어미, 전성 어미로 나뉜다. 용언의 활용형에서 선어말 어미는 없는 경우가 있어도 어말 어미는 반드시 있어야 한다.
>
> ㉠ 민수가 그 나무를 <u>심었구나</u>!
> ㉡ 저기서 <u>청소하는</u> 아이가 내 동생이야.
> ㉢ 그 친구가 설마 그 음식을 다 <u>먹었겠니</u>?
> ㉣ 그가 나에게 권한 책은 이미 <u>읽은</u> 책이다.
> ㉤ 주말에 바람은 <u>불겠지만</u> 비는 오지 않을 것이다.

① ㉠에는 과거 시제를 나타내는 '-었-'이 ⓐ로 쓰였고, 감탄형 종결 어미 '-구나'가 ⓑ로 쓰였다.

② ㉡에는 ⓐ는 없고 동사의 현재 시제를 나타내는 관형사형 전성 어미 '-는'이 ⓑ로 쓰였다.

③ ㉢에는 과거 시제를 나타내는 '-었-'과 주체의 의지를 나타내는 '-겠-'이 ⓐ로 쓰였고, 의문형 종결 어미 '-니'가 ⓑ로 쓰였다.

④ ㉣에는 ⓐ는 없고 동사의 과거 시제를 나타내는 관형사형 전성 어미 '-은'이 ⓑ로 쓰였다.

⑤ ㉤에는 추측의 의미를 나타내는 '-겠-'이 ⓐ로 쓰였고, 대등적 연결 어미 '-지만'이 ⓑ로 쓰였다.

04

<보기>의 [A]에 들어갈 말로 적절하지 <u>않은</u> 것은?

<보기>

선생님: 화자의 다양한 심리적 태도는 '보조적 연결 어미와 보조 용언'의 구성을 통해 나타낼 수 있습니다. ㉠~㉤의 '보조적 연결 어미와 보조 용언'에 대해 탐구해 봅시다.

> 지혜: 쉬고 있는 걸 보니 안무를 다 ㉠짰나 본데?
> 세희: 아니야, 잠시 쉬고 있어. 춤이 어려워서 친구들이 공연 중에 동작을 ㉡잊을까 싶어 걱정이야.
> 지혜: 그렇구나. 동작은 너무 멋있었는데?
> 세희: 그렇게 말해줘서 고마워. 근데 구성까지 어려우니까 몇몇 친구들은 그만 ㉢포기해 버리더라고.
> 지혜: 그럼 내가 내일 좀 ㉣고쳐 줄까?
> 세희: 괜찮아. 고맙지만, 오늘까지 ㉤마쳐야 해.

학생: [A]

① ㉠에는 화자가 어떠한 행동에 대해 추측하고 있음이 나타나 있습니다.

② ㉡에는 화자가 뜻하는 행동을 하고자 하는 의도가 나타나 있습니다.

③ ㉢에는 어떠한 행동이 이루어진 결과에 대해 화자가 아쉬운 감정을 갖게 되었음이 나타나 있습니다.

④ ㉣에는 화자가 상대를 위해 무언가를 베푼다는 심리적 태도가 나타나 있습니다.

⑤ ㉤에는 화자가 어떠한 행동을 하는 것이 필요함을 나타내고 있습니다.

05

<보기 1>의 ㉠~㉢에 해당하는 예만을 <보기 2>에서 고른 것은?

<보기 1>

연결 어미 '-고'의 쓰임은 다양하다. 먼저 ㉠앞 절과 뒤 절의 사실을 대등하게 벌여 놓는 경우가 있다. 또한 ㉡앞뒤 절의 두 사실 간에 계기적인 관계가 있음을 나타내는 경우나, ㉢앞 절의 동작이 이루어진 그대로 지속되는 가운데 뒤 절의 동작이 일어남을 나타내는 경우도 있다.

<보기 2>

- 그들은 서로 손을 쥐고 팔씨름을 했다.
  ⓐ
- 어머니는 나를 업고 병원으로 달려갔다.
  ⓑ
- 나는 그가 정직하고 성실하다는 것을 알고 있었다.
  ⓒ
- 눈 깜짝할 사이에 다리가 벌에 쏘이고 퉁퉁 부었다.
  ⓓ
- 그 책은 내가 읽을 책이고 이 책은 내가 읽은 책이다.
  ⓔ

① ㉠: ⓐ, ⓒ   ② ㉡: ⓑ, ⓔ   ③ ㉡: ⓓ, ⓔ

④ ㉢: ⓐ, ⓑ   ⑤ ㉢: ⓒ, ⓓ

06

ⓐ~ⓔ는 잘못된 표기를 바르게 고친 것이다. 고치는 과정에서 해당 단어에 적용된 용언 활용의 예로 적절하지 <u>않은</u> 것은?

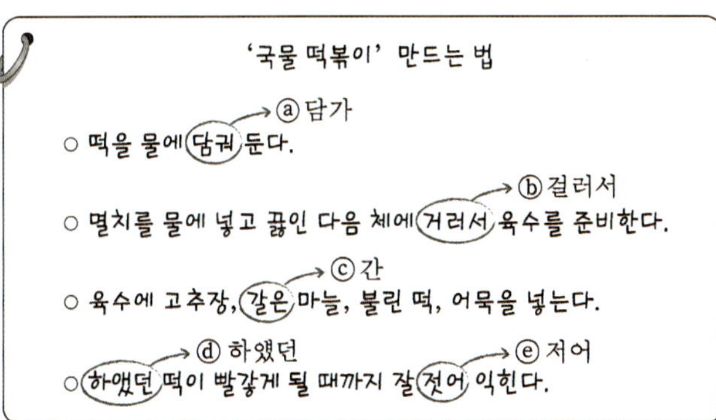

① ⓐ: 예쁘- + -어도 → 예뻐도

② ⓑ: 푸르- + -어 → 푸르러

③ ⓒ: 살- + -니 → 사니

④ ⓓ: 동그랗- + -아 → 동그래

⑤ ⓔ: 긋- + -은 → 그은

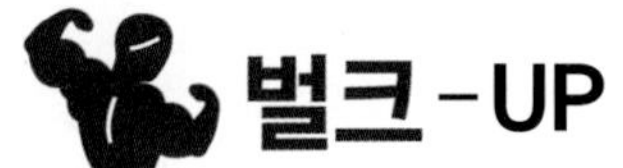

벌크-UP

[01~02] 다음 글을 읽고 물음에 답하시오.

용언의 어간에 여러 어미가 번갈아 결합하는 현상을 용언의 활용이라 한다. 어간은 용언이 활용할 때 변하지 않는 부분을 가리키고, 어미는 어간 뒤에 결합하여 여러 가지 문법적 의미를 더해 주는 요소를 가리킨다. 어미는 그것이 나타나는 자리에 따라 어말 어미와 선어말 어미로 나눌 수 있다. 어말 어미는 용언의 맨 뒤에 오는 어미이고, 선어말 어미는 어말 어미 앞에 나타나는 어미이다. 가령, "나는 물건을 들었다."라는 문장에서 '들었다'는 어간 '들-'에 선어말 어미 '-었-'과 어말 어미 '-다'가 결합된 용언이다. 어간과 어미의 결합 관계를 기호화하여 어간을 X, 선어말 어미를 Y, 어말 어미를 Z라고 할 때, 어간에 하나의 어미만 결합된 용언은 ㉠X+Z로 표현될 수 있고, 어간에 둘 이상의 어미가 결합된 용언은 ㉡X+Y+Z 혹은 ㉢X+Y$_1$+Y$_2$+Z 등으로 표현될 수 있다.

어말 어미는 문법적 기능에 따라 종결 어미, 연결 어미, 전성 어미로 나뉜다. 종결 어미는 문장의 끝에 위치하여 한 문장을 끝맺는 기능을 하며, 대화의 상대방을 높이거나 낮추는 문법적 기능을 하기도 한다. 연결 어미는 두 문장을 나열, 대조 등의 의미 관계로 이어 주는 ⓐ대등적 연결 어미, 앞 문장이 뒤 문장의 원인, 조건 등과 같은 의미를 가지도록 이어 주는 ⓑ종속적 연결 어미, 본용언과 보조 용언을 이어 주는 ⓒ보조적 연결 어미로 나눌 수 있다. 전성 어미는 용언이 서술성을 유지하면서 다른 품사처럼 기능하게 하는 것으로, 명사형 전성 어미, 관형사형 전성 어미 등으로 나눌 수 있다. 한편 선어말 어미는 문장의 주체를 높이거나 문장의 시제를 표현하는 것과 같은 문법적 기능을 한다.

01

윗글을 바탕으로 〈보기〉의 밑줄 친 부분을 이해한 내용으로 적절하지 **않은** 것은?

〈보기〉

선생님: 다음 주에 있을 전국 학생 토론 대회 준비는 마쳤니?

라온: 아직이요. 내일까지는 반드시 <u>끝내겠습니다</u>.

해람: 사실 이번 주제는 저희들끼리 <u>준비하기</u> 너무 어려워요.

선생님: 방금 교무실로 <u>들어가신</u> 선생님께 조언을 구해 보렴.

라온: 창가 쪽에 서 <u>계신</u> 분 말씀이죠?

해람: 아, 수업 종이 <u>울렸네</u>. 다음 시간에 다시 오자.

① '끝내겠습니다'는 ㉡에 속하며, 이때 Z는 대화의 상대방을 높이는 기능을 하고 있군.

② '준비하기'는 ㉠에 속하며, 이때 Z는 용언을 명사처럼 기능하게 하고 있군.

③ '들어가신'은 ㉡에 속하며, 이때 Y는 문장의 주체를 높이는 기능을 하고 있군.

④ '계신'은 ㉠에 속하며, 이때 Z는 용언을 관형사처럼 기능하게 하고 있군.

⑤ '울렸네'는 ㉢에 속하며, 이때 Y$_2$는 과거 시제를 표현하는 기능을 하고 있군.

02

〈보기〉의 ㉮~㉺를 윗글의 ⓐ~ⓒ로 바르게 분류한 것은?

〈보기〉

• 원숭이가 바나나를 먹고 있다.
　　　　　　　　　㉮

• 김이 습기를 먹어 눅눅해졌다.
　　　　　　㉯

• 형은 빵을 먹고 동생은 과자를 먹었다.
　　　　　㉰

• 우리는 상대편에게 한 골을 먹고 당황했다.
　　　　　　　　　　　㉱

• 그는 경기가 시작되기도 전에 겁을 먹어 버렸다.
　　　　　　　　　　　　　　㉲

	ⓐ	ⓑ	ⓒ
①	㉰, ㉱	㉯, ㉲	㉮
②	㉰, ㉱	㉯	㉮, ㉲
③	㉰	㉮, ㉱	㉯, ㉲
④	㉰	㉯, ㉱	㉮, ㉲
⑤	㉱	㉰, ㉲	㉮, ㉯

호루라기 관장님의 하드 트레이닝

공부한 날	월 일 요일
맞은 개수	/ 32

No	다음 빈칸에 알맞은 말을 써서 문장을 완성하시오.
01	( )은 용언이 활용할 때 형태가 변하지 않는 부분이고, ( )는 어간 뒤에 붙어 여러 가지 문법적 의미를 더해 주는 부분이다.
02	어미는 용언과 결합할 때의 위치에 따라 단어의 끝에 놓이는 ( ) 어미, 어말 어미 앞에 놓이는 ( ) 어미로 나눌 수 있다.
03	어미는 역할에 따라 문장을 종결되게 하는 ( ) 어미, 문장을 연결하는 ( ) 어미, 용언의 서술 기능을 바꾸어 다른 품사의 기능을 할 수 있게 하는 ( ) 어미로 나눌 수 있다.
04	종결 어미의 종류에는 ( ) 어미, 의문형 어미, 명령형 어미, 청유형 어미, 감탄형 어미가 있으며, 종결 어미의 종류에 따라 문장의 ( )가 달라진다.
05	연결 어미에는 대등적 연결 어미, ( ) 연결 어미, 보조적 연결 어미가 있다.
06	전성 어미에는 명사형 어미, ( ) 어미, 부사형 어미가 있다.
07	용언의 어간과 어말 어미 사이에 위치하는 ( ) 어미는 높임, 시제 등 다양한 문법적인 의미를 나타낸다.
08	둘 이상의 용언이 결합하여 문장의 서술어로 쓰일 때, 문장의 주체를 주되게 서술하는 용언을 ( )이라고 하고, 본용언 뒤에 붙어 본용언의 뜻을 보충하는 용언을 ( )이라고 한다.
09	보조 용언 가운데 '먹어 간다'의 '가다'와 같이 동사처럼 활용하는 용언을 ( )라고 하고, '먹고 싶다'의 싶다'와 같이 형용사처럼 활용하는 용언을 ( )라고 한다.
10	용언이 활용할 때 어간과 어미의 형태가 변하지 않거나 일정한 형태를 보이는 경우를 ( ) 활용이라고 한다.
11	용언이 활용할 때 어간이나 어미의 형태가 달라지고, 이를 일정한 규칙으로 설명할 수 없는 경우를 ( ) 활용이라고 한다.
12	어간 끝의 '우'가 어미 '-어' 앞에서 탈락하는 활용을 '우' 불규칙 활용이라고 하는데, 이러한 활용을 하는 용언은 '( )'가 유일하다.

No	서술어를 어간과 어미로 다음과 같이 나누시오.	
예	쓰러져 가는 집안을 <u>되살렸다</u>.	되살리/었/다
13	가을 하늘이 푸르게 <u>드높았다</u>.	
14	검은 연기가 하늘로 <u>치솟는다</u>.	
15	채소밭이 고양이 발에 <u>짓밟혔다</u>.	
16	손이 미끄러져 거울을 <u>깨뜨렸다</u>.	

No	본용언은 ○ 표시를, 보조 용언은 △ 표시를 하시오.
17	태성이가 거실 쇼파에 앉아 있다.
18	나는 가족과 함께 여행을 가고 싶었다.
19	어려운 수학 문제를 드디어 풀어 내었다.
20	아빠가 고장난 텔레비전을 수리해 주셨다.
21	외국어를 공부하는 일이 생각보다 쉽지 않았다.

No	밑줄 친 용언의 불규칙 활용 양상을 고르시오.	
22	집을 <u>지어</u> 이사를 갔다.	(교체 / 탈락)
23	궁금한 것을 <u>물어</u> 보았다.	(교체 / 탈락)
24	친구를 <u>도와</u> 주기로 했다.	(교체 / 탈락)
25	빗물이 <u>흘러</u> 강으로 갔다.	(교체 / 탈락)
26	딸기 아이스크림을 <u>퍼</u> 먹었다.	(교체 / 탈락)

No	괄호 안의 용언을 문장에 맞게 바꿔 쓰시오.	
예	종이에 줄을 (긋다) 그림을 그렸다.	그어
27	침대에 (눕다) 책을 읽었다.	
28	소나무는 항상 (푸르다) 있었다.	
29	사람들은 (덥다) 부채질을 했다.	
30	나는 천천히 (걷다) 구경을 했다.	
31	일을 열심히 (하다) 성공을 이뤘다.	
32	헤어진 친구의 말을 (듣다) 보았다.	

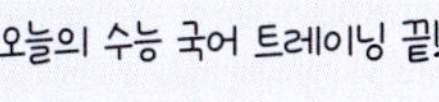
오늘의 수능 국어 트레이닝 끝!

017 단어의 의미 유형

1 단어의 중심적 의미와 주변적 의미

- 한 단어가 여러 가지의 의미로 쓰일 때 그 가운데서 가장 (1 ㄱㅂ)적이고 핵심적인 의미를 '중심적 의미'라고 하고, 이를 제외한 여러 가지의 다른 의미를 '주변적 의미'라고 함.
- 중심적 의미는 가장 보편적이고 공통적이며 핵심이 되고, 주변적 의미는 중심적 의미에서 유추*할 수 있는 부차적 의미임.

개념 당기는 예시

손
- 중심적 의미 → 사람의 팔목 끝에 달린 부분 예 손으로 잡다.
- 주변적 의미
  - 손가락 예 손에 반지를 끼다.
  - 일을 하는 사람 = 일손 예 손이 부족하다
  - 어떤 일을 하는 데 드는 힘이나 노력, 기술 예 이 작업은 손이 많이 간다.
  ⋮

2 단어의 사전적 의미와 함축*적 의미

사전적 의미	• 사전에 등재된 의미로, 개념적 의미, 외연적 의미, 인지적 의미라고도 함. • 어떤 낱말이 지니고 있는 가장 기본적이고 객관적인 의미 • 정보 전달이 목적인 설명문 같은 글은 주로 이러한 사전적 의미로 의사소통이 이루어짐. 예 '하늘'의 사전적 의미 → '지평선이나 수평선 위로 보이는 무한대의 넓은 공간'을 의미함.
함축적 의미	• 사전적 의미에 덧붙어서 (2 ㅇㅅ)이나 관습 등에 의해 형성되는 의미 • 연상적 의미 또는 내포적 의미라고도 함. • 함축적 의미는 개념적 의미에 덧붙어 어떤 표현이 지시함으로써 갖게 되는 전달 가치를 말함. 예 '하늘'의 함축적 의미 → '희망, 꿈, 이상' 등의 상징적 의미를 담고 있음.

사전적 의미는 보편성을 띠므로 논설문 및 설명문에 주로 사용됩니다. 그러나 함축적 의미는 개별성과 특수성을 띠므로 사전에 등재될 수 없고 문학 작품이나 광고 문구에 자주 사용됩니다.

3 단어의 사회적 의미와 정서적 의미

사회적 의미	• 어떤 언어 표현이 그 언어를 사용하는 사회적 (3 ㅎㄱ)에 따라 다르게 전달되는 의미 • 한 텍스트의 의미는 동일 언어권 내라도 서로 다양하게 해석되고 인식됨. • 사회적 의미를 드러내 주는 요소에는 연령, 장소, 직업, 말씨, 친숙성 등이 있음. 예 경상도 방언인 '파이다' → '별로다, 좋지 않다'라는 뜻의 '파이다'라는 단어를 쓰는 사람을 보고 경상도 지역 출신임을 짐작할 수 있음.
정서적 의미	• 화자나 글쓴이의 태도나 감정 등을 드러내는 의미 • 심리적 상태나 상대에 대한 공손함을 표현하기 위하여 문체나 어조를 다르게 선택하게 됨. • 정서적 의미를 드러내 주는 요소에는 어조, 세기, 부사, 감탄사 등이 있음. 예 "여보세요." → 어조의 차이에 따라 기분이 좋지 않다거나 상냥한 사람이라는 느낌을 받을 수 있음.

4 단어의 주제적 의미와 반사적 의미

주제적 의미	• 말하는 사람이나 글을 쓴 사람의 특정한 의도를 담은 의미 • 주제적 의미는 흔히 어순을 바꾸거나 특정 부분을 (4 ㄱㅈ)하여 발음함으로써 드러남. 예 경찰이 도둑을 쫓는다. → 도둑을 쫓는 행동을 하는 '경찰'이 강조됨. 　도둑이 경찰에게 쫓긴다. → 경찰에게 쫓기는 '도둑'이 강조됨.
반사적 의미	• 어떤 말을 사용할 때 원래의 뜻과는 아무런 관계없이 특정한 반응을 불러일으키는 의미 • 전달하려는 의미와는 관계없이 어떤 낱말의 한 의미가 반응의 일부를 이룰 때 일어나는 의미 예 한송이 → 이름이 '한송이'일 경우 이름의 뜻과는 상관없이 '꽃 한 송이'와 같은 의미를 불러일으킴.

단어에서 연상되는 의미는 모두 같은가요?

단어에서 연상되는 의미는 하나가 아닐 수 있습니다. 예를 들어 '이슬 젖은 눈망울'이라는 표현에서 '이슬'은 '공기 중의 수증기가 기온이 내려가거나 찬 물체에 부딪힐 때 엉겨서 생기는 물방울'이라는 사전적 의미가 있지만, '눈물'을 비유적으로 이르는 말이기도 합니다. '이슬'에서 '슬픔'을 떠올린다면 이는 함축적 의미를 파악한 것입니다. 따라서 같은 단어를 보고도 사람마다 연상되는 단어의 의미는 다를 수 있습니다.

개념알통

사회적 특성에 따른 언어 차이

세대 차이	• 어른 세대는 청소년 세대가 잘 쓰지 않는 '자네', '댁'과 같은 단어, 하게체 등의 상대 높임법을 자주 사용함. • 청소년 세대는 어른 세대보다 유행어나 줄임말, 인터넷 용어 등을 많이 사용함.
계층 차이	"밥이라는 것이 나라에 오르면 수라요, 양반이 잡수시면 진지요, 하인이 먹으면 입시요." – 작자 미상, 「흥부전」 → 신분 계층에 따라 밥을 부르는 이름이 다름.
문화 차이	• 우리말 속담 – 짚신도 짝이 있다. 　영어 속담 – Every Jack has his Jill. → '짚신'이라는 말에 우리 고유의 문화가 나타남. • 외국인이 우리말을 배울 때 '부럼', '차례', '겉절이' 등의 의미를 이해하기 어려워함. • 우리말에는 친족어와 높임법, 겸양 표현 등이 발달해 있음.

---

*유추: 같은 종류의 것 또는 비슷한 것에 기초하여 다른 사물을 미루어 추측하는 일

*함축: 표현의 의미를 한 가지로 나타내지 아니하고 문맥을 통하여 여러 가지 뜻을 암시하거나 내포하는 일

【초성 답】 1 기본　2 연상　3 환경　4 강조

018 단어의 의미 관계 ❶ - 유의/반의/상하

1 유의 관계

- 말소리[*]는 다르지만 의미가 서로 비슷한 단어들의 관계
- 유의 관계에 있는 단어들은 그 의미가 비슷하지만 완전히 같지는 않으므로 (1 ㅁㅁ)상 교체할 수 없는 경우도 있음.

개념 당기는 예시

- 잡다: 공을 잡다, 도둑을 잡다, 자리를 잡다
- 쥐다: 공을 쥐다(○), 도둑을 쥐다(×), 자리를 쥐다(×)
→ '잡다 – 쥐다'는 유의 관계이지만 '잡다'가 '쥐다'에 비해 구조적으로 분포가 넓어 쓰임이 다름.

2 반의 관계

- 둘 이상의 단어가 의미상 서로 짝을 이루어 (2 ㄷㄹ)하는 의미 관계

정도 반의어	정도나 등급에 있어서 대립되는 단어 쌍	예 길다–짧다, 쉽다–어렵다, 덥다–춥다
상보 반의어	반의 관계에 있는 개념적 영역을 상호 배타적인 두 구역으로 철저히 양분하는 단어 쌍	예 남성–여성, 참–거짓, 합격–불합격
방향 반의어	맞선 방향을 전제로 하여 관계나 이동의 측면에서 대립을 이루는 단어 쌍	예 위–아래, 앞–뒤, 오른쪽–왼쪽 가다–오다, 출발–도착

- 각각의 반의어들은 오직 한 개의 의미 요소만 다르고 나머지 의미 요소는 모두 공통됨.
- 반의어는 하나의 의미 요소만 다르면 되므로, (3 ㄱㅈ)을 달리하면 하나의 단어에도 여러 개의 반의어가 성립될 수 있음.

개념 당기는 예시

'남자'의 의미 자질	[+ 생물] [+ 동물] [+ 인간] [+ 남성]
'여자'의 의미 자질	[+ 생물] [+ 동물] [+ 인간] [– 남성]

→ '남자'와 '여자'는 나머지 의미 자질은 모두 동일하고 [남성]이라는 의미 자질만 다른 반의 관계임.
- 아버지 ↔ 어머니 / 아버지 ↔ 아들
→ '아버지'는 기준이 '성별'인 경우에는 반의어가 '어머니'이지만, 기준이 '세대'인 경우에는 반의어가 '아들'임.

3 상하 관계

- 한쪽이 의미상 다른 쪽을 포함하거나 다른 쪽에 포함되는 관계
- 상의어가 지시하는 부류는 하의어가 지시하는 부류를 (4 ㅍㅎ)하고, 상의어에 비해서 하의어의 의미 성분 수가 많음.

상의어	• 의미상 다른 쪽을 포함하는 단어 • 일반적이고 포괄적인 의미를 가짐.	예 과일 ⊃ 사과 가다 ⊃ 들어가다 생물 ⊃ 동물 ⊃ 개 ⊃ 진돗개
하의어	• 의미상 다른 쪽에 포함되는 단어 • 개별적이고 한정적인 의미를 가짐.	

개념 알통

단어의 의미 자질

단어는 의미 자질의 결합으로 분석하여 설명할 수 있다. 단어가 어떤 속성을 가지고 있거나(+) 가지고 있지 않음(–)을 표시하며, 하나의 단어는 여러 개의 의미 자질의 합으로 나타낼 수 있다.

- 두 단어의 반의 관계는 의미 자질의 묶음 중 하나만 대립적일 때 발생한다.
- 두 단어가 상하 관계일 때 의미 자질의 수효가 많은 단어일수록 하의어가 되고, 의미 자질의 수효가 적은 단어일수록 상의어가 된다.

인간		[+ 사람]
남성	여성	[+ 사람] [+ 성(性)]
청년 소년	숙녀 소녀	[+ 사람] [+ 성(性)] [+ 성숙]

하나의 단어에는 하나의 반의어만 있나요?

어떤 단어가 여러 가지 의미를 가진 다의어라면 각 의미에 따라 반의어가 달라질 수 있습니다. 예를 들어 '열다'의 경우 '닫히거나 잠긴 것을 트거나 벗기다.'의 의미일 때는 '닫다'나 '잠그다'가 반의어입니다. 그러나 '열다'가 '모임이나 회의 따위를 시작하다.'라는 의미일 때는 '폐회하다'나 '마치다'가 반의어가 됩니다.

---

*말소리: 사람의 발음 기관을 통해 내는 구체적이고 물리적인 소리

【초성 답】 1 문맥   2 대립   3 기준   4 포함

019 단어의 의미 관계 ❷ - 동음이의어/다의어

1 동음이의어

- 소리는 같으나 의미가 다른 단어
- 단어들의 (¹ ㅇㅁ) 사이에 서로 관련성이 없음.
- 다의어와 달리 동음이의어는 의미가 완전히 다른 **범주**[*]로 분리되어 있음.
- 동음이의어인 경우 사전에서 단어의 기본형 옆에 '1, 2, 3…'으로 (² ㄱㅂ)하여 등재됨.

2 다의어

- 하나의 단어가 두 가지 이상의 의미를 가지고 있는 것
- 다의어의 의미는 분명히 다르면서도 연관성이 있어야 함.
- 같은 **어원**[*]에서 나와 뜻이 분화되면서 여러 의미를 갖게 된 것이므로, 의미들 사이에 (³ ㄱㄹㅅ)이 있음.
- 기본적이고 핵심적인 의미인 중심적 의미와 중심적 의미가 확장되어 달라진 주변적 의미로 나눌 수 있음.

⌐ 개념 당기는 예시

> 배¹ 「1」 사람이나 동물의 몸에서 위장, 창자, 콩팥 따위의 내장이 들어 있는 곳으로 가슴과 엉덩이 사이의 부위.
> 「2」 절족동물, 특히 곤충에서 머리와 가슴이 아닌 부분.
> 배² 사람이나 짐 따위를 싣고 물 위로 떠다니도록 나무나 쇠 따위로 만든 물건.
> 배³ 배나무의 열매.
> → 배¹, 배², 배³은 동음이의어임. 배¹ 「1」과 배¹ 「2」는 다의어로, 배¹ 「1」은 중심적 의미, 배¹ 「2」는 주변적 의미임.

◎ 개념 갈고리 ┐ 동음이의어와 다의어의 공통점과 차이점

구분	동음이의어	다의어
공통점	하나의 단어 형태가 여러 개의 의미를 지니는 것	
차이점	• 기원이 다른 둘 이상의 단어 • 하나의 어휘가 의미는 서로 다르면서 어원적으로 관련되어 있는 경우 • 의미적 유연성이 없음.	• 원래부터 하나의 단어 • 둘 이상의 서로 다른 어휘가 동일한 형태로 동일하게 소리나는 경우 • 의미적 유연성이 있음.

개념 알통

동의어

- '동의어'는 뜻이 같은 말로, 형태는 다르나 동일한 의미를 가지는 두 개 이상의 단어를 말함.
- 두 단어 사이에 의미상 유의미한 차이가 거의 없어 같은 뜻을 가진 것으로 볼 수 있는 단어의 관계를 말함.
- 동의어가 되려면 두 개 이상의 단어가 동일한 의미를 가지되, 그중 한 단어가 나타낼 수 있는 모든 문맥에 대치되어 쓰일 수 있어야 함.
- 예 책방 – 서점, 키 – 신장

♥ 동음이의어와 다의어는 어떻게 구별하나요?

두 단어가 의미상 연상, 발전 관계에 있으면 다의어이고, 두 단어가 의미상 관련이 없다면 동음이의어라고 생각하면 됩니다. 예를 들어 '사람의 다리와 교량의 다리'에서 '다리'는 동음이의어이고, '사람의 다리와 책상의 다리'에서 '다리'는 다의어입니다.

---

[*] **범주**: 동일한 성질을 가진 부류나 범위
[*] **어원**: 어떤 단어의 근원적인 형태. 또는 어떤 말이 생겨난 근원

【초성 답】 **1** 의미　**2** 구분　**3** 관련성

020 단어의 의미 - 국어사전 활용

1 국어사전의 구성

- 사전의 정보를 잘 활용하면 단어에 대해 더 정확하게 파악할 수 있음.
- 국어사전에는 단어의 뜻풀이 외에도 '발음, (1   ㅍㅅ   ), 용언의 활용형, **문형**[*] 정보(필수 문장 성분 표시)' 등 다양한 정보가 담겨 있음.

2 국어사전에 등재된 내용

- 동음이의어는 **표제어**[*]로 등재되고, 다의어는 표제어의 여러 의미로 등재됨.

동음이의어	• 의미 간에 관련성이 없는 서로 다른 단어이므로 별개의 표제어로 등재됨. • 단어의 형태와 발음이 같고 서로 다른 표제어로 제시되면 동음이의어임.
다의어	• 하나의 표제어에 두 개 이상의 뜻이 제시되면 다의어임. • 중심적 의미에서 주변적 의미가 파생되었으므로 서로 의미적으로 관련이 있음.

- 서술어가 요구하는 문장 (2   ㅅㅂ   )에 대한 정보를 국어사전을 통해 확인할 수 있음.
- 【 】 기호 안에는 표제어가 서술어로 쓰일 때 요구하는 문장 성분에 대한 정보인 '문형 정보' 가 제시됨.

3 국어사전의 정보

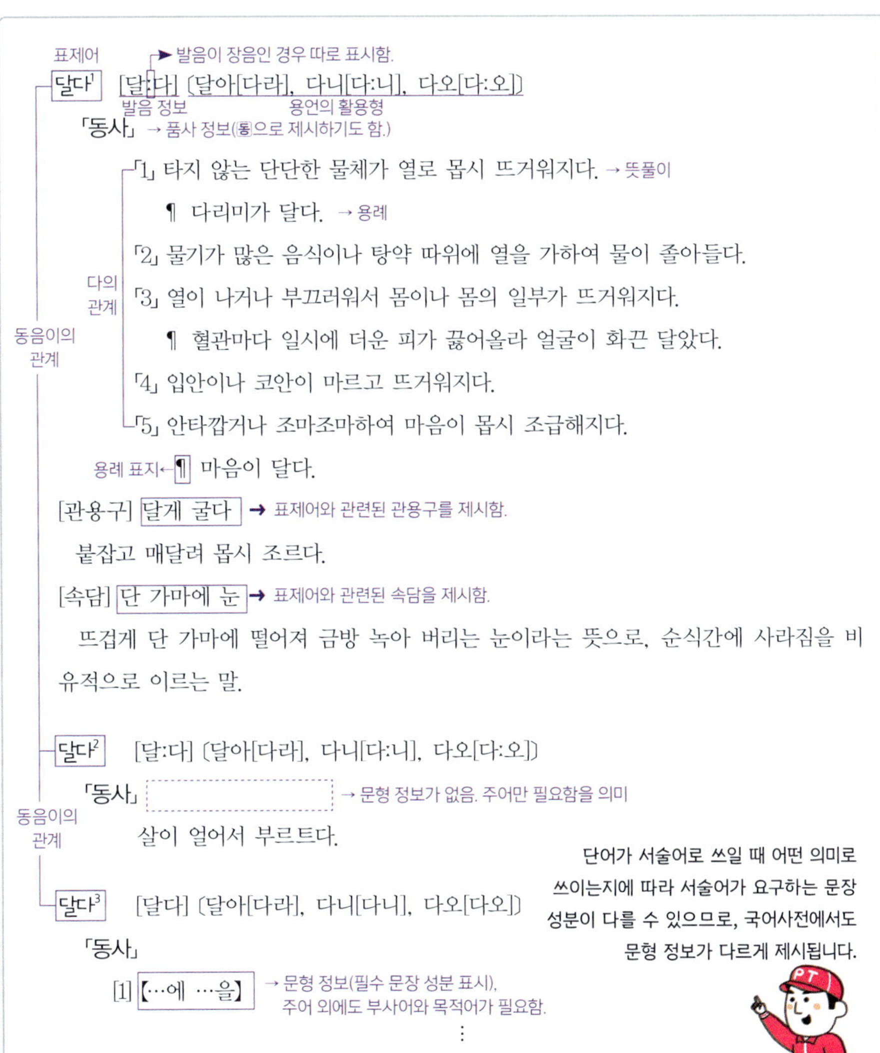

단어가 서술어로 쓰일 때 어떤 의미로 쓰이는지에 따라 서술어가 요구하는 문장 성분이 다를 수 있으므로, 국어사전에서도 문형 정보가 다르게 제시됩니다.

개념 알통

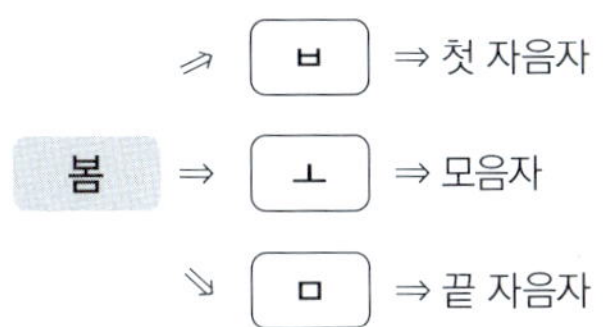

국어사전의 단어 배열 순서

ㄱ → ㅂ ⇒ 첫 자음자

봄 ⇒ ㅗ ⇒ 모음자

ㄴ → ㅁ ⇒ 끝 자음자

국어사전에서 단어의 뜻을 찾을 때에는 모양이 바뀌지 않는 단어는 글자가 짜인 순서인 '첫 자음자 → 모음자 → 끝 자음자'의 순서대로 찾고, 모양이 바뀌는 단어는 기본형으로 바꾼 뒤에 글자가 짜인 순서대로 찾으면 됨.

🩺 국어사전을 볼 때 주의할 점은 무엇인가요?

국어사전을 활용하면 단어의 정확한 뜻을 알 수 있을 뿐만 아니라, 단어의 표준 발음도 확인할 수 있습니다. 또한 단어가 활용된 예문을 통해 띄어쓰기도 확인할 수 있습니다. 국어사전에서 단어의 뜻을 찾을 때에는 자음의 순서와 모음의 순서로 찾습니다. 국어사전에는 단어 첫 번째 글자의 첫 자음자가 같은 낱말들끼리 모여 있으며, 단어는 음운인 낱자가 짜인 순서대로 실려 있습니다. 이때 주의할 점은 동사나 형용사와 같이 활용하여 모양이 바뀌는 단어는 국어사전에서 찾을 때 단어의 기본형으로 찾아야 한다는 것입니다.

---

[*] **문형**: 언어 요소가 문장 속에서 어떻게 배치되고 결합되는지를 형식화하고 규칙화하여 분류한 글의 유형

[*] **표제어**: 사전 따위의 표제 항목에 넣어 알기 쉽게 풀이해 놓은 말

【초성 답】 1 품사   2 성분

개념 트레이닝 ZONE

문제를 풀며 개념 근육을 키워 보세요!

01 다음 빈칸에 들어갈 알맞은 말을 찾아 쓰시오.

공통적	자질	주변적	상의어	유의
유의어	다의어	동음이의어	중심적	하의어

(1) 말소리는 다르지만 의미가 같거나 비슷한 단어들을 (　　　　)
　　관계에 있다고 하며, 이러한 단어들을 (　　　　)라고 한다.

(2) 반의 관계가 성립되려면 한 쌍의 반의어 사이에 하나의 의미
　　(　　　　)만 다르고 나머지 의미 자질들은 (　　　　)이어
　　야 한다.

(3) 한 단어의 의미가 다른 단어의 의미를 포함하는 단어를 (　　　
　　　　)라고 하고, 다른 단어의 의미에 포함되는 단어를 (　　　)
　　라고 한다.

(4) 소리는 같지만 의미가 서로 다른 단어를 (　　　　)라고 하고,
　　두 가지 이상의 여러 가지 의미를 가진 단어를 (　　　　)라고
　　한다.

(5) 단어의 의미 중 가장 보편적이고 핵심적인 의미를 (　　　　) 의
　　미라고 하고, 이것에서 확장된 의미를 (　　　　) 의미라고 한다.

02 다음 단어의 유의어를 찾아 쓰시오.

강냉이	의향	새파랗다	추가하다	쾌락	학습하다

(1)	생각		(4)	옥수수
(2)	합하다		(5)	즐거움
(3)	푸르다		(6)	배우다

03 다음 단어의 반의어를 찾아 쓰고, 반의어의 종류에 V표 하시오.

거짓	소년	아래	어렵다
오다	짧다	춥다	할아버지

(1)	위 ___		(5)	쉽다 ___	
	☐ 정도　☐ 상보　☐ 방향			☐ 정도　☐ 상보　☐ 방향	
(2)	할머니 ___		(6)	참 ___	
	☐ 정도　☐ 상보　☐ 방향			☐ 정도　☐ 상보　☐ 방향	
(3)	덥다 ___		(7)	소녀 ___	
	☐ 정도　☐ 상보　☐ 방향			☐ 정도　☐ 상보　☐ 방향	
(4)	길다 ___		(8)	가다 ___	
	☐ 정도　☐ 상보　☐ 방향			☐ 정도　☐ 상보　☐ 방향	

04 다음 예문의 '뜨다'에 해당하는 반의어를 찾아 쓰시오.

감다	지다	가라앉다

단어	예문	반의어
뜨다	해가 수평선 위로 뜨고 있다.	⇨
	그녀는 잠이 깨어 눈을 떴다.	⇨
	오리배가 한강 수면에 떠 있었다.	⇨

05 다음 빈칸에 들어갈 알맞은 단어를 찾아 쓰시오.

식물	사물	생물	소나무
냉장고	식품	요구르트	포유류

상의어	단어	하의어
	(1) 나무	
	(2) 동물	
	(3) 유제품	
	(4) 가전제품	

06 다음 밑줄 친 단어의 의미로 알맞은 것을 찾아 V표 하시오.

(1)	장사꾼의 손에 놀아나 비싼 값을 주고 샀다. ☐ 꾀　☐ 일손　☐ 관계　☐ 씀씀이　☐ 노동력
(2)	그는 나에게 대화에서 빠져 줄 것을 요청했다. ☐ 남다　☐ 모자라다　☐ 살이 여위다　☐ 참여하지 않다
(3)	좋은 습관이 들면 건강한 생활에 도움이 된다. ☐ 많아지다　☐ 몸에 베다　☐ 상태가 되다　☐ 일이 일어나다

07 다음 밑줄 친 단어의 뜻을 찾아 V표 하시오.

(1)	장인이 한 땀 한 땀 정성을 들여 바느질했다. ☐ 실을 꿴 바늘로 한 번 뜬 자국을 세는 단위 ☐ 사람의 피부나 동물의 살가죽에서 나오는 찝찔한 액체
(2)	우산 위에 듣는 빗소리가 듣기 좋았다. ☐ 눈물, 빗물 따위의 액체가 방울져 떨어지다. ☐ 사람이나 동물이 소리를 감각 기관을 통해 알아차리다.
(3)	바위 아래에 몇 포기의 난초가 자라고 있었다. ☐ 하려던 일을 도중에 그만두어 버림. ☐ 뿌리를 단위로 한 초목의 낱개를 세는 단위
(4)	당선자들은 공약이 공약이 되지 않도록 노력해야 한다. ☐ 헛되게 약속한 약속 ☐ 어떤 일에 대하여 국민에게 실행할 것을 약속한 약속

워밍-UP

01

〈보기〉를 바탕으로 할 때, ㉠~㉢에 해당하는 단어가 사용된 예로 적절한 것은?

〈보기〉

선생님: 신체 관련 어휘는 ㉠신체 부위를 나타내는 중심적 의미가 ㉡주변적 의미로 확장될 수 있어요. 이때 ㉢소리는 같지만 중심적 의미가 다른 단어와 잘 구분해야 합니다. 그럼 아래에서 이러한 의미 관계를 확인해 봅시다.

코¹
• 포유류의 얼굴 중앙에 튀어나온 부분.
• 콧구멍에서 흘러나오는 액체.
코²
• 그물이나 뜨개질한 물건의 눈마다의 매듭.

실력 자랑 다음 밑줄 친 '코'가 ㉠~㉢ 중 어디에 해당하는지 적어 보세요.

1. 묽은 <u>코</u>가 옷에 묻어 휴지로 닦았다.

2. 어부가 쳐 놓은 어망의 <u>코</u>가 끊어졌다.

3. 코끼리는 긴 <u>코</u>를 자유자재로 사용한다.

4. 동생이 갑자기 <u>코</u>를 다쳐서 병원에 갔다.

5. 어머니께서 목도리를 한 <u>코</u>씩 떠 나가셨다.

소리는 같지만 중심적 의미가 다른 단어는 동음이의어를 말하는 것입니다. 동음이의어는 단어의 의미 간 관련성이 없다는 게 특징이에요.

02

밑줄 친 부분이 〈보기〉의 ㉠, ㉡에 해당하는 예로 적절하지 <u>않은</u> 것은?

〈보기〉

'위 – 아래'나 '앞 – 뒤'는 방향상 대립하는 반의어이다. '위 – 아래'나 '앞 – 뒤'가 단독으로 쓰이거나 다른 단어와 결합해서 쓰일 때, 문맥에 따라서 ㉠'위'나 '앞'이 '우월함'의 의미를, ㉡'아래'나 '뒤'가 '열등함'의 의미를 갖거나 강화하기도 한다.

실력 자랑 밑줄 친 부분이 ㉠, ㉡의 예에 해당하면 ○, 해당하지 않으면 ✕표 하세요.

① ㉠ : 그가 머리 쓰는 게 너보다 한 수 <u>위</u>다. ○✕

② ㉠ : 이 회사의 기술 수준은 다른 곳에 <u>앞선</u>다. ○✕

③ ㉡ : 이번 행사는 치밀한 계획 <u>아래</u> 진행되었다. ○✕

④ ㉡ : 그녀는 남에게 <u>뒤떨어지지</u> 않고자 노력했다. ○✕

⑤ ㉡ : 우리 팀의 승률이 조금씩 <u>뒷걸음질</u> 치고 있다. ○✕

03

〈보기〉를 바탕으로 단어의 의미를 이해하려 할 때, ㉠과 ㉡의 예로 바르게 짝지어진 것은?

〈보기〉

다의어는 두 가지 이상의 뜻을 가진 단어를 가리킨다. 다의어는 단어가 원래 뜻하는 ㉠중심적 의미와 중심적 의미에서 파생된 ㉡주변적 의미를 갖는다. '날아가는 새를 보다'에서 '보다'는 '눈으로 대상의 존재, 형태를 알다'라는 중심적 의미로 사용되었다. 그러나 '의사가 환자를 보다'에서 '보다'는 '진찰하다'라는 주변적 의미로 사용되었다.

실력 자랑 다음 밑줄 친 예가 ㉠과 ㉡ 중 어디에 해당하는지 적어 보세요.

1. 창문을 <u>열어</u> 환기를 하자.

2. 회의를 <u>열어</u> 그를 회장으로 추천하자.

3. 마음을 굳게 <u>먹고</u> 열심히 연습했다.

4. 국이 매워서 많이 <u>먹지</u> 못하겠다.

5. 학교에서 버스정류장까지가 매우 <u>멀었다</u>.

6. 창밖을 내다보니 동이 트려면 아직도 <u>멀었다</u>.

04

다음은 '사전 활용하기' 학습 활동을 위한 자료이다. 이에 대한 이해로 적절하지 <u>않은</u> 것은?

바르다¹ [동]

【⋯을 ⋯에】【⋯을 ⋯으로】

① 풀칠한 종이나 헝겊 따위를 다른 물건의 표면에 고루 붙이다.
¶ 아이들 방을 예쁜 벽지로 발랐다.

② 차지게 이긴 흙 따위를 다른 물체의 표면에 고르게 덧붙이다.
¶ 흙을 벽에 바르다.

바르다² [형]

① 겉으로 보기에 비뚤어지거나 굽은 데가 없다.
¶ 길이 바르다.

② 말이나 행동 따위가 사회적인 규범이나 사리에 어긋나지 아니하고 들어맞다.
¶ 그는 인사성이 바른 사람이다.

실력 자랑 자료에 대한 이해로 적절한 내용을 골라 보세요.

• '바르다¹'과 '바르다²'는 모두 여러 가지 의미가 있는 (다의어 / 동음이의어)이다.

• '바르다¹'과 '바르다²'는 사전에 각각 다른 표제어로 등재되는 (다의어 / 동음이의어)이다.

• '(바르다²① / 바르다²②)'의 예로 '마음가짐이 바르다.'를 추가할 수 있다.

01

〈보기〉의 ㉠, ㉡에 해당하는 예로 적절한 것은?

〈보기〉

학생: 선생님, 다음 두 문장을 보면 모두 '가깝다'가 쓰였는데 의미가 좀 다른 것 같아요.

(1) 우리 집은 학교에서 가깝다.

(2) 그의 말은 거의 사실에 가깝다.

선생님: (1)의 '가깝다'는 "어느 한 곳에서 다른 곳까지의 거리가 짧음"을 뜻하고, (2)의 '가깝다'는 "성질이나 특성이 기준이 되는 것과 비슷함"을 뜻한단다. 이는 본래 ㉠공간과 관련된 중심적 의미를 지니던 것이 ㉡추상화되어 주변적 의미도 지니게 된 것이라고 할 수 있지.

학생: 아, 그렇군요. 그러면 '가깝다'는 여러 의미를 지닌 단어로군요.

선생님: 그렇지. 그래서 '가깝다'는 다의어란다.

	㉠	㉡
①	물은 낮은 곳으로 흐른다.	환경에 대한 관심도가 낮다.
②	그는 성공할 가능성이 크다.	힘든 만큼 기쁨이 큰 법이다.
③	두 팔을 최대한 넓게 벌렸다.	도로 폭이 넓어서 좋다.
④	내 좁은 소견을 말씀드렸다.	마음이 좁아서는 곤란하다.
⑤	작은 힘이라도 보태고 싶다.	우리 학교는 운동장이 작다.

02

〈보기〉의 (가), (나)에 들어갈 내용으로 적절한 것은?

〈보기〉

단어는 문맥에 따라 여러 가지 뜻을 가진다. 그래서 반의어도 여럿이 될 수 있다. 예를 들어 '시계가 서다.'에서 '서다'의 반의어는 '가다'인데, '기강이 서다.'에서 '서다'의 반의어는 '무너지다'가 된다. '벗다'도 문맥에 따라 여러 가지 뜻을 가지기 때문에 반의어가 여럿이다.

단어	예문	반의어
벗다	외투를 벗다.	입다
	(가)	쓰다
	배낭을 벗다.	(나)

	(가)	(나)
①	누명을 벗다.	메다
②	안경을 벗다.	끼다
③	장갑을 벗다.	차다
④	모자를 벗다.	걸다
⑤	허물을 벗다.	들다

03

〈보기〉는 '사전 활용하기' 학습 활동을 위한 자료이다. 이에 대해 탐구한 내용으로 적절하지 <u>않은</u> 것은?

〈보기〉

가늘다 [형] ① 물체의 지름이 보통의 경우에 미치지 못하고 짧다.
　　　　　　② 소리의 울림이 보통에 미치지 못하고 약하다.

굵다 [형] ① 물체의 지름이 보통의 경우를 넘어 길다.
　　　　　¶ 나뭇가지가 굵다.
　　　　　② 밤, 대추, 알 따위가 보통의 것보다 부피가 크다.

두껍다 [형] ① 두께가 보통의 정도보다 크다.
　　　　　　¶ 두꺼운 종이
　　　　　　② 층을 이루는 사물의 높이나 집단의 규모가 보통의 정도보다 크다.

① '가늘다', '굵다', '두껍다'는 모두 다의어이다.

② '가늘다②'의 용례로 '열차의 기적 소리가 가늘게 들려왔다.'를 추가할 수 있다.

③ '두껍다②'의 용례로 '그 책은 수요층이 두껍다.'를 들 수 있다.

④ '굵다①'의 용례에서 '굵다'를 '가늘다'로 바꾸면 '가늘다①'의 용례가 될 수 있다.

⑤ '굵다①'과 '두껍다①'의 의미에 의하면 '굵은 손가락'은 '두꺼운 손가락'으로 쓰는 것이 적절하다.

벌크-UP

[01~02] 다음 글을 읽고 물음에 답하시오.

다의어란 두 가지 이상의 의미를 가진 단어를 말한다. 다의어에서 기본이 되는 핵심 의미를 중심 의미라고 하고, 중심 의미에서 확장된 의미를 주변 의미라고 한다. 중심 의미는 일반적으로 주변 의미보다 언어 습득의 시기가 빠르며 사용 빈도가 높다. 그러면 다의어의 특징에 대해 좀 더 알아보자.

첫째, 주변 의미로 사용되었을 때는 문법 제약이 나타나기도 한다. 예를 들면 '한 살을 먹다'는 가능하지만 '한 살이 먹히다'나 '한 살을 먹이다'는 어법에 맞지 않는다. 또한 '손'이 '노동력'의 의미로 쓰일 때는 '부족하다, 남다' 등 몇 개의 용언과만 함께 쓰여 중심 의미로 쓰일 때보다 결합하는 용언의 수가 적다.

둘째, 주변 의미는 기존의 의미가 확장되어 생긴 것으로서, 새로 생긴 의미는 기존의 의미보다 추상성이 강화되는 경향이 있다. '손'의 중심 의미가 확장되어 '손이 부족하다', '손에 넣다' 처럼 각각 '노동력', '권한이나 범위'로 쓰이는 것이 그 예이다.

셋째, 다의어의 의미들은 서로 관련성을 갖는다.

> 줄 〔명〕
> ① 새끼 따위와 같이 무엇을 묶거나 동이는 데에 쓸 수 있는 가늘고 긴 물건.
> 　〔예〕 줄로 묶었다.
> ② 길이로 죽 벌이거나 늘어 있는 것.
> 　〔예〕 아이들이 줄을 섰다.
> ③ 사회생활에서의 관계나 인연.
> 　〔예〕 내 친구는 그쪽 사람들과 줄이 닿는다.

예를 들어 '줄'의 중심 의미는 위의 ①인데 길게 연결되어 있는 모양이 유사하여 ②의 의미를 갖게 되었다. 또한 연결이라는 속성이나 기능이 유사하여 ③의 뜻도 지니게 되었다. 이때 ②와 ③은 '줄'의 주변 의미이다.

그런데 ㉠다의어의 의미들이 서로 대립적 관계를 맺는 경우가 있다. 예를 들어 '앞'은 '향하고 있는 쪽이나 곳'이 중심 의미인데 '앞 세대의 입장', '앞으로 다가올 일'에서는 각각 '이미 지나간 시간'과 '장차 올 시간'을 가리킨다. 이것은 시간의 축에서 과거나 미래 중 어느 방향을 바라보는지에 따른 차이로서 이들 사이의 의미 관련성은 유지된다.

01

윗글을 참고하여 추론한 내용으로 적절하지 않은 것은?

① 대부분의 아이들이 '별'의 의미 중 '군인의 계급장'이라는 의미보다 '천체의 일부'라는 의미를 먼저 배우겠군.

② '앉다'의 의미 중 '착석하다'의 의미로 쓰이는 빈도가 '요직에 앉다'처럼 '직위나 자리를 차지하다'의 의미로 쓰이는 빈도보다 더 높겠군.

③ '결론에 이르다'와 '포기하기에는 아직 이르다'에서 '이르다'의 의미들은 서로 관련성이 없으니, 이 두 의미는 중심 의미와 주변 의미의 관계로 볼 수 없겠군.

④ '팽이를 돌리다'는 어법에 맞는데 '침이 생기다'라는 의미의 '돌다'는 '군침을 돌리다'로 쓰이지 않으니, '군침이 돌다'의 '돌다'는 주변 의미로 사용된 것이겠군.

⑤ 사람의 감각 기관을 뜻하는 '눈'의 의미가 '눈이 나빠져서 안경의 도수를 올렸다'에서의 '눈'의 의미로 확장되었으니, '눈'의 확장된 의미는 기존 의미보다 더 구체적이겠군.

02

밑줄 친 단어들의 의미를 고려하여 ㉠의 예에 해당하는 것만을 〈보기〉에서 있는 대로 고른 것은?

> 〈보기〉
> 영희: 자꾸 말해 미안한데 모둠 발표 자료 좀 줄래?
> 민수: 너 빚쟁이 같다. 나한테 자료 맡겨 놓은 거 같네.
> 영희: 이틀 뒤에 발표 사전 모임이라고 금방 문자 메시지가 왔었는데 지금 또 왔어. 근데 빚쟁이라니, 내가 언제 돈 빌린 것도 아니고…….
> 민수: 아니, 꼭 빌려 준 돈 받으러 온 사람 같다고. 자료 여기 있어. 가현이랑 도서관에 같이 가자. 아까 출발했다니까 금방 올 거야.
> 영희: 그래. 발표 끝난 뒤에 다 같이 밥 먹자.

① 빚쟁이

② 빚쟁이, 금방

③ 뒤, 돈

④ 뒤, 금방, 돈

⑤ 빚쟁이, 뒤, 금방

호루라기 관장님의 하드 트레이닝

공부한 날	월	일	요일
맞은 개수		/ 27	

No	다음 빈칸에 알맞은 말을 써서 문장을 완성하시오.
01	단어가 가지고 있는 가장 기본적이고 핵심적인 의미를 ( ) 의미라고 한다.
02	중심적 의미에서 확장되어 사용되는 의미를 ( ) 의미라고 한다.
03	어떤 단어가 가지고 있는 가장 기본적이고 객관적인 의미를 ( ) 의미라고 한다.
04	사전적 의미에 덧붙여 연상이나 관습 등에 의해 형성되는 의미를 ( ) 의미라고 한다.
05	의미가 거의 같거나 비슷한 단어끼리는 유의 관계에 있다고 하고, 이러한 단어를 ( )라고 한다.
06	단어들의 의미가 서로 반대되거나 대립하는 경우를 가리켜 반의 관계라고 하고, 이러한 단어를 ( )라고 한다.
07	반의어들은 오직 한 개의 ( ) 요소만 다르고 나머지 의미 요소는 모두 공통된다.
08	한 단어의 의미가 다른 단어의 의미를 포함하는 경우를 가리켜 상하 관계라고 하고, 다른 단어를 포함하는 단어를 ( ), 다른 단어에 포함되는 단어를 ( )라고 한다.
09	상의어는 하의어가 지시하는 부류를 ( )하고, 상의어에 비해서 하의어의 의미 성분 수가 많다.
10	'소리는 같지만 뜻이 다른 말'이라는 뜻으로, 소리가 우연히 같을 뿐 의미의 유사성은 없는 말들을 ( )라고 한다.
11	( )란 의미적으로 유사성을 가지는 관계를 말하며, 다의어는 기본적인 의미를 중심으로 하면서 그 기본적 의미로부터 연상되는 주변적인 의미들을 가지고 있다.
12	( )는 하나의 단어가 다양한 의미를 지니는 것이므로, 사전에 한 개의 단어로 실리지만, ( )는 사전에 각각의 단어로 실린다.
13	형태와 발음이 같은데 서로 다른 표제어로 사전에 제시되면 ( )이고, 하나의 표제어에 두 개 이상의 뜻이 제시되면 ( )이다.

No	밑줄 친 단어가 중심 의미로 쓰인 예의 기호를 쓰시오.	
14	㉠ 오래 기른 머리를 잘라 기부하였다. ㉡ 공부를 많이 했더니 머리가 아프다. ㉢ 내 동생은 머리가 좋아 국어를 잘한다.	
15	㉠ 누나는 아침 일찍 서울로 갔다. ㉡ 비 때문에 섬에 가는 배가 끊겼다. ㉢ 오늘 오빠가 군대에 가는 걸 배웅했다.	
16	㉠ 화가 나서 문을 세게 닫았다. ㉡ 바람이 세게 불어서 파도가 높았다. ㉢ 내 친구는 우리 중에 가장 고집이 세다.	

No	밑줄 친 단어의 유의어를 고르시오.	
17	아버지는 생선 가게를 개업하셨다.	(상점 / 매점)
18	나는 배고픔에 떡볶이를 사 먹었다.	(시기 / 허기)
19	예전에 가르쳤던 학생이 경찰이 되었다.	(제부 / 제자)

No	밑줄 친 단어의 반의어를 쓰시오.	
20	학교 운동장에 은행나무가 있다.	
21	그는 9월에 결혼한 기혼 남성이다.	
22	교복을 입고 놀이동산에 놀러 갔다.	
23	선생님께서 출석 인원을 점검하셨다.	
24	어른이 되면 자기 일에 책임을 져야 한다.	

No	밑줄 친 단어의 의미에 해당하는 기호를 쓰시오.	
25	우리는 과학 경연 대회에서 상을 탔다. ㉠ 탈것이나 짐승의 등 따위에 몸을 얹다. ㉡ 몫으로 주는 돈이나 물건 따위를 받다.	
26	실력이 있다고 너무 재서는 안 된다. ㉠ 잘난 척하며 으스대거나 뽐내다. ㉡ 물건을 차곡차곡 포개어 쌓아 두다.	
27	그들은 우리를 반갑게 맞아 주었다. ㉠ 문제에 대한 답이 틀리지 아니하다. ㉡ 오는 사람이나 물건을 예의로 받아들이다.	

오늘의 수능 국어 트레이닝 끝!

021 어휘 체계와 양상 ❶ - 고유어/한자어/외래어

1 어휘의 체계

- 어휘는 일정한 범위 속에 들어 있는 단어의 집합임.
- 우리말의 어휘는 **어종**[*]에 따라 고유어, 한자어, 외래어로 분류할 수 있음.

2 고유어

- 우리말에 본래부터 있던 말이나 그것에 기초하여 새로 만들어진 말
- 우리 (1 ㅁㅈ) 고유의 문화, 정서, 감각을 드러내는 표현이 많음.
- 일상생활에서 자주 사용되는 것이 많다 보니, 하나의 고유어가 여러 가지 의미로 쓰임.
- 고유어가 한자어에 비해 다의어가 되는 경우가 많음.
- 한 개의 고유어는 둘 이상의 한자어와 폭넓은 대응 관계를 가지게 됨.

개념 당기는 예시

고유어	한자어
말	언어(言語), 음성(音聲), 발언(發言), 발화(發話), 대화(對話), 언급(言及), 구설(口舌) 등
글	문헌(文獻), 문서(文書), 서류(書類), 문구(文句), 서면(書面), 구절(句節), 기록(記錄) 등
생각	사고(思考), 고려(考慮), 사상(思想), 의식(意識), 견해(見解), 의견(意見), 의사(意思) 등

→ 고유어와 한자어의 일대다(一對多) 대응 현상을 보여 줌.

고유어와 한자어의 대응 관계가 항상 일대다(一對多)의 관계를 갖는 것은 아니며, 고유어의 의미가 세분화되어 있지 않은 것은 아닙니다. 예를 들어 한자어 '착용(着用)'은 고유어의 '(옷을) 입다, (신발을) 신다, (안경을) 쓰다' 등과 대응되는데, 이 경우 한자어보다 고유어가 더욱 세분화되어 있다고 할 수 있습니다. 

3 한자어

- 중국의 한자를 바탕으로 하여 만들어진 말
- 고유어에 비해 좀 더 정확하고 **분화**[*]된 의미를 갖고 있는 경우가 많음.
- 추상적인 개념이나 (2 ㅈㅁ) 분야의 개념을 나타내는 표현이 많음.
  예 감기(感氣), 고생(苦生), 내일(來日), 식구(食口), 편지(便紙), 복덕방(福德房)

4 외래어

- (3 ㅇㄱ)에서 들어와 우리말처럼 쓰이는 말
- 외국 문화와 함께 들어온 새로운 사물이나 현상을 나타내는 말이 많음.

한자어처럼 우리말로 인식하는 것	예 탑, 빵(pão), 거위
새로운 문물의 유입으로 그대로 받아들여지고 있는 것	예 버스, 택시, 오페라, 바이올린, 아이스크림
우리말이라는 의식이 없는 것	예 라운지, 하이 소사이어티

개념 알통

고유어의 역할

- 우리 민족 특유의 문화나 정서를 적절하게 표현할 수 있음.
- 언어 자산으로서 우리말과 정체성을 유지하는 데 도움을 줌.
- 새로운 말을 만들 때 기본적으로 중요한 자원이 되므로 국어의 생산성을 높일 수 있음.

 한자어의 장점은 무엇인가요?

한자어는 고유어에 비해 개념어, 추상어가 많습니다. 이러한 한자어들은 대개 의미가 전문화되고 분화되어 있어서 보다 전문적이고 세부적인 분야에서 정밀한 의미를 나타내는 데 유용하게 사용됩니다. 또한 한자어는 간결한 표현으로 많은 정보를 함축적으로 표현할 수도 있습니다.

개념 알통

한자어와 외래어 사용 시 주의점

- 남용할 경우 우리말의 정체성을 해치거나 의사소통을 어렵게 하므로 무분별한 사용을 경계해야 함.
- 되도록 고유어로 순화하여 사용해야 함.
- 상황에 맞는 어휘를 적절하게 사용해야 함.

[*] **어종**: 어휘의 종류. 고유어, 한자어, 혼종어 따위를 이름.

[*] **분화**: 단순하거나 등질인 것에서 복잡하거나 이질인 것으로 변함.

【초성 답】 1 민족 2 전문 3 외국

022 어휘 체계와 양상 ❷ - 표준어/방언

1 표준어

- 한 나라의 (1 ㅍㅈ)이 되는 말
- 교양 있는 사람들이 두루 쓰는 현대 서울말 → 표준어 사정 원칙 제1조 제1항
- 다양한 방언 중 하나를 골라 표준어로 삼기 때문에 표준어도 방언 중 하나임.
- 공식적인 언어 생활 기능과 정치·사회·교육의 표준화 기능을 함.

한 지역에서 같은 뜻을 두고 말의 형태가 다르거나, 각 지역의 방언을 사용하는 언중들끼리 언어의 차이가 있으면 의사소통이 어려워질 수 있습니다. 따라서 의사소통상의 혼란을 극복하고, 우리말을 사용하는 언중들끼리 일체감이나 소속감을 기르기 위해 표준어를 제정하는 것입니다.

2 지역 방언

- 지리적으로 떨어져 있어 오랜 시간이 지나며 지역에 따라 달라진 말
- 그 지역의 고유한 문화와 정서를 담고 있음.
- 같은 지역 사람들끼리 (2 ㅊㅁㄱ)이나 소속감을 느끼게 하고, 지역적 정서나 감정을 풍부하게 전달함.
- 고어(古語)*의 흔적을 유지하여 고어 연구에 큰 도움을 줌.

개념 당기는 예시

- 부추 - 정구지, 솔, 졸, 푸추
- → '부추'는 표준어이고, '정구지, 솔, 졸, 푸추'는 '부추'의 지역 방언임. 이때 서울말이 표준어가 된 것은 서울이 정치, 행정, 문화의 중심지이기 때문이지 다른 방언보다 우수하기 때문인 것은 아님.

3 사회 방언

- 세대, 성별, 사회 집단 등의 사회적 원인에 따라 달라진 말
- 같은 집단에 속한 사람들끼리의 의사소통에 효율성을 높여 주고, 구성원 간의 친밀감과 (3 ㅅㅅㄱ)을 형성함.

개념 당기는 예시

- 장년층·노년층의 사용 어휘 - 자네, 춘부장, 춘추, 별고, 강녕 등
- 청소년층의 사용 어휘 - 문상(문화 상품권), 열공(열심히 공부하다), 최애(최고로 사랑한다)
- → 장년층과 노년층은 한자어를 많이 쓰고 예의를 갖춘 표현을 사용하는 반면, 청소년층은 줄임말이나 유행어, 속어,* 은어 등을 많이 사용함

개념 알통

관용어와 속담

관용어	- 두 개 이상의 단어가 결합하여 한 단어처럼 쓰임. - 단어의 결합을 통해 새로운(특별한) 의미를 나타냄. - 속담에 비해 완결된 문장 구조를 이루지 못함. 예 파김치가 되다.
속담	- 관용어에 비해 완결된 문장 형태를 이룸. - 우리의 전통적 생활 문화가 농축된 삶의 지혜가 담겨 있음. - 관용어에 비해 구체적 사실을 통해 일상적인 삶의 교훈을 표현함. - 전달하고자 하는 내용을 직접적으로 전달하지 않고 상징적으로 전달함. 예 사공이 많으면 배가 산으로 간다.

방언을 사용할 때 주의해야 할 점이 있나요?

지역 방언이나 사회 방언은 그 지역, 세대, 사회 집단에 속하지 않는 사람들과 대화할 때 사용하면 의사소통에 어려움을 겪을 수 있고 상대방에게 소외감을 줄 수 있습니다. 따라서 대화 상대와 상황에 맞는 어휘를 사용해야 합니다.

---

*고어: 오늘날은 쓰지 아니하는 옛날의 말 = 옛말

*속어: 통속적으로 쓰는 저속한 말로, 쪽팔리다, 환장하다 등이 이에 해당함.

【초성 답】 1 표준   2 친밀감   3 소속감

023 어휘 체계와 양상 ❸ - 유행어/은어/전문어

1 유행어

- 한 언어 사회에서 사회·심리적인 요인에 의하여 (1   ㅇㅅ   )적으로 유행하는 표현
- 새롭게 만들어진 말로, 일정한 시간이 지나면 대부분 사라짐.
- 시대를 풍자하며 나타나는 경우도 있고, 대중 매체에 의해 만들어지고 파급되는 경우도 많음.
- 새말에 비해 풍자, 해학*, 비판의 성격이 강함.

유행어와 전문어는 어휘의 팽창 현상을 보이는 어휘입니다. 어휘의 팽창은 공용어와는 다른 단어로 존재하거나 새로 생겨나는 현상을 의미하며, 일정한 공용어(또는 표준어)에 대응하는 다른 단어가 있는 어휘의 변이 현상과는 차이가 있습니다.

2 은어

- 다른 사람들이 알아듣지 못하도록 특정 집단의 구성원끼리만 쓰는 말
- 다른 사람에게 감추려는 위장의 기능을 갖고 있으므로 어느 정도 암호의 성격을 띰.
- 일반 언어가 특정 집단에서 암호처럼 사용되면 은어가 되며, (2   ㅂㅁ   ) 유지 기능이 있음.
- 일반 사회에 내용이 알려지면 은어로서의 기능을 잃음.
- 은어를 사용하는 집단 내부의 사람들에게 강한 동료 의식을 줌.

개념 당기는 예시

- 심(산삼), 산개(호랑이), 넙대기(곰), 쿨쿨이(산돼지), 서산이(쥐)
  → 설악산 심마니들이 신성한 것으로 생각하여 사용하는 산삼 채취와 관련된 은어
- 곰(경찰), 별장(교도소), 어깨(불량배), 가방끈(학력)
  → 반사회적인 행동을 하는 집단에서 강력한 통제의 수단으로 사용하는 폐쇄된 은어

3 전문어

- 전문 분야의 일을 효과적으로 수행하기 위하여 해당 집단에서 도구처럼 사용하는 어휘
- 일반 사회에서 별로 쓰지 않는 특수한 전문 (3   ㄱㄴ   )을 표현하기 위한 말
- 의미가 정밀하고 문맥*의 영향을 적게 받음.
- 해당 분야의 작업을 원활히 하기 위해 특수 언어가 사용됨.
- 주로 한자어나 외래어, 외국어가 많이 쓰이며, 대응하는 일반 어휘가 없는 경우가 많음.

개념 당기는 예시

- 법률 분야 전문어: 기소, 피고, 소급효, 가중범 등
- 수학 분야 전문어: 분수, 제곱, 루트, 적분, 제곱근 등
- 의학 분야 전문어: 코마, 드레싱, 어레스트, 인튜베이션 등

새말과 유행어의 차이는 무엇인가요?

새말은 새로 생긴 말이나 새로 귀화한 외래어를 의미합니다. 새말과 유행어는 모두 한 언어 사회에서 사회 심리적인 요인에 의해 일시적으로 유행하는 표현입니다. 그런데 새말은 지속성이 있어 계속 사용되는 반면, 유행어는 특정 시기에만 일시적으로 사용될 뿐 지속성이 없습니다.

개념 알통

금기어와 완곡어

금기어	• 마음에 꺼려서 하지 않거나 피하는 말 • 부정적이고 불쾌한 연상을 동반하거나 속되고 점잖지 못하다는 느낌을 줌.
완곡어	• 금기어를 불쾌감이 덜하도록 대체한 단어 • 완곡어가 금기어를 대신하기에 일상적인 언어생활 장면에서 금기어는 거의 사용하지 않음.
예시	• 변소 – 화장실 • 천연두 – 마마, 손님 • 후진국 – 개발 도상국

* **해학**: 익살스럽고도 품위가 있는 말이나 행동
* **문맥**: 글월에 표현된 의미의 앞뒤 연결

【초성 답】 1 일시 2 비밀 3 개념

024 단어의 의미 변화

1 단어의 의미 변화

- 어떤 말의 중심적 의미가 편향된 사용으로 인해 변화가 생기는 것
- 의미 변화는 단어의 중심적 의미가 소실되어 새로운 중심적 의미가 발생하거나, 중심적 의미는 그대로 있되 (¹ ㅈㅂㅈ) 의미가 드러날 경우 발생함.

2 단어 의미 변화의 원인

(1) 언어적 원인

- 한 단어가 다른 단어와 자주 인접하여 나타남으로써 그 의미까지 변화된 경우

예	전혀	기존	긍정과 부정 서술어에 모두 쓰임.
		변화	부정 서술어와 습관적으로 많이 쓰여 부정의 의미가 전염됨.

(2) 역사적 원인

- 단어가 가리키는 (² ㄷㅅ)은 변모*하였으나 단어는 그대로 남아 있어 필연적으로 의미 변화가 일어나게 된 경우

  예 지갑 : 돈이나 증명서 따위를 넣을 수 있도록 종이로 만든 것 → 가죽 비닐, 옷감 등으로 만든 것

(3) 사회적 원인

- 일반적인 단어가 특수 집단에서 사용되거나 반대로 특수 집단에서 사용되던 단어가 일반 사회에서 사용됨으로써 의미에 변화가 일어나는 경우

  예 영감 : 당상관에 해당하는 벼슬을 지낸 사람 → 나이 든 남자를 높여 부르는 말

(4) 심리적 원인

- 비유적 용법이나 완곡어 등에 자주 사용되는 동안 해당 단어의 의미에 대한 인식이 변화하면서 단어의 의미까지 변화하게 된 경우

  예 곰 : 곰과의 동물을 통틀어 이르는 말 → 미련하거나 행동이 느린 사람을 놀림조로 이르는 말

3 단어 의미 변화의 유형

(1) 의미의 확장

- 단어의 본래 의미보다 그 의미 영역이 더 넓어지는 현상

  예 식구 : 신체 부위인 '입' → 한집에서 함께 살면서 끼니를 같이하는 사람 또는 한 조직에서 속하여 함께 일하는 사람을 비유적으로 이르는 말

(2) 의미의 (³ ㅊㅅ)

- 단어의 본래 의미보다 그 의미 영역이 더 좁아지는 현상

  예 얼굴 : 몸 전체, 모습, 형태 → 안면

(3) 의미의 이동

- 단어의 본래 의미 영역의 변화 없이 의미가 옮겨가는 현상

  예 어리다 : 어리석다 → 나이가 적다 / 감투 : 벼슬아치가 머리에 쓰는 모자 → 벼슬

단어의 의미 변화가 복합적으로 일어나는 경우도 있습니다. '수술'이 '손으로 하는 기술이나 재주'에서 '조직을 의료 기계를 사용하여 자르거나 째거나 꿰매는 일'로 단어의 의미가 축소된 이후에 다시 '어떤 결함 따위를 근본적으로 고치는 일'로 의미가 확대된 경우처럼 말이죠.

개념 알통

의미 변화의 결과

단어의 의미가 변화되면서 의미 영역이 달라지거나 의미에 대한 감정적 평가의 변화가 나타남.

의미의 일반화	단어가 보다 넓은 의미 영역을 가지게 되는 현상 예 '짐'이 '다른 곳으로 옮기기 위하여 챙기거나 꾸려 놓은 물건'이라는 의미에서 '맡겨진 임무나 책임'이라는 추상적인 의미로까지 확대됨.
의미의 특수화	단어가 보다 좁은 의미 영역을 가지게 되는 현상 예 '중생'은 본래 생물 일반을 지시하던 말이었는데, 동물을 지시하다가 다시 사람을 지시하는 의미로 축소됨.
의미의 향상	단어의 의미가 보다 좋은 의미, 보다 바람직한 의미로 변화하는 현상
의미의 타락	단어의 의미가 보다 나쁜 의미, 보다 바람직하지 않은 의미로 변화하는 현상

---

*인접 : 이웃하여 있음. 또는 옆에 닿아 있음.

*변모 : 모양이나 모습이 달라지거나 바뀜. 또는 그 모양이나 모습

【초성 답】 1 주변적 2 대상 3 축소

개념 트레이닝 ZONE

문제를 풀며 개념 근육을 키워 보세요!

01 다음 설명이 맞으면 ○에, 맞지 않으면 ✕에 표시하시오.

(1) 국어의 어휘는 어종에 따라 고유어, 한자어, 외국어, 외래어로 나뉜다. ○✕

(2) '발갛다, 빨갛다, 벌겋다, 시뻘겋다, 붉다, 불긋불긋하다' 등의 고유어를 통해 미묘한 어감의 차이를 드러낼 수 있다. ○✕

(3) 표준어는 공식적인 자리에서 사용하며 전문적이고 세련된 느낌을 주므로 방언과는 상호 배타적 관계이다. ○✕

(4) 지역 방언은 사용하는 사람들끼리 친근감을 느낄 수 있게 해 주며 성별이나 직업 등에 따라 분화하기도 한다. ○✕

(5) 전문어는 집단에 속한 사람들 사이에서는 효율적인 의사소통 수단이지만, 그 집단에 속하지 않은 사람들은 이해하기 어렵다. ○✕

02 다음 단어의 어종에 ○표 하시오.

(1)	반찬	고유어	한자어	외래어
(2)	비닐	고유어	한자어	외래어
(3)	감기	고유어	한자어	외래어
(4)	국수	고유어	한자어	외래어
(5)	망토	고유어	한자어	외래어
(6)	벌꿀	고유어	한자어	외래어
(7)	빵	고유어	한자어	외래어
(8)	양말	고유어	한자어	외래어

03 다음 밑줄 친 한자어와 바꿔 쓸 수 있는 고유어를 골라 쓰시오.

거레	눈길	모임	슬기	노랫말

(1)	새로 만든 곡에 <u>가사(歌詞)</u>를 붙였다.	
(2)	회장은 <u>집합(集合)</u> 시간을 안내하였다.	
(3)	문제를 해결하려고 <u>지혜(知慧)</u>를 모았다.	
(4)	분단은 우리 <u>민족(民族)</u>에게 시련을 주었다.	
(5)	그는 사람들의 <u>시선(視線)</u>을 피해서 숨었다.	

04 다음 예와 같이 언어 사용 양상이 다른 이유를 찾아 쓰시오.

지역	문화	세대	연령	직업

(1)	'제비꽃'을 제주도에서는 '들마꽃'이라고 부른다.	
(2)	'피고, 원고, 기소, 재판, 미필적 고의' 등은 법률 분야의 전문어이다.	
(3)	한국어 '벼, 쌀, 밥'의 단어에 해당하는 말로 영어에는 'rice'만 있다.	
(4)	어릴 때는 '엄마'라고 말하다, 어른이 된 후에는 '어머니'라고 말한다.	
(5)	청소년들은 외래어나 속어를 많이 사용하지만, 노인들은 옛말이나 한자어를 많이 사용한다.	

05 다음 빈칸에 들어갈 알맞은 말을 찾아 쓰시오.

비밀	은어	적다	지리	짧다	다의성	유행어

(1) 한 언어가 산맥이나 하천 등 ( )적 요인에 따라 분화된 말을 지역 방언이라고 한다.

(2) 전문어는 의미의 ( )을 갖거나 지시적 의미 외에 다른 의미를 갖는 경우가 ( ).

(3) ( )는 어느 한 시기에 새롭게 만들어져 널리 쓰이는 말이지만, 새말에 비해 지속성이 ( ).

(4) ( )는 어떤 집단에서 내부의 ( )을 유지하기 위해 다른 사람들이 알아듣지 못하도록 만든 말이다.

06 다음 어휘의 의미 변화 양상을 '확대, 축소, 이동' 중 골라 쓰시오.

(1)	'놈'은 원래 사람을 의미했지만, 지금은 사람을 낮잡아 부르는 말임.	
(2)	'어리다'는 중세 국어에서는 '어리석다'라는 뜻이었지만 지금은 '나이가 적다'라는 뜻임.	
(3)	'짐승'은 본래 '생물 전체'를 뜻하는 불교 용어였으나 지금은 '사람이 아닌 동물'만을 가리킴.	
(4)	'바가지'는 원래 박으로 만든 것을 의미했지만, 지금은 플라스틱이나 쇠로 만든 것도 모두 포함함.	
(5)	'식구'는 원래 입을 의미했지만, 지금은 한집에서 함께 살면서 끼니를 같이하는 사람의 의미도 포함함.	
(6)	중세 국어의 '싁싁하다(씩씩하다)'는 원래 '엄숙하다'는 뜻이었지만 지금은 '굳세고 위엄스럽다'라는 뜻으로 사용됨.	

워밍-UP

01
(가)에서 (나)로 명칭이 변한 이유로 가장 적절한 것은?

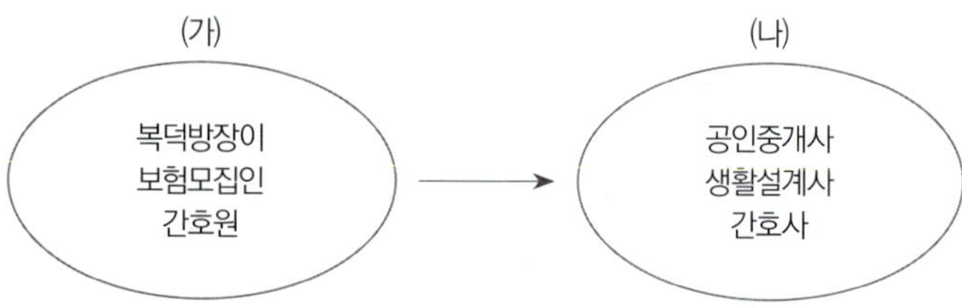

실력 자랑 (가)에서 (나)로 명칭이 변한 이유로 가장 적절한 것에 V표 하세요.

1. 언어를 간결하게 사용하고자 했기 때문이다.

2. 특정 집단의 비밀을 유지할 수 있기 때문이다.

3. 대상에 대한 친밀감을 표현할 수 있기 때문이다.

4. 직업의 전문성에 대한 의식이 강화되었기 때문이다.

5. 새로운 표현을 좋아하는 심리가 반영되었기 때문이다.

03
다음 대화 상황에 드러난 어휘의 양상에 대한 설명으로 적절한 것은?

실력 자랑 대화 상황에 드러난 어휘 양상의 적절성을 판단해 보세요.

① 성별에 따라 달리 사용되는 어휘가 나타난다. ○ ✕

② 특정 세대의 문화가 반영된 어휘가 나타난다. ○ ✕

③ 지역적으로 격리되면서 달라진 어휘가 나타난다. ○ ✕

④ 불쾌감을 유발하는 어휘와 이를 대신하는 어휘가 나타난다. ○ ✕

⑤ 전문적인 일을 효과적으로 수행하기 위한 어휘가 나타난다. ○ ✕

어머니와 지영이의 대화에서 다른 점이 무엇이고, 그것이 어휘 사용에 어떻게 반영되었는지 파악해 보세요. 

02
(가)~(다)에 대한 설명으로 적절하지 <u>않은</u> 것은?

실력 자랑 (가)~(다)에 대한 설명의 적절성을 판단해 보세요.

① (가)는 상황에 따라 여러 가지 의미로 사용된다. ○ ✕

② (나)의 의미는 목적어에 의해서 제한적으로 해석된다. ○ ✕

③ (다)의 어휘들끼리는 문장에서 서로 바꿔 쓸 수 있다. ○ ✕

④ (다)는 문장에서 (가)로 바꿔 쓸 수 있다. ○ ✕

⑤ (다)는 (가)에 비해 세분화된 의미를 지닌다. ○ ✕

 **펌핑-UP**

[01~02] 다음 글을 읽고 물음에 답하시오.

어린 말은 망아지, 어린 소는 송아지, 어린 개는 강아지라고 한다. 이들은 모두 사람들이 친숙하게 기르는 가축이라는 공통점이 있으며, 새끼를 나타내는 단어가 모두 '-아지'로 끝난다는 점이 흥미롭다. 그런데 돼지도 흔한 가축인데, 현대 국어에서 어린 돼지를 가리키는 고유어 단어는 따로 없다. '가축과 그 새끼'를 나타내는 고유어 어휘 체계에서 '어린 돼지'의 자리는 빈자리로 남아 있는 것이다. 그렇다고 해서 어린 돼지를 사람들이 인식하지 못하는 것은 아니다. 다만 어린 돼지를 가리키는 고유어 단어가 없을 뿐인데, 이렇게 한 언어의 어휘 체계 내에서 개념은 존재하지만 실제 단어가 존재하지 않는 경우를 '어휘적 빈자리'라고 한다.

어휘적 빈자리는 계속 존재하기도 하지만, 다양한 방식으로 채워지기도 한다. 그렇다면 어휘적 빈자리가 채워지는 방식에는 어떤 것들이 있을까? 첫 번째 방식은 단어가 아닌 구를 만들어 빈자리를 채우는 방식이다. 어떤 언어에는 '사촌, 고종사촌, 이종사촌'에 해당하는 각각의 단어는 존재하지만, 외사촌을 지시하는 단어는 없다. 그래서 그 언어에서 외사촌을 지시할 때에는 '외삼촌의 자식'이라고 말한다고 한다. 현대 국어에서 어린 돼지를 가리킬 때 '아기 돼지, 새끼 돼지' 등으로 말하는 것도 이러한 방식에 해당된다.

두 번째 방식은 한자어나 외래어를 이용하여 빈자리를 채우는 방식이다. 무지개의 색채를 나타내는 현대 국어의 어휘 체계는 '빨강-주황-노랑-초록-파랑…'인데 이 중 '빨강, 노랑, 파랑'은 고유어이지만 '빨강과 노랑의 중간색', 풀의 빛깔과 같이 푸른빛을 약간 띤 녹색' 등을 나타내는 고유어는 없기 때문에 한자어 '주황(朱黃)'과 '초록(草綠)' 등이 쓰이고 있다.

세 번째 방식은 상의어로 하의어의 빈자리를 채우는 방식이다. '누이'는 원래 손위와 손아래를 모두 가리키는 단어인데, 손위를 의미하는 '누나'라는 단어는 따로 있으나 '손아래'만을 의미하는 단어는 없어서 상의어인 '누이'가 그대로 빈자리에 들어가게 되었다. 이후 의미 구별을 위해 손아래를 의미하는 '누이동생'이 생겨나기는 했지만, 여전히 '누이'는 상의어로도 쓰이고, 하의어로도 쓰인다.

01

윗글을 바탕으로 〈보기〉에 대해 이해한 내용으로 적절한 것은?

〈보기〉
지금의 '돼지'를 의미하는 말이 예전에는 '돝'이었고, '돝'에 '-아지'가 붙어 '돝의 새끼'를 의미하는 '도야지'가 쓰였다. 그런데 현대 국어의 표준어에서는 '돝'이 사라지고, '돝'의 자리를 '도야지'의 형태가 바뀐 '돼지'가 차지하게 되었다.

① '예전'의 '도야지'에 해당하는 개념이 지금은 사라졌다.
② '예전'의 '돝'은 '도야지'의 하의어로, 의미가 더 한정적이다.
③ 지금의 '돼지'와 '예전'의 '도야지'가 나타내는 개념은 다르다.
④ 지금의 '어린 돼지'에 해당하는 어휘적 빈자리는 '예전'부터 있었다.
⑤ '예전'의 '도야지'의 개념을 나타내기 위해 지금은 하나의 고유어 단어가 사용된다.

02

윗글의 어휘적 빈자리가 채워지는 방식 이 적용된 사례만을 〈보기〉에서 있는 대로 고른 것은?

〈보기〉
ㄱ. 학생 1은 할머니 휴대 전화에 번호를 저장해 드리면서 할머니의 첫 번째, 네 번째 사위는 각각 '맏사위', '막냇사위'라고 입력했지만, 두 번째, 세 번째 사위를 구별하여 가리키는 단어가 없어 '둘째 사위', '셋째 사위'라고 입력하였다.

ㄴ. 학생 2는 '꿩'에 대한 보고서를 작성할 때 꿩의 하의어로 수꿩에 해당하는 '장끼'와 암꿩에 해당하는 '까투리'는 알고 있었지만, 꿩의 새끼를 나타내는 단어를 몰라 국어사전에서 고유어 '꺼병이'를 찾아 사용하였다.

ㄷ. 학생 3은 태양계의 행성을 가리키는 어휘 체계인 '수성-금성-지구-화성…'을 조사하면서 '금성'의 고유어로 '샛별'과 '개밥바라기'가 있음을 알았는데, '개밥바라기'라는 단어는 생소하여 '샛별'만을 기록하였다.

① ㄱ
② ㄱ, ㄴ
③ ㄱ, ㄷ
④ ㄴ, ㄷ
⑤ ㄱ, ㄴ, ㄷ

공부한 날	월	일	요일
맞은 개수		/34	

No	다음 빈칸에 알맞은 말을 써서 문장을 완성하시오.
01	우리말의 (　　　)는 어종에 따라 고유어, 한자어, 외래어로 분류할 수 있다.
02	(　　　)는 예로부터 우리의 문화와 정서를 표현해 온 순우리말이다.
03	(　　　)는 엄밀하게 말해 외래어의 일종이지만, 오랜 시간에 걸쳐 우리말 어휘의 큰 부분이 되어 버렸기 때문에 외래어라고 하지 않고 따로 분류한다.
04	(　　　)는 전문 개념이나 추상적인 내용을 표현하는 말에 많이 사용되고, 고유어보다 더 분명하고 자세한 뜻을 전달한다.
05	새로운 문물이 들어오면서 다른 나라의 언어를 빌려 쓰게 된 말을 (　　　)라고 한다.
06	표준어 규정에서 표준어는 (　　　) 있는 사람들이 두루 쓰는 현대 (　　　)로 정함을 원칙으로 한다.
07	사용 지역에 따라 분화된 말을 (　　　) 방언이라고 하고, 사회 계층에 따라 분화된 말을 (　　　) 방언이라고 한다.
08	비교적 짧은 시기에 여러 사람의 입에 일시적으로 오르내리는 말을 (　　　)라고 한다.
09	특정 계층이나 특정 집단에 속한 사람들이 자기들끼리만 사용하는 말을 (　　　)라고 한다.
10	은어는 사용하는 집단의 구성원들끼리 소속감과 동질감을 느끼게 하고, 집단의 (　　　)을 지키는 효과가 있다.
11	(　　　)는 전문성이 필요한 분야에서 그 일을 효과적으로 하기 위하여 사용하는 말이다.
12	(　　　)는 전문 개념을 표현하는 말이기 때문에 의미의 다의성이 적고, 대응하는 일반 어휘가 없는 경우가 많다.
13	단어의 의미는 (　　　)의 흐름에 따라 확장되거나 축소되기도 하고 본래의 의미 영역의 변화 없이 다른 의미로 옮겨가기도 한다.

No	밑줄 친 어휘의 종류(고유어 / 한자어 / 외래어)를 쓰시오.	
14	물건을 <u>비닐</u>로 포장하였다.	
15	북쪽 하늘에 <u>꼬리별</u>이 나타났다.	
16	<u>하늘</u>에서는 별이 빛나고 있었다.	
17	새로 들여온 물건에 <u>눈길</u>이 갔다.	
18	좋아하는 사람에게 <u>질투</u>를 느꼈다.	
19	아이들이 놀이터에서 <u>시소</u>를 탄다.	
20	비행기가 착륙을 위해 <u>속도</u>를 줄였다.	

No	밑줄 친 단어에 대응하는 표준어를 쓰시오.	
21	코가 큰 내 친구의 별명은 <u>코보</u>였다.	
22	비가 오니 바삭한 <u>빈자떡</u>이 먹고 싶다.	

No	설명에 맞는 어휘의 종류(유행어 / 은어 / 전문어)를 쓰시오.	
23	의미가 정밀하고 다의성이 적다.	
24	특정 집단에서 암호처럼 사용된다.	
25	특정 시대를 풍자하는 경우가 있다.	
26	해당 분야의 작업을 원활히 하기 위해 쓴다.	
27	일시적으로 퍼지다 시간이 지나면 사라진다.	
28	일반 사회에 알려지면 더 이상 기능을 못한다.	

No	어휘의 의미 변화 유형(확장 / 축소 / 이동)을 쓰시오.	
29	중생 : 생물 일반 → 많은 사람	
30	어여쁘다 : 불쌍하다 → 예쁘다	
31	어리다 : 어리석다 → 나이가 적다	
32	얼굴 : 몸 전체, 모습, 형태 → 안면	
33	에누리 : 값을 더 얹는 일 → 값을 깎는 일	
34	식구 : 입 → 한집에서 살면서 끼니를 같이하는 사람	

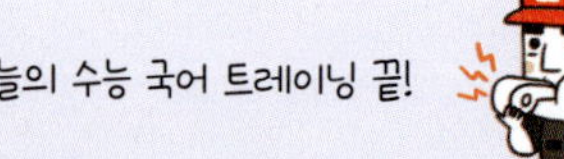

Ⅱ 문장

025 문장의 구성 단위

1 어절

- 문장을 구성하고 있는 각각의 마디
- 띄어쓰기 단위와 일치하며 문장 성분의 (¹ ㅊㅅ) 단위임.
- 하나의 어절이 하나의 문장 성분이 되는 것은 문장 구성의 기본적인 성질임.

2 구

- 두 개 이상의 (² ㅇㅈ)이 모여서 절이나 문장의 일부분을 이룸.
- 자체 내에 주어와 서술어 관계를 형성하지 못함.
- 종류에 따라 명사구, 동사구, 형용사구, 관형사구, 부사구로 구분함.

3 절

- 주어와 서술어의 관계를 갖추었으나 (³ ㄷㄹ)하여 쓰이지 못하고 문장의 성분으로 쓰이는 단위
- 독립적인 문장과 달리 절은 비독립적인 성격을 가짐.
- 절은 겹문장 안에 존재하며 구와 마찬가지로 하나의 문장 성분이 될 수 있음.

명사절	문장에서 주어, 목적어, 부사어의 기능을 하는 절	예 동생이 농구에 소질이 있음을 알았다.
관형사절	문장에서 관형어의 기능을 하는 절	예 그가 외국에 간다는 소문이 있다.
부사절	문장에서 부사어의 기능을 하는 절	예 우리는 밤이 늦도록 돌아다녔다.
서술절	문장에서 서술어의 기능을 하는 절	예 이 책은 글씨가 너무 작다.
인용절	화자의 생각이나 느낌, 다른 사람의 말 등을 직접 또는 간접으로 따온 절	예 나는 동생의 말이 맞다고 생각하였다.

4 문장

- 생각이나 감정을 완결된 내용으로 표현하는 최소의 언어 형식

구성상 조건	의미상 조건	형식상 조건
주어 + 서술어	완결된 내용	문장이 끝났음을 알리는 표지(온점/물음표/느낌표) 사용

- 어절, 구, 절이 문장을 (⁴ ㄱㅅ)하는 기본적인 단위임.

개념 갈고리 ㄱ 문장의 기본 형식

문장은 서술어의 성질에 따라 다음과 같은 기본적인 **골격**[*]을 가지며, 또 이 기본적인 골격을 중심으로 하여 6가지의 기본 형식으로 나타난다.

무엇이 어찌하다	자동사	무엇이 어찌하다	예 꽃이 피다.
	타동사	무엇이 무엇을 어찌하다	예 동생이 밥을 먹는다.
	보어	무엇이 무엇이 되다	예 언니가 선생님이 되었다.
무엇이 어떠하다	형용사	무엇이 어떠하다	예 하늘이 맑다.
무엇이 무엇이다	서술격 조사	무엇이 무엇이다	예 내가 반장이다.
	보어	무엇이 무엇이 아니다	예 친구는 반장이 아니다.

구와 절의 차이점은 무엇인가요?

구와 절은 모두 두 어절 이상이 모여 이루어져 있기 때문에 구분이 어려운 경우가 있습니다. 하지만 두 어절이 주어와 서술어의 관계를 성립하고 있다면 '절'이고, 주어와 서술어의 관계를 성립하지 못한다면 '구'입니다.

개념 알통

합성어와 구의 구별 기준

합성어와 구를 나누는 기준은 의미 변화, 분리성, 띄어쓰기 등이 있다.

의미 변화	둘 이상의 단위가 연속된 구성이 합성어인 경우, 기존의 구성 성분들이 지니던 의미 외의 다른 의미가 더 생기거나 구성 성분들의 의미에서 나올 수 없는 다른 의미로 바뀜. 예 '돌옷'은 '돌'과 '옷'의 의미가 아니라 '이끼'를 의미함.
분리성	둘 이상의 단위가 연속된 구성이 합성어인 경우, 구성 요소들 사이에 다른 요소가 개입될 수 없음. 예 '배나무를 심었다.'라는 문장에서 '배나무'는 '배와 나무를 심었다.'와 같이 구성 성분을 분리하여 다른 요소를 끼워 넣으면 의미가 달라짐.
띄어쓰기	합성어는 한 단어이기 때문에 붙여 써야 하고, 구는 두 단어이기 때문에 띄어 써야 함.

[*] **골격**: 어떤 사물이나 일에서 계획의 기본이 되는 틀이나 줄거리

【초성 답】 1 최소 2 어절 3 독립 4 구성

026 문장 성분

1 문장 성분

- 문장을 구성하면서 일정한 문법적 기능을 하는 요소
- 서술어를 (¹ ㄱㅈ)으로 문장 성분을 구분함. → 서술어의 자릿수에 따라 필수 성분들이 결정됨.
- 필수적 성분인 주성분, 주성분을 꾸며 주는 **부속**[*] 성분, 다른 성분과 직접적인 관련 없이 독립해 있는 성분인 독립 성분으로 구분할 수 있음.

> 문장은 생각이나 감정을 말과 글로 표현할 때 완결된 내용을 나타내는 최소의 단위입니다. 주어와 서술어를 갖추는 것이 원칙이며, 서술어의 종류에 따라서는 목적어나 보어를 갖추어야 합니다. 다만, 문장 성분을 미루어 짐작할 수 있어 의미를 전달하는 데 문제가 없을 경우에는 생략할 수 있습니다.

2 주성분

- 문장의 골격을 이루는 필수적 문장 성분

주어	• 동작이나 상태, 성질의 (² ㅈㅊ)가 되는 문장 성분 • '누가, 무엇이'에 해당함.
서술어	• 주어의 동작이나 상태, 성질, 자격 등을 서술하는 문장 성분 • '어찌하다, 어떠하다, 무엇이다'에 해당함. • 서술어에 따라 필수적으로 요구하는 문장 성분의 수가 다름.
목적어	• 서술어의 동작 대상이 되는 문장 성분 • '누구를, 무엇을'에 해당함.
보어	• 주어와 서술어로 구성된 내용을 보충하는 문장 성분 • 서술어 '되다, 아니다' 앞에 나타남.

개념 당기는 예시

- 인선이는 경배를 사랑한다.
  주어   목적어   서술어
- 문정이가 반장이 되었다.
  주어   보어   서술어

3 부속 성분

- 주로 주성분의 내용을 꾸며 (³ ㄸ)을 더해 주는 기능을 하는 문장 성분

관형어	• 체언 앞에서 체언을 꾸며 주는 역할을 하는 문장 성분 • 관형어는 일반적으로 생략할 수 있으나 의존 명사 앞의 관형어는 생략할 수 없음.
부사어	• 주로 서술어를 꾸며 주는 문장 성분 • 관형어나 다른 부사어, 문장 전체를 꾸며 주기도 함. • 부속 성분이지만 서술어에 따라 부사어를 필수적으로 요구하는 경우도 있음.

개념 당기는 예시

- 마당에 빨간 장미가 피었다.
  관형어
- 동생은 아빠와 닮았다.
  부사어

4 독립 성분

- 문장의 다른 성분들과 직접적인 관계를 맺지 않고 독립적으로 쓰이는 문장 성분
- 문장에서 문장의 어느 성분과도 직접적인 관련 없이, 문장과 따로 떨어져 문장 (⁴ ㅈㅊ)에 작용하는 성분

→ 독립어는 문장의 다른 성분과 직접 관계를 맺지 않기 때문에 서술어의 자릿수에 영향을 주지 않음.

💗 문장 성분과 품사의 차이는 무엇인가요?

문장 성분은 단어가 문장 안에서 어떠한 기능을 하는지를 의미하지만, 품사는 문장에서의 역할과는 상관없이 단어가 가진 성격을 의미합니다. 그래서 품사는 같아도 다른 문장 성분으로 쓰일 수도 있고 그 반대의 경우도 가능합니다. 예를 들어 '저 사람은 파란 바지를 입고 있다.'에서 '저'는 관형사, '파란'은 형용사로 품사가 다르지만, 둘 다 문장 내에서 관형어로 기능합니다.

---

[*] **부속**: 주된 사물이나 기관에 딸려서 붙음. 또는 그렇게 딸려 붙은 사물

【초성 답】 1 기준   2 주체   3 뜻   4 전체

027 주성분 ❶ - 주어

1 주어

- 문장에서 동작 또는 상태나 성질의 주체가 되는 성분
- '누가, 무엇이'에 해당하는 말

2 주어의 실현 방식

- 체언이나 체언 역할을 하는 구나 절에 주격 조사 '이/가, 께서, 에서'가 붙어서 실현됨.
- (1   ㅊㅇ   )에 보조사 '은/는, 도, 만' 등이 붙거나 주격 조사가 생략되어 실현되기도 함.

체언 + 격 조사	예 다혜가 웃는다. → '다혜'라는 체언에 주격 조사 '가'가 결합하여 주어로 기능함.
구(句) + 격 조사	예 그 소녀가 학교에 간다. → '그 소녀'라는 하나의 구에 주격 조사 '가'가 결합하여 주어로 기능함.
절(節) + 격 조사	예 영화 보기가 나의 취미이다. → '영화 보–' 뒤에 명사형 어미 '–기'가 결합하고 '영화 보기' 전체에 다시 주격 조사 '가'가 결합하여 주어로 기능함.
체언 (주격 조사 생략)	예 너 어디 가니? → 주격 조사 없이 하나의 대명사만으로 주어로 기능함.
체언 + 보조사	예 아버지만 그 일을 하실 수 있어. → 주격 조사 없이 보조사만 결합하여 주어로 기능함.
체언 + (2 ㅈㄱ) 조사 + 보조사	예 아버지께서 / 아버지께서만 / 아버지께서만이 / 아버지께서는 그 일을 하실 수 있어. → 존경의 의미 자질이 부여되는 명사 '아버지'에 높임의 주격 조사 '께서'가 결합하여 주어로 기능하는 경우이며, 격 조사 뒤에 보조사가 붙어 특정한 의미를 더해 주기도 함.

◎ 개념 갈고리 ⌐ 주격 조사에 의한 주어의 실현

주어에서 주격 조사가 반드시 실현되는 것은 아니지만 문장에 따라 주격 조사가 반드시 실현되어야 하는 경우도 있다.

> – 서술어가 특정 성분을 필요로 하는 경우 예 누나가 선물을 주었다.
> – 주어가 특정한 것을 지칭할 경우 예 여름에는 시원한 냉면이 최고야.
> – 주어의 뜻을 강조할 경우 예 오늘이 바로 바다에 가기로 한 날이야.

🫀 주어도 생략할 수 있나요?

주어는 문장에서 꼭 필요한 주성분입니다. 하지만 문맥 속에서 주어가 무엇인지 알 수 있을 때, 특히 대화 상황에서는 주어를 생략할 수 있습니다. 또한 주어가 분명하지 않을 때 주어를 만들어 넣으면 문장이 어색해지기 때문에 주어를 생략하기도 합니다.

예 (너는) 어디 가니? / (나는) 도서관에 가려고.
불이야! / 도둑이야!

개념 알통
주어의 특징

주어와 관련 되는 부사	주어와 관련되는 부사로는 '일부러, 저절로' 등이 있음. 예 재아는 일부러 눈물을 흘렸다. 하품이 저절로 나왔다. → '일부러, 저절로, 친히, 몸소' 등과 같은 부사가 오면 선행 명사구는 주어의 기능을 하는 경우가 대부분임.
복수 표시의 보조사 '들'	질량성과 추상성을 띤 명사나 부사에 복수 표시의 보조사 '들'이 붙으면 주어 명사구는 대부분 복수를 의미함. 예 너희들 빵을 어서 먹어라. 너희 빵들을 어서 먹어라. 너희 빵을 어서들 먹어라. → 질량 명사 '빵'과 부사 '어서'에 보조사 '들'이 결합한 경우로 주어가 복수임을 확인할 수 있음.

【초성 답】 1 체언   2 주격

028 주성분 ❷ - 서술어

1 서술어

- 주어의 동작이나 상태, 성질, 자격 등을 서술하는 기능을 지닌 문장 성분
- 문장은 서술어의 종류에 따라 '(1 　ㅁㅇ　)이 어찌하다 / 어떠하다 / 무엇이다' 유형으로 나뉨.
- '어찌하다, 어떠하다, 무엇이다'에 해당하는 문장 성분이 서술어임.
- 주어와 서술어는 하나의 문장을 실현시키는 가장 기본적인 문법 (2 　ㄷㅇ　)임.

어찌하다	예 비행기가 날아간다. → 서술어 '어찌하다'에 해당하는 품사는 동사임.
어떠하다	예 모자가 예쁘다. → 서술어 '어떠하다'에 해당하는 품사는 형용사임.
무엇이다	예 그는 대학생이다. → 서술어 '무엇이다'에 해당하는 품사는 '체언 + 서술격 조사'임.

2 서술어의 실현 방식

동사	예 호랑이가 달린다. → 동사
형용사	예 하늘이 푸르다. → 형용사
체언 + 서술격 조사 '이다'	예 형은 고등학생이다. → 체언 + 서술격 조사 '이다'
체언(서술격 조사 생략)	예 내가 일등으로 합격(이다). → 서술격 조사 '이다'나 접미사 '-하다'의 생략
서술절	예 나는 키가 크다.

3 서술어의 특징

- 서술어에 따라 필요로 하는 문장 성분의 개수가 달라지는데, 이를 서술어의 자릿수라고 함.
- 서술어가 같거나 앞뒤 문맥으로 보아 서술어가 분명할 경우 서술어를 (3 　ㅅㄹ　)하기도 함.

개념 당기는 예시

- 누가 사물함 정리했어? / 효정이가 (정리했어).
- → 서술어가 '정리했어'로 같기 때문에 생략할 수 있음.

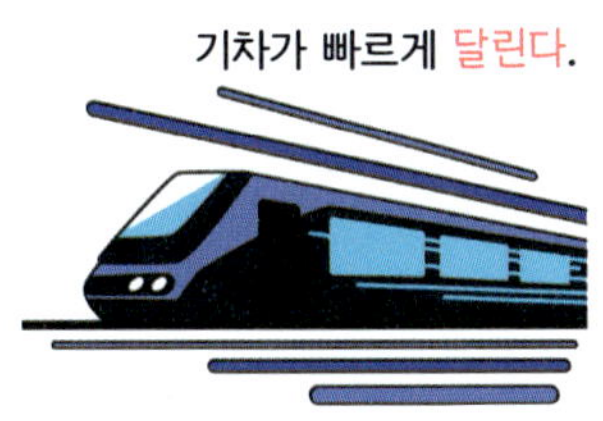

서술어도 생략할 수 있나요?

여러 문장이 이어졌을 때, 앞뒤 문장에 동일한 서술어가 반복적으로 쓰이는 경우 뒤에 오는 서술어를 생략할 수 있습니다. 또한 문맥에 의해 서술어가 무엇인지 알 수 있는 경우에도 서술어를 생략하기도 합니다.

개념 알통

서술어 중심의 언어

서술어는 주어와만 관련 있는 것이 아니다. 서술어 중에는 주어 이외에 필수적 부사어나 목적어, 보어 등을 반드시 요구하는 것들이 있다. 또한 서술어는 다른 문장 성분에 비해 문장에서 생략이 어렵고, 우리말은 문법 기능을 수행하는 활용 어미가 발달했다는 특징이 있다. 따라서 이러한 이유로 서술어를 중심으로 문장 성분을 구분하기 때문에 우리말을 서술어 중심의 언어라고 한다.

예 나는 공연을 보았다.

→ 주어와 목적어를 요구하는 서술어

【초성 답】 1 무엇　2 단위　3 생략

029 주성분 ❸ - 목적어

1 목적어

- 서술어의 동작 (¹ ㄷㅅ)이 되는 문장 성분
- 문장에서 '누구를, 무엇을'에 해당함.

2 목적어의 실현 방식

체언+목적격 (² ㅈㅅ) '을/를'	예 나는 밥을 먹는다. → 체언에 목적격 조사가 결합하는 것이 목적어의 기본 구성임.
체언+보조사 '만, 도'	예 나는 밥만 먹는다. 나는 밥도 먹는다. → 체언에 보조사가 결합하여 목적어가 됨.
체언+보조사 +목적격 조사	예 나는 밥만을 먹는다./ *나는 밥도을 먹는다. → 체언에 보조사가 결합한 후 다시 목적격 조사가 결합하여 목적어가 됨. → '밥만을'은 가능한데, '밥도을'이 불가능한 것은 보조사의 개별적 특성의 차이임.
체언(목적격 조사 생략)	예 나는 밥 먹는다. → 목적격 조사 없이 체언만 단독으로 목적어가 됨.

목적어는 주로 목적격 조사 '을/를'과의 결합에 의해 실현되지만,
목적격 조사는 생략이 가능하며, 목적격 조사 대신 보조사만
체언에 결합하여 목적어임을 나타낼 수도 있습니다.
또한 보조사에 다시 목적격 조사가 결합하여 목적어를 표현할 수도 있습니다.

3 목적어의 특징

- 한 문장에 목적어가 둘 이상 연달아 나오는 경우도 있음.

⌐⌐ 개념 당기는 예시

- 어머니께서 나에게 용돈을 만 원을 주셨다.
  → 한 문장에서는 하나의 목적어가 쓰이는 것이 원칙이나, 목적어가 하나 이상 겹쳐서 쓰이는 일도 있음. 목적어가 겹쳐서 쓰일 때에는 뒤의 목적어가 앞의 목적어의 수량을 나타내거나 그것의 한 부분(일부)인 것이 보통임.

- 문장의 앞뒤 (³ ㅁㄹ)에서 목적어가 무엇인지 알 수 있는 경우 목적어를 생략하기도 함.
- 방향이나 처소, 위치나 시간 등을 나타내는 말에 목적격 조사가 쓰이는 경우가 있음.
  예 너 어디를 가니?

◎ 개념 갈고리 7 목적어와 타동사

목적어, 즉 목적격 조사 '을/를'을 요구하는 서술어는 타동사이다. 이때 타동사의 '타(他)'는 '남(대상)'을 지칭한다. 자동사는 목적어를 필요로 하지 않는다.

예 사자가 달리다.(자동사) / 가수가 노래를 부르다.(타동사)

💓 타동사를 가진 문장의 특징은 무엇인가요?

행위의 대상인 객체를 반드시 필요로 하는 타동사는 행위의 대상인 목적어를 필요로 하지 않는 동사인 자동사와 대립됩니다. 타동사는 목적어를 문장 성분으로 요구하는 동사입니다. 따라서 타동사를 가진 문장은 두 개의 명사항, 즉 주어와 목적어와 하나의 동사로 구성된다는 점이 특징입니다. 타동사 중에는 목적격 조사 '을/를'을 취하는 직접 목적어를 요구하는 직접 타동사가 있습니다. 또한 '나는 책을 친구에게 주었다.'와 같이 직접 목적어 외에도 '-에게, -에, -한테' 등의 부사격 조사를 취하는 문장 성분인 부사어를 요구하는 간접 타동사가 있습니다.

개념 알통

보조사가 결합한 목적어

- 체언이나 명사형에 보조사가 붙어 목적어가 되기도 한다.
- 예 저 친구는 그림도 잘 그린다.
  → 체언(명사) + 보조사
  저 친구는 노래하기도 좋아한다.
  → 명사형 + 보조사
- 목적어 조사 자리에 쓰이는 보조사로는 '는'과 '도'가 보편적이다.
  → 이 경우에는 목적격 조사가 생략됨.
- '는'과 '도' 이외의 보조사의 경우에는 '당신만을, 여기까지를, 여기서부터를' 등과 같이 목적격 조사가 생략되지 않는다.

개념
트레이닝 ZONE

문제를 풀며 개념 근육을 키워 보세요!

01 다음 설명의 알맞은 말에 ○표 하시오.

(1) 문장은 화자의 생각이나 느낌을 (완수 / 완결)된 형태로 표현하는 단위이다.

(2) 문장 안에서 일정한 (문법 / 의미)적 기능을 하는 부분을 문장 성분이라고 한다.

(3) 문장 성분은 문장을 이루는 데 골격이 되는 (주성분 / 부속 성분), 다른 것을 꾸미는 (부속 성분 / 독립 성분), 다른 문장 성분과 직접적인 관련이 없는 (주성분 / 독립 성분)으로 나뉜다.

(4) 둘 이상의 어절이 '주어-서술어' 관계를 (이루는 / 이루지 않는) 문법 단위는 구이다.

(5) (구 / 절)은 주어와 서술어를 갖추었으나 독립하여 쓰이지 못하고 다른 문장의 한 성분으로 쓰이는 의미 단위를 뜻한다.

02 다음 문장을 이루는 구성 성분을 쓰시오.

> [예] 주호가 책을 읽는다.
> → (주어)+(목적어)+(서술어)

(1) 나는 복숭아를 좋아한다.
→ (　　　)+(　　　)+(　　　)

(2) 눈이 내렸지만, 날씨가 온화하다.
→ (　　　)+(　　　)+(　　　)+(　　　)

(3) 사람이 꽃보다 아름답다.
→ (　　　)+부사어+(　　　)

(4) 그는 화단에 잔디를 심었다.
→ (　　　)+부사어+(　　　)+(　　　)

(5) 수아가 예쁜 꽃을 샀다.
→ (　　　)+관형어+(　　　)+(　　　)

(6) 저 건물은 매우 튼튼하다.
→ 관형어+(　　　)+부사어+(　　　)

(7) 나는 개기일식을 오랫동안 기다렸다.
→ (　　　)+(　　　)+부사어+(　　　)

(8) 드디어 나는 킹크랩을 먹었다.
→ 부사어+(　　　)+(　　　)+(　　　)

03 다음 밑줄 친 서술어가 필수적으로 요구하는 주성분에 모두 ○표 하시오.

(1) 어제 낮에는 유난히 해가 <u>뜨거웠다</u>.

(2) 맑은 하늘을 보니 괜히 기분이 <u>좋아졌다</u>.

(3) 나는 버스에서 내리자마자 학교로 <u>뛰어갔다</u>.

(4) 우리 학교 운동장에도 은행나무가 노랗게 물들었다.

(5) 나는 어제 집에 가다가 우연히 좋아하는 가수를 <u>만났다</u>.

(6) 유빈이는 주말에 집에서 좋아하는 드라마를 보며 쉬었다.

04 다음 밑줄 친 문장 성분의 이름과 품사를 쓰시오.

	문장	문장 성분	품사
[예]	<u>수연이는</u> 피부가 매우 희다.	주어	명사+조사
(1)	<u>지금은</u> 밖에 나가기가 너무 싫다.		
(2)	우리 모임은 한라산 <u>등반을</u> 했다.		
(3)	가수가 되려고 서울로 <u>이사를</u> 갔다.		
(4)	인근 병원이 사람들로 <u>북새통이다</u>.		
(5)	비행기가 엄청나게 빨리 <u>날아간다</u>.		
(6)	지나가는 사람들이 <u>우리를</u> 구경했다.		
(7)	유정란을 깼더니 노른자가 <u>샛노랗다</u>.		
(8)	<u>이것은</u> 향기가 좋은 화장품이 아니다.		

05 다음 글을 읽고, 목적어에 대한 이해로 알맞은 말에 ○표 하시오.

> ㉠오늘 아침에 나는 빵을 먹었다. 내가 ㉡빵을 먹은 건, 늦잠을 잤기 때문이다. ㉢그런 내 모습을 어머니께서 보시고, ㉣우유를 꺼내 주셨다. 어머니께서는 "우유나 마실까?"하면서 식탁에 앉으셨다. 어머니께서 환하게 웃으셨는데 ㉤그 모습이 참 고우셨다.

(1) ㉠과 ㉢을 보니, 목적어는 동작을 나타내는 서술어의 (주제 / 대상)으로 쓰이는군.

(2) ㉠과 ㉡을 비교해 보니, 문장 안에서 목적어가 위치하는 자리는 (고정적이군 / 고정적이지 않군).

(3) ㉠과 ㉤을 비교해 보니, (주어 / 목적어)가 필요 없는 문장도 있군.

(4) ㉡과 ㉣을 보니, 자음 뒤에는 '(을 / 를)', 모음 뒤에는 '(을 / 를)'이라는 목적격 조사가 쓰이는군.

01

〈보기〉의 (가)~(다)에 대한 설명으로 적절하지 <u>않은</u> 것은?

〈보기〉

겹문장 속에서 하나의 '주어＋서술어' 관계가 이루어진 부분을 '절'이라고 한다. '절'은 전체 문장의 한 성분으로 안기거나 서로 이어지거나 한다.

(가) <u>봄이</u> 오면 <u>꽃이</u> 핀다.
　　　㉠　　　　㉡

(나) <u>눈이 내린</u> <u>마을은</u> 고요했다.
　　　㉢　　　　㉣

(다) 나는 <u>그가</u> 왔음을 몰랐다.
　　　　　㉤

실력 자랑 (가)~(다)에 대한 설명의 적절성을 판단해 보세요.

① (가)에서 ㉠과 ㉡의 위치를 바꾸면 의미가 달라진다. ☐O ☐X
② (나)에서 ㉢은 ㉣의 주어를 꾸며 주는 역할을 한다. ☐O ☐X
③ (다)의 ㉤을 생략하면 전체 문장의 의미가 불완전해진다. ☐O ☐X
④ (나)와 달리 (다)는 절이 전체 문장의 한 성분으로 안겨 있다. ☐O ☐X
⑤ (가), (나), (다)는 모두 '주어＋서술어' 관계가 두 번 나타난다. ☐O ☐X

02

〈보기〉를 참고할 때, '본받다'와 같은 유형에 해당하는 단어로 적절한 것은?

〈보기〉

'본받다'는 '본'과 '받다'가 결합하여 만들어진 말로, 다음과 같이 목적어와 서술어의 관계를 나타내고 있는 것이 특징이다.

본(을)	＋	받다
목적어		서술어

실력 자랑 '본받다'와 같은 유형에 해당하면 ○, 해당하지 않으면 ×표 하세요.

1. 동생이 형에게 혼난다.	(○ / ×)
2. 조명이 환하게 빛난다.	(○ / ×)
3. 오래 걸었더니 힘들다.	(○ / ×)
4. 말보다 행동이 앞서다.	(○ / ×)
5. 사자의 출현에 겁먹다.	(○ / ×)

03

〈보기〉에 있는 '자료'의 밑줄 친 부분에 ㄱ~ㄷ에 해당하는 예를 찾아 넣으려고 할 때, 적절하지 <u>않은</u> 것은?

〈보기〉

목적어는 문장에서 주로 서술어가 나타내는 동작의 대상이 되는 문장 성분이다. 문장에서 목적어는 다음과 같은 형태로 나타난다.

• 체언＋목적격 조사 '을/를'
• 체언＋특정한 의미를 더해 주는 보조사 ·················· ㄱ
• 체언 단독 ··· ㄴ
• 체언＋보조사＋목적격 조사 ···································· ㄷ

[자료]

그는 ＿＿＿＿＿＿＿ 갔어.

실력 자랑 다음 예가 ㄱ~ㄷ 중 어디에 해당하는지 적어 보시오.

1. 이사도	
2. 꽃구경	
3. 배낭여행	
4. 한길만을	

목적어의 형태를 파악할 때는 먼저 '체언'을 찾는 게 좋아요. 이후 체언이 단독으로 쓰였는지, 다른 조사가 결합했는지 파악해 보세요.

04

㉠과 ㉡을 모두 충족하는 단어만을 〈보기〉에서 있는 대로 고른 것은?

㉠ 관형사가 후행하는 명사를 수식
㉡ 단어의 구성 요소들이 의미상 목적어와 서술어의 관계

〈보기〉

새해맞이, 두말없이, 숨은그림찾기, 한몫하다

실력 자랑 다음 단어들이 ㉠과 ㉡을 충족하는지 판단해 보세요.

새해맞이, 두말없이, 숨은그림찾기, 한몫하다	
1. 새해맞이	(㉠만 충족 / ㉡만 충족 / ㉠과 ㉡ 모두 충족)
2. 두말없이	(㉠만 충족 / ㉡만 충족 / ㉠과 ㉡ 모두 충족)
3. 숨은그림찾기	(㉠만 충족 / ㉡만 충족 / ㉠과 ㉡ 모두 충족)
4. 한몫하다	(㉠만 충족 / ㉡만 충족 / ㉠과 ㉡ 모두 충족)

01

〈보기〉의 탐구 과제를 수행했을 때, [A]에 들어갈 내용으로 적절하지 <u>않</u>은 것은?

─────〈보기〉─────

[탐구 과제]

다음 [탐구 자료]에 나타난 서술어의 특징에 대해 알아보자.

[탐구 자료]

살다 「동사」

「1」 생명을 지니고 있다.

　예 그 사람들은 백 살까지 ⓐ<u>살았다</u>.

「2」 [⋯에/에서] 어느 곳에 거주하거나 거처하다.

　예 그는 하루 종일 연구실에서 ⓑ<u>산다</u>.

「3」 [⋯을] 어떤 직분이나 신분의 생활을 하다.

　예 그는 조선 시대에 오랫동안 벼슬을 ⓒ<u>살았다</u>.

「4」 [(⋯과)]('과가 나타나지 않을 때는 여럿임을 뜻하는 말이 주어로 온다) 어떤 사람과 결혼하여 함께 생활하다.

　예 그녀는 사랑하는 남편과 잘 ⓓ<u>산다</u>.

　　그 부부는 오순도순 잘 ⓔ<u>산다</u>.

[탐구 결과]

[A]

① ⓐ는 「1」의 의미를 고려할 때, 주어에 '생명을 지닌 존재'만을 선택하여 결합해야 서술어의 의미가 온전하게 표현되겠군.

② ⓑ와 ⓒ는 필수적으로 요구하는 문장 성분의 종류는 다르지만 개수는 동일하겠군.

③ ⓑ와 ⓓ는 각각 「2」와 「4」의 의미를 고려할 때, 필수적으로 요구되는 부사어 자리에 올 수 있는 체언은 한정되겠군.

④ ⓒ는 「3」의 의미를 고려할 때, 목적어와 부사어 자리에 어떤 직분이나 신분을 의미하는 체언하고만 어울리는 선택 자질을 갖겠군.

⑤ ⓔ는 「4」의 의미를 고려할 때, 서술어의 자릿수가 ⓐ와 같겠군.

02

〈보기〉를 참고할 때 밑줄 친 서술어의 문형 정보를 바르게 추출한 것은?

─────〈보기〉─────

서술어의 필수적 문장 성분은 사전의 문형 정보에 제시되어 있다. 이러한 문형 정보를 추출하는 과정을 '지내다'의 예로 간략히 보이면 아래와 같다.

['지내다'의 문형 정보 추출 과정]

| 예문 | • 민수가 요즘 조용하게 <u>지낸다</u>.
• 할아버지가 노년에 편하게 <u>지내신다</u>. |

↓

| 문장 성분 분석 | • 주　어: 민수가, 할아버지가
• 부사어: 요즘에, 조용하게, 노년에, 편하게 |

↓

| 필수적 문장 성분 추출 | • 주　어: 민수가, 할아버지가
• 필수적 부사어: 조용하게, 편하게 |

↓ ← 주어 제외

| 문형 정보 | 【-게】 |

예문	문형 정보
① • 이 나라는 국토가 대부분 산으로 <u>되어</u> 있다. • 요즘에 가죽으로 <u>된</u> 지갑이 인기다.	➡ 【⋯으로】
② • 모두 그 속임수에 아무렇지 않게 <u>넘어갔다</u>. • 제 꾀에 자기가 자연스럽게 <u>넘어간</u> 꼴이다.	➡ 【-게】
③ • 나는 언니와 옷 때문에 <u>다투기도</u> 했다. • 그는 누군가와 한밤중에 <u>다투곤</u> 했다.	➡ 【⋯에】
④ • 가방에 지갑이 사은품으로 <u>딸려</u> 있다. • 그 책에 단어장이 부록으로 <u>딸려</u> 있다.	➡ 【⋯으로】
⑤ • 옷에서 때가 깨끗하게 <u>빠졌다</u>. • 청바지에서 물이 허옇게 <u>빠졌다</u>.	➡ 【-게】

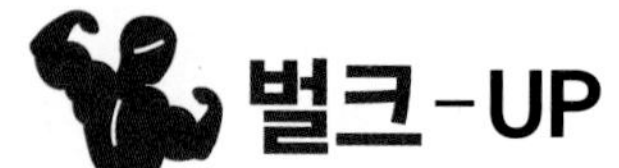 벌크-UP

[01~02] 다음 글을 읽고 물음에 답하시오.

여러 형태소로 이루어진 단어나 여러 단어들로 이루어진 문장은 그 구조를 명확히 파악하기 어렵다. 가령, '민물고기'가 합성어인지 파생어인지를 판별하기 어렵고 "언니가 찾던 책이 여기 있구나."와 같은 문장에서 주어가 무엇인지를 파악하기 쉽지 않다. 이처럼 복잡한 단어나 문장의 구조를 명확히 파악하기 위한 효과적인 방법으로 직접 구성 요소 분석이 있다.

직접 구성 요소란 어떤 말을 직접 이루고 있는 두 부분으로 나누었을 때 나오는 두 요소이다. 위의 '민물고기'에서는 '민물'과 '고기'가 직접 구성 요소가 된다. 이 분석은 '민물'에 대해서도 더 적용할 수 있다. 이렇게 직접 구성 요소를 분석해 보면 한 단어에 합성과 파생 과정이 모두 있는 '민물고기'는 파생어가 아닌 합성어임을 알 수 있다.

직접 구성 요소 분석 시에는 특히 두 가지를 고려해야 한다. 첫째, 직접 구성 요소로 분석되는 말이 실제로 존재하는가 하는 점이다. 가령, '살얼음'은 '살-'과 '얼음'으로 분석해야 하는데, 만약 '살얼-'과 '-음'으로 분석하면 '살얼다'가 존재하지 않으므로 잘못된 분석이 된다. 둘째, 직접 구성 요소들과 그 전체 구성의 의미가 서로 통하는가 하는 점이다. '벽돌집'을 직접 구성 요소로 나누면 '벽돌'과 '집'이 분석된다. 이를 '벽'과 '돌집'으로 나누면 '벽돌로 만든 집'이라는 의미를 갖지 못한다.

긴 문장도 직접 구성 요소 분석을 통해 그 구조를 알 수 있다. 일반적으로 문장에는 주어와 서술어가 나타나므로, 문장의 직접 구성 요소는 주어와 서술어가 된다. 그런데 서술어는 홀로 나오기도 하지만 주어 이외의 필수 성분과 결합하여 나오는 경우도 있다. 따라서 "내 동생은 엄마의 칭찬을 많이 받았다."는 첫 분석 층위에서 주어 '내 동생은'과 '엄마의 칭찬을 많이 받았다'로 그 직접 구성 요소가 분석된다. 또 '엄마의 칭찬을 많이 받았다'는 한 층위 아래에서 '엄마의 칭찬을'과 '많이 받았다'로 나뉜다. 또한 '내 동생'의 직접 구성 요소는 '내'와 '동생'인데, 이처럼 꾸미는 말과 꾸밈을 받는 말이 인접하면 그 두 요소는 바로 위 층위의 말을 이루는 직접 구성 요소가 된다. 이렇게 직접 구성 요소를 분석해 보면 "언니가 찾던 책이 여기 있구나."에서 '언니가'는 관형사절 속에 포함된 주어일 뿐이며 문장 전체의 주어, 즉 가장 위 층위에 있는 직접 구성 요소는 '언니가 찾던 책이'임을 알 수 있다.

01

〈보기〉는 윗글을 바탕으로 진행된 학습 활동이다. ⓐ~ⓔ에 대한 이해로 적절한 것은?

〈보기〉

학생: '민물고기'에 있는 접두사 '민-'은 '민물고기'의 직접 구성 요소가 아니라, '민물'을 직접 구성 요소로 분석할 때 나오는 것이군요. 이제 왜 '민물고기'가 파생어가 아니라 합성어인지 알겠어요.

선생님: 직접 구성 요소 분석에 대해 잘 이해했구나. 그럼 아래의 단어들도 분석해 보자.

| ⓐ 나들이옷 | ⓑ 눈웃음 | ⓒ 드높이다 |
| ⓓ 집집이 | ⓔ 놀이터 | |

① ⓐ는 그 직접 구성 요소 중 하나가 합성어인 합성어이다.
② ⓑ는 그 직접 구성 요소 중 하나가 파생어인 합성어이다.
③ ⓒ는 그 직접 구성 요소 중 하나가 합성어인 파생어이다.
④ ⓓ는 그 직접 구성 요소 중 하나가 파생어인 파생어이다.
⑤ ⓔ는 그 직접 구성 요소 중 하나가 합성어인 파생어이다.

02

윗글의 관점에서 〈보기〉의 ㉠~㉤을 분석한 것으로 옳지 않은 것은?

〈보기〉

㉠ 지희는 목소리가 곱다.
㉡ 소포가 도착했다고 들었다.
㉢ 동수가 미애에게 선물을 주었다.
㉣ 그가 익명의 기부자임이 밝혀졌다.
㉤ 인생은 짧고 예술은 길다는 말은 명언이다.

① ㉠은 '지희는'과 '목소리가 곱다'로 분석되겠군.
② ㉡은 '소포가'와 '도착했다고 들었다'로 분석되겠군.
③ ㉢은 '동수가'와 '미애에게 선물을 주었다'로 분석되겠군.
④ ㉣은 '그가 익명의 기부자임이'와 '밝혀졌다'로 분석되겠군.
⑤ ㉤은 '인생은 짧고 예술은 길다는 말은'과 '명언이다'로 분석되겠군.

🐕 두뇌 스트레칭 ZONE

합성어와 파생어

- 합성어: 둘 이상의 실질 형태소가 결합하여 하나의 단어가 된 말
- 파생어: 실질 형태소에 접사가 결합하여 하나의 단어가 된 말

호루라기 관장님의 하드 트레이닝

공부한 날	월	일	요일
맞은 개수		/ 38	

No	다음 빈칸에 알맞은 말을 써서 문장을 완성하시오.
01	생각이나 감정을 말과 글로 표현할 때 완결된 내용을 나타내는 최소의 단위를 (　　　)이라고 한다.
02	(　　　)은 문장 성분을 이루는 가장 작은 단위로서 문장을 구성하는 각각의 마디이며, (　　　)의 단위이다.
03	(　　　)는 두 개 이상의 어절이 모여 하나의 단어처럼 쓰이는 것이며, 주어와 서술어 관계를 형성하지 못한다.
04	(　　　)은 두 개 이상의 어절이 모여 이루어지지만 구와 달리 하나의 문장처럼 주어와 서술어를 갖는다.
05	(　　　)은 문장의 기본 틀을 이루는 성분이고, 부속 성분은 주성분을 꾸며 주는 성분, 그리고 (　　　) 성분은 다른 문장 성분과 직접적인 관련이 없는 성분이다.
06	문장의 주성분이 될 수 있는 것은 주어, (　　　), 목적어, 보어이다.
07	주어는 문장에서 움직임이나 상태, 성질의 (　　　)를 나타내는 성분으로, 누가(무엇이)에 해당한다.
08	(　　　)는 주로 명사, 대명사, 수사와 같은 체언 또는 명사의 성격을 갖는 구나 절에 주격 조사 '이/가'가 결합하는 모습으로 나타난다.
09	(　　　)는 주어의 동작, 상태, 성질 따위를 풀이하는 기능을 하는 문장 성분이다.
10	동사와 형용사 같은 용언과 조사 중 유일하게 활용하는 조사인 '(　　　)'가 서술어가 될 수 있다.
11	서술어는 (　　　)인 '어찌하다', (　　　)인 '어떠하다', 체언에 (　　　) 조사가 결합한 '무엇이다'의 형태가 있다.
12	국어는 (　　　)에 따라 반드시 필요한 문장 성분의 종류와 수가 달라진다.
13	문장에서 서술어가 무엇을 어찌하는지 그 내용을 나타내 주는 문장 성분으로, 서술어의 동작 대상이 되는 문장 성분은 (　　　)이다.
14	목적어는 주로 명사, 대명사, 수사 같은 체언이나 구, 절에 목적격 조사 '(　　/　　)'이 결합하여 실현된다.
15	목적어를 반드시 필요로 하는 서술어는 (　　　)이다.

No	문장의 어절 사이에 /을 넣어 어절을 구분하시오.
16	마당에　핀　꽃이　매우　아름답다.
17	소가　초원에서　풀을　뜯고　있다.
18	요즘은　일이　바빠서　손이　많이　필요하다.
19	개는　감각　기관　중　후각이　매우　발달한　동물이다.

No	문장에서 밑줄 친 구의 종류를 쓰시오.
20	<u>새 옷</u>을 샀더니 기분이 좋다.
21	학교에 늦어서 밥을 <u>빨리 먹었다</u>.
22	치타가 초원에서 <u>매우 빨리</u> 달린다.
23	미술관에 전시된 작품이 <u>무척 멋지다</u>.
24	친구는 <u>너무 다른</u> 사람이 되어 있었다.

No	문장에서 절을 찾아 밑줄을 긋고 종류를 쓰시오.
25	우리 반 해은이는 마음씨가 곱다.
26	나는 손에 땀이 나도록 많이 긴장했다.
27	지금은 밖에 나가기에 늦은 시간이다.
28	그는 자기를 도와준 사람을 끝내 몰랐다.
29	엄마는 놀란 목소리로 무슨 일이냐고 물었다.

No	문장에서 주성분을 모두 찾아 밑줄을 그으시오.
30	전통 음식이 참 맛있다.
31	과연 그의 말이 맞았구나.
32	소녀가 귀여운 옷을 입었다.
33	나는 신선한 당근을 좋아한다.
34	헌 책이 동네 서점에 가득하다.
35	토끼가 마당의 상추를 다 먹었다.
36	학교에서 가을 운동회를 열었다.
37	풀잎마다 이슬이 대롱대롱 맺히다.
38	경찰이 도로에서 음주 단속을 한다.

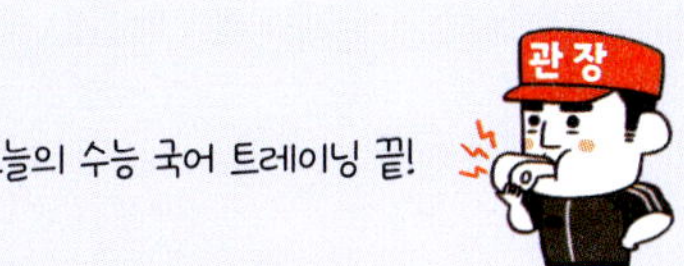
오늘의 수능 국어 트레이닝 끝!

030 주성분 ❹ - 보어

1 보어의 개념

- 서술의 주체인 주어와 동작의 대상인 목적어 이외에 뜻이 완전하지 못한 문장에서 필수적으로 나타나는 (1   ㅈㅅㅂ   )
- 불완전 서술어 '되다, 아니다'를 보충하여 뜻을 완전하게 하는 문장 성분

개념 당기는 예시

- 나는 <u>고등학생이</u> 되었다. → 내가 무엇이 되었는지 그 의미를 보충함.
- 그녀는 <u>과학자가</u> 아니다. → 그녀가 무엇이 아닌지 그 의미를 보충함.

2 보어의 실현 방식

체언 + (2 ㅂㄱ) 조사 '이/가'	예 그가 축구팀의 감독이 되었다. → 서술어 '되다' 앞에서 주어를 제외하고 보격 조사 '이'와 결합한 '감독이'가 보어로 기능함.
체언 + 보조사	예 나는 착한 아이도 아니다. → 보격 조사 대신 보조사 '도'가 결합하여 보어로 기능함.
체언(조사 생략)	예 수증기가 구름 된다. → '구름'이 보격 조사 '이'와 결합하지 않고 보어로 기능함.

3 보어의 특징

- '주어 + 보어 + 서술어' 구조로, 보어는 서술어 '되다'나 '(3   ㅇㄴㄷ   )' 앞에 놓여야 함.
- 서술어가 '되다/아니다'이더라도 보어의 실현 방식에 맞지 않으면 보어로 보지 않음.
- 보어는 주어와 서술어만으로 의미가 완전하지 않아서 보충하는 것이므로 보통 생략할 수 없지만 문장의 앞뒤 맥락에서 보어가 무엇인지 알 수 있는 경우 보어를 생략하기도 함.

보격 조사 '이/가'는 주격 조사 '이/가'와 형태상 동일하기 때문에 조사만으로는 문장 성분을 판단하기 어렵습니다. 따라서 보어는 보격 조사 사용과 서술어가 '되다/아니다' 중 하나라는 조건을 둘 다 충족해야 보어로 판단할 수 있습니다.

개념 당기는 예시

- 물이 <u>얼음이</u> 되었다. / 물이 <u>얼음으로</u> 되었다.
- → 동일한 주어 '물이'와 동일한 서술어 '되다'로 구성된 문장이지만, 보격 조사 '이'가 결합한 '얼음이'는 보어이고, 부사격 조사 '으로'가 결합한 '얼음으로'는 부사어임.

- 너는 이제 <u>아기가</u> 아니다.
- → 보어는 서술어의 자릿수에 따라 반드시 요청되는 필수적 주성분임.
- → 서술어 '아니다'는 주어 이외에 '아기가'라는 보어를 필수적으로 요구함.

보어를 취하는 서술어는 왜 두 가지인가요?

서술어 '되다, 아니다' 바로 앞에 오는 '체언 + 이/가'의 경우만 보어로 인정하는 문법 규정은 1985년에 정해졌습니다. 실제로 서술어들 중에는 주어와 목적어 이외의 문장 성분으로 요구하는 것들이 많지만 이 용언들이 주어, 목적어 외에 필수적으로 요구하는 '체언 + 과', '체언 + 로'의 경우는 보어로 인정하지 않고 필수적으로 요구되는 부사어로 처리하였습니다. 즉 보어를 가지는 용언을 '되다, 아니다'로 한정하고 이 경우 보어는 형태론적으로 보격 조사 '이/가'를 취한다는 특징을 갖게 된 것입니다.

개념 알통

보격 조사 '이/가'

보격 조사 '이'와 '가'는 주격 조사 '이/가'와 형태가 같다. 따라서 보어를 취한 문장은 ' ~ 이/가(주어) + ~ 이/가(보어) + 되다/아니다(서술어)' 형태이다.

【초성 답】 1 주성분   2 보격   3 아니다

031 부속 성분 ❶ - 관형어

1 관형어의 개념

- 부속 성분 중에서 체언을 수식하는 문장 성분
- 문장에서 '어떤, 무엇의'에 해당하는 말

2 관형어의 실현 방법

(1 ㄱㅎㅅ) 단독	예 나는 <u>새</u> 옷을 샀다. → 관형사가 그대로 관형어가 되는 가장 기본적인 형태임.
체언 + 관형격 조사 '의'	예 나는 <u>공원의</u> 분위기를 좋아한다. → 체언에 관형격 조사 '의'가 결합되어 관형어가 실현됨.
용언 어간 + 관형사형 전성 어미 '-(으)ㄴ, -는, -(으)ㄹ, -던'	예 나는 <u>예쁜</u> 옷을 샀다. → 용언 어간에 관형사형 전성 어미가 결합된 관형사절이 관형어로 실현됨.
체언(조사 생략)	예 나는 <u>공원</u> 분위기를 좋아한다. → 관형격 조사 '의'가 없이 '체언 + 체언'의 구성으로 관형어가 실현됨.

체언에 접미사 '-적'이 결합되어 관형어로 쓰이기도 합니다.
예를 들어 '이 영화는 낭만적 감성을 다루고 있다.'에서
'낭만적'은 체언 '감성'을 수식하는 관형어 역할을 합니다.

3 관형어의 특징

- 부사어와 달리 체언 없이 단독으로 쓰일 수 없음.
- 반드시 체언의 앞에 놓여 뒤에 오는 (2 ㅊㅇ)을 꾸밈.
- 부속 성분이지만 체언이 **의존 명사**[*]이면 관형어가 필수적으로 나타남.

개념 당기는 예시

- <u>좋은</u> 것은 함께 나누어야 한다.
- → 관형절인 관형어 '좋은'은 수식을 받는 체언인 '것'이 의존 명사이므로 반드시 필요하기 때문에 생략이 불가함.

- 관형어가 겹칠 때에는 '지시 관형어 – 수 관형어 – 성상 관형어'의 순서로 결합함.

개념 당기는 예시

<u>저</u> 물건 + <u>온갖</u> 물건 + <u>새</u> 물건 ➡ <u>저 온갖 새</u> 물건

→ 관형어가 여러 개 겹쳐서 쓰이는 경우에는 일반적으로 '지시 → 수 → 성상 관형어'의 순서로 연결됨.

- 관형사형은 (3 ㅇㅁ)를 통해 시제를 동반함.

개념 당기는 예시

- 밥을 먹는다. → 먹는 밥 / 밥을 먹었다(먹었었다). → 먹은 밥, 먹던 밥

  밥을 먹겠다. → 먹을 밥
- → 관형사형은 시제를 동반하며 동사 '먹다'의 경우 각각 현재, 과거(회상), 미래의 시제로 서술어의 시제와 일치함.

- 꽃이 붉다. → 붉은 꽃 / 꽃이 고왔다. → 곱던 꽃
- → 형용사 '붉다'와 '곱다'의 경우에도 관형사형이 각각 현재와 과거의 시제를 나타냄.

개념 알통

관형격 조사에 의한 관형어 실현의 특징

① 관형격 조사가 생략되는 경우

예 그들은 <u>이순신 장군의</u> 부하들이었다. → 그들은 <u>이순신 장군</u> 부하들이었다. 이순신은 <u>부하들의</u> 어깨를 두드려 주었다. → 이순신은 <u>부하들</u> 어깨를 두드려 주었다.

→ 앞의 명사가 뒤의 명사의 소유주일 때는 관형격 조사 '의'를 생략해도 문장의 의미에 큰 차이가 없음.

② 관형격 조사가 생략될 수 없는 경우

예 장수들은 <u>이순신 장군의</u> 무거운 중얼거림을 들었다. → [비문] 장수들은 <u>이순신 장군</u> 무거운 중얼거림을 들었다.

→ 피관형어 '중얼거림'이 동사 '중얼거리다'에서 파생된 명사형이고, 그 앞에 '무거운'이라는 관형사형이 있음.

예 친구들이 <u>나의</u> 현명함을 칭찬했다. → [비문] 친구들이 <u>나</u> 현명함을 칭찬했다.

→ '나의'는 형태상으로는 관형격이지만 의미상으로는 주어의 기능을 하며, 피관형어인 '현명함'이 안긴문장에서 명사형 서술어임.

---

[*] **의존 명사**: 의미가 형식적이어서 다른 말 아래에 기대어 쓰이는 명사로, '따름', '뿐', '데' 등이 해당함.

【초성 답】 **1** 관형사 **2** 체언 **3** 어미

032 부속 성분 ❷ - 부사어

1 부사어의 개념과 특징

- 용언을 비롯하여 관형어나 다른 부사어, 문장 전체를 수식하는 문장 성분
- 문장 내에서 (¹ ㅇㅊ)가 비교적 자유로우며, 보조사가 결합하기도 함.
- 부속 성분이지만 서술어에 따라 부사어가 필수적으로 요구되기도 함.

2 부사어의 실현 방법

부사 단독	예 시냇물이 <u>참</u> 맑다. → 부사 '참'이 서술어 '맑다'를 단독으로 수식함.
체언 + 부사격 조사	예 나는 <u>서울에</u> 살고 있다. → 체언 '서울'에 부사격 조사 '에'가 결합하여 서술어 '살고 있다'를 수식함.
부사 + 보조사	예 시간이 참 <u>빨리도</u> 지나간다. → 부사 '빨리'에 보조사 '도'가 결합하여 서술어 '지나간다'를 수식함.
용언 어간 + 부사형 어미 '-게, -도록'	예 강아지가 <u>귀엽게</u> 생겼다. → 용언 '귀엽다'의 어간 '귀엽-'에 부사형 어미 '-게'가 결합하여 서술어 '생겼다'를 수식함.

3 부사어의 종류

- 성분 부사어: 특정한 문장 성분을 꾸며 주는 부사어

┗ 개념 당기는 예시

- 하늘이 <u>매우</u> 푸르다. → 부사 '매우'가 형용사 '푸르다'를 수식함.
- 비행기가 <u>매우</u> 높이 날아간다. → 부사 '매우'가 부사 '높이'를 수식함.
- 동생은 <u>아주</u> 새 사람이 되었다. → 부사 '아주'가 관형사 '새'를 수식함.

- 문장 부사어: (² ㅁㅈ) 전체를 꾸며 주는 부사어

예 <u>설마</u> 그가 범인일까? → 부사어 '설마'가 문장 전체를 꾸며 줌.

- 접속 부사어: 문장이나 단어를 이어 주는 부사어

예 그러나, 그리고, 그래서, 그러므로 등

◎ 개념 갈고리┐ 필수적 부사어

부사어는 부속 성분이지만 (³ ㅅㅅㅇ)에 따라 부사어를 반드시 요구하는 경우가 있으며, 이때 필요한 부사어를 생략이 불가능한 '필수적 부사어'라고 한다.

체언 + 와/과 + 대칭 용언 (같다, 닮다, 다르다, 비슷하다)	예 모형이 <u>실물과</u> 똑같다. → 주어 이외에 주어와 같은 것이 무엇인지에 대한 정보를 필수적으로 요구함.
체언 + 에/에게 + 수여 동사 (넣다, 드리다, 주다)	예 친구가 <u>나에게</u> 선물을 주었다. → 누구에게 무엇을 주었다는 의미의 동사를 '수여 동사'라고 하며, 수여 동사인 '주다'는 무엇을 누구에게 주었는지에 대한 정보를 필수적으로 요구함.
체언 + 에게 + 사동사 (먹이다, 입히다)	예 아빠가 <u>아이에게</u> 밥을 먹였다. → 사동사는 행동이나 동작을 하게 한 누구라는 정보를 필수적으로 요구함.

개념알통

부사어의 위치

- 관형어와 달리 자리 바뀜이 자유롭다.
- 다른 부사어나 관형어, 그리고 체언을 꾸밀 때에는 자리 바뀜이 허용되지 않는다.
- '아니', '못' 등의 부정 부사는 자리를 바꿀 수 없다.

개념알통

부사격 조사의 종류

도구	예 원시인은 칼을 <u>돌로</u> 만들었다.
자격	예 나는 <u>회장으로</u> 회의에 참석했다.
비교	예 내가 <u>동생보다</u> 낫다.
원인	예 <u>지각으로</u> 혼이 났다.
바뀜	예 장마로 도로가 <u>물바다로</u> 변했다.
함께	예 나는 <u>친구와</u> 함께 놀았다.
인용	예 나는 <u>"내일 비가 오겠어."라고</u> 말했다. 나는 <u>내일 비가 오겠다고</u> 말했다.

부사격 조사는 같은 형태여도 문장 안에서의 쓰임에 따라 의미하는 바가 달라지기도 한다.

033 독립 성분 - 독립어

1 독립어의 개념

- 문장의 어느 성분과도 직접적인 관련이 없는 (¹ ㄷㄹ)된 성분
- 일반적으로 **감탄사**[*], 체언에 (² ㅎㄱ) 조사가 결합된 형태가 독립어가 됨.
- 필수적인 문장 구성 성분이 아니기 때문에 생략해도 됨.
- 다른 문장 성분에 영향을 주지 않기 때문에 독립적인 성격이 있다고 함.

2 독립어의 실현 방법

(1) (³ ㄱㅌㅅ) 단독

- 감탄사는 다른 문장 성분들과 직접적인 관련이 없기 때문에 문장 성분상 독립어가 될 수 있음.

개념 당기는 예시

- **오**, 드디어 기다리던 주말이 되었다.
- **쯧쯧**, 시험을 앞두고 시간을 낭비하면 되겠어?
- **글쎄**, 준기는 운동을 너무 많이 해서 걱정이에요.

(2) 체언 + 호격 조사

- 체언에 호격 조사가 붙은 말은 후행 문장과 직접적인 관계가 없기 때문에 독립어가 될 수 있음.

개념 당기는 예시

- **친구야**, 우리 우정 변치 말자.
  → 체언에 호격 조사가 붙은 말인 '친구야'는 후행 문장과 직접적인 관계가 없기 때문에 독립어가 될 수 있음.
- **신이시여**, (신은) 우리에게 축복을 내려 주소서.
  → '신이시여'는 후행 문장들과 직접적인 관련이 없는 독립어이며, 주어인 '신은'이 생략됨.

(3) 제시어

- '제시어'는 어떤 문장 성분을 강조하기 위하여 그 성분 자체나 그와 대등한 성분을 특별히 따로 내세우는 말이므로, 후행 문장과 직접적인 관계가 없어 독립어가 될 수 있음.

  예 **우정**, 듣기만 해도 청춘의 푸르름이 떠오르는 말.

제시어나 호칭어가 독립어가 될 때에는 뒤따르는 문장 속의 한 성분과 일치하는데, 이 경우 독립어와 일치하는 말이 생략되거나 대명사로 바뀝니다. 예를 들어 '지수야, 선생님께서 부르신다.'라는 말은 '너를'이라는 말이 생략된 형태입니다.

독립어와 문장 부사어는 어떻게 구별하나요?

독립어는 보통 문장의 맨 앞에 위치한다는 점에서 문장 부사어와 유사합니다. 하지만 독립어는 문장을 꾸며 주는 역할을 하지 못하며 독립어가 없더라도 문장의 의미는 전혀 달라지지 않습니다. 문장 부사어의 경우 앞뒤 문장을 연결하는 기능을 하면서 대조나 전환과 같은 일정한 의미를 나타내기도 하고 말하는 이의 심리 상태를 나타내기도 하기 때문에 문장 전체의 의미에 영향을 준다는 특징이 있습니다.

> 아하, 다행히 잃어버린 물건을 찾았구나!
> 독립어   부사어

[*]**감탄사**: 품사의 하나. 말하는 이의 본능적인 놀람이나 느낌, 부름, 응답 따위를 나타내는 말의 부류

【초성 답】 1 독립 2 호격 3 감탄사

034 서술어의 자릿수

1 서술어의 자릿수의 개념

- 서술어의 성격에 따라서 필요로 하는 문장 성분의 개수
- (1   ㅅㅅㅇ   )의 성격에 따라 필수 성분인 주어, 목적어, 보어가 오는 것과 필수적 부사어가 오는 것이 결정됨.

서술어의 자릿수를 파악할 때는 먼저 문장에서 서술어를 제외하고 몇 자리가 필요한지 확인합니다. 이때 목적격 조사의 사용, 접속 조사의 사용 등에 유의합니다. 그리고 필수적 부사어가 필요한 서술어인지 확인합니다. 같은 서술어라도 사용된 환경에 따라 자릿수가 달라질 수 있음을 기억해야 합니다.

2 서술어의 자릿수의 구분

(1) 한 자리 서술어

- (2   ㅈㅇ   ) 하나만 요구하는 서술어

주어 + 서술어(어찌하다)	예 비행기가 <u>날아간다</u>.
주어 + 서술어(어떠하다)	예 꽃이 <u>예쁘다</u>.
주어 + 서술어(무엇이다)	예 나는 <u>고등학생이다</u>.

(2) 두 자리 서술어

- 주어 이외에 목적어나 보어, 필수적 부사어를 요구하는 서술어

주어 + 목적어 + 서술어	예 그는 라면을 <u>먹었다</u>.
주어 + 보어 + 서술어	예 나는 대학생이 <u>되었다</u>.
주어 + 필수적 부사어 + 서술어	예 언니는 아빠와 <u>닮았다</u>.

(3) 세 자리 서술어

- 주어 이외에 목적어와 필수적 (3   ㅂㅅㅇ   )를 모두 요구하는 서술어

개념 당기는 예시

- 동생이 나에게 선물을 <u>주었다</u>.
→ 주어 + 필수적 부사어 + 목적어 + 서술어

- 오빠는 빵을 친구에게 <u>주었다</u>.
→ 주어 + 목적어 + 필수적 부사어 + 서술어

개념 갈고리 서술어 자릿수의 변화

동일한 서술어라도 다른 뜻으로 쓰이거나 문맥에 따라 서술어의 자릿수가 달라질 수 있다.

1자리 서술어	2자리 서술어	3자리 서술어
친구들이 (신나게) 논다.	친구들이 윷을 논다.	
기차가 움직인다.	기관사가 기차를 움직인다.	
버스가 멈추었다.	경찰이 버스를 멈추었다.	
별이 밝다.	그는 세상 물정에 밝다.	
나는 사탕이 좋다.	홍삼은 건강에 좋다.	
	나는 가족을 생각한다.	나는 가족을 보물로 생각한다.

서술어가 쓰일 때 제약은 무엇이 있나요?

서술어로 쓰이는 용언은 어떤 특정한 종류의 체언만을 요구하는 성질을 가지기도 합니다. 이때 체언과 용언 사이의 관계를 선택 제약 관계라고 합니다. 또한 서술어는 일반적으로 특정한 명사와는 어울리나 어떤 명사와는 어울리지 않는 특징이 있습니다. 그리고 같은 의미의 서술어라도 주체의 신분과 등급에 의해서 제약을 받기도 합니다.

선택 제약 관계	예 나는 눈을 <u>감았다</u>. 나는 입을 <u>다물었다</u>. *나는 입을 감았다. *나는 눈을 다물었다.
특정 명사와 결합	예 아기가 방실방실 <u>웃는다</u>. → 원칙적으로 유정 명사와만 결합함 나는 아침마다 우유를 <u>마신다</u>. → 원칙적으로 액체나 기체를 나타내는 질량 명사와만 결합함.
주체의 신분과 등급에 의한 제약	예 아이가 곤하게 <u>잔다</u>. 할머니께서 곤하게 <u>주무신다</u>. → 서술의 주체를 높이기 위해 높임의 특수 어휘를 사용함.

【초성 답】 1 서술어   2 주어   3 부사어

개념
트레이닝 ZONE

🏋 **문제를 풀며 개념 근육을 키워 보세요!**

01 다음 빈칸에 들어갈 알맞은 말을 찾아 쓰시오.

수식	개수	용언	문장	되다
체언	아니다	관형어	구조적	자릿수

(1) 보어는 서술어 '(　　　), (　　　　　)'가 필수적으로 요구하는 문장 성분 가운데 주어가 아닌 것을 말한다.

(2) 관형어와 부사어는 다른 말을 (　　　)하는 문장 성분으로, 관형어는 (　　　)을 수식하고, 부사어는 주로 (　　　)을 수식한다.

(3) 부사어는 문장 내에서 자리 이동이 비교적 자유로우며, 용언뿐만 아니라 (　　　)나 다른 부사어, (　　　)을 수식하기도 하고 문장이나 단어를 이어 주기도 한다.

(4) 독립어도 문장 안의 다른 성분과 어울려 문장을 이루지만 특정 성분과 (　　　)인 상관관계가 없기 때문에 독립어라고 한다.

(5) 서술어의 성격에 따라서 필요한 문장 성분의 (　　　)가 다른 것을 서술어의 (　　　)라고 하며, 국어에는 한 자리, 두 자리, 세 자리 서술어가 있다.

02 다음 밑줄 친 서술어가 반드시 요구하는 문장 성분을 찾아 ○표 하시오.

(1) 하얀 쌀가루가 길쭉한 가래떡이 <u>되었다</u>.

(2) 나는 일을 마치고 손을 씻어 얼룩을 <u>지웠다</u>.

(3) 이모는 아끼던 가방을 잃어버려서 속이 <u>상했다</u>.

(4) 우리는 머리를 맞대고 해결 방법을 진지하게 <u>의논했다</u>.

03 다음 관형어에 대한 설명으로 알맞은 말을 찾아 쓰시오.

앞	시간	이다	체언	품사

(1) 새 책에 이름을 적어 두었다.

　→ 관형어는 꾸밈을 받는 말 (　　　)에 위치한다.

(2) 내가 가던 바다 / 내가 가는 바다 / 내가 갈 바다

　→ 관형어의 어미에는 (　　　)의 의미를 담을 수 있다.

(3) 예쁜 동생 / 달리는 동생

　→ (　　　)가 달라도 문장에서 관형어의 역할을 할 수 있다.

(4) 대학생인 언니 / 사장인 아빠

　→ 서술격 조사 '(　　　)'가 변형되어 관형어로 쓰일 수 있다.

(5) 온갖 새 물건들 / 저 두 사람

　→ 두 개 이상의 관형어가 나열되어 (　　　)을 꾸밀 수 있다.

04 다음 글을 읽고, 부사어에 대한 알맞은 말을 빈칸에 쓰시오.

> 보름달은 ㉠정말 아름답다. 보름달은 친한 ㉡친구처럼 다정하다. ㉢대체 누가 보름달을 만들었을까. 밝은 보름달이 ㉣점점 다가온다. 보름달을 ㉤친구에게 ㉥꼭 보여 주고 싶다.

(1) ㉠을 보니 부사어는 (　　　　)를 수식하기도 하고, ㉣을 보니 부사어는 (　　　)를 수식하기도 한다.

(2) ㉡을 보니, '보름달은 친구처럼 친한 다정하다.'와 같이 (　　　　) 라고 해도 문장 내에서 이동이 자유롭지 않은 경우가 있다.

(3) ㉢과 ㉥을 비교해 보니, 부사어 중에는 (　　　)할 수 있는 것도 있고, 없는 것도 있다.

(4) ㉢을 보니 부사어는 문장 (　　　)를 수식하기도 하고, ㉥을 보니 부사어는 특정한 문장 (　　　)을 수식하기도 한다.

(5) ㉤과 ㉥을 보니, (　　　) 안에서 부사어가 연달아 쓰이기도 한다.

05 다음 밑줄 친 서술어에 대한 설명이 옳으면 ○에, 틀리면 ✕에 V표 하시오.

(1) 기차가 <u>달린다</u>.

　→ 주어만 필요로 하는 한 자리 서술어이다.　○✕

(2) 민석이가 도서관에서 책을 <u>읽는다</u>.

　→ 서술어를 제외한 나머지 문장 성분을 필수적으로 요구하는 세 자리 서술어이다.　○✕

(3) 어머니가 영희에게 옷을 <u>입혔다</u>.

　→ '영희가 옷을 입었다.'의 '입었다'와 서술어의 자릿수가 다르다.　○✕

(4) 나는 너를 친구로 <u>여긴다</u>.

　→ '민지는 꽃분이를 애완견으로 삼았다.'의 '삼았다'와 서술어의 자릿수가 같다.　○✕

(5) 상우는 아버지와 <u>닮았다</u>.

　→ '아버지와'를 필수적으로 요구하지 않는 한 자리 서술어이다.　○✕

06 다음 밑줄 친 서술어에 대한 설명으로 알맞은 말을 쓰시오.

(1) 물이 얼음이 <u>되었다</u>.

　→ 주어와 (　　　)를 필요로 하는 (　　　) 자리 서술어이다.

(2) 우정은 보석과 <u>같다</u>.

　→ 주어와 (　　　)를 필요로 하는 (　　　) 자리 서술어이다.

(3) 민선이가 편지 봉투에 우표를 <u>붙였다</u>.

　→ 주어와 (　　　), (　　　)를 필요로 하는 세 자리 서술어이다.

01

〈보기〉의 밑줄 친 관형어에 대해 탐구한 내용으로 적절하지 않은 것은?

〈보기〉

나의 일기장에는 "일에는 정해진 시기가 있는 법이니 그 시기를 놓치면 안 된다."라고 적혀 있다. 이 구절은 온갖 시련으로 방황했던 사춘기의 나를 반성하게 만든다.

실력 자랑 〈보기〉의 밑줄 친 관형어의 종류를 아래에서 골라 적어 보세요.

관형사, 용언의 관형사형, 체언＋관형격 조사	
나의, 사춘기의	
그, 이, 온갖	
정해진, 있는, 방황했던	

⑤ '정해진', '있는', '온갖', '방황했던'은 각각 문장에서 생략할 수 없는 필수 성분에 해당한다. (×)

→ 밑줄 친 관형어 중 '(   )'은 필수 성분에 해당하지 않음.

02

〈보기〉의 ㉠에 해당하는 예로 적절한 것은?

〈보기〉

부사어는 문장 내에서 다른 성분을 꾸며 주는 부속 성분이므로 생략할 수 있다. 그러나 부사어 중에는 문장을 구성하는 데 꼭 필요한 부사어도 있는데 이를 ㉠'필수 부사어'라고 한다. 예를 들어 '그는 비겁하게 굴었다.'에서 '비겁하게'는 부사어이지만 이 말이 빠지면 문법적으로 완전한 문장을 이루지 못하므로 '비겁하게'는 필수 부사어이다.

실력 자랑 다음 밑줄 친 부분이 ㉠에 해당하면 ○, 해당하지 않으면 ✕표 하세요.

1. 철수가 매우 빨리 달렸다.	(○ / ✕)
2. 나는 철수에게 선물을 주었다.	(○ / ✕)
3. 그녀는 마침내 꿈을 이루었다.	(○ / ✕)
4. 정원에 장미가 예쁘게 피었다.	(○ / ✕)
5. 나는 오후에 할머니 댁을 방문했다.	(○ / ✕)

생략할 수 없는 필수 부사어는 대칭 용언, 수여 동사, 사동사와 함께 쓰이는 경우가 많아요.

03

〈보기〉의 수업 상황에서, 밑줄 친 물음에 대한 학생의 대답으로 적절하지 않은 것은?

〈보기〉

이번 시간에는 문장을 구성할 때 반드시 있어야 하는 성분인 주성분에 대해 살펴보겠습니다. 주성분에는 주어, 서술어, 목적어, 보어가 있습니다. 주어는 문장에서 동작 또는 상태나 성질의 주체를 나타내는 것입니다. 서술어는 주어의 동작, 상태, 성질 따위를 풀이하는 기능을 하는 성분입니다. 서술어의 동작 대상이 되는 문장 성분을 목적어라고 하고, 서술어 '되다, 아니다'가 필요로 하는 문장 성분 중에서 주어를 제외하고 조사 '이/가'가 붙은 것을 보어라고 합니다.

자, 그럼 다음 문장의 주성분에 대해 알아볼까요?

ㄱ. 철수의 동생이 사진을 찍었다.
ㄴ. 언니는 올해 대학생이 되었다.

실력 자랑 학생 대답의 적절성을 판단해 보세요.

① ㄱ의 '찍었다'는 '동생'의 동작을 풀이하는 서술어입니다. ○✕
② ㄴ의 '올해'는 '되었다'가 꼭 필요로 하므로 주성분입니다. ○✕
③ ㄱ에는 목적어가 있지만, ㄴ에는 목적어가 없습니다. ○✕
④ ㄱ과 ㄴ에는 주어가 하나씩 있습니다. ○✕
⑤ ㄱ과 ㄴ에는 주성분의 종류가 세 가지씩 있습니다. ○✕

04

㉠에 해당하는 예로 가장 적절한 것은?

서술어의 자릿수에 의한 서술어의 종류에는 주어만을 요구하는 한 자리 서술어, 주어 이외에도 목적어, 보어, 부사어 중에서 한 성분을 필수적으로 요구하는 두 자리 서술어, 주어, 목적어, 부사어 세 가지 성분을 모두 요구하는 ㉠세 자리 서술어가 있다.

실력 자랑 다음 밑줄 친 서술어의 자릿수를 적어 보세요.

ⓐ 계절이 어느덧 가을이 되었다.	
ⓑ 오빠는 아빠와 정말 많이 닮았다.	
ⓒ 장미꽃이 우리 집 뜰에도 피었다.	
ⓓ 아버지께서 헌 집을 정성껏 고치셨다.	
ⓔ 그는 자신의 직업을 천직으로 여겼다.	

펌핑-UP

01

〈보기〉를 바탕으로 관형어에 대해 탐구한 내용으로 적절하지 <u>않은</u> 것은?

〈보기〉

㉠ 그녀는 <u>파란</u> 옷을 입었다.

㉡ 이 우산은 <u>새</u> 것이다.

㉢ <u>시골</u> 풍경은 마음을 편안하게 해.

㉣ 영희는 <u>내가 읽은</u> 책을 읽을 계획이다.

① ㉠을 보니 관형어는 체언의 의미 범위를 축소하고 있음을 알 수 있군.

② ㉡을 보니 관형어가 없으면 올바른 문장이 되지 않을 수도 있군.

③ ㉢을 보니 관형격 조사가 붙지 않은 체언은 관형어가 될 수 없군.

④ ㉣을 보니 관형사형 어미를 통해 시제를 표현할 수 있군.

⑤ ㉣을 보니 하나의 문장이 다른 문장 안에서 관형어의 기능을 할 수 있군.

02

〈보기〉의 선생님의 질문에 대한 답으로 옳은 것은?

〈보기〉

선생님: 문장에서 부사어는 다양한 형태로 실현됩니다. 명사에 부사격 조사가 결합하여 부사어로 쓰이는 경우도 그중 하나입니다. 다음의 ⓐ~ⓔ 중 관형사절이 꾸미고 있는 명사에 부사격 조사가 붙은 형태를 찾아볼까요?

• 오늘의 행복은 ⓐ<u>내일의 성공만큼</u> 중요하다.

• 이곳의 토양은 ⓑ<u>토마토 농사를 짓기</u>에 적합하다.

• 너는 ⓒ<u>너에게 주어진 문제</u>만 해결해서는 안 된다.

• 형은 ⓓ<u>머리가 덜 마른</u> 상태로 국어 교과서를 읽었다.

• ⓔ<u>열심히 공부하는 친구들</u>은 나에게 많은 자극을 주었다.

① ⓐ   ② ⓑ   ③ ⓒ   ④ ⓓ   ⑤ ⓔ

03

다음은 부사어에 대해 탐구한 것이다. 탐구 내용으로 적절하지 <u>않은</u> 것은?

①	• 하늘이 눈이 부시게 푸른 날이다. ⇨ 절인 '눈이 부시게'가 부사어로 쓰였군.
②	• 함박눈이 하늘에서 펑펑 내리고 있다. ⇨ 부사격 조사가 결합한 '하늘에서'와 부사 '펑펑'이 부사어로 쓰였군.
③	• 그는 너무 헌 차를 한 대 샀다. ⇨ 부사어 '너무'가 서술어 '샀다'를 수식하는군.
④	㉠ 영이는 엄마와 닮았다. / *영이는 닮았다. ㉡ 영이는 취미로 책을 읽는다. / 영이는 책을 읽는다. ⇨ ㉠의 '엄마와', ㉡의 '취미로'는 둘 다 부사어인데, ㉠의 '엄마와'는 ㉡의 '취미로'와 달리 필수 성분이군.
⑤	㉠ 모든 것이 재로 되었다. / *모든 것이 되었다. ㉡ 모든 것이 재가 되었다. / *모든 것이 되었다. ⇨ ㉠의 '재로'는 부사어이고 ㉡의 '재가'는 보어로서, 문장 성분은 서로 다르지만 서술어가 반드시 필요로 하는 성분이라는 점에서는 같군.

※ '*'는 비문임을 나타냄.

04

다음과 같이 서술어의 자릿수를 파악하는 활동을 해 보았다. 이를 이해한 내용으로 적절하지 <u>않은</u> 것은?

> 문장에서 서술어는 그 성격에 따라 필요로 하는 문장 성분의 개수가 다른데 이를 서술어의 자릿수라고 한다. 그런데 같은 형태의 서술어라도 필요로 하는 문장 성분의 개수가 다른 경우가 있는데, 문장 성분을 생략해 봄으로써 이를 파악할 수 있다.

탐구 자료 [A]	• 콩쥐가 옷을 예쁘게 **만들었다.** • 어머니는 아들을 의사로 **만들었다.**
탐구 활동	문장 성분을 생략해 보며, 문법적으로 올바른 문장인지를 파악한다.

> • 콩쥐가 옷을 예쁘게 **만들었다.**
➜ '콩쥐가', '옷을', '예쁘게'를 각각 생략해 본다.
• 어머니는 아들을 의사로 **만들었다.**
➜ '어머니는', '아들을', '의사로'를 각각 생략해 본다.

⇓

탐구 결과	서술어 '만들었다'는 필수적으로 요구하는 문장 성분의 수에 따라 두 자리 서술어가 되기도 하고, 세 자리 서술어가 되기도 한다.

⇓

적용 자료 [B]	• 친구는 내 손을 살며시 **잡았다.** • 철수가 물고기를 많이 **잡았다.**

① [A]에서 '콩쥐가'와 '어머니는'은 서술어의 주체가 되는 말이므로 꼭 필요한 성분이겠군.

② [A]에서 '옷을'과 '아들을'은 서술어가 필수적으로 요구하는 문장 성분이므로 생략할 수 없겠군.

③ [A]에서 '예쁘게'는 '의사로'와 달리 서술어가 필수적으로 요구하는 문장 성분이 아니기 때문에 생략할 수 있겠군.

④ [B]에서 '친구는'과 '손을'을 생략했을 때 문장이 성립되지 않으므로 '잡았다'는 두 자리 서술어이겠군.

⑤ [B]에서 '많이'는 생략할 수 없는 문장 성분이므로 '잡았다'는 세 자리 서술어이겠군.

05

〈보기〉의 ㉠~㉣에 대한 탐구로 적절하지 <u>않은</u> 것은?

> 〈보기〉
>
> 서술어의 자릿수란 서술어가 필수적으로 요구하는 문장 성분의 개수를 의미한다. 그런데 서술어는 문장에서 사용되는 의미에 따라 필수적으로 요구하는 문장 성분이 달라지기도 한다.

	의미	예문
살다	불 따위가 타거나 비치고 있는 상태에 있다.	바람 때문에 불씨가 다시 ㉠살았다.
	본래 가지고 있던 특징 따위가 그대로 있거나 뚜렷이 나타난다.	이 한 구절로 글이 ㉡살았다.
	어떤 직분이나 신분의 생활을 하다.	그는 조선 시대에 오랫동안 벼슬을 ㉢살았다.
놓다	계속해 오던 일을 그만두고 하지 아니하다.	그는 잠시 일손을 ㉣놓았다.
	잡거나 쥐고 있던 물체를 일정한 곳에 두다.	형은 책을 책상 위에 ㉤놓았다.

① ㉠은 주어만 필수적으로 요구하는 한 자리 서술어이군.

② ㉡은 주어와 부사어를 필수적으로 요구하는 두 자리 서술어이군.

③ ㉢은 주어와 목적어를 필수적으로 요구하는 두 자리 서술어이군.

④ ㉣은 주어와 목적어를 필수적으로 요구하는 두 자리 서술어이군.

⑤ ㉤은 주어, 목적어, 부사어를 필수적으로 요구하는 세 자리 서술어이군.

벌크-UP

[01~02] 다음 글을 읽고 물음에 답하시오.

서술어에 따라 완전한 문장을 이루기 위해 필요로 하는 문장 성분의 개수가 다른데, 이를 '서술어의 자릿수'라 한다.

'한 자리 서술어'는 주어만을 필요로 한다.

[예] 아기가 운다.

'두 자리 서술어'는 주어 외에 목적어, 보어, 필수적 부사어 중에서 하나의 문장 성분을 더 필요로 한다.

[예] 경찰이 도둑을 잡았다.

물이 얼음이 되었다.

아들이 아빠와 닮았다.

'세 자리 서술어'는 주어, 목적어, 필수적 부사어를 반드시 필요로 한다.

[예] 그녀는 그 아이를 제자로 삼았다.

위 문장에서 부사어인 '아빠와', '제자로'는 필수적 성분으로서, 생략되었을 경우 불완전한 문장이 된다. 이러한 부사어를 ㉠필수적 부사어라 한다.

한편 문장에서 사용되는 의미의 차이에 따라 그 자릿수를 달리하는 서술어도 있다.

[예] ㉮ 나는 그녀를 생각한다.

㉯ 나는 그녀를 선녀로 생각한다.

㉮의 '생각하다'는 '사람이나 일 따위에 대하여 기억하다'는 뜻으로 주어와 목적어를 필요로 하는 두 자리 서술어이다. 이에 비해 ㉯의 '생각하다'는 '의견이나 느낌을 가지다'는 뜻으로 주어, 목적어, 부사어를 필요로 하는 세 자리 서술어이다.

01

〈보기〉는 국어사전의 일부이다. 윗글을 바탕으로 ⓐ~ⓓ를 이해한 것으로 적절한 것은?

〈보기〉

듣다01 [-따] 〔들어, 들으니, 듣는[든-]〕

「동사」

[1] 【…을】

　사람이나 동물이 소리를 감각 기관을 통해 알아차리다.

¶ 나는 숲에서 새소리를 ⓐ듣는다.

[2] 【…에게 …을】

　주로 윗사람에게 꾸지람을 맞거나 칭찬을 듣다.

¶ 그 아이는 누나에게 칭찬을 자주 ⓑ듣는다.

[3] 【…을 …으로】

　어떤 것을 무엇으로 이해하거나 받아들이다.

¶ 그들은 고지식해서 농담을 진담으로 ⓒ듣는다.

듣다02 [-따] 〔들어, 들으니, 듣는[든-]〕

「동사」

【…에】

　눈물, 빗물 따위의 액체가 방울져 떨어지다.

¶ 차가운 빗방울이 지붕에 ⓓ듣는다.

① ⓐ는 세 자리 서술어이다.

② ⓑ는 주어와 목적어만을 필수적으로 요구하는 서술어이다.

③ ⓒ는 주어 외에 두 개의 문장 성분을 더 필요로 한다.

④ ⓐ와 ⓓ는 필요로 하는 문장 성분이 서로 같다.

⑤ ⓑ와 ⓓ는 의미에 차이가 있지만 서술어 자릿수는 같다.

02

밑줄 친 부분이 ㉠에 해당되지 <u>않는</u> 것은?

① 그 아이는 매우 <u>영리하게</u> 생겼다.

② 승윤이는 <u>통나무로</u> 식탁을 만들었다.

③ 이 지역의 기후는 <u>벼농사에</u> 적합하다.

④ 나는 이 일을 <u>친구와</u> 함께 의논하겠다.

⑤ 작년에 부모님께서 <u>나에게</u> 큰 선물을 주셨다.

호루라기 관장님의
하드 트레이닝

공부한 날	월 일 요일
맞은 개수	/ 33

No	다음 빈칸에 알맞은 말을 써서 문장을 완성하시오.
01	'무엇이'의 형태로 서술어 '되다, 아니다'를 보충해 주는 문장 성분을 ( )라고 한다.
02	서술어 '( ), ( )'는 주어 외에 항상 보어를 필요로 하는 두 자리 서술어이다.
03	( ) 성분은 주로 주성분을 꾸며 주는 역할을 하는 문장 성분이다.
04	( )는 명사, 대명사, 수사와 같은 체언을 꾸며 주는 역할을 하는 문장 성분이다.
05	관형사, 체언, 체언에 ( ) 조사 '의'가 붙은 형태, 용언에 관형사형 어미 '-(으)ㄴ, -는, -던, -(으)ㄹ'이 붙은 형태가 관형어 역할을 할 수 있다.
06	( )는 홀로 쓰일 수 없는 단어이기 때문에 관형어가 반드시 필요하다.
07	관형어는 꾸밈을 받는 말 바로 ( )에 위치해야 한다.
08	( )는 용언뿐만 아니라 관형어나 다른 부사어를 꾸며 주기도 하고, 문장 전체를 꾸며 주거나 단어나 문장을 이어 주기도 한다.
09	서술어가 반드시 필요로 하여 생략할 수 없는 부사어를 ( ) 부사어라고 한다.
10	문장 안에서 다른 문장 성분과 직접적인 관련이 없는 문장 성분을 ( )이라고 한다.
11	( )에는 감탄사, 체언에 호격 조사가 결합한 것 등이 있다.
12	문장 부사어와 독립어는 문장 맨 앞에 나오는 점은 비슷하지만, ( )는 문장을 꾸며 주는 역할을 하지는 못하며, 독립어가 없어도 문장의 의미는 변하지 않는다.
13	서술어는 성격에 따라서 반드시 필요한 문장 성분이 정해져 있는데, 서술어가 필요로 하는 문장 성분의 개수를 서술어의 ( )라고 한다.
14	서술어에는 주어만 필요로 하는 한 자리 서술어, 주어와 목적어, 주어와 필수적 부사어, 주어와 ( )를 필요로 하는 두 자리 서술어, 주어, 목적어, ( )를 필요로 하는 세 자리 서술어가 있다.

No	문장에서 밑줄 친 부분의 문장 성분을 순서대로 쓰시오.
15	<u>하늘에</u> <u>비구름이</u> <u>끼었다</u>. ( )( )( )
16	<u>엄마가</u> <u>아기에게</u> <u>주스를</u> 먹였다. ( )( )( )
17	나는 <u>친구에게</u> <u>생일 선물을</u> 받았다. ( )( )( )
18	민재는 <u>사장이</u> <u>되어</u> <u>기업을</u> 세웠다. ( )( )( )
19	<u>붉은</u> <u>해가</u> <u>바다에서</u> <u>두둥실</u> 떠오른다. ( )( )( )( )

No	문장에서 부속 성분을 모두 찾아 밑줄을 그으시오.
20	형은 아주 헌 신발을 버렸다.
21	나는 필통에서 연필을 꺼냈다.
22	그 마트는 화요일마다 꼭 쉰다.
23	민성이가 이 일에 진짜로 자원했다.
24	할머니께서 시장에서 사 오신 수박이 정말 달았다.

No	문장에서 독립 성분을 찾아 쓰시오.
25	네, 잘 알겠습니다.
26	와! 지수야, 저 노을 좀 봐!
27	글쎄, 제가 이미 말했잖아요.
28	어머! 판다가 앞구르기를 하네.

No	밑줄 친 서술어의 자릿수를 쓰시오.
29	비가 와서 길이 <u>질척하다</u>.
30	삼촌이 우리에게 용돈을 <u>주셨다</u>.
31	나는 여행을 가려고 짐을 <u>꾸렸다</u>.
32	나는 길고양이를 반려동물로 <u>삼았다</u>.
33	우리는 우연히 초등학교 친구를 <u>만났다</u>.

오늘의 수능 국어 트레이닝 끝!

035 홑문장과 겹문장

1 홑문장

- 주어와 서술어의 관계가 한 번만 나타나는 문장

개념 당기는 예시
- 봄이 된다. / 꽃이 핀다. → '봄이(주어) + 된다(서술어).'나 '꽃이(주어) + 핀다(서술어).'와 같이 주어와 서술어의 관계가 한 번만 나타나는 문장을 홑문장이라고 함.

2 겹문장

- (¹ ㅈㅇ)와 서술어의 관계가 두 번 이상 나타나는 문장
- 한 문장이 다른 문장 속에 한 성분으로 안겨 이루어지거나, 홑문장이 둘 이상 이어져서 이루어짐.
- 안은문장과 이어진문장으로 나뉨.

안은문장	하나의 절이 다른 문장 속에서 하나의 문장 성분처럼 쓰일 때 이 절을 (² ㅍㅎ)하는 문장
이어진문장	둘 이상의 절이 연결 어미로 이어져 있는 문장

홑문장과 겹문장은 문장 유형을 구분하는 1차 기준입니다. 두 개 이상의 홑문장이 모여 하나의 겹문장이 되는 과정을 '문장의 확대'라고 합니다.

3 안긴문장과 안은문장

- 다른 문장 속에 들어가 하나의 (³ ㅅㅂ)처럼 쓰이는 홑문장을 '안긴문장', 전체 문장 속에 다시 주어와 서술어가 있는 절을 안고 있는 문장을 '안은문장'이라고 함.
- 안겨 있는 절들은 전체 문장, 즉 안은문장에 견주어 '안긴문장'이라고 지칭함.

안은문장	한 문장이 다른 홑문장(절)을 한 성분으로 안아 겹문장이 된 문장
안긴문장	안은문장 속에 안겨 하나의 성분으로 작용하는 문장

- 안은문장은 안고 있는 절이 무엇이냐에 따라 구분됨.

명사절을 가진 안은문장	문장에서 주어, 목적어, 부사어 등의 기능을 하는 명사절을 안고 있는 문장
관형사절을 가진 안은문장	문장에서 관형어의 기능을 하는 관형사절을 안고 있는 문장
부사절을 가진 안은문장	문장에서 부사어의 기능을 하는 부사절을 안고 있는 문장
서술절을 가진 안은문장	문장에서 서술어의 기능을 하는 서술절을 안고 있는 문장
인용절을 가진 안은문장	문장에서 타인의 말이나 글을 인용한 내용이 절의 형식으로 안김.

4 이어진문장

- 둘 이상의 홑문장이 연결 (⁴ ㅇㅁ)에 의해 결합된 문장
- 서로 이어진문장은 각각 절이 되어 더 큰 문장을 형성함.
- 두 개 이상의 절들이 대등하게 연결되어 이어지거나 종속적으로 연결되어 이어짐.

대등하게 연결된 이어진문장	선행절과 후행절이 대등한 통사적·의미적 특성을 가지는 문장
종속적으로 연결된 이어진문장	선행절과 후행절의 의미 관계가 독립적이지 못하고 종속적인 관계에 있는 문장

개념 알통

문장의 구조

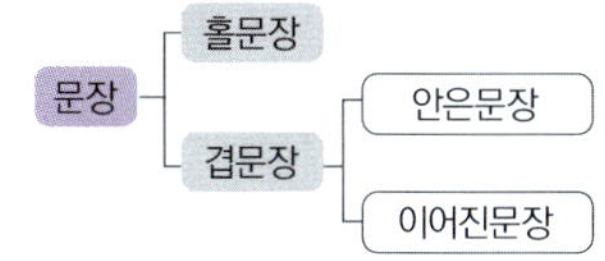

홑문장과 겹문장은 어떻게 구분하나요?

홑문장과 겹문장을 구분할 때는 생략된 문장 성분이 있을 수 있으므로 '주어-서술어'의 관계를 파악하여 서술어가 몇 번 나오는지를 기준으로 보면 됩니다. 이때 주의할 점은 문장의 길이로 문장의 종류를 구분해서는 안 된다는 것입니다.

> ㉠ 아버지께서는 비가 오면 낚시를 가신다.
> ㉡ 수아는 늘 자기만의 판단으로 여행 계획을 짠다.

㉠의 주어는 '아버지께서는, 비가'이고, 서술어는 '오면, 가신다'입니다. ㉡의 주어는 '수아는'이고 서술어는 '짠다'입니다. 따라서 ㉠은 '주어-서술어'가 두 개인 겹문장이고, ㉡은 '주어-서술어'가 한 개인 홑문장입니다. 그러므로 문장의 길이로는 문장의 종류를 판단할 수 없고, '주어-서술어'의 관계가 몇 번 나타나는지를 살펴보아야 합니다.

【초성 답】 1 주어 2 포함 3 성분 4 어미

036 이어진문장 ❶ - 대등

1 대등하게 연결된 이어진문장

- 앞 절과 뒤 절의 의미 관계가 **대등***한 두 (1 ㅎㅁㅈ)이 이어진문장
- 대등적 **연결 어미***(–고, –(으)며, –지만 등)에 의해 연결됨.
- 앞 절과 뒤 절의 (2 ㅇㅊ)를 바꾸어도 의미상 큰 차이가 없음.
- 앞 뒤 절의 서술어가 동일할 경우 하나의 서술어는 생략할 수 있음.
- 앞 절이 뒤 절의 안으로 이동할 수 없음.

┌─ 개념 당기는 예시 ─────────────────

- 나는 우유를 샀고, 원지는 과자를 샀다.
- → 나는 과자를 샀고, 원지는 우유를 샀다. (O) 　　나는 우유를, 원지는 과자를 샀다. (O)
  　원지는, 나는 우유를 샀고, 과자를 샀다. (X)

2 의미와 연결 어미

의미	연결 어미	예시
나열	–고, –(으)며	여름은 덥고, 겨울은 춥다.
대조	–(으)나, –지만	윤아는 집에 갔지만, 소미는 학교에 남아 있다.
선택	–든(지), –거나	주말에 산에 가든지, 바다에 가든지 하자.

◎ 개념 갈고리┐ 문장의 이어짐과 단어의 이어짐 비교

- 이어진문장은 일반적으로 결합 과정에서 주어나 목적어 등의 성분이 생략되므로, 서술어를 중심으로 연결 관계를 살펴야 그 결합 양상을 알 수 있다.

문장의 이어짐	• 문장의 이어짐은 두 문장의 결합이기에 두 문장으로 (3 ㅂㄹ)할 수 있다. 예 서울과 경기도는 인구가 많다. → '서울은 인구가 많다.'와 '경기도는 인구가 많다.'와 같이 두 문장으로 분리할 수 있음.
단어의 이어짐	• 단어의 이어짐은 한 단어를 생략했을 때에 문장이 성립되지 않으므로 서로 분리할 수 없음. 예 지우와 재민이는 키가 비슷하다. → '지우는 (재민이와) 키가 비슷하다.', '재민이는 (지우와) 키가 비슷하다.'와 같이 문장을 분리하면 연결된 단어 중 하나가 반드시 필요하므로, 결국 분리할 수 없는 단어의 이어짐임. • 이어진 단어를 분리할 수 없는 홑문장에는 '마주치다, 만나다, 비슷하다, 부딪치다, 닮다, 같다, 다르다' 등의 서술어가 쓰임.

♥ 대등하게 이어진문장의 특징은 무엇인가요?

두 문장이 대등하게 이어지는 방법에는 나열, 대조, 선택 등이 있습니다. 이 중 나열은 두 문장이 순접 관계인 것이고, 대조는 두 문장이 역접 관계인 것입니다.

순접	앞뒤의 문장이나 구를 논리적 모순 없이 이유, 원인, 조건 따위의 관계가 되도록 순조롭게 잇는 것
역접	앞의 글에서 서술한 사실과 서로 반대되는 사태이거나 그와 일치하지 않는 사태가 뒤의 글에서 성립함을 나타내는 일

***대등**: 서로 견주어 높고 낮음이나 낫고 못함이 없이 비슷함.

***연결 어미**: 앞 문장과 뒤 문장 또는 본용언과 보조 용언을 연결해 주는 어미

【초성 답】 1 홑문장　2 위치　3 분리

037 이어진문장 ❷ - 종속

1 종속적으로 연결된 이어진문장

- 앞 절과 뒤 절의 의미 관계가 독립적이지 못하고 **종속적**인 문장
- 종속적 연결 어미(-아서/-어서, -(으)니까, -(으)면 등)에 의해 연결됨.
- 앞 절과 뒤 절의 순서를 바꾸면 문장이 성립되지 않거나 (¹ ㅇㅁ)가 달라짐.
- 앞 절이 뒤 절의 안으로 이동할 수 있음.

개념 당기는 예시

- 비가 와서 우리는 약속을 미뤘다.
→ 우리는 비가 와서 약속을 미뤘다. (O) / 우리는 약속을 미뤄서, 비가 왔다. (X)

2 의미에 따른 연결 어미의 예

의미	종속적 연결 어미	예시
이유, 원인	-아서/-어서, -(으)니, -(으)니까, -(으)므로	머리가 아파서 병원에 갔다. 비가 많이 왔으므로 가뭄이 해소될 것이다.
양보	-아도/-어도, -더라도	눈이 오더라도 걱정이 되지 않는다.
목적, 의도	-(으)러, -(으)려고, -고자	공연을 보러 극장에 갔다. 커피를 마시려고 카페에 갔다.
조건	-거든, -(으)면	네가 약속을 지키면 내가 밥을 살게.
배경, 상황	-(으)ㄴ데, -는데	일찍 일어나야 하는데 늦잠을 잤다.
(² ㅈㅎ)	-다가	나는 집에 오다가 시장에 들렀다.

' -(으)ㄴ데, -는데'는 뒤 절에서 어떤 일을 설명하거나 묻거나 시키거나 제안하기 위하여 그 대상과 상관되는 상황을 미리 말할 때 쓰는 연결 어미입니다.

개념 갈고리 대등하게 연결된 이어진문장과 종속적으로 연결된 이어진문장의 차이

	대등하게 연결된 이어진문장	종속적으로 연결된 이어진문장
선행절과 후행절의 자리 바꿈 여부	예 인생은 짧고 예술은 길다 예술은 길고 인생은 짧다. → 두 문장은 미묘한 의미 차이는 있을지언정 문장 자체의 진리치에는 큰 차이가 없음.	예 봄이 오면 꽃이 핀다. * 꽃이 피면 봄이 온다. → 앞뒤 절의 자리를 바꾸면 의미 변화가 일어나 두 문장을 같은 의미를 가지는 것으로 보기 어려움.
선행절을 후행적 속으로 이동 여부	예 인생은 짧고 예술은 길다 * 예술은 인생은 짧고 길다. → 대등적으로 연결된 이어진문장에서는 선행절이 후행절 속으로 이동할 수 없음.	예 봄이 오면 꽃이 핀다. 꽃이 봄이 오면 핀다. → 종속적으로 연결된 이어진문장에서는 선행절이 후행절 속으로 이동할 수 있음.
후행절 요소를 선행절에서 일반 대명사나 재귀 대명사로의 제시 여부	예 * 자기 친구는 열심히 공부했고, 길동이는 놀기만 했다. → 후행절의 요소를 선행절에서 일반 대명사나 재귀칭 대명사로 나타낼 수 없음.	예 자기 친구가 열심히 공부해서 길동이는 기분이 좋았다. → 후행절의 요소를 선행절에서 일반 대명사나 재귀칭 대명사로 나타내는 것이 가능함.
보조사 '은/는'의 결합 여부	예 인생은 짧고 예술은 길다. → 선행절과 후행절에 '대조'나 '주제'의 보조사 '은/는'이 결합할 수 있음.	예 * 봄은 오면 꽃은 핀다. → 선행절과 후행절에 '대조'나 '주제'의 보조사 '은/는'이 결합할 수 없음.

종속적으로 연결된 이어진문장을 부사절로도 볼 수 있나요?

종속적으로 연결된 이어진문장은 부사절과 비슷한 모습을 보이는 경우가 있습니다. 종속적으로 연결된 이어진문장의 앞 절을 뒤 절 속으로 이동할 수 있는데, 이런 현상을 앞 절이 뒤 절에 안긴 것으로 본 것입니다. 예를 들어 '비가 오더라도 내일은 여행을 가겠다.'라는 문장은 선행절 '비가 오더라도'를 옮겨 '내일은 비가 오더라도 여행을 가겠다.'와 같이 표현하면 선행절이 부사절이 되는 것입니다.

개념 알통

이어진문장의 문법 현상

같은 말 생략	이어진문장의 앞뒤 절에 같은 말이 나오면 생략하거나 대치함. 예 유정이는 산과 바다를 좋아한다. → '유정이는 산을 좋아한다.'와 '유정이는 바다를 좋아한다.'에서 앞뒤 절에 나온 같은 말 '유정이는'과 '좋아한다'를 생략함
서술어 생략	앞 절 또는 뒤 절의 서술어 생략이 가능하며, 뒤 절의 경우에는 '그러하다'로 대치할 수 있음. 예 나는 학교에, 동생은 도서관에 갔다. → 앞뒤 절에 중복된 서술어인 '갔다'를 생략함

---

* **종속적**: 어떤 것에 딸려 붙어 있는. 또는 그런 것

【초성 답】 1 의미 2 전환

개념 트레이닝 ZONE

💪 문제를 풀며 개념 근육을 키워 보세요!

01 다음 설명이 맞으면 ○에, 맞지 않으면 ✕에 표시하시오.

(1) 주어와 서술어의 관계가 한 번 나타나면 홑문장, 두 번 이상 나타나면 겹문장이 된다. ○ ✕

(2) 두 개의 홑문장이 대등하게 연결된 이어진문장은 뒤 절이 앞 절에 의미상 종속되어 있다. ○ ✕

(3) 대등하게 연결된 이어진문장은 앞 문장과 뒤 문장의 구조가 대칭되며, 순서를 서로 바꿀 수 있다. ○ ✕

(4) 이어진문장에서 앞 문장과 뒤 문장의 서술어가 동일하더라도 선행절의 서술어는 생략할 수 없다. ○ ✕

(5) 종속적으로 연결된 이어진문장은 앞 절과 뒤 절의 의미가 독립적이지 못하며, 서로 순서를 바꾸면 의미가 달라진다. ○ ✕

02 다음 문장이 홑문장이면 '홑', 겹문장이면 '겹'이라고 쓰시오.

(1)	등잔 밑이 어둡다.	
(2)	달리는 말에 채찍질한다.	
(3)	바늘 도둑이 소도둑 된다.	
(4)	까마귀 날자 배 떨어진다.	
(5)	낮말은 새가 듣고 밤말은 쥐가 듣는다.	

03 다음 문장이 대등하게 연결된 이어진문장이면 '대', 종속적으로 연결된 이어진문장이면 '종'이라고 쓰시오.

(1)	인내는 쓰지만, 열매는 달다.	
(2)	사촌이 땅을 사면 배가 아프다.	
(3)	가는 말이 고와야 오는 말이 곱다.	
(4)	하늘이 무너져도 솟아날 구멍이 있다.	
(5)	콩 심은 데 콩 나고, 팥 심은 데 팥 난다.	

04 다음 대등하게 연결된 이어진문장을 이루는 앞뒤 절의 의미 관계를 쓰시오.

(1)	비가 오고 바람이 분다.	
(2)	눈이 내렸지만 날씨가 춥지 않다.	
(3)	내일은 비가 오거나 눈이 올 것이다.	
(4)	사람은 책을 만들고 책은 사람을 만든다.	
(5)	오늘은 쇼핑을 가거나 영화를 보러 가자.	

05 다음 문장을 앞뒤 절의 의미 관계에 맞게 바꿔 쓰시오.

비가 오다		
(1) 나열	비가 (	) 바람이 분다.
(2) 대조	비가 (	) 날씨는 춥지 않다.
(3) 선택	비가 (	) 눈이 올 것이다.
(4) 원인	비가 (	) 땅이 젖었다.
(5) 조건	비가 (	) 창문을 닫아라.
(6) 양보	비가 (	) 체험 학습을 갈 것이다.

06 다음 문장의 의미 관계를 찾아 ○표 하시오.

(1)	봄이 오면 꽃이 핀다.	조건 원인 의도 배경 양보
(2)	비가 많이 와서 하수구가 역류했다.	조건 원인 의도 배경 양보
(3)	내가 집에 가는데 누군가가 달려왔다.	조건 원인 의도 배경 양보
(4)	등산을 하려고 우리는 일찍 일어났다.	조건 원인 의도 배경 양보
(5)	사랑받고 싶다면 먼저 사랑해야 한다.	조건 원인 의도 배경 양보
(6)	눈이 오더라도 우리는 반드시 출발한다.	조건 원인 의도 배경 양보
(7)	자신은 속을지언정 남을 속이면 안 된다.	조건 원인 의도 배경 양보

07 다음 의미 관계에 맞게 두 문장을 연결하여 이어진문장을 알맞게 쓰시오.

대등하게 연결된 이어진문장	
(1) 나열	그 아이가 형이겠다. + 이 아이가 동생이겠다.
	→ 그 아이가
(2) 대조	그는 키가 크다. + 그는 힘이 약하다.
	→ 그는 키는

종속적으로 연결된 이어진문장	
(3) 원인	입맛이 없다. + 점심을 먹기가 싫다.
	→ 입맛이
(4) 의도	집을 마련한다. + 저축을 한다.
	→ 집을
(5) 조건	걷는 시간이 길어지다. + 수명도 길어진다.
	→ 걷는 시간이

워밍-UP

01

〈보기〉의 ㉠에 해당하는 문장으로 적절한 것은?

〈보기〉

'종속적으로 이어진문장'은 두 개 이상의 문장이 연결 어미로 이어져 있다. 이때 앞의 절과 뒤의 절은 인과, ㉠조건, 의도, 양보, 배경 등의 의미 관계를 나타낸다.

실력 자랑 다음 문장들의 의미 관계를 아래에서 골라 적어 보세요.

인과, 조건, 의도, 양보, 배경	
① 책을 많이 읽으면 생각이 깊어진다.	( )
② 책을 읽으려고 학교 도서관으로 갔다.	( )
③ 책을 아무리 읽어도 이해가 되지 않는다.	( )
④ 책을 읽고 있는데 친구가 나를 자꾸 불렀다.	( )
⑤ 책을 다양하게 읽어서 그는 지식이 풍부하다.	( )

02

〈보기〉를 참고할 때, 다음 중 '이어진문장'에 해당하지 <u>않는</u> 것은?

〈보기〉

'우리는 자유와 평화를 원한다.'라는 문장은 서술어가 하나뿐이어서 홑문장처럼 보이지만, 실제로는 '우리는 자유를 원한다.'와 '우리는 평화를 원한다.'라는 두 홑문장이 결합된 **이어진문장**이다. 이때의 '와/과'는 접속 조사로, '자유'와 '평화'를 같은 자격으로 이어 준다. 한편, '와/과'는 '빠르기가 번개와 같다.'나 '그는 당당히 적과 맞섰다.'처럼 비교의 대상이나 행위의 상대임을 나타내는 격 조사로도 쓰이는데, 이때는 서술어가 하나이면 홑문장이 된다.

실력 자랑 다음 문장들이 이어진문장이면 ○, 아니면 ×표 하세요.

① 나는 시와 소설을 좋아한다. ○ ×
② 그녀는 집과 도서관에서 공부했다. ○ ×
③ 고향의 산과 하늘은 예전 그대로였다. ○ ×
④ 성난 군중이 앞문과 뒷문으로 들이닥쳤다. ○ ×
⑤ 그 사람과 나는 오래 전부터 서로 사귀어 왔다. ○ ×

[03] 다음 글을 읽고 물음에 답하시오.

이어진문장은 둘 이상의 절이 연결 어미에 의해 결합된 문장을 말한다. 절이 이어지는 방법에 따라 대등하게 이어진문장과 종속적으로 이어진문장으로 나뉜다. 대등하게 이어진문장은 앞 절과 뒤 절이 '-고', '-지만' 등의 연결 어미에 의해 이어지며, 각각 '나열', '대조' 등의 대등한 의미 관계로 해석된다. 종속적으로 이어진문장은 앞 절과 뒤 절이 '-아서/-어서', '-(으)면', '-(으)러' 등의 연결 어미에 의해 이어지며, 앞 절이 뒤 절에 대해 각각 '원인', '조건', '목적' 등의 종속적인 의미 관계로 해석된다.

03

윗글을 바탕으로 이어진문장을 구분한 내용으로 적절한 것은?

실력 자랑 다음 이어진문장을 아래 기준에 따라 구분해 보세요.

종류 – 대등, 종속	의미 관계 – 나열, 대조, 원인, 조건, 목적	
예문	종류	의미 관계
1. 무쇠도 갈면 바늘이 된다.		
2. 하늘도 맑고, 바람도 잠잠하다.		
3. 나는 시험공부를 하러 학교에 간다.		
4. 함박눈이 내렸지만 날씨가 따뜻하다.		
5. 갑자기 문이 열려서 사람들이 놀랐다.		

대등하게 이어진문장은 앞뒤 절의 순서를 바꾸어도 의미가 변하지 않고, 종속적으로 이어진문장은 앞뒤 절의 순서를 바꾸면 의미가 변한다는 점을 기억하며 문장의 종류를 구분해 보세요.

01

다음 ㄱ ~ ㄹ의 문장 성분과 문장 구조에 대한 설명으로 옳지 <u>않은</u> 것은?

> ㄱ. 그가 마침내 대학생이 되었다.
> ㄴ. 이 전시장은 창문이 아주 많다.
> ㄷ. 우리는 그가 정당했음을 깨달았다.
> ㄹ. 절약은 부자를 만들고, 절제는 사람을 만든다.

① ㄱ은 보어가 있고, ㄷ은 보어가 없다.

② ㄴ은 목적어가 없고, ㄹ은 목적어가 있다.

③ ㄱ과 ㄴ은 부사어가 있고, ㄷ과 ㄹ은 부사어가 없다.

④ ㄱ과 ㄴ은 주어와 서술어의 관계가 한 번만 나타나고, ㄷ과 ㄹ은 두 번 이상 나타난다.

⑤ ㄷ은 절이 전체 문장 속에 안겨 있고, ㄹ은 두 개의 절이 대등한 관계로 이어져 있다.

02

〈보기 1〉을 바탕으로 〈보기 2〉를 탐구한 결과로 적절하지 <u>않은</u> 것은?

〈보기 1〉

이어진문장

　둘 이상의 홑문장이 이어져 있는 문장으로, 주어가 같은 홑문장이 이어질 때는 주어를 하나만 사용할 수도 있음.

• **대등하게 이어진문장**

　둘 이상의 홑문장이 동등한 자격으로 이어진문장으로, 앞 절과 뒤 절이 '나열, 대조, 선택' 등의 의미 관계를 가짐.

• **종속적으로 이어진문장**

　앞 홑문장과 뒤 홑문장의 의미가 독립적이지 못하고 종속적으로 이어진문장으로, 앞 절과 뒤 절이 '원인, 조건, 의도' 등의 의미 관계를 가짐.

〈보기 2〉

> ㄱ. 암벽 등반은 힘들고 재미있다.
> ㄴ. 암벽 등반은 힘들어서 재미있다.
> ㄷ. 암벽 등반은 힘들지만 재미있다.

① ㄱ, ㄴ, ㄷ은 '암벽 등반은 힘들다.'와 '암벽 등반은 재미있다.'라는 두 홑문장이 이어진문장이군.

② ㄱ, ㄴ, ㄷ은 앞 절과 뒤 절의 순서를 바꾸어도 의미에 변화가 생기지 않는 이어진문장이군.

③ ㄱ, ㄴ, ㄷ에서 뒤 절의 주어가 없는 것은 앞 절과 주어가 같기 때문이군.

④ ㄱ, ㄷ은 두 홑문장이 각각 나열, 대조의 의미를 갖는 어미 '고'와 '지만'으로 연결된 대등하게 이어진문장이군.

⑤ ㄴ은 두 홑문장이 원인의 의미를 갖는 어미 '어서'로 연결된 종속적으로 이어진문장이군.

호루라기 관장님의 하드 트레이닝

› 정답과 해설 32쪽

공부한 날	월	일	요일
맞은 개수			/ 30

No	다음 빈칸에 알맞은 말을 써서 문장을 완성하시오.
01	문장은 주어와 서술어가 문장에 몇 번 나타나느냐에 따라 홑문장과 (　　　)으로 구분할 수 있다.
02	한 문장에 주어와 서술어가 한 번만 나타나면 (　　　), 두 번 이상 나타나면 겹문장이라고 한다.
03	홑문장과 홑문장이 연결 어미에 의해 대등 또는 종속적으로 연결된 문장을 (　　　)이라고 한다.
04	이어진문장은 문장과 문장의 의미 관계에 따라서 대등하게 연결된 이어진문장과 (　　　)으로 연결된 이어진문장으로 나눌 수 있다.
05	(　　　)하게 연결된 이어진문장은 앞의 문장과 뒤의 문장의 순서를 바꾸어 써도 의미에 큰 변화가 일어나지 않는다.
06	대등하게 연결된 이어진문장에 쓰이는 연결 어미 '-고, -(으)며'는 (　　　)의 의미를 나타낸다.
07	대등하게 연결된 이어진문장에 쓰이는 연결 어미 '-(으)나, -지만' 등은 앞뒤를 (　　　)하는 문장에 쓰인다.
08	'나가 놀거나 집에서 쉬어라.'에서 대등적 연결 어미 '-거나'는 (　　　)의 의미를 나타낸다.
09	(　　　)으로 연결된 이어진문장은 하나의 문장이 다른 문장의 원인이나 조건이 되는 문장이다.
10	종속적으로 연결된 이어진문장은 앞 절이 뒤 절 안으로 이동할 수 있지만, (　　　)하게 연결된 이어진문장은 이동할 수 없다.
11	'운동을 하니까 살이 빠졌다.'에서 종속적 연결 어미 '-니까'는 (　　　)의 의미를 나타낸다.
12	'누가 먹든지 어서 먹어라.'에서 종속적 연결 어미 '-든지'는 (　　　)의 의미를 나타낸다.
13	선행절과 후행절이 연결되어 이어진문장이 될 때, 앞뒤 절에 같은 말이 있으면 (　　　)하거나 다른 말로 대치할 수 있다.

No	문장이 홑문장이면 '홑', 겹문장이면 '겹'이라고 쓰시오.
14	드디어 여름이 왔다.
15	동생과 나는 매우 닮았다.
16	민지는 현서가 예쁘다고 했다.
17	나는 수박과 복숭아를 좋아한다.
18	이 책은 내가 여러 번 읽은 책이다.

No	의미에 맞는 대등하게 연결된 이어진문장을 쓰시오.
19	비가 온다. + 바람이 분다. ➡ [나열] (　　　　　).
20	인내는 쓰다. + 열매는 달다. ➡ [대조] (　　　　　).
21	내일은 도서관에 갈 것이다. + 내일은 박물관에 갈 것이다. ➡ [선택] (　　　　　).

No	의미에 맞는 종속적으로 연결된 이어진문장을 쓰시오.
22	해가 나다. + 빨래를 널어라. ➡ [조건] (　　　　　).
23	눈이 온다. + 길이 미끄럽다. ➡ [원인] (　　　　　).
24	내가 텔레비전을 보다. + 전화벨이 울렸다. ➡ [배경] (　　　　　).
25	나는 자전거를 사다. + 나는 용돈을 모았다. ➡ [목적] (　　　　　).

No	다음 이어진문장의 의미 관계를 쓰시오.
26	이 옷이 좋으면 네가 가져도 된다.
27	밥을 먹는데 먼지가 국에 떨어졌다.
28	길이 좁아서 트럭이 지나갈 수 없다.
29	바쁘시더라도 많은 참석을 바랍니다.
30	수제비를 만들려고 밀가루를 사 왔다.

오늘의 수능 국어 트레이닝 끝!

038 안긴문장 ❶ - 명사절

1 안은문장과 안긴문장

- 한 문장이 다른 홑문장을 한 성분으로 안아 (1 ㄱㅁㅈ)이 되면 이를 '안은문장'이라고 하고, 이때 안겨 하나의 성분으로 작용하는 문장을 '안긴문장'이라고 함.

2 명사절을 가진 안은문장

- (2 ㅁㅅ)의 자리에 쓰일 수 있는 명사절을 안고 있는 문장
- 명사형 어미 '–(으)ㅁ, –기'가 붙어서 만들어짐.
- 명사절은 격 조사, 보조사와 어울려 문장 안에서 주어, 목적어, 보어, 부사어 등 다양한 역할을 함.

개념 당기는 예시

- 시간에 맞춰 끝내기가 어렵다. ➡ 명사절 '시간에 맞춰 끝내기'가 주어로 기능함.
- 나는 언니가 오기를 기다리고 있다. ➡ 명사절 '언니가 오기'가 목적어로 기능함.

3 명사절을 가진 안은문장의 종류

- '–(으)ㅁ'은 대체로 '(3 ㅇㄹ)'의 의미를, '–기'는 대체로 '미완료'의 의미를 가짐.

'–(으)ㅁ' 명사절	• 주로 사건이 완료된 경우를 나타냄. • 평가, 인식, **지각***을 나타내는 서술어와 함께 쓰이는 경우가 많음. 예 이상 기후 때문에 올해 여름은 더 더움을 느꼈다. ➡ 지각을 나타내는 서술어 '느끼다'와 함께 명사형 전성 어미 '–(으)ㅁ'이 결합한 명사절
'–기' 명사절	• 주로 사건이 완료되지 않은 경우를 나타냄. • 심리 상태, 미래의 동작이나 행동을 나타내는 서술어와 함께 쓰이는 경우가 많음. 예 나는 우리 반이 체육 대회에서 우승하기를 바란다. ➡ 심리 상태를 나타내는 서술어 '바라다'와 함께 명사형 전성 어미 '–기'가 결합한 명사절
'–(으)ㅁ'이나 '–기'가 모두 결합 가능한 명사절	• '–(으)ㅁ'과 '–기'가 모두 쓰일 수 있지만, '–(으)ㅁ'이 쓰였을 때와 '–기'가 쓰였을 때의 의미가 다름. 예 이 일의 성공 여부는 우리가 노력함에 달려 있다. ➡ '–(으)ㅁ'이 사용되어 노력할 것인지 노력하지 않을 것인지의 의미가 드러남. 이 일의 성공 여부는 우리가 노력하기에 달려 있다. ➡ '–기'가 사용되어 노력을 어떻게 할 것인지의 의미가 드러남.

'–(으)ㅁ' 명사절과 '–기' 명사절은 대체로 서술어의 성격에 따라 쓰임이 나뉩니다. '알다, 깨닫다, 밝혀지다, 드러나다, 기억하다, 마땅하다' 등의 서술어는 '–(으)ㅁ' 명사절을, '좋다, 바라다, 나쁘다, 알맞다, 기다리다' 등의 서술어는 '–기' 명사절을 일반적으로 취합니다.

명사절이 다른 절과 다른 점은 무엇인가요?

명사절은 다른 문장 안에서 주어, 목적어, 부사어 등 다양한 역할을 한다는 것이 특징입니다. 이런 명사절의 역할은 뒤에 오는 조사가 무엇인지를 살펴보면 쉽게 파악할 수 있습니다. '이/가'와 같은 주격 조사가 결합하면 주어, '을/를'과 같은 목적격 조사가 결합하면 목적어, '에, (으)로' 등과 같은 부사격 조사가 결합하면 부사어의 역할을 하는 것입니다. 반면에 관형절, 부사절, 서술절 등은 각각 관형어, 부사어, 서술어의 역할만 한다는 점에서 명사절과 차이가 있습니다.

개념 알통

명사형 전성 어미와 결합하는 서술어

'–(으)ㅁ'	지각	듣다, 보다
	인식	알다, 깨닫다
	평가	분명하다, 사실이다, 필요하다, 확실하다
'–기'	심리	좋다, 싫다, 쉽다, 어렵다
	미래의 동작/ 행동	기대하다, 원하다, 명령하다, 요청하다

*지각: 사물의 이치나 도리를 분별하는 능력

【초성 답】 1 겹문장 2 명사 3 완료

039 안긴문장 ❷ - 관형절

1 관형절을 가진 안은문장

- 문장에서 (1　ㄱㅎㅇ　)의 역할을 하는 관형절을 안고 있는 문장
- 관형사형 어미 '-(으)ㄴ, -는, -(으)ㄹ, -던'이 붙어서 만들어짐.
- 홑문장의 서술어가 관형사형으로 활용하거나, 종결 어미에 관형사형 어미가 연결되면 관형절이 됨.
- 관형사형 어미에 따라 표현하는 (2　ㅅㅈ　)가 달라짐.

개념 당기는 예시

- 그것은 <u>내가 찾던</u> 물건이다. → 과거 회상
- 그것은 <u>내가 찾는</u> 물건이다. → 현재
- 그것은 <u>내가 찾은</u> 물건이다. → 과거
- 그것은 <u>내가 찾을</u> 물건이다. → 미래

2 관형절의 종류

(1) 관계 관형절

- 관형절로 안긴문장에서 안은문장의 한 성분과 동일한 성분이 (3　ㅅㄹ　)되어 있는 절
- 관계 관형절에는 주어나 목적어 및 체언으로 이루어진 성분이 빠져 있는데, 이 관형절은 이러한 빠진 성분의 체언을 꾸밈.

개념 당기는 예시

- 진달래가 아름답게 피었다. + 진달래가 너무나 화사하다. → <u>아름답게 핀</u> 진달래가 너무나 화사하다.
- → 관형절에 중복되는 문장 성분인 주어 '진달래가'가 생략됨.

(2) 동격* 관형절

- 관형절로 안긴문장에 생략된 성분이 없는 절
- 관형절의 수식을 받는 (4　ㅊㅇ　)이 관형절과 동격을 이루는 절(=전체 내용을 받아 주는 관형절)

개념 당기는 예시

- 아무도 <u>내가 귀국한</u> 사실을 몰랐다.
- → 관형절 '내가 귀국한'이 피수식어 '사실'에 해당함.

- 나는 <u>그가 착한 사람이라는</u> 생각이 들었다.
- → 관형절 '그가 착한 사람이라는'이 피수식어 '생각'에 해당함.

개념알통

관형사와 관형사형의 비교

관형사	관형사형
• 어형이 고정되어 활용하지 않음.	• 활용하여 어미를 변화하게 함.
• 주기능이 수식 기능임.	• 주기능이 서술 기능임.
• 관형어가 됨.	• 관형어가 됨.
• 품사 자체가 관형사임.	• 품사 자체는 관형사가 아니라 동사 또는 형용사임.
	• 시제를 표현할 수 있음.

관형절의 종류는 어떻게 구분하나요?

관계 관형절과 동격 관형절을 구분하려면 필수 성분이 모두 있는지를 확인하면 됩니다. 즉, 앞의 절이 성분의 생략 없이 온전한 경우는 동격 관형절이고, 앞의 절에 필수 성분이 생략되어 있으면 관계 관형절입니다.

*동격: 한 문장에서, 어떤 단어나 구절이 다른 단어나 구절과 문장 구성에서 같은 기능을 가지는 일

【초성 답】 1 관형어　2 시제　3 생략　4 체언

040 안긴문장 ❸ - 부사절

1 부사절을 가진 안은문장

- 문장에서 부사어의 기능을 하는 부사절을 안고 있는 문장
- 절 전체가 문장에서 주로 (¹ ㅅㅅㅇ)를 수식하는 부사어로 기능함.

개념 당기는 예시

- 그 연극은 눈물이 나도록 슬펐다.
→ '-도록'이 붙어 부사어로 기능하는 부사절 '눈물이 나도록'이 서술어 '슬펐다'를 수식함.

2 부사절의 실현 방식

- '-이, -게, -도록, -아서/-어서, -듯(이), -ㄹ수록' 등을 붙여서 만듦.
- 용언 어간에 결합한 부사형 전성 어미는 서술성을 지니며 (² ㅇㅇ)이 부사어의 기능을 하게 함.

부사절의 실현 방식	예시
-이	산 그림자가 소리도 없이 다가 온다. 내가 예상했던 것과 같이 그가 왔다. → '없이, 같이' 등의 말은 용언에서 파생한 부사로, 다른 부사와는 달리 서술어의 기능을 가지고 있음.
-게	벚꽃이 아름답게 피었다.
-도록	철수는 땀이 나도록 뛰었다.
-아서/-어서	흙길이 비가 와서 질다.

개념 갈고리 종속적으로 연결된 이어진문장의 관계

종속적으로 이어진문장을 '부사절을 가진 안은문장'과 의미상 같다고 볼 수 있다는 견해가 있다.

예 나는 <u>시간이 다 되어서</u> 학교에 갔다. / <u>시간이 다 되어서</u> 나는 학교에 갔다.
　　　부사절　　　　　　　　종속적으로 연결된 이어진문장의 선행절

개념 알통 

'듯이'와 '-듯이'의 차이점

듯이	• 유사하거나 같은 정도의 뜻을 나타내는 말 예 그녀는 뛸 <u>듯이</u> 기뻐하였다. • 짐작이나 추측의 뜻을 나타내는 말 예 그는 곧 떠날 <u>듯이</u> 보인다. → '듯이' 앞에 용언의 관형사형이 관형어로 와서 '듯이'를 수식하는 경우에는 의존 명사임.
-듯이	• 뒤 절의 내용이 앞 절의 내용과 거의 같음을 나타내는 어미 예 땀이 비 오듯이 난다. → 비 오듯이 땀이 난다. → 부사형 전성 어미가 안긴문장의 용언 어간에 결합하는 경우에는 부사절이지만, 종속적으로 연결된 이어진문장에서 앞 절의 용언 어간에 결합하는 경우에는 종속적 연결 어미임.

041 안긴문장 ❹ - 인용절

1 인용절을 가진 안은문장

- 다른 사람의 말이나 글을 인용한 인용절을 안고 있는 문장
- (¹ ○○)의 부사격 조사 '고, (이)라고'가 붙어서 만들어짐.
- 인용 방법에 따라 직접 인용절과 간접 인용절로 나뉨.

2 인용절의 구분

(1) 직접 인용절

- 다른 사람의 말을 그대로 인용하는 인용절
- 인용의 부사격 조사 '(이)라고'를 붙이고 (² ㄸㅇㅍ)를 사용함.
- 따옴표 앞에는 인용된 문장의 **화자***와 그 문장을 받는 **청자***가 나타나며, 따옴표 뒤에는 인용 표시의 조사가 뒤따름.

개념 당기는 예시

- 어떤 사람이 나에게 "이 근처에 혹시 학교가 있습니까?"라고 물었다.
- → 인용 조사 '라고'와 결합하고 인용 부호로 따옴표를 사용함.

(2) 간접 인용절

- 다른 사람의 말이나 글을 말하는 사람의 표현으로 바꾸어 (³ ㄱㅈㅈ)으로 인용한 인용절
- 인용의 부사격 조사 '고'가 종결 어미 '-다, -냐, -라, -자' 등에 붙음.
- 따옴표를 사용하지 않음.
- 자신의 속마음이나 판단의 내용도 인용되는 것이라고 볼 수 있어 인용절로 파악함.

개념 당기는 예시

- 친구가 자기 집 개가 새끼를 낳았다고 나에게 말했다.
- → 인용 조사 '고'와 결합하고 인용 부호를 사용하지 않음.

- 나는 삼촌의 말이 옳다고 생각했다.
- → 주관적 생각이나 판단 내용도 인용된 것으로 볼 수 있음.

3 직접 인용과 간접 인용의 비교

시제 표시	직접 인용의 시간 표시어 '내일'이 간접 인용에서는 '오늘'로 바뀜.	직접	예 그는 어제 "내일 눈이 오겠소"라고 했다.
		간접	예 그는 어제 오늘 눈이 오겠다고 했다.
대명사	직접 인용의 '저'가 간접 인용에서는 재귀 대명사화한 '자기'로 바뀜.	직접	예 순희는 "제가 가겠습니다."라고 말했다.
		간접	예 순희는 자기가 가겠다고 말했다.
지시성을 띤 단어	지시성을 띤 단어인 '여기, 이렇게'가 화자 중심의 '거기, 그렇게 혹은 저기, 저렇게'로 바뀜.	직접	예 그는 "여기가 이렇게 변할 줄 몰랐어."라고 말했다.
		간접	예 그는 거기가 그렇게 변할 줄은 몰랐다고 말했다.
높임과 낮춤	직접 인용에서의 '하십시오체'가 간접 인용에서는 '해라체'로 바뀜.	직접	예 희재는 "빨리 떠납시다."라고 재촉했다.
		간접	예 희재는 빨리 떠나자고 재촉했다.
청유문·명령문	종결 어미가 청유문은 '-자'로, 명령문은 '-라'로 통일됨.	직접	예 그녀는 "빨리 일어나십시오."라고 소리쳤다.
		간접	예 그녀는 빨리 일어나라고 소리쳤다.

개념 알통

인용절에 결합하는 조사

명사절, 관형사절, 부사절은 전성 어미가 결합하여 안긴문장이 되는 반면에, 인용절은 조사가 결합하여 안긴문장이 된다.

라고	• 앞말이 직접 인용되는 말임을 나타내는 격 조사 • 원래 말해진 그대로 인용됨을 나타냄. • '라고'의 준말은 '라'임. 예 그가 "우리나라 만세!"라고 했던가? 　　그가 "우리나라 만세!"라 했던가?
고	• 앞말이 간접 인용되는 말임을 나타내는 격 조사 예 그는 커피를 전혀 못 마신다고 하였다.

'이다'나 '아니다'가 쓰인 문장은 간접 인용문을 어떻게 만드나요?

서술격 조사 '이다'나 형용사 '아니다'가 있는 서술어가 쓰인 문장은 간접 인용격 조사 '고'를 붙여 간접 인용문으로 만들 때 '이다'와 '아니다'의 형태가 유지되지 않습니다. 서술격 조사 '이다'에 간접 인용격 조사 '고'를 붙여 간접 인용문을 만들 때는 '이라'로 형태가 바뀌어 '이라고'가 됩니다. 그리고 형용사 '아니다'에 간접 인용격 조사 '고'를 붙여 간접 인용문을 만들 때는 '아니라'로 형태가 바뀌어 '아니라고'가 됩니다.

예 나는 친구에게 내 인형이라고 말했다.
　　그는 나에게 자신의 인형이 아니라고 말했다.

* **화자**: 이야기를 하는 사람
* **청자**: 이야기를 듣는 사람

【초성 답】 1 인용　2 따옴표　3 간접적

042 안긴문장 ❺ - 서술절

1 서술절을 가진 안은문장

- 절 전체가 문장에서 서술어의 역할을 하는 서술절을 안고 있는 문장
- 특정한 절 표지가 없이 서술어 자리에 쓰임.

2 서술절을 가진 안은문장의 특징

- 서술절을 만드는 뚜렷한 문법 요소가 없이 (¹ ㅅㅅㅇ) 자리에 쓰임.

개념 당기는 예시

```
          ┌서술절┐                        ┌서술절┐
코끼리는  코가 길다.            그는     마음이 넓다.
          주어+서술어                    주어+서술어
  └주어    └서술어               └주어    └서술어
```

서술절을 가진 안은문장에서는 절을 만들어 주는 뚜렷한 문법 요소가 없습니다. 동사나 형용사가 통사적으로 명사처럼 쓰이는 명사절이나 관형사처럼 쓰이는 관형절과 달리 서술절은 그것의 서술어가 안은문장의 서술어로 쓰이기 때문에 별다른 표지가 필요 없는 것입니다.

- 첫 번째 명사(구)가 주격 조사 '이/가' 대신 보조사 '은/는'으로 나타나는 경우도 있음.

개념 당기는 예시

- 토끼가 귀가 길다. → 토끼는 귀가 길다.
- → 명사가 주격 조사 '이/가'와 결합할 때에 비해 보조사 '은/는'과 결합하면 '주제' 또는 '화제'의 의미가 강해짐.

- 서술절은 그 속에 다시 다른 서술절을 가질 수 있음.

개념 당기는 예시

- 저 사람은 웃옷이 소매가 짧다.
- → 서술절은 그 속에 다시 다른 서술절을 가질 수 있으며, 주어가 3개인 것처럼 보이기도 하지만 한 문장에 복수의 주어는 인정하지 않음.

- 서술절의 주어는 전체 문장의 (² ㅈㅇ)의 일부분이거나 그 소유물인 경우가 많으며, 서술어는 형용사인 경우가 대부분임.

◎ 개념 갈고리 ┐ 절이 안길 때 나타나는 문법 현상

절이 다른 문장에 안길 때 문장 성분이 생략되거나 문장이 여러 겹 안기는 현상이 발생한다. 한 문장이 절의 형태를 띠고 큰 문장 속에 안길 때, 안긴문장의 성분이 안은문장의 한 성분과 동일하면 그 성분은 다른 말로 대치되거나 생략된다. 또한 어떤 문장은 절의 형태로 다른 문장에 안기면서, 그 절 자체가 또 다른 절을 안고 있을 때가 있다.

- **성분 생략** 예 아빠는 나에게 자전거를 사 줄 것을 약속했다.
→ '아빠는 나에게 (아빠가) 자전거를 사 줄 것을 약속했다.'에서 관형절의 주어 '아빠가'가 생략됨.

- **문장 겹안김** 예 저 사람은 웃옷이 색깔이 예쁘다.
→ '저 사람은 + [웃옷이 + (색깔이 + 예쁘다)]'의 구조로 두 개의 절이 겹쳐 안겨 있는 문장임.

개념 알통 

절 구분 표지

구분	표지 예시
명사절	어미 '-(으)ㅁ, -기'
관형사절	어미 '-(으)ㄴ, -는, -(으)ㄹ, -던'
부사절	'-게, -도록, -아서/-어서'
인용절	부사격 조사 '고', '라고'
서술절	절 표지 없음.

서술절은 서술어는 하나인데 주어로 보이는 명사구가 두 번 이상 나타나는 문장에서 절 전체가 서술어의 기능을 하는 절을 의미한다. 다른 절과 달리 절을 만드는 문법 요소가 없는 것이 특징이다.

💓 주어가 두 개면 이중 주어인가요?

문장 중에는 주격 조사 '이/가'가 결합한 문장 성분이 두 개 이상 있는 문장이 있습니다. 이때 서술어가 하나뿐이라면 하나의 서술어에 두 개의 주어가 결합된 것처럼 보여 주어가 두 개인 이중 주어문으로 보일 수 있습니다. 하지만 국어 문법에서는 한 문장에 주어가 두 개 이상 오는 이중 주어문을 인정하지 않습니다. [주어 + (주어 + 서술어)] 구조인 문장을 설명하기 위해서 국어 문법에서는 서술절이라는 개념을 설정하고, 첫 번째 주어는 전체 문장의 주어로, 두 번째 주어는 서술절의 주어로 보는 관점을 취하고 있습니다.

【초성 답】 1 서술어 2 주어

개념 트레이닝 ZONE

문제를 풀며 개념 근육을 키워 보세요!

01 다음 설명의 알맞은 말에 ○표 하시오.

(1) 하나의 절이 다른 절 안에서 하나의 문장 성분처럼 쓰일 때 이 절을 포함한 문장을 (안긴문장 / 안은문장), 다른 문장 안에서 하나의 성분처럼 쓰이는 문장을 (안긴문장 / 안은문장)이라고 한다.

(2) 명사절은 그 뒤에 '이/가, 을/를, 에' 등의 (격 조사 / 보조사)가 결합하여 주어, 목적어, 부사어 등의 다양한 역할을 한다.

(3) 한 문장에 필요한 모든 성분을 완전히 갖추고 있는 관형절을 (관계 관형절 / 동격 관형절), 한 가지 문장 성분이 빠져 있는 관형절을 (관계 관형절 / 동격 관형절)이라고 한다.

(4) 서술절은 절 전체가 (동사구 / 서술어)의 기능을 하는데, 다른 절들과 달리 절 표지가 (없다 / 있다).

(5) 인용절은 다른 사람의 말이나 글에서 인용한 내용이 (절 / 문장)의 형식으로 안긴 것이며, 주어진 문장에 인용의 (관형격 / 부사격) 조사 '라고'나 '고'가 붙어서 만들어진다.

02 다음 문장에서 안긴문장을 찾아 밑줄을 긋고, 절의 종류를 쓰시오.

(1)	막내 동생은 머리가 좋다.	
(2)	오늘은 밖에 나가기가 싫다.	
(3)	지아가 어디 가냐고 물었다.	
(4)	어머니께서는 인정이 많으시다.	
(5)	나는 발에 땀이 나도록 달렸다.	
(6)	농부들이 비가 오기를 기다렸다.	
(7)	나는 그가 돌아온 사실을 몰랐다.	
(8)	고양이는 발소리가 없게 움직였다.	
(9)	나는 서진이가 추천한 책을 읽었다.	
(10)	그녀는 그가 준 선물을 열어 보았다.	

03 다음 주어진 문장을 활용하여 제시된 문장 형식에 맞는 안긴문장을 쓰시오.

(1) 키가 크다.

➡ [서술절] 장훈이는 우리 반에서 가장 (　　　　　).

(2) 차가 지나간다.

➡ [부사절] 태민이는 (　　　　　　　　) 옆으로 비켰다.

(3) 간식을 천천히 먹어라.

➡ [간접 인용절] 현주가 나에게 (　　　　　　　　) 말했다.

04 다음 문장이 자연스러운 문장이 되도록 괄호 안의 문장을 바꾸어 쓰시오.

(1) (이 과제를 하다)가 어렵다.

➡ (　　　　　　　)가 어렵다.

(2) (색깔이 예쁘다) 꽃이 향기도 좋다.

➡ (　　　　　) 꽃이 향기도 좋다.

(3) 진주는 (머리카락이 휘날리다) 빨리 달렸다.

➡ 진주는 (　　　　　　　　) 빨리 달렸다.

(4) 삼촌께서는 나에게 (사과를 먹어라)고 말씀하셨다.

➡ 삼촌께서는 나에게 (　　　　　　) 고 말씀하셨다.

(5) 지난주에 나는 (할머니 댁을 방문하다)로 약속하였다.

➡ 지난주에 나는 (　　　　　　) 로 약속하였다.

05 다음 ⊙~ⓒ에 해당하는 절의 종류와 표지를 쓰시오.

> 지난주에 나는 ⊙삼촌 댁을 방문하기로 아빠와 약속했다. 토요일 점심, 우리는 ⓒ경주에 있는 삼촌 댁에 도착했다. 삼촌네 강아지 구름이는 꼬리가 매우 길다. 나는 밤이 깊도록 구름이와 놀았다. 삼촌께서는 ⓒ구름이가 사과를 좋아한다고 말씀하셨다.

	절의 종류	절의 표지
⊙		
ⓒ		
ⓒ		

06 다음 문장에서 명사절을 찾아 밑줄 긋고, 어떤 문장 성분으로 사용되었는지 쓰시오.

(1)	지금은 집에 가기에 이른 시간이다.	
(2)	나는 네가 영원히 행복하기를 바란다.	
(3)	우리가 대단한 일을 해냈음이 분명하다.	

07 다음 문장에서 관형절을 찾아 밑줄 긋고, 관형절에 생략된 말과 그것의 문장 성분을 쓰시오.

		생략된 말	문장 성분
(1)	네가 좋아할 일이 생겼다.		
(2)	몸에 좋은 약이 입에 쓰다.		
(3)	이순신 장군이 만든 거북선은 세계 최초의 철갑선이다.		

01

㉠~㉣ 중 명사절이 동일한 문장 성분으로 사용된 것끼리 묶인 것은?

> ㉠ 농부들은 <u>비가 오기</u>를 기다린다.
> ㉡ 지금은 <u>집에 가기</u>에 이른 시간이다.
> ㉢ <u>그는 1년 후에 돌아가기</u>로 결심했다.
> ㉣ <u>어린 아이들은 병원에 가기</u> 싫어한다.

실력 자랑 ㉠~㉣의 밑줄 친 부분의 문장 성분을 아래에서 골라 보세요.

㉠	(목적어 / 부사어)
㉡	(목적어 / 부사어)
㉢	(목적어 / 부사어)
㉣	(목적어 / 부사어)

 서술어의 동작 대상이 되는 성분은 목적어,
용언이나 다른 부사어, 문장 등을 꾸며 주는 성분은 부사어입니다.

02

〈보기〉의 ㄱ~ㄹ을 활용하여 만든 겹문장을 이해한 내용으로 적절하지 **않은** 것은?

> 〈보기〉
> ㄱ. 바람이 분다.
> ㄴ. 바람이 차갑다.
> ㄷ. 단풍잎이 빨갛다.
> ㄹ. 단풍잎이 흔들린다.

실력 자랑 ㄱ~ㄹ을 활용하여 만든 겹문장에 대한 이해의 적절성을 판단해 보세요.

① '바람이 불어서 단풍잎이 흔들린다.'는 ㄱ과 ㄹ이 종속적으로 이어진문장이다. ○ ✕

② '차가운 바람이 분다.'는 ㄴ이 ㄱ에 안기면서 ㄴ의 주어가 생략된 문장이다. ○ ✕

③ '바람이 차갑고 단풍잎이 빨갛다.'는 ㄴ과 ㄷ이 대등적으로 이어진문장이다. ○ ✕

④ '단풍잎이 바람이 불면 흔들린다.'는 ㄹ이 관형절로 바뀐 ㄱ을 안고 있는 문장이다. ○ ✕

⑤ '흔들리는 단풍잎이 빨갛다.'는 ㄹ이 관형절의 형태로 ㄷ에 안겨 있는 문장이다. ○ ✕

03

〈보기〉의 ⓐ~ⓓ에 들어갈 말을 올바르게 짝지은 것은?

> 〈보기〉
> ㉠ 영희 어머니께서는 "네 동생은 착해."라고 말씀하셨다.
> ㉡ 영희 어머니께서는 내 동생이 착하다고 말씀하셨다.
>
> ㉠은 영희 어머니의 발화를 그대로 옮긴 직접 인용이고, ㉡은 영희 어머니의 발화를 풀어 쓴 간접 인용이다. 그런데 직접 인용을 간접 인용으로 바꿀 때나 간접 인용을 직접 인용으로 바꿀 때는 인용절 속의 어미, 인용 조사, 대명사, 지시 표현, 높임 표현 등에 변화가 생길 수 있다.

직접 인용	아들이 어제 저에게 "내일 사무실에 계십시오."라고 말했습니다.

↓

간접 인용	아들이 어제 저에게 (ⓐ) 사무실에 (ⓑ) 말했습니다.

직접 인용	언니는 어제 "나의 휴대 전화에 메시지를 꼭 남겨라."라고 나에게 말했다.

↓

간접 인용	언니는 어제 (ⓒ) 휴대 전화에 메시지를 꼭 (ⓓ) 나에게 말했다.

실력 자랑 ⓐ~ⓓ에 들어갈 말을 골라 보세요.

ⓐ	(오늘 / 어제)
ⓑ	(있으라고 / 계시라고)
ⓒ	(나의 / 자기의)
ⓓ	(남기라고 / 남겨라고)

04

〈보기〉의 [A]에 들어갈 말로 적절한 것은?

〈보기〉

선생님: 두 개의 홀문장을 하나의 겹문장으로 만들 때, 두 홀문장 중 한 문장에서 특정 성분이 생략되는 경우가 있습니다. 다음은 홀문장 ㉠, ㉡을 하나의 겹문장 ㉢으로 만든 예인데요, ㉢에 대해 설명해 볼까요?

> ㉠ 철수가 공원에서 산책을 하였다.
> +
> ㉡ 공원은 학교 뒤에 있다.
> ↓
> ㉢ 철수가 산책을 한 공원은 학교 뒤에 있다.

학 생: ______________________ [A]

실력 자랑 ㉢에 대해 아래에서 골라 설명해 보세요.

1. 관형절, 부사절, 명사절
2. 주어, 목적어, 부사어

→ ㉠이 ㉡에 (1.)로 안기면서 ㉠의 (2.)가 생략되었습니다.

05

〈보기〉의 ㉠에 해당하는 예로 적절한 것은?

〈보기〉

• 재희는 봉사활동에 <u>아무도 모르게</u> 참여한다.

위 문장에서 '아무도 모르게'는 단어가 아니라 주어인 '아무도'와 서술어인 '모르다'로 이루어진 문장이다. 이 문장은 '재희는 봉사활동에 참여한다.'라는 문장에서 서술어 '참여한다'를 수식하여 '어떻게'라는 의미를 더해 주면서 수식하고 있다. 이런 역할을 하면서 안겨 있는 문장을 ㉠<u>부사절</u>이라 한다.

실력 자랑 밑줄 친 부분이 해당하는 바를 아래에서 골라 써 보세요.

관형절, 명사절, 부사절, 인용절	
1. <u>이 일은 하기가</u> 쉽지 않다.	
2. 빙수는 <u>이가 시리도록</u> 차가웠다.	
3. 은기는 꼭 <u>꿈을 이루겠다고</u> 말했다.	
4. 승희는 <u>마음이 따뜻한</u> 사람을 좋아한다.	
5. 민우는 <u>우리가 어제 돌아온</u> 사실을 모른다.	

06

다음은 '문장의 짜임'에 대해 활동한 것이다. ㉠에 들어갈 내용으로 적절한 것은?

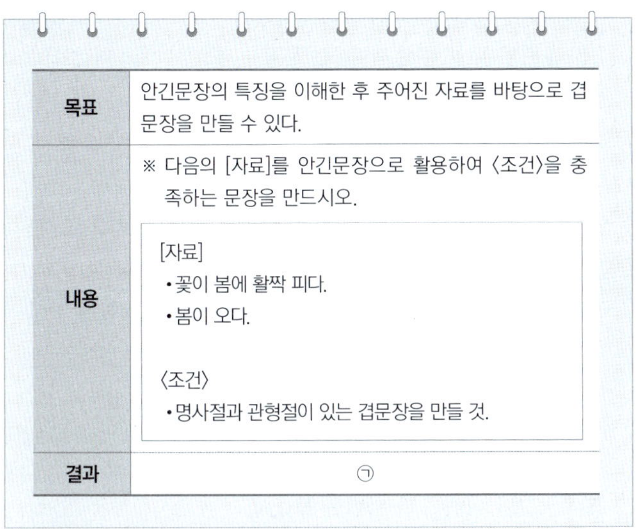

목표	안긴문장의 특징을 이해한 후 주어진 자료를 바탕으로 겹문장을 만들 수 있다.
내용	※ 다음의 [자료]를 안긴문장으로 활용하여 〈조건〉을 충족하는 문장을 만드시오. [자료] • 꽃이 봄에 활짝 피다. • 봄이 오다. 〈조건〉 • 명사절과 관형절이 있는 겹문장을 만들 것.
결과	㉠

실력 자랑 ㉠에 들어갈 문장을 골라 〇표 하세요.

봄이 오면 꽃이 활짝 핀다.	
꽃이 활짝 피는 봄이 온다.	
나는 봄이 오고 꽃이 활짝 피기를 바란다.	
나는 꽃이 활짝 핀 봄이 오기를 기다린다.	
나는 봄이 와서 꽃이 활짝 피기를 소망한다.	

07

윗글을 바탕으로 〈보기〉의 ㄱ~ㅁ에 대해 탐구한 것으로 적절하지 <u>않은</u> 것은?

〈보기〉

ㄱ. 누나는 마음이 넓다.

ㄴ. 그 배는 섬으로 갔다.

ㄷ. 나는 형이 준 책을 읽었다.

ㄹ. 우리는 그가 학생임을 알았다.

ㅁ. 바람도 잠잠하고, 하늘도 푸르다.

실력 자랑 ㄱ~ㅁ에 대한 설명의 적절성을 판단해 보세요.

① ㄱ에서 안은문장의 주어와 안긴문장의 주어는 동일하다. 〇✕

② ㄴ은 주어와 서술어의 관계가 한 번 나타나므로 홀문장이다. 〇✕

③ ㄷ에서 안긴문장의 목적어는 안은문장의 목적어와 중복되므로 생략되었다. 〇✕

④ ㄷ에는 관형어의 기능을 하는 안긴문장이 있고, ㄹ에는 목적어의 기능을 하는 안긴문장이 있다. 〇✕

⑤ ㅁ은 앞 절과 뒤 절이 '나열'의 의미 관계를 가지는, 대등하게 이어진문장이다. 〇✕

01

〈보기〉의 ㉠에 해당하는 예로 적절하지 <u>않은</u> 것은?

〈보기〉

학 생: 한 문장 안에 주어와 서술어의 관계가 한 번 나타나는 문장을 홑문장, 두 번 이상 나타나는 문장을 겹문장이라고 하잖아요. 그런데 '나는 따뜻한 차를 마셨다.'라는 문장의 경우 주어 '나는'과 서술어 '마셨다'의 관계가 한 번만 나타나는 것 같은데 왜 겹문장인가요?

선생님: '나는 따뜻한 차를 마셨다.'라는 문장은 겹문장으로, 관형절을 안은문장이야. 관형절 '따뜻한'의 주어가 관형절이 수식하는 명사 '차'와 중복되어 생략된 것이지. 이처럼 ㉠한 문장이 다른 문장 속에 관형절로 안길 때 두 문장에 중복된 단어가 있으면, 관형절에서 그 단어가 포함된 문장 성분이 생략되기도 한단다.

① 그녀는 그가 여행을 간 사실을 몰랐다.
② 내가 사는 마을은 무척이나 아름답다.
③ 그는 책장에 있던 소설책을 꺼냈다.
④ 나는 동생이 먹을 딸기를 씻었다.
⑤ 골짜기에 흐르는 물이 깨끗하다.

02

㉠~㉤에 대한 설명으로 적절하지 <u>않은</u> 것은?

㉠그는 우리와 함께 일하기를 거부했다.
㉡개는 사람보다 후각이 훨씬 예민하다.
㉢나는 그가 우리를 도와준 일을 잊지 않았다.
㉣날이 추워지면 방한 용품이 필요하다.
㉤수만 명의 관객들이 공연장을 가득 메웠다.

① ㉠: '우리와 함께 일하기를'이 안은문장에서 목적어의 역할을 하고 있군.
② ㉡: '후각이 훨씬 예민하다'가 안은문장에서 서술어의 역할을 하고 있군.
③ ㉢: '그가 우리를 도와준'이 안은문장에서 관형어의 역할을 하고 있군.
④ ㉣: '날이 추워지다.'와 '방한 용품이 필요하다.'가 대등하게 이어진문장이군.
⑤ ㉤: '관객들이'가 주어이고 '메웠다'가 서술어인 홑문장이군.

03

〈보기〉의 ㄱ~ㄹ에 대한 설명으로 적절하지 <u>않은</u> 것은?

〈보기〉

안은문장은 한 절이 다른 절을 문장 성분의 일부로 안고 있는 문장으로, 이때 안겨 있는 절을 안긴문장이라고 한다. 안긴문장의 종류에는 명사절, 관형사절, 부사절, 서술절, 인용절이 있다. 안긴문장은 문장의 필수 성분을 일부 갖추지 않기도 하는데, 안은문장이 만들어지는 과정에서 안긴문장과 안은문장에 공통되는 요소는 생략되기 때문이다.

ㄱ. 여행을 가기 전에 나는 짐을 챙겼다.
ㄴ. 우리는 그녀가 착함을 아주 잘 안다.
ㄷ. 학생들은 수업이 끝나기를 기다렸다.
ㄹ. 조종사가 된 소년이 고향을 방문했다.

① ㄱ의 안긴문장에는 주어가 생략되어 있다.
② ㄴ의 안긴문장의 주어는 안은문장의 주어와 다르다.
③ ㄴ과 ㄷ의 안긴문장은 조사와 결합하여 목적어로 쓰이고 있다.
④ ㄷ과 ㄹ의 안긴문장에는 필수 성분이 생략되어 있다.
⑤ ㄱ과 ㄹ의 안긴문장은 종류는 다르지만 안은문장에서의 문장 성분은 같다.

04

〈보기〉의 설명을 참고하여 ⓐ~ⓒ의 밑줄 친 안긴문장에 대해 이해한 것으로 적절한 것은?

―〈보기〉―

다른 문장 속에 들어가 하나의 문장 성분처럼 쓰이는 문장을 안긴문장이라고 하며, 이 안긴문장을 포함하는 문장을 안은문장이라고 한다.

ⓐ 그가 <u>소리도 없이</u> 밖으로 나갔다.

ⓑ 나는 <u>그가 이 사건의 범인임</u>을 깨달았다.

ⓒ <u>어머니께서 시장에서 산</u> 수박은 매우 달았다.

① ⓐ의 안긴문장에는 주어가 생략되어 있다.

② ⓑ의 안긴문장은 조사와 결합하여 부사어의 기능을 한다.

③ ⓒ의 안긴문장에는 체언을 수식하는 관형어가 있다.

④ ⓐ의 안긴문장은 용언을 수식하고, ⓒ의 안긴문장은 체언을 수식한다.

⑤ ⓑ의 안긴문장에는 목적어가 있고, ⓒ의 안긴문장에는 목적어가 생략되어 있다.

05

〈보기〉의 ㉠~㉤에 대한 설명으로 적절하지 <u>않은</u> 것은?

―〈보기〉―

㉠예쁜 아이가 활짝 웃는다.

㉡나는 어제 새 가방을 샀다.

㉢지금 이곳은 동화 속 세상처럼 아름답다.

㉣작년에는 날씨가 추웠으나 올해에는 따뜻하다.

㉤설령 눈이 올지라도 우리는 어김없이 밖에 나간다.

① ㉠에는 주어가 생략된 안긴문장이 있다.

② ㉡은 주어와 서술어의 관계가 한 번 나타나는 문장이다.

③ ㉢에는 하나의 문장 성분처럼 쓰이는 안긴문장이 있다.

④ ㉣은 두 개의 홑문장이 대등하게 연결된 이어진문장이다.

⑤ ㉤은 주어와 서술어의 관계가 두 번 이상 나타나는 문장이다.

06

〈보기〉의 ㉠~㉤에 해당하는 문장으로 적절하지 <u>않은</u> 것은?

―〈보기〉―

[학습 활동]

겹문장은 홑문장보다 복잡한 생각을 효과적으로 표현할 수 있는 장점이 있다. 〈자료〉에 제시된 홑문장을 활용하여 〈조건〉에 해당하는 겹문장을 만들어 보자.

〈자료〉	〈조건〉
• 날씨가 춥다.	㉠ 명사절을 안은문장
• 형은 물을 마셨다.	㉡ 관형절을 안은문장
• 동생은 얼음을 먹었다.	㉢ 부사절을 안은문장
• 동생은 추위와 상관없다.	㉣ 인용절을 안은문장
• 형은 동생에게 불평을 했다.	㉤ 대등하게 이어진문장

① ㉠ : 동생은 추운 날씨에도 얼음을 먹었다.

② ㉡ : 형은 얼음을 먹는 동생에게 불평을 했다.

③ ㉢ : 동생은 추위와 상관없이 얼음을 먹었다.

④ ㉣ : 형은 동생에게 날씨가 춥다고 불평을 했다.

⑤ ㉤ : 형은 물을 마셨지만 동생은 얼음을 먹었다.

07

〈학습 활동〉을 수행한 결과로 적절하지 <u>않은</u> 것은?

―〈학습 활동〉―

겹문장은 다른 문장 속에 들어가 안긴문장으로 쓰일 수 있다. 또한 겹문장은 안은문장에서 다양한 문장 성분으로도 쓰인다. 다음 밑줄 친 겹문장 ⓐ~ⓔ의 쓰임을 설명해 보자.

• 기상청은 ⓐ<u>내일은 따뜻하지만 비가 온다</u>는 예보를 했다.

• 시민들은 ⓑ<u>공원이 많고 거리가 깨끗한</u> 도시를 만들었다.

• ⓒ<u>바람이 거세지고 어둠이 내리기</u> 전에 산에서 내려갔다.

• 나는 나중에야 ⓓ<u>그녀는 왔으나 그가 안 왔음</u>을 깨달았다.

• 삼촌은 주말에 ⓔ<u>꽃이 피고 새가 지저귀는</u> 들판을 거닐었다.

① ⓐ는 인용절로 쓰이고 있다.

② ⓑ는 관형절로 쓰이고 있다.

③ ⓒ는 명사절로 쓰이고 있다.

④ ⓓ는 조사와 결합하여 주성분으로 쓰이고 있다.

⑤ ⓔ는 조사와 결합 없이 부속 성분으로 쓰이고 있다.

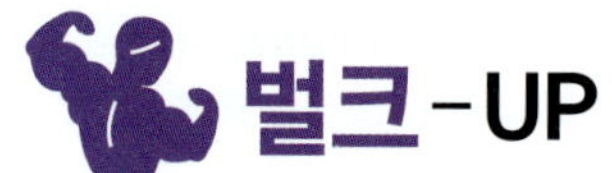

[01] 다음 글을 읽고 물음에 답하시오.

관형사형 어미는 용언의 어간에 붙어 용언이 관형사와 같은 기능을 수행하게 하는 어미이다. 현대 국어에서 관형사형 어미는 '-(으)ㄴ', '-는', '-(으)ㄹ' 등으로, 이들이 용언의 어간에 붙으면 관형절이 만들어진다. 일반적으로 관형절은 '관계 관형절'과 '동격 관형절'로 분류된다. 수식을 받는 체언이 관형절 속의 한 성분으로 쓰일 수 있으면 관계 관형절이고, 그렇지 않으면 동격 관형절이다. 한편 동격 관형절은 관형절이 만들어지는 과정에서 원래 문장의 종결 어미가 그대로 유지되는 관형절과, 그렇지 않은 관형절로 다시 나눌 수 있다.

01

윗글을 근거로 〈보기〉의 ㉠~㉣을 바르게 분류한 것은?

〈보기〉

[탐구 자료]

• ㉠힘찬 함성이 운동장에 울려 퍼졌다.

• 누나는 ㉡자동차가 전복된 기억을 떠올렸다.

• 나는 ㉢형이 조사한 자료를 보고서에 인용했다.

• ㉣내가 그 일을 한다는 사실은 확실히 변함없다.

[탐구 과정]

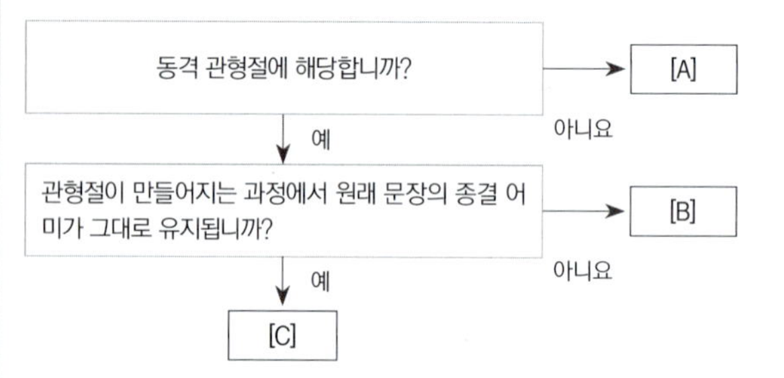

	[A]	[B]	[C]
①	㉠	㉡	㉢, ㉣
②	㉠	㉡, ㉢	㉣
③	㉢	㉠, ㉣	㉡
④	㉠, ㉢	㉡	㉣
⑤	㉠, ㉢	㉣	㉡

[02] 다음 글을 읽고 물음에 답하시오.

다른 문장 속에 들어가 하나의 성분처럼 쓰이는 문장을 안긴문장이라고 하며, 이 문장을 포함한 문장을 안은문장이라고 한다. 안긴문장은 문법 단위로는 '절'에 해당하며, 이는 크게 명사절, 관형절, 부사절, 서술절, 인용절의 다섯 가지로 나뉜다.

명사절은 '우리는 <u>그가 돌아오기</u>를 기다린다.'의 밑줄 친 부분과 같이 절 전체가 명사처럼 쓰이는 것으로, 문장에서 주어, 목적어, 보어, 부사어 등의 역할을 한다. 관형절은 절 전체가 관형어의 기능을 하는 것으로, '<u>아이들이 들어오는</u> 소리를 들었다.'의 밑줄 친 부분과 같이 체언 앞에 위치하여 체언을 수식하는 역할을 한다. 부사절은 절 전체가 부사어의 기능을 하는 것으로, '하늘이 <u>눈이 시리도록</u> 푸르다.'의 밑줄 친 부분과 같이 서술어를 수식하는 역할을 한다. 서술절은 '나는 <u>국어가 좋아</u>.'의 밑줄 친 부분과 같이 절 전체가 서술어의 기능을 하는 것이다. 인용절은 '담당자가 "<u>서류는 내일까지 제출하세요</u>."라고 말했다.'의 밑줄 친 부분과 같이 화자의 생각 혹은 느낌이나 다른 사람의 말을 인용한 것이 절의 형식으로 안기는 경우로, '고', '라고'와 결합하여 나타난다.

02

윗글을 바탕으로 〈보기〉를 탐구한 내용으로 적절하지 않은 것은?

〈보기〉

㉠<u>오랫동안 여행을 떠났던</u> 친구가 ㉡<u>자신이 돌아왔음</u>을 알리며 ㉢<u>곧장 나를 만나러 오겠다</u>고 ㉣<u>기분 좋게</u> 약속해서 나는 ㉤<u>마음이 설렜다</u>.

① ㉠은 뒤에 오는 명사 '친구'를 수식하므로 관형절로 안긴문장으로 볼 수 있군.

② ㉡은 서술어 '알리며'의 부사어 역할을 하므로 명사절로 안긴문장으로 볼 수 있군.

③ ㉢은 '고'를 사용하여 친구의 말을 인용하고 있으므로 인용절로 안긴문장으로 볼 수 있군.

④ ㉣은 서술어 '약속해서'를 수식하고 있으므로 부사절로 안긴문장으로 볼 수 있군.

⑤ ㉤은 주어 '나'의 상태를 서술하는 역할을 하므로 서술절로 안긴문장으로 볼 수 있군.

호루라기 관장님의 하드 트레이닝

공부한 날	월	일	요일
맞은 개수		/ 34	

No	다음 빈칸에 알맞은 말을 써서 문장을 완성하시오.
01	문장과 절은 똑같이 주어와 ( )를 갖추고 있다.
02	절은 문장의 일부분으로 쓰인다는 점에서 문장과 다르며, 한 문장이 다른 문장에 안기면 ( )이 된다.
03	문장 속에 절의 형태로 들어가 있는 문장을 ( )이라고 하고, 절을 포함하고 있는 문장을 ( )이라고 한다.
04	절은 문장에서 어떻게 쓰이느냐에 따라 ( ), 관형절, 부사절, 인용절, 서술절로 분류할 수 있다.
05	명사절은 문장에서 ( )처럼 쓰이는 절이다.
06	명사절은 명사와 똑같이 ( ), 목적어, 보어 등의 기능을 할 수 있다.
07	용언에 명사형 ( ) '-(으)ㅁ'이나 '-기'를 붙이면 명사절을 만들 수 있다.
08	관형절은 ( )처럼 체언을 꾸며 주는 절이다.
09	용언에 관형사형 어미 '-(으)ㄴ, -는, -(으)ㄹ, -던'을 붙이면 ( )을 만들 수 있다.
10	관형사형 어미 '-(으)ㄴ, -던'은 ( ), '-는'은 ( ), '-(으)ㄹ'은 ( ) 시제를 나타낼 수 있다.
11	부사절은 문장 속에서 ( )의 기능을 하는 절이다.
12	( )은 문장 속에 다른 사람의 말이나 글을 따온 절을 말한다.
13	직접 인용은 주어진 문장을 그대로 가져오는 것으로 큰따옴표를 쓰고, 인용의 부사격 조사 '( )'를 붙인다.
14	간접 인용은 가져다 쓰는 사람이 원래의 문장을 자신의 표현으로 고쳐서 문장에 사용하는 것으로, 인용의 부사격 조사 '( )'를 붙인다.
15	서술절은 ( ) 기능을 하는 절이다.
16	( )은 다른 절과 달리 절을 만드는 표지가 따로 없으며, 서술절을 안은문장은 주어가 두 개 있는 것처럼 보인다.

No	다음 문장에서 명사절에 밑줄을 긋고, 문장 성분을 쓰시오.
17	그것이 사실임이 틀림없었다.
18	학생들은 방학이 끝나기를 기다렸다.
19	나는 국어 공부에 매진하기로 결심했다.
20	그 공룡은 오래전에 멸종했음이 밝혀졌다.
21	나는 국가 대표팀이 우승할 것임을 확신했다.

No	절을 가진 안은문장으로 만들어 쓰시오.
22	재희는 (키가 매우 크다). → ( ).
23	재희는 (봄이 오다.) 사실을 몰랐다. → ( ).
24	재희는 (날이 저물다.) 집에 오지 않았다. → ( ).
25	재희는 수진이에게 (어서 오다)고 소리쳤다. → ( ).

No	다음 문장에서 관형절에 밑줄을 그으시오.
26	동생이 준 빵을 맛있게 먹었다.
27	약속 시간에 늦은 친구가 많다.
28	내가 늘 쉬던 공원에서 산책을 했다.
29	형이 조사한 자료를 보고서에 넣었다.

No	다음 문장에서 부사절에 밑줄을 그으시오.
30	땅이 비가 안 와서 갈라졌다.
31	장미꽃이 빛깔도 곱게 피어 있다.
32	여기는 사진이 멋지게 장식되어 있다.
33	나는 친구가 쉴 수 있도록 배려하였다.
34	나는 손에 땀이 나도록 철봉을 잡았다.

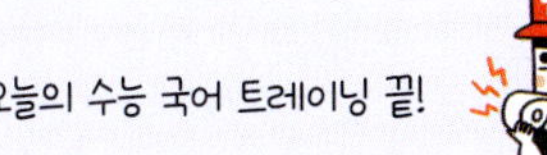
오늘의 수능 국어 트레이닝 끝!

043 높임 표현 ❶ - 주체 높임법

▌1 주체 높임법의 개념

- 문장의 서술의 주체를 높이는 방법
- 화자가 서술의 (¹ ㅈㅊ)에 대하여 높임의 태도를 나타내는 문법 기능

▌2 주체 높임의 실현 방법

- 서술어에 선어말 어미 '-(으)시-'가 붙어 실현됨.
- 주격 조사 '이/가' 대신 '께서'를 쓰거나, 접미사 '-님'이 덧붙기도 함.
- 특수한 (² ㅇㅎ)인 '계시다', 잡수시다, 주무시다' 등을 통해서도 실현됨.

⬇ 개념 당기는 예시

- 선생님께서 학교에 오신다.
- → 접미사 '-님', 높임의 주격 조사 '께서', 주체 높임 선어말 어미 '-시-'를 사용하여 문장의 주체인 '선생님'을 높임.

- 할아버지께서 방에서 주무신다.
- → 주격 조사 '께서'와 높임의 특수 어휘인 '주무시다'를 사용하여 문장의 주체인 '할아버지'를 높임.

▌3 직접 높임과 간접 높임

직접 높임	• 주체를 직접 높이는 방식 • 높임의 선어말 어미 '-(으)시-'를 붙이거나 특수 어휘를 사용하여 실현함. ㉾ 선생님께서는 지금 학교에 계신다. → 주체의 '선생님'을 직접 높임.
간접 높임	• 주체와 밀접하게 관련된 대상을 높임으로써 주체를 간접적으로 높이는 방식 • 높여야 할 대상의 가족, 신체 부분, 소유물 등과 관련된 서술어에 높임의 선어말 어미 '-(으)시-'를 붙임. ㉾ 선생님께서는 손이 크시다.(신체 부분) → 선생님의 신체 일부인 '손'을 높임으로써 결국 주체인 '선생님'을 높임.

▌4 주체 높임법과 청자와의 관계

- (³ ㅎㅈ)가 주체를 높이겠다는 생각이 있어야만 주체 높임법이 성립되는데, 청자와의 관계 때문에 '-(으)시-'가 쓰일 수도 있고 쓰이지 않을 수도 있음.
- 주체가 화자보다 높더라도 청자가 주체보다 높을 때는 원칙적으로 압존법에 의해 주체를 높일 수 없음.

⬇ 개념 당기는 예시

㉾ 할머니, 아버지가 왔습니다.
　　듣는 이　　주체
→ 주체인 아버지보다 듣는 이인 할머니가 높은 사람이기 때문에 할머니 앞에서 '나'는 아버지를 낮추어 말하는 압존법을 활용하고 있음.

개념 알통

국어 높임법의 특징

- 우리말의 높임법은 발화 행위에 관여하는 인물들 사이의 존비(尊卑) 관계에 의지한다.
- → 존비 관계는 나이, 직업, 지위의 높고 낮음, 윤리적 관계에 의한 상하 관계에 의함.
- 듣는 이가 특정한 인물이 아닌, 일반 독자를 대상으로 하는 인쇄물 같은 데서는 '-시-'가 쓰이지 않거나 해라체(하라체)가 쓰인다.

개념 알통

'-시-'가 사용되었으나 높임의 의미가 적은 예

높임 어휘 + '-시-' + 해체의 종결	㉾ 식기 전에 빨리 드셔. → 친구나 동료 사이의 친근한 표현 ㉾ 안으로 들어가시게. → 아랫사람이지만 말하는 이가 주체를 높이겠다는 생각이 있으면 존중의 의미가 성립함. ㉾ 할아버지, 식사는 하셨어? → 친근함과 높임이 함께 드러남.
'-시-' + 낮춤	㉾ 김 대표, 인사 좀 하시지. → 인사를 하지 않은 상대에 대한 섭섭함과 꾸짖음의 의미 ㉾ 어디 한번 도전해 보시지. → 상대의 실력을 얕보고 비꼬는 의미 ㉾ 자신 있으면 어디 덤벼 보시지. → 상대를 높이는 척하면서 얕보는 의미

【초성 답】 1 주체　2 어휘　3 화자

044 높임 표현 ❷ - 객체 높임법

1 객체 높임법의 개념

- 목적어나 (1 ㅂㅅㅇ)가 지시하는 대상, 즉 서술의 객체를 높이는 방법

개념 당기는 예시

- 수진이는 <u>선생님께</u> 문제 풀이를 여쭈어 보았다.
  객체(부사어)
- → 서술의 객체인 부사어 '선생님'을 높이고 있음.

2 객체 높임법의 실현 방법

- 부사격 (2 ㅈㅅ) '에게' 대신 '께'를 사용함.
- 특수한 어휘인 '모시다, 드리다, 여쭈다/여쭙다' 등을 통해 실현됨.

개념 당기는 예시

- 나는 <u>할머니를</u> <u>모시고</u> 우체국에 갔다.
  객체(목적어)　객체를 높이는 특수 어휘
- → 객체(목적어)인 '할머니'를 높이기 위해 높임의 특수 어휘인 '모시다('데리다'의 높임말)'를 사용하였음.

3 객체 높임법의 특징

- 객체가 화자와 주체 모두에게 높거나 최소한 주체보다 **존귀**[*]해야 함.
- 화자가 객체나 청자보다 존귀하지만, 객체가 청자나 주체보다 높으면 존대할 수 있음.

개념 갈고리 어휘에 의한 높임법

우리말에는 높임과 낮춤의 말이 따로 발달되어 쓰이고 있다.

높임	직접 높임	^예 아버님, 어머님, 선생님, 형님, 따님
		^예 주무시다(자다), 계시다(있다), 잡수다(먹다), 돌아가시다(죽다), 드리다(주다), 뵙다(만나다), 여쭙다(묻다), 편찮으시다(아프다)
	간접 높임	^예 진지(밥), 댁(집), 치아(이), 말씀(말)
		^예 귀사(貴社, 상대편 회사의 높임말), 귀댁(貴宅, 상대편 집안의 높임말)
낮춤	직접 낮춤	^예 저(나)
	간접 낮춤	^예 말씀(말), 소생(小生, 자기를 낮추어 이르는 말) → '말씀'은 '할아버지의 말씀'과 같이 높임말로 쓰이기도 하며, '제가 말씀을 드리겠습니다.'와 같이 낮춤말로 쓰이기도 함.

객체 높임 선어말 어미는 없나요?

현대 국어에서 주체 높임은 주체 높임 선어말 어미 '-(으)시-'에 의해 실현되는 것과 달리 객체 높임은 높임의 부사격 조사 '께'를 붙이는 방법과 높임의 의미를 가진 특수 어휘를 통해서만 실현되고 있습니다. 중세 국어 때는 객체 높임 선어말 어미가 발달해 있었지만 이 선어말 어미들은 현대 국어에서는 존재하지 않게 되어 결국 부사격 조사 '께'와 특수 어휘가 객체를 높이는 역할을 하게 되었습니다.

개념 알통

특수 동사를 사용한 현대의 객체 높임

드리다	나는 사과를 할머니께 <u>드렸다</u>.
	나는 사과를 할머니께 <u>주었다</u>.
모시다	나는 할머니를 <u>모시고</u> 집으로 왔다.
	나는 할머니를 데리고 집으로 왔다.
여쭈다	나는 궁금한 것을 선생님께 <u>여쭈었다</u>.
	나는 궁금한 것을 선생님께 물었다.

- 위의 예에서 할머니와 선생님은 모두 높임의 대상이기 때문에 높임의 의미를 나타내는 특수 동사인 '드리다, 모시다, 여쭈다'를 사용하여 높인 것이며, '할머니께, 선생님께'처럼 높임의 부사격 조사 '께'를 사용하였다.

---

[*] **존귀**: 지위나 신분이 높고 귀함.

【초성 답】 1 부사어　2 조사

045 높임 표현 ❸ - 상대 높임법

1 상대 높임법의 개념

- 화자가 (1 ㅊㅈ)인 상대방에 대하여 높이거나 낮추어 표현하는 방법
- 종결 표현을 통해 실현됨.

2 상대 높임법의 종류

- 크게는 (2 ㄱㅅㅊ)와 비격식체로 나뉘고, 높임의 정도에 따라서는 여섯 단계로 나뉨.

구분	높임 표현		낮춤 표현	
격식체	하십시오체(아주높임)	하오체(예사 높임)	하게체(예사 낮춤)	해라체(아주낮춤)
비격식체	해요체(두루높임)		해체(두루낮춤)	

격식체	• 의례적 용법으로 심리적인 거리감을 나타냄. • 다양한 종결 표현으로 실현됨.
비격식체	• 정감적 용법으로 격식을 덜 차리며, 친근감을 나타냄. • 한정된 어미를 통해 실현됨.

비격식체는 종결 표현이 한정되어 있는 대신에 억양이나 문맥을 통해서 문장 종결의 유형을 나타낼 수 있습니다. 예를 들어 '밥 먹어↘(평서문) / 밥 먹어↗(의문문) / 밥 먹어!(감탄문)'처럼 하나의 형태로 여러 가지 문장 종결 유형을 나타내는 것이 가능합니다.

3 상대 높임법의 실현 방법

- 주로 문장의 (3 ㅈㄱ) 표현으로 실현됨.

등급 문형	격식체				비격식체	
	하십시오체 (아주높임)	하오체 (예사 높임)	하게체 (예사 낮춤)	해라체 (아주낮춤)	해요체 (두루높임)	해체 (두루낮춤)
평서형	갑니다	가오	가네	간다	가요	가
의문형	갑니까?	가오?	가나?	가니?	가요?	가?
명령형	가십시오	가오	가게	가라	가요	가
청유형	(가시지요)	갑시다	가세	가자	가요	가
감탄형	–	가는구려	가는구먼	가는구나	가는군요	가, 가는군

감탄형은 하십시오체를 나타낼 때 특별한 형태 없이 평서문이 대신 쓰입니다. 이때 몸짓이나 억양을 다르게 하여 감탄을 표현하기도 합니다.

개념 당기는 예시

사위: 아버님, 어디 가십니까?

장인: 잠시 은행에 다녀오려고 하네.

→ 사위는 의문형의 하십시오체를 사용하고 있고, 장인은 평서형의 하게체를 사용하고 있음.

개념 알통

격식체와 비격식체의 특징

격식체	• 의례적, 직접적, 단정적, 객관적임. • 평서문, 의문문, 명령문, 청유문 정도로 쓰임. • 비격식체보다 어조와의 결합이 풍부하지 않음. • 상대방에 대한 존경을 표시함. • 상대방의 나이, 사회적 지위 등에 대한 대우의 표현임. • 다양한 종결 표현을 지님.
비격식체	• 비의례적, 부드럽고 비단정적, 주관적임. • 의혹, 추측, 감탄 등의 여러 가지 느낌을 표시함. • 풍부한 어조와 결합되어 나타남. • 격식체가 가지는 거리감을 해소함. • 친근하고 융통성 있는 태도를 보여 줌. • 개인적인 친화를 도모하고 인격적으로 대우함. • 어미가 한정적임.

공손법은 무엇인가요?

공손법은 화자가 특별히 공손한 뜻을 나타냄으로써 청자를 높이는 방법을 말합니다. 누구의 행위를 높이거나 낮추는 것이 아니라, 청자에게 각별히 공손한 뜻을 나타낼 때 쓰입니다. 공손법의 실현은 높임 선어말 어미 '-옵-, -오-, -삽-, -사옵-, -사오-, -잡-, -자옵-, -자오-' 등을 사용하여 이루어집니다. 예를 들어 '보내드리는 물건은 변변하지 못하오나 마음을 담아 보내 드리오니 받아 주시옵소서.'와 같이 표현할 수 있습니다.

046 종결 표현

1 종결 표현의 개념

- 화자가 문장을 끝맺는 종결 (1 ㅇㅁ)에 기대어, 자기의 생각이나 느낌을 청자에게 여러 가지 방식으로 표현하는 것
- 문장 종결 유형에는 평서형, 의문형, 명령형, 청유형, 감탄형이 있음.

2 종결 표현에 따른 문장의 종류

(1) 평서문

- 화자가 자신의 생각이나 사건의 내용을 객관적으로 진술하는 문장
- 평서형 종결 어미 '-다' 등으로 문장을 끝맺음.
  예 우리나라는 중위도 지역에 있습니다.

(2) 의문문

- 화자가 청자에게 (2 ㅈㅁ)하여 그 대답을 요구하면서 언어 내용을 전달하는 문장
- 의문형 종결 어미 '-니, -(느)냐, -ㄹ까' 등으로 문장을 끝맺음.

설명 의문문	• 구체적인 청자의 설명을 답변으로 요구하는 의문문으로, **의문사**[*]를 포함함. 예 "너는 무엇을 먹고 있니?"
판정 의문문	• 단순히 긍정이나 부정의 대답을 요구하는 의문문 예 "밥 먹었니?" / "응." 또는 "아니."
수사 의문문	• 굳이 대답을 요구하지 않고 서술이나 명령, 감탄 등의 효과를 내는 의문문 • 수사 의문문은 다양한 의미를 가짐. – 답변을 요구하지 않고, 강한 긍정 진술을 내포하고 있는 의문문 예 "무지개가 뜬다면 얼마나 좋을까?" – 명령이나 청유의 의미를 가지고 있는 의문문 예 "정현아, 창문 좀 닫아 줄래?"

의문형 종결 어미는 매우 다양한 형태를 취하는데, 간접 인용절에서는 '그녀는 나에게 언제 도착하냐고 물었다.'와 같이 '-(느)냐, -(으)냐'의 형태만을 취합니다.

(3) 명령문

- 화자가 청자에게 어떤 (3 ㅎㄷ)을 하도록 강하게 요구하는 문장
- 명령형 종결 어미 '-아라/-어라, -게' 등으로 문장을 끝맺음.
  예 일찍 일어나라. / 어서 들어오게.

(4) 청유문

- 화자가 청자에게 어떤 행동을 함께하도록 요청하는 문장
- 청유형 종결 어미 '-자, -ㅂ시다' 등으로 문장을 끝맺음.
  예 우리 같이 축구 경기 보자!

(5) 감탄문

- 화자가 청자를 크게 의식하지 않고 거의 독백하는 상태에서 자기의 (4 ㄴㄲ)을 표현하는 문장
- 감탄형 종결 어미 '-구나, -어라/-아라' 등으로 문장을 끝맺음.
  예 이 강아지는 정말 귀엽구나!

개념 알통

직접 발화와 간접 발화

직접 발화	• 문장 유형과 발화 의도가 일치함. • 발화자가 자신의 의도를 직접적으로 표현한 것 예 뛰지 좀 말아라. → 문장 형식은 명령문이며, 명령의 의도를 나타내므로 문장 유형과 의도가 일치하는 직접 발화임.
간접 발화	• 문장 유형과 발화 의도가 일치하지 않음. • 발화자가 자신의 의도를 간접적으로 표현한 것 예 소리를 줄여 주실 수 있을까요? → 문장 형식은 의문문이나 명령의 의도를 나타내므로 문장 유형과 의도가 불일치하는 간접 발화임.

개념 알통

직접 명령과 간접 명령

직접 명령	• 청자를 보고 직접 명령함. • 직접 명령문을 구성하는 명령형 종결 어미는 '-아라/-어라'를 비롯한 다양한 형태를 취함. 예 원하는 색을 골라라.
간접 명령	• 담화 현장에 없는 누군가에게 명령함. • 간접 명령문을 가능하게 하는 명령형 어미는 '-(으)라' 하나만 존재함. 예 물음에 알맞은 답을 고르라.

명령문과 청유문이 가진 문법적 제약은 무엇인가요?

명령문과 청유문의 서술어에는 동사만 올 수 있고, 과거형과 함께 쓰일 수 없습니다. 다만 명령형의 주어는 항상 청자가 되지만, 청유문의 주어는 화자와 청자가 함께 포함되어야 한다는 차이점이 있습니다.

[*]**의문사**: 의문의 초점이 되는 사물이나 사태를 지시하는 말로, '누구', '언제', '어디', '무엇', '왜', '어떻게', '얼마' 등이 있음.

【초성 답】 1 어미 2 질문 3 행동 4 느낌

개념 트레이닝 ZONE

문제를 풀며 개념 근육을 키워 보세요!

01 다음 빈칸에 들어갈 알맞은 말을 찾아 쓰시오.

상대	종결	주체	화자
높임법	목적어	부사어	격식체

(1) 화자가 어떤 대상이나 상대에 대하여 그의 높고 낮은 정도에 따라 언어적으로 구별하여 표현하는 방식이나 체계를 (　　　)이라고 한다.

(2) 주체 높임법은 서술의 (　　　)를 높이는 방법으로, 서술의 주체가 (　　　)보다 나이나 사회적 지위 등이 높을 때 사용한다.

(3) 객체 높임법은 (　　　)나 (　　　)가 지시하는 대상인 서술의 객체를 높이는 방법이다.

(4) 화자가 청자에 대하여 높이거나 낮추어 말하는 방법인 (　　　) 높임법은 종결 표현으로 실현되며, 크게 (　　　)와 비격식체로 나뉜다.

(5) 국어의 문장은 (　　　) 어미의 형태에 따라 평서문, 의문문, 명령문, 청유문, 감탄문으로 나뉜다.

02 다음 문장의 높임의 종류와 높임의 대상을 쓰시오.

		높임의 종류	높임의 대상
(1)	어머니께서 방에 들어오셨다.		
(2)	모르는 것은 선생님께 여쭈어봐라.		
(3)	할아버지께서는 안방에 계신다.		
(4)	부장님의 넥타이가 멋있으시다.		
(5)	나는 이모를 모시고 병원에 갔다.		

03 다음 빈칸에 알맞은 말을 쓰고, 알맞은 표현에 ○표 하시오.

(1) 선생님께서 급식실에 계시다.

→ '(　　　)'와 '(　　　)'를 사용하여 (주체 / 객체)인 선생님을 높이고 있다.

(2) 교수님, 목소리가 좋으십니다.

→ '-(으)시-'를 사용하여 '(　　　)'를 높여 (주체 / 객체)인 교수님을 간접적으로 높이고 있다.

(3) 할머니께 언제 찾아뵈어도 되는지 여쭈었다.

→ '(　　　)'와 '찾아뵙다', '(　　　)'를 사용하여 (주체 / 객체)인 할머니를 높이고 있다.

04 다음 단어를 높임의 등급에 맞게 빈칸에 쓰시오.

(1) 좋다	하오체	날씨가 참 (　　　).	
	해라체	날씨가 참 (　　　).	
(2) 왔다	해체	지우야, 기차 (　　　).	
	해요체	할아버지, 기차 (　　　).	
(3) 지내다	하게체	자네, 그럼 잘 (　　　).	
	하십시오체	교수님, 그동안 잘 (　　　)?	

05 다음 문장에 해당하는 상대 높임의 체계를 쓰시오.

(1) 집에 빨리 가자.　　　　　→　(　　　　　)

(2) 가는 대로 연락 좀 해라.　　→　(　　　　　)

(3) 어제 눈이 많이 왔지요?　　→　(　　　　　)

(4) 여러분, 만나서 반갑습니다.　→　(　　　　　)

(5) 내가 너무 당황했던 것 같네.　→　(　　　　　)

06 다음 제시된 주체나 객체에 맞게 높임법을 바꾸어 쓰시오.

(1) 하늘이가 교실에 있다.

→ 교장 선생님(　　　) 교실에 (　　　).

(2) 나는 매일 아침에 우유를 먹는다.

→ 삼촌(　　　)는 매일 아침에 우유를 (　　　).

(3) 민정이는 동생을 데리고 영화관에 갔다.

→ 민정이는 할머니를 (　　　) 영화관에 갔다.

(4) 솔이는 궁금했던 것을 선재에게 물어보았다.

→ 솔이는 궁금했던 것을 선생님(　　　) (　　　).

(5) 친구들이 빵을 먹고 잠을 잔다.

→ 할머니(　　　) 빵을 드시고 잠을 (　　　).

07 다음 문장에서 높임법에 어긋난 부분을 찾아 바르게 고쳐 쓰시오.

(1) 과장님, 지금 시간이 계세요?　　　　→ (　　　　　)

(2) 선생님께 묻고 싶은 것이 있어요.　　→ (　　　　　)

(3) 불편한 점이 계시면 말씀해 주세요.　→ (　　　　　)

(4) 할아버지께서는 지금 안방에 있으십니다. → (　　　　　)

(5) 재민아, 선생님께서 너 빨리 교무실로 오시라고 해.

→ (　　　　　)

워밍-UP

01

〈보기 1〉을 바탕으로 〈보기 2〉에서 사용된 높임의 양상을 바르게 분석하여 제시한 것은?

〈보기 1〉

주체 높임에는 서술의 주체를 직접 높이는 직접 높임과, 높여야 할 대상의 신체 부분, 개인적 소유물 등을 높임으로써 해당 인물을 높이는 간접 높임이 있다.

〈보기 2〉

아버지는 허리가 아프셔서 한영이가 아버지 대신 할아버지를 뵙고 왔습니다.

실력 자랑 〈보기 2〉에 사용된 높임의 양상을 바르게 골라 보세요.

주체 높임	객체 높임	상대 높임
(직접 높임 / 간접 높임)	(○ / ×)	(높임 / 낮춤)

02

〈보기〉의 밑줄 친 부분에 해당하는 예로 적절한 것은?

〈보기〉

객체 높임은 문장의 목적어나 부사어가 지시하는 대상, 곧 객체에 대한 높임의 태도를 나타내는 표현이다. 객체 높임은 주로 '모시다, 여쭙다' 등 높임의 의미가 있는 특수 어휘에 의해 실현되거나 부사격 조사 '께'를 통해 실현되기도 한다.

실력 자랑 다음 문장들의 높임의 양상을 파악해 보세요.

1. 선생님께서는 댁에 계십니다.	(객체 / 주체)
2. 형은 어머니께 그 책을 드렸다.	(객체 / 주체)
3. 할아버지께서는 눈이 밝으십니다.	(객체 / 주체)
4. 할머니, 아버지가 지금 막 도착했어요.	(객체 / 주체)
5. 윤우야, 선생님께서 빨리 교무실로 오라고 하셔.	(객체 / 주체)

03

〈보기 1〉을 바탕으로 〈보기 2〉에서 사용된 높임의 양상을 바르게 분석한 것은?

〈보기 1〉

주체 높임법은 서술의 주체에 해당하는 문장의 주어를 높이는 방법이고, 객체 높임법은 서술의 객체에 해당하는 목적어나 부사어가 지시하는 대상을 높이는 방법이다. 이러한 높임을 실현하기 위해서는 선어말 어미, 조사, 특수 어휘를 사용한다.

〈보기 2〉

어머니께서는 할머니를 모시고 공원에 가셨다.

실력 자랑 〈보기 2〉에서 사용된 높임의 양상을 바르게 골라 보세요.

주체 높임			객체 높임	
선어말 어미	조사	특수 어휘	조사	특수 어휘
(○ / ×)	(○ / ×)	(○ / ×)	(○ / ×)	(○ / ×)

주체 높임은 선어말 어미 '-(으)시'와 주격 조사 '께서', 접미사 '-님'이나 특수 어휘를, 객체 높임은 부사격 조사 '께'와 특수 어휘를 사용하는 경우가 많습니다.

04

밑줄 친 부분이 〈보기〉의 ㉠에 해당하는 예로 적절하지 <u>않은</u> 것은?

〈보기〉

일반적으로 의문문은 화자가 청자에게 질문에 대한 대답을 요청하는 문장인데, 화자가 청자에게 행동을 요청할 때 쓰이기도 한다. 청유문은 화자가 청자에게 함께 행동할 것을 요청하는 문장이다. 그러므로 이 문장 유형들은 ㉠화자가 청자에게 요청을 할 때 쓰이는 것이라는 점에서 공통적이다.

실력 자랑 밑줄 친 부분이 ㉠에 해당하면 O, 해당하지 않으면 X표 하세요.

①	A : 괜찮다면, 우리 여기서 잠깐 기다릴래요? B : 좋아요. 10분만 더 기다려요.	(○ / ×)
②	A : 다친 곳은 어떤가? 한번 보세. B : 보시다시피 많이 좋아졌습니다.	(○ / ×)
③	A : 저기요. 먼저 좀 내립시다. B : 아, 예. 저도 여기서 내려요.	(○ / ×)
④	A : 저 혹시, 모자를 벗어 주실 수 있을까요? B : 제가 방해가 되었군요. 미안합니다.	(○ / ×)
⑤	A : 어디 보자. 내가 다 챙겼나? B : 거기서 혼자 뭐 해요. 빨리 나와요.	(○ / ×)

01

〈보기〉의 ㉠~㉤을 수정하고자 할 때, 적절하지 <u>않은</u> 것은?

〈보기〉

㉠ (아들이 아버지에게) 아버지, 무슨 고민이 계신가요?

㉡ (형이 동생에게) 삼촌께서 할머니를 데리고 식당으로 가셨어.

㉢ (사원이 다른 사원에게) 부장님이 이제 회의실로 온다고 하셨어.

㉣ (손녀가 할아버지에게) 언니가 할아버지한테 안경을 갖다 주라고 했어요.

㉤ (학생이 다른 학생에게) 문제를 풀다가 어려운 것이 있으면 선생님한테 물어봐.

① ㉠: '아버지'를 간접적으로 높이도록 '아버지, 무슨 고민이 있으신가요?'로 수정한다.

② ㉡: '삼촌'을 간접적으로 높이도록 '삼촌께서 할머니를 모시고 식당으로 가셨어.'로 수정한다.

③ ㉢: '부장님'을 직접적으로 높이도록 '부장님께서 이제 회의실로 오신다고 하셨어.'로 수정한다.

④ ㉣: '할아버지'를 직접적으로 높이도록 '언니가 할아버지께 안경을 갖다 드리라고 했어요.'로 수정한다.

⑤ ㉤: '선생님'을 직접적으로 높이도록 '문제를 풀다가 어려운 것이 있으면 선생님께 여쭤봐.'로 수정한다.

02

〈학습 활동〉의 ㉠에 들어갈 예로 적절한 것은?

〈학습 활동〉

높임 표현이 홑문장에서 실현될 수도 있지만, 겹문장의 안긴문장 속에서도 실현될 수 있다. 다음 조건에 해당하는 예문을 만들어 보자.

조건	예문
안긴문장에서의 주체 높임의 대상이 안은문장에서 주어로 실현된 겹문장	공원에서 산책하시던 할아버지께서 활짝 웃으셨다.
안긴문장에서의 객체 높임의 대상이 안은문장에서 목적어로 실현된 겹문장	㉠
⋮	⋮

① 편찮으시던 어르신께서는 좀 건강해지셨나요?

② 오빠는 고향에 계신 부모님을 집으로 모시고 갔다.

③ 나는 할아버지께서 선물을 주신 날짜를 아직도 기억해.

④ 누나는 다음 주에 인사를 드릴 할머니께 편지를 썼어요.

⑤ 형은 동생이 찾아뵈려던 선생님을 학교에서 만났습니다.

03

〈보기 1〉을 참고하여 〈보기 2〉의 ㉠~㉤을 이해한 내용으로 적절하지 <u>않</u>은 것은?

〈보기 1〉

높임 표현은 높임 대상에 따라 주어의 지시 대상을 높이는 주체 높임, 목적어나 부사어의 지시 대상을 높이는 객체 높임, 청자를 높이거나 낮추는 상대 높임으로 나뉜다. 높임 표현은 크게 문법적 수단과 어휘적 수단에 의해 실현된다. 문법적 수단은 조사나 어미를, 어휘적 수단은 특수 어휘를 사용하는 것이다.

〈보기 2〉

[대화 상황]

손님: ㉠<u>어머니께 선물로 드릴 신발을 찾는데, ㉡편하게 신으실 수 있는 제품이 있을까요?</u>

점원: ㉢<u>부모님을 모시고 오시는 손님들께서 이 제품을 많이 사가셔요.</u> ㉣<u>할인 중이라 가격도 저렴합니다.</u>

손님: 좋네요. ㉤<u>저도 어머니를 뵙고, 함께 와야겠어요.</u>

① ㉠: 문법적 수단과 어휘적 수단을 통해 부사어가 지시하는 대상을 높이고 있다.

② ㉡: 선어말 어미 '−으시−'와 조사 '요'는 같은 대상을 높이기 위해 쓰이고 있다.

③ ㉢: 동사 '모시다'와 조사 '께서'는 서로 다른 대상을 높이기 위해 쓰이고 있다.

④ ㉣: 문법적 수단을 통해 대화의 상대방을 높이고 있다.

⑤ ㉤: 어휘적 수단을 통해 목적어가 지시하는 대상을 높이고 있다.

04

〈보기 1〉을 바탕으로 〈보기 2〉의 높임 표현을 바르게 분석한 것은?

〈보기 1〉

우리말의 높임법은 주어가 나타내는 대상을 높이는 주체 높임, 목적어나 부사어가 나타내는 대상을 높이는 객체 높임, 청자를 높이거나 낮추는 상대 높임으로 구분할 수 있다. 이러한 높임법은 조사, 특수 어휘, 선어말 어미, 종결 어미 등에 의해 실현된다.

〈보기 2〉

영희야, 아버지께서는 할머니를 모시고 먼저 나가셨어.

	주체 높임	객체 높임	상대 높임
①	○	○	높임
②	○	○	낮춤
③	○	×	높임
④	×	○	낮춤
⑤	×	×	높임

05

〈보기〉의 ㄱ ~ ㄷ에 대한 설명으로 옳지 않은 것은?

〈보기〉

주체 높임은 문장의 주체를 높이는 것으로, 선어말 어미나 조사, 특수 어휘 등을 통해 실현된다. 또한 주체의 신체 부분, 소유물, 생각 등을 높여 주체를 간접적으로 높이기도 한다. 그리고 객체 높임은 목적어나 부사어가 지시하는 대상, 즉 문장의 객체를 높이는 것으로, 조사나 특수 어휘를 통해 실현된다. 또한 상대 높임은 청자를 높이거나 낮추는 것으로, 주로 종결 어미를 통해 실현된다.

ㄱ. (어머니가 아들에게) 범서야, 할아버지께 과일 좀 갖다 드려라.

ㄴ. (아들이 아버지에게) 아버지, 할머니는 제가 모시러 가겠습니다.

ㄷ. (동생이 언니에게) 언니, 어머니가 우리에 대한 걱정이 많으셔.

① ㄱ은 종결 어미 '–어라'를 사용하여 청자인 '범서'를 낮추고 있다.

② ㄱ은 격 조사 '께'를 사용하여 문장의 주체인 '할아버지'를 높이고 있다.

③ ㄴ은 종결 어미 '–습니다'를 사용하여 청자인 '아버지'를 높이고 있다.

④ ㄴ은 특수 어휘 '모시다'를 사용하여 문장의 객체인 '할머니'를 높이고 있다.

⑤ ㄷ은 선어말 어미 '–으시–'를 사용하여 '어머니'의 생각인 '걱정'을 높여 주체를 간접적으로 높이고 있다.

06

밑줄 친 부분이 〈보기〉의 ㉠에 해당하는 예로 적절하지 <u>않은</u> 것은?

〈보기〉

일반적으로 의문문은 화자가 청자에게 질문에 대한 대답을 요청할 때, 청유문은 화자가 청자에게 함께 행동할 것을 요청할 때 쓰인다. 그런데 담화 상황에 따라 의문문과 청유문 모두 ㉠<u>화자가 청자에게 행동을 요청할 때 쓰이기도 한다.</u>

① A: <u>애들아, 영화 좀 보자.</u>

　 B: 알았어. 떠들어서 미안해.

② A: 환기가 필요하구나. <u>창문 좀 열자.</u>

　 B: 네. 알겠습니다.

③ A: <u>잠깐, 내가 안경을 어디다 뒀더라?</u>

　 B: 너 혼자 거기서 뭐하니? 빨리 나와.

④ A: <u>방 청소를 해야 하는데, 좀 비켜줄래?</u>

　 B: 네, 엄마. 바로 나갈게요.

⑤ A: 기사님! <u>저 신호등 앞에서 세워 주시겠어요?</u>

　 B: 네, 저기에 세우겠습니다.

07

밑줄 친 ㉠의 예로 적절한 것은?

〈보기〉

우리말의 문장 유형은 평서문, 의문문, 명령문, 청유문, 감탄문으로 나뉘는데, 대개 특정한 종결 어미를 통해 실현된다. 그런데 경우에 따라 ㉠<u>동일한 형태의 종결 어미가 서로 다른 문장 유형을 실현하기도 한다.</u>

① 　 –니 ┌ 너는 무엇을 먹었니?
　　　　└ 아버님은 어디 갔다 오시니?

② 　 –ㄹ게 ┌ 오늘은 내가 먼저 나갈게.
　　　　└ 내가 나중에 다시 전화할게.

③ 　 –구나 ┌ 그것 참 그럴듯한 생각이구나.
　　　　└ 올해도 과일이 많이 열리겠구나.

④ 　 –ㅂ시다 ┌ 지금부터 함께 청소를 합시다.
　　　　└ 밥을 먹고 공원에 놀러 갑시다.

⑤ 　 –어라 ┌ 늦을 것 같으니까 어서 씻어라.
　　　　└ 그 사람을 몹시도 만나고 싶어라.

[01~02] 다음 글을 읽고 물음에 답하시오.

'I like you.'를 번역할 때, 듣는 이가 친구라면 '난 널 좋아해.'라고 하겠지만, 할머니라면 '저는 할머니를 좋아해요.'라고 할 것이다. 왜냐하면 우리말은 상대에 따라 높임 표현이 달리 실현되기 때문이다.

'높임 표현'이란 말하는 이가 어떤 대상을 높이거나 낮추는 정도를 구별하여 표현하는 방법을 말한다. 국어에서 높임 표현은 높임의 대상에 따라 주체 높임, 상대 높임, 객체 높임으로 나누어진다.

주체 높임은 서술의 주체를 높이는 방법이다. 주체 높임을 실현하기 위해 선어말 어미 '-(으)시-'를 사용하며, 주격 조사 '이/가' 대신에 '께서'를 쓰기도 한다. 그 밖에 '계시다', '주무시다' 등과 같은 특수 어휘를 사용하여 높임을 드러내기도 한다. 그리고 주체 높임에는 직접 높임과 간접 높임이 있다. 직접 높임은 높임의 대상인 주체를 직접 높이는 것이고, ㉠간접 높임은 높임의 대상인 주체의 신체 일부, 소유물, 가족 등을 높임으로써 주체를 간접적으로 높이는 것이다.

상대 높임은 말하는 이가 듣는 이를 높이거나 낮추어 말하는 방법이다. 상대 높임은 주로 종결 표현을 통해 실현되는데, 아래와 같이 크게 격식체와 비격식체로 나뉜다.

격식체	하십시오체	예 합니다, 합니까? 등
	하오체	예 하오, 하오? 등
	하게체	예 하네, 하는가? 등
	해라체	예 한다, 하냐? 등
비격식체	해요체	예 해요, 해요? 등
	해체	예 해, 해? 등

격식체는 격식을 차리는 자리나 공식적인 상황에서 주로 사용하며, 비격식체는 격식을 덜 차리는 자리나 사적인 상황에서 주로 사용한다. 그렇기 때문에 같은 대상이라도 공식적인 자리인지 사적인 자리인지에 따라 높임 표현이 달리 실현되기도 한다.

객체 높임은 목적어나 부사어가 지시하는 대상, 즉 서술의 객체를 높이는 방법이다. 객체 높임은 '모시다', '여쭈다' 등과 같은 특수 어휘를 통해 실현되며, 부사격 조사 '에게' 대신 '께'를 사용하기도 한다.

01

다음 문장 중 ㉠의 예로 적절한 것은?

① 아버지께서 요리를 하셨다.
② 교수님께서는 책이 많으시다.
③ 어머니께서 음악회에 가셨다.
④ 선생님께서 우리의 이름을 부르신다.
⑤ 할아버지께서는 마을 이장이 되셨다.

02

윗글을 바탕으로 〈보기〉의 ⓐ~ⓔ를 탐구한 내용으로 적절하지 않은 것은?

〈보기〉

(복도에서 친구와 만난 상황)

성호: 지수야, ⓐ선생님께서 발표 자료 가져오라고 하셨어.

지수: 지금 바빠서 ⓑ선생님께 자료 드리기 어려운데, 네가 가져다 드리면 안 될까?

성호: ⓒ네가 선생님을 직접 뵙고, 자료를 드리는 게 좋을 것 같아.

지수: 알았어.

(교무실로 선생님을 찾아간 상황)

선생님: 지수야, 이번 수업 시간에 발표해야지? 발표 자료 가져왔니?

지수: 여기 있어요. ⓓ열심히 준비했어요.

선생님: 그래, 준비한 대로 발표 잘 하렴.

(수업 중 발표 상황)

지수: ⓔ이상으로 발표를 마치겠습니다.

성호: 궁금한 점이 있는데, 질문해도 되겠습니까?

① ⓐ: 조사 '께서'와 선어말 어미 '-시-'를 사용하여 서술의 주체인 선생님을 높이고 있군.

② ⓑ: 조사 '께'와 특수 어휘 '드리다'를 사용하여 서술의 객체인 선생님을 높이고 있군.

③ ⓒ: 특수 어휘 '뵙다'를 사용하여 서술의 주체인 선생님을 높이고 있군.

④ ⓓ: 듣는 사람인 선생님을 높이기 위해 '준비했어요'라는 종결 표현을 사용하고 있군.

⑤ ⓔ: 수업 중 발표하는 공식적인 상황이므로 '마치겠습니다'라고 격식체를 사용하고 있군.

호루라기 관장님의
하드 트레이닝

공부한 날	월 일 요일
맞은 개수	/ 34

No	다음 빈칸에 알맞은 말을 써서 문장을 완성하시오.
01	말하는 이가 어떤 대상이나 상대에 대하여 그의 높고 낮은 정도에 따라 언어적으로 구별하여 표현하는 방식이나 체계를 (　　　) 표현이라고 한다.
02	주체 높임법은 문장의 (　　　)를 높이는 방법이다.
03	주체 높임법은 주로 조사 '(　　　)'나 선어말 어미 '-(으)시-', 높임의 의미를 가진 특수 어휘를 통해서 표현된다.
04	주체 높임법은 말하는 이가 (　　　)를 직접 높이느냐, 주어와 관련된 대상을 통해 높이느냐에 따라 직접 높임과 간접 높임으로 나눌 수 있다.
05	높임 대상의 소유물이나 신체 일부분, 관련 있는 사람을 높이는 방법을 (　　　) 높임이라고 한다.
06	말하는 이가 서술어의 객체, 즉 문장의 (　　　)나 부사어를 높이는 방법이 객체 높임법이다.
07	객체 높임은 '뵙다, 드리다, 모시다, 여쭈다'와 같은 특수한 어휘를 사용하거나 부사어에 조사 '(　　　)'를 써서 문장의 목적어나 (　　　)를 높일 수 있다.
08	상대 높임법은 대화의 상대가 누구냐에 따라 말하는 이가 듣는 이를 높이거나 낮추는 방법으로, (　　　)를 통해 실현된다.
09	(　　　)은 청자를 고려한 높임의 방법으로, 어떤 사람이 화자에게는 높여야 할 사람이지만 청자에게는 높여야 할 사람이 아닐 경우 청자 앞에서 그 사람을 높이지 않는 것이다.
10	자신을 낮출 때는 '나' 대신 '(　　　)', '우리' 대신 '(　　　)'를 써서 상대를 높일 수도 있다.
11	문장을 끝내는 데 쓰이는 표현을 (　　　) 표현이라고 한다.
12	종결 표현은 (　　　)를 통해 이루어지고, 문장의 종류를 평서문, 의문문, 명령문, (　　　), 감탄문과 같이 다섯 가지로 분류할 수 있다.
13	종결 어미는 문장의 형태뿐만 아니라 청자에 대한 (　　　)의 정도를 표시하기도 한다.

No	문장이 주체 높임이면 '주', 객체 높임이면 '객'이라고 쓰시오.	
14	할아버지께서 나에게 용돈을 주셨다.	
15	나는 고모를 모시고 레스토랑에 갔다.	
16	아버지께서는 아침마다 계란을 드신다.	
17	옆집 아주머니께서는 기억력이 좋으시다.	

No	문장의 높임 실현 방법에 해당하는 부분을 모두 쓰시오.	
18	삼촌께서는 날마다 운동을 하신다.	
19	나는 할머니께 사과를 깎아 드렸다.	
20	우리는 이모께 집 주소를 여쭈었다.	

No	문장의 상대 높임 등급을 쓰시오.	
21	이것 좀 연구해 보게.	
22	다음에 또 들르겠어요.	
23	지수야, 이리 와서 먹어.	
24	제가 책임을 지겠습니다.	
25	빨리 인도로 올라가시오.	
26	우리 함께 박물관에 가자.	

No	문장의 종결 표현의 종류를 쓰시오.	
27	건강하고 싶으면 운동을 해라.	
28	마침내 우리 팀이 승리했구나!	
29	아이들이 놀이터를 지나간다.	
30	너도 대회에 나가려고 연습하니?	
31	아침마다 모여서 자전거를 같이 타자.	

No	다음 의문문의 종류를 쓰시오.	
32	서희가 오늘 국어 공부를 했니?	
33	명지는 지금 무엇을 공부하고 있니?	
34	내가 너에게 이거 하나 못 해 주겠니?	

오늘의 수능 국어 트레이닝 끝!

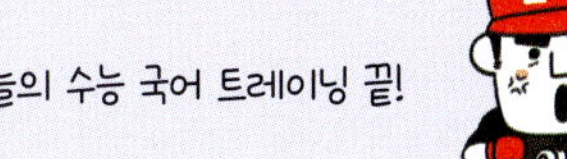

047 시간 표현 ❶ - 시제

1 시제

• 어떤 동작이나 상태가 일어난 시점(사건시)을 말하는 시점(발화시)을 기준으로 표현하는 것

과거 시제	현재 시제	미래 시제
사건시　　발화시	사건시 = 발화시	발화시　　사건시

2 과거 시제

• (¹　ㅅㄱㅅ　)가 발화시보다 이전인 시제

선어말 어미 '-았-/-었-'	• 일반적으로 과거 시제를 나타냄. 예 나는 친구와 뮤지컬을 보았다. • 완결된 상황의 지속을 나타내거나, 미래 실현의 확신을 나타내기도 함. 예 저는 아빠를 닮았어요. → 아빠를 닮은 것은 이미 완결된 상황이며 이 상황이 현재까지 지속됨을 나타냄. 예 너는 오늘 늦게 들어오면 엄마께 혼났다. → 엄마께 혼나는 일은 아직 일어나지 않은 미래의 일이지만 미래에 일어날 것이라는 확신이 있음을 나타냄.
선어말 어미 '-았었-/-었었-'	• 현재와 비교하여 다르거나 단절되어 있는 과거의 사건을 나타냄. 예 작년 겨울은 참 추웠었다.
관형사형 어미 '-(으)ㄴ'	예 비가 온 후에 날씨가 쌀쌀해졌다.
선어말 어미 '-더-'	예 새로 전학 온 친구는 성격이 정말 좋더라.
과거 시간 부사어 '어제, 옛날' 등	예 나는 어제 책을 읽었다.

3 현재 시제

• 사건시와 발화시가 (²　○ㅊ　)하는 시제

선어말 어미 '-ㄴ-/-는-'	예 친구들이 운동장에서 달리기를 한다.
관형사형 어미 '-(으)ㄴ', '-는'	예 키가 큰 저 소년이 내 동생이다. → 형용사의 경우 우리 오빠인 저 사람은 키가 크다. → 서술격 조사의 경우
선어말 어미 없음.	예 강아지가 아주 귀엽다. → 형용사의 경우 명은이는 내 사촌이다. → 서술격 조사의 경우
현재 시간 부사어 '지금, 오늘' 등	예 나는 지금 공부를 하고 있다.

4 미래 시제

• 사건시가 발화시보다 나중인 시제

선어말 어미 '-겠-'	예 운동은 내일부터 하겠습니다.
관형사형 어미 '-(으)ㄹ'	예 여행을 떠날 날짜를 기다리고 있다.
미래 시간 (³　ㅂㅅㅇ　) '내일, 모레' 등	예 저는 내일 다시 오겠습니다.

🩺 시제를 구분하는 기준은 무엇인가요?

'시제'는 어떤 사건이나 사실이 일어난 시간 선상의 위치를 표시하는 문법 범주를 말합니다. 화자가 말을 하는 시점이냐 사건이 일어나는 시점이냐에 따라 발화시와 사건시가 나누어지고, 화자가 발화시를 기준으로 하여 사건시의 앞뒤를 제한하는 문법 기능을 시제라고 합니다.

개념 알통

선어말 어미 '-겠-'의 다양한 기능

미래의 일	예 잠시 후 선생님께서 말씀하시겠습니다.
추측	예 제주도에는 벌써 꽃이 피었겠다.
주체의 의지	예 나는 천문학자가 되겠다.
가능성	예 그 정도는 나도 할 수 있겠다.
완곡한 태도	예 제가 먼저 가도 되겠습니까?

개념 알통

절대 시제와 상대 시제

절대 시제	발화시를 기준으로 결정되는 시제
상대 시제	• 사건시를 기준으로 상대적으로 결정되는 시제 • 안은문장이나 이어진문장에서 종속절의 시제는 발화시를 기준으로 결정되는 것이 아니라, 주절의 사건시를 기준으로 삼아서 상대적으로 결정될 수 있음.

예 공항은 여행을 떠나온 사람들로 북적였다.
→ '떠나온'의 시제는 발화시를 기준으로 과거 시제이지만, 사건시인 과거를 기준으로 보면 사람들이 여행을 '떠나온'은 과거에 있어서는 현재 시제임.

【초성 답】 1 사건시　2 일치　3 부사어

048 시간 표현 ❷ - 동작상

1 동작상의 개념

- 발화시를 기준으로 동작이 일어나는 모습을 표현한 것
- (¹ ㅅㄱ)의 흐름 속에서 동작이 일어나는 모습을 나타내는 문법 기능
- 진행상, 완료상으로 나뉨.

2 동작상의 특징

- 보조 용언이나 연결 어미를 통해서 실현됨.
- 시제 선어말 어미와 결합하여 시제를 표현하기도 함.

동작상은 반드시 동작을 나타내는 동사에서 나타납니다. 예를 들어 '그는 밥을 먹는 중이다.'는 성립되지만 '나도 그를 아는 중이다.'는 상태성을 나타내는 동사이기에 어색하며, '아직 밥을 안 먹는 중이다.'는 동작성이 부정되어 어색한 문장이 됩니다.

3 동작상의 종류

(1) 진행상

- 시간의 흐름 속에서 그 (² ㄷㅈ)이 진행되고 있음을 표현하는 것
- 보조 용언 '-고 있다', '-아/어 가다'나 연결 어미 '-(으)면서' 등이 붙어 실현됨.

개념 당기는 예시

- 동생이 운동장에서 놀고 있다. ➡ 보조 용언 '-고 있다' 사용
- 행사 준비가 다 되어 간다. ➡ '-어 가다' 사용
- 현민이는 미소를 지으면서 대답하였다. ➡ 연결 어미 '-(으)면서' 사용

(2) 완료상

- 시간의 흐름 속에서 그 동작이 (³ ㅇㄹ)되었음을 표현하는 것
- 보조 용언 '-아/어 있다', '-아/어 버리다', 연결 어미 '-고서' 등이 붙어 실현됨.

개념 당기는 예시

- 무궁화가 피어 있다. ➡ 보조 용언 '-어 있다' 사용
- 형이 고기를 다 먹어 버렸다. ➡ '-어 버리다' 사용
- 오빠는 숙제를 다 하고서 집을 나섰다. ➡ 연결 어미 '-고서' 사용

동작상은 어떤 시제에서 나타나나요?

동작상은 특정 시제와 무관합니다. 따라서 동작상은 과거, 현재, 미래의 모든 시제에서 나타날 수 있습니다. 예를 들어 '유진이는 어제 잠을 자고 있었다.'와 같은 과거 진행상, '유진이는 지금 잠을 자고 있다.'와 같은 현재 진행상, '유진이는 내일 잠을 자고 있겠다.'와 같은 미래 진행상이 모두 가능합니다.

개념 알통

동작상과 시제 표현

- 상(相)은 시간의 흐름 속에서 동작이 일어나는 모습을 나타낸다.
- 동작상은 시간의 흐름 속에서 일어난 동작의 상태를 나타내므로 시제 선어말 어미와 결합하여 시제를 표현하기도 한다.

과거	• 진행상 '-고 있었다' • 완료상 '-아/어 있었다'
현재	• 진행상 '-고 있다' • 완료상 '-아/어 있다'
미래	• 진행상 '-고 있겠다' • 완료상 '-아/어 있겠다'

【초성 답】 1 시간   2 동작   3 완료

개념
트레이닝 ZONE

💪 문제를 풀며 개념 근육을 키워 보세요!

01 다음 설명이 맞으면 ○에, 맞지 않으면 ✕에 표시하시오.

(1) 어떤 동작이나 상태가 언제 일어난 일인지를 언어적으로 표현하는 것을 시제라고 한다. ◯✕

(2) 시제는 화자가 말하는 시점인 사건시와 동작이나 상태가 일어나는 시점인 발화시의 관계에 따라 과거, 현재, 미래 시제로 나뉜다. ◯✕

(3) 과거 시제는 발화시가 사건시보다 앞서는 시제이며, 미래 시제는 발화시가 사건시보다 나중인 시제이다. ◯✕

(4) 형용사와 서술격 조사에서 현재 시제는 선어말 어미 없이 실현되기도 한다. ◯✕

(5) 시간의 흐름 속에서 동작의 양상을 표현하는 방법에는 동작의 진행을 나타내는 진행상과 동작의 완료를 나타내는 완료상이 있다. ◯✕

02 다음 단어를 시제에 맞게 바꿔 빈칸에 쓰시오.

(1) 오다	과거	어제는 비가 ( ).
	현재	지금은 비가 ( ).
	미래	내일은 비가 ( ).
(2) 보다	과거	나는 어제 친구와 영화를 (/).
	현재	나는 지금 친구와 영화를 ( ).
	미래	나는 내일 친구와 영화를 ( ).
(3) 가다	과거	우리는 공연을 보러 ( ).
	현재	우리는 오늘 공연을 보러 ( ).
	미래	우리는 다음 주에 공연을 보러 ( ).

03 다음 문장에서 각 시제를 나타내는 표현을 찾아 쓰시오.

과거	(1)	나는 지난 주말에 책을 읽다 말았다.	
	(2)	유진이는 도서관에서 공부를 하더라.	
	(3)	학생이던 사람들이 지금은 어른이 되었어.	
현재	(4)	우리 가족은 맛있게 요리를 먹는다.	
	(5)	학생들은 지금 도서관에서 공부를 한다.	
미래	(6)	내일 다시 방문하겠습니다.	
	(7)	그녀는 모레 떠날 사람이다.	

04 다음 밑줄 친 부분을 문맥에 맞게 활용형으로 바꿔 쓰시오.

(1) 우리는 어제 그 방송을 <u>보다</u>. ➡ ( )

(2) 아침에 이웃집 강아지가 <u>짖는다</u>. ➡ ( )

(3) 우리가 처음 <u>만나는</u> 곳은 서울역이었어. ➡ ( )

(4) 외투를 두고 온 재우가 학교로 <u>돌아가다</u>. ➡ ( )

(5) 네가 <u>먹는</u> 우유는 유통기한이 지난 것이었다. ➡ ( )

05 다음 문장을 현재 시제로 바꿔 빈칸에 알맞은 말을 쓰시오.

(1) 내일이면 물건을 받아 볼 수 있겠다.

　➡ ( )이면 물건을 받아 볼 수 ( ).

(2) 어제도 마음속이 온통 뒤죽박죽이었다.

　➡ ( )도 마음속이 온통 ( ).

(3) 어제 내 모습은 누구보다 자랑스러웠다.

　➡ ( ) 내 모습은 누구보다 ( ).

(4) 나는 떠날 사람에게 미련을 두지 않겠다.

　➡ 나는 ( ) 사람에게 미련을 두지 ( ).

(5) 나는 소식을 듣자마자 눈앞이 어두워지는 걸 느꼈다.

　➡ 나는 소식을 듣자마자 눈앞이 어두워지는 걸 ( ).

06 다음 문장에서 '-겠-'의 의미로 알맞은 것에 ○표 하시오.

(1)	어서 가자, 학교에 늦<u>겠</u>다.	추측	의지	가능성이나 능력
(2)	모레쯤 미국에 도착하<u>겠</u>다.	추측	의지	가능성이나 능력
(3)	이걸 어떻게 혼자 다 하<u>겠</u>니?	추측	의지	가능성이나 능력
(4)	내일은 낚시를 꼭 하러 가<u>겠</u>다.	추측	의지	가능성이나 능력
(5)	계약을 반드시 성사시키<u>겠</u>습니다.	추측	의지	가능성이나 능력

07 다음 밑줄 친 부분의 동작상으로 알맞은 것에 ○표 하시오.

(1)	방학이 <u>끝나 간다</u>.	진행상	완료상
(2)	과자를 다 <u>먹어 버렸다</u>.	진행상	완료상
(3)	은성이가 밥을 <u>먹고 있다</u>.	진행상	완료상
(4)	판다가 나무 위에 <u>앉아 있다</u>.	진행상	완료상
(5)	밥을 다 <u>먹고서</u> 학교에 갔다.	진행상	완료상

워밍-UP

01
〈보기〉의 ⓐ에 해당하는 예로 적절한 것은?

〈보기〉

미래 시제를 나타내는 선어말 어미 '-겠-'은 용언의 어간에 붙어 화자의 추측이나 ⓐ의지, 가능성의 의미로 쓰인다.

실력 자랑 다음 '-겠-'의 의미를 아래에서 골라 적어 보세요.

추측, 의지, 가능성	
1. 나는 이번 시험에 합격하고야 말겠다.	
2. 그렇게 쉬운 것은 삼척동자도 알겠다.	
3. 이 많은 일을 어떻게 혼자 다 하겠니?	
4. 오늘 눈이 많이 와서 길이 미끄럽겠다.	
5. 지금 떠나면 내일 새벽에 도착하겠구나.	

어떠한 일을 이루고자 하는 마음이 드러나면 의지, 미루어 생각하여 헤아리면 추측, 앞으로 일어날 수 있는 일에 대한 것이면 가능성의 의미를 가진다고 보면 됩니다.

02
〈보기〉의 ⓐ~ⓒ를 탐구한 내용으로 가장 적절한 것은?

〈보기〉

ⓐ 아기가 새근새근 잘 잔다.

ⓑ 영주는 어제 영화를 한 편 봤다.

ⓒ 전국적으로 비가 곧 내리겠습니다.

실력 자랑 ⓐ~ⓒ를 탐구한 내용의 적절성을 판단해 보세요.

① ⓐ : 발화시보다 사건시가 나중인 시간 표현이 사용되었다. ○✕

② ⓐ : 관형사형 어미와 선어말 어미를 활용한 시간 표현이 나타난다. ○✕

③ ⓑ : 발화시와 사건시가 일치하는 시간 표현이 사용되었다. ○✕

④ ⓑ : 시간 부사와 선어말 어미를 활용한 시간 표현이 나타난다. ○✕

⑤ ⓒ : 발화시보다 사건시가 앞선 시간 표현이 사용되었다. ○✕

03
〈보기〉를 탐구한 내용으로 적절하지 <u>않은</u> 것은?

〈보기〉

ㄱ. 동생이 책을 읽고 있다.

ㄴ. 꽃이 아름답게 피어 있다.

ㄷ. 나는 노래를 부르면서 걸었다.

ㄹ. 그는 빨간 티셔츠를 입고 있다.

ㅁ. 나는 밥을 먹고서 집을 나섰다.

실력 자랑 ㄱ~ㅁ의 동작상을 파악해 보세요.

문장	동작상
ㄱ	
ㄴ	
ㄷ	
ㄹ	진행상, 완료상
ㅁ	

⑤ ㄷ은 연결 어미를 통해 시간의 흐름 속에서 <u>사건이 완료되었음</u>을 표현하고 있다.

→ 사건이 (   ) 있음을

04
〈학습 활동〉을 수행한 결과로 적절하지 <u>않은</u> 것은?

〈학습 활동〉

시제는 말하는 때인 발화시를 기준으로 동작이나 상태가 일어난 때인 사건시와의 선후 관계를 따져 과거 시제, 현재 시제, 미래 시제로 나뉘며, 선어말 어미나 관형사형 어미, 부사어 등을 통해 실현된다. 다음 자료를 분석해 보자.

ㄱ. 창밖에는 눈이 내린다.

ㄴ. 곧 강연을 시작하겠습니다.

ㄷ. 이것은 그가 내일 입을 옷이다.

ㄹ. 내가 만든 빵을 형이 맛있게 먹더라.

실력 자랑 학습 활동을 수행한 결과의 적절성을 판단해 보세요.

① ㄱ은 사건시와 발화시가 일치한다. ○✕

② ㄴ은 사건시가 발화시보다 앞선다. ○✕

③ ㄴ과 ㄷ 모두 부사어를 활용한 시간 표현이 나타난다. ○✕

④ ㄷ과 ㄹ 모두 관형사형 어미를 활용한 시간 표현이 나타난다. ○✕

⑤ ㄱ, ㄴ, ㄹ 모두 선어말 어미를 활용한 시간 표현이 나타난다. ○✕

 펌핑-UP

01

〈보기〉의 ⓒ, ⓒ이 모두 ⑤을 실현하고 있는 문장으로 적절한 것은?

〈보기〉

선생님: 국어의 시제는 화자가 말하는 시점인 발화시와 동작이나 상태가 나타나는 시점인 사건시를 기준으로, ⑤<u>발화시보다 사건시가 앞서는 경우</u>, 발화시와 사건시가 일치하는 경우, 발화시보다 사건시가 나중인 경우로 나뉩니다. 이때 시제는 ⓒ<u>선어말 어미</u>, ⓒ<u>관형사형 어미</u>, 시간 부사어 등을 통해 실현됩니다.

① 지난번에 먹은 귤이 맛있었다.
② 이것은 내일 내가 읽을 책이다.
③ 이미 한 시간 전에 집에 도착했다.
④ 작년에는 겨울에 함박눈이 왔었다.
⑤ 친구는 지금 독서실에서 공부를 한다.

02

밑줄 친 부분에 주목하여 〈보기〉의 ㄱ~ㅁ을 탐구한 내용으로 적절하지 <u>않은</u> 것은?

〈보기〉

ㄱ. 그는 <u>어제</u> 고향을 떠났다.
ㄴ. 지난겨울에는 정말 <u>춥더라</u>.
ㄷ. 친구와 함께 <u>본</u> 영화는 재미있었다.
ㄹ. 작년만 해도 이곳에는 나무가 <u>적었었다</u>.
ㅁ. 축제 준비를 하려면 오늘 밤 잠은 다 <u>잤네</u>.

① ㄱ을 보니, 시간 부사어를 사용하여 과거를 나타내고 있군.
② ㄴ을 보니, 선어말 어미 '-더-'를 사용하여 과거의 경험을 회상하고 있군.
③ ㄷ을 보니, 동사는 관형사형 어미 '-(으)ㄴ'을 사용하여 과거에 일어난 일을 나타내는군.
④ ㄹ을 보니, 선어말 어미 '-었었-'을 사용하여 현재까지 지속되는 과거의 상황을 나타내는군.
⑤ ㅁ을 보니, 선어말 어미 '-았-'이 과거에 일어난 일을 나타내지 않기도 하는군.

[03] 다음 글을 읽고 물음에 답하시오.

현대 국어의 시간 표현 중 하나는 선어말 어미를 활용하는 것이다. 동사는 어간에 선어말 어미 '-는-/-ㄴ-'을 결합하여 현재 시제를 표현하는데, 동사의 어간 말음이 자음인 경우에는 '-는-'이, 모음인 경우에는 '-ㄴ-'이 결합한다. 이와 달리 형용사와 '이다'는 어간에 선어말 어미가 결합하지 않고 현재 시제를 표현할 수 있다. 동사와 형용사, 그리고 '이다'는 어간에 선어말 어미 '-았-/-었-'을 결합하여 과거 시제를 표현하는데, 어간 '하-' 다음에는 선어말 어미 '-였-'을 결합하여 과거 시제를 표현한다. 동사와 형용사, 그리고 '이다'는 어간에 선어말 어미 '-겠-'을 결합하여 미래 시제를 표현하는데, 추측이나 의지 등의 의미를 나타내기도 한다.

03

윗글을 바탕으로 〈보기〉를 탐구한 내용으로 적절하지 <u>않은</u> 것은?

〈보기〉

• 동생이 지금 밥을 ⓐ<u>먹는다</u>.
• 우리 아기가 무럭무럭 ⓑ<u>자란다</u>.
• 이곳에 따뜻한 난로가 ⓒ<u>놓였다</u>.
• 신랑, 신부가 ⓓ<u>입장하겠습니다</u>.
• 나는 어젯밤에 무서운 꿈을 ⓔ<u>꿨다</u>.

① ⓐ는 동사의 어간 다음에 현재 시제 선어말 어미로 '-는-'이 사용된 예에 해당한다.
② ⓑ는 동사의 어간 다음에 현재 시제 선어말 어미로 '-ㄴ-'이 사용된 예에 해당한다.
③ ⓒ는 동사의 어간 다음에 과거 시제 선어말 어미로 '-였-'이 사용된 예에 해당한다.
④ ⓓ는 동사의 어간 다음에 미래 시제 선어말 어미로 '-겠-'이 사용된 예에 해당한다.
⑤ ⓔ는 동사의 어간 다음에 과거 시제 선어말 어미로 '-었-'이 사용된 예에 해당한다.

 벌크 –UP

[01~02] 다음 글을 읽고 물음에 답하시오.

어떤 행위, 사건, 상태의 시간적 위치를 언어적으로 나타내 주는 문법 범주를 시제라고 한다. 시제는 사건이 발생한 시점인 사건시와 그 사건을 언어로 표현하는 시점인 발화시의 선후 관계에 따라 결정된다.

과거 시제는 사건시가 발화시보다 앞서는 시제로, 주로 선어말 어미 '-았/었-'을 통해 실현된다. 또 동사 어간에 붙는 관형사형 어미 '-(으)ㄴ-'과 용언의 어간이나 서술격 조사에 붙는 '던'을 통해 실현된다. 현재 시제는 사건시와 발화시가 일치하는 시제로, 동사에서는 선어말 어미 '-ㄴ/는-' 및 관형사형 어미 '-는'을 통해서 실현되고, 형용사나 서술격 조사에서는 관형사형 어미 '-(으)ㄴ-'을 통해 실현되거나 선어말 어미 없이 기본형을 사용하여 현재의 의미를 나타낸다. 미래 시제는 사건시가 발화시보다 나중인 시제로, 선어말 어미 '-겠-'을 통해 실현되는 것이 일반적이나 관형사형 어미 '-(으)ㄹ', 관형사형 어미 '-(으)ㄹ'과 의존 명사 '것'이 결합된 '-(으)ㄹ 것'을 통해서도 실현된다. 이러한 방법 외에도 '어제, 지금, 내일' 등과 같은 부사어를 사용하여 시제를 드러내기도 한다.

그런데 시간을 표현하는 데 사용되는 문법 요소가 언제나 특정한 시제를 나타내는 것은 아니다. 예를 들어 선어말 어미 '-ㄴ/-는-'은 주로 현재 시제를 나타내는 데 사용되지만 ⓐ미래를 나타내는 경우에 쓰이기도 하고, 선어말 어미 '-겠-'은 주로 미래 시제를 표현하는 데 사용되지만 ⓑ추측을 나타내는 경우에 쓰이기도 한다.

01

윗글을 바탕으로 〈보기〉의 ㉠~㉢을 이해한 내용으로 적절하지 <u>않은</u> 것은?

〈보기〉
㉠ 비가 지금 내린다.
㉡ 비가 내일 내릴 것이다.
㉢ 내가 찾아간 곳에 비가 많이 내렸다.

① ㉠에는 사건시와 발화시가 일치하는 시제가 나타난다.
② ㉡에는 선어말 어미를 활용한 시간 표현이 나타난다.
③ ㉢에는 관형사형 어미를 활용한 시간 표현이 나타난다.
④ ㉠과 ㉡에는 부사어를 활용한 시간 표현이 나타난다.
⑤ ㉡에는 사건시가 발화시보다 나중인, ㉢에는 사건시가 발화시보다 앞서는 시제가 나타난다.

02

윗글을 참고할 때 ⓐ, ⓑ에 해당하는 예끼리 묶인 것으로 적절한 것은?

① ⓐ : 잠시 후 결과가 발표된다.
   ⓑ : 일찍 출발하느라 고생했겠다.

② ⓐ : 삼촌은 곧 여기를 떠난다.
   ⓑ : 잠시만 비켜주시겠습니까?

③ ⓐ : 사람은 누구나 꿈을 꾼다.
   ⓑ : 제가 먼저 발표하겠습니다.

④ ⓐ : 지구는 태양의 주위를 돈다.
   ⓑ : 이제 늦지 않도록 하겠습니다.

⑤ ⓐ : 그가 내 의도를 알아채고 웃는다.
   ⓑ : 우리 고향은 이미 추수가 다 끝났겠다.

🐱 **두뇌 스트레칭 ZONE**

시제 선어말 어미의 쓰임
· 과거 시제 선어말 어미 '-았-/-었-'은 완결된 상황을 지속하거나 미래에 실현될 것을 확신할 때 쓰이기도 함.
· 현재 시제 선어말 어미 '-ㄴ-/-는-'은 미래의 사실을 나타내거나 보편적인 사실을 진술할 때 쓰이기도 함.

> 정답과 해설 42쪽

공부한 날	월	일	요일
맞은 개수		/ 28	

No	다음 빈칸에 알맞은 말을 써서 문장을 완성하시오.
01	시간의 흐름 속의 각각의 점, 어떤 사건이나 사실이 일어난 시간 선상의 위치를 표시하는 문법 범주를 (　　　)라고 한다.
02	말하는 이가 말을 시작하거나 글쓴이가 문장을 만들어 내는 시점을 (　　　)라고 한다.
03	문장이 나타내는 사건이 일어나는 시점으로, 발화시 속에 표현된 동작이나 상태가 일어나는 시점을 (　　　)라고 한다.
04	(　　　) 시제는 사건시가 발화시보다 앞서 있는 것이다.
05	(　　　) 시제는 사건시와 발화시가 일치하는 것이다.
06	(　　　) 시제는 사건시가 발화시보다 뒤에 놓이는 것이다.
07	국어의 시제는 (　　　)로 표현되고, '어제, 오늘, 내일' 등과 같은 시간을 나타내는 (　　　)를 함께 쓰면 시제를 더욱 분명하게 표현할 수 있다.
08	미래 시제를 표현하는 선어말 어미 '-(　　　)-'은 시제뿐만 아니라 추측이나 의지, 가능성 등을 표현하는 데에도 쓰인다.
09	시간의 흐름 속에서 동사가 가지는 동작의 양상을 표현하는 방법을 (　　　)이라고 한다.
10	어떤 사건이 계속 일어나고 있음을 나타내는 것으로, 사건이 그 시점에서 계속 일어나고 있음을 나타내는 동작상을 (　　　)이라고 한다.
11	어떤 사건이 끝났음을 나타내는 것으로, 사건이 그 시점에서 끝나 버렸음을 나타내는 동작상을 (　　　)이라고 한다.
12	진행상은 보조 용언 '-고 있다', '-아/어 (　　　)'나 연결 어미 '-(으)면서' 등이 붙어 실현되고, 완료상은 보조 용언 '-아/어 있다', '-아/어 (　　　)', 연결 어미 '-고서' 등이 붙어 실현된다.

No	다음 문장의 시제와 실현 방법을 쓰시오.		
	문장	시제	실현 방법
13	어제는 비가 왔다.		
14	지금은 눈이 온다.		
15	내일은 태풍이 오겠다.		

No	다음 문장의 시제를 쓰시오.
16	하늘에서 드론 쇼를 한다.
17	명절 선물로 한과 세트를 받았다.
18	손님께서 이제 곧 입장하시겠습니다.
19	나는 가장 빨리 결승점에 도착하였다.
20	우리 동네 마트는 열 시에 문을 닫는다.

No	다음 문장의 '-겠-'이 의미하는 바를 찾아 기호를 쓰시오.	
	㉠ 추측　㉡ 주체의 의지　㉢ 가능성이나 능력　㉣ 완곡한 태도	
21	나는 시인이 되겠다.	
22	제가 들어가도 되겠습니까?	
23	이제 그만 돌아가 주시겠어요.	
24	지금 떠나면 새벽에 도착하겠다.	
25	이 많은 걸 어떻게 혼자 하겠니?	
26	동생은 낚시를 하러 가겠다고 한다.	

No	문장의 밑줄 친 부분을 과거나 미래 시제로 바꿔 쓰시오.
27	나는 <u>고등학생이다</u>. ➡ [과거] 나는 (　　　　　　　). ➡ [미래] 나는 내년에 (　　　　　　　).
28	우리는 <u>벚꽃놀이를 간다</u>. ➡ [과거] 우리는 벚꽃놀이를 (　　　　　　　). ➡ [미래] 우리는 내일 벚꽃놀이를 (　　　　　　　).

오늘의 수능 국어 트레이닝 끝!

049 부정 표현

1 부정 표현

- (1 ㅂㅈ)하는 내용을 문법적으로 표현하는 형식

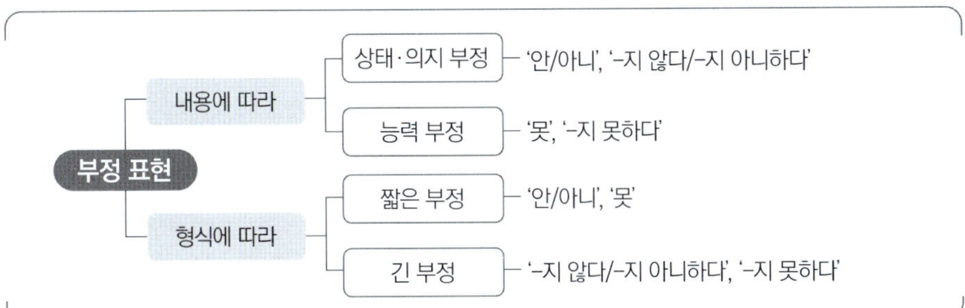

2 부정 표현의 종류

(1) 내용에 따른 분류

① 상태·의지 부정

- 부정하는 말 뒤에 '안/아니' 또는 '–지 않다/–지 아니하다'를 사용함.

상태 부정	• 단순한 사실이나 상태에 대한 부정을 표현함. 예 오늘은 눈이 안 온다. / 민수는 키가 크지 않다.
의지 부정	• 주체의 의지에 의한 부정을 표현함. 예 아영이는 오늘 학교에 안 간다. / 아영이는 영화를 보지 않았다.

② 능력 부정

- 부정하는 말 뒤에 '못' 또는 '–지 못하다'를 사용함.
- 행동 주체의 (2 ㄴㄹ) 부족이나 다른 외부의 원인에 의한 부정을 표현함.

  예 성미는 밥을 못 먹었다. / 성미는 밥을 먹지 못했다.

(2) 형식에 따른 분류

① 짧은 부정(단형 부정): 부정 (3 ㅂㅅ) '안/아니'와 '못'을 사용한 부정 표현

  예 어제는 비가 안 왔다. / 그는 아무도 못 말린다.

② 긴 부정(장형 부정): '–지 않다/–지 아니하다', '–지 못하다'를 사용한 부정 표현

  예 책을 읽지 않았다. / 공부를 하지 못했다.

개념 당기는 예시

- 소희는 미술관에 가지 않았다.
  → '소희'라는 행동 주체의 의지에 의한 부정 표현이므로 의지 부정이고, '–지 않다'를 사용하였으므로 긴 부정임.

개념 알통

부정 표현의 제약

- 명령문과 청유문에서는 '–지 아니하다, –지 못하다' 대신 '–지 마/마라', '–지 말자'를 사용하여 부정을 표현한다.
- 예 '저곳에 들어가지 마라.', '우리는 시끄럽게 하지 말자.'
- '명사+–하다' 형식의 동사는 '명사+안(못)+하다'의 어순으로 쓰인다.
- 예 운동하다 → 운동 안 했다. (○) 안 운동했다. (×)
- 형용사 '못' 부정문의 특수형은 긴 부정문만 가능하다.
- 예 날씨가 좋지 못하다.

개념 알통

부정 표현의 중의성

부정문은 부정의 범위가 어디까지인지 확정하기 어려워 중의적으로 해석될 수 있다.

부정 대상의 모호성	예 유정이가 그 책을 읽지 않았다. → 그 책을 읽은 것은 '유정이가' 아니다. → 유정이가 읽은 것은 '그 책이' 아니다. → 유정이가 그 책을 '읽지'는 않았다. → 부정 표현 '않았다'로 인해 모든 문장 성분이 부정됨.
부정 범위의 모호성	예 학생들이 다 오지 않았다. → 학생들이 오기는 왔으나 다 온 것은 아니다. → 학생들이 아무도 오지 않았다. → 부정 표현 '않았다'로 인해 부분을 부정하는지 전체를 부정하는지 모호함.

050 피동 표현

1 능동과 피동

- 능동: 주어가 동작을 제힘으로 하는 것
- 피동: 주어가 다른 주체에 의해 동작을 당하는 것
- 능동문이 피동문으로 바뀔 때: 능동문의 주어는 피동문의 (1 ㅂㅅㅇ)가 되고, 능동문의 목적어는 피동문의 주어가 됨.

개념 당기는 예시

- 능동문 – 나는 고양이를 안았다.
- 피동문 – 고양이가 나에게 안겼다.
- → 능동문의 주어 '나는'이 피동문의 부사어가 되고, 능동문의 목적어 '고양이를'이 피동문의 주어가 되었음.

개념 갈고리 7 능동문과 피동문의 의미 해석

수량 표현으로 인한 해석 차이	예 ㉠ 포수 열 명이 (모두) 고라니 한 마리를 잡았다. ㉡ 고라니 한 마리가 포수 열 명에게 잡혔다. → ㉠은 포수 열 명이 고라니 한 마리씩 잡거나 모두 합해서 한 마리만 잡은 것으로 해석되는 데 비해, ㉡은 포수 열 명에게 고라니 한 마리만 잡힌 것으로 해석됨.
부정 표현으로 인한 해석 차이	예 ㉠ 지수는 그 문제를 풀 수 없다. ㉡ 그 문제는 지수에게 풀릴 수 없다. → ㉠은 능력 부정을 의미하나, ㉡은 가능성 부정을 의미하게 됨.

2 피동 표현의 종류

- 접미사에 의해 실현되는 파생적 피동과 '–아/어지다'와 같은 문법 요소를 통해 실현되는 통사적 피동, 그 밖의 경우에 의해 실현되는 피동이 있음.

(1) 파생적 피동(단형 피동)

- 능동사의 어간에 피동 (2 ㅈㅁㅅ) '–이–, –히–, –리–, –기–'가 붙어서 실현됨.

개념 당기는 예시

- 능동문 – 형사가 범인을 잡았다.
- 피동문 – 범인이 형사에게 잡혔다.
- → 능동문의 주어 '형사가'가 피동문의 부사어가 되고, 능동문의 목적어 '범인을'이 피동문의 주어가 되었음. 그리고 능동사의 어간 '잡–'에 피동 접미사 '–히–'가 붙어서 피동사가 됨.

(2) 통사적 피동(장형 피동)

- (3 ㅇㅇ)의 어간에 '–아/어지다'가 붙어서 실현됨.
- 예 기자는 진실을 밝혔다. → 진실이 기자에 의해 밝혀졌다.

피동 표현의 길이를 기준으로 하여 흔히 파생적 피동은 단형 피동, 통사적 피동은 장형 피동이라고 말합니다. 단형 피동은 타동사에서만 형성되고, 이에 비해 장형 피동은 동사든 형용사든 상관없이 모든 용언에서 형성됩니다.

(3) 그 밖의 경우

- 접미사 '–되다, –받다, –당하다'가 붙어 만들어짐.
- 예 새 아파트가 건설된다.

능동의 의미를 가진 피동도 피동인가요?

피동 표현 중에서는 주어가 동작을 당한다는 의미가 없이 스스로 행동을 하거나, 아니면 단순히 주어의 상태를 나타내서 대응되는 능동문의 동작 주체를 설명하기 어려운 경우가 있습니다. 예를 들어 '현수가 철봉에 매달렸다.'와 같은 문장은 의미상으로 능동이고, '날씨가 많이 풀렸다.'와 같은 문장은 단순히 상태만 나타냅니다. 이렇게 피동 표현 중에는 의미적으로 피동의 문장으로 명확히 판단하기 어려운 경우도 있지만 이들도 모두 피동 표현으로 분류하고 있습니다.

개념 알통

피동문의 탈동작성

개념	문장에서 동작주에 의해 나타나는 움직임이 잘 드러나지 않는 것
원인	능동문에서 동작주 주어 명사구가 피동문에서 부사어 명사구가 되면서 동작성이 약화되기 때문임.
예	눈이 온 세상을 덮었다. 온 세상이 눈에 덮였다. → 앞 문장에서는 눈이 세상을 덮는 동작이 연상되지만, 뒤 문장에서는 눈이 세상을 덮는 동작이 잘 드러나지 않음.

개념 알통

불필요한 피동 표현

능동문을 쓸 수 있는 상황인데도 피동문을 사용하거나 이중 피동 표현을 사용하면 비문이 된다.

예 열려져 있는 창문으로 나비가 들어왔다. (×)
→ 열려 있는 창문으로 나비가 들어왔다. (○)

051 사동 표현

1 주동과 사동

- 주동: 주어가 직접 동작을 하는 것
- 사동: 주어가 동작을 남에게 시키는 것
- 주동문이 사동문으로 바뀔 때
  - 주동사가 자동사나 형용사인 경우: 주동문의 주어가 사동문의 (1 ㅁㅈㅇ　)가 되고, 주동문의 부사어는 그대로 부사어가 됨.
  - 주동사가 타동사인 경우: 주동문의 주어가 사동문의 부사어가 되고, 주동문의 목적어는 그대로 목적어가 됨.

개념 당기는 예시

- 주동문 – 물이 잔에 가득 찼다. / 사동문 – 동생이 물을 잔에 가득 채웠다.
  → 주동문의 주어 '물이'가 사동문의 목적어가 되고, 주동문의 부사어 '잔에'는 그대로 부사어가 됨.

- 주동문 – 아이가 밥을 먹는다. / 사동문 – 어머니가 아이에게 밥을 먹인다.
  → 주동문의 주어 '아이가'가 사동문의 부사어가 되고, 주동문의 목적어 '밥을'은 그대로 목적어가 됨.

2 사동 표현의 종류

(1) 파생적 사동

- 주동사 어간에 사동 (2 ㅈㅁㅅ　) '–이–, –히–, –리–, –기–, –우–, –구–, –추–'가 붙어서 실현됨.

  예 아기가 깨다. → 세희가 아기를 <u>깨우다</u>.

(2) 통사적 사동

- 용언의 어간에 '–게 하다'가 붙어서 실현됨.

개념 당기는 예시

- 주동문 – 수민이가 일기를 쓴다.
- 사동문 – (아버지께서) 수민이에게 일기를 쓰게 한다.
  　　　　　　 새로운 주어　　 부사어　 목적어

(3) 그 밖의 경우

- '–하다'로 끝나는 주동사에 접미사 '–(3 ㅅㅋㄷ　)'가 붙어서 실현됨.

  예 여자가 병원에 입원했다. → 의사가 여자를 병원에 <u>입원시켰다</u>.

3 파생적 사동과 통사적 사동의 의미 차이

파생적 사동	• 파생적 사동은 상황에 따라 직접적 행위로 해석되기도 하고 간접적 행위로 해석되기도 함. 예 엄마가 아들에게 옷을 입혔다. → 주어인 엄마가 객체인 아들에게 직접적으로 옷을 입히는 행위를 해 주는 것뿐만 아니라 엄마가 아들에게 옷을 입으라고 시킨 것으로도 해석할 수 있음.
통사적 사동	• 통사적 사동은 간접적 행위를 한 것으로만 해석됨. 예 엄마가 아들에게 옷을 입게 하였다. → 주어인 엄마가 객체인 아들에게 옷을 입으라고 시키는 간접적인 의미로만 해석할 수 있음.

🩺 사동사와 형태가 동일한데 의미가 다를 수 있나요?

예	㉠ 아이가 <u>논다</u>. ㉡ 어머니가 아기를 <u>놀린다</u>. ㉢ 유정이가 지수를 <u>놀린다</u>. ㉣ 동생이 밥을 <u>먹는다</u>. ㉤ 어머니가 동생에게 밥을 <u>먹인다</u>. ㉥ 지수네는 소를 <u>먹인다</u>.

위의 예에서 '놀다(㉠)'의 사동사인 ㉡의 '놀리다'는 '놀게 하다'라는 뜻이지만, ㉢의 '놀리다'는 '조롱하다'라는 뜻이며 사동사가 아닙니다. 또한 '먹다(㉣)'의 사동사인 ㉤의 '먹이다'는 '먹게 하다'라는 뜻이지만, ㉥의 '먹이다'는 '사육하다'라는 뜻이며 사동사가 아닙니다. 이처럼 사동사와 형태가 동일한데 의미가 다른 경우가 있습니다.

개념 알통

불필요한 사동 표현

사동의 의미가 있는 단어에 다시 사동형 어미 '–시키다'를 결합해 사용하면 비문이 된다.

예 저희가 직접 <u>교육시켜</u> 드립니다. (×)
→ 저희가 직접 <u>교육해</u> 드립니다. (○)

【초성 답】 1 목적어　 2 접미사　 3 시키다

개념 트레이닝 ZONE

⟨━❙ 문제를 풀며 개념 근육을 키워 보세요!

01 다음 설명의 알맞은 말에 ○표 하시오.

(1) 부정문에는 부정 부사 '안, 못'을 사용한 (긴 / 짧은) 부정문과 '–지 않다, –지 못하다'를 사용한 (긴 / 짧은) 부정문이 있다.

(2) '안' 부정문은 단순한 부정이나 행위를 하지 않겠다는 (상황 / 의지)에 의한 부정이고, '못' 부정문은 행위를 할 능력이 부족하거나 자신의 의사와 상관없는 (상황 / 의지)에 의한 부정이다.

(3) 주어가 동작을 제험으로 하는 것을 나타내는 문장을 (능동문 / 피동문)이라고 하고, 다른 주체에 의해 동작을 당하는 것을 나타내는 문장을 (능동문 / 피동문)이라고 한다.

(4) 피동 표현은 동작의 (대상 / 주체)을/를 강조하고 싶을 때, 동작의 주체가 분명하지 않거나 밝힐 필요가 없을 때, 또는 동작의 주체를 (밝히려고 / 밝히지 않으려고) 할 때 사용한다.

(5) 주어가 동작을 직접 하는 것을 나타내는 문장을 (주동문 / 사동문)이라고 하고, 주어가 남에게 동작을 하도록 시키는 것을 나타내는 문장을 (주동문 / 사동문)이라고 한다.

02 다음 문장의 빈칸에 알맞은 부정 표현을 쓰시오.

(1) 의지 부정	짧은 부정	나는 그를 ( ) 만났다.
	긴 부정	나는 그를 만나지 ( ).
(2) 능력 부정	짧은 부정	나는 그를 ( ) 만났다.
	긴 부정	나는 그를 만나지 ( ).
(3) 상태 부정	짧은 부정	꽃이 ( ) 예쁘다.
	긴 부정	꽃이 예쁘지 ( ).

03 다음 문장의 유형을 적고 빈칸에 알맞은 부정 표현을 쓰시오.

(1) 집 밖으로 나가라.

문장 유형	
부정 표현	집 밖으로 ( ).

(2) 케이블카를 타러 남산에 가자.

문장 유형	
부정 표현	케이블카를 타러 남산에 ( ).

04 다음 능동문에 피동 접미사를 결합한 피동문을 쓰시오.

	능동문	피동문
(1)	고양이가 쥐를 물었다.	
(2)	동생이 종이를 구겼다.	
(3)	내가 친구의 발을 밟았다.	
(4)	모기가 내 발바닥을 물었다.	
(5)	수아는 아름다운 경치를 보았다.	

05 ㉠~㉤에 들어갈 단어의 피동형과 피동 표현 요소를 쓰시오.

> 지진이 일어나자 가로등이 (㉠) 파편이 사방에 흩어졌고, 화분의 흙이 (㉡). CCTV에 진동이 (㉢) 정도로 건물이 (㉣). 또한 영상에 놀란 사람들이 대피하는 모습이 (㉤).

	피동형	피동 표현 요소
㉠ 깨다		
㉡ 쏟았다		
㉢ 감지하다		
㉣ 흔들다		
㉤ 담았다		

06 다음 주어에 맞게 주동문을 사동문으로 바꾸어 쓰시오.

주동문		얼음이 녹는다.
사동문	짧은 사동	난롯불이 ( ).
	긴 사동	난롯불이 ( ).
주동문		동생이 옷을 입었다.
사동문	짧은 사동	할머니께서 ( ).
	긴 사동	할머니께서 ( ).

07 다음 문장에서 잘못된 사동 표현을 알맞게 고쳐 쓰시오.

(1) 내가 새로운 친구를 소개시켜 줄게.

➡ 내가 새로운 친구를 (   ) 줄게.

(2) 실내를 환기시키지 않아 페인트 냄새가 심했다.

➡ 실내를 (   ) 않아 페인트 냄새가 심했다.

(3) 사장은 물건을 생산하기 위해 기계를 가동시켰다.

➡ 사장은 물건을 생산하기 위해 기계를 (   ).

워밍-UP

01

〈보기〉의 ㉠과 ㉡이 모두 적용된 예로 적절한 것은?

〈보기〉

　부정 표현이란 부정의 뜻을 나타내는 표현을 말한다. 부정 표현은 부사인 '안'과 '못'을 사용해서 짧게 표현할 수도 있고, ㉠'-지 아니하다'와 '-지 못하다' 등을 사용해서 길게 표현할 수도 있다. 부정 표현은 능력을 부정하거나 의지를 부정하는 것 이외에 ㉡단순히 사실이나 상태를 부정하는 의미로도 해석된다.

실력 자랑 다음 문장에서 ㉠과 ㉡의 적용 여부를 파악해 보세요.

문장	적용 여부
1. 우리가 묵은 방은 두 평이 채 못 된다.	(㉠ / ㉡ / ㉠, ㉡)
2. 그는 용기가 없어서 발표를 잘하지 못했다.	(㉠ / ㉡ / ㉠, ㉡)
3. 다행히 소풍을 가는 날 비가 내리지 않았다.	(㉠ / ㉡ / ㉠, ㉡)
4. 동생은 숙제를 한다며 놀이터에 나가지 않았다.	(㉠ / ㉡ / ㉠, ㉡)

02

〈보기〉의 학습 과제를 수행한 결과로 적절하지 <u>않은</u> 것은?

〈보기〉

　[학습 내용] 주어가 자기 힘으로 동작하는 것을 능동이라고 하고, 주어가 다른 주체에 의해 동작을 당하는 것을 피동이라고 한다. 피동 표현은 주로 어근에 접사 '-이-', '-히-', '-리-', '-기-', '-되다' 등이 결합하여 실현된다.

　[학습 과제] 다음의 어근 목록을 활용하여 피동문을 만드시오.

풀-	읽-	안-	깎-	이용

실력 자랑 다음 문장들이 피동문이면 ○표, 피동문이 아니면 ×표 하세요.

1. 이번 시험 문제는 지난번보다 잘 <u>풀렸다</u>.	(○ / ×)
2. 그의 글은 오직 나에게만 아름답게 <u>읽혔다</u>.	(○ / ×)
3. 친구는 버스에서 자기 짐까지 나에게 <u>안겼다</u>.	(○ / ×)
4. 날카로운 칼날에 무성하던 잔디가 모두 <u>깎였다</u>.	(○ / ×)
5. 우리 학교 운동장은 가끔 주차장으로도 <u>이용되었다</u>.	(○ / ×)

능동문이 피동문으로 바뀔 때 능동문의 주어는 피동문의 부사어가 되고, 능동문의 목적어는 피동문의 주어가 됩니다. 그리고 능동 서술어는 피동 서술어가 됩니다.

03

〈보기〉는 수업 장면의 일부이다. ㉠에 해당하는 예로 적절한 것은?

〈보기〉

　선생님: 주어가 스스로 행동하지 않고 다른 주체에 의해 어떤 동작을 당하거나 영향을 받는 것을 피동이라고 합니다. 피동문을 만들 때는 능동사의 어근에 피동 접미사 '-이-, -히-, -리-, -기-'를 붙여서 짧은 피동을 만들거나, '-아/-어지다'와 같은 표현을 사용하여 긴 피동을 만듭니다. 그런데 ㉠일부 능동사의 어근에는 피동 접미사가 결합하지 못하여 짧은 피동을 만들 수 없는 경우도 있습니다.

실력 자랑 ㉠의 예에 해당하면 ○, 아니면 ×표 하세요.

1. 물고기가 낚싯줄을 끊었다.	(○ / ×)
2. 경민이가 아기의 볼을 만졌다.	(○ / ×)
3. 민수가 동생의 이름을 불렀다.	(○ / ×)
4. 다람쥐가 도토리를 땅에 묻었다.	(○ / ×)
5. 요리사가 음식을 접시에 담았다.	(○ / ×)

04

다음 ㉠ ~ ㉢에 대한 설명으로 적절하지 <u>않은</u> 것은?

	주동문	사동문
㉠	철수가 집에 가다.	내가 철수를 집에 가게 하다.
㉡	동생이 밥을 먹다.	누나가 동생에게 밥을 먹이다.
㉢	*이삿짐이 방으로 옮다. ("*"는 비문임을 나타냄.)	인부들이 이삿짐을 방으로 옮기다.

실력 자랑 ㉠~㉢에 대한 설명의 적절성을 판단해 보세요.

① ㉠의 주동문은 ㉡과 달리 사동 접미사를 활용하여 사동문을 만들 수 없다. ○×

② ㉢의 사동문에서 사동 접미사 대신 '-게 하다'를 활용할 경우 어색한 문장이 된다. ○×

③ ㉠과 ㉡은 모두 주동문의 주어가 사동문의 목적어로 바뀐 경우이다. ○×

④ ㉠과 ㉡은 모두 주동문이 사동문이 될 때, 사동문에는 새로운 주어가 생겼다. ○×

⑤ ㉠, ㉡과 달리 ㉢은 사동문에 대응하는 주동문이 없는 경우이다. ○×

펌핑-UP

01

〈보기〉의 ㉠에 해당하는 예로 가장 적절한 것은?

〈보기〉
부정 표현 '-지 않다'는 줄여서 '-잖다'로 적을 수 있다. '시답다'에 '-지 않다'가 결합하여 '시답잖다'로 줄어든 것이 그 예이다. 그런데 '-잖다'는 특정한 상황에서 부정을 표현하는 것이 아닌, ㉠사실을 확인하는 의미로 사용되기도 한다.

① 사촌 동생의 지나친 장난은 달갑잖아.
② 그때 거기 소나무 한 그루가 있었잖아.
③ 당신을 믿기에 이번 도전도 두렵잖아요.
④ 작지만 소소한 행복이 있다면 남부럽잖아.
⑤ 힘들었지만 배운 게 많아 성과가 적잖아요.

02

〈보기〉의 ㉠, ㉡에 해당하는 예끼리 묶은 것으로 적절한 것은?

〈보기〉
선생님: 피동은 주어가 다른 주체에 의해 어떤 동작을 당하거나 영향을 받는 것이고, 사동은 주어가 다른 대상에게 어떤 동작을 하게 하는 것을 의미합니다. 피동 표현과 사동 표현은 접미사에 의해 실현되기도 하는데, 피동 접미사와 사동 접미사가 같은 형태인 경우 문장에서의 쓰임을 바탕으로 그 접미사가 피동 접미사인지 사동 접미사인지를 파악해야 합니다.

학생: 선생님, 그럼 ┌─ ㉠ ─┐는 피동 접미사가 쓰인 경우이고, ┌─ ㉡ ─┐는 사동 접미사가 쓰인 경우이겠군요.

선생님: 네, 맞습니다.

① ㉠: 욕심 많은 사람들은 제 배만 불렸다.
　 ㉡: 나는 아이들에게 돌아가며 노래를 불렸다.
② ㉠: 우리 직원들은 다른 부서에 약점을 잡혔다.
　 ㉡: 그는 마지못해 은행에 주택마저 담보로 잡혔다.
③ ㉠: 어머니는 집을 나서는 딸의 손에 책을 들렸다.
　 ㉡: 팔에 힘을 주니 무거운 가방이 번쩍 들렸다.
④ ㉠: 저녁을 준비하던 형은 나에게 찌개 맛부터 보였다.
　 ㉡: 그 일이 있고 난 뒤부터 그가 다시 예전처럼 보였다.
⑤ ㉠: 직원이 일을 잘못 처리해서 회사에 손해만 안겼다.
　 ㉡: 막냇동생은 자기가 들고 있던 짐마저 나에게 안겼다.

03

〈보기〉의 [A]에 들어갈 말로 적절하지 않은 것은?

〈보기〉
학생: 선생님, 피동 표현은 어떤 경우에 사용하나요?

선생님: 피동 표현은 행위의 주체보다 대상을 부각하고 싶을 때, 행위의 주체를 분명하게 밝히지 않고자 할 때, 행위의 주체가 중요하지 않거나 누구나 아는 사람이어서 말할 필요가 없을 때 사용해요. 또한 행위의 주체를 분명히 설정하기 어려운 경우에 사용하기도 해요. 이제 아래 자료를 보고 피동 표현에 대해 탐구해 봅시다.

㉠ ┌─ 벌이 그를 쏘았다.
　 └─ 그가 벌에 쏘였다.
㉡ ┌─ 내가 편지를 찢었다.
　 └─ 편지가 찢어졌다.
㉢ ┌─ 기자가 내 이야기를 신문에 실었다.
　 └─ 내 이야기가 신문에 실렸다.
㉣ ┌─ 국민들이 대통령을 뽑았다.
　 └─ 대통령이 뽑혔다.
㉤ ┌─ *A가 추웠던 날씨를 풀었다.
　 └─ 추웠던 날씨가 풀렸다.

'*'는 문법에 맞지 않음을 나타냄.

학생: [A]

선생님: 네, 맞아요.

① ㉠을 보니, 피동 표현을 통해 행위의 대상인 '그'를 부각할 수 있겠군요.
② ㉡을 보니, 피동 표현을 통해 '편지'를 찢은 주체를 분명하게 밝히지 않을 수 있겠군요.
③ ㉢을 보니, 행위의 주체인 '기자'가 중요하지 않을 때 피동 표현을 사용할 수 있겠군요.
④ ㉣을 보니, 행위의 주체인 '대통령'이 누구나 아는 사람일 때 피동 표현을 사용할 수 있겠군요.
⑤ ㉤을 보니, 행위의 주체를 분명히 설정하기 어려워 피동 표현을 사용했겠군요.

벌크-UP

[01] 다음 글을 읽고 물음에 답하시오.

부정하는 내용을 문법적으로 실현한 문장을 부정문이라고 한다. 부정문은 의미에 따라 '안' 부정문과 '못' 부정문으로, 길이에 따라 '짧은 부정문'과 '긴 부정문'으로 나누기도 한다. 한편 명령문과 청유문의 부정에는 '말다' 부정문이 쓰이고, '말다' 부정문은 '긴 부정문'만 가능하다.

'안' 부정문은 부정 부사 '안(아니)'으로 실현되는 짧은 부정문과 부정의 용언 구성 '–지 않다(아니하다)'로 실현되는 긴 부정문이 있고, 객관적인 사실을 부정하는 '단순 부정'과 동작 주체의 의도를 부정하는 '의도 부정'이 있다. '안' 부정문의 서술어가 동사이고 주어가 의지를 가질 수 있는 동작 주체인 경우에 '단순 부정'과 '의도 부정'의 해석이 모두 가능하다. 하지만 서술어가 형용사이거나 주어가 의지를 가질 수 없는 경우에는 대개 '단순 부정'으로 해석한다.

'못' 부정문은 부정 부사 '못'으로 실현되는 짧은 부정문과 부정의 용언 구성 '–지 못하다'로 실현되는 긴 부정문이 있다. 일반적으로 '못' 부정문은 동작 주체의 능력 부족을 드러내는 부정문이므로, 동작 주체의 능력으로는 어쩔 수 없는 심리적 상태를 나타내는 서술어는 '못' 부정문에 쓰이기 어렵다. 한편 '못' 부정문은 일반적으로 서술어가 형용사인 경우에는 성립할 수 없지만, '긴 부정문'에 한하여 '화자의 기대하는 기준에 이르지 못함'의 뜻을 나타내는 경우에는 쓰이기도 한다. 나아가 '못' 부정문은 화자의 능력을 부정하는 의미에서 발전하여 완곡한 거절, 또는 강한 거부와 같은 화자의 심리적 태도를 반영하기도 한다.

'말다' 부정문은 명령문 및 청유문에서 부정의 용언 구성 '–지 말다'로 실현된다. 형용사는 대부분 명령문이나 청유문의 서술어로 쓰일 수 없기 때문에 '말다' 부정문은 서술어가 형용사인 경우에는 성립하지 않는다. 하지만 문장의 서술어가 형용사라도 기원이나 희망을 나타낼 때는 '말다' 부정문이 쓰이기도 한다.

01

윗글을 바탕으로 〈보기〉를 이해한 내용으로 적절하지 않은 것은?

〈보기〉

태영: 새로 배정받은 ㉠동아리실이 그리 넓지 못해 고민이야. 우리가 쓰던 ㉡물품이 전부 안 들어가겠는데?

수진: 그 정도는 아닐 거야. 일단 물품을 옮겨 보자. 내일 어때?

태영: 미안하지만 ㉢나는 내일 못 와. 이번 휴일에는 집에서 좀 쉬고 싶어.

수진: ㉣나도 별로 안 내키는데, 다른 친구들은 내일 시간이 괜찮다고 하더라.

태영: 그래? 그럼 나도 와서 도울게. 그나저나 ㉤내일은 제발 덥지만 마라.

① ㉠의 '못' 부정문은 형용사인 서술어에 '긴 부정문' 형태로 실현되어 화자가 기대하는 기준에 이르지 못한다는 의미를 나타내고 있군.

② ㉡의 '안' 부정문은 주어가 의지를 가질 수 있는 동작 주체인 경우이기 때문에 '단순 부정'과 '의도 부정'으로 모두 해석이 가능하겠군.

③ ㉢의 '못' 부정문은 완곡한 거절이라는 화자의 심리적 태도를 나타내고 있군.

④ ㉣의 서술어는 동작 주체의 능력으로는 어쩔 수 없는 심리적 상태를 나타내기 때문에 '못' 부정문에 사용될 수 없겠군.

⑤ ㉤의 '말다' 부정문은 형용사인 서술어에 '긴 부정문' 형태로 실현되어 화자의 기원이나 희망의 의미를 나타내고 있군.

두뇌 스트레칭 ZONE

형용사의 능력 부정 제약

형용사는 사물의 성질이나 상태를 나타내는 품사로, 행동하는 주체의 의지가 작용할 수 없어 능력 부정문을 쓰지 않는 것이 원칙임. 다만 말하는 사람의 기대에 못 미침을 아쉬워할 때는 긴 부정의 형태로 사용할 수도 있음.

예 하늘이 못 푸르다. (×) / 바다가 깨끗하지 못하다. (○)

호루라기 관장님의 하드 트레이닝

공부한 날	월 일 요일
맞은 개수	/ 36

No	다음 빈칸에 알맞은 말을 써서 문장을 완성하시오.
01	긍정문에 부정을 나타내는 말을 써서 내용 전체 또는 일부를 부정하는 문장을 ( )이라고 한다.
02	부정문은 문장의 ( )에 따라 짧은 부정문, 긴 부정문으로 나눌 수 있다.
03	'( )'이나 '못'을 부사어로 쓰면 짧은 부정문, '-지 않다'나 '-지 ( )'의 형태로 쓰면 긴 부정문이다.
04	주체의 ( )에 의해 어떠한 행동을 하지 않는 것을 의지 부정이라고 한다.
05	주체의 ( )이 부족하거나 다른 원인에 의해 어떠한 행동을 하지 못하는 것을 능력 부정이라고 한다.
06	명령문과 청유문에서는 '-지 마/마라', '-지 ( )'를 통해 부정을 표현한다.
07	주어가 자신의 힘으로 어떤 동작이나 행위를 하는 것을 ( )이라고 한다.
08	주어가 다른 주체에 의해서 어떤 일을 당하게 되는 것을 ( ) 표현이라고 한다.
09	용언에 피동 접미사 '-이-, -히-, -리-, -기-'나 '-아/어지다'를 붙이거나 일부 단어 뒤에 피동의 뜻을 더하는 '-( )' 등을 붙여서 피동 표현을 만들 수 있다.
10	능동문의 주어는 피동문에서 ( )로 나타나고, 능동문의 목적어는 피동문에서 ( )로 나타난다.
11	능동문에서는 행동을 하는 사람이나 사물이 ( )로 나타나므로 ( )의 행위가 강조되나, 피동문에서는 주어 자리에 행동을 당한 사람이나 사물이 오게 되어 행동을 당한 사람이나 사물이 강조된다.
12	( )이란 주어가 제힘으로 직접 일을 하는 것을 의미하고, ( )은 주어가 남에게 동작을 하도록 시키는 것을 의미한다.
13	용언에 사동 접미사 '-이-, -히-, -리-, -기-, -우-, -구-, -추-'나 '-( )', '-게 하다'를 붙여 사동 표현을 만들 수 있다.
14	서술어인 주동사가 타동사일 때 주동문의 주어는 사동문에서 ( )로 나타나고, 사동문에는 주동문에 나타나지 않던 행위를 시킨 사람이 나타난다.

No	다음 문장이 피동문인지 사동문인지 파악하여 ○표 하시오.		
15	동생이 주희에게 안겼다.	피동	사동
16	장난감이 잘 정리되었다.	피동	사동
17	새로 산 옷이 반듯하게 개어졌다.	피동	사동
18	엄마가 세훈이에게 동생을 안겼다.	피동	사동
19	할머니께서 손주에게 한복을 입히셨다.	피동	사동
20	경찰관이 과속 주행한 차를 정지시켰다.	피동	사동

No	다음 능동문을 파생적 피동문으로 바꿔 쓰시오.
21	경찰이 도둑을 쫓았다. →
22	지수가 액자를 걸었다. →
23	눈이 온 마을을 덮었다. →
24	내가 새소리를 들었다. →
25	고양이가 동생을 물었다. →

No	다음 주동문을 파생적 사동문으로 바꿔 쓰시오.
26	아기가 울었다. → (강아지가)
27	나는 시를 읽었다. → (오빠가)
28	동생이 양말을 신었다. → (형이)
29	세아가 간식을 먹었다. → (언니가)

No	다음 밑줄 친 서술어를 사동사로 바꿔 쓰시오.
30	눈이 <u>녹다</u>. → 햇빛이 눈을 ( ).
31	벽이 <u>낮다</u>. → 작업자가 벽을 ( ).
32	입맛이 <u>돋다</u>. → 요리가 입맛을 ( ).
33	언니가 <u>웃다</u>. → 동생이 언니를 ( ).
34	나의 잠이 <u>깨다</u>. → 엄마가 나의 잠을 ( ).
35	아기가 옷을 <u>입다</u>. → 아빠가 아기에게 옷을 ( ).
36	종이비행기가 <u>날다</u>. → 내가 종이비행기를 ( ).

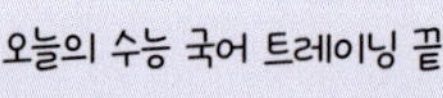

052 문장 다듬기 ❶ - 문장 성분 호응

1 주어와 서술어의 호응

- 주어와 호응*하는 적절한 (¹ ㅅㅅㅇ)를 써야 함.
- 주어와 서술어는 문장의 기본적인 구조 역할을 하기 때문에 이 두 성분이 제대로 호응하지 않으면 그 의미가 바르게 구현될 수 없음.

개념 당기는 예시

- 햇빛과 환기가 잘되지 않아 어둡고 습기가 가득했다.

  [수정] 햇빛이 잘 들지 않고 환기가 잘되지 않아 어둡고 습기가 가득했다.

  → '잘되지 않아'의 주어로 '환기가'는 적절하지만 '햇빛'은 적절하지 않음. '햇빛'을 '난방'과 같은 단어로 수정하거나, '햇빛이'의 서술어를 추가해서 '햇빛이 잘 들지 않고 환기가 잘되지 않아'로 수정해야 함.

2 목적어와 서술어의 호응

- 서술어가 타동사인 경우에는 반드시 (² ㅁㅈㅇ)가 있어야 함.
- 접속 조사를 통해 목적어가 두 개 이상 연결된 경우에는 각각의 목적어에 맞는 서술어가 제시되었는지 살펴야 함.

개념 당기는 예시

- 모두 흥에 겨워 춤과 노래를 부르고 있다.

  [수정] 모두 흥에 겨워 춤을 추고 노래를 부르고 있다.

  → 서술어 '부르다'는 '곡조에 맞추어 노래의 가사를 소리 내다.'라는 의미를 나타내는 것으로, 목적어로 '노래'는 적절하지만 '춤'은 적절하지 않음. 목적어 '춤'은 서술어 '추다'와 호응해야 함.

3 부사어와 서술어의 호응

- 특정한 부사어는 특정한 성격의 서술어와 짝을 이루어야 함.
- 시간을 나타내는 부사어가 오는 경우 그 (³ ㅅㅈ)에 맞는 서술어가 와야 함.

개념 당기는 예시

- 그를 기다리는 일은 전혀 힘든 일이다.

  [수정] 그를 기다리는 일은 전혀 힘든 일이 아니었다.

  → 부사어 '전혀'는 부정 표현과 호응해야 함.

4 조사와 서술어의 호응

- 서술어와 호응하는 조사를 사용해야 함.

개념 당기는 예시

- 그는 야구 선수치고 몸이 튼튼하다.

  [수정] 그는 야구 선수치고 몸이 약하다.

  → 조사 '치고'는 '예외'의 의미를 가지며 뒤에 부정을 나타내는 말이 와야 함.

💓 문장 성분의 호응을 확인해야 하나요?

네, 확인해야 합니다. 문장은 화자의 생각이나 감정을 완결된 내용으로 표현하는 최소의 언어 단위입니다. 자신이 표현하고자 하는 내용을 상대방에게 명확히 전달하기 위해서는 문장 성분을 제대로 갖추어서 말해야 합니다. '내일은 비와 바람이 많이 불겠습니다.'라는 문장은 '비'라는 주어에 걸맞은 서술어인 '내리다'가 언급되지 않았습니다. 이처럼 문장에서 꼭 필요한 성분을 생략하면 말하고자 하는 내용을 정확하게 전달하기가 어렵습니다. 문장 성분의 호응 관계가 제대로 이루어져야 올바른 문장이 될 수 있습니다. 

개념 알통

특정 부사어의 호응

부정 표현과 호응	여간, 결코, 전혀, 비단 + ~ 아니다, 안 된다, 않다, 없다
가정적 표현과 호응	비록 ~ ㄹ지라도(-라도, -지만, -어도) / 만약 ~ 이면(-라면, -다면) ~ ㄹ것이다(-ㄹ 테다)
당위적 표현과 호응	모름지기, 마땅히, 반드시 + ~ 해야 한다
긍정적 호응	과연 ~ 구나 / 가까스로 ~ 하다 / 왜냐하면 ~ 때문이다

---

*호응: 앞에 어떤 말이 오면 거기에 응하는 말에 따라 옴. 또는 그런 일

【초성 답】 1 서술어 2 목적어 3 시제

053 문장 다듬기 ❷ - 중의적 문장

1 중의 관계

- 하나의 문장이 여러 개의 의미로 해석될 수 있는 문장을 '중의문'이라고 함.
- 하나의 표현이 어휘나 문장 구조로 인해 둘 이상의 (1 ○□)를 지님으로써 청자가 해석하는 데 곤란을 느끼는 복합적 의미 관계를 '중의성'이라고 함.

2 어휘적 중의성

동음이의어에 의한 중의성	예 달이 차다 → '만월이다 / 달빛이 차갑다 / 만기가 되다 / 만삭이 되다' 등의 해석이 가능함.
(2 ㄷㅇㅇ)에 의한 중의성	예 손이 크다. 손에 반지를 끼다. 손이 부족하다. → '손'은 '사람의 팔목 끝에 달린 부분'이라는 중심적 의미 이외에, '손가락, 일하는 사람(일손), 사람의 수완이나 꾀' 등의 주변적 의미를 갖는 다의어임.

3 구조적 중의성

주어와 목적어의 범위에 따른 중의성	• 주어와 목적어가 불명확하여 중의성이 발생함. 예 유정이가 보고 싶은 친구들이 많다. → 보고 싶어 하는 주체가 유정이인지, 친구들인지 분명하지 않음.
수식*의 범위에 따른 중의성	• 수식어의 위치가 명확하지 않아 중의성이 발생함. 예 친절한 친구의 여동생을 만났다. → 친절한 사람이 친구인지, 친구의 여동생인지 분명하지 않음.
(3 ㅂㄱ)의 범위에 따른 중의성	• 비교하는 대상이 명확하지 않아 중의성이 발생함. 예 동생은 나보다 영화를 더 좋아한다. → 비교 대상이 '동생이 영화를 좋아하는 정도'와 '내가 영화를 좋아하는 정도'인지, '나'와 '영화'인지 분명하지 않음.
부정의 범위에 따른 중의성	• 부정의 의미가 미치는 범위가 명확하지 않아 중의성이 발생함. 예 학생들이 전시회에 다 오지 않았다. → 학생들이 일부만 오지 않았는지, 전부 오지 않았는지 분명하지 않음.
동작상의 범위에 따른 중의성	• 동작의 진행과 완료를 동시에 나타내며 중의성이 발생함. 예 언니는 교복을 입고 있다. → 언니가 교복을 이미 입고 있는 상태인지, 교복을 입는 행위를 하고 있는 중인지 분명하지 않음.

개념 알통

은유적 중의성과 상황적 중의성

은유적 중의성	은유적 표현이 만들어 내는 중의성 예 담임 선생님은 호랑이시다. → 담임 선생님이 호랑이처럼 무섭다는 의미와 호랑이의 역할을 맡았다는 의미로 해석됨.
상황적 중의성	하나의 표현이 각각 다른 상황으로 해석되어 나타나는 중의성 예 선생님께서 넥타이를 매고 있다. → 선생님께서 현재 넥타이를 매는 행동을 하고 있다는 진행의 의미와 이미 넥타이를 매고 있다는 완료의 의미로 해석됨.

개념 알통

중의성을 해소하는 방법

수식어의 이동	예 슬픈 곡예사의 운명 → 수식어 '슬픈'의 위치를 '운명'의 앞으로 이동시키면 피수식어 '운명'을 '슬픈'이 수식하게 되므로 '운명'이 슬프다는 의미로만 해석됨.
쉼표(,) 사용	예 슬픈 곡예사의 운명 → 쉼표의 위치에 따라 '슬픈, 곡예사의 운명'과 같이 표현할 경우 곡예사의 운명이 슬프다는 의미이고, '슬픈 곡예사의, 운명'과 같이 표현할 경우 곡예사의 마음이 슬프다는 의미임.
보조사 사용	예 사람들이 다 모이지 않았다. → '사람들이 다는 모이지 않았다.'와 같이 부정하고자 하는 정도 '다' 뒤에 보조사 '는'을 넣으면 '다'를 부정하여 사람들이 모이기는 했는데 다 모인 것은 아니라는 의미로 해석됨.

*수식: 문장에서, 체언과 용언에 말을 덧붙여 뜻을 더욱 분명하게 하는 일

【초성 답】 1 의미   2 다의어   3 비교

054 문장 다듬기 ❸ - 올바른 표현

1 필요한 문장 성분의 생략

- 한 문장 안에서 생략하면 안 되는 성분을 (1 ㅅㄹ)하여 비문이 되는 경우

주어의 생략	• 앞 문장과 뒤 문장의 주어가 같지 않으면, 뒤 문장의 주어를 생략할 수 없음. 예 작업이 언제부터 시작되고, 언제 건축될지 불투명하다. [수정] 작업이 언제부터 시작되고, 아파트가 언제 건축될지 불투명하다. → 주어 '작업이'는 서술어 '시작되고'와 호응하지만, 서술어 '건축될지'와는 호응하지 않으므로 '건축될지'와 호응하는 주어가 필요함.
목적어의 생략	• 타동사가 사용되었을 때는 목적어를 생략할 수 없음. 예 인간은 자연에 복종하기도 하고, 지배하기도 하면서 살아간다. [수정] 인간은 자연에 복종하기도 하고, 자연을 지배하기도 하면서 살아간다. → '지배하다'는 타동사이므로 목적어가 필요한 서술어이기 때문에 '지배하기도'와 호응하는 목적어가 필요함.
부사어의 생략	• 필수적 부사어를 필요로 하는 서술어가 올 때는 부사어를 생략할 수 없음. 예 동물은 사람을 경계하기도 하고 기대기도 한다. [수정] 동물은 사람을 경계하기도 하고 사람에게 기대기도 한다. → '기대하다'는 부사어가 필요한 서술어이므로, '기대기도'와 호응하는 부사어가 필요함.

서술어가 필수적으로 요구하는 문장 성분이 생략되면 문장이 완성되지 않아 전하고자 하는 사실이나 생각을 정확하게 표현하기 어렵습니다. 따라서 올바른 문장을 구성하기 위해서는 필요한 문장 성분을 모두 갖추는 것이 중요합니다.

2 문장 성분의 불필요한 중복

- 한 문장 안에서 동일한 어휘나 같은 의미의 말과 표현이 (2 ㅂㅂ)되어 비문이 되는 경우

어휘의 반복	• 한 문장 안에서 같은 어휘가 중복될 경우, 하나는 생략하는 것이 좋음. 예 그 사람은 온화한 성격을 지닌 사람이었다. [수정] 그 사람은 온화한 성격을 지녔다. → 하나의 문장에 '사람'이 두 번 사용되었으므로 하나만 사용해야 함.
의미의 중복	• 한 문장 안에서 의미가 중복된 단어가 있을 경우, 하나는 생략해야 함. 예 이웃에게 따뜻한 온정을 느꼈다. [수정] 이웃에게 온정을 느꼈다. / 이웃에게 따뜻한 정을 느꼈다. → '온정'은 '따뜻한 사랑이나 인정'이라는 뜻으로, '따뜻한'이라는 단어가 두 번 사용되었으므로 하나만 사용해야 함.

3 관형화·명사화 구성의 남용

- 관형어나 명사화 구성을 남발하여 비문이 되는 경우

(3 ㄱㅎㅎ) 구성의 남용	• 관형격 조사 '의'나 관형사형 어미 등 관형화 구성을 남발하면 비문이 됨. 예 이것은 부작용이 없는 안전한 정밀한 치료 방법이다. [수정] 이것은 부작용이 없고 안전하며, 정밀한 치료 방법이다. → '부작용이 없는', '안전한', '정밀한'이라는 관형화 구성을 남발하여 비문이 됨.
명사화 구성의 남용	• 체언이나 용언의 어미 사용으로 명사화 구성을 남발하면 비문이 됨. 예 안전 사고 방지 대책 마련이 필요하다. [수정] 안전 사고를 방지할 대책을 마련해야 한다. → '안전', '사고', '방지', '대책', '마련'이라는 명사화 구성을 남발하여 비문이 됨.

💜 문장 성분들의 위치는 왜 중요한가요?

서로 관계가 밀접한 문장 성분들은 그 위치가 근접해야 문장의 의미가 명확해질 수 있습니다. 관계가 밀접한 성분 사이의 거리가 너무 멀거나 그 사이에 각종 절이 들어가면 의미 전달에 혼란을 줄 수 있으므로, 문장을 구성할 때에는 문장 성분의 위치에도 주의를 기울여야 합니다. 예를 들어 '민지는 영재가 승호가 합격한 것을 잊었다고 말했다.'의 경우 문장은 의미가 쉽게 파악되지 않습니다. 왜냐하면 이 문장은 주어와 서술어를 여러 개 포함하고 있는데, 주어와 서술어 사이가 너무 멀기 때문입니다. 따라서 이 문장을 만약 '승호가 합격한 것을 영재가 잊었다고 민지가 말했다.'라고 쓴다면 의미를 파악하기가 훨씬 쉬울 것입니다.

개념 알통

번역 투에 의한 비문

영어와 일본어 등의 외국어 사용이 늘어나면서 번역 투의 표현이 자주 사용되고 있다.

영어 표현의 영향	• ~ 시간을 가지다. → '가지다'는 'have'의 직역 예 즐거운 시간을 가지세요. → 즐거운 시간을 보내세요. • 아무리 ~해도 지나치지 않다. → 'It is not too much to ~'의 직역 예 이 규칙은 아무리 강조해도 지나치지 않다. → 이 규칙은 매우 중요하다.
일본어 표현의 영향	• ~에 있어 → 일본어에서 '~에 있어서'라는 뜻인 '~において(니오이테)'의 번역 투 예 공부에 있어 가장 중요한 것은 꾸준함이다. → 공부에서 가장 중요한 것은 꾸준함이다.

【초성 답】 1 생략 2 반복 3 관형화

개념 트레이닝 ZONE

💪 문제를 풀며 개념 근육을 키워 보세요!

01 다음 표현이 부적절한 이유를 참고하여 알맞은 표현으로 고쳐 쓰시오.

(1) 역시 이 가게 떡볶이 맛은 다른 집과 틀려!

부적절한 이유	의미가 맞지 않는 어휘 사용
알맞은 표현	역시 이 가게 떡볶이 맛은 다른 집과 ( )!

(2) 오늘 토의에서 다루어질 안건은 모두 세 가지이다.

부적절한 이유	번역 투의 불필요한 피동 표현 사용
알맞은 표현	오늘 토의에서 ( ) 안건은 총 세 가지이다.

(3) 작품에 손을 대거나 파손하는 행위 금지

부적절한 이유	필요한 문장 성분 누락
알맞은 표현	작품에 손을 대거나 ( ) 파손하는 행위 금지

02 다음 문장의 빈칸에 알맞은 말을 넣어 문장을 완성하시오.

(1) 내일은 비와 바람이 많이 불겠습니다.

　➜ 내일은 비가 (   ) 바람이 많이 불겠습니다.

(2) 나는 어제 점심시간에 빵과 우유를 마셨다.

　➜ 나는 어제 점심시간에 빵을 (   ) 우유를 마셨다.

(3) 우리는 세종 대왕이 만드신 것에 감사했다.

　➜ 우리는 세종 대왕이 (   ) 만드신 것에 감사했다.

(4) 민지가 친구에게 이야기를 하는데, 인사도 없이 가 버렸다.

　➜ 민지가 친구에게 이야기를 하는데, (   ) 인사도 없이 가 버렸다.

03 다음 문장에서 호응이 부자연스러운 부분을 찾아 빈칸에 알맞은 말을 쓰시오.

(1) 나무에 열린 열매가 여간 탐스러웠다.

　➜ 나무에 열린 열매가 여간 (   ).

(2) 그 사람은 네가 반드시 상대해서는 안 될 사람이다.

　➜ 그 사람은 네가 (   ) 상대해서는 안 될 사람이다.

(3) 문제는 우리 고장의 박물관에 전시되었던 유물이 낯선 장소로 이동되었다.

　➜ 문제는 우리 고장의 박물관에 전시되었던 유물이 낯선 장소로 (   ).

04 다음 부정문이 부정의 대상에 따라 해석되는 의미를 쓰시오.

> 해찬이가 사과를 먹지 않았다.

부정의 대상	부정문의 의미
해찬이	해찬이가 아닌 ( )이/가 사과를 먹었다.
사과	해찬이가 사과가 아닌 ( )을/를 먹었다.
먹었다	해찬이가 사과를 먹지 않고 ( )을/를 했다.

05 다음 중의적 문장이 제시된 의미만 갖도록 고쳐 쓰시오.

(1) 세아와 하준이는 올해 결혼하였다.

　➜ [세아와 하준이 두 사람이 부부가 되었음.]
　(   ) 올해 결혼하였다.

(2) 게으른 토끼와 거북이가 달리기 경주를 한다.

　➜ [거북이가 게으른 경우]
　(   ) 경주를 한다.

(3) 수찬이는 선배와 지도 교수를 방문하여 진로 문제를 상담했다.

　➜ [수찬이가 두 사람을 각각 방문.] / 쉼표 이용
　(   ) 방문하여 진로 문제를 상담했다.

06 다음 부자연스러운 문장을 알맞게 고쳐 쓰시오.

(1) 현대는 과학이 매우 발달해져 있다.

　➜ 현대는 과학이 매우 (   ).

(2) 저출산 지원 문제는 가장 시급한 문제 중의 하나이다.

　➜ 저출산 지원 문제는 가장 시급한 (   ).

(3) 이 사안은 중요하므로 전체 회의를 가질 필요가 있다.

　➜ 이 사안은 중요하므로 전체 회의를 (   ) 필요가 있다.

07 다음 문장을 문장 성분의 호응이 자연스럽도록 고쳐 쓰시오.

(1) 윤호는 축구하는 것을 전혀 싫어한다.

　➜ 윤호는 축구하는 것을 전혀 (   ).

(2) 지구 온난화 현상의 문제점과 대안을 마련한다.

　➜ 지구 온난화 현상의 문제점을 (   ) 대안을 마련한다.

(3) 이 지역은 무단으로 들어가는 사람에 대해 법에 의해 처벌받게 됩니다.

　➜ 이 (   ) 법에 의해 처벌받게 됩니다.

 워밍-UP

01

〈보기〉를 고친 이유에 따라 짝지은 결과로 적절한 것은?

〈보기〉

(가) 지원이의 꿈은 국어 교사가 되고 싶다.

　→ 지원이의 꿈은 국어 교사가 되는 것이다.

(나) 인간은 한편으로는 자연에 순응하면서, 다른 한편으로는 이용하면서 살아왔다.

　→ 인간은 한편으로는 자연에 순응하면서, 다른 한편으로는 자연을 이용하면서 살아왔다.

(다) 형은 어떤 사람이든지 만나고 싶어 한다.

　→ 어떤 사람이든지 형을 만나고 싶어 한다.

실력 자랑 (가)~(다)를 고친 이유를 ⓐ~ⓒ 중에서 골라 보세요.

ⓐ 문장의 중의성 ⓑ 주어와 서술어 간의 불호응 ⓒ 필요한 문장 성분 누락	
(가)	
(나)	
(다)	

 한 문장 안에서 서술어로 쓰인 타동사의 목적어는 생략할 수 없는데, 목적어를 생략하여 비문이 되는 경우가 있습니다.

02

다음 문장들을 수정할 때 고려한 사항으로 적절하지 <u>않은</u> 것은?

㉠	그녀는 학교에서 되었다. ㄴ. 그녀는 학교에서 회장이 되었다.
㉡	그는 나보다 낚시를 더 좋아한다. ㄴ. 그는 내가 낚시를 좋아하는 것보다 더 낚시를 좋아한다.
㉢	우리 집의 특징은 앞마당이 넓다. ㄴ. 우리 집의 특징은 앞마당이 넓다는 것이다.
㉣	우리는 환경을 개선시켜야 할 의무가 있다. ㄴ. 우리는 환경을 개선해야 할 의무가 있다.
㉤	그들은 조용히 정숙을 유지하고 있었다. ㄴ. 그들은 정숙을 유지하고 있었다.

실력 자랑 다음 중 골라 빈칸을 채워 ㉠~㉤을 올바르게 수정할 방법을 완성해 보세요.

	보어　사동　어휘　서술어　중의성
㉠	서술어가 요구하는 문장 성분인 (　　　)를 추가한다.
㉡	문장의 (　　　)을 해소한다.
㉢	주어와 (　　　)가 호응이 될 수 있도록 한다.
㉣	불필요한 (　　　) 표현을 사용하지 않는다.
㉤	의미가 중복되는 (　　　)를 삭제한다.

03

〈보기〉의 [자료]를 탐구한 내용으로 적절하지 <u>않은</u> 것은?

〈보기〉

　문장의 중의성은 하나의 문장이 둘 이상의 의미로 해석되는 것이다. 이와 같은 중의성은 문장의 통사 구조나 특정 어휘가 갖는 영향 범위 등에 의해서 발생한다. 중의성을 해소하기 위해서는 어순을 바꿔 주거나, 문장 부호나 보조사 '은/는'을 사용한다.

[자료]

　ㄱ. 친구가 모두 오지 않았다.

　ㄴ. 그가 울면서 떠나는 그녀를 안아 주었다.

　ㄷ. 나는 사랑스러운 그녀의 강아지를 보았다.

실력 자랑 [자료]를 탐구한 내용의 적절성을 판단해 보세요.

① ㄱ은 수량과 부정을 나타내는 말이 함께 사용되어 중의성이 생겼겠군. ○ ✕

② ㄴ은 행위의 주체가 불분명하여 중의성이 생겼겠군. ○ ✕

③ ㄷ은 수식을 받는 대상이 불분명하여 중의성이 생겼겠군. ○ ✕

④ ㄱ과 ㄴ은 모두 보조사 '는'을 사용하는 방법을 통해 중의성을 해소할 수 있겠군. ○ ✕

⑤ ㄴ과 ㄷ은 모두 어순을 바꾸는 방법을 통해 중의성을 해소할 수 있겠군. ○ ✕

04

〈보기〉는 문법적으로 바르지 않은 문장 유형 중 일부이다. 〈보기〉의 어느 경우에도 해당하지 <u>않는</u> 것은?

〈보기〉

• 높임 표현이 적절하게 사용되지 않은 경우 - ⓐ

• 연결 어미가 의미에 맞게 사용되지 않은 경우 - ⓑ

• 피동 표현이 중복되어 과도한 피동이 된 경우 - ⓒ

• 목적어에 대응하는 서술어가 잘못 생략된 경우 - ⓓ

실력 자랑 다음 문장이 바르지 않은 이유를 ⓐ~ⓓ 중에서 골라 보세요.

1. 예상치 못했던 결과가 나온다면 실망할 필요가 없다.	
2. 그 복지 시설은 지금 민간에 위탁 운영되어지고 있다.	
3. 특별한 일이 없을 때는 텔레비전이나 라디오를 듣는다.	
4. 이것은 어머니가 외할머니한테 생신 선물로 드린 것이다.	

 **펌핑-UP**

01

〈보기〉의 검토 내용을 고려하여 ㉠~㉤을 수정한 결과로 적절하지 <u>않은</u> 것은?

〈보기〉

	원래의 문장	검토 내용
㉠	약은 약사에게 상의하십시오.	조사를 잘못 사용함.
㉡	뜰에 핀 꽃이 여간 탐스러웠다.	문장 성분의 호응이 적절하지 않음.
㉢	그의 장점은 모든 일에 성실하다.	
㉣	철수는 사과와 배 두 개를 먹었다.	문장이 중의적으로 해석됨.
㉤	기태는 아름다운 은영이의 목소리를 좋아한다.	

① ㉠ : 약은 약사께 상의하십시오.

② ㉡ : 뜰에 핀 꽃이 여간 탐스럽지 않았다.

③ ㉢ : 그의 장점은 모든 일에 성실하다는 것이다.

④ ㉣ : 철수는 사과 한 개와 배 한 개를 먹었다.

⑤ ㉤ : 기태는 은영이의 아름다운 목소리를 좋아한다.

02

㉠~㉤의 잘못된 문장을 수정할 때 고려한 문법적 기준으로 적절하지 <u>않은</u> 것은?

	잘못된 문장 → 수정한 문장
㉠	그는 양말을 벗고 바위에 앉아서 발을 넣었다. → 그는 양말을 벗고 바위에 앉아서 물에 발을 넣었다.
㉡	내가 주장하는 바는 문화 회관 건설로 주민 생활이 개선된다. → 내가 주장하는 바는 문화 회관 건설로 주민 생활이 개선된다는 것이다.
㉢	이번 일로 우리는 불편과 피해를 입었다. → 이번 일로 우리는 불편을 겪고 피해를 입었다.
㉣	우리 모두 쓰레기 줄이기 운동을 동참합시다. → 우리 모두 쓰레기 줄이기 운동에 동참합시다.
㉤	이 사람에게 그 일은 여간 기쁜 일이다. → 이 사람에게 그 일은 여간 기쁜 일이 아니다.

① ㉠ : 목적어인 '발을'을 수식하는 관형어가 있어야 한다.

② ㉡ : '내가 주장하는 바는'과 호응하는 서술어가 있어야 한다.

③ ㉢ : 목적어의 하나인 '불편'과 호응하는 서술어가 있어야 한다.

④ ㉣ : 서술어인 '동참합시다'가 요구하는 부사어에 정확한 조사를 사용해야 한다.

⑤ ㉤ : 부사 '여간'은 부정의 의미를 나타내는 말과 호응해야 한다.

03

다음 '탐구 학습지' 활동의 결과로 적절하지 <u>않은</u> 것은?

[탐구 학습지]

1. 문장의 중의성
   • 하나의 문장이 둘 이상의 의미로 해석되는 것

2. 중의성 해소 방법
   • 어순 변경, 쉼표나 조사 추가, 상황 설명 추가 등

3. 중의성 해소하기
– 과제 : 빈칸에 적절한 말 넣기

ㄱ. (조사 추가) ··· a
   • 중의적 문장: 관객들이 다 도착하지 않았다.
   • 전달 의도: (관객 중 일부가 도착하지 않음.) ························· b
   • 수정 문장: 관객들이 다는 도착하지 않았다.

ㄴ. (어순 변경) ··· c
   • 중의적 문장: 우리는 어제 전학 온 친구와 만났다.
   • 전달 의도: (전학 온 친구와 만난 때가 어제임.) ···················· d
   • 수정 문장: 우리는 전학 온 친구와 어제 만났다.

ㄷ. 상황 설명 추가
   • 중의적 문장: 민우는 나와 윤서를 불렀다.
   • 전달 의도: '나와 윤서'를 부른 사람이 '민우'임.
   • 수정 문장: (민우는 나와 둘이서 윤서를 불렀다.) ···················· e

⋮

① a   ② b   ③ c   ④ d   ⑤ e

[01~02] 다음 글을 읽고 물음에 답하시오.

하나의 언어 표현이 둘 이상의 의미를 나타내는 현상을 '중의성'이라고 하는데, 일반적으로 (1)~(3)과 같이 세 가지 양상으로 나눌 수 있다.

(1) ㄱ. 손이 크다.
ㄴ. 차를 사다.
(2) ㄱ. 예쁜 민지의 목소리가 들린다.
ㄴ. 나는 철수와 영희를 달랬다.
ㄷ. 아버지는 어머니보다 강을 더 좋아한다.
(3) ㄱ. 나는 어제 그녀를 만나지 않았다.
ㄴ. 포수 세 명이 사슴 한 마리를 잡았다.

첫째, '어휘적 중의성'은 문장에 사용되는 어휘의 특성에 따라 문장이 중의적으로 해석되는 것으로, '다의어'나 '동음이의어'를 통해서 실현된다. (1ㄱ)은 '손'이 '신체 부위'나 '씀씀이'와 같이 둘 이상의 의미로 해석될 수 있기 때문에 '다의어'에 따른 중의성에 해당한다. (1ㄴ)의 '차'는 '엔진이 달린 탈것[車]'이라는 의미로도 해석되고, 녹차나 홍차와 같이 '마시는 음료[茶]'로도 해석된다. 따라서 (1ㄴ)은 소리는 같으나 뜻이 다른 '동음이의어'에 따른 중의성이 나타난 경우에 해당한다.

둘째, '구조적 중의성'은 어떤 문장이 둘 이상의 통사적 관계를 가진 문장 구조로 분석되어 중의적으로 해석되는 것으로, '수식 관계', '접속 구문', '비교 구문' 등을 통해서 실현된다. (2ㄱ)은 '수식 관계'에 따라 중의성이 생기는 경우로, '예쁜'이 '민지'를 수식할 수도 있고 '목소리'를 수식할 수도 있기 때문에 중의성이 생긴다. (2ㄴ)은 '접속 구문'에 따라 중의성이 생기는 경우이다. 내가 '철수와 영희' 둘 다 달랬다는 의미로도 해석되지만, 내가 철수와 함께 '영희'를 달랬다는 의미로도 해석되기 때문에 중의성이 생긴다. (2ㄷ)은 '비교 구문'에 따라 중의성이 생기는 경우이다. 행위의 주체인 '아버지와 어머니'가 강을 놓고 그 선호도를 비교했다는 의미로 볼 수도 있고, 아버지가 행위의 대상인 '어머니와 강'을 놓고 그 선호도를 비교했다는 의미로 볼 수도 있기 때문에 중의성이 생긴다.

셋째, '작용역*의 중의성'은 하나의 문장에서 나타나는 작용역이 다르게 해석됨에 따라 발생하는 것으로, '부정 표현', '수량 표현' 등을 통해서 실현된다. (3ㄱ)은 '부정 표현'에 따라 중의성이 생기는 경우이다. '않았다'가 부정하는 것이 '나'인지, '어제'인지, '그녀'인지, '만나다'인지 불분명하기 때문에 중의적 표현이 되었다. (3ㄴ)은 '수량 표현'에 따라 중의성이 생기는 경우이다. 즉, 포수 세 명이 합쳐서 사슴 한 마리를 잡았다는 의미도 될 수 있고, 포수 세 명 각자가 사슴 한 마리씩을 잡았다는 의미도 될 수 있다.

이와 같은 중의적 표현은 광고나 유머 등에서 표현 효과를 위해 의도적으로 사용하는 경우가 있다. 하지만 일반적으로 중의적 표현은 의사소통에 방해가 되기 때문에 중의성을 띠지 않도록 표현하는 것이 바람직하다. 쉼표를 사용하거나, 어순, 단어, 조사 등을 바꾸거나, 단어나 조사를 추가하면 중의성이 해소될 수 있다.

* 작용역: 어떠한 단어의 의미가 다른 단어의 의미에 영향을 미치는 범위.

01

윗글을 읽고 알 수 있는 내용이 <u>아닌</u> 것은?

① 표현 의도에 따라 중의적 표현을 사용하는 경우도 있다.

② 동음이의어에 따른 중의성은 한자어 표기를 병행하여 해결할 수 있다.

③ 둘 이상의 수식어가 하나의 피수식어를 수식할 때 구조적 중의성이 발생한다.

④ 수량 표현이 영향을 미치는 범위가 둘 이상이 되면 작용역의 중의성이 나타날 수 있다.

⑤ 비교 구문에서 특정 부분이 행위의 주체도 될 수 있고 행위의 대상도 될 수 있을 때 중의성이 발생한다.

02

윗글을 바탕으로 할 때, <보기>의 ㉠~㉤에 들어갈 내용으로 적절하지 <u>않은</u> 것은?

〈보기〉

중의적인 문장	해소 방법	고친 문장
길이 없다.	단어 바꾸기	㉠
착한 주희의 동생을 만났다.	어순 바꾸기	㉡
나는 영호와 민주를 보았다.	쉼표의 사용	㉢
회원들이 다 오지 않았다.	조사의 추가	㉣
학생들이 컴퓨터 한 대를 사용한다.	단어의 추가	㉤

① ㉠: 도로가 없다.

② ㉡: 주희의 착한 동생을 만났다.

③ ㉢: 나는, 영호와 민주를 보았다.

④ ㉣: 회원들이 다는 오지 않았다.

⑤ ㉤: 모든 학생들이 컴퓨터 한 대를 사용한다.

호루라기 관장님의 하드 트레이닝

공부한 날	월	일	요일
맞은 개수			/ 25

No	문장이 적절하지 않은 이유를 보고 알맞게 고쳐 쓰시오.
01	오늘 회의에서 다루어질 안건은 모두 세 가지이다. [적절하지 않은 이유] 번역 투의 불필요한 피동 표현 사용 ➜ 오늘 (　　　　　) 모두 세 가지이다.
02	서로 생각이 틀리다고 싸울 필요는 없다. [적절하지 않은 이유] 의미가 맞지 않는 어휘의 사용 ➜ 서로 생각이 (　　　　) 싸울 필요는 없다.
03	전시실 안에서는 잡담을 하거나 음식물 섭취를 금지합니다. [적절하지 않은 이유] 불필요한 문장 성분의 사용 ➜ 전시실 안에서는 (　　　　　) 음식물 섭취를 금지합니다.
04	내가 하려는 말은 다름이 아니라, 아직 늦지 않았으니 다시 시작하기를 바란다. [적절하지 않은 이유] 주어와 서술어의 호응이 맞지 않음. ➜ 내가 하려는 말은 다름이 아니라, 아직 늦지 않았으니 다시 시작하기를 (　　　　　).
05	이번 시험에서는 문법의 비중이 많이 약해졌다. [적절하지 않은 이유] 의미가 맞지 않는 어휘의 사용 ➜ 이번 시험에서는 문법의 비중이 많이 (　　　　).
06	그는 자신의 감정을 밖으로 표출하지 않으려 애썼다. [적절하지 않은 이유] 동일한 의미의 어휘 중복 사용 ➜ 그는 자신의 감정을 밖으로 (　　　　) 않으려 애썼다.

No	생략된 문장을 찾아 빈칸에 알맞은 말을 쓰시오.
07	물이 얼면 된다. ➜ 물이 얼면 (　　　) 된다.
08	선생님께서 전학 온 친구를 소개하셨다. ➜ 선생님께서 전학 온 친구를 (　　　　) 소개하셨다.
09	아버지께서 자식들을 사랑하셨고, 자식들도 사랑하였다. ➜ 아버지께서 자식들을 사랑하셨고, 자식들도 (　　　　) 사랑하였다.
10	인간은 자연을 지배하기도 하고, 순응하기도 한다. ➜ 인간은 자연을 지배하기도 하고, (　　　　) 순응하기도 한다.
11	우리는 친구로부터 사랑을 받기도 하고, 사랑을 주기도 한다. ➜ 우리는 친구로부터 사랑을 받기도 하고, (　　　　) 사랑을 주기도 한다.

No	문장의 중의성을 해소하여 의미에 맞게 고쳐 쓰시오.
12	나는 반장과 선생님을 찾아다녔다. [나와 반장이 선생님을 찾아다녔다는 의미] ➜ 나는 반장과 (　　　) 선생님을 찾아다녔다.
13	수많은 사람들의 노력으로 문제를 해결했다. [사람들의 수가 많다는 의미] ➜ 수많은 (　　　　　　) 문제를 해결했다.
14	형은 나보다 책을 더 좋아한다. [형이 더 좋아하는 것은 책이라는 의미] ➜ 형은 (　　　　　　) 책을 더 좋아한다.
15	민주는 아침에 현수가 여행에서 돌아왔다고 말했다. [현수가 아침에 여행에서 돌아왔다는 의미] ➜ 민주는 (　　　　　) 여행에서 돌아왔다고 말했다.

No	부자연스러운 번역체 문장을 자연스럽게 고쳐 쓰시오.
16	나는 동생 한 명을 가지고 있다. ➜ 나는 동생 (　　　　).
17	이 지역은 평야가 매우 발달해져 있다. ➜ 이 지역은 평야가 매우 (　　　) 있다.
18	운동의 중요성은 아무리 강조해도 지나치지 않다. ➜ 운동은 매우 (　　　).
19	이 사안은 중요하므로 전체 회의를 가질 필요가 있다. ➜ 이 사안은 중요하므로 전체 회의를 (　　) 필요가 있다.
20	살림살이들이 건장한 일꾼들에 의해 날라지고 있었다. ➜ 건장한 일꾼들이 (　　　　　　) 있었다.
21	아동을 지원하는 사업은 가장 시급한 문제 중의 하나이다. ➜ 아동을 지원하는 사업은 가장 시급한 (　　　).
22	당면한 문제를 해결하기 위해 두 사람은 만남을 가졌다. ➜ 당면한 문제를 해결하기 위해 두 사람은 (　　　).

No	문장 성분의 호응에 알맞게 문장을 고쳐 쓰시오.
23	자기의 장점과 단점을 보완하는 사람이 성공할 수 있다. ➜ 자기의 (　　　　　) 단점을 보완하는 사람이 성공할 수 있다.
24	이런 부작용에 대해서는 절대로 미리 알려 주어야 합니다. ➜ 이런 부작용에 대해서는 (　　　) 미리 알려 주어야 합니다.
25	문제는 원래 계획했던 일들을 충실히 수행하지 못했다. ➜ 문제는 원래 계획했던 일들을 충실히 수행하지 (　　　　).

오늘의 수능 국어 트레이닝 끝!

055 언어의 본질과 기능

1 언어의 개념

- 생각이나 느낌을 나타내거나 전달하는 데에 쓰는 음성이나 문자 수단. 또는 그 음성이나 문자의 사회 관습적인 체계

2 언어의 특성

(1) 기호성

- 언어가 일정한 의미(내용)를 일정한 (1 ㄱㅎ)(형식)로 나타낸다는 특성
  - 예 지평선이나 수평선 위로 보이는 무한대의 넓은 공간 = '하늘'

(2) 자의성

- 언어의 (2 ㅇㅁ)와 기호의 결합이 우연하게 이루어진 **자의적***이고 **임의적***인 것이라는 특성

개념 당기는 예시

한국어	영어	일본어	중국어
나무[나무]	tree[트리]	き[기]	樹[슈]

→ 나라마다 '나무'라는 의미를 나타내는 말소리가 다른 것은 언어의 의미와 기호의 결합이 자의적으로 이루어졌음을 의미함.

(3) 사회성

- 소리와 의미의 관계가 사회적으로 약속된 후에는 개인이 마음대로 바꿀 수 없다는 특성
- 처음에 언어의 기호와 의미를 결합할 때는 임의적이고 자의적으로 이루어지지만, 결합이 이루어진 후에는 사회적 (3 ㅇㅅ)이 되었으므로 개인이 함부로 바꿀 수 없다는 것

(4) 역사성

- 언어가 시간의 흐름에 따라 새롭게 생겨나고 변하고, 사라진다는 특성

새로 생긴 말	예 컴퓨터, 인터넷, 스마트폰, 인공 지능
사라진 말	예 온(백), 가람(강), 미르(용), 즈믄(천)
소리나 의미가 변한 말	예 어리다(어리석다 → 나이가 적다), 영감(조선 시대 관리 → 중년이 지난 남자)

(5) 창조성

- 언어를 바탕으로 상황에 따라 새로운 (4 ㄷㅇ)나 문장을 끊임없이 만들어 낼 수 있다는 특성

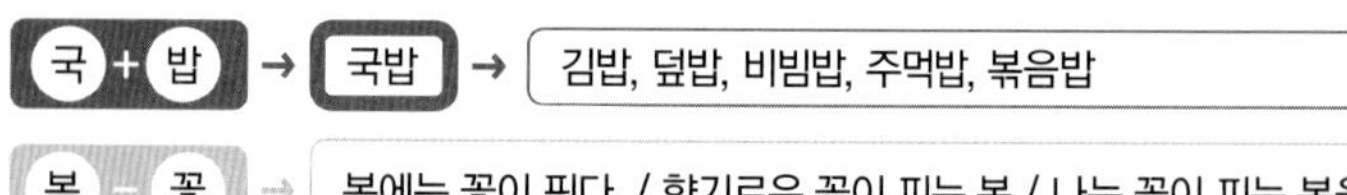

개념 갈고리 언어의 규칙성

규칙성	• 언어를 올바로 사용하기 위한 규칙이 존재함. • 규칙을 제대로 지키지 않으면 문장이 어색해지고, 뜻이 제대로 전달되지 않음.	예 [나는] + [사과를] + [좋아한다]. └ 규칙성: [주어]-[목적어]-[서술어]의 순서로 규칙에 따라 배열된 특성

개념 알통

언어와 인간의 관계

언어와 사고	• 인간의 사고가 언어에 반영되고, 언어가 인간의 사고에 영향을 줌. 예 '여기저기, 이것저것'은 자연스러운데, '저기여기, 저것이것'은 부자연스럽다고 느낌. → 가까운 것을 먼저 표현하고 먼 것을 나중에 표현하는 사고가 있기 때문일 수도 있고, '여기저기, 이것저것'을 먼저 배워서 사고적으로 익숙하기 때문일 수도 있음.
언어와 사회	• 지역·연령·성별·사회 집단의 특성을 반영함. • 사회적 관계를 형성·유지·발전시키는 수단으로 언어를 이용함. • 같은 사회에 속해 있으면서 같은 언어를 사용하는 사람들의 공동체 의식을 강화함. 예 이누이트 언어에서는 하늘에서 내려오고 있는 눈, 땅에 내려앉아 쌓여 있는 눈, 바람에 이리저리 휘날리는 눈 등을 가리키는 단어가 발달함. → 이누이트인들이 사는 곳에 눈이 많이 오기 때문임.
언어와 문화	• 언어는 문화적 산물로, 사용하는 사람들의 문화를 반영함. • 언어 공동체의 문화를 다음 세대로 전승하고 축적함. 예 영어의 'rice'라는 한 단어가 국어에서는 '쌀, 밥, 벼' 등으로 다양하게 나타남. → 우리의 전통문화는 농경 생활을 기반으로 하기 때문에 농경 문화와 관련된 단어들이 많음.

***자의적**: 일정한 질서를 무시하고 제멋대로 하는. 또는 그런 것

***임의적**: 일정한 기준이나 원칙 없이 하고 싶은 대로 하는. 또는 그런 것

【초성 답】 **1** 기호 **2** 의미 **3** 약속 **4** 단어

056 음운

1 음운

- 말의 뜻을 구별해 주는 소리의 가장 작은 단위
- 소리마디*의 경계를 그을 수 있느냐 없느냐를 기준으로 분류할 수 있음.

2 최소 대립쌍

- 단 하나의 (1 ○○)만 차이가 나서 뜻이 구별되는 단어의 쌍을 의미함.
- 단어를 이루고 있는 요소 중 한 가지만 달라 그 하나의 요소로 인해 뜻이 구별되는 단어

개념 당기는 예시

- 곰 – 감 → 각 단어의 가운뎃소리인 'ㅗ'와 'ㅏ'가 달라서 뜻이 달라짐.
- 물 – 불 – 뿔 – 풀 → 각 단어의 첫소리인 'ㅁ, ㅂ, ㅃ, ㅍ'의 차이에 따라 뜻이 달라짐.

3 음운의 종류

- 음운은 소리마디의 (2 ㄱㄱ)를 그을 수 있느냐에 따라 '분절 음운'과 '비분절 음운'으로 나뉨.
- 분절 음운은 음소, 비분절 음운은 운소라고도 함.

분절 음운(음소)	비분절 음운(운소)
• 소리마디의 경계를 나눌 수 있는 음운 • 자음, 모음, 반모음이 있음. • 현대 국어의 자음은 19개, 모음은 21개임.	• 소리마디의 경계를 나눌 수 없는 음운 • 장단(소리의 길고 짧음), 고저(소리의 높이), 강약 (소리의 세기)이 있음.

개념 당기는 예시

- 국 → 'ㄱ + ㅜ + ㄱ'으로 나눌 수 있으므로, 자음과 모음은 분절 음운임.
- 눈[雪] / 눈[目] → 소리의 장단에 따라 의미가 달라지지만 도막으로 나눌 수는 없으므로 비분절 음운임

4 음절

- 하나의 종합된 음의 느낌을 주는 말소리의 단위
- 몇 개의 음소로 이루어지며, (3 □○)은 단독으로 한 음절이 되기도 함.
- 자음은 첫소리(초성)와 종성(끝소리)에, 모음은 가운뎃소리(중성)에 위치하여 음절을 이룸.
- 자음과 모음이 결합하는 방식에 따라 음절의 유형을 나눌 수 있음.

구분	초성	중성	종성	예시
유형 ①		모음		아, 야, 오, 요, 이 …
유형 ②	자음	모음		거미, 나무, 바지, 소개 …
유형 ③		모음	자음	일, 약, 웃음, 인연 …
유형 ④	자음	모음	자음	달력, 문법, 질문, 책상 …

국어의 음절은 (자음) + 모음 + (자음)의 구조로 되어 있습니다.
즉, 음절은 모음을 중심으로 하여 모음의 앞뒤에 자음이 연결되는 구조로 이루어져 있습니다.
모음은 혼자서 음절이 될 수 있지만, 자음은 혼자서는 음절이 될 수 없습니다.

음향과 음성은 음운이 아닌가요?

네, 음향과 음성은 음운이 아닙니다. 음향은 새소리나 바람소리와 같은 자연의 소리를, 음성은 사람의 발음 기관을 통해 나오는 말소리를 의미합니다. 음성은 사람마다 다르고 같은 사람의 음성이라도 때에 따라 다릅니다. 반면에 음운은 개별적인 음성에서 공통적인 요소를 뽑아 머릿속에서 같은 소리로 인식하는 말소리이기 때문에 사람들이 같은 음이라고 생각하는 소리입니다.

개념 알통

소리의 장단

소리의 길고 짧음을 나타내는 것을 소리의 장단이라고 한다. 동일한 모음의 소리 길이를 다르게 함으로써 단어의 뜻을 구별하는데, 국어에서는 일반적으로 단어의 첫 음절에서만 긴소리가 나타난다.

눈:[雪] / 눈[目]	말:[言] / 말[馬]
발:[簾] / 발[足]	솔 / 솔[松]
밤:[栗] / 밤[夜]	성:인(聖人) / 성인(成人)

---

*소리마디: 하나의 종합된 음의 느낌을 주는 말소리의 단위. 몇 개의 음소로 이루어지며, 모음은 단독으로 한 음절이 되기도 함.

【초성 답】 1 음운 2 경계 3 모음

057 자음 체계

1 자음

- 말소리를 낼 때 공기의 흐름이 **발음 기관**[*]에서 장애를 받고 나오는 소리
- **조음**[*] 위치(장애가 일어나는 자리)와 조음 방법(장애를 일으키는 방법)에 따라 분류함.

2 자음의 분류

(1) 조음 위치에 따른 분류

입술소리	양순음	두 (1 ㅇㅅ)에서 나는 소리	ㅂ, ㅃ, ㅍ, ㅁ
잇몸소리	치조음	혀끝이 윗잇몸에 닿아서 나는 소리	ㄷ, ㄸ, ㅌ, ㅅ, ㅆ, ㄴ, ㄹ
센입천장소리	경구개음	혓바닥과 센입천장 사이에서 나는 소리	ㅈ, ㅉ, ㅊ
여린입천장소리	연구개음	혀의 뒷부분과 여린입천장 사이에서 나는 소리	ㄱ, ㄲ, ㅋ, ㅇ
목청소리	후음	목청 사이에서 나는 소리	ㅎ

(2) 조음 방법에 따른 분류

파열음	(2 ㄱㄱ)의 흐름을 막았다가 터뜨리면서 내는 소리	ㅂ, ㅃ, ㅍ, ㄷ, ㄸ, ㅌ, ㄱ, ㄲ, ㅋ
파찰음	공기의 흐름을 막았다가 서서히 터뜨려 마찰을 일으키며 내는 소리	ㅈ, ㅉ, ㅊ
마찰음	공기가 흐르는 통로를 좁혀 마찰을 일으키며 내는 소리	ㅅ, ㅆ, ㅎ
비음	입안의 통로를 막고 공기를 (3 ㅋ)로 내보내면서 내는 소리	ㅁ, ㄴ, ㅇ
유음	혀끝을 윗잇몸에 가볍게 대었다가 떼거나, 혀끝을 윗잇몸에 댄 채 공기를 그 양옆으로 흘려보내면서 내는 소리	ㄹ

3 국어의 자음 체계

조음 방법		조음 위치	입술소리 (양순음)	잇몸소리 (치조음)	센입천장소리 (경구개음)	여린입천장소리 (연구개음)	목청소리 (후음)
안울림 소리 (무성음)	파열음	예사소리	ㅂ	ㄷ		ㄱ	
		된소리	ㅃ	ㄸ		ㄲ	
		거센소리	ㅍ	ㅌ		ㅋ	
	파찰음	예사소리			ㅈ		
		된소리			ㅉ		
		거센소리			ㅊ		
	마찰음	예사소리		ㅅ			ㅎ
		된소리		ㅆ			
울림소리 (유성음)	비음		ㅁ	ㄴ		ㅇ	
	유음			ㄹ			

◎ 개념 갈고리 ㄱ 울림소리와 안울림소리

- 울림소리(유성음): 발음할 때 목청이 떨려 울리는 소리. 국어의 모든 모음은 울림소리이며, 자음 중에서는 비음 'ㄴ, ㅁ, ㅇ'과 유음 'ㄹ'이 이에 해당한다.
- 안울림소리(무성음): 발음할 때 목청이 울리지 않는 소리. 비음 'ㄴ, ㅁ, ㅇ'과 유음 'ㄹ'을 제외한 모든 자음이 이에 해당한다.

개념 알통

자음의 발음 기관 단면도

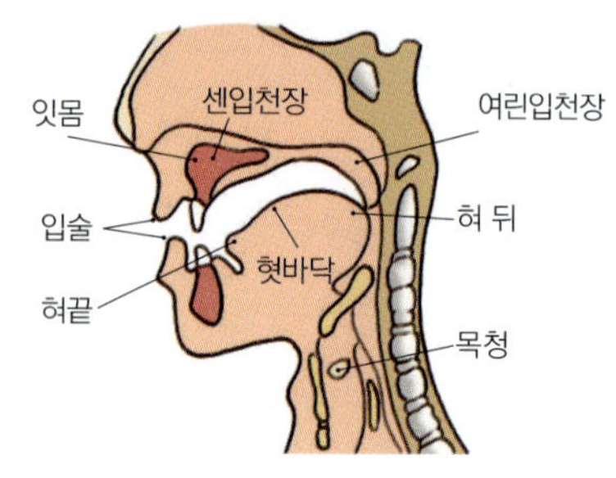

개념 알통

소리의 세기에 따른 자음 분류

예사소리 (평음)	목의 근육을 긴장시키지 않고 많은 양의 공기를 내보내지도 않는 소리 예 ㄱ, ㄷ, ㅂ, ㅅ, ㅈ
된소리 (경음)	목의 근육에 힘을 주었다가 긴장을 풀면서 순간적으로 적은 양의 공기를 내보내며 내는 소리 예 ㄲ, ㄸ, ㅃ, ㅆ, ㅉ
거센소리 (격음)	공기가 성대를 통과할 때 많은 양의 공기를 내보내며 내는 소리 예 ㅋ, ㅌ, ㅊ, ㅍ

---

[*] **발음 기관**: 음성을 내는 데 쓰는 신체의 각 부분. 성대, 목젖, 구개, 이, 잇몸, 혀 등이 있음.

[*] **조음**: 말소리를 내기 위하여 음성 기관을 움직이는 것

【초성 답】 1 입술 2 공기 3 코

개념 트레이닝 ZONE

💪 문제를 풀며 개념 근육을 키워 보세요!

01 다음 예시에 알맞은 언어의 특징을 쓰시오.

(1) '꽃, 향, 향수 따위에서 나는 좋은 냄새'라는 뜻을 '향기'라는 음성 언어와 문자 언어로 표현함.

(2) '맨발에 신도록 실이나 섬유로 짠 것'을 우리말을 쓰는 사람들은 '양말'이라고 부르기로 약속하고 모두 '양말'이라고 부름.

(3) '땅속으로 뻗어서 물과 양분을 빨아올리고 줄기를 지탱하는 식물의 부분'을 과거에는 '불휘'라고 했지만, 지금은 '뿌리'라고 함.

(4) '땅을 딛고 서거나 걸을 때 발에 신는 물건'이라는 뜻의 단어를 국어에서는 '신발'이라고 부르나, 영어에서는 'shoes'라고 부름.

(5) "너는 점심에 무엇을 먹었니?"라는 물음에 "나는 빵을 먹었어.", "나는 라면을 먹었어.", "나는 불고기를 먹었어." 등과 같이 무한하게 많은 말을 새롭게 만들 수 있음.

02 다음 빈칸에 들어갈 알맞은 말을 찾아 쓰시오.

> 모음   분절   소리   음성   자음   공통적   관념적   비분절

(1) 음운은 말의 뜻을 구별해 주는 (   )의 가장 작은 단위이다.

(2) 음운은 음성에서 (   )인 요소만을 뽑아 머릿속에서 같은 소리로 인식하는 말소리이다.

(3) (   )은 구체적이고 물리적인 말소리이고, 음운은 추상적이고 (   )인 말소리이다.

(4) 음운은 (   ) 음운인 자음, 모음과 (   ) 음운인 소리의 길이로 나뉜다.

(5) '발 – 팔'은 (   )의 차이, '발 – 볼'은 (   )의 차이에 의해 의미가 구별된다.

03 다음과 같이 두 단어의 뜻을 구별해 주는 음운을 쓰시오.

> 모래 : 고래 → (ㅁ) : (ㄱ)

(1) 바람 : 사람	( ) : ( )
(2) 안경 : 안광	( ) : ( )
(3) 고향 : 고형	( ) : ( )
(4) 화산 : 화살	( ) : ( )
(5) 강아지 : 망아지	( ) : ( )

04 다음 단어 중 긴소리에 ○표 하시오.

(1) 말[馬] – 말[言]	(2) 밤[夜] – 밤[栗]
(3) 발[廉] – 발[足]	(4) 눈[雪]보라 – 함박눈[雪]

05 다음 단어를 음절의 유형에 맞게 나누어 쓰시오.

> 도로 들판 수리 알약 영웅 오이 신발 우유

(1) 모음	
(2) 자음＋모음	
(3) 모음＋자음	
(4) 자음＋모음＋자음	

06 다음 설명에 알맞은 말에 ○표 하시오.

(1) 자음은 발음할 때 공기의 흐름이 막히거나 통로가 좁아지는 등의 장애를 (받으며 / 받지 않으며) 나는 소리이다.

(2) 공기의 흐름을 막았다가 서서히 터뜨리면서 마찰을 일으켜 내는 소리는 (파열음 / 파찰음 / 마찰음)이다.

(3) 자음 중 'ㄴ, ㄹ, ㅇ, ㅁ'은 (안울림소리 / 울림소리)이고, 이 중 'ㄹ'은 (비음 / 유음)이다.

(4) 자음 중 입안의 통로를 막고 코로 공기를 내보내면서 내는 소리는 (마찰음 / 파열음 / 파찰음 / 비음 / 유음)이다.

(5) 자음 중 거센소리가 존재하지 않는 것은 (마찰음 / 파열음 / 파찰음)이다.

07 다음 자음의 특징에 모두 V표 하시오.

(1) ㅈ, ㅉ, ㅊ	☐ 입술소리	☐ 잇몸소리	☐ 센입천장소리
	☐ 여린입천장소리	☐ 목청소리	
	☐ 파열음	☐ 파찰음	☐ 마찰음
(2) ㅂ, ㄷ, ㄱ	☐ 파열음	☐ 파찰음	☐ 마찰음
	☐ 예사소리	☐ 된소리	☐ 거센소리
(3) ㅍ, ㅌ, ㅋ	☐ 파열음	☐ 파찰음	☐ 마찰음
	☐ 예사소리	☐ 된소리	☐ 거센소리
(4) ㄱ, ㄲ, ㅋ	☐ 입술소리	☐ 잇몸소리	☐ 센입천장소리
	☐ 여린입천장소리	☐ 목청소리	
	☐ 파열음	☐ 파찰음	☐ 마찰음
(5) ㅅ, ㅆ	☐ 입술소리	☐ 잇몸소리	☐ 센입천장소리
	☐ 여린입천장소리	☐ 목청소리	
	☐ 파열음	☐ 파찰음	☐ 마찰음

01

〈보기 1〉을 참고하여 〈보기 2〉를 이해한 내용으로 적절하지 <u>않은</u> 것은?

〈보기 1〉

　　언어의 의미는 끊임없이 변화한다. 원래 '주책'은 '일정하게 자리 잡힌 주장이나 판단력'이라는 의미였다. 그런데 '주책없다'처럼 '주책'이 주로 '없다'와 함께 쓰이다 보니 부정적인 의미도 갖게 되었다. 즉, '주책'은 '일정한 줏대가 없이 되는 대로 하는 짓'이란 의미도 갖게 되어 '주책없다'와 '주책이다'가 같은 의미로 쓰이게 되었다. 한편 '에누리'는 상인과 소비자가 물건값을 흥정하는 상황에서 자주 쓰이다 보니 '값을 올리는 일'이라는 의미뿐만 아니라 '값을 내리는 일'이라는 의미로도 쓰이게 되었다.

〈보기 2〉

ㄱ. 다른 사람의 말에 쉽게 흔들리는 것을 보니 그는 <u>주책</u>이 없구나.

ㄴ. 뜬금없이 그런 말을 하다니 그도 참 <u>주책</u>이다.

ㄷ. <u>에누리</u>를 해 주셔야 다음에 또 오지요.

ㄹ. 그 가게는 <u>에누리</u> 없이 장사를 해서 적게 팔고도 많은 이윤을 남긴다.

실력 자랑　다음 의미가 ㄱ~ㄹ 중 어디에 해당하는지 적어 보세요.

1. 일정하게 자리 잡힌 주장이나 판단력	
2. 일정한 줏대가 없이 되는 대로 하는 짓	
3. 값을 내리는 일	

④ ㄷ의 '에누리'는 '값을 올리는 일'의 의미로 쓰였군.

→ 값을 (　　　) 일

02

다음 〈자료〉를 바탕으로 국어의 '음절'에 대해 설명한 내용으로 적절하지 <u>않은</u> 것은?

〈자료〉

　　음운이 모여서 이루어지는 소리의 결합체를 음절이라고 한다. 현대 국어의 음절 유형은 다음 네 가지로 나눌 수 있다.

ㄱ. '중성'으로 이루어진 음절 (예 아, 야, 와, 의)

ㄴ. '초성＋중성'으로 이루어진 음절 (예 끼, 노, 며, 소)

ㄷ. '중성＋종성'으로 이루어진 음절 (예 알, 억, 영, 완)

ㄹ. '초성＋중성＋종성'으로 이루어진 음절 (예 각, 녹, 딸, 형)

실력 자랑　음절에 대한 설명의 적절성을 판단해 보세요.

① 초성에는 최대 두 개의 자음이 온다.　○✕

② 중성에 올 수 있는 음운은 모음이다.　○✕

③ 종성에 올 수 있는 음운은 자음이다.　○✕

④ 초성 또는 종성이 없는 음절도 있다.　○✕

⑤ 모든 음절에는 중성이 있어야 한다.　○✕

자음은 첫소리(초성)와 종성(끝소리)에,
모음은 가운뎃소리(중성)에 위치하여 음절을 이룹니다.

03

〈보기〉의 '학습 과제'를 바르게 수행하였다고 할 때, ㉠에 들어갈 단어로 적절한 것은?

〈보기〉

[학습 자료]

　　음운은 단어의 뜻을 구별해 주는 소리의 가장 작은 단위이다. 특정 언어에서 어떤 소리가 음운인지 아닌지는 최소 대립쌍을 통해 확인할 수 있다. 최소 대립쌍이란, 다른 모든 소리는 같고 단 하나의 소리 차이로 의미가 구별되는 단어의 쌍을 말한다. 예를 들어, 최소 대립쌍 '감'과 '잠'은 [ㄱ]과 [ㅈ]의 차이로 인해 의미가 구별되므로 'ㄱ'과 'ㅈ'은 서로 다른 음운이다.

[학습 과제]

　　앞사람이 말한 단어와 최소 대립쌍인 단어를 말해 보자.

실력 자랑　다음 단어에서 최소 대립쌍을 찾아보세요.

답　둘　말　풀　꿀
1. '달'과 최소 대립쌍인 단어
2. '굴'과 최소 대립쌍인 단어
3. '달'과 '굴'과 모두 최소 대립쌍인 단어

펌핑-UP

01

다음은 자음 습득에 관한 탐구 자료이다. 이에 대한 이해로 적절하지 <u>않은</u> 것은?

> '엄마'와 '아빠' 중에 어느 단어가 상대적으로 낮은 연령에서 발음하기가 쉬울까? 자음은 발음을 할 때 공기의 흐름이 방해를 받기 때문에 제약이 많아 연령에 따라 습득되는 자음들이 다르다. 연령에 따른 자음의 발달 단계를 살펴보면 우선 두 입술 사이에서 나는 소리가 가장 먼저 발달한다. 그 중에서도 코로 공기를 내보내는 비음이자 울림소리인 'ㅁ'이 2세 때 습득된다. 그 후 3세 때에는 파열음이자 안울림소리인 'ㅃ'을 습득하게 된다. 따라서 'ㅁ'을 'ㅃ'보다 먼저 습득하게 되므로 아동들은 부모의 호칭 중 음성학적으로 '아빠'보다 '엄마'를 보다 쉽게 발음할 수 있는 것이다.

① 'ㅁ'은 'ㅃ'보다 강하게 파열되며 나는 소리구나.

② 'ㅁ'은 'ㅃ'과 달리 목청을 울리면서 소리를 내게 되는구나.

③ 'ㅁ'은 'ㅃ'과 달리 코로 공기를 내보내면서 소리를 내게 되는구나.

④ 'ㅁ'과 'ㅃ'은 모두 두 입술 사이에서 나는 소리구나.

⑤ 'ㅁ'과 'ㅃ'은 모두 공기의 흐름이 방해를 받는 소리구나.

02

〈보기〉의 ㉠에 들어갈 내용으로 알맞은 것은?

> 〈보기〉
>
> 학 생: '식물'이 [싱물]로 발음되는데, 두 자음이 만나서 발음될 때 조음 위치나 방식 중 무엇이 바뀐 것인가요?
>
> 선생님: 아래의 자음 분류표를 보면서 그 답을 찾아봅시다.
>
> | 조음 방식 \ 조음 위치 | 양순음 | 치조음 | 연구개음 |
> | --- | --- | --- | --- |
> | 파열음 | ㅂ | ㄷ | ㄱ |
> | 비음 | ㅁ | ㄴ | ㅇ |
>
> 이 표는 국어 자음을 조음 위치와 조음 방식에 따라 분류한 자음 체계의 일부입니다. '식'의 'ㄱ'이 '물'의 'ㅁ' 앞에서 [이으로 발음되지요. 이와 비슷한 예들로는 '입는[임는]', '듣는[든는]'이 있는데, 이 과정에서 무엇이 달라졌나요?
>
> 학 생: 세 경우 모두 두 자음이 만나서 발음될 때, ______㉠______ 이/가 변했네요.

① 앞 자음의 조음 방식　　② 뒤 자음의 조음 방식

③ 두 자음의 조음 방식　　④ 앞 자음의 조음 위치

⑤ 뒤 자음의 조음 위치

03

〈보기 1〉을 활용하여 〈보기 2〉의 음운 변동을 설명한 내용으로 적절한 것은?

〈보기 1〉

조음 방식 \ 조음 위치	입술소리	잇몸소리	센입천장소리	여린입천장소리
파열음	ㅂ, ㅍ	ㄷ, ㅌ		ㄱ, ㅋ
파찰음			ㅈ, ㅊ	
비음	ㅁ	ㄴ		ㅇ
유음		ㄹ		

〈보기 2〉

㉠ 국민 → [궁민]　　㉡ 물난리 → [물랄리]　　㉢ 굳이 → [구지]

① ㉠은 첫음절 끝의 파열음이 뒤의 자음과 결합하여 유음으로 바뀌었다.

② ㉡은 유음이 앞뒤 비음의 영향을 받아 비음으로 바뀌었다.

③ ㉢은 여린입천장소리가 뒤의 자음을 닮아 센입천장소리로 바뀌었다.

④ ㉠과 ㉡에서 변동된 음운은 조음 방법이 변하였다.

⑤ ㉡과 ㉢에서 변동된 음운은 조음 위치가 변하였다.

[01~02] 다음 글을 읽고 물음에 답하시오.

'음절'은 발음의 단위이다. 음절의 특징을 이해하는 것은 국어 발음의 특징과 여러 가지 음운 변동 현상을 이해하기 위한 기초가 된다. 한글은 소리를 나타내는 문자이기 때문에 한글의 표기와 발음이 동일하다고 생각하기 쉽다. 하지만 한글 표기법에는 소리를 그대로 적는다는 원칙도 있지만 ㉠의미를 효과적으로 전달하기 위해 하나의 의미는 하나의 형태로 고정하여 적는다는 원칙도 있어서, ㉡표기가 실제 발음을 그대로 드러내지 않는 경우가 많다. 그런데 표기된 글자가 실제 발음과 다르더라도, 우리는 실제 발음이 아니라 ㉢표기된 글자 하나하나를 '음절'이라고 인식하는 관습이 있다. 끝말잇기도 이러한 관습을 규칙으로 하여 이루어지는 놀이이다. 그러나 발음의 특징을 이해하기 위해서는 표기가 아니라 발음을 기준으로 음절을 인식해야 한다.

발음을 기준으로 할 때 우리말의 음절은 네 가지 유형으로 나뉜다. 어떤 음절이든 자음과 모음의 결합 방식에 따라 ㉣'모음', '자음 + 모음', '모음 + 자음', '자음 + 모음 + 자음' 중 한 가지 유형에 해당한다. 각 음절 유형은 표기 형태에 그대로 나타나는 경우도 있지만, '축하[추카]'와 같이 ㉤표기 형태가 음절 유형을 그대로 나타내지 않는 경우도 있다.

[A]
그런데 우리말에는 음절의 구조에 제약이 존재한다. 우선 초성에는 'ㅇ'이 올 수 없다. 또한 종성에는 'ㄱ, ㄴ, ㄷ, ㄹ, ㅁ, ㅂ, ㅇ'만 올 수 있다는 제약이 있다. 그래서 종성 자리에 올 수 없는 자음이 놓여 발음할 수 없으면, 다른 자음으로 교체되는 음운 변동이 일어나 발음이 가능해진다. 그리고 종성에는 둘 이상의 자음이 올 수 없다는 제약이 있다. 종성 자리에 두 개의 자음이 놓이게 되면 둘 중 하나가 탈락하는 음운 변동이 일어난다. 한편 음절 구조 제약과 관계없이 일어나는 음운 변동도 있다. 예를 들어 '논일[논닐]'에서 'ㄴ'이 첨가되는 것은 음절 구조 제약과는 무관한 음운 변동이다.

01

㉠~㉤을 이해한 내용으로 적절하지 <u>않은</u> 것은?

① ㉠에 따라 '싫증'은 싫다는 의미를 효과적으로 전달하기 위해 첫 글자의 형태를 고정하여 표기한 예이다.

② ㉡에 해당하는 예로 '북소리'와 '국물'을 들 수 있다.

③ ㉢에 따라 끝말잇기를 할 때, '나뭇잎' 뒤에 '잎새'를 연결할 수 있다.

④ ㉣의 구분에 따르면 '강'과 '복'은 같은 음절 유형에 해당하지만, '목'과 '몫'은 서로 다른 음절 유형에 해당한다.

⑤ ㉤에 해당하는 예로 '북어'를, 해당하지 않는 예로 '강변'을 들 수 있다.

02

[A]를 바탕으로 할 때, 〈보기〉의 ⓐ~ⓔ에 대한 설명으로 적절한 것은?

〈보기〉

	표기	발음
ⓐ	굳이	[구지]
ⓑ	옷만	[온만]
ⓒ	물약	[물략]
ⓓ	값도	[갑또]
ⓔ	핥는	[할른]

① ⓐ: 음절 구조 제약과 관련된 교체가 한 번 일어난다.

② ⓑ: 음절 구조 제약과 관련된 교체가 한 번, 음절 구조 제약과 무관한 교체가 한 번 일어난다.

③ ⓒ: 음절 구조 제약과 무관한 첨가가 한 번, 음절 구조 제약과 관련된 교체가 한 번 일어난다.

④ ⓓ: 음절 구조 제약과 관련된 탈락이 한 번, 음절 구조 제약과 무관한 첨가가 한 번 일어난다.

⑤ ⓔ: 음절 구조 제약과 관련된 탈락이 한 번, 음절 구조 제약과 관련된 교체가 한 번 일어난다.

🐾 두뇌 스트레칭 ZONE

음절 구조의 제약과 관련된 음운 변동

• 음절의 끝소리 규칙: 음절의 끝에서 발음되는 자음은 'ㄱ, ㄴ, ㄷ, ㄹ, ㅁ, ㅂ, ㅇ' 일곱 개뿐이며, 이외의 다른 자음이 음절의 끝에 오면 일곱 자음 중 하나로 교체되어 발음된다는 규칙

• 자음군 단순화: 음절 끝에 겹받침이 올 때 하나의 자음이 탈락하고 하나만 발음되는 현상

호루라기 관장님의
하드 트레이닝

공부한 날	월	일	요일
맞은 개수		/ 24	

No	다음 빈칸에 알맞은 말을 써서 문장을 완성하시오.
01	일정한 의미를 일정한 기호로 나타낼 수 있는 언어의 특성을 언어의 (　　　)이라고 한다.
02	국어에서 '하늘'을 영어로는 'sky'라고 부르는 것과 같이 언어의 의미와 기호의 결합이 우연하게 이루어진 임의적인 것이라는 특성은 언어의 (　　　)이다.
03	언어에서 소리와 의미의 관계가 사회적으로 약속된 후에는 개인이 마음대로 언어를 바꿀 수 없는 특성을 언어의 (　　　)이라고 한다.
04	언어가 시간의 흐름에 따라 생성, 성장, 소멸하며 변화하는 특성을 언어의 (　　　)이라고 한다.
05	사람의 발음 기관을 통해 내는 실제 소리를 (　　　)이라고 하며, 이는 말하는 사람이나 상황에 따라 다르게 나타난다.
06	말의 뜻을 구별하게 하는 소리의 가장 작은 단위를 (　　　)이라고 한다.
07	'물 - 불'이 구별되는 음운은 '(　　), (　　)'이고, '물 - 말'이 구별되는 음운은 '(　　), (　　)'이다.
08	도막으로 나눌 수 있으면서 의미의 차이를 가져오는 음운을 (　　　) 음운, 의미의 차이는 가져오지만 도막으로 나눌 수 없는 음운을 (　　　) 음운이라고 한다.
09	소리를 낼 때 공기의 흐름이 막히거나, 소리 내는 통로가 좁아져 공기의 흐름에 장애를 받으며 나는 소리는 (　　　)이다.
10	조음 위치에 따라 'ㅁ, ㅂ, ㅃ, ㅍ'는 (　　　), 'ㅎ'은 (　　　)로 분류할 수 있다.
11	조음 방법에 따라 폐에서 나오는 공기를 막았다가 내는 소리는 (　　　)이다.
12	자음 'ㄹ'은 혀를 윗잇몸에 대고 혀의 양쪽으로 공기를 흘려 보내면서 내는 소리인 (　　　)이다.
13	자음은 목청이 울리면서 소리 나는 (　　　)와 목청이 울리지 않고 소리 나는 (　　　)로 나뉜다.
14	국어에서 자음의 총 개수는 (　　)개이고, 이 중에 울림소리는 모두 (　　)개이다.
15	자음을 소리의 세기에 따라 나눌 때 발음 기관의 근육을 긴장시키거나 목소리가 나오는 통로를 폐쇄하여 내는 소리는 (　　　)이다.

No	다음 빈칸에 알맞은 말을 써서 문장과 표를 완성하시오.
16	'공 - 콩'은 (　　)과 (　　), '공 - 강'은 (　　)와 (　　), '밥 - 밤'은 (　　)과 (　　)이 달라서 의미에 차이가 있다.
17	국어의 음절 구조는 '아, 오'처럼 모음, '그, 나'처럼 (　　)+(　　), '안, 악'처럼 (　　)+(　　), '굴, 남'처럼 (　　)+(　　)+(　　)의 형태로 구분된다.
18	자음 중 비음인 (　　), ㅇ, ㅁ과 유음인 (　　)은 발음할 때 장애를 받지만 코를 울리며 나는 소리이기 때문에 (　　　)라고 하고, 나머지 자음은 (　　　)라고 한다.
19	자음 중 (　　　)과 (　　　)은 소리의 세기에 따라 예사소리, 된소리, 거센소리의 구분이 있지만, 'ㅅ, ㅆ, ㅎ'인 (　　　)은 거센소리가 없다.

20.

조음 방법 \\ 조음 위치			양순음	치조음	경구개음	연구개음	후음
안울림소리	파열음	예사소리	(　)	ㄷ		ㄱ	
안울림소리	파열음	된소리	ㅃ	ㄸ		ㄲ	
안울림소리	파열음	거센소리	ㅍ	ㅌ		ㅋ	
안울림소리	파찰음	예사소리			ㅈ		
안울림소리	파찰음	된소리			ㅉ		
안울림소리	파찰음	거센소리			(　)		
안울림소리	마찰음	예사소리		ㅅ			(　)
안울림소리	마찰음	된소리		ㅆ			
울림소리	(　)		ㅁ	ㄴ		ㅇ	
울림소리	(　)			ㄹ			

[국어의 자음 체계도]

No	
21	된소리는 (　　　)보다 더 강하고 단단한 느낌을 주고, 거센소리는 (　　　)보다 더 크고 거친 느낌을 준다.
22	소리마디의 경계를 나눌 수 없는 (　　　) 음운에는 소리의 길이, 소리의 높이, 소리의 세기 등이 있다.
23	자음과 모음이 모여서 이루어지며, 하나의 종합된 음의 느낌을 주는 말소리의 단위를 (　　　)이라고 한다.
24	문장의 음절 수는 (　　　) 나는 대로 적은 글자의 수를 세면 알 수 있으며 (　　　)의 수와 일치한다.

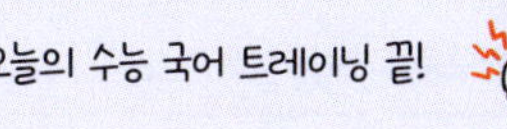

058 모음 체계

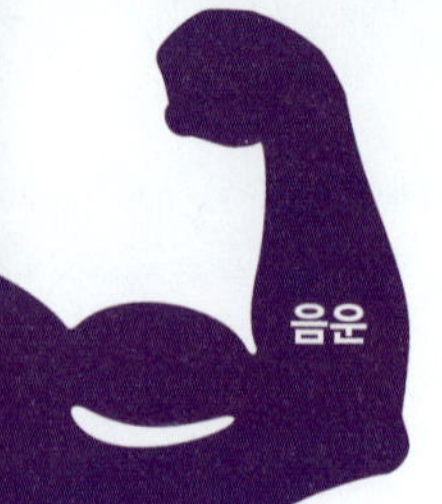

1 모음

- 말소리를 낼 때 공기의 흐름이 발음 기관에 의해 장애를 받지 않고 나오는 소리
- 발음할 때 (¹ ㅂㅇ) 기관의 움직임 여부를 기준으로 단모음과 이중 모음으로 나눌 수 있음.

2 단모음

- 발음할 때 (² ㅇㅅ) 모양이나 혀의 위치가 바뀌지 않는 모음
- 국어에는 10개의 단모음이 있음.
- 혀의 최고점의 위치, 입술 모양, 혀의 높낮이를 기준으로 나뉨.

(1) 국어의 단모음 체계

혀의 높낮이 \ 혀의 앞뒤 / 입술 모양	전설 모음		후설 모음	
	평순 모음	원순 모음	평순 모음	원순 모음
고모음	ㅣ	ㅟ	ㅡ	ㅜ
중모음	ㅔ	ㅚ	ㅓ	ㅗ
저모음	ㅐ		ㅏ	

(2) 단모음의 분류

혀의 앞뒤	전설 모음	혀의 최고점이 입안에서 앞쪽에 있을 때 발음되는 모음	ㅣ, ㅟ, ㅔ, ㅚ, ㅐ	
	후설 모음	혀의 최고점이 입안에서 뒤쪽에 있을 때 발음되는 모음	ㅡ, ㅜ, ㅓ, ㅗ, ㅏ	
입술 모양	평순 모음	입술을 평평하게 하여 발음되는 모음	ㅣ, ㅡ, ㅔ, ㅓ, ㅐ, ㅏ	
	원순 모음	입술을 동그랗게 오므려서 발음되는 모음	ㅟ, ㅜ, ㅚ, ㅗ	
혀의 (³ ㄴㄴㅇ)	고모음	입이 조금만 열려서 혀의 위치가 입천장 가까이 높은 모음	ㅣ, ㅟ, ㅡ, ㅜ	
	중모음	고모음과 저모음의 중간 높이에서 발음되는 모음	ㅔ, ㅚ, ㅓ, ㅗ	
	저모음	입을 많이 벌려서 혀의 위치가 낮은 모음	ㅐ, ㅏ	

🎯 개념 갈고리 ┐ 반모음

- 모음과 같이 발음하지만 음절을 이루지 못하는 아주 짧은 모음
- 온전한 모음이 아니므로 반모음 위에 반달표(˘)를 하여 표시한다.
- 우리말에는 반모음 'ㅣ[j]'와 'ㅗ/ㅜ[w]'가 있다.

3 이중 모음

- 발음할 때 입술 모양이나 혀의 위치가 달라지는 모음
- 단모음과 반모음의 결합으로 이루어지며 (⁴ ㅂㅁㅇ)의 종류에 따라 j-계 이중 모음과 w-계 이중 모음으로 나뉨.
- 국어에는 11개의 이중 모음이 있음.

j-계(반모음 ㅣ[j]) 이중 모음	ㅑ, ㅕ, ㅛ, ㅠ, ㅒ, ㅖ, ㅢ
w-계(반모음 ㅗ/ㅜ[w]) 이중 모음	ㅘ, ㅝ, ㅙ, ㅞ

개념 알통

단모음 사각도

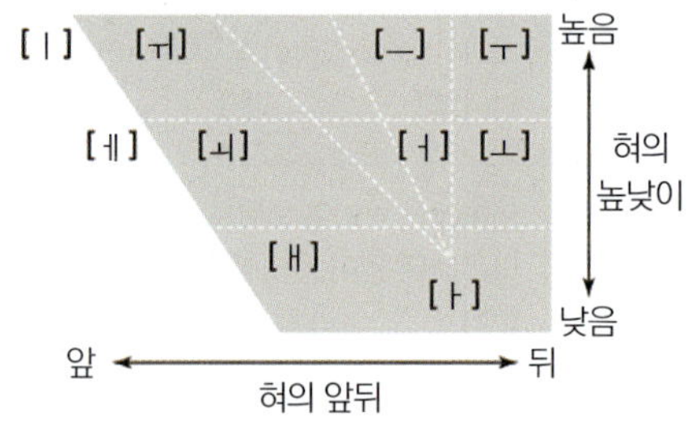

개념 알통

입의 개폐에 따른 모음 분류

혀의 높이에 따른 모음의 분류는 입이 벌어지는 정도와 관련이 있어 이에 따라 모음의 명칭을 달리 부르기도 한다.

고모음	폐모음	입이 조금만 열림.
중모음	반개모음, 반폐모음	입이 중간 정도 열림.
저모음	개모음	입이 많이 열림.

❤️ 한 문장의 모음 숫자는 음절 숫자와 같나요?

네, 맞습니다. 한 문장에 쓰인 모음의 수는 음절의 수와 일치합니다. 음절은 의미 마디가 아닌 소리마디입니다. 한 음절을 이룰 때 모음은 필수적으로 있어야 하기 때문에 한 음절의 기본 구성 요소는 모음이라고 할 수 있습니다. 예를 들어 '꽃이 정말 예쁘다.'라는 문장을 실제 발음대로 표기해 보면 [꼬치정말예쁘다]가 됩니다. 구체적인 음절은 '꼬, 치, 정, 말, 예, 쁘, 다'의 7개이고, 모음 수 역시 7개입니다.

【초성 답】 **1** 발음 **2** 입술 **3** 높낮이 **4** 반모음

059 음운 교체 ❶ - 음절의 끝소리 규칙

1 음절의 끝소리 규칙

- 음절의 끝에서는 'ㄱ, ㄴ, ㄷ, ㄹ, ㅁ, ㅂ, ㅇ'의 일곱 (¹ ㅈㅇ)만 발음되고 그 외의 받침은 일곱 자음 중 하나로 바뀌어 발음되는 현상

2 홑받침과 쌍받침*의 발음

(1) 어말 또는 자음 앞

- 받침 중 'ㄱ, ㄴ, ㄷ, ㄹ, ㅁ, ㅂ, ㅇ'은 제 소릿값대로 (² ㅂㅇ)됨.
- 대표음을 제외한 나머지 자음이 음절 끝에 오면 일곱 자음 중 'ㄱ, ㄷ, ㅂ'으로 바뀌어 발음됨.

받침 표기	끝소리 발음	예시
ㄲ, ㅋ	ㄱ	밖[박], 부엌[부억]
ㅌ, ㅅ, ㅆ, ㅈ, ㅊ, ㅎ	ㄷ	낱[낟], 낫[낟], 났(다)[낟(따)], 낮[낟], 낯[낟], 히읗[히읃]
ㅍ	ㅂ	숲[숩]

(2) 모음 앞

- 모음으로 시작하는 조사나 어미 등 (³ ㅎㅅ) 형태소와 결합하는 경우에는 음절의 끝소리 규칙이 적용되지 않음.

모음으로 시작하는 실질 형태소 앞	음절의 끝소리 규칙을 적용하여 대표음으로 바꾼 뒤 다음 음절의 첫소리로 옮겨 발음함.
모음으로 시작하는 형식 형태소 앞	음절의 끝소리 규칙을 적용하지 않고, 끝소리 그대로 다음 음절의 첫소리로 옮겨 발음함. → 연음

개념 당기는 예시

- 꽃+위 → [꼳위] → [꼬뒤]
  - → 모음 'ㅟ'로 시작하는 명사 앞에서 앞 음절의 끝소리 'ㅊ'이 대표음 'ㄷ'으로 바뀐 후 뒤 음절의 첫소리로 이어져 발음됨.
- 꽃을 → [꼬츨]
  - → 모음 '을'로 시작하는 조사 앞에서 앞 음절의 끝소리 'ㅊ'이 뒤 음절의 첫소리로 이어져 발음됨.

3 겹받침*의 발음

- 겹받침을 이루는 두 개의 자음 중 하나로 발음됨.
- 겹받침의 두 자음 중 하나가 사라지므로 음운 (⁴ ㅌㄹ)에 해당됨.

앞 자음으로 발음	ㄳ	[ㄱ]	예 몫[목]
	ㄵ, ㄶ	[ㄴ]	예 앉다[안따], 많다[만타]
	ㄼ, ㄽ, ㄾ, ㅀ	[ㄹ]	예 여덟[여덜], 외곬[외골/웨골], 핥다[할따], 앓다[알타] ※ '밟-'은 자음 앞에서 [밥]으로 발음함. 예 밟다[밥:따] ※ '넓-'은 [넙]으로도 발음함. 예 넓죽하다[넙쭈카다]
	ㅄ	[ㅂ]	예 값[갑]
뒤 자음으로 발음	ㄺ	[ㄱ]	예 닭[닥] ※ 용언 어간의 끝 'ㄺ'은 'ㄱ' 앞에서 [ㄹ]로 발음함. 예 맑고[말꼬]
	ㄻ	[ㅁ]	예 삶[삼:]
	ㄿ	[ㅂ]	예 읊다[읍따]

음운은 놓이는 환경에 따라 다른 음운으로 바뀌어 소리가 나는데, 이러한 현상을 음운 변동이라고 합니다. 음운 변동은 음운을 발음할 때 쉽고 편하게 발음하기 위해서 일어납니다. 즉, 음운과 음운이 만날 때 소리 나는 위치가 비슷하거나 소리 내는 방법이 비슷하면 발음이 쉽고 경제적이기 때문입니다. 이를 발음의 경제성이라고 합니다.

개념 알통

연음

- 자음으로 끝나는 음절이 모음으로 시작되는 형식 형태소를 만나면 앞 음절의 끝소리가 뒤따르는 모음의 첫소리로 소리 나는데, 이를 연음이라고 한다. 연음은 음운이 바뀌는 현상이 아니므로 음운 변동으로 보지 않는다.
  예 봄+이 → [보미], 옷+을 → [오슬]

개념 알통

음운 변동의 유형

교체	• 한 음운이 다른 음운으로 바뀌는 현상 • 전체 음운 수에 변화가 없음. • 음절의 끝소리 규칙, 비음화, 유음화, 구개음화, 된소리되기 등이 해당함.
축약	• 두 음운이 한 음운으로 줄어드는 현상 • 축약이 일어난 횟수만큼 전체 음운 수가 줄어듦.
탈락	• 원래 있던 음운이 없어지는 현상 • 탈락이 일어난 횟수만큼 전체 음운 수가 줄어듦.
첨가	• 원래 없던 음운이 생겨나는 현상 • 첨가가 일어난 횟수만큼 전체 음운 수가 늘어남.

* **쌍받침**: 같은 자음자가 겹쳐서 된 받침. 'ㄲ, ㅆ' 등이 이에 속함.
* **겹받침**: 서로 다른 두 개의 자음으로 이루어진 받침

【초성 답】 1 자음 2 발음 3 형식 4 탈락

060 음운 교체 ❷ - 구개음화

1 구개음화

- 자음과 모음 사이에서 일어나는 **동화***
- 자음 'ㄷ, ㅌ'이 모음 'ㅣ'나 반모음 'ㅣ[j]'로 시작하는 조사나 접미사인 형식 형태소를 만나 구개음*(센입천장소리)인 'ㅈ, ㅊ'으로 (¹ ㅂㅇ)되는 현상
- 'ㄷ' 뒤에 형식 형태소 '-히-'가 올 때 'ㅎ'과 결합하여 이루어진 'ㅌ'은 'ㅊ'이 됨.

  예 굳이 → [구지], 같이 → [가치], 굳히다 → [구치다]

구개음화는 자음이 모음의 성질을 닮아 변동하는 것이기 때문에 동화 현상, 그중에서도 어떤 음운이 뒤에 오는 음운의 영향을 받아서 그와 비슷하거나 같게 소리 나는 현상인 역행 동화에 속합니다.

2 구개음화의 제약

- 구개음화는 실질 형태소 뒤에 (² ㅎㅅ) 형태소가 연결되는 환경에서만 일어남.
- 'ㄷ, ㅌ' 뒤에 실질 형태소가 결합하면 구개음화가 일어나지 않음.
- 한 형태소 안이거나 (³ ㅅㅈ) 형태소끼리 결합하면 구개음화가 일어나지 않음.

'ㄷ, ㅌ'과 'ㅣ'가 한 형태소 안에서 연속하는 경우	예 마디[마디], 잔디[잔디], 견디다[견디다], 버티다[버티다]
실질 형태소의 끝소리 'ㅌ'과 실질 형태소 첫소리인 'ㅣ'가 연속하는 경우	예 밭이랑[반니랑], 홑이불[혼니불]

⟡ 개념 당기는 예시

- 잔디 → [잔디]
  → 더 이상 형태소를 구분할 수 없는 하나의 형태소이므로 [잔지]로 구개음화가 일어나지 않음.

- 밭이랑 → [반니랑]
  → '밭(실질 형태소)+이랑(실질 형태소)'의 결합이므로 [바치랑]으로 구개음화가 일어나지 않음.

3 근대 국어* 시기의 구개음화

- 우리말의 역사로 볼 때 구개음화는 근대 국어 시기에 광범위하게 일어남.
- 근대 국어 시기의 구개음화는 현대 국어의 구개음화와 달리 제약이 없이 (⁴ ㅁㅇ) 'ㅣ'와 반모음 'ㅣ' 앞에 놓인 모든 'ㄷ, ㅌ'이 'ㅈ, ㅊ'으로 바뀜.

⟡ 개념 당기는 예시

- 부텨 〉 부처(佛), 텬디 〉 천지(天地), 둏다 〉 좋다(好), 디다 〉 지다(落), 티다 〉 치다(打)
  → 단어의 형태 자체가 구개음화를 겪은 상태로 굳어짐.

🩺 구개음화도 자음 동화인가요?

자음 동화는 음절의 끝 자음과 그 뒤에 이어지는 자음이 만날 때 서로 비슷하거나 같은 소리로 바뀌는 현상입니다. 구개음화는 동화 현상에 해당하지만, 자음과 모음이 만날 때 자음이 바뀌는 현상이므로 자음 동화는 아닙니다.

개념 알통

구개음화와 관련 있는 표준 발음법

– 표준 발음법 제17항

> 받침 'ㄷ, ㅌ(ㄾ)'이 조사나 접미사의 모음 'ㅣ'와 결합되는 경우에는, [ㅈ, ㅊ]으로 바꾸어서 뒤 음절 첫소리로 옮겨 발음한다.

예 곧이듣다[고지듣따]   땀받이[땀바지]
　　굳이[구지]   밭이[바치]
　　미닫이[미ː다지]   벼훑이[벼훌치]

> [붙임] 'ㄷ' 뒤에 접미사 '히'가 결합되어 '티'를 이루는 것은 [치]로 발음한다.

예 굳히다[구치다], 닫히다[다치다], 묻히다[무치다]

---

*동화: 말소리가 서로 이어질 때, 어느 한쪽 또는 양쪽이 영향을 받아 비슷하거나 같은 소리로 바뀌는 소리의 변화를 이르는 말

*구개음: 혓바닥과 경구개 사이에서 나는 소리로, 센입천장소리라고도 함.

*근대 국어: 국어를 시대적으로 구분하였을 때에, 17세기 초부터 19세기 말까지의 국어

【초성 답】 1 발음　2 형식　3 실질　4 모음

개념 트레이닝 ZONE

💪 **문제를 풀며 개념 근육을 키워 보세요!**

01 다음 빈칸에 들어갈 알맞은 말을 찾아 쓰시오.

> 공기 모음 원순 자음 평순 높낮이 단모음 이중 모음

⑴ 모음은 소리를 낼 때 (   )의 흐름이 발음 기관의 장애를 받지 않고 나오는 소리이다.

⑵ 모음에는 발음할 때 입술이나 혀가 고정되어 움직이지 않는 (   )과 입술 모양이나 혀의 위치가 달라지는 (   )이 있다.

⑶ 모음은 혀의 (   )에 따라 고모음, 중모음, 저모음으로 나눌 수 있다.

⑷ 모음은 입술을 동그랗게 오므려서 발음하는 (   ) 모음과 혀를 평평하게 옆으로 벌려 발음하는 (   ) 모음으로 나눌 수 있다.

⑸ 반모음은 발음 기관의 장애를 받지 않는다는 점에서는 (   )과 비슷하지만, 홀로 발음되지 못하고 반드시 다른 모음에 붙어야만 발음될 수 있다는 점에서는 (   )과 비슷하다.

02 다음 단모음 체계표에 들어갈 알맞은 말을 쓰시오.

혀의 높이 \ 혀의 앞뒤 / 입술 모양	전설 모음		후설 모음	
	평순 모음	원순 모음	평순 모음	원순 모음
고모음	( )	ㅟ	ㅡ	( )
중모음	ㅔ	( )	ㅓ	ㅗ
저모음	ㅐ		( )	

03 단어의 알맞은 발음과 소리 날 때 바뀐 음운을 쓰시오.

단어	발음	바뀐 음운
예 히읗	히읃	ㅎ → ㄷ
⑴ 부엌		( ) → ( )
⑵ 무릎		( ) → ( )
⑶ 밤낮		( ) → ( )
⑷ 창밖		( ) → ( )
⑸ 팥빵		( ) → ( )
⑹ 앞쪽		( ) → ( )
⑺ 꽃팔찌		( ) → ( )

04 밑줄 친 음절과 끝소리의 발음이 같은 것에 모두 V표 하시오.

(1) <u>덮</u>다	☐ 앞쪽	☐ 낚시	☐ 값싸다
(2) <u>닦</u>다	☐ 쫓다	☐ 넋두리	☐ 빚쟁이
(3) <u>키읔</u>	☐ 숯가루	☐ 새벽녘	☐ 높푸르다
(4) <u>웃</u>다	☐ 텃밭	☐ 있다	☐ 읽다
(5) 새우<u>젓</u>	☐ 젖소	☐ 솥뚜껑	☐ 뒤집개

05 다음 단어를 기준에 맞게 나누어 쓰시오.

> 값 넋 앉다 없다 외곬 핥다

구분	단어
⑴ 겹받침 'ㄳ' → [ㄱ]	
⑵ 겹받침 'ㄵ' → [ㄴ]	
⑶ 겹받침 'ㅄ' → [ㅂ]	
⑷ 겹받침 'ㄼ, ㄽ, ㅀ' → [ㄹ]	

06 겹받침이 있는 다음 단어의 알맞은 발음을 쓰시오.

⑴ 닭		⑵ 넓다	
⑶ 여덟		⑷ 않다	
⑸ 읊다		⑹ 넓죽하다	

07 다음 문장에서 구개음화가 일어난 단어를 찾아 ○표 하고, 알맞은 발음을 쓰시오.

	문장	발음
(1)	새해를 맞아 해돋이를 보러 갔다.	
(2)	나는 동생과 같이 여행을 떠났다.	
(3)	우리는 굳이 먼 길을 돌아 학교에 갔다.	
(4)	나는 친구의 말을 곧이 알아듣지 않았다.	
(5)	할머니는 금붙이를 나에게 선물로 주셨다.	

 **워밍-UP**

[01~02] 다음 단모음 체계표를 참고하여 물음에 답하시오.

혀의 앞뒤		전설 모음		후설 모음	
혀의 높낮이 입술의 모양		평순 모음	원순 모음	평순 모음	원순 모음
고모음		ㅣ	ㅟ	ㅡ	ㅜ
중모음		ㅔ	ㅚ	ㅓ	ㅗ
저모음		ㅐ		ㅏ	

01

위의 표를 참고할 때, 〈보기〉의 ㉠에 들어갈 말로 적절한 것은?

〈보기〉

수정: 내가 잘 했어야 했는데.

민기: 뭐? 내가 잘 했어야 한다고? 어떻게 그렇게 말하니?

수정: 아니. 니가 못 했다는 게 아니라 내가 잘 했어야 했는데 그렇지 못해서 미안하다고.

민기: 아아, 내가 오해했구나. 나는 '네가 잘 했어야 했는데.'로 들었어. 그런데 '니가'는 잘못된 표현 아니야?

수정: 맞아. 그런데 '내'와 '네'가 혼동되니까 현실적으로 '니가'를 사용하기도 하지.

민기: 아, 그렇구나. '내'를 발음할 때는 (㉠)

실력 자랑 적절한 말을 골라 ㉠에 들어갈 말을 완성해 보세요.

→ '네'보다 입을 더 (작게 / 크게) 벌려 혀의 높이를 (낮추어야 / 높여야)겠구나.

02

위의 표를 참고할 때, 〈보기〉의 놀이에서 승리할 수 있는 카드는?

〈보기〉

◎ 한글 모음 놀이의 승리 조건

- 아래의 조건을 모두 만족하는 모음 카드를 제시할 것

• 입천장의 중간점을 기준으로 혀의 가장 높은 부분을 앞쪽에 둔 상태로 발음하는 모음 - 조건 ⓐ

• 입술을 평평하게 해서 발음하는 모음 - 조건 ⓑ

• 입을 조금 벌리고 혀가 입천장에 닿을 만큼 높은 상태로 발음하는 모음 - 조건 ⓒ

실력 자랑 다음 조건을 만족하는 모음들을 써 보세요.

조건 ⓐ	
조건 ⓑ	
조건 ⓒ	

→ 세 가지 조건을 모두 만족하는 모음은 ( )이다.

03

다음은 문법 학습지의 일부이다. ⓐ~ⓒ에 들어갈 내용으로 적절한 것은?

• 구개음화: 받침의 'ㄷ', 'ㅌ'이 'ㅣ'나 반모음 'ㅣ'로 시작하는 형식 형태소와 만나 [ㅈ], [ㅊ]으로 발음되는 현상

1. '끝인사'의 표준 발음이 [끄딘사]인 이유를 알아보자.
'끝인사'에서 '끝'의 받침 'ㅌ' 뒤에 'ㅣ'로 시작하는 (ⓐ)가 오기 때문에 [끄딘사]로 발음된다.

2. '곧이'와 '곧이어'의 표준 발음은 무엇인지 알아보자.
'곧이'의 '-이'는 부사를 만들어 주는 접사이다. 따라서 '곧이'의 표준 발음은 (ⓑ)이다. '곧이어'의 '이어'는 '앞의 말이나 행동 따위에 잇대어'라는 뜻을 지닌 부사이다. 따라서 '곧이어'의 표준 발음은 (ⓒ)이다.

실력 자랑 ⓐ~ⓒ에 들어갈 적절한 말을 적어 보세요.

ⓐ	( ) 형태소
ⓑ	[ ]
ⓒ	[ ]

04

〈보기〉의 ㉠~㉤을 활용하여 현대의 '구개음화'를 탐구한 것으로 적절하지 <u>않은</u> 것은?

〈보기〉

㉠ 맏이[마지], 같이[가치]

㉡ 밭이[바치], 밭을[바틀]

㉢ 굳히다[구치다], 닫히다[다치다]

㉣ 밑이[미치], 끝인사[끄딘사]

㉤ 해돋이[해도지], 견디다[견디다]

실력 자랑 구개음화에 대한 설명의 적절성을 판단해 보세요.

① ㉠을 보니, 'ㄷ'이나 'ㅌ'이 끝소리일 때 구개음화가 일어나는군. ⃝ ⊗

② ㉡을 보니, 'ㅌ'이 특정한 모음과 만날 때 구개음화가 일어나는군. ⃝ ⊗

③ ㉢을 보니, 'ㄷ' 뒤에서 'ㅎ'이 탈락할 때 구개음화가 일어나는군. ⃝ ⊗

④ ㉣을 보니, 'ㅌ' 뒤에 실질 형태소가 올 때는 구개음화가 일어나지 않는군. ⃝ ⊗

⑤ ㉤을 보니, 하나의 형태소 내부에서는 구개음화가 일어나지 않는군. ⃝ ⊗

01

다음의 ⓐ에 해당하는 것을 ㉠~㉣ 중에서 고른 것은?

〈보기〉

[모음의 변동]

단모음으로 끝나는 어간과 단모음으로 시작하는 어미가 결합하면 모음의 변동이 자주 일어난다. 모음 변동의 결과 두 개의 단모음 중 하나가 없어지기도 하고, ⓐ두 개의 단모음이 합쳐져 이중 모음이 되기도 하며, 단모음 사이에 반모음이 첨가되기도 한다.

[모음 변동의 사례]

㉠ 기+어 → [기여]
㉡ 살피+어 → [살펴]
㉢ 배우+어 → [배워]
㉣ 나서+어 → [나서]

① ㉠, ㉡   ② ㉠, ㉢   ③ ㉡, ㉢
④ ㉡, ㉣   ⑤ ㉢, ㉣

02

다음은 국어 수업 중 일부이다. ⒶＡ에 들어갈 말로 적절하지 <u>않은</u> 것은?

선생님: 국어의 모음에는 단모음과 이중 모음이 있는데, 이중 모음은 단모음과 달리 발음할 때 입술 모양이나 혀의 위치가 바뀝니다. 그런데 이중 모음 가운데 'ㅢ'는 이중 모음으로 발음하는 것이 원칙이지만, 조사로 쓰일 경우에는 단모음 [ㅔ]로, 단어에서 첫음절이 아닐 경우에는 단모음 [ㅣ]로 발음하는 것도 허용합니다. 그러면 칠판의 예시를 보고 'ㅢ'가 각각 어떻게 발음될 수 있는지 말해 봅시다.

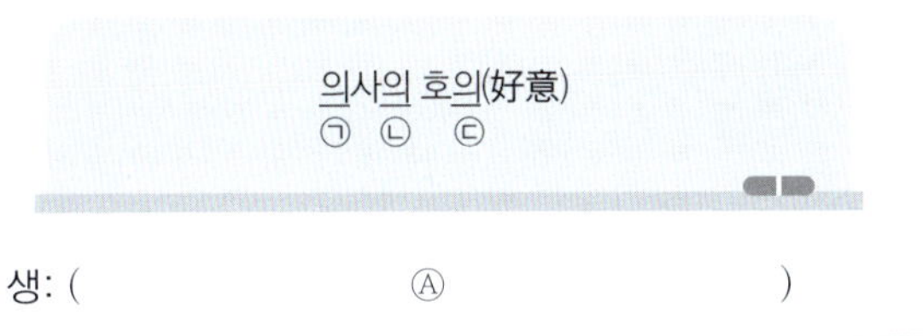

학 생: (Ⓐ   )

① ㉠의 'ㅢ'는 입술 모양이나 혀의 위치가 바뀌면서 발음되겠군요.
② ㉡은 조사이므로 ㉡의 'ㅢ'는 이중 모음뿐만 아니라 단모음으로도 발음할 수 있겠군요.
③ ㉢은 단어의 첫음절이 아니므로 ㉢의 'ㅢ'는 [ㅣ]로 발음하는 것도 가능하겠군요.
④ ㉠과 ㉡의 'ㅢ'는 서로 다른 소리로 발음할 수도 있겠군요.
⑤ ㉡과 ㉢의 'ㅢ'는 단모음으로 발음될 때 동일한 소리로 발음되겠군요.

03

〈보기 1〉을 참고하여 〈보기 2〉의 ㉠~㉤에 대해 설명한 내용으로 가장 적절한 것은?

〈보기 1〉

[구개음화]

교체 현상의 하나로, 받침이 'ㄷ', 'ㅌ'인 형태소가 모음 'ㅣ'나 반모음 'ㅣ[j]'로 시작되는 형식 형태소와 만나면 그것이 각각 구개음 [ㅈ], [ㅊ]이 되거나, 'ㄷ' 뒤에 형식 형태소 '-히-'가 올 때 'ㅎ'과 결합하여 이루어진 [ㅌ]이 [ㅊ]이 되는 현상.

〈보기 2〉

• 나는 벽에 ㉠붙인 게시물을 떼었다.
• 교수는 문제의 원인을 ㉡낱낱이 밝혔다.
• 그녀는 평생 ㉢밭이랑을 일구며 살았다.
• 그의 말소리는 소음에 ㉣묻히고 말았다.
• 그는 겨울에도 방에서 ㉤홑이불을 덮고 잤다.

① ㉠의 '붙-'은 접미사의 모음 'ㅣ'와 만나므로 구개음화 현상이 일어나지 않는다.
② ㉡의 '-이'는 실질 형태소이므로 '낱'의 받침 'ㅌ'은 [ㅊ]으로 발음되지 않는다.
③ ㉢의 '이랑'은 모음 'ㅣ'로 시작되는 형식 형태소이므로 '밭'의 'ㅌ'은 [ㅊ]으로 발음된다.
④ ㉣의 '묻-'은 접미사 '-히-'와 만나므로 'ㄷ'이 'ㅎ'과 결합하여 이루어진 [ㅌ]은 [ㅊ]으로 발음된다.
⑤ ㉤의 '홑-'과 결합한 '이불'은 모음 'ㅣ'로 시작되는 실질 형태소이므로 '홑-'의 받침 'ㅌ'은 구개음화 현상이 일어난다.

[01~02] 다음 글을 읽고 물음에 답하시오.

모음은 크게 두 부류로 나눌 수 있다. 발음할 때 입술 모양이나 혀의 위치가 변하지 않는 모음을 '단모음'이라 한다. '표준어 규정'은 원칙적으로 'ㅏ, ㅐ, ㅓ, ㅔ, ㅗ, ㅚ, ㅜ, ㅟ, ㅡ, ㅣ'를 단모음으로 발음할 것을 규정하고 있다.

입술 모양이나 혀의 위치가 발음 도중에 변하는 모음은 '이중 모음'이라 하는데, 이중 모음은 홀로 쓰일 수 없는 소리인 '반모음'이 단모음과 결합한 모음이다. 예를 들어 이중 모음인 'ㅑ'의 발음은, 'ㅣ'를 짧게 발음하는 것과 유사한 소리인 반모음 '[j]' 뒤에서 'ㅏ'가 결합한 소리이다. 'ㅑ'와 마찬가지로 'ㅒ, ㅕ, ㅖ, ㅛ, ㅠ, ㅢ'의 발음은, 각각 반모음 '[j]'와 단모음 'ㅐ, ㅓ, ㅔ, ㅗ, ㅜ, ㅡ'가 결합한 소리이다. 'ㅗ'나 'ㅜ'를 짧게 발음하는 것과 유사한 반모음 '[w]'도 있는데 'ㅘ, ㅙ, ㅝ, ㅞ'의 발음은 각각 반모음 '[w]'와 단모음 'ㅏ, ㅐ, ㅓ, ㅔ'가 결합한 소리이다. 반모음이 단모음 뒤에서 결합한 소리인 'ㅢ'를 제외하고, 이중 모음의 발음은 모두 반모음이 단모음 앞에서 결합한 소리이다.

'ㅚ'와 'ㅟ'는 단모음으로 발음하는 것이 원칙이지만 현실에서 이중 모음으로 발음하는 경우가 많다. 'ㅚ'를 이중 모음으로 발음할 경우에는 반모음 '[w]'와 'ㅔ' 소리를 연속하여 발음하며, 'ㅟ'를 이중 모음으로 발음할 경우에는 반모음 '[w]'와 'ㅣ' 소리를 연속하여 발음한다. '표준어 규정'에서도 현실 발음을 고려하여 이와 같이 'ㅚ'와 'ㅟ'를 이중 모음으로 발음하는 것을 허용하고 있다.

01

윗글에 대한 이해로 적절하지 <u>않은</u> 것은?

① 'ㅠ'는 발음할 때 입술 모양이나 혀의 위치가 변한다.

② 'ㅐ'는 발음할 때 입술 모양이나 혀의 위치가 변하지 않는다.

③ 'ㅖ'의 발음은 반모음 '[j]' 뒤에서 단모음 'ㅔ'가 결합한 소리이다.

④ 'ㅘ'의 발음은 단모음 'ㅗ' 뒤에서 반모음 '[j]'가 결합한 소리이다.

⑤ 반모음 '[w]'는 홀로 쓰일 수 없고 단모음과 결합하여 이중 모음을 이룬다.

02

〈보기〉는 학생들의 대화이다. 윗글을 바탕으로 할 때 〈보기〉의 ㉠, ㉡에 들어갈 내용으로 적절한 것은?

〈보기〉

학생 1: '표준어 규정'에 따르면 'ㅚ'는 단모음으로 발음하는 것이 원칙이지만 이중 모음으로 발음하는 것도 허용하더라고. 그러면 '참외'는 [차뫼]로 발음하는 것이 원칙이지만, ___㉠___ 로 발음하는 것도 허용한다고 할 수 있겠어.

학생 2: 그래, 맞아. '표준어 규정'에서는 'ㅟ'도 이중 모음으로 발음하는 것을 허용하고 있어. 이에 따른 'ㅟ'의 이중 모음 발음은 'ㅑ, ㅒ, ㅕ, ㅖ, ㅘ, ㅙ, ㅛ, ㅝ, ㅞ, ㅠ, ㅢ'의 발음 중에 ___㉡___.

	㉠	㉡
①	[차뭬]	포함되어 있지 않아
②	[차뭬]	'ㅢ' 소리에 해당해
③	[차뫠]	'ㅝ' 소리에 해당해
④	[차메]	포함되어 있지 않아
⑤	[차메]	'ㅢ' 소리에 해당해

🐾 두뇌 스트레칭 ZONE

표준 발음법 규정 제4항

제4항 'ㅏ ㅐ ㅓ ㅔ ㅗ ㅚ ㅜ ㅟ ㅡ ㅣ'는 단모음(單母音)으로 발음한다.

[붙임] 'ㅚ, ㅟ'는 이중 모음으로 발음할 수 있다.

→ 'ㅟ'를 이중 모음으로 발음할 경우에는 반모음 'ㅜ[w]'와 단모음 'ㅣ'를 연속하여 발음하는 것과 같고, 'ㅚ'를 이중 모음으로 발음할 경우에는 반모음 'ㅜ[w]'와 단모음 'ㅔ'를 연속하여 발음하는 것과 같음.

공부한 날	월 일 요일
맞은 개수	/ 33

No	다음 빈칸에 알맞은 말을 써서 문장을 완성하시오.
01	말소리를 낼 때 공기의 흐름이 발음 기관을 거쳐 나오면서 장애를 받지 않고 나는 소리를 (　　　)이라고 한다.
02	국어의 모음 중에서 소리를 낼 때 입술 모양이나 혀의 위치가 바뀌지 않는 모음을 (　　　)이라고 한다.
03	국어의 모음 중에서 소리를 낼 때 입술 모양이 처음과 달라지거나 혀가 일정한 자리에서 시작하여 다른 자리로 옮겨 가면서 나는 소리를 (　　　)이라고 한다.
04	발음할 때 공기의 흐름이 방해를 받지 않는다는 점에서 모음과 비슷하지만, 하나의 음절을 이루지 못하여 온전한 모음이 아닌 것을 (　　　)이라고 한다.
05	국어의 자음은 총 19개이지만, 'ㄸ, ㅃ, ㅉ'은 (　　　)으로 사용되지 않기 때문에 음절의 끝에 표기할 수 있는 자음은 모두 16개이다.
06	국어에서 음절의 끝소리가 'ㄱ, ㄴ, ㄷ, ㄹ, ㅁ, ㅂ, ㅇ' 외의 자음이 올 때 이 일곱 자음 중 하나로 발음되는 현상을 음절의 (　　　) 규칙이라고 한다.
07	'ㄺ'은 '맑지[막찌], 밝다[박따]'와 같이 대부분 [(　　　)]으로 소리 나지만 동사나 형용사 등 움직임이나 모양을 나타내는 말의 어말에 쓰일 경우 '맑고[말꼬], 밝고[발꼬], 묽고[물꼬]'와 같이 'ㄺ'은 'ㄱ' 앞에서 [(　　　)]로 발음된다.
08	'ㄼ'은 '짧다[짤따], 떫다[떨:따]'와 같이 대부분 [(　　　)]로 소리 나지만 '밟-+자음'이면 '밟고[밥:꼬], 밟다[밥:따]'와 같이 [(　　　)]으로 소리 난다.
09	'넓고[널꼬], 넓게[널께]'는 모두 [(　　　)]로 소리 나지만 '넓죽하다[넙쭈카다], 넓둥글다[넙뚱글다], 넓적하다[넙쩌카다]'는 [(　　　)]으로 소리 난다.
10	끝소리가 'ㄷ, ㅌ'인 형태소가 모음 'ㅣ'나 반모음 'ㅣ[j]' 앞에서 구개음 'ㅈ, ㅊ'으로 바뀌어 소리 나는 현상을 (　　　)라고 한다.
11	구개음화는 '디디다, 느티나무'처럼 한 낱말 안에서는 일어나지 않으며, (　　　) 형태소와 결합하면 일어나지 않는다.
12	'굳히다[구치다], 묻히다[무치다]'처럼 'ㄷ'이 '-히-'를 만나는 경우 거센소리 '(　　　)'으로 바뀐 후 구개음화되어 [(　　　)]으로 발음된다.

No	단어	단어의 발음을 쓰시오.
13	옷 속	
14	옷이	
15	옷 안	
16	몫을	
17	앉고	
18	끊고	
19	핥고	
20	읊지	
21	맑지	
22	밝다	
23	맑고	
24	넓둥글다	
25	넓적하다	
26	짧다	
27	닮고	
28	맏이	
29	곧이듣다	
30	샅샅이	
31	굳히다	
32	묻히다	
33	밭이랑	

*장음을 표시하는 기호는 생략함.

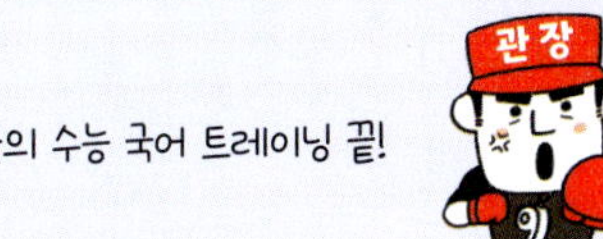

061 음운 교체 ❸ - 비음화

1 자음 동화

• 음절의 끝 자음이 뒤에 오는 자음의 영향을 받아, 어느 한쪽이 그와 비슷하거나 같은 (¹ ㅅㄹ)로 바뀌거나, 양쪽이 서로 닮아서 두 소리가 모두 바뀌는 현상

(1) 동화 (² ㅂㅎ)에 따른 분류

순행*동화	• 앞 음운의 영향으로 뒤 음운이 바뀌는 동화 예 칼날(ㄹ + ㄴ) → [칼랄(ㄹ + ㄹ)] ➡ 앞 'ㄹ'이 영향을 주어 뒤 'ㄴ'이 'ㄹ'로 바뀜.
역행*동화	• 뒤 음운의 영향으로 앞 음운이 바뀌는 동화 예 국물(ㄱ + ㅁ) → [궁물(ㅇ + ㅁ)] ➡ 뒤 'ㅁ'이 영향을 주어 앞 'ㄱ'이 'ㅇ'으로 바뀜.
상호 동화	• 두 소리가 서로 영향을 끼쳐 원래의 두 소리와 다른 제3의 소리로 변하는 동화 예 섭리 → [섬니] ➡ 'ㅂ'과 'ㄹ'이 영향을 주고받아 각각 'ㅁ'과 'ㄴ'으로 바뀜.

(2) 동화 정도에 따른 분류

완전 동화	• 동화의 주체와 똑같은 소리로 바뀌는 동화 예 A + B → AA / 칼날 → [칼랄] 　　A + B → BB / 천리 → [철리]
불완전 동화	• 동화의 주체와 비슷한 소리로 바뀌는 동화 예 A + B → AA' / 종로 → [종노] ➡ 'ㅇ'과 'ㄴ'은 비음이라는 공통성이 있음.

2 비음화

• 비음이 아닌 자음이 비음의 영향으로 (³ ㅂㅇ)으로 바뀌어 발음되는 현상

• 비음 앞에서 파열음 'ㄱ, ㄷ, ㅂ'이 각각 비음 'ㅇ, ㄴ, ㅁ'으로 바뀜.

• 비음 'ㅁ, ㅇ' 뒤에 유음 'ㄹ'이 올 때 'ㄹ'이 'ㄴ'으로 바뀌어 발음됨.

• 받침 'ㄱ, ㅂ' 뒤에 오는 'ㄹ'이 'ㄴ'으로 발음됨.

ㄱ, ㄷ, ㅂ + ㄴ, ㅁ → [ㅇ, ㄴ, ㅁ] + [ㄴ, ㅁ]	예 곡물 → [공물] / 걷는다 → [건는다] / 밥물 → [밤물]
ㅁ, ㅇ + ㄹ → [ㅁ, ㅇ] + [ㄴ]	예 남루 → [남누] / 종로 → [종노]
ㄱ, ㅂ + ㄹ → [ㅇ, ㅁ] + [ㄴ]	예 백로 → [백노]→ [뱅노] / 협력 → [협녁] → [혐녁]

• 동화 방향에 따라 (⁴ ㅅㅎ) 비음화와 역행 비음화로 구분됨.

순행 비음화	• 받침 'ㅁ, ㅇ' 뒤에 연결되는 'ㄹ'이 [ㄴ]으로 발음되는 현상 예 담력[담ː녁], 침략[침ː냑], 강릉[강능], 항로[항ː노] • 받침 'ㄱ, ㅂ' 뒤에 연결되는 'ㄹ'이 [ㄴ]으로 발음되는 현상 예 막론[막논 → 망논], 십리[십니 → 심니]
역행 비음화	• 파열음이 뒤에 오는 비음에 동화되어 비음으로 바뀌는 현상 예 국민 → [궁민], 닫는 → [단는], 밥물 → [밤물]

개념 당기는 예시

• 백로 → [백노] → [뱅노]

➡ ① 파열음 'ㄱ' + 유음 'ㄹ' → 파열음 'ㄱ' + 비음 'ㄴ' / 순행 동화
　② 파열음 'ㄱ' + 비음 'ㄴ' → 비음 'ㅇ' + 비음 'ㄴ' / 역행 동화

비음화는 어떤 동화인가요?

조음 위치 조음 방법	여린입천장 소리	잇몸 소리	입술 소리
파열음	ㄱ	ㄷ	ㅂ
비음	ㅇ	ㄴ	ㅁ

비음화는 조음 방법 동화입니다. 위의 표를 보면 조음 위치는 그대로이지만, 조음 방법은 파열음에서 비음으로 바뀌는 것을 알 수 있습니다.

개념 알통

비음화와 관련 있는 표준 발음법 제18항

받침 'ㄱ(ㄲ, ㅋ, ㄳ, ㄺ), ㄷ(ㅅ, ㅆ, ㅈ, ㅊ, ㅌ, ㅎ), ㅂ(ㅍ, ㄼ, ㄿ, ㅄ)'은 'ㄴ, ㅁ' 앞에서 [ㅇ, ㄴ, ㅁ]으로 발음한다.

예 먹는[멍는]　　　쫓는[쫀는]
　깎는[깡는]　　　붙는[분는]
　흙만[흥만]　　　놓는[논는]
　닫는[단는]　　　잡는[잠는]
　짓는[진ː는]　　　밟는[밤ː는]
　있는[인는]　　　없는[엄ː는]
　맞는[만는]　　　앞마당[암마당]

[붙임] 두 단어를 이어서 한 마디로 발음하는 경우에도 이와 같다.

예 책 넣는다[챙넌는다]　흙 말리다[흥말리다]
　옷 맞추다[온맏추다]　밥 먹는다[밤멍는다]

---

* **순행**: 차례대로 나아감.

* **역행**: 보통의 방향과 반대 방향으로 거슬러 나아감.

【초성 답】 **1** 소리　**2** 방향　**3** 비음　**4** 순행

062 음운 교체 ❹ - 유음화

1 유음화

- 유음이 아닌 자음이 유음의 영향을 받아 유음으로 바뀌어 발음되는 현상
- 비음 'ㄴ'이 유음 'ㄹ'의 앞이나 뒤에서 (1 ○○) 'ㄹ'로 바뀌어 발음됨.

ㄴ+ㄹ → [ㄹ]+[ㄹ]	예 권력 → [궐력], 한라 → [할라]
ㄹ+ㄴ → [ㄹ]+[ㄹ]	예 실눈 → [실룬], 줄넘기 →[줄럼끼]

2 유음화의 세 가지 유형

역행적 유음화	• 'ㄴ'이 뒤에 오는 'ㄹ'의 영향을 받아 'ㄹ'로 바뀌어 발음되는 현상 • 유음화의 대부분을 이루는 유형	예 논리 → [놀리] 권력 → [궐력]
순행적 유음화	• 'ㄴ'이 앞에 오는 'ㄹ'의 영향을 받아 'ㄹ'로 바뀌어 발음되는 현상	예 칼날 → [칼랄] 찰나 → [찰라]
(2 ㄱㅂㅊ)의 유음화	• 'ㄶ, ㄾ'과 같은 겹받침 뒤에 'ㄴ'이 올 때 'ㄴ'이 'ㄹ'로 바뀌어 발음되는 현상 • 순행 동화인 유음화와 같은 동화 유형	예 끓는 → [끌는] → [끌른] 훑는 → [훌는] → [훌른]

개념 당기는 예시

- 신라 → [실라]
→ 'ㄴ' + 'ㄹ' → 'ㄹ' + 'ㄹ' / 역행 동화

닳는 → [달른]
→ 'ㄶ' + 'ㄴ' → 'ㄹ' + 'ㄹ' / 순행 동화

개념 갈고리 필수적 자음 동화와 수의적 자음 동화

자음 동화에는 발음할 때 반드시 일어나는 (3 ㄷㅎ)인 '필수적 자음 동화'와 방언이나 개인에 따라서 일어날 수도 있는 동화인 '수의적 자음 동화'가 있다. 필수적 자음 동화는 적용되지 않으면 발음이 불가능한 경우이기 때문에 예외 없이 일어난다.

063 음운 교체 ❺ - 된소리되기

1 된소리되기

· 안울림 예사소리*'ㄱ, ㄷ, ㅂ, ㅅ, ㅈ'이 앞에 오는 특정 음운의 영향을 받아 각각 (1 ㄷㅅㄹ) 'ㄲ, ㄸ, ㅃ, ㅆ, ㅉ'으로 발음되는 현상

> 된소리되기는 '경음화'라고도 합니다.
> 된소리되기가 일어나려면
> 항상 안울림소리 뒤에 안울림소리가 와야 합니다.

2 된소리되기의 음운 환경

① 음절의 끝소리 'ㄱ, ㄷ, ㅂ' 뒤에 결합되는 'ㄱ, ㄷ, ㅂ, ㅅ, ㅈ'은 된소리로 발음함.

개념 당기는 예시

· 국밥 → [국빱] / 믿지 → [믿찌] / 곱돌 → [곱똘]
→ 두 개의 예사소리가 만나면 앞의 예사소리에 의해 뒤의 예사소리가 긴장되어 된소리되기 현상이 나타남.

② 어간의 (2 ㄲㅅㄹ) 'ㄴ(ㄵ), ㅁ(ㄻ)' 뒤에 결합되는 어미의 첫소리 'ㄱ, ㄷ, ㅅ, ㅈ'은 된소리로 발음함.
예 신다 → [신:따] / 감다 → [감:따]

③ 어간의 끝소리 'ㄼ, ㄾ' 뒤에 결합되는 어미의 첫소리 'ㄱ, ㄷ, ㅅ, ㅈ'은 된소리로 발음함.
예 넓다 → [널따] / 핥다 → [할따]

④ 관형사형 어미 '–(으)ㄹ' 뒤에 이어지는 'ㄱ, ㄷ, ㅂ, ㅅ, ㅈ'은 된소리로 발음함.

개념 당기는 예시

· 갈 데가 → [갈떼가] / 할 바를 → [할빠를] / 만날 사람 → [만날싸람]
→ 용언의 어간에 붙어 관형사와 같은 기능을 수행하게 하는 관형사형 어미 '–(으)ㄹ' 뒤에 안울림 예사소리가 오면 된소리로 발음함.

⑤ (3 ㅎㅈㅇ)의 'ㄹ' 받침 뒤에 연결되는 'ㄷ, ㅅ, ㅈ'은 된소리로 발음함.
예 갈등(葛藤) → [갈뜽] / 발전(發展) → [발쩐]

◎ 개념 갈고리 ㄱ 대표음의 된소리되기

'ㄲ, ㅋ, ㄳ, ㄺ', 'ㅅ, ㅆ, ㅈ, ㅊ, ㅌ', 'ㅍ, ㄼ, ㄿ, ㅄ'과 같이 표면적으로는 'ㄱ, ㄷ, ㅂ'으로 끝나지 않아도 종성에서 대표음 [ㄱ, ㄷ, ㅂ]으로 발음되는 경우 동일한 성격의 된소리되기가 적용된다.
예 깎다 → [깍따], 꽃다발 → [꼳따발], 옆집 → [엽찝]

개념 알통

된소리되기의 제한

· 피동, 사동 접미사 '-기-'는 된소리로 발음하지 않음.
예 안기다[안기다], 감기다[감기다],
  굶기다[굼기다], 옮기다[옴기다]
→ 비록 'ㄴ, ㅁ' 소리 뒤에 'ㄱ'이 왔다고 하더라도 근본적으로 환경이 다르기 때문임. 즉, '안기-, 감기-, 굶기-, 옮기-'에서 뒤에 오는 'ㄱ'이 어미가 아니기 때문에 된소리되기가 일어나지 않음.

된소리되기와 사잇소리 현상의 차이점은 무엇인가요?

된소리되기는 형태소와 형태소가 결합할 때 일어나는 폭넓은 현상이지만, 사잇소리 현상은 어근과 어근이 결합해 합성 명사를 이룰 때 일어나는 현상이라 상대적으로 음운 변동의 폭이 좁습니다. 앞말이 모음이나 울림소리이면 사잇소리 현상, 앞말이 안울림소리이면 된소리되기로 이해할 수 있습니다.

***예사소리**: 구강 내부의 기압 및 발음 기관의 긴장도를 낮추어 강하지 않게 내는 자음. 'ㄱ', 'ㄷ', 'ㅂ', 'ㅅ', 'ㅈ'을 말함.

【초성 답】 **1** 된소리 **2** 끝소리 **3** 한자어

개념 트레이닝 ZONE

🏋 **문제를 풀며 개념 근육을 키워 보세요!**

01 다음 설명에 알맞은 말에 ○표 하시오.

⑴ 음운 동화가 일어나는 이유는 음운과 음운이 만나 소리 날 때 소리 나는 위치나 소리 내는 방법을 발음하기 (쉽게 / 어렵게) 바꾸기 때문이다.

⑵ 비음화는 비음이 아닌 음운이 (비음 / 유음) 앞에서 비음으로 바뀌어 소리 나는 현상이다.

⑶ 비음화 중에는 유음 'ㄹ'이 다른 자음 (앞 / 뒤)에서 비음 'ㄴ'으로 바뀌어 소리 나는 현상도 포함된다.

⑷ 유음화는 (비음 / 유음)이 아닌 음운 'ㄴ'이 유음의 앞이나 뒤에서 유음 'ㄹ'로 바뀌는 현상이다.

⑸ 된소리되기는 (예사소리 / 거센소리)가 앞에 오는 소리의 영향을 받아 된소리로 바뀌는 현상이다.

02 다음 단어의 알맞은 발음과 소리 날 때 바뀐 음운을 쓰시오.

단어	발음	바뀐 음운
예 국물	궁물	ㄱ → ㅇ
⑴ 맞는		( ) → ( )
⑵ 쫓는		( ) → ( )
⑶ 붙는		( ) → ( )
⑷ 집념		( ) → ( )
⑸ 깎는		( ) → ( )
⑹ 받는다		( ) → ( )
⑺ 꽃망울		( ) → ( )
⑻ 앞마당		( ) → ( )

03 다음 빈칸에 들어갈 알맞은 발음을 쓰시오.

⑴ 막론	[ ] → [ ]
⑵ 석류	[ ] → [ ]
⑶ 협력	[ ] → [ ]
⑷ 법리	[ ] → [ ]

04 다음 단어의 발음으로 알맞은 것에 V표 하시오.

단어		
⑴ 의견란	□ 의:견난	□ 의:결란
⑵ 임진란	□ 임:질란	□ 임:진난
⑶ 생산량	□ 생살량	□ 생산냥
⑷ 결단력	□ 결딴녁	□ 결단녁
⑸ 공권력	□ 공꿘녁	□ 공권녁
⑹ 동원령	□ 동:월령	□ 동:원녕
⑺ 상견례	□ 상견녜	□ 상견네
⑻ 달나라	□ 달나나	□ 달라라
⑼ 이원론	□ 이:원논	□ 이:월론
⑽ 입원료	□ 이붼뇨	□ 입원뇨

05 다음 단어의 알맞은 발음을 쓰고, 동화 방향에 ○표 하시오.

단어	발음	동화 방향
⑴ 난로		순행 역행
⑵ 칼날		순행 역행
⑶ 닳는		순행 역행
⑷ 핥네		순행 역행
⑸ 할는지		순행 역행
⑹ 대관령		순행 역행
⑺ 줄넘기		순행 역행
⑻ 광한루		순행 역행

*장음을 표시하는 기호는 생략함.

06 다음 단어의 알맞은 발음과 소리 날 때 바뀐 음운을 쓰시오.

단어	발음	변동 전 → 변동 후
예 덮개	덥깨	(ㅍ)+(ㄱ) → (ㅂ)+(ㄲ)
⑴ 샀돈		(ㄲ)+(ㄷ) → ( )+( )
⑵ 닭장		(ㄺ)+(ㅈ) → ( )+( )
⑶ 옆집		(ㅍ)+(ㅈ) → ( )+( )
⑷ 국밥		(ㄱ)+(ㅂ) → ( )+( )
⑸ 옷고름		(ㅅ)+(ㄱ) → ( )+( )

 워밍-UP

01

〈보기〉를 참고할 때 동화의 양상이 <u>다른</u> 것은?

〈보기〉
- 순행 동화: 뒤의 음운이 앞의 음운의 영향을 받아 그와 비슷하거나 같게 소리 나는 현상.
  예 칼날[칼랄], 강릉[강능]
- 역행 동화: 앞의 음운이 뒤의 음운의 영향을 받아 그와 비슷하거나 같게 소리 나는 현상.
  예 편리[펼리], 까막눈[까망눈]

실력 자랑 다음 단어를 동화의 양상에 따라 구분해 보세요.

종로 작년 신라 밥물 국민	
순행 동화	
역행 동화	

02

〈보기〉는 자음 동화와 관련한 국어 수업의 한 장면이다. ㉠, ㉡에 들어갈 예를 바르게 짝지은 것은?

〈보기〉
선생님: 두 개의 자음이 이어서 소리가 날 때, 소리 내기 쉽도록 어느 한 쪽이 다른 쪽의 소리를 닮거나, 서로 닮는 방향으로 변동하는 것을 '자음 동화'라고 합니다.
다음 현상이 일어나는 예를 찾아볼까요?

'ㄱ, ㄷ, ㅂ'이 비음 'ㄴ, ㅁ'의 앞에서 비음 'ㅇ, ㄴ, ㅁ'으로 바뀌는 현상	㉠
비음 'ㄴ'이 유음 'ㄹ' 앞뒤에서 'ㄹ'로 바뀌는 현상	㉡

실력 자랑 다음 단어들을 ㉠과 ㉡으로 구분해 보세요.

권리[궐리] 닫는[단는] 막내[망내] 먹물[멍물] 설날[설랄] 입는[임는] 중력[중녁] 물난리[물랄리]	
㉠	
㉡	

 'ㄱ, ㄷ, ㅂ'이 비음 'ㄴ, ㅁ'의 앞에서 비음 'ㅇ, ㄴ, ㅁ'으로 바뀌는 현상은 비음화, 비음 'ㄴ'이 유음 'ㄹ' 앞뒤에서 'ㄹ'로 바뀌는 현상은 유음화라고 합니다.

03

〈보기〉의 '활동 1'과 '활동 2'를 연결하여 '활동 자료'의 단어를 탐구한 내용으로 적절한 것은?

〈보기〉

[활동 자료]

국민[궁민], 글눈[글룬], 명랑[명낭], 신랑[실랑], 잡념[잠념]

[활동 1] 음운 변동이 있는 음운은 '1', 없는 음운은 '0'으로 표시하면 '국물[궁물]'은 '001000'으로 표시할 수 있습니다. '활동 자료'의 단어는 어떻게 표시될까요?

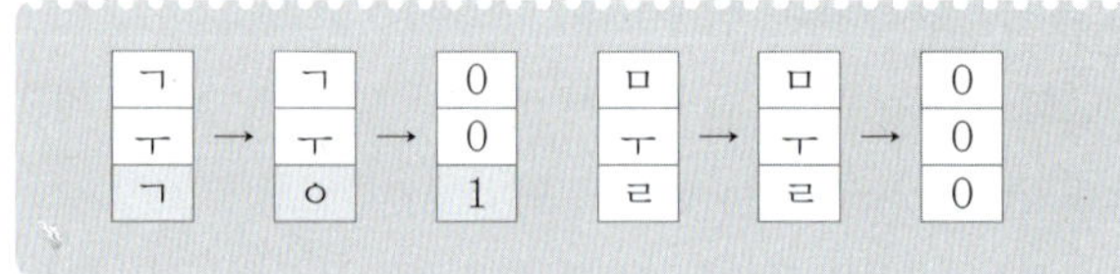

[활동 2] '활동 자료'의 단어를 발음할 때 순행 동화가 일어나는지 역행 동화가 일어나는지 알아봅시다.
- 순행 동화 : 뒤의 음운이 앞의 음운의 영향을 받아 그와 비슷하거나 같게 소리 나는 현상.
- 역행 동화 : 앞의 음운이 뒤의 음운의 영향을 받아 그와 비슷하거나 같게 소리 나는 현상.

실력 자랑 '활동 자료'의 단어를 활동과 연결하여 탐구해 보세요.

국민[궁민]	001000	역행 동화
글눈[글룬]		
명랑[명낭]		
신랑[실랑]		
잡념[잠념]		

04

〈보기〉는 표준 발음법의 된소리되기 중 일부이다. ㉠과 ㉡에 해당하는 예가 바르게 짝지어진 것은?

〈보기〉
㉠ 받침 'ㄱ(ㄲ, ㅋ, ㄳ, ㄺ), ㄷ(ㅅ, ㅆ, ㅈ, ㅊ, ㅌ), ㅂ(ㅍ, ㄼ, ㄿ, ㅄ)' 뒤에 연결되는 'ㄱ, ㄷ, ㅂ, ㅅ, ㅈ'은 된소리로 발음한다.
㉡ 어간 받침 'ㄴ(ㄵ), ㅁ(ㄻ)' 뒤에 결합되는 어미의 첫소리 'ㄱ, ㄷ, ㅅ, ㅈ'은 된소리로 발음한다.

실력 자랑 다음 단어들을 ㉠과 ㉡으로 구분해 보세요.

국수[국쑤] 늦게[늗께] 앉다[안따] 없다[업따] 있고[읻꼬] 옆집[엽찝]	
㉠	
㉡	

01

〈보기〉에서 설명한 음운 현상과 관계가 있는 질문이 <u>아닌</u> 것은?

〈보기〉

　동화란 한 음운이 앞이나 뒤에 있는 음운의 영향을 받아 그 음운과 닮아 가는 현상이다. 대표적인 동화 현상으로는 비음화, 유음화, 구개음화 등이 있다.

① '붙이다'는 왜 [부티다]가 아니라 [부치다]로 소리 날까?

② '집안일'은 왜 [지바닐]이 아니라 [지반닐]로 소리 날까?

③ '권력'은 왜 [권력]이 아니라 [궐력]으로 소리 날까?

④ '먹는다'는 왜 [멍는다]로 소리 날까?

⑤ '굳이'는 왜 [구지]로 소리 날까?

02

〈보기〉의 [활동]을 수행한 결과로 적절하지 <u>않은</u> 것은?

〈보기〉

[활동] 제시된 단어의 발음을 [자료]와 연결해 보자.

신라, 칼날, 생산량, 물난리, 불놀이

[자료]

　㉠ 'ㄹ'의 앞에서 'ㄴ'이 [ㄹ]로 발음되는 경우

　㉡ 'ㄹ'의 뒤에서 'ㄴ'이 [ㄹ]로 발음되는 경우

　㉢ 'ㄴ'의 뒤에서 'ㄹ'이 [ㄴ]으로 발음되는 경우

① '신라'는 ㉠에 따라 [실라]로 발음하는군.

② '칼날'은 ㉡에 따라 [칼랄]로 발음하는군.

③ '생산량'은 ㉢에 따라 [생산냥]으로 발음하는군.

④ '물난리'는 ㉠, ㉡에 따라 [물랄리]로 발음하는군.

⑤ '불놀이'는 ㉡, ㉢에 따라 [불로리]로 발음하는군.

03

〈보기〉의 ㉠, ㉡에 해당하는 예로 적절한 것은?

〈보기〉

　국어에서 'ㄴ'과 'ㄹ' 소리를 연달아 내는 것은 어려운 일이다. 그래서 'ㄹ'과 'ㄴ'이 연쇄적으로 발음될 때 순행적 유음화가 일어나고, 반대로 'ㄴ'과 'ㄹ'이 연쇄적으로 발음될 때 ㉠<u>역행적 유음화</u>가 일어난다. 그런데 표면적으로 순행적 유음화나 역행적 유음화가 일어날 조건이 충족된다고 하더라도 용언의 활용이나 합성어, 파생어 형성 과정에서 순행적 유음화가 아닌 'ㄹ' 탈락이 일어나기도 하고, 역행적 유음화가 아닌 ㉡<u>'ㄹ'의 비음화</u>가 일어나기도 한다.

	㉠	㉡
①	산란기	표현력
②	줄넘기	입원료
③	결단력	생산량
④	의견란	향신료
⑤	대관령	물난리

04

〈보기〉의 ㉠, ㉡에 해당하는 단어로 적절한 것은?

〈보기〉

　된소리되기는 'ㄱ, ㄷ, ㅂ, ㅅ, ㅈ'과 같은 예사소리가 'ㄲ, ㄸ, ㅃ, ㅆ, ㅉ'과 같은 된소리로 바뀌어 소리 나는 음운 현상이다. 된소리되기의 유형은 다음과 같다.

- 받침 'ㄱ, ㄷ, ㅂ' 뒤에 연결되는 자음 'ㄱ, ㄷ, ㅂ, ㅅ, ㅈ'을 된소리로 발음하는 유형
- 어간 받침 'ㄴ(ㄵ), ㅁ(ㄻ)' 뒤에 결합되는 어미의 첫소리 'ㄱ, ㄷ, ㅅ, ㅈ'을 된소리로 발음하는 유형 ·················· ㉠
- 한자어에서 'ㄹ' 받침 뒤에 결합되는 자음 'ㄷ, ㅅ, ㅈ'을 된소리로 발음하는 유형 ·················· ㉡

	㉠	㉡
①	신다	굴곡(屈曲)
②	앉다	불법(不法)
③	넓다	갈등(葛藤)
④	담다	발전(發展)
⑤	끓다	월세(月貰)

[01~02] 다음 글을 읽고 물음에 답하시오.

음운의 동화는 인접한 두 음운 중 어느 한쪽 또는 양쪽이 서로 비슷하거나 같은 소리로 바뀌는 현상이다. 국어의 대표적인 동화에는 비음화, 유음화, 구개음화가 있다.

비음화는 비음이 아닌 'ㅂ, ㄷ, ㄱ'이 비음 'ㅁ, ㄴ' 앞에서 비음 'ㅁ, ㄴ, ㅇ'으로 바뀌어 소리 나는 현상이다. 예를 들어 '국민'이 [궁민]으로 발음되는 것은 비음화에 해당한다. 유음화는 비음 'ㄴ'이 유음 'ㄹ'의 앞이나 뒤에서 유음 'ㄹ'로 발음되는 현상이다. 유음화의 예로는 '칼날[칼랄]'이 있다. ㉠아래의 자음 체계표를 보면, 비음화와 유음화는 그 결과로 인접한 두 음운의 조음 방식이 같아진다는 것을 알 수 있다.

조음 위치 조음 방식	입술 소리	잇몸 소리	센입천장 소리	여린입천장 소리
파열음	ㅂ, ㅍ	ㄷ, ㅌ		ㄱ, ㅋ
파찰음			ㅈ, ㅊ	
비음	ㅁ	ㄴ		ㅇ
유음		ㄹ		

구개음화는 끝소리 'ㄷ, ㅌ'이 모음 'ㅣ'로 시작되는 조사나 접미사 앞에서 구개음 'ㅈ, ㅊ'으로 발음되는 현상이다. 가령 '해돋이'가 [해도지]로 발음되는 것이 이에 해당한다. 이는 동화 결과로 조음 위치와 조음 방식이 모두 바뀌는 현상이다.

아래 그림을 보면 '해돋이'가 [해도디]가 아닌 [해도지]로 소리 나는 이유를 알 수 있다. [1]과 [2]에서 보듯이, 'ㄷ'과 'ㅣ'를 발음할 때의 혀의 위치가 달라 '디'를 발음할 때는 혀가 잇몸에서 입천장 쪽으로 많이 움직여야 한다. 그러나 [2]와 [3]을 보면, 'ㅈ'과 'ㅣ'를 발음할 때의 혀의 위치가 비슷하기 때문에 '지'를 발음할 때는 혀를 거의 움직이지 않아도 된다.

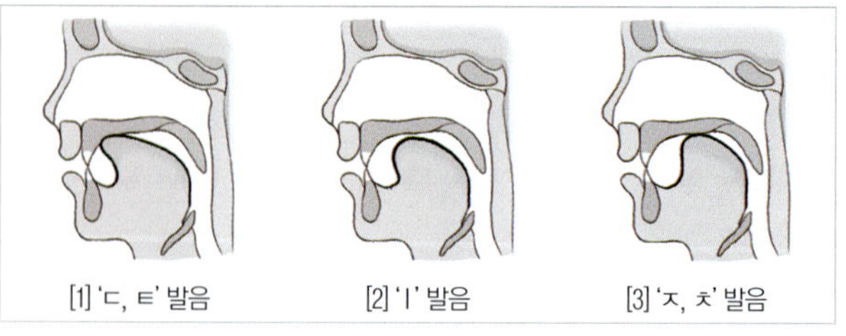

비음화, 유음화, 구개음화는 동화 결과 인접한 두 음운의 성격이 비슷하거나 같은 소리로 바뀐다는 점에서 유사하다. 이처럼 성격이 비슷하거나 같은 소리가 연속되면 발음할 때 힘이 덜 들게 되므로 발음의 경제성이 높아진다.

01

윗글의 내용에 대한 이해로 적절하지 <u>않은</u> 것은?

① 음운의 동화는 인접한 두 음운이 비슷하거나 같은 소리로 바뀌는 현상이다.

② 음운의 동화로 조음 위치나 조음 방식이 바뀌면 발음의 경제성이 높아진다.

③ 구개음화와 달리 비음화와 유음화가 일어나는 인접한 두 음운은 모두 자음이다.

④ 구개음화는 자음으로 시작되는 조사나 접미사 앞에서는 일어나지 않는다.

⑤ 구개음화는 동화의 결과로 자음과 모음의 소리가 모두 바뀌는 현상이다.

02

㉠을 참고할 때, 〈보기〉의 a~c에서 일어난 음운 동화에 대한 설명으로 적절한 것은?

〈보기〉

a. 밥물[밤물]　　b. 신라[실라]　　c. 굳이[구지]

① a : 비음화의 예로, 조음 방식만 바뀐 것이다.

② a : 유음화의 예로, 조음 방식만 바뀐 것이다.

③ b : 비음화의 예로, 조음 위치만 바뀐 것이다.

④ b : 유음화의 예로, 조음 위치만 바뀐 것이다.

⑤ c : 구개음화의 예로, 조음 방식만 바뀐 것이다.

🐾 두뇌 스트레칭 ZONE

비음과 유음의 개념

· 비음: 입안의 통로를 막고 공기를 코로 내보내면서 내는 소리

· 유음: 혀끝을 잇몸에 가볍게 대었다가 떼거나, 잇몸에 댄 채 공기를 그 양옆으로 흘려 보내면서 내는 소리

호루라기 관장님의 하드 트레이닝

› 정답과 해설 57쪽

공부한 날	월	일	요일
맞은 개수		/ 35	

No	다음 빈칸에 알맞은 말을 써서 문장을 완성하시오.
01	국어에서 인접한 두 음운이 서로 닮는 현상을 (　　　)라고 한다.
02	동화의 방향에 따라 앞 음운이 뒤 음운에 영향을 주어 일어난 동화를 (　　　) 동화, 뒤 음운이 앞 음운에 영향을 주어 일어난 동화를 (　　　) 동화라고 한다.
03	동화의 정도에 따라 한 음운이 다른 음운과 동일해지는 동화를 (　　　) 동화, 한 음운이 다른 음운과 비슷한 소리로 바뀌는 동화를 (　　　) 동화라고 한다.
04	음절 끝 자음이 뒤에 오는 자음과 만날 때, 어느 한쪽 또는 양쪽이 서로 닮아서 소리가 바뀌는 현상을 (　　　)라고 한다.
05	(　　　)는 비음의 영향을 받아 원래 비음이 아닌 자음이 비음 'ㄴ, ㅁ, ㅇ'으로 바뀌어 발음되는 현상이다.
06	유음이 아닌 자음이 유음 'ㄹ'로 바뀌어 발음되는 현상을 (　　　)라고 한다.
07	유음화는 'ㄴ'이 인접한 'ㄹ'의 영향을 받아 조음 위치는 그대로 유지되면서 (　　　)만 바뀌는 현상이다.
08	안울림 예사소리가 특정 음운의 영향을 받아 된소리로 바뀌는 현상을 (　　　)라고 한다.
09	'밥상[밥쌍]'과 같이 음절의 끝소리 'ㄱ, ㄷ, ㅂ' 뒤에 연결되는 'ㄱ, ㄷ, ㅂ, ㅅ, ㅈ'은 (　　　)로 발음한다.
10	용언이 활용할 때, '안고[안꼬]'와 같이 어간의 끝소리 'ㄴ, ㅁ' 뒤에 연결되는 어미의 (　　　) 'ㄱ, ㄷ, ㅅ, ㅈ'은 된소리로 발음한다.
11	'할 줄[할쭐]'과 같이 용언 어간에 결합한 (　　　)형 어미 '-(으)ㄹ' 뒤에서 'ㄱ, ㄷ, ㅂ, ㅅ, ㅈ'은 된소리로 발음한다.
12	'발달[발딸], 일시[일씨]'와 같이 (　　　)의 'ㄹ' 받침 뒤에 연결되는 'ㄷ, ㅅ, ㅈ'은 된소리로 발음한다.

No	장음 기호를 제외하고 단어의 발음을 쓰시오.	
13	밥물	
14	앞날	
15	맏며느리	
16	밭머리	
17	국물	
18	부엌문	
19	남루	
20	담력	
21	종로	
22	대통령	
23	섭리	
24	협력	
25	백로	
26	국립	
27	칼날	
28	설날	
29	앓는	
30	훑는	
31	핥네	
32	대관령	
33	산란기	
34	국밥	
35	갈증	

오늘의 수능 국어 트레이닝 끝!

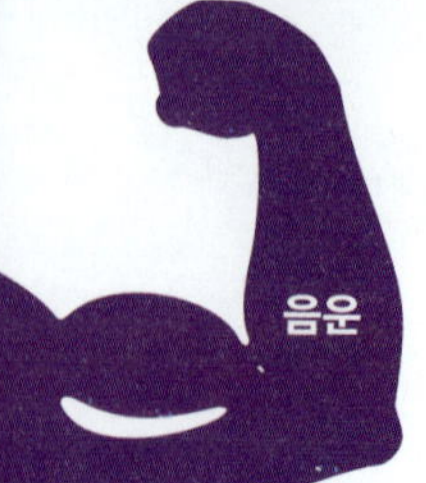

음운 064 음운 교체 ❻ - 모음 동화

1 모음 동화

- 일정한 모음이 주변의 일정한 음운의 영향을 받아서 바뀌며 서로 닮게 되는 음운 변화
- 소리 나는 (¹ ㅁㅇ)의 위치가 달라지는 조음 위치 변화임.
- 국어의 모음 동화 현상은 자음 동화 현상에 비하여 간단한 편임.
- 대표적인 모음 동화 현상에는 'ㅣ' 모음 역행 동화와 모음 조화가 있음.

2 'ㅣ' 모음 역행 동화(전설 모음화)

- 'ㅣ' 모음 역행 동화는 후설 모음 'ㅏ, ㅓ, ㅗ, ㅜ'가 뒤에 오는 전설 모음 'ㅣ'의 영향을 받아 (² ㅈㅅ) 모음 'ㅐ, ㅔ, ㅚ, ㅟ'로 바뀌는 현상임.

후설 모음	ㅏ	ㅓ	ㅗ	ㅜ
	↓	↓	↓	↓
전설 모음	ㅐ	ㅔ	ㅚ	ㅟ

- 전설 모음화는 필수적 현상이 아니라 수의적 현상임.
- 일부 단어를 제외하고는 표준 발음으로 인정하지 않음.

⬇️ 개념 당기는 예시

- 가랑이 → [가랭이], 어미 → [에미]
→ 'ㅏ'가 뒤에 오는 전설 모음 'ㅣ'의 영향을 받아 'ㅐ'로 바뀜.

- 손잡이 → [손재비], 고기 → [괴기]
→ [손자비], [고기]로 발음하는 것이 표준 발음이며, 원칙이며, [손재비], [괴기]는 방언임.

- 'ㅣ' 모음 역행 동화된 단어를 표준어로 인정하는 경우가 있음.
예 냄비, 멋쟁이, 풋내기, 골목쟁이, 서울내기, 시골내기, 신출내기, 소금쟁이, 담쟁이덩굴 등

3 모음 조화

- 양성 모음은 (³ ㅇㅅ) 모음끼리, 음성 모음은 음성 모음끼리 어울리는 현상
- 조화 현상을 보이는 예들은 처음부터 짝지어 만난 것일 뿐 기본형이 주위 환경 때문에 동화된 것이라고 할 수 없음.
- 모음 동화는 원인론적 측면이 아닌 결과론적 측면에서 동화 현상으로 제시한 것임.
- 현대 국어에서 모음 조화를 보이는 예들은 대개 용언의 어간, 용언의 어미, 의성 부사, 의태 부사에서 나타남.

⬇️ 개념 당기는 예시

- 놓아 / 종알종알 - 중얼중얼 / 사각사각 - 서걱서걱
→ 양성 모음 'ㅗ'와 'ㅏ'가 어울리고, 음성 모음 'ㅜ'와 'ㅓ'가 어울림.

💓 어감이 분화된다는 것은 무엇인가요?

'어감(語感)'은 말소리나 말투의 차이에 따른 느낌과 맛을 말하며, 어감의 분화는 단어의 기본적인 의미는 그대로 두고 어감을 다르게 하는 것을 말합니다. 어감의 분화는 자음과 모음에서 모두 일어날 수 있으며, 주로 의성어와 의태어에서 일어납니다. 양성 모음은 밝고 날카롭고 작고 가벼운 느낌을 주는 것에 비해 음성 모음은 어둡고 둔하고 크고 무거운 느낌을 줍니다.

의성 부사	예 소곤소곤 : 수군수군 찰랑찰랑 : 출렁출렁
의태 부사	예 대굴대굴 : 데굴데굴 생글생글 : 싱글싱글
형용사	예 환하다 : 훤하다 깜깜하다 : 껌껌하다

자음의 경우, 된소리는 예사소리보다 강하고 단단한 느낌을 주고 거센소리는 된소리보다 더 크고 거친 느낌을 줍니다.

의성 부사	예 저벅저벅 : 처벅처벅 졸졸 : 쫄쫄 : 촐촐
의태 부사	예 덜썩 : 털썩
형용사	예 단단하다 : 딴딴하다 : 탄탄하다

065 음운 교체 ❼ - 두음 법칙

1 두음 법칙의 개념

- 일부 소리가 단어의 첫머리에서 발음되는 것을 꺼려 나타나지 않거나 다른 소리로 발음되는 현상
- 첫소리가 'ㄴ, ㄹ'인 한자가 단어의 (¹ 　　　　)에 올 때, 현실 발음에 따라 'ㄴ, ㄹ'이 탈락하거나 변한 소리대로 표기하는 것

2 두음 법칙의 종류

첫머리에 'ㄹ'이 못 오는 경우	• 단어의 첫머리에 'ㄹ'이 오는 것을 꺼려 'ㄹ'을 'ㄴ'이나 'ㅇ'으로 바꾸어 씀. • '라, 로, 루, 르, 래, 뢰' 등으로 시작하는 (² 　　　　)의 첫소리 'ㄹ'을 'ㄴ'으로 바꾸어 씀. 　예 락원(樂園) → 낙원 / 래일(來日) → 내일 / 로인(老人) → 노인 • '랴, 려, 료, 류, 례, 리' 등으로 시작하는 한자어의 첫소리 'ㄹ'을 'ㅇ'으로 바꾸어 씀. 　예 량심(良心) → 양심 / 례절(禮節) → 예절 / 료리(料理) → 요리
첫머리에 'ㄴ'이 못 오는 경우	• 단어의 첫머리에서 'ㄴ'이 모음 'ㅣ'나 반모음 'ㅣ'가 포함된 이중 모음 'ㅑ, ㅕ, ㅛ, ㅠ, ㅖ' 등과 쓰이는 것을 꺼려 'ㄴ'을 'ㅇ'으로 바꾸어 씀. 　예 녀자(女子) → 여자 / 뇨소(尿素) → 요소 / 뉴대(紐帶) → 유대

두음 법칙은 주로 첫소리가 'ㄴ'이나 'ㄹ'인 한자어의 경우에 적용되는 법칙입니다. 따라서 단어의 첫소리에 'ㄹ'이 오더라도 해당 단어가 외래어인 경우에는 두음 법칙의 적용을 받지 않습니다. 예를 들어 '런던, 레이저, 로켓, 리본, 로션' 등과 같은 단어는 외래어이기 때문에 첫소리에 'ㄹ'이 오는 것을 허용합니다.

3 두음 법칙의 예외

단어의 첫머리 이외의 경우에는 본음대로 적음.	예 남녀(男女), 진리(眞理), 협력(協力)
접두사처럼 쓰이는 한자가 붙어서 된 말이나 합성어에서, 뒷말의 첫소리가 'ㄴ' 소리로 나더라도 두음 법칙에 따라 적음.	예 신여성(新女性), 공염불(空念佛)
모음이나 'ㄴ' 받침 뒤에 이어지는 '렬, 률'은 '열, 율'로 적음.	예 나열(羅列), 비율(比率), 선율(旋律)
외자로 된 이름을 성에 붙여 쓸 경우에도 본음대로 적을 수 있음.	예 신립(申砬), 최린(崔麟), 채륜(蔡倫)
준말에서 본음으로 소리 나는 것은 (³ 　　　)대로 적음.	예 국련(국제 연합)
접두사처럼 쓰이는 한자가 붙어서 된 말이나 합성어에서 뒷말의 첫소리가 'ㄴ' 또는 'ㄹ' 소리로 나더라도 두음 법칙에 따라 적음.	예 역이용(逆利用), 연이율(年利率), 열역학(熱力學), 해외여행(海外旅行)
접두사처럼 쓰이는 한자가 붙어서 된 단어는 뒷말을 두음 법칙에 따라 적음.	예 내내월(來來月), 상노인(上老人), 중노동(重勞動), 비논리적(非論理的)

[초성 답] 1 첫머리　2 한자어　3 본음

🩺 북한어는 두음 법칙을 적용하지 않나요?

네, 맞습니다. 북한어는 두음 법칙을 적용하지 않으며, 이는 현재 남북한 언어의 중요한 차이 중 하나입니다. 북한에서 한자는 음절마다 해당 한자대로 적는 것을 원칙으로 하며, 'ㄹ'은 모든 모음 앞에서 'ㄹ'로 발음하는 것을 원칙으로 합니다. 예를 들어 '이용(利用)'은 북한에서는 '리용'이라고 하며, '양심(良心)'은 '량심'이라고 합니다.

개념 알통

한자어에 적용된 'ㄹ' 두음 법칙의 예

ㄹ → ㄴ	ㄹ → ㅇ
락원(樂園) → 낙원	량심(良心) → 양심
래일(來日) → 내일	력사(歷史) → 역사
로인(老人) → 노인	례절(禮節) → 예절
루각(樓閣) → 누각	료리(料理) → 요리
름름(凜凜) → 늠름	류학(留學) → 유학

→ 'ㄹ'이 'ㅇ'으로 변하는 두음 법칙의 적용은 'ㅣ' 모음이나 반모음 'ㅣ'가 포함된 이중 모음인 경우에 발생함.

개념 알통

한자어에 적용된 'ㄴ' 두음 법칙의 예

ㄴ → ㅇ	
녀자(女子) → 여자	뉴대(紐帶) → 유대
뇨소(尿素) → 요소	니불(泥佛) → 이불

→ 단어의 첫머리에서 'ㄴ'은 모음 'ㅣ'나 반모음 'ㅣ'가 포함된 이중 모음 'ㅑ, ㅕ, ㅛ, ㅠ, ㅖ'와 쓰이지 않음.

066 음운 축약

1 축약

- 두 음운이 결합하여 (1   ㅎㄴ   )의 새로운 음운으로 줄어드는 현상
- 축약이 일어나면 음운 수가 하나 줄어듦.
- 음운 축약은 크게 자음 축약과 모음 축약으로 구분됨.

2 자음 축약(거센소리되기)

- 두 개의 자음이 이어질 때 하나의 자음이 새로운 자음으로 바뀜.
- 예사소리 'ㄱ, ㄷ, ㅂ, ㅈ'이 앞이나 뒤의 'ㅎ'과 만나 각각 (2   ㄱㅅㅅㄹ   ) 'ㅋ, ㅌ, ㅍ, ㅊ'으로 줄어들어 발음되는 현상

음운 환경	예시
ㄱ+ㅎ / ㅎ+ㄱ → [ㅋ]	막히다 → [마키다], 놓고 → [노코]
ㄷ+ㅎ / ㅎ+ㄷ → [ㅌ]	맏형 → [마텽], 좋던 → [조ː턴]
ㅂ+ㅎ → [ㅍ]	법학 → [버팍], 좁히다 → [조피다]
ㅈ+ㅎ / ㅎ+ㅈ → [ㅊ]	맞히다 → [마치다], 그렇지 → [그러치]

개념 당기는 예시

- 좋고 → [조코], 많다 → [만타], 잡히다 → [자피다], 옳지 → [올치]
- → 자음 'ㄱ, ㄷ, ㅂ, ㅈ'과 'ㅎ'이 만나면 'ㅋ, ㅌ, ㅍ, ㅊ'로 변하는데, 두 자음이 결합하는 순서는 상관이 없음.

3 모음 축약(음절 축약)

- 연속된 두 개의 모음이 만나 하나의 모음으로 줄어드는 현상
- 두 개의 모음이 형태소가 결합되는 과정에서 이어지게 되면 두 모음 중 하나가 반모음으로 바뀌어 나머지 모음과 결합되어 (3   ㅇㅈ   ) 모음으로 발음됨.

개념 당기는 예시

- 아이 → 애
- → 모음 'ㅏ'와 'ㅣ'가 축약되어 'ㅐ'가 됨.

- 누이다 → 뉘다
- → 모음 'ㅜ'와 'ㅣ'가 축약되어 'ㅟ'가 됨.

자음 축약은 표준 발음이어도 표기에는 반영되지 않지만, 모음 축약은 표준 발음으로 인정되고 표기에도 반영됩니다. 다만 '띄어쓰기, 띄어 쓰다, 띄어 놓다' 등은 관용적으로 '뜨여쓰기, 뜨여 쓰다, 뜨여 놓다'와 같은 형태가 사용되지 않습니다.

개념 알통

'ㅎ' 축약에 대한 표준 발음법 제12항

'ㅎ(ㄶ, ㅀ)' 뒤에 'ㄱ, ㄷ, ㅈ'이 결합되는 경우에는, 뒤 음절 첫소리와 합쳐서 [ㅋ, ㅌ, ㅊ]으로 발음한다.

놓고[노코]	많고[만ː코]
쌓지[싸치]	않던[안턴]

[붙임 1] 받침 'ㄱ(ㄺ), ㄷ, ㅂ(ㄼ), ㅈ(ㄵ)'이 뒤 음절 첫소리 'ㅎ'과 결합되는 경우에도, 역시 두 음을 합쳐서 [ㅋ, ㅌ, ㅍ, ㅊ]으로 발음한다.

먹히다[머키다]	꽂히다[꼬치다]
밝히다[발키다]	앉히다[안치다]

[붙임 2] 규정에 따라 'ㄷ'으로 발음되는 'ㅅ, ㅈ, ㅊ, ㅌ'의 경우에도 이에 준한다.

옷 한 벌[오탄벌]	숱하다[수타다]
낮 한때[나탄때]	꽃 한 송이[꼬탄송이]

모음 축약은 왜 일어나나요?

모음의 축약은 두 모음의 이어짐을 피하려는 조음 의도에 의해 발생합니다. 두 모음을 이어 소리 내면서 각각을 독립적인 음절로 발음하려면 그 사이에 인위적으로 음절 경계를 부과해야 하기 때문에 자음이 개재될 때보다 더 큰 힘이 필요합니다. 그래서 형태소가 결합하는 과정에서 두 모음이 이어지게 되면 어떤 변동을 통해 모음의 이어짐을 피하려는 노력이 나타나게 되는데, 그 방법 중 하나가 반모음화에 의한 축약인 것입니다.

개념 트레이닝 ZONE

🔗 문제를 풀며 개념 근육을 키워 보세요!

01 다음 설명이 맞으면 ○에, 맞지 않으면 ✕에 표시하시오.

(1) 단어의 첫머리에서 'ㄹ'이나 'ㄴ'이 오는 것을 꺼리는 현상은 한자어에서만 일어나지 않는다. ⃞○⃞✕

(2) 모음 동화는 모음이 주변 음운의 영향을 받아 소리 나는 방법이 달라지는 조음 방법 변화이다. ⃞○⃞✕

(3) 현대 국어는 영어와 달리 단어의 첫소리에 자음이 연달아 2개 이상 오는 어두 자음군이 나타나지 않는다. ⃞○⃞✕

(4) 'ㅣ' 모음 역행 동화는 전설 모음이 뒤에 오는 후설 모음 'ㅣ'의 영향을 받아 전설 모음으로 바뀌는 현상이다. ⃞○⃞✕

(5) 두 개의 모음이 만나 축약되면 두 모음 중 하나가 반모음으로 바뀌어 나머지 음운과 결합되므로 음운 수는 변화가 없다. ⃞○⃞✕

02 다음 'ㅣ' 모음 역행 동화가 일어난 단어 중 표준어로 인정되는 것을 모두 찾아 ○표 하시오.

아지랭이	멋쟁이	손잽이	소금쟁이
담쟁이덩굴	쥐기다	골목쟁이	애비
겁쟁이	유기쟁이	동당이치다	멕이다
신출내기	가랭이	되련님	풋내기
괴기	에미	시골내기	애기

03 다음 단어의 모음이 양성이면 음성으로, 음성이면 양성으로 바꿔 쓰시오.

(1) 꼴깍 ➡ (   )
(2) 덜렁덜렁 ➡ (   )
(3) 소곤소곤 ➡ (   )
(4) 숙덕숙덕 ➡ (   )
(5) 짤랑짤랑 ➡ (   )
(6) 중얼중얼 ➡ (   )
(7) 찰랑찰랑 ➡ (   )
(8) 콩닥콩닥 ➡ (   )

04 다음 중 모음 조화가 지켜지지 <u>않은</u> 단어를 찾아 V표 하시오.

(1)	☐ 더워	☐ 고와	☐ 골라	☐ 차가워
(2)	☐ 구름	☐ 꼴깍	☐ 말씀	☐ 철퍼덕
(3)	☐ 먹어서	☐ 돌아라	☐ 서러워	☐ 아름다워
(4)	☐ 알록달록	☐ 설렁설렁	☐ 대굴대굴	☐ 오목오목

05 다음 단어를 두음 법칙에 맞게 고쳐 쓰시오.

(1) 녀자(女子) ➡ (   )
(2) 년세(年歲) ➡ (   )
(3) 뇨소(尿素) ➡ (   )
(4) 뉴대(紐帶) ➡ (   )
(5) 닉명(匿名) ➡ (   )
(6) 량심(良心) ➡ (   )
(7) 력사(歷史) ➡ (   )
(8) 리발(理髮) ➡ (   )
(9) 례의(禮儀) ➡ (   )
(10) 류행(流行) ➡ (   )

06 다음 중 알맞은 단어에 ○표 하시오.

(1)	남여	남녀	(5)	선율	선률
(2)	나열	나렬	(6)	백분율	백분률
(3)	당요	당뇨	(7)	역리용	역이용
(4)	신여성	신녀성	(8)	중노동	중로동

07 다음 단어의 알맞은 발음과 소리 날 때 바뀐 음운을 쓰시오.

단어	발음	바뀐 음운
예 국화	구콰	(ㄱ)+(ㅎ)→(ㅋ)
(1) 많다		( )+( )→( )
(2) 옳지		( )+( )→( )
(3) 쌓고		( )+( )→( )
(4) 잡히다		( )+( )→( )
(5) 젖히다		( )+( )→( )

08 다음 모음이 만나 축약된 모음과 단어의 축약형을 쓰시오.

구분	모음 축약 양상	단어	축약형
(1) ㅏ + ㅕ		하-+-여	
(2) ㅣ + ㅓ		그리-+-어	
(3) ㅡ + ㅣ		뜨-+-이다	
(4) ㅚ + ㅓ		되-+-어	
(5) ㅗ + ㅣ		보-+-이다	
(6) ㅚ + ㅓ		되-+-었다	
(7) ㅜ + ㅣ		누-+-이다	
(8) ㅜ + ㅓ		두-+-어	

워밍-UP

01

〈보기〉의 ㉠과 ㉡이 모두 일어나는 단어로 적절한 것은?

〈보기〉
음운의 변동에는 한 음운이 다른 음운으로 바뀌는 ㉠'교체', 원래 있던 음운이 없어지는 '탈락', 두 개의 음운이 하나로 합쳐지는 ㉡'축약', 없던 음운이 새로 생기는 '첨가'가 있다.

실력 자랑 다음 단어들에서 ㉠과 ㉡이 일어나는지 판단해 보세요.

굳히다[구치다] 미닫이[미다지] 잡히다[자피다] 빨갛다[빨가타]
1. ㉠만 일어남.
2. ㉡만 일어남.
3. ㉠과 ㉡ 모두 일어남.

예사소리 'ㄱ, ㄷ, ㅂ, ㅈ'이 앞이나 뒤의 'ㅎ'과 만나 거센소리인 'ㅋ, ㅌ, ㅍ, ㅊ'으로 줄어들어 발음되는 현상을 '자음 축약'이라고 합니다.

02

〈보기〉는 수업의 일부이다. 선생님의 질문에 대한 답으로 적절한 것은?

〈보기〉
선생님: 음운 변동 중 교체가 일어날 때 앞 음절의 종성과 뒤 음절의 초성 자리에 놓인 두 음운이 만나서 그중 하나가 바뀌는 경우가 있습니다. ㉠은 뒤 음절의 초성 자리에 놓인 음운이 바뀌는 경우이고, ㉡은 앞 음절의 종성 자리에 놓인 음운이 바뀌는 경우를 나타냅니다.

| ㉠ | 초성
중성
종성 | □
□
▨ | + | ▨
□
□ | → | □
□
▨ | + | ▩
□
□ |
| ㉡ | 초성
중성
종성 | □
□
▨ | + | ▨
□
□ | → | □
□
▩ | + | ▨
□
□ |

그럼, 표준 발음에 따라 다음 단어들을 ㉠과 ㉡으로 나눠 볼까요?

먹물, 중력, 집념, 칼날, 톱밥

실력 자랑 다음 단어들을 ㉠과 ㉡으로 나눠 보세요.

먹물 중력 집념 칼날 톱밥	
㉠	
㉡	

03

다음은 수업 장면의 일부이다. ㉠과 ㉡에 해당하는 예로 적절한 것은?

〈보기〉
선생님: 음운의 변동에는 인접한 두 음운 중 어느 한쪽이 다른 쪽 음운의 영향을 받아 이와 비슷하거나 같은 소리로 바뀌는 현상이 있습니다. 이때 바뀌게 되는 음운을 'A', 바뀌어 나타난 음운을 'B', 영향을 준 음운을 'C'라고 생각해 본다면 다음과 같이 도식화해 볼 수 있습니다.

	도식	설명
㉠	A → B/_C	A가 C의 영향을 받아 C 앞에서 B로 바뀌는 경우
㉡	A → B/C_	A가 C의 영향을 받아 C 뒤에서 B로 바뀌는 경우

실력 자랑 다음 단어들을 ㉠과 ㉡으로 나눠 보세요.

국물 겹눈 백마 실내 작년 칼날 물놀이	
㉠	
㉡	

04

㉠, ㉡을 중심으로 〈보기〉의 ⓐ~ⓔ를 이해한 내용으로 적절하지 <u>않은</u> 것은?

㉠ 예사소리와 'ㅎ'이 곧바로 합쳐져 거센소리로 바뀐다.
㉡ 다른 음운 변동이 먼저 일어난 후에 거센소리되기가 적용된다.

〈보기〉
• ⓐ낮 한때[나탄때] 내린 비로 이슬이 잔뜩 ⓑ맺힌[매친] 풀밭을 가로질러 ⓒ닭한테[다칸테] 모이를 주고 왔다.
• ⓓ곳하고[고타고] 바다로 이어진 산책로를 ⓔ넓히는[널피는] 작업이 진행 중이다.

실력 자랑 ⓐ~ⓔ를 이해한 내용의 적절성을 판단해 보세요.

① ⓐ: '낮'과 '한때'를 이어서 한 마디로 발음한 경우이므로, ㉠에 해당하겠군. ○ ╳

② ⓑ: 어근 '맺-' 뒤에 접미사 '-히-'가 결합한 경우이므로, ㉠에 해당하겠군. ○ ╳

③ ⓒ: 체언 '닭'에 조사 '한테'가 결합한 경우이므로, ㉡에 해당하겠군. ○ ╳

④ ⓓ: 체언 '곳'에 조사 '하고'가 결합한 경우이므로, ㉡에 해당하겠군. ○ ╳

⑤ ⓔ: 어근 '넓-' 뒤에 접미사 '-히-'가 결합한 경우이므로, ㉠에 해당하겠군. ○ ╳

01

〈보기〉를 바탕으로 사례들을 분석한 내용 중 적절하지 <u>않은</u> 것은?

> ─────────〈보기〉─────────
>
> 음운의 교체는 특정한 음운 환경에서 한 음운이 다른 음운으로 바뀌는 음운 변동 현상이다. 두 음절이 인접한 경우 ㉠<u>앞말의 끝소리와 뒷말의 첫소리가 만나는 상황</u>이나 ㉡<u>앞말의 끝소리가 연음되어 뒷말의 가운뎃소리와 만나는 상황</u>에서 음운이 교체될 때, 발음의 결과 ⓐ<u>앞의 음운만 변한 경우</u>나 ⓑ<u>뒤의 음운만 변한 경우</u>도 있지만 ⓒ<u>두 음운이 모두 변한 경우</u>도 있다.

① '마천루[마철루]'는 ㉠이면서 ⓐ에 해당한다.

② '목덜미[목떨미]'는 ㉠이면서 ⓑ에 해당한다.

③ '박람회[방남회]'는 ㉠이면서 ⓒ에 해당한다.

④ '쇠붙이[쇠부치]'는 ㉡이면서 ⓐ에 해당한다.

⑤ '땀받이[땀바지]'는 ㉡이면서 ⓒ에 해당한다.

02

〈보기〉의 ㉠이 일어나는 사례로 적절한 것은?

> ─────────〈보기〉─────────
>
> 음운 변동에는 ㉠교체, 탈락, 첨가 등이 있는데, 용언의 활용에서 단모음과 단모음이 만날 때에도 이러한 현상이 일어날 수 있다. 이러한 모음의 음운 변동을 이해하기 위해서는 아래의 모음 종류를 참고할 필요가 있다.
>
> - 단모음: ㅏ, ㅐ, ㅓ, ㅔ, ㅗ, ㅚ, ㅜ, ㅟ, ㅡ, ㅣ
> - 반모음: ㅣ, ㅗ/ㅜ
> - 이중 모음(반모음＋단모음): ㅑ, ㅕ, ㅛ, ㅠ, ㅘ, ㅝ…
>
> 예를 들어 '오－＋－아'가 [와]로 되는 음운 변동을 설명하면,

	(변동 전)	(변동 후)
오－＋－아 → [와]	ㅗ＋ㅏ	ㅘ

> 와 같이 교체되는 것을 알 수 있다.

	사 례	변동 전	변동 후
①	뛰－＋－어 → [뛰여]	ㅟ＋ㅓ	ㅟ＋ㅕ
②	살피－＋－어 → [살펴]	ㅣ＋ㅓ	ㅕ
③	치르－＋－어 → [치러]	ㅡ＋ㅓ	ㅓ
④	끼－＋－어 → [끼여]	ㅣ＋ㅓ	ㅣ＋ㅕ
⑤	자－＋－아서 → [자서]	ㅏ＋ㅏ	ㅏ

03

〈보기〉의 ⓐ～ⓒ에 들어갈 말로 적절한 것은?

> ─────────〈보기〉─────────
>
> • 탐구 과제
>
> 겹받침을 가진 용언을 발음할 때 어떤 음운 변동이 나타나야 표준 발음에 맞는지 혼동되는 경우가 있다. 자음군 단순화, 된소리되기, 비음화, 유음화, 거센소리되기 등의 음운 변동으로 비표준 발음과 표준 발음을 설명해 보자.
>
> • 탐구 자료
>
> | | 비표준 발음 | 표준 발음 |
> |---|---|---|
> | ㉠ 굵는 | [글른] | [궁는] |
> | ㉡ 짧네 | [짬네] | [짤레] |
> | ㉢ 끊기고 | [끈기고] | [끈키고] |
> | ㉣ 뚫지 | [뚤찌] | [뚤치] |
>
> • 탐구 내용
>
> ㉠의 비표준 발음과 ㉡의 표준 발음에는 자음군 단순화 후 (ⓐ)가 나타난다. 이에 비해, ㉠의 표준 발음과 ㉡의 비표준 발음에는 자음군 단순화 후 (ⓑ)가 나타난다. ㉢과 ㉣의 표준 발음은 (ⓒ)만 일어난 발음이다.

	ⓐ	ⓑ	ⓒ
①	유음화	비음화	거센소리되기
②	유음화	비음화	된소리되기
③	비음화	유음화	거센소리되기
④	비음화	유음화	된소리되기
⑤	비음화	된소리되기	거센소리되기

호루라기 관장님의 하드 트레이닝

공부한 날	월 일 요일
맞은 개수	/ 35

No	다음 빈칸에 알맞은 말을 써서 문장을 완성하시오.
01	모음과 모음이 서로 닮게 되는 현상을 ( )라고 한다.
02	후설 모음이 뒤에 오는 전설 모음의 영향을 받아 전설 모음으로 바뀌는 현상을 'ㅣ' 모음 ( )라고 한다.
03	'ㅣ' 모음 역행 동화는 표준 발음으로 인정하지 않지만 예외적으로 '되어, 피어, 이오, 아니오'는 'ㅣ' 모음 역행 동화를 ( ) 발음으로 허용한다.
04	어떤 소리가 단어의 첫머리에서 발음되는 것을 꺼려 나타나지 않거나 다른 소리로 바꾸어 발음되는 현상을 ( )이라고 한다.
05	국어에서는 단어의 첫머리에 '( )'이 오는 것을 꺼리는 경향이 있어 단어 첫머리의 'ㄹ'을 '( )'이나 'ㅇ'으로 바꾸어 쓴다.
06	'녀자'가 아니라 '( )'로 표기하는 것과 같이 단어 첫머리에서 'ㄴ은 'ㅣ'나 'ㅣ'가 포함된 이중 모음 'ㅑ, ㅕ, ㅛ, ㅠ, ㅖ' 등과 함께 쓰이지 않으므로, 'ㄴ'이 '( )'으로 바뀐다.
07	'로션, 라면, 리본, 라디오'처럼 'ㄹ'이 첫소리에 오더라도 ( )인 경우에는 두음 법칙의 적용을 받지 않는다.
08	두 음운이 합쳐져서 하나의 음운으로 줄어 소리가 나는 현상을 음운의 ( )이라고 한다.
09	거센소리되기는 예사소리 'ㄱ, ㄷ, ㅂ, ㅈ'이 'ㅎ'과 합쳐져 각각 거센소리 '(, , ,)'이 되는 현상이다.
10	'좋던[( )]'과 같이 예사소리 'ㄱ, ㄷ, ㅂ, ㅈ'와 'ㅎ'의 위치가 바뀌어도 자음 축약이 일어난다.
11	'닫히다'는 용언의 어간 '닫-' 뒤에 접미사 '-히-'가 결합한 경우로, 자음 축약 후 구개음화가 일어나 [( )]로 발음된다.
12	두 개의 모음이 결합하는 과정에서 둘 중 하나가 ( )으로 바뀌어 다른 모음과 결합하는 현상을 모음 축약이라고 한다.

No	예시	단어의 발음을 쓰시오.
13	되어	되어 /
14	피어	피어 /
15	이오	이오 /
16	아니오	아니오 /
17	락원(樂園)	
18	래일(來日)	
19	량심(良心)	
20	료리(料理)	
21	례절(禮節)	
22	뉴대(紐帶)	
23	니불(泥佛)	
24	뇨소(尿素)	
25	국화	
26	먹히다	
27	맏형	
28	싫다	
29	묻히다	
30	법학	
31	앉히고	
32	옳지	
33	그렇지	
34	놓다	
35	밝히다	

067 음운 탈락

1 자음군* 단순화

- 음절 끝에 (1 ㄱㅂㅊ)이 올 때, 하나의 자음은 **탈락***하고 나머지 하나만 발음되는 현상

겹받침 ㄳ, ㄵ, ㄼ, ㄽ, ㄾ, ㅄ	뒤 자음이 탈락함.	예 넋 → [넉] / 앉지 → [안찌]
겹받침 ㄺ, ㄻ, ㄿ	앞 자음이 탈락함.	예 흙 → [흑] / 삶 → [삼]

- 겹받침 'ㄺ, ㄼ'은 예외적으로 발음되는 경우가 있음.

어간 말음 'ㄺ' 뒤에 'ㄱ'이 올 경우	[ㄹ]로 발음됨.	예 맑게[말께], 읽고[일꼬]
'밟-' 뒤에 자음이 올 경우	[밥]으로 발음됨.	예 밟다[밥:따], 밟지[밥:찌]
'넓죽하다', '넓둥글다'의 '넓-'의 경우	[넙]으로 발음됨.	예 넓죽하다[넙쭈카다], 넓둥글다[넙뚱글다]

2 'ㄹ' 탈락

- 'ㄹ' 받침을 가진 어근이 'ㄴ, ㄷ, ㅅ, ㅈ'으로 시작하는 어근이나 접사와 결합하거나, 'ㄹ' 받침을 가진 어간이 'ㄴ, ㅅ'으로 시작하는 (2 ㅇㅁ)와 결합할 때 'ㄹ'이 탈락하는 현상

개념 당기는 예시

- 솔+나무 → [소나무]
  → 'ㄹ' 받침을 가진 어근 '솔'이 'ㄴ'으로 시작하는 어근 '나무'와 결합할 때 'ㄹ'이 탈락함.

- 울-+-는 → [우는]
  → 'ㄹ' 받침을 가진 어간 '울-'이 'ㄴ'으로 시작하는 어미 '-는'과 결합할 때 'ㄹ'이 탈락함.

3 'ㅎ' 탈락

- 어간 말 자음 'ㅎ(ㄶ, ㅀ)'이 모음으로 시작하는 어미나 접미사(형식 형태소)와 결합할 때 'ㅎ'이 탈락하는 현상

개념 당기는 예시

- 좋은 → [조은] → 모음 'ㅗ'와 모음 'ㅡ' 사이에서 'ㅎ'이 탈락함.
- 많아서 → [마나서] → 비음 'ㄴ'과 모음 'ㅏ' 사이에서 'ㅎ'이 탈락함.

4 'ㅡ' 탈락

- 모음 'ㅡ'로 끝나는 용언의 어간 뒤에 'ㅏ/ㅓ'로 시작하는 어미가 붙을 때 'ㅡ'가 탈락하는 현상
  예 쓰-+-어라 → [써라] / 담그-+-아 → [담가]

5 동음 탈락('ㅏ/ㅓ' 탈락)

- 연속하는 같은 모음 중 한 (3 ㅁㅇ)이 탈락하는 현상
- 모음 'ㅏ/ㅓ'로 끝나는 용언 어간 뒤에 같은 모음이 오면 하나가 탈락함.
  예 서-+-어라 → 서라 / 타-+-았다 → 탔다
  → 'ㅏ/ㅓ'로 끝난 어간에 어미 '-아/-어', '-았-/-었-'이 결합할 때 동일한 음이 하나 탈락함.

음운 탈락 현상 중 'ㄹ' 탈락, 'ㅡ' 탈락, 동음 탈락은 음운의 탈락이 표기에 반영됩니다.
나머지 현상들은 발음상으로는 탈락하지만 표기에는 반영되지 않습니다.

🩺 자음군 단순화는 겹받침에서만 일어나나요?

네, 맞습니다. 국어에서 쌍자음 'ㄲ, ㄸ, ㅃ, ㅆ, ㅉ'은 각각 하나의 음운이며 받침에 오더라도 하나의 음운입니다. 반면에 겹받침은 서로 다른 자음이 합쳐진 것이므로 두 개의 음운으로 봅니다. 따라서 쌍받침이 음절의 끝소리 규칙에 의해 대표음으로 바뀌어 발음되는 것은 교체 현상이지만, 겹받침일 때 두 자음 가운데 하나가 없어지는 자음군 단순화는 탈락 현상으로 구별하는 것입니다.

개념 알통

음운 축약과 음운 탈락의 차이점

음운 축약	음운 탈락
• 두 음운이 합쳐져 하나의 음운으로 줄어듦.	• 두 음운이 만날 때 하나의 음운이 없어짐.
• 두 음운이 가지고 있던 중요한 성질이 축약된 음운에 남아 있음.	• 한 음운의 성질이 모두 없어짐.

개념 알통

'ㅎ' 탈락에 대한 표준 발음법 제12항

'ㄶ, ㅀ' 뒤에 'ㄴ'이 결합되는 경우에는, 'ㅎ'을 발음하지 않는다.

않네[안네]	뚫네[뚤네 → 뚤레]
않는[안는]	뚫는[뚤는 → 뚤른]

'ㅎ(ㄶ, ㅀ)' 뒤에 모음으로 시작된 어미나 접미사가 결합되는 경우에는, 'ㅎ'을 발음하지 않는다.

낳은[나은]	않은[아는]
놓아[노아]	닳아[다라]
쌓이다[싸이다]	싫어도[시러도]

---

* **자음군**: 자음의 무리라는 뜻으로, 두 개 이상의 자음이 하나의 무리로 묶여 쓰이는 것을 의미함.

* **탈락**: 둘 이상의 음절이나 형태소가 서로 만날 때에 음절이나 음운이 없어지는 현상

【초성 답】 1 겹받침   2 어미   3 모음

068 음운 첨가 ❶ - 'ㄴ' 첨가 / 반모음 첨가

1 첨가*

- 두 음운이 만날 때 원래 없던 음운이 새로 생기는 현상
- 음운이 없는 자리에 음운이 (1 ㅊㄱ)되므로 음운 개수가 늘어남.

2 'ㄴ' 첨가

- 합성어나 파생어에서 앞말이 (2 ㅈㅇ)으로 끝나고 뒷말의 첫음절이 'ㅣ, ㅑ, ㅕ, ㅛ, ㅠ'일 때 'ㄴ'이 첨가되는 현상

개념 당기는 예시

- 솜+이불 → [솜:니불]
  → 합성어에서 앞 단어의 끝이 자음 'ㅁ'이고 뒤 단어의 첫음절이 'ㅣ'이므로 'ㄴ'이 첨가됨.
- 맨-+입 → [맨닙]
  → 파생어에서 앞 접두사의 끝이 자음 'ㄴ'이고 뒤 단어의 첫음절이 'ㅣ'이므로 'ㄴ'이 첨가됨.

3 반모음 첨가

- (3 ㅁㅇ)으로 끝나는 형태소 뒤에 '-어/-아'로 시작하는 형태소가 결합할 때 반모음 'ǐ' 또는 'ㅗ/ㅜ'가 첨가되는 현상

모음으로 끝나는 용언 어간+어미 '-아/-어'	예 기-+-어 → [기여] / 되-+-어 → [되여] → 모음으로 끝나는 용언 어간에 모음으로 시작하는 어미가 결합할 때 중간에 반모음 'ǐ'가 첨가된 후 뒤의 단모음과 결합하여 이중 모음으로 발음됨.
모음으로 끝나는 체언 +모음으로 시작하는 조사	예 학교+에 → [학꾜예] → 모음으로 끝나는 체언 뒤에 모음으로 시작하는 조사가 결합할 때 중간에 반모음 'ǐ'가 첨가된 후 뒤의 단모음과 결합하여 이중 모음으로 발음되나 표준 발음으로 인정하지 않음.

- 반모음 첨가 현상은 실제 발음에서 흔히 나타나지만 대부분 표준 발음으로 인정하지 않음.

개념 당기는 예시

- 되-+-어 → [되어/되여], 피-+-어 → [피어/피여]
  → 모음으로 끝나는 용언 어간에 모음으로 시작하는 어미가 결합할 때 중간에 반모음 'ǐ'가 첨가된 후 뒤의 단모음과 결합하여 이중 모음으로 발음됨

개념 알통

음의 첨가에 대한 표준 발음법 제29항

합성어 및 파생어에서, 앞 단어나 접두사의 끝이 자음이고 뒤 단어나 접미사의 첫음절이 '이, 야, 여, 요, 유'인 경우에는, 'ㄴ' 음을 첨가하여 [니, 냐, 녀, 뇨, 뉴]로 발음한다.

막-일[망닐]	담-요[담:뇨]
꽃-잎[꼰닙]	식용-유[시굥뉴]

다만, 다음과 같은 말들은 'ㄴ' 음을 첨가하여 발음하되, 표기대로 발음할 수 있다.

검열[검:녈/거:멸]	금융[금늉/그뮹]
야금-야금[야금냐금/야그먀금]	

[붙임 1] 'ㄹ' 받침 뒤에 첨가되는 'ㄴ' 음은 [ㄹ]로 발음한다.

솔-잎[솔립]	물-엿[물렫]
물-약[물략]	서울-역[서울력]

[붙임 2] 두 단어를 이어서 한 마디로 발음하는 경우에도 이에 준한다.

할 일[할릴]	잘 입다[잘립따]
옷 입다[온닙따]	스물여섯[스물려섣]

🩺 'ㄴ' 첨가는 한 단어에서만 일어나나요?

'ㄴ' 첨가는 하나의 단어에서만 일어나는 것이 아니라, 두 단어를 연달아 이어서 발음하는 경우에도 일어날 수 있습니다. 예를 들어 '한 일'의 경우 두 단어를 이어서 발음하면 'ㄴ'이 첨가되어 [한닐]로 발음됩니다. 다만, 두 단어를 끊어서 읽을 때는 'ㄴ' 첨가가 일어나지 않습니다.

---

*첨가: 이미 있는 것에 덧붙이거나 보탬.

【초성 답】 1 추가 2 자음 3 모음

069 음운 첨가 ❷ - 사잇소리 현상

1 사잇소리 현상의 개념

- 두 개의 어근이 결합하여 합성어가 될 때 그 사이에 소리가 (1 ㅊㄱ)되는 현상

사잇소리 첨가 조건과 사잇소리 현상	예시
앞말이 울림소리로 끝나고 뒷말의 첫소리가 안울림 예사소리일 때 뒤의 안울림 예사소리가 된소리로 변함.	밤 + 길 → 밤길[밤낄] 시내 + 가 → 시냇가[시:내까/시:낻까]
앞말이 모음으로 끝나고 뒷말이 'ㄴ, ㅁ'으로 시작할 때, 앞말의 끝소리에 'ㄴ' 소리가 덧남.	코 + 날 → 콧날[콘날] 배 + 머리 → 뱃머리[밴머리]
앞말이 모음으로 끝나고 뒷말이 'ㅣ'나 반모음 'ㅣ'로 시작할 때 앞말의 끝소리와 뒷말의 첫소리에 'ㄴㄴ' 소리가 덧남.	깨 + 잎 → 깻잎[깬닙] 나무 + 잎 → 나뭇잎[나문닙]

- 결합하는 말 중 하나는 **고유어*** 여야 사잇소리 현상이 일어나지만, (2 ㅎㅈㅇ)에서도 일어나는 예외적인 경우가 있음.

개념 당기는 예시

- 곳간(庫間), 셋방(貰房), 숫자(數字), 찻간(車間), 툇간(退間), 횟수(回數)
- → 사잇소리 현상이 일어나는 한자어는 위 6개밖에 없음.

2 사잇소리 현상의 특징

- 대부분의 다른 음운 변동 현상이 일정한 조건만 갖추어지면 항상 일어나는 데 비해 사잇소리 현상은 같은 조건에서도 일어나지 않는 경우가 있는 수의적인 현상임.
  - 예 은돈[은똔], 머리말[머리말], 인사말[인사말]
- (3 ㄷㅅㄹ)나 거센소리의 뒷말이 이어지는 경우에는 사이시옷을 첨가할 필요가 없음.
  - 예 아래쪽, 배탈, 갈비뼈, 머리카락
- 발음상 사잇소리가 있어야 사잇소리 현상이 일어남.

개념 당기는 예시

- 초 + 불(촛불) → [초뿔/촏뿔] / 고래 + 기름 → [고래기름]
- → '촛불'은 사잇소리 현상이 일어나지만 발음상 사잇소리가 없는 '고래기름'은 사잇소리 현상이 일어나지 않음.

개념 갈고리 수의적 현상

'수의적'이란 자기 뜻대로 하는 걸 의미한다. 따라서 '수의적 현상'이란 일정한 조건이 주어지더라도 경우에 따라 일어나기도 하고 일어나지 않기도 하는 현상을 의미한다.

예 사잇소리 현상, 일부 음운의 첨가 현상

왜 사잇소리 규칙이 아니라 사잇소리 현상인가요?

사잇소리 현상은 동화, 구개음화, 축약, 탈락 등 다른 음운 현상과는 달리 표현 효과가 확대되어서 일어난 것으로 봅니다. 따라서 같은 조건임에도 불구하고 사잇소리 현상이 나타나기도 하고 그렇지 않기도 한 경우가 많아, 이에 대한 규칙을 세우기가 어렵습니다. 그래서 사잇소리 규칙이 아니라 사잇소리 현상이라고 부릅니다.

개념 알통

사잇소리 현상에 대한 표준 발음법 제30항

1. 'ㄱ, ㄷ, ㅂ, ㅅ, ㅈ'으로 시작하는 단어 앞에 사이시옷이 올 때는 이들 자음만을 된소리로 발음하는 것을 원칙으로 하되, 사이시옷을 [ㄷ]으로 발음하는 것도 허용한다.

깃발[기빨/긷빨]	햇살[해쌀/핻쌀]
뱃속[배쏙/밷쏙]	고갯짓[고개찓/고갣찓]

2. 사이시옷 뒤에 'ㄴ, ㅁ'이 결합되는 경우에는 [ㄴ]으로 발음한다.

아랫니[아랟니 → 아랜니]
툇마루[퇻:마루 → 퇸:마루]

3. 사이시옷 뒤에 '이' 음이 결합되는 경우에는 [ㄴㄴ]으로 발음한다.

베갯잇[베갣닏 → 베갠닏]

---

*고유어: 해당 언어에 본디부터 있던 말이나 그것에 기초하여 새로 만들어진 말

【초성 답】 1 첨가 2 한자어 3 된소리

개념 트레이닝 ZONE

문제를 풀며 개념 근육을 키워 보세요!

01 다음 설명의 알맞은 말에 ○표 하시오.

(1) 음운 탈락은 원래 있는 음운이 다른 음운을 만난 특정한 환경에서 없어지면서 (발음되는 / 발음되지 않는) 현상이다.

(2) 'ㅎ'을 받침으로 가진 용언의 어간이 (모음 / 자음)으로 시작하는 어미와 결합하는 경우에 'ㅎ'이 탈락하고 표기에 반영한다.

(3) 합성어 및 파생어에서 앞말의 끝이 (모음 / 자음)이고 뒷말의 첫음절이 'ㅣ, ㅑ, ㅕ, ㅛ, ㅠ'인 경우에 'ㄴ'을 첨가하여 발음한다.

(4) (파생어 / 합성어)가 될 때, 앞말이 모음으로 끝나면 첨가되는 자음을 표기하기 위해 받침에 사이시옷을 표기한다.

(5) 합성어에서 뒷말이 된소리가 되거나 'ㄴ' 또는 'ㄴㄴ'이 첨가되는 현상은 규칙으로 (인정된다 / 인정되지 않는다).

02 다음 단어의 알맞은 발음과 탈락한 자음을 쓰시오.

단어	발음	탈락 자음	단어	발음	탈락 자음
(1) 넋			(6) 늙다		
(2) 흙			(7) 읊다		
(3) 삶			(8) 넓다		
(4) 닭			(9) 옮기다		
(5) 앉다			(10) 넋두리		

03 다음 단어가 결합된 형태와 탈락한 음운을 쓰시오.

단어	결합 형태	탈락 음운
(1) 울-+-는		
(2) 긋-+-어		
(3) 바늘+질		
(4) 아들+님		
(5) 낳-+-아		
(6) 짓-+-어		
(7) 쌓-+-이다		
(8) 버들+나무		

04 다음 빈칸에 들어갈 알맞은 발음을 쓰시오.

단어	발음
(1) 맨입	[　　]
(2) 물약	[　　] → [물략]
(3) 서울역	[　　] → [서울력]
(4) 발야구	[　　] → [발랴구]
(5) 불여우	[　　] → [불려우]
(6) 휘발유	[　　] → [휘발류]
(7) 설익다	[　　] → [설릭다] → [설릭따]
(8) 베갯잇	[베갣닏] → [　　]
(9) 영업용	[영업뇽] → [　　]
(10) 급행열차	[그팽열차] → [　　]

05 다음 단어의 결합 과정에서 반모음을 첨가한 발음을 쓰시오.

(1) 되-+-어 ➡ (　　)　　(4) 뛰-+-어 ➡ (　　)

(2) 피-+-어 ➡ (　　)　　(5) 휘-+-어 ➡ (　　)

(3) 아니-+-오 ➡ (　　)　　(6) 베-+-어서 ➡ (　　)

06 다음 단어가 결합하여 발음될 때 알맞은 발음을 쓰시오.

(1) 등+불 ➡ (　　)　　(6) 문+고리 ➡ (　　)

(2) 산+새 ➡ (　　)　　(7) 눈+동자 ➡ (　　)

(3) 술+잔 ➡ (　　)　　(8) 발+바닥 ➡ (　　)

(4) 길+가 ➡ (　　)　　(9) 손+재주 ➡ (　　)

(5) 창+살 ➡ (　　)　　(10) 바람+결 ➡ (　　)

07 다음 단어의 발음으로 알맞은 것에 모두 ○표 하시오.

단어			단어		
(1) 냇가	내:까	낻:까	(6) 콧날	콘날	콛날
(2) 깃발	기빨	긷빨	(7) 깻잎	깬닙	깯닙
(3) 콧등	코뜽	콛뜽	(8) 나뭇잎	나문닙	나묻닙
(4) 샛길	새:낄	샏:낄	(9) 아랫니	아랜니	아랟니
(5) 햇살	해쌀	핻쌀	(10) 뱃머리	밴머리	밷머리

워밍-UP

01

〈보기〉의 ㉠, ㉡에 해당하는 사례를 바르게 짝지은 것은?

〈보기〉

국어의 음절 종성에서는 자음을 두 개 발음할 수 없다. 따라서 겹받침으로 끝나는 형태소와 다른 형태소가 결합하면 자음군 단순화와 더불어 다른 음운 변동이 함께 적용되는 경우가 많다. 예를 들어 '닭만[당만]'은 ㉠자음군 단순화와 비음화가 함께 적용된 경우에 해당하고, '맑지[막찌]'는 ㉡자음군 단순화와 된소리되기가 함께 적용된 경우에 해당한다.

실력 자랑 다음 사례들을 ㉠과 ㉡으로 구분해 보세요.

값만[감만] 밟는[밤ː는] 짧지[짤찌] 흙과[흑꽈]
㉠
㉡

자음군 단순화는 음절 끝에 겹받침이 올 때
하나의 자음이 탈락하고 하나의 자음만 발음되는 현상을 말합니다.

02

〈보기〉의 ㉠~㉣에 대한 이해로 적절한 것은?

〈보기〉

음운의 변동 중 ㉠축약은 두 음운이 합쳐져서 하나의 음운으로 줄어드는 현상을 말한다. 반면 ㉡탈락은 두 음운이 만나면서 한 음운이 사라져 소리가 나지 않는 현상을 말한다. 이러한 축약과 탈락은 ㉢자음에서 일어나는 경우와 ㉣모음에서 일어나는 경우가 있다.

실력 자랑 다음 사례들이 ㉠과 ㉡, ㉢과 ㉣ 중 어디에 해당하는지 골라 보세요.

① '싫다[실타]'는 (㉠ / ㉡)과 (㉢ / ㉣)에 해당된다.

② '좋아요[조아요]'는 (㉠ / ㉡)과 (㉢ / ㉣)에 해당한다.

③ '울-+-는 → 우는'은 (㉠ / ㉡)과 (㉢ / ㉣)에 해당된다.

④ '크-+-어서 → 커서'는 (㉠ / ㉡)과 (㉢ / ㉣)에 해당한다.

⑤ '나누-+-었다 → 나눴다'는 (㉠ / ㉡)과 (㉢ / ㉣)에 해당한다.

03

〈보기〉의 ⓐ와 ⓑ에 해당하는 음운 변동이 모두 일어나는 것은?

〈보기〉

'팥빵'은 _____ⓐ_____ 이/가 일어나서 [팓빵]으로 발음되고, '많던'은 _____ⓑ_____ 이/가 일어나서 [만턴]으로 발음된다.

실력 자랑 ⓐ와 ⓑ가 무엇인지 파악하고 단어들의 음운 변동을 판단해 보세요.

ⓐ	(교체 / 축약)
ⓑ	(교체 / 축약)
낯설고 놓더라 맞는지 먹히는 애틋한	

1. ⓐ만 일어남.

2. ⓑ만 일어남.

3. ⓐ와 ⓑ 모두 일어남.

04

〈보기〉의 (ㄱ)과 (ㄴ)에 나타나는 음운 변동으로 적절한 것은?

〈보기〉

음운 변동은 한 음운이 다른 음운으로 바뀌는 '교체', 원래 있던 음운이 없어지는 '탈락', 없던 음운이 추가되는 '첨가', 두 개의 음운이 합쳐져서 하나로 되는 '축약'으로 분류할 수 있다.

단어에 따라 아래 예와 같이 한 단어에서 두 가지 음운 변동이 일어나는 경우도 있다.

예 물약 ──→ [물냑] ──→ [물략]
　　　　(ㄱ)　　　　(ㄴ)

실력 자랑 (ㄱ)과 (ㄴ)에 나타나는 음운 변동을 골라 보세요.

(ㄱ)	(교체 / 탈락 / 첨가 / 축약)
(ㄴ)	(교체 / 탈락 / 첨가 / 축약)

05

〈보기〉의 설명에 따를 때, 음운 변동 ⓐ, ⓑ가 모두 일어나는 단어로 적절한 것은?

> ──〈보기〉──
>
> 다음은 '맨입'과 '국민'을 발음할 때에 일어나는 음운 변동을 나타낸 것이다. '맨입'은 음운 변동 ⓐ가 일어나 [맨닙]으로 발음되고, '국민'은 음운 변동 ⓑ가 일어나 [궁민]으로 발음된다.
>
> 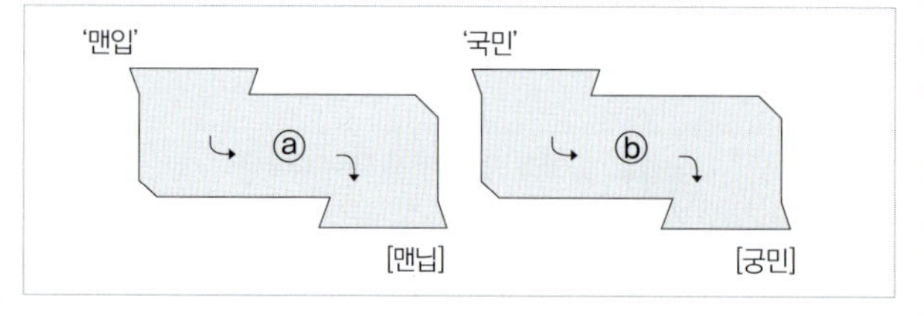
>

실력 자랑 ⓐ와 ⓑ가 무엇인지 파악하고 단어들의 음운 변동을 판단해 보세요.

ⓐ	(비음화 / 유음화 / 'ㄴ' 첨가)
ⓑ	(비음화 / 유음화 / 'ㄴ' 첨가)
막일 담요 곡물	
1. ⓐ만 일어남.	
2. ⓑ만 일어남.	
3. ⓐ와 ⓑ 모두 일어남.	

06

〈보기〉의 (가)에 들어갈 말로 적절한 것은?

> ──〈보기〉──
>
> 선생님: 음운 변동에는 한 음운이 다른 음운으로 바뀌는 교체, 있던 음운이 없어지는 탈락, 없던 음운이 새로 더해지는 첨가, 두 음운이 합쳐져 하나의 음운으로 줄어드는 축약이 있습니다. 그림 아래 단어들에 나타난 음운 변동의 유형을 파악해 봅시다.
>
> > ㉠ 맨입[맨닙] ㉡ 쌓아[싸아] ㉢ 입학[이팍] ㉣ 칼날[칼랄]
>
> 학생: ______________________(가)______________________
>
> 선생님: 네, 맞습니다.

실력 자랑 적절한 말을 골라 (가)에 들어갈 말을 완성해 보세요.

→ ㉠은 (교체 / 첨가)에 해당하고, ㉡은 (축약 / 탈락)에 해당한다. ㉢은 (첨가 / 축약)에 해당하고, ㉣은 (교체 / 탈락)에 해당한다.

07

다음은 음운 변동에 대한 선생님의 설명이다. 질문에 대한 답으로 적절한 것은?

> 선생님: 음운 변동에는 한 음운이 다른 음운으로 바뀌는 현상인 '교체', 있던 음운이 없어지는 현상인 '탈락', 없던 음운이 새로 생기는 현상인 '첨가', 두 음운이 하나의 음운으로 합쳐지는 현상인 '축약'이 있습니다. 그러면 '국물[궁물]'과 '몫[목]'에서는 각각 어떤 음운 변동이 일어날까요?

실력 자랑 다음 단어에서 일어나는 음운 변동을 골라 보세요.

국물[궁물]	(교체 / 탈락 / 첨가 / 축약)
몫[목]	(교체 / 탈락 / 첨가 / 축약)

08

〈보기〉의 선생님의 설명을 바탕으로 ㉠~㉢에 대해 학생이 발표한 내용으로 적절한 것은?

> ──〈보기〉──
>
> 선생님: 음운의 변동은 한 음운이 다른 음운으로 바뀌는 교체, 한 음운이 없어지는 탈락, 새로운 음운이 생기는 첨가, 두 음운이 하나의 음운으로 합쳐지는 축약으로 구분됩니다. 음운의 변동이 일어날 때 음운의 개수가 늘어나기도 하고 줄어들기도 합니다. 다음 예시에 나타난 음운의 변동에 대해 발표해 봅시다.
>
> > ㉠ 꽃잎 → [꼰닙]
> > ㉡ 맑지 → [막찌]
> > ㉢ 막힘없다 → [마키멉따]

실력 자랑 ㉠~㉢에서 음운 변동이 일어날 때 음운의 개수 변화를 파악해 보세요.

㉠	음운의 개수가 (늘어남 / 줄어듦).
㉡	음운의 개수가 (늘어남 / 줄어듦).
㉢	음운의 개수가 (늘어남 / 줄어듦).

→ ( )과 ( )은 음운의 개수가 줄었습니다.

01

〈보기〉는 음운 변동에 대한 수업의 한 장면이다. 학생들의 활동 결과로 적절한 것은?

〈보기〉

선생님: 음운 변동은 한 음운이 다른 음운으로 바뀌는 '교체', 원래 있던 음운이 없어지는 '탈락', 새로운 음운이 생기는 '첨가', 두 음운이 하나의 음운으로 합쳐지는 '축약'이 있습니다. 음운의 변동이 일어날 때 음운 개수가 변하기도 하는데요. 제시된 단어들에서 일어나는 음운 변동을 있는 대로 모두 찾고 음운 개수의 변화를 정리해 볼까요?

	단어	음운 변동 종류	음운 개수의 변화
①	국밥[국빱]	첨가	하나가 늘어남.
②	뚫는[뚤른]	교체, 탈락	하나가 줄어듦.
③	막내[망내]	교체, 축약	하나가 줄어듦.
④	물약[물략]	첨가	하나가 늘어남.
⑤	밟힌[발핀]	축약	변화 없음.

02

〈보기〉를 참고하여 음운 변동 사례에 대해 이해한 것으로 적절하지 않은 것은?

〈보기〉

음운의 변동은 어떤 음운이 다른 음운으로 바뀌는 **교체**, 어떤 음운이 없어지는 **탈락**, 새로운 음운이 생기는 **첨가**, 두 음운이 하나의 음운으로 합쳐지는 **축약**으로 구분된다.

① '밥물[밤물]'이 발음될 때에는 'ㅂ'이 'ㅁ'의 영향을 받아 'ㅁ'으로 교체되는 현상이 일어난다.

② '광한루[광:할루]'가 발음될 때에는 'ㄴ'이 'ㄹ'의 영향을 받아 'ㄹ'로 교체되는 현상이 일어난다.

③ '좋아[조:아]'가 발음될 때에는 모음으로 시작되는 어미와 만나 'ㅎ'이 탈락하는 현상이 일어난다.

④ '색연필[생년필]'이 발음될 때에는 첨가되는 'ㄴ'으로 인해 'ㄱ'이 'ㅇ'으로 교체되는 현상이 일어난다.

⑤ '옷 한 벌[오탄벌]'이 발음될 때에는 'ㅅ'이 탈락한 후 첨가되는 'ㄷ'이 'ㅎ'과 만나 'ㅌ'으로 축약되는 현상이 일어난다.

03

〈보기〉를 바탕으로 음운 변동에 대해 이해한 내용으로 적절하지 않은 것은?

〈보기〉

한 음운이 다른 음운과 만날 때 환경에 따라 다른 음운으로 바뀌어서 소리 나는 현상을 음운 변동이라고 한다. 음운 변동은 그 양상에 따라 교체, 축약, 탈락, 첨가로 나눌 수 있다. 이러한 음운 변동은 한 단어에서 두 가지 이상이 함께 나타나기도 한다.

① '물약[물략]'에서는 첨가와 교체의 음운 변동이 일어난다.

② '읊는[음는]'에서는 탈락과 교체의 음운 변동이 일어난다.

③ '값하다[가파다]'에서는 탈락과 축약의 음운 변동이 일어난다.

④ '급행요금[그팽뇨금]'에서는 탈락과 축약과 첨가의 음운 변동이 일어난다.

⑤ '넓죽하다[넙쭈카다]'에서는 탈락과 교체와 축약의 음운 변동이 일어난다.

04

〈학습 활동〉을 수행한 결과로 적절한 것은?

〈학습 활동〉

[자료]의 단어들은 음운 변동 중 탈락이 일어난 예이다. 단어들을 [분류 과정]에 따라 분류할 때 ㉮, ㉯, ㉰에 들어갈 단어를 바르게 짝지은 것은?

[자료]

ⓐ 뜨+어서 → 떠서[떠서]

ⓑ 둥글+ㄴ → 둥근[둥근]

ⓒ 좋+아 → 좋아[조:아]

[분류 과정]

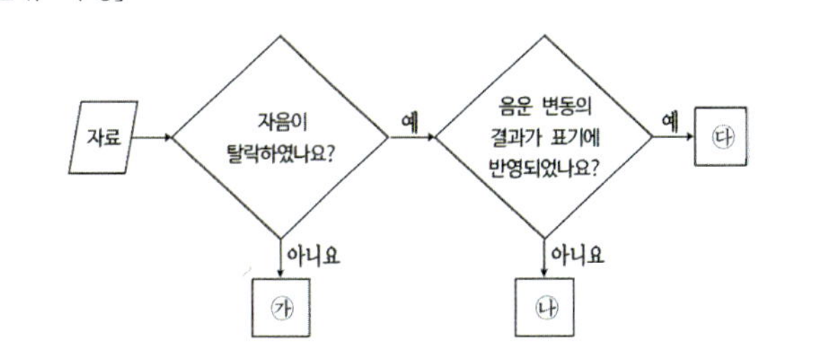

	㉮	㉯	㉰
①	ⓐ	ⓒ	ⓑ
②	ⓐ	ⓑ	ⓒ
③	ⓒ	ⓐ	ⓑ
④	ⓒ	ⓑ	ⓐ
⑤	ⓑ	ⓐ	ⓒ

05

〈보기〉를 바탕으로 음운 변동을 바르게 분석한 것은?

〈보기〉

음운의 변동은 어떤 음운이 다른 음운으로 바뀌는 교체, 어떤 음운이 없어지는 탈락, 새로운 음운이 생기는 첨가, 두 음운이 하나의 음운으로 합쳐지는 축약이 있다. 또한 음운 변동에 따라 음운의 개수가 변하기도 한다.

	단어	음운 변동 종류	음운 개수 변화
①	샅샅이[샅싸치]	교체, 탈락	늘어남
②	넓히다[널피다]	탈락, 첨가	늘어남
③	교육열[교:융녈]	교체, 첨가	줄어듦
④	해맑다[해막따]	교체, 탈락	줄어듦
⑤	국화꽃[구콰꼳]	탈락, 축약	줄어듦

06

〈보기〉의 활동을 수행한 결과로 적절하지 <u>않은</u> 것은?

〈보기〉

[활동] 제시된 단어의 발음을 [자료]에 근거하여 탐구해 보자.

훑이[훌치]	훑어[훌터]	없는[언는]
끓고[끌코]	끓는[끌른]	

[자료]

• 자음군 단순화만 일어나는 경우도 있지만, 자음군 단순화가 일어난 후에 비음화나 유음화와 같은 음운 변동이 일어나는 경우도 있음.
• 자음군 단순화는, 두 자음 중 뒤의 자음이 구개음화되거나 뒤의 자음과 그다음 음절의 처음에 놓인 자음이 축약되면 일어나지 않음.
• 자음군 단순화는 모음으로 시작하는 형식 형태소가 와서 뒤의 자음이 연음되면 일어나지 않음.

① '훑이[훌치]'는 모음으로 시작하는 접사 '-이'가 와서 'ㅌ'이 'ㅊ'으로 교체된 후 자음군 단순화가 일어난 것이군.

② '훑어[훌터]'는 모음으로 시작하는 어미 '-어'가 와서 'ㅌ'이 연음되어 자음군 단순화가 일어나지 않은 것이군.

③ '없는[언는]'은 'ㅄ' 중 뒤의 자음인 'ㅅ'이 탈락되어 자음군 단순화만 일어난 것이군.

④ '끓고[끌코]'는 'ㅎ'과 그다음 음절의 'ㄱ'이 축약되어 자음군 단순화가 일어나지 않은 것이군.

⑤ '끓는[끌른]'은 자음군 단순화가 일어난 후 남은 'ㄹ'로 인해 'ㄴ'이 'ㄹ'로 교체된 것이군.

[07] 다음 글을 읽고 물음에 답하시오.

사이시옷이란 두 단어 또는 형태소가 결합하여 만들어진 합성어의 두 요소 사이에 표기하는 'ㅅ'을 말한다. '한글 맞춤법'에 따르면 다음과 같은 조건들이 만족되어야 사이시옷을 표기할 수 있다.

우선, 두 단어가 결합하는 형태가 고유어와 고유어의 결합, 고유어와 한자어의 결합, 한자어와 고유어의 결합으로 이루어진 합성어인 경우 사이시옷을 표기할 수 있다. 단일어이거나 접사가 결합하여 만들어진 단어인 파생어에는 사이시옷이 표기되지 않고, 외래어가 포함된 합성어나 한자어만으로 구성된 합성어의 경우에도 사이시옷은 표기되지 않는다. 단, '곳간(庫間), 셋방(貰房), 숫자(數字), 찻간(車間), 툇간(退間), 횟수(回數)'라는 한자어는 예외적으로 사이시옷을 표기한다.

다음으로 이러한 합성어의 앞말이 모음으로 끝나고 두 단어가 결합하여 발생하는 음운론적 현상이 다음 중 하나에 해당하여야 한다. 첫째, 뒷말의 첫소리가 된소리로 바뀌는 경우, 둘째, 뒷말의 첫소리 'ㄴ, ㅁ' 앞에서 'ㄴ' 소리가 덧나는 경우, 셋째, 뒷말의 첫소리 모음 앞에서 'ㄴㄴ' 소리가 덧나는 경우에 사이시옷을 표기할 수 있다.

07

윗글을 바탕으로 사이시옷 표기에 대해 이해한 내용으로 적절하지 <u>않은</u> 것은?

① '아래옷'과 달리 '아랫마을'은 앞말의 끝소리에 'ㄴ' 소리가 덧나기 때문에 사이시옷이 표기된 것이겠군.

② '고깃국'과 달리 '해장국'은 앞말이 모음으로 끝나지 않았기 때문에 사이시옷이 표기되지 않은 것이겠군.

③ '코마개'와 달리 '콧날'은 뒷말의 첫소리 모음 앞에서 'ㄴㄴ' 소리가 덧나기 때문에 사이시옷이 표기된 것이겠군.

④ '우윳빛'과 달리 '오렌지빛'은 합성어를 구성하는 단어의 결합 형태를 고려하여 사이시옷을 표기하지 않은 것이겠군.

⑤ '모래땅'과 달리 '모랫길'은 두 단어가 결합할 때 뒷말의 첫소리가 된소리로 바뀌었기에 사이시옷이 표기된 것이겠군.

벌크-UP

[01~02] 다음 글을 읽고 물음에 답하시오.

[A]
선생님: 음운 변동은 음운이 일정한 환경에 따라 다르게 발음되는 현상입니다. 음운의 변동에는 한 음운이 다른 음운으로 바뀌는 교체, 두 음운이 하나의 음운으로 줄어드는 축약, 두 음운 중에서 어느 하나가 없어지는 탈락, 두 음운 사이에 음운이 덧붙는 첨가 등이 있습니다. 예를 들어 '여덟'은 [여덜]로 발음되는데 겹받침 중 'ㅂ'이 탈락되어 음운의 개수가 줄어든 것입니다. 또한 '솜이불'은 [솜ː니불]로 발음되는데 'ㄴ'이 첨가되어 음운의 개수가 늘어난 것입니다.

학생: 그런데 저는 '너는 나보다 키가 커서 좋겠다.'라는 문장의 '커서'에서 'ㅡ'가 탈락되었다는 것을 찾기가 어려웠어요. 음운 변동 결과가 표기에 반영되었기 때문이겠죠?

선생님: 맞아요. 그러면 음운 변동이 표기에 반영되는 경우와 표기에 반영되지 않는 경우를 용언의 활용을 예로 들어 알아봅시다. 용언 어간 끝의 모음 'ㅏ, ㅓ'가 '-아/-어'로 시작하는 어미와 결합할 때 모음 'ㅏ, ㅓ'가 탈락하는 경우, 용언 어간 끝의 모음 'ㅡ'가 '-아/-어'로 시작하는 어미와 결합하여 탈락하는 경우, 어간의 끝소리 'ㄹ'이 몇몇 어미 앞에서 탈락하는 경우는 음운 변동 결과를 표기에 반영합니다. 하지만 어간의 끝소리 'ㄴ, ㅁ' 뒤에서 어미의 첫소리가 된소리로 교체되는 경우, 어간의 끝소리 'ㅎ'이 모음으로 시작하는 어미 앞에서 탈락되는 경우는 음운 변동 결과를 표기에 반영하지 않습니다. 가령 앞에서 말한 '커서'의 경우는 음운 변동의 결과가 표기에 반영된 것이고, '낳은'을 '나은'으로 표기하지 않는 것은 음운 변동의 결과가 표기에 반영되지 않은 것입니다.

학생: 아, 그럼 음운 변동 결과가 ㉠표기에 반영된 경우와 ㉡표기에 반영되지 않은 경우를 찾아볼게요.

01

[A]를 바탕으로 음운 변동을 이해한 내용으로 적절한 것은?

	사례	음운 변동	음운의 개수 변화
①	풀잎[풀립]	축약, 첨가	늘어남
②	흙화덕[흐과덕]	교체, 탈락	줄어듦
③	맞춤옷[맏추몯]	축약, 탈락	줄어듦
④	옛이야기[옏ː니야기]	교체, 첨가	늘어남
⑤	달맞이꽃[달마지꼳]	교체, 축약	줄어듦

02

㉠, ㉡에 해당하는 예로 적절하지 않은 것은?

① ┌ ㉠: 관객이 많으니 미리 줄을 <u>서라</u>.
  └ ㉡: 돌아오는 기차표는 네 것만 <u>끊어라</u>.

② ┌ ㉠: 눈을 <u>떠</u> 보니 다음날 아침이었다.
  └ ㉡: 네가 집에 빨리 <u>가서</u> 아쉬웠다.

③ ┌ ㉠: 체육 시간에는 교실 불을 <u>꺼</u> 두자.
  └ ㉡: 오늘은 새 신발을 <u>신고</u> 학교에 가자.

④ ┌ ㉠: 지금 <u>마는</u> 김밥은 어머니께 드릴 점심이다.
  └ ㉡: 독서로 <u>쌓은</u> 지식은 삶의 자양분이 될 것이다.

⑤ ┌ ㉠: 아버지 대신 빨래를 <u>너는</u> 모습이 보기 좋다.
  └ ㉡: 가을빛을 <u>담고</u> 있는 감나무 열매를 본다.

🦌 두뇌 스트레칭 ZONE

'ㅎ' 탈락의 표기 반영

'ㅎ' 탈락은 대부분 발음상으로만 'ㅎ'이 탈락하고 표기에는 반영되지 않음. 특수한 상황에서만 'ㅎ' 탈락이 표기에 반영되므로 이는 용언의 불규칙 활용으로 봄.

예 놓은[노은], 파랗다[파라타]

호루라기 관장님의 하드 트레이닝

공부한 날	월	일	요일
맞은 개수		/ 33	

No	다음 빈칸에 알맞은 말을 써서 문장을 완성하시오.
01	두 음운이 만나면서 한 음운이 사라져 소리 나지 않는 현상을 음운의 (　　　)이라고 한다.
02	자음의 무리를 (　　　)이라고 하며 국어 음절의 끝에서 발음될 수 있는 자음의 개수는 한 개이다.
03	음절의 끝에 자음이 두 개 이상 올 경우, 하나만 남고 나머지가 탈락하는 현상을 자음군 (　　　)라고 한다.
04	자음군 단순화는 겹받침 뒤에 모음으로 시작하는 (　　　) 형태소가 오는 경우에만 일어나며 형식 형태소인 경우에는 일어나지 않는다.
05	'날-+-는 → [(　　　)]'과 같이 'ㄹ'로 끝나는 용언의 어간이 일부 어미와 결합할 때 'ㄹ'이 탈락하는 현상이 일어난다.
06	'활'과 '살'이 결합하여 합성어 '(　　　)'이 되는 과정에서 'ㄹ' 탈락이 일어난다.
07	'좋-+-아 → [(　　　)]'와 같이 'ㅎ'으로 끝나는 용언의 어간이 모음으로 시작하는 어미나 접사와 결합할 때 'ㅎ'이 탈락하는 현상이 일어난다.
08	'잠그-+-아서 → [(　　　)]'와 같이 모음 'ㅡ'로 끝나는 용언 어간이 모음으로 시작하는 어미와 결합할 때 'ㅡ'가 탈락하는 현상이 일어난다.
09	원래 없던 음운이 새로 더해져 음운의 개수가 늘어나는 현상을 음운의 (　　　)라고 한다.
10	두 형태소 또는 단어가 결합하여 파생어나 복합어를 이룰 때 앞말이 자음으로 끝나고 뒷말이 모음 'ㅣ'나 반모음 'ㅣ'로 시작하면 그 사이에서 '(　　　)'이 덧나는 현상을 'ㄴ' 첨가라고 한다.
11	합성어에서 앞말의 끝소리인 (　　　)와 뒷말의 첫소리인 안울림소리가 만날 때, 뒤의 예사소리가 된소리로 변하는 사잇소리 현상이 일어난다.
12	(　　　)로 된 합성어는 '곳간, 셋방, (　　　), 찻간, 툇간, 횟수'만 사이시옷을 표기한다.

No	장음 부호를 제외하고 단어의 발음을 쓰시오.	
13	앉지	
14	맑게	
15	쌓다	
16	많아	
17	담요	
18	맨입	
19	값도	
20	싫어	
21	쌓이다	
22	넋두리	
23	끓이다	
24	옮기다	
25	값있다	
26	봄비	
27	말소리	
28	잇몸	
29	콧날	
30	솜이불	
31	콩잎	
32	집일	
33	아랫니	

오늘의 수능 국어 트레이닝 끝!

IV 담화

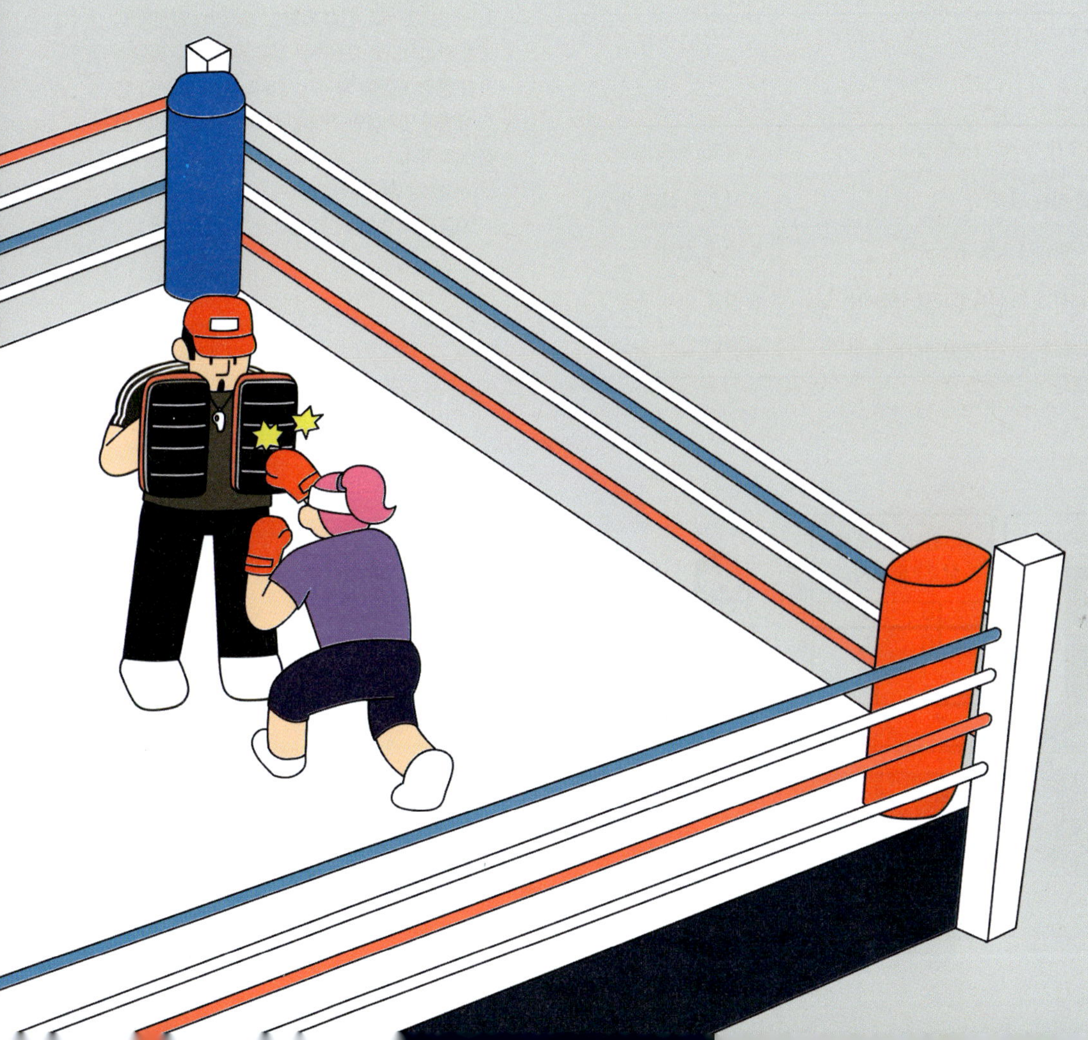

070 담화 구성 요소와 기능

1 담화의 개념

- 구체적인 의사소통 상황에서 둘 이상의 문장이나 발화가 연속되어 이루어지는 말의 단위

2 담화의 구성 요소

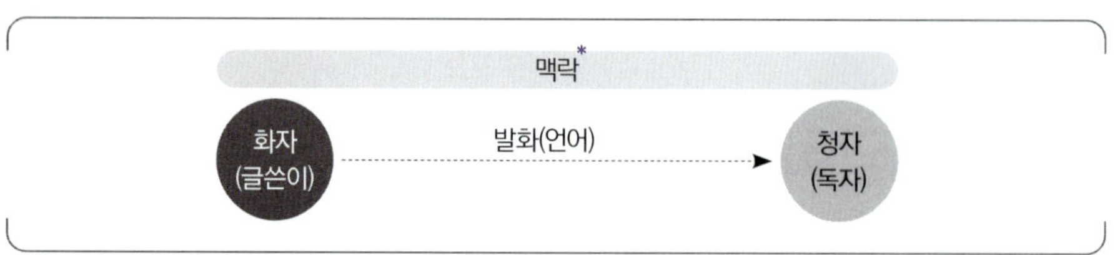

화자(글쓴이)	발화를 생산하고 청자에게 전달하는 사람
청자(독자)	화자로부터 발화를 전달받은 후 발화의 내용을 이해하는 사람
발화(언어)	화자와 청자가 주고받는 정보로, 주로 (1 ○○) 표현으로 실현됨.
맥락	담화가 이루어지는 시간적·공간적 상황

3 담화의 구조

- 담화는 (2 ㅂㅎ)가 연결되어 이루어짐.
- 단순한 발화의 연결이 담화가 되려면 내용·형식 구조가 필요함.

내용 구조	긴밀한 관계 유지를 위한 통일된 하나의 주제가 요구됨.
형식 구조	• 내용을 연결할 수 있는 언어 형식(연결어)이 필요함. • 접속 부사어, 지시 표현, 동일 어구의 반복 등을 통해 내용을 연결함.

4 담화의 유형

정보 제공 담화	대상에 대한 정보나 지식을 (3 ㅈㄷ)하는 담화	예 강의, 뉴스, 보도
호소 담화	상대방을 설득하는 기능을 하는 담화	예 광고문, 설교, 연설
약속 담화	어떤 행위를 하겠다고 상대방에게 약속하는 담화	예 맹세, 선서
친교* 담화	관계를 형성하기 위한 사회적 상호 작용 의도를 표현하는 담화	예 상담, 인사, 소개
선언 담화	자신의 의견, 주장 등을 외부에 정식으로 표명하는 담화	예 선포, 유언, 임명

담화에는 구성 요소가 모두 있어야 하나요?

하나의 완전한 '담화'가 이루어지기 위해서는 네 가지 조건, 즉 화자, 청자, 발화, 맥락이 필요합니다. 하지만 화자 혼자서 말하는 독백의 상황에서는 청자가 없을 수도 있고, 전화 통화를 할 때는 시간적 배경은 동일하나 공간적 배경이 다른 경우도 있을 수 있습니다. 이에 비해 화자와 발화는 항상 존재합니다. 한편 담화는 문장 이상의 단위로 구성되기 때문에 맥락은 어떤 식으로든지 존재합니다. 어떠한 상황에서 시간적·공간적 배경의 조건이 부족하더라도, 앞뒤 발화들이 맥락으로서의 역할을 하게 됩니다. 결국 적극적인 의미에서 앞 발화가 뒤 발화의 맥락이 될 수도 있고, 또 뒤 발화가 앞 발화의 맥락이 될 수도 있는 것입니다.

개념 알통

직접 발화와 간접 발화

직접 발화는 발화자가 자신의 의도를 직접적으로 표현하는 것이고, 간접 발화는 발화자가 자신의 의도를 간접적으로 표현하는 것을 말한다. 두 발화는 문장 종결 표현에 차이가 있는데, 발화 의도와 문장 유형이 일치하면 직접 발화, 일치하지 않으면 간접 발화이다.

예 선풍기를 켜 줘.(직접 발화)
　　지금 덥지 않니?(간접 발화)

*맥락: 사물 따위가 서로 이어져 있는 관계나 연관
*친교: 친밀하게 사귐. 또는 그런 사귐으로 인한 정

【초성 답】 1 언어　2 발화　3 전달

071 담화 표현 방식

1 지시 표현

- 사물을 본래 명칭이 아닌 다른 말로 지칭하는 표현
- 대표적으로 '이, 그, 저'가 있으며, 앞뒤 (1 )을 통해서 지시어가 가리키는 구체적인 내용을 알 수 있음.

표현 방식	• '이, 그, 저'가 결합함. 예 이것, 그것, 저것 / 여기, 거기, 저기 / 이렇다, 그렇다, 저렇다 등	
지시 표현의 사용	• 담화 현장에 자리 잡고 있는 대상을 화자와 청자의 거리가 멀고 가까움에 따라 가리킬 때 쓰임.	
	이	(2 )에게 가까울 때
	그	화자에게는 멀고 청자에게 가까울 때
	저	화자와 청자로부터 비슷한 거리로 멀리 떨어져 있을 때
	• 앞선 문장의 내용을 가리키는 기능을 함. 이 기능은 '이, 그'만 지니고 '저'에는 없음. • 남이 말한 내용을 다시 언급할 때는 '그'만 쓰임. • 화자 자신이 이미 말한 내용을 다시 언급할 때나 화자가 앞으로 할 이야기일 때는 '이'만 쓰임.	

> 이야기가 진행되는 현장에 존재하는 사물들은 그 고유한 이름이나 단어가 아닌 다른 표현으로도 일컬을 수 있습니다. 또한 지시 표현은 장면에 실재하는 사물뿐만 아니라 실제 사물이 존재하지 않는 이야기 속의 사물을 지시하는 데 사용되기도 합니다.

2 높임 표현

- 연령이나 사회적 지위에 의한 상하 관계에 따라 결정되는 표현
- 친소 관계나 구체적인 상황 맥락의 영향을 받기도 함.

개념 당기는 예시

- 아들: 아빠, 내일 뭐해?
- 아빠: 친구랑 등산 가기로 했어.

→ 아들은 아빠보다 나이가 어려 높임 표현을 사용해야 하지만, 아빠와 친밀한 관계이기 때문에 '해체'를 사용하여 말하고 있음.

3 접속 표현

- 발화나 발화를 이어 주면서 발화 사이의 (3 )나 기능을 나타내는 표현
  예 그리고, 그러나, 왜냐하면, 예를 들어

4 생략 표현

- 발화 내용 중 일정 부분이 언어로 실현되지 않은 표현
- 생략 표현은 표현하려고 하는 정보가 장면이나 맥락의 도움을 받아 전달되거나 (4 ㅂㅊ) 될 수 있을 때 사용됨.
- 문장 성분이 생략된 표현은 담화에 나타나는 특징 중 하나임.

개념 알통

여러 가지 지시 표현

지시 대명사	예 이것, 저것, 그것, 여기, 저기, 거기
지시 관형사	예 이, 그, 저
지시 부사	예 이리, 그리, 저리
지시 형용사	예 이러하다, 그러하다, 저러하다, 어떠하다, 아무러하다

개념 알통

접속 표현의 종류

순접	글의 앞뒤 뜻을 긍정하며 다음 글에 이어 주는 경우 예 그리고, 그리하여, 그러니
역접	앞의 뜻을 부정하면서 다음 글에 이어 주는 경우 예 그러나, 그렇지만, 반면에
인과	앞뒤 글이 서로 이유(원인)와 결과를 이루는 경우 예 그러므로, 따라서, 그래서
대등·병렬	앞의 내용을 같은 자격으로 나열하면서 이어 주는 경우 예 또는, 혹은, 및
첨가·보충	앞의 내용에 덧붙이거나 보탤 내용, 혹은 심화된 내용으로 이어 주는 경우 예 더구나, 게다가
전환	화제가 바뀌어 다음 글에서부터 새로운 내용이나 단계에 들어가는 경우 예 그런데, 그러면, 다음으로
예시	앞 문장에 대한 구체적인 예를 들어 설명하며 이어 주는 경우 예 가령, 예컨대, 이를테면

IV 담화

【초성 답】 1 맥락 2 화자 3 관계 4 보충

072 담화의 통일성

1 담화의 외적·내적 구성 요소

• 담화는 외적 요소와 내적 요소로 이루어지며 (¹ ㄴㅈ) 요소는 내용 구조와 형식 구조로 나뉨.

외적 요소	담화를 이루는 요소인 화자, 청자, 언어, 맥락은 모두 담화 구성의 외적 요소임.
내적 요소	하나의 완결된 의미를 가지고 있는 '담화'가 이루어지려면 내용 측면(내용 구조)에서 통일성과 형식 측면(형식 구조)에서 응집성이 필요함.

2 담화의 짜임

• 담화는 발화의 유기적* 통일체이므로, (² ㄴㅇ) 구조와 형식 구조를 갖추어야 함.

내용 구조(통일성)	형식 구조(응집성)
담화를 이루는 발화들이 통일된 하나의 주제로 유기적으로 연결되어 있는 것	담화를 이루는 발화들이 형식적인 면에서 긴밀하게 연결되어 있는 것

내용적 측면의 통일성과 형식적 측면의 응집성을 갖추어야 담화가 완결된 구조를 이룰 수 있음.

3 담화의 통일성

• 담화의 구성 요소들이 하나의 목적이나 주제를 향해 유기적으로 연결되어 있는 것
• 의사소통이 성공적으로 이루어지기 위해 내용적 측면에서 갖추어야 할 담화의 요건
• 담화라고 하는 언어 단위가 본래 하나의 (³ ㅈㅈ)를 가진 의미적인 단위이기 때문에 담화의 통일성은 반드시 있어야 하는 필수 요소임.

개념 당기는 예시

"오늘은 쿠키를 만드는 방법을 소개해 드리겠습니다. 먼저, 재료를 정확하게 계량해야 합니다. 그래야 맛있는 쿠키를 만들 수 있거든요. 다음으로 버터와 설탕을 잘 섞어 주세요. 달걀은 풀어서 달걀물을 만든 후 버터와 설탕에 넣고 하나로 만들어 주세요. 여기까지 다 되셨나요?"

→ 여러 개의 발화들이 모두 '쿠키를 만드는 방법'이라는 하나의 주제로 묶이고 있으므로 담화의 주제가 한 가지로 통일되어야 한다는 담화의 통일성이 지켜진 예임.

담화의 통일성과 응집성은 어떤 관계인가요?

발화의 유기적 통일체인 담화가 내용 구조와 형식 구조를 갖추어야 한다는 것을 텍스트성이라고도 합니다. 담화의 텍스트성에서는 통일성과 응집성이 가장 중요합니다. 통일성은 담화의 심층적 연결 관계를 가리키는 개념이고 응집성은 담화의 표면적 연결 관계를 가리키는 개념입니다. 즉 통일성은 글에 담긴 내용의 논리성과 의미적인 연결 관계로 드러나고, 응집성은 주로 지시 표현이나 접속어와 같은 장치로 드러납니다. 통일성과 응집성은 상호 의존적 성격이 강하여 서로 영향을 주고받는 관계에 있으며, 하나의 담화의 완결성을 높이는 데 기여합니다.

개념 알통

심리적 태도를 나타내는 표현
• 말하는 이가 단순히 사실을 전달하는 것뿐만 아니라 사태를 단정, 확인, 추정하며 자신의 의지 등을 드러내는 의미 특성을 심리적 태도라고 한다.
• 말하는 이의 판단에 따라 종결 어미가 결정 된다.

사실을 명확하게 인식, 확신	예 -지
직접 관찰하여 처음 알게 된 사실을 인식함.	예 -네
직접 관찰하지 않고 깨닫게 된 사실을 인식함.	예 -구나
추측한 정보나 불확실한 정보	예 -겠-, -ㄹ 것이다, -ㄴ 것 같다

---

*유기적: 생물체처럼 전체를 구성하고 있는 각 부분이 서로 밀접하게 관련을 가지고 있어서 떼어 낼 수 없는 것

【초성 답】 1 내적 2 내용 3 주제

073 담화의 응집성

1 담화의 응집성

- 담화를 이루는 발화나 문장들이 (1 ㅎㅅ)적인 면에서 긴밀하게 연결되어 있는 것

2 담화의 응집성 실현 방법 ① – 지시 표현

- 지시 표현은 해당 사물을 (2 ㅈㅊ)하면서도 본래 명칭으로 표현되는 것이 아니기 때문에 앞뒤 맥락을 통해서만 구체적인 내용을 파악할 수 있음.
- 화자·청자로부터 거리에 따라 사물·장소·동작·상태 등을 지시하는 다양한 표현이 존재함.

지시어		
	• '이'는 화자와 가까운 표현, '그'는 청자와 가까운 표현, '저'는 화자와 청자로부터 먼 표현으로 사용됨.	
	지시 관형사	예 이, 그, 저 / 이런, 그런, 저런 → '이'는 '이는 나의 소원이다.'처럼 일정한 사건을 지시하는 대명사로도 사용됨.
	지시 형용사	예 이렇다, 그렇다, 저렇다
	지시 부사	예 이리, 그리, 저리
	사물 지시 대명사	예 이것, 그것, 저것
	공간 지시 대명사	예 여기, 거기, 저기
	인칭 대명사	예 이이, 그이, 저이 / 이분, 그분, 저분
	시간 표현	예 이때, 그때, 저 때, 입때, 접때 → 현재를 기준으로 하여 지금이면 '이때', 사건이 일어난 과거의 시간이면 '그때', 가장 오래 전의 시간이면 '접때'가 쓰임.

3 담화의 응집성 실현 방법 ② – 대용 표현

- 담화 내용 중 이미 말한 내용이나 뒤에 언급될 내용 (3 ㅁㅅ) 사용되는 표현
- 대용 표현에는 '이'와 '그' 계통의 것이 주로 사용됨.

개념 당기는 예시

- 수빈: 외국에 나갔던 민경이가 이번 주 주말에 돌아온대.
- 소영: 나도 그렇게 들었는데, 오늘 물어 보니까 다음 주 주말에 온대.
- → '그렇게'는 '외국에 나갔던 민경이가 이번 주 주말에 돌아온대'라는 발화 전체를 다시 가리키며 대신 쓰이는 대용 표현임

4 담화의 응집성 실현 방법 ③ – 접속 표현

- 구절과 구절, 문장과 문장을 연결하여 발화 사이의 시간 순서나 논리 흐름을 드러냄.

접속 부사	앞의 체언이나 문장의 뜻을 뒤의 체언이나 문장에 이어 주면서 뒤의 말을 꾸며 주는 부사
시간의 순서 표현	시간의 흐름에 따른 순서를 나타내는 표현 예 먼저, 다음으로, 마지막으로
논리적 흐름 표현	사고나 추리를 이치에 맞게 이끌고 가는 과정을 나타내는 표현 예 첫째, 둘째
특정 의미의 구	특정한 의미를 나타내는 어절이 결합하여 하나의 구를 이룸. 예 다시 말해, 예를 들어

개념 당기는 예시

- 정민: 산책로 정말 좋다. 여기 와 본 적 있어?
- 수호: 응, 그런데 나도 오랜만에 온 거야.
- → '여기'는 앞에 나온 '산책로'를 가리키는 지시 표현이고, '그런데'는 발화와 발화를 이어 주는 접속 표현임.

지시 표현과 대용 표현은 어떻게 구별하나요?

지시 표현과 대용 표현은 구별하기가 쉽지 않습니다. 지시 표현의 '지시'는 가리킨다는 의미로, 화자나 청자와의 거리가 가까운가 먼가에 따라 선택되어 특정한 대상을 가리킵니다. 반면에 대용 표현의 '대용'은 대신 쓰인다는 뜻으로, 화자나 청자의 말에서 언급된 것을 다시 가리킬 때 쓰이며, 단독으로는 완결된 의미를 표현할 수 없다는 차이가 있습니다.

개념 알통

관용 표현

개념	두 개 이상의 단어로 이루어져 있지만, 그 의미가 단어들의 원래 의미와 달리 특별하게 바뀌어 사용되는 표현
효과	• 상황을 강조하여 표현할 수 있음. • 표현을 짧고 함축적으로 나타낼 수 있음. • 상대방이 상황을 효율적으로 이해할 수 있도록 도와줌. → 같은 내용을 말하더라도 보다 재미있고 효과적으로 전달하는 기능을 함.
종류	둘 이상의 단어들이 결합하여 특별한 의미로 사용되는 관용구, 완결된 문장의 형식을 지니고 전통적인 생활 문화에서 농축된 지혜를 담고 있는 속담 등이 있음.

【초성 답】 1 형식 2 지칭 3 대신

074 담화의 맥락

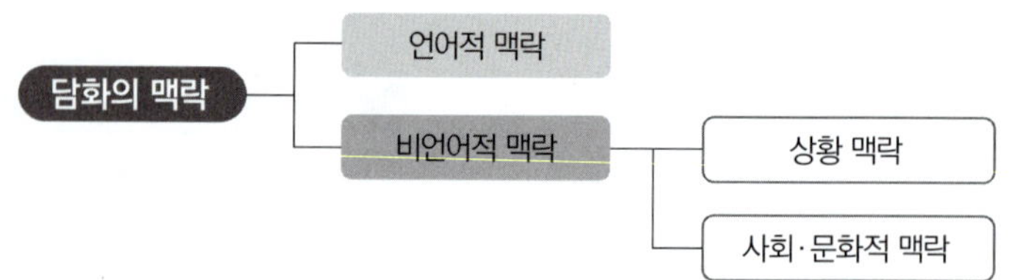

1 언어적 맥락

- 발화가 이어지는 담화 안에서 특정 발화 앞뒤에 위치하는 발화
- (1　ㅇㄷ　) 발화의 언어 표현이나 이어지는 내용의 흐름으로 정확한 의미를 이해할 수 있음.

언어적 맥락에 의한 의미 파악	예 학생 1: 재희는 어디로 갔니? 학생 2: 나는 어디로 갔는지 모르겠어. → 학생의 2의 대답에서 '어디로 갔는지'와 호응하는 주어 '재희가'가 생략되어 있어도 앞 발화인 학생 1의 발화를 통해 생략된 주어가 '재희가'임을 알 수 있음.

언어적 맥락에 의한 의미 변화	예	**상황 1**	**상황 2**
		(두 친구가 아침에 학교에 가는 상황) 학생 1: 우리 편의점 들렸다 학교 가자. 학생 2: 5분 남았어.	(두 친구가 함께 영화관에 간 상황) 학생 1: 5분 남았어. 학생 2: 우리 이제 영화관에 들어가자.
	→ 상황 1의 '5분 남았어.'는 앞 발화를 통해 등교 시간이 5분밖에 남지 않아 편의점에 갈 수 없다는 의미임을 알 수 있고, 상황 2의 '5분 남았어.'는 뒤 발화를 통해 영화관에 들어갈 시간이 되었으니 이동하자는 의미임을 알 수 있음.		

2 비언어적 맥락 ① – 상황 맥락

- 담화 장면과 직접적으로 관련된 맥락으로, 담화에 직접적으로 영향을 미치는 요소
- 화자와 청자의 관계나 처지, 화자와 청자가 발화를 주고받는 시간적·공간적 (2　ㅂㄱ　), 담화 주제, 담화 참여자의 의도와 목적 등이 있음.

개념 당기는 예시

발화	상황 맥락	발화 의미
"괜찮아."	식당에서 음식을 더 먹도록 권하는 상황	배가 불러서 더 이상 먹을 수 없다는 의미
	병원에서 다친 친구에게 안부를 묻는 상황	건강 상태가 양호하다는 의미

3 비언어적 맥락 ② – 사회·문화적 맥락

- 담화에 (3　ㄱㅈㅈ　)으로 영향을 미치는 맥락
- 성별, 세대, 지역, 문화 등의 사회·문화적 요인과 역사적 상황, **공동체**[*]의 의식이나 가치, 언어 습관 등이 있음.

개념 당기는 예시

(식탁 가득 음식을 차려 놓고 외국 손님을 초대한 상황)

집주인: 차린 건 없지만 많이 드세요.

→ 식탁 가득 음식을 차려 놓고 '차린 건 없지만'이라고 말하는 것은 겸손한 태도를 보이는 겸양의 화법임. 이는 우리나라에서는 자신이나 자신과 관련된 것을 낮춰 표현하여 겸손함을 드러내는 사회·문화적 맥락이 존재하기 때문임.

담화와 맥락은 어떤 관계가 있나요?

담화의 의미는 맥락과 깊이 연관되어 있는데, 맥락은 크게 언어적 맥락과 비언어적 맥락으로 나뉩니다. 언어적 맥락이란 어떤 발화의 앞뒤에 놓이는 발화들을 가리키는 것으로, 각 발화들은 담화를 구성하고 있는 다른 발화들 속에서, 즉 언어적 맥락 속에서 구체적인 의미를 갖게 됩니다. 비언어적 맥락은 상황 맥락과 사회·문화적 맥락으로 나뉩니다. 지시 표현과 같이 발화가 이루어지는 시간적·공간적 상황 속에서 그 의미가 정확히 이해될 수 있는 것은 상황 맥락과 관련됩니다. 한편, 모든 언어 공동체들은 그 나름대로 사회·문화적 특성을 지니고 있기 때문에 개개의 발화들은 이러한 사회·문화적 맥락 속에서 의미가 제대로 이해될 수 있습니다.

개념 알통

일상생활 속 담화

장면	기능	예
교통 수단	정보 전달	지금 인천행 열차가 들어오고 있습니다.
	요청	큰소리로 떠들지 마세요.
	제안	안전띠를 맵시다.
공공 장소	경고	불조심
	요청, 명령	쓰레기는 휴지통에
	정보 전달	화장실 전방 100m
학교 / 도서관	명령	실내 정숙
	제안	책을 펴자 미래를 열자
	정보 전달, 명령	열람실 외 대출 금지

[*]**공동체**: 생활이나 행동 또는 목적 따위를 같이하는 집단

【초성 답】 **1** 앞뒤　**2** 배경　**3** 간접적

개념 트레이닝 ZONE

문제를 풀며 개념 근육을 키워 보세요!

01 다음 설명이 맞으면 ○에, 맞지 않으면 ×에 표시하시오.

(1) 둘 이상의 발화가 연속해서 이루어지는 말의 단위를 담화라고 하며, 담화를 이루는 발화들은 하나의 주제로 연결되어야 한다.　○ ×

(2) 담화를 구성하는 요소에는 화자(글쓴이), 청자(독자), 발화(언어), 맥락, 매체가 있다.　○ ×

(3) 담화를 이루는 발화들은 통일된 주제 아래 모여 있어야 하는 응집성과, 형식적 장치에 의해 서로 연결되어 있어야 하는 통일성을 갖추고 있어야 한다.　○ ×

02 다음 상황에서 담화를 구성하는 요소를 쓰시오.

화자		발화	
청자		맥락	

03 다음 담화에 대한 설명이 맞으면 ○에, 맞지 않으면 ×에 표시하시오.

"다음 뉴스입니다. 사랑의 온도계에 대해서 들어 보셨습니까? 사랑의 온도계는 도움이 필요한 이웃을 위한 모금의 목표액을 온도계의 온도로 나타낸 것입니다. 그런데 온도계의 온도가 아직 50℃를 넘지 못하고 있다고 합니다."

(1) 공적인 담화와 사적인 담화의 특징을 모두 갖고 있다.　○ ×

(2) 정보 제공의 기능을 가진 담화가 호소의 기능도 하고 있다.　○ ×

(3) 상세한 내용을 제시한 후 일반적인 내용을 제시하는 구조이다.　○ ×

04 다음 담화를 읽고 빈칸에 알맞은 말을 쓰시오.

　㉠그와 나는 서울을 떠난 지 두 시간 만에 기차역에 도착했다. 약속 시간까지 얼마 남지 않았기에 우리는 목적지인 학교까지 택시를 타고 가기로 했다. ㉡하지만 한동안 기다려도 택시는 오지 않았다. 할 수 없이 우리는 ㉢거기까지 걸어가야 했다.

㉠	'나'와 동행한 사람을 (　　　)하는 표현이다.
㉡	앞의 내용과 상반되는 상황을 이어 주는 (　　　) 표현이다.
㉢	그와 '나'가 가려는 목적지인 (　　　)를 대신하는 (　　　) 표현이다.

05 다음 담화를 읽고 지시 표현이 가리키는 말을 찾아 쓰시오.

주민 대표: 우리 고장은 주민들을 위한 문화 시설이 턱없이 부족합니다. 우리 고장으로 이사를 오고 싶어도 ㉠이러한 이유 때문에 사람들이 이사를 꺼린다는 이야기가 들려옵니다. 우리 군청에서는 이러한 문제를 해결하기 위해 어떤 사업을 진행하고 있는지 궁금합니다.
공무원: 저도 ㉡그런 말은 많이 들었습니다. 그러나 예산이 부족해서 현재는 어찌할 도리가 없는 실정입니다.

㉠	
㉡	사람들이 우리 고장으로 (　　　　　　) 주민들을 위한 문화 시설이 부족하여 이사를 꺼린다는

06 다음 담화가 자연스럽도록 빈칸에 알맞은 접속 부사를 쓰시오.

　우리는 메신저를 할 때 기쁜 감정을 표현하기 위해 ^^나 ⌒⌒ 등의 이모티콘을 사용한다. (　㉠　) 슬픈 감정을 표현하려고 모음 두 개를 이어 붙여 ㅠㅠ와 같이 표현하기도 한다. (　㉡　) 외국에서는 기쁨은 :)을, 슬픔은 : (을 이모티콘으로 사용하여 입으로 감정을 표현한다. (　㉢　) 동양에서는 눈으로 감정을 드러내고, 서양에서는 입으로 감정을 드러낸다는 것을 알 수 있다.

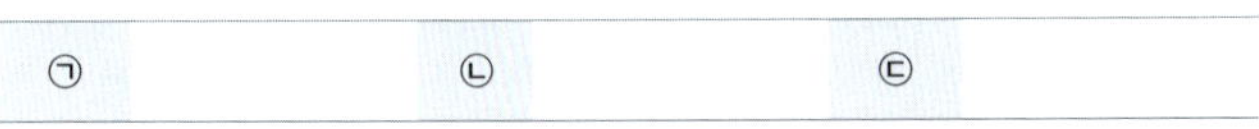

㉠	㉡	㉢

07 다음 대화에서 대용 표현과 지시 표현을 찾아 기호를 쓰시오.

세은: 학교 축제에서 무엇을 할까?
민호: ㉠이건 어때? 요즘 유행하는 노래에 맞춰 춤을 추자.
세은: ㉡그건 다른 반에서도 할 거 같아. 자, 과자 먹어.
민호: (물을 가리키며) ㉢그건 칼로리가 높으니까 ㉣이걸 먹을게.

대용 표현	
지시 표현	

01

⊙~◎에 대한 설명으로 적절하지 <u>않은</u> 것은?

> 지현: 저기 ⊙버스 온다. 얼른 타자. 우리가 오늘 영화를 볼 장소
> 로 가는 버스야.
> 경준: ⓛ차에 사람이 많아 보여. 차라리 택시를 타자.
> 지현: 좋아. 그런데 ⓒ이곳이 원래 사람이 이렇게 많았나?
> 경준: ②여기가 혼잡한 데는 아닌데 주말이라 그런 것 같아. 급
> 하게 와서 그런지 목이 마르네. 물병 좀 꺼내 줄래? 배낭을 열
> 면 물병이 두 개 있어.
> 지현: 잠시만. ⓜ의 중에서 더 작은 ⓗ것을 주면 돼?
> 경준: 응, 고마워. 그런데 ⊗우리가 오늘 보기로 한 영화는 누가
> 추천한 거야?
> 지현: ◎자기가 봤는데 재미있더라면서 민재가 추천해 줬어.

실력 자랑 다음 설명이 ⓛ~◎ 중 어디에 해당하는지 써 보세요.

1. '민재'를 가리킴.	2. '물병 두 개'를 가리킴.
3. '물병'을 가리킴.	4. 화자와 청자를 모두 포함함.
5. '버스'의 상위어로서 ⊙을 가리킴.	
6. 다른 단어이지만 같은 곳을 가리키는 두 표현	

02

〈보기〉의 ⊙~ⓗ에 대한 설명으로 적절한 것은?

> ─〈보기〉─
> (두 사람이 공원에서 만난 상황)
> 민수: 영이야, ⊙우리 둘이 뭐 하고 놀까? 이 강아지랑 놀까?
> 영이: (민수 품에 안겨 있는 강아지를 가리키며) 아, 얘?
> 민수: 응, 얘가 전에 말했던 봄이야. 봄이 동생 솜이는 집에 있고.
> 영이: 봄이랑 뭐 하고 놀까? 우리 강아지 별이는 실뭉치를 좋아
> 해서 ⓛ우리 둘은 실뭉치를 자주 가지고 놀아. 너네 강아지들
> 도 그래?
> 민수: 실뭉치는 ⓒ둘 다 안 좋아해. 그런데 공은 좋아해서 ②우
> 리 셋은 공을 갖고 자주 놀아. 그래서 공을 챙겨 오긴 했어.
> 영이: 그렇구나. 별이는 실뭉치를 좋아하니까, 다음에 네가 혼자
> 나오고 내가 별이랑 나오면 그때 ⓜ우리 셋은 실뭉치를 갖고
> 놀면 되겠다.
> 민수: 그러자. 그럼 오늘 ⓗ우리 셋은 공을 가지고 놀자.

실력 자랑 다음 표현이 포함하는 대상을 아래에서 골라 모두 적어 보세요.

<table>
<tr><td colspan="2" align="center">민수, 영이, 별이, 봄이, 솜이</td></tr>
<tr><td>⊙ (/   )</td><td>② (/   /   )</td></tr>
<tr><td>ⓛ (/   )</td><td>ⓜ (/   /   )</td></tr>
<tr><td>ⓒ (/   )</td><td>ⓗ (/   /   )</td></tr>
</table>

03

〈보기〉의 '학습 활동'을 수행한 결과로 적절한 것은?

> ─〈보기〉─
> **[학습 활동]**
> 다음 담화 상황에 등장하는 ⊙, ⓛ이 달라질 때, 언어 예절에
> 적합한 높임 표현을 사용해 보자.
>
> **[담화 상황]**
> (내가 철수에게)
> "어제 ⊙영희가 ⓛ경희에게 선물을 주는 것을 보았어."
> ※ 말하는 사람인 '나'와 철수, 영희, 경희는 서로 대등한 관계임.

실력 자랑 다음 설명에 들어갈 말을 적어 보세요.

1. ⊙이 높임의 대상인 '선생님'으로 바뀌면	조사 '가'를 ( )로 고쳐 말해야 한다.
2. ⓛ이 높임의 대상인 '선생님'으로 바뀌면	'에게'를 ( )로, '주는'을 ( )으로 고쳐 말해야 한다.

04

〈보기〉의 ⊙~ⓜ에 대한 설명으로 적절하지 <u>않은</u> 것은?

> ─〈보기〉─
> 효준: 여기 운동화 정말 많다. 뭘 사야 할지 모르겠어.
> 유로: 그래? 그럼 내가 하나 골라 줄까? ⊙저건 어때?
> 효준: ⓛ저기 진열되어 있는 거 말이야?
> 유로: 그래. 가서 한번 신어봐.
> 효준: (진열대 앞으로 가서) ⓒ이거 말하는 거지?
> 유로: (뒤따라오며) 응, ②그거.
> 효준: 디자인은 괜찮네. 근데 가격이 조금 비싼 것 같지 않아?
> 유로: 그러면 전에 우리 같이 갔었던 □□매장에서 할인 행사 중
> 이던데 ⓜ거기 한번 가보자.
> 효준: 좋아. 같은 물건이면 싼 것이 더 좋지.

실력 자랑 ⊙~ⓜ에 대한 설명의 적절성을 판단해 보세요.

① ⊙은 '효준'과 '유로' 모두에게 멀리 있는 사물을 가리키는 표현
이다. ◯✕

② ⓛ을 사용하여 '효준'이 지시한 장소는 ⓒ이 나타내는 장소와 동
일하다. ◯✕

③ ⓒ은 '유로'보다 '효준'에게 가까이 있는 사물을 가리키는 표현
이다. ◯✕

④ ②을 사용하여 '유로'가 가리킨 사물은 ⓒ이 나타내는 사물과 동
일하다. ◯✕

⑤ ⓜ은 '효준'과 '유로'의 눈에 현재 보이지 않는 장소를 가리키는 표
현이다. ◯✕

펌핑-UP

01

〈보기〉의 ㉠~㉺에 대한 설명으로 적절하지 <u>않은</u> 것은?

〈보기〉

학생: 안녕하세요? 인터뷰 때문에 원장님을 ㉠<u>뵈러</u> 왔습니다.

직원: 지금 ㉡<u>계시긴</u> 한데 혹시 미리 약속은 하셨나요?

학생: ㉢<u>이틀 전</u>에 제가 원장님과 통화를 했는데, 오늘 오라고 ㉣<u>말씀</u>하셨어요.

직원: 아, 그러세요? ㉤<u>저쪽</u>으로 들어가시면 됩니다.

학생: (노크 후 방 안으로 들어서며) 원장님, 안녕하세요? 오늘 뵙기로 한 김○○입니다.

원장: 아, ㉥<u>김 선생님</u> 따님이군요. ㉦<u>지난번</u>에 전화로 약속을 잡았었죠? 이쪽에 앉으세요.

학생: 고맙습니다. 그럼 그때 ㉧<u>말씀</u>을 드렸던 주제로 인터뷰를 시작하겠습니다.

① ㉠과 ㉡은 동일한 인물을 높이기 위해 사용한 표현이다.

② ㉢과 ㉦은 동일한 날을 지칭하는 표현이다.

③ ㉣과 ㉧은 화자가 자신의 행위를 낮추기 위해 사용한 표현이다.

④ ㉤은 화자와 청자로부터 멀리 떨어진 곳을 지시하는 표현이다.

⑤ ㉥은 현재의 담화 상황에 참여하지 않는 인물을 지칭하는 표현이다.

02

〈보기〉의 ㉠~㉤에 대한 설명으로 적절하지 <u>않은</u> 것은?

〈보기〉

아버지: (아이 방으로 들어오며) 은주야, ㉠<u>이거</u> 받아.

은 주: (선물을 보며) 어? 그게 뭐예요?

아버지: 응. 스웨터야. 어제 고모를 만났는데, 곧 있으면 네 생일이라고 주시더라. 마음에 드니? ㉡<u>저</u> 옷이랑 같이 입으면 잘 어울릴 것 같은데.

은 주: 와! ㉢<u>그러면</u> 정말 예쁘겠네요. 내일 당장 입어야겠어요.

아버지: 그래. 고모한테 고맙다고 전화 한 통 드려.

은 주: 네, 저도 ㉣<u>그렇게</u> 하려고 했어요.

아버지: ㉤<u>그런데</u> 내일 아빠랑 영화나 보러 갈까?

① ㉠은 지시하는 대상이 청자인 은주에 비해 화자인 아버지에게 가까이 있음을 나타낸다.

② ㉡은 지시하는 대상을 청자인 은주도 볼 수 있음을 전제로 한다.

③ ㉢은 아버지가 앞에서 한 말과 관련된 세부 사항이 뒤에 추가될 것임을 나타낸다.

④ ㉣은 고모한테 고맙다고 전화 한 통 드리라는 말을 대신 표현하여 담화의 중복을 피한다.

⑤ ㉤은 아버지가 지금까지 은주와 나눈 대화의 화제를 다른 데로 돌리는 기능을 한다.

03

〈보기〉의 담화 상황을 고려할 때, ㉠~㉤에 대한 이해로 적절하지 <u>않은</u> 것은?

〈보기〉

엄마: 너 지금 뭐하니? 늦었는데 빨리 학교 가야 하지 않니?

아들: ㉠<u>예, 가요.</u> 뭐 좀 챙긴다구요.

엄마: 그런데 네 방이 많이 어질러져 있더라. 평소에는 잘 하더니, ㉡<u>어제는</u> 청소 안 한 거니?

아들: 저기, ㉢<u>그게</u> 어제 밤늦게까지 과제 발표를 준비하느라 시간이 없었어요.

엄마: 그랬구나. 그래, 발표 준비는 다 했구?

아들: 열심히 준비하기는 했는데, 친구들 앞에만 서면 떨려서 제대로 ㉣<u>못 할 것 같아요.</u>

엄마: 아니야, 잘 할 수 있을 거야. 자신감을 가져. 그래도 너무 떨리면 발표 전에 심호흡을 세 번만 ㉤<u>해 보자.</u>

아들: 네, 엄마. 그럴게요.

① ㉠: 부정의 물음에 대해 긍정의 대답을 사용하여 학교에 갈 것이라는 의미를 나타내고 있다.

② ㉡: 보조사를 사용하여 다른 날에는 '아들'이 청소를 했다는 사실과 대조하고 있다.

③ ㉢: 지시 대명사를 사용하여 '엄마'의 이야기에 언급된 내용을 다시 언급하는 것이므로 '이게'와 바꿔 쓸 수 없다.

④ ㉣: '못' 부정문을 사용하여 앞으로의 상황이 자신의 능력 부족 때문에 발생할 수 있음을 나타내고 있다.

⑤ ㉤: 청유형 종결 어미를 사용하여 '엄마'가 '아들'에게 함께 심호흡할 것을 제안하고 있다.

04

〈보기〉의 ㉠~㉠에 대한 이해로 적절하지 않은 것은?

〈보기〉

(같은 동아리에 소속된 후배 부원 둘과 선배 부원의 대화 장면)

선　배: ㉠학교에서 열린 회의는 잘 끝났니?

후배 1: 네. 조금 전에 끝났어요.

선　배: 수고했어. ㉡학교에서 우리 동아리 활동 지원 예산안에 대해 뭐라고 해?

후배 2: 지난번에 저희가 선배님과 함께 제안했던 예산안은 수용하기 힘들다고 했어요.

선　배: ㉢우리가 제안한 예산안이 그렇게 무리한 건 아니었을 텐데.

후배 1: 그런데 학교에서는 ㉣자신의 형편을 감안해 달라는 동아리가 한둘이 아니라면서, ㉤우리의 제안을 수용하기 쉽지 않다고 했어요.

선　배: ㉥서로 만족할 만한 결과를 얻기가 쉽지 않겠구나. 고생했어. 지도 선생님께 말씀드려 볼게.

후배 2: 네. 그럼 ㉦저희도 그렇게 알고 있을게요.

① ㉠과 ㉡은 문장 성분이 서로 다르군.

② ㉢에는 화자와 청자가 모두 포함되어 있군.

③ ㉣은 뒤에 있는 '동아리'를 가리키는 말이군.

④ ㉥은 ㉡의 '학교'와 ㉤의 '우리'를 모두 포함해서 가리키는 말이군.

⑤ ㉦은 화자가 청자와 자신을 모두 낮추기 위해 쓰는 말이군.

05

〈보기〉의 담화 상황에서 ⓐ~ⓔ가 가리키는 대상이 같은 것끼리 바르게 짝지은 것은?

〈보기〉

(수빈, 나경, 세은이 대화를 하고 있다.)

수빈: 나경아, 머리핀 못 보던 거네. 예쁘다.

나경: 고마워. ⓐ우리 엄마가 얼마 전 새로 생긴 선물 가게에서 사 주셨어.

세은: 너희 어머니 참 자상하시네. 나도 그런 머리핀 하나 사고 싶은데 ⓑ우리 셋이 지금 사러 갈까?

수빈: 미안해. 나도 같이 가고 싶은데 ⓒ우리 집에 일이 있어 못 갈 것 같아.

세은: 그래? 그럼 할 수 없네. ⓓ우리끼리 가지, 뭐.

나경: 그래, 수빈아. 다음엔 꼭 ⓔ우리 다 같이 가자.

① ⓐ-ⓑ　　　② ⓐ-ⓓ　　　③ ⓑ-ⓔ

④ ⓒ-ⓓ　　　⑤ ⓒ-ⓔ

06

〈보기〉의 ㉠~◎에 대한 설명으로 적절하지 않은 것은?

〈보기〉

(엄마와 아들이 둘이서 걸어가며)

아들: 엄마, 올해 마지막 날 엄마와 쇼핑 나와서 참 좋아요.

엄마: ㉠엄마도 영수랑 같이 나오니까 참 좋다.

아들: 어, 저거 뭐지? 엄마, 저 옷 가게 광고판 좀 보세요.

엄마: 뭐? ㉡저거?

아들: 네, ㉢저거요. '2015년 12월 30일, ㉣오늘 하루만 50% 할인'이라고 쓰여 있는데요.

엄마: 그래? 그러면 ㉤어제였네. ㉥누나 옷 사야 되는데.

아들 : 엄마, 그 옆 가게는 오늘까지 할인하는데요. 그런데 제 옷도 사 주시면 안 돼요?

엄마: 그래. 알았어, ㉦우리 아들. ◎영수도 옷 사 줘야지.

아들: 와, 잘됐다. 다음 주 여행 갈 때 입고 가야겠다.

① ㉠과 ㉥은 청자의 관점에서 사용한 지칭어이다.

② ㉠과 ㉦은 현재의 담화 상황에 참여하고 있는 사람을 가리킨다.

③ ㉡과 ㉢은 동일한 대상을 가리킨다.

④ ㉣과 ㉤은 동일한 날을 가리킨다.

⑤ ㉥과 ◎은 화자와 청자를 제외한 제삼자를 가리킨다.

벌크-UP

[01~02] 다음 글을 읽고 물음에 답하시오.

담화 상황에서 화자가 자신의 의도를 명확하게 전달하고 청자와 원활하게 의사소통을 하기 위해서는 대상과 상황에 맞게 문법 요소를 활용해야 한다. 이러한 문법 요소에는 높임 표현, 피동 표현 등이 있다.

높임 표현은 화자가 대상의 높고 낮은 정도를 언어적으로 구별하는 것이다. 이는 화자가 높이려는 대상이 누구인지에 따라 주체 높임, 객체 높임, 상대 높임으로 구분된다. 주체 높임은 서술어의 주체를 높이는 방식이다. 이는 일반적으로 서술어에 선어말 어미 '-(으)시-'가 붙어서 실현되며, '주무시다, 잡수시다'와 같은 특수한 어휘나 조사 '께서'로 실현되기도 한다. 주체 높임에는 높임의 대상을 직접적으로 높이는 방식과 높이려는 대상의 신체 일부분, 소유물, 생각 등과 관련된 서술어에 '-(으)시-'를 사용해 높임의 대상을 간접적으로 높이는 방식이 있다. 객체 높임은 목적어나 부사어가 지시하는 대상, 즉 서술어의 객체를 높이는 방식이다. 이는 보통 '드리다, 모시다'와 같은 특수한 어휘나 조사 '께'로 실현된다. 상대 높임은 청자를 높이거나 낮추는 방식이다. 상대 높임은 종결 어미를 통해 실현되는데 하십시오체, 하오체, 하게체, 해라체와 같은 격식체와 해요체, 해체와 같은 비격식체로 나뉜다. 보통 공적인 상황에서 예의를 갖추며 상대를 높일 때에는 격식체의 하십시오체를 사용하고, 사적인 상황에서 친밀감을 드러내며 높일 때에는 비격식체의 해요체를 사용한다.

[A]
한편 피동 표현은 주어가 다른 주체에 의해 동작이나 행위를 당하는 것을 표현하는 것이다. 이와 반대로 주어가 동작이나 행위를 제힘으로 함을 표현하는 것은 능동 표현이라고 한다. 그런데 능동 표현을 피동 표현으로 바꾸거나 피동 표현을 능동 표현으로 바꾸면 문장 성분에 변화가 일어난다. 피동 표현은 능동의 동사에 피동 접미사 '-이-', '-히-', '-리-', '-기-'가 붙거나, 동사의 어간에 '-어/아지다', '-게 되다' 등이 붙어서 실현된다. 그리고 일부 명사 뒤에 '-되다'가 결합하여 실현되기도 한다. 피동 표현이 실현되면 동작이나 행위를 당하는 대상이 주어로 나타나므로 동작이나 행위를 당한 대상이 강조되는 효과가 있다. 그런데 간혹 피동 표현을 만드는 요소를 중복으로 결합하여 이중 피동 표현을 사용하는 일이 발생한다. 이러한 경우 잘못된 표현이 되어 화자의 의도를 효과적으로 드러내기 어렵고 상대방과의 원활한 의사소통을 방해할 수 있다. 그러므로 피동 표현의 쓰임새를 정확하게 이해하여 피동 표현을 사용하는 일은 중요하다.

01

윗글을 바탕으로 〈보기〉를 탐구한 내용으로 적절하지 <u>않은</u> 것은?

〈보기〉

ㄱ. (회장이 학급 친구들에게) 지금부터 학급 회의를 시작하겠습니다.

ㄴ. (언니가 동생에게) 나는 지난주에 할머니를 뵙고 왔어.

ㄷ. (형이 동생에게) 할아버지께서는 지금 어디 계시니?

ㄹ. (학생이 선생님에게) 선생님의 옷이 멋지십니다.

ㅁ. (아들이 어머니에게) 아버지께 다녀왔어요.

① ㄱ: '회장'은 공적인 상황에서 종결 어미를 사용하여 상대인 '학급 친구들'을 높이고 있다.

② ㄴ: '언니'는 특수한 어휘를 사용하여 객체인 '할머니'를 높이고 있다.

③ ㄷ: '형'은 조사와 선어말 어미를 사용하여 주체인 '할아버지'를 높이고 있다.

④ ㄹ: '학생'은 선어말 어미를 사용하여 '선생님'을 간접적으로 높이고 있다.

⑤ ㅁ: '아들'은 조사를 사용하여 객체인 '아버지'를 높이고 있다.

02

[A]를 바탕으로 〈보기〉의 ㉠~㉤에 대해 설명한 것으로 적절하지 <u>않은</u> 것은?

〈보기〉

학생 1: 어제 유기견 보호 센터에서 한 봉사활동은 어땠어?

학생 2: 응, 좋았어. 강아지들과 놀아 주고 산책도 했어. 그리고 친구들의 마음이 ㉠<u>담긴</u> 성금도 전달했지.

학생 1: ㉡<u>버려지는</u> 강아지들이 ㉢<u>구조되는</u> 데 성금이 ㉣<u>쓰인</u>다고 해서 나도 모금에 동참했어.

학생 2: 아, 그래? 유기견 보호 행사가 다음 주에 ㉤<u>열린다는데</u> 너도 같이 갈래?

학생 1: 응, 좋아.

① ㉠은 능동의 동사에 피동 접미사 '-기-'가 결합하여 실현된 피동 표현이다.

② ㉡은 피동 접미사 '-리-'가 쓰인 동사의 어간에 '-어지다'가 중복해서 결합한 이중 피동 표현이다.

③ ㉢은 명사 뒤에 '-되다'가 결합하여 주어가 행위를 당하는 것을 표현하고 있다.

④ ㉣은 '쓴다고'와 같이 능동 표현으로 바뀔 경우 ㉣의 주어가 목적어로 바뀐다.

⑤ ㉤은 행사를 여는 주체보다 '유기견 보호 행사'가 강조되는 효과가 드러나는 피동 표현이다.

호루라기 관장님의 하드 트레이닝

공부한 날	월　일　요일
맞은 개수	/ 15

No	다음 문제를 푸시오.
01	대화를 읽고, ㉠~㉣의 지시 표현에 해당하는 것을 쓰시오. (수찬이가 지수에게 전화를 건 상황) 수찬: ㉠거기 어디야? 지수: ㉡여기 학교 앞 문구점. 수찬: ㉢여기 운동장이니까 ㉣거기서 조금만 기다려. ㉠　　　　㉡ ㉢　　　　㉣
02	대화를 읽고, ㉠~㉣의 지시 표현에 해당하는 것을 쓰시오. (수찬이와 지수가 문구점에 간 상황) 수찬: (노란색 공책을 가리키며) ㉠이거 어때? 지수: ㉡그건 별로야. 수찬: (파란색 공책을 가리키며) ㉢저건 어때? 지수: 그래, ㉣저거 좋아 보인다. ㉠　　　　㉡ ㉢　　　　㉣
03	대화를 읽고, ㉠, ㉡의 대용 표현이 가리키는 것을 쓰시오. 재민: 엄마, 서점 좀 다녀올게요. 엄마: ㉠거긴 왜? 서영: 체험 학습 날짜가 연기되었대. 재민: ㉡그게 사실이야? ㉠ ㉡　　(　　　　　　　)되었다는 것
04	대화를 읽고, ㉠~㉢의 대용 표현이 가리키는 것을 쓰시오. 민지: 어제 방송된 한글의 우수성에 대한 프로그램 봤어? 하준: 응, ㉠그것을 보고 한글이 대단하다고 생각했어. 재준: 나도 ㉡그랬어. 민지: 우리는 날마다 한글을 사용하고 있어. 그렇지만 ㉢이것이 얼마나 소중한 것인지는 평소에 생각하지 않는 거 같아. ㉠ ㉡ ㉢

No	다음 빈칸에 들어갈 알맞은 접속 표현을 쓰시오.
05	그는 자리에서 일어났다. (　　　　) 창문을 열었다.
06	숙제가 많아서 늦게까지 잠을 못 잤다. (　　　　) 오늘 무척 피곤하다.
07	지난 일요일에는 재미있는 영화를 봤다. (　　　　) 보고 싶던 책도 샀다.
08	작년 봄에는 비가 많이 왔다. (　　　　) 올해는 비가 거의 내리지 않는다.
09	재룟값이 많이 올랐다. (　　　　) 식당의 음식값도 조만간 오를 것이다.

No	다음 문제를 푸시오.
10	대화를 읽고, 해당하는 표현을 찾아 쓰시오. 지훈: 우리 방학 때 영화 보러 가자. 그리고 연극도. 명재: 그래. 그런데 좀 더 새로운 놀거리가 없을까? 영웅: ('개업 기념 할인' 현수막을 가리키며) 저것은 뭐지? 가게가 새로 생겼나 봐! | 접속 표현 | 지시 표현 |
11	대화를 읽고, 해당하는 표현을 찾아 쓰시오. 철수: 아빠, 주말에 놀이공원 가고 싶어요. 아빠: 지난 달에 갔던 거기 말하는 거니? 하지만 그곳은 다음 달까지 공사를 한대. | 접속 표현 | 지시 표현 |

No	다음 상황을 고려할 때 발화의 의미를 고르시오.	
12	"지금 뭐하니?" ➜ 하지 말아야 할 일을 한 상황	(질문 / 질책)
13	"지하철역은 어디에 있나요?" ➜ 길을 물어보는 상황	(요청 / 질문)
14	"좀, 내립시다." ➜ 다른 승객이 출구를 막고 있는 상황	(거절 / 요청)
15	"창문이 열렸네?" ➜ 추위를 느끼며 창가에 앉은 친구에게 말하는 상황	(요청 / 질문)

오늘의 수능 국어 트레이닝 끝!

V 어문 규정

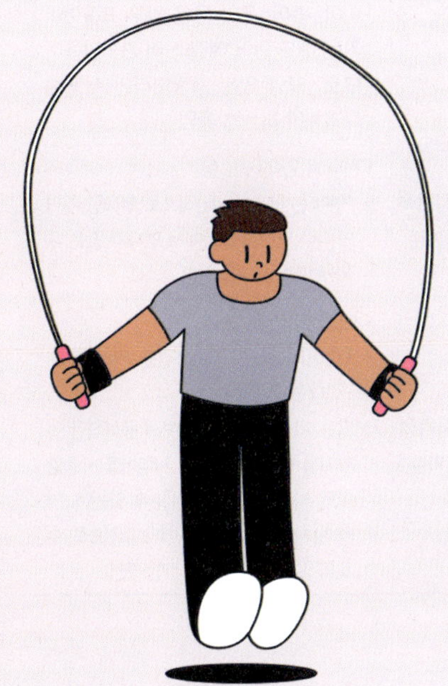

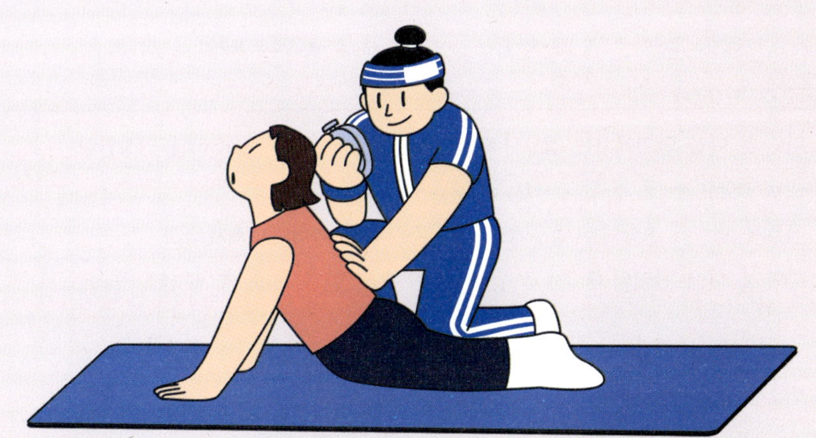

어문 규정

075 표준어 규정 ❶

1 표준어 규정 총칙

제1항	표준어는 교양 있는 사람들이 두루 쓰는 현대 서울말로 정함을 원칙으로 한다. (교양 있는 사람들: 사회적 기준 / 두루 쓰는: 사용 범위 / 현대 서울말: 시대적·지역적 기준)

2 발음 변화에 따른 표준어 규정 – 제1절 자음

• **제3항** 다음 단어들은 거센소리를 가진 형태를 표준어로 삼는다.

표준어	비표준어	표준어	비표준어
나팔-꽃 녘 → 동틀녘, 새벽녘	나발-꽃 녁	부엌 칸 → 빈 칸, 방 한 칸	부억 간 → '초가삼간, 윗간'은 '간'임.

• **제5항** 어원에서 멀어진 형태로 굳어져서 널리 쓰이는 것은, 그것을 표준어로 삼는다.

표준어	비표준어
강낭-콩 사글-세	강남-콩 삭월-세 → '월세'는 표준어

– 다만, 어원적으로 ([1] ㅇㅎ)에 더 가까운 형태가 아직 쓰이고 있는 경우에는, 그것을 표준어로 삼는다.

표준어	비표준어	표준어	비표준어
갈비 → 갈비찜 굴-젓 말-곁	가리 구-젓 말-겻	휴지 적-이* → 적이-나	수지 저으기

• **제6항** 다음 단어들은 의미를 구별함이 없이, 한 가지 형태만을 표준어로 삼는다.

표준어	비표준어	표준어	비표준어
돌 → 생일, 주기 둘-째 → 제2, 두 개째	돐 두-째	빌리다 → 빌려주다, 빌려오다	빌다 → '용서를 빌다'는 표준어가 '빌다'임.

– 다만, '둘째'는 십 단위 이상의 서수사에 쓰일 때에 '두째'로 한다. 예 열두-째, 스물두-째

• **제7항** 수컷을 이르는 접두사는 '수-'로 통일한다.

표준어	비표준어	표준어	비표준어
수-꿩 → '장끼'도 표준어 수-놈	수-퀑/숫-꿩 숫-놈	수-소 → '황소'도 표준어 수-사돈	숫-소 숫-사돈

– 다만 1. 다음 단어에서는 접두사 다음에서 나는 ([2] ㄱㅅ)소리를 인정한다.

예 수-캉아지, 수-컷, 수-탉, 수-퇘지

– 접두사 '암-'이 결합되는 경우에도 이에 준한다. 예 암-탉, 암-퇘지

– 다만 2. 다음 단어의 ([3] ㅈㄷㅅ)는 '숫-'으로 한다. 예 숫-양, 숫-염소, 숫-쥐

표준어를 정하는 이유는 무엇인가요?

한 나라 안에서 지역적으로나 사회적으로 여러 형태로 쓰이는 말을 표준형으로 제시하는 것은 그 나라 국민들의 효율적이고 통일된 의사소통을 위한 것입니다. 국어 토박이 화자가 하는 말은 어휘의 형태나 음운의 발음에서 지역적으로나 사회적으로 여러 가지로 나타나는 경우가 많은데, 이러한 여러 형태나 발음 중 하나 혹은 둘을 표준형으로 제시하고자 하는 것이 표준어 규정의 목적입니다. 한글 맞춤법은 그러한 표준형을 문자로 적을 때 올바르게 표기하는 방법을 규정한 것이므로, 표준어 규정은 한글 맞춤법의 전제가 되는 규정이라고 할 수 있습니다.

개념 알통

표준어를 정하는 기준

표준어 규정 제1항에는 표준어를 정하는 사회적, 시대적, 지역적 기준이 제시되어 있다.

사회적 기준	•교양 있는 사람들이 쓰는 언어여야 함. → 교양이란 '학문, 지식, 사회생활을 바탕으로 이루어지는 품위'를 뜻하므로 교양 있는 사람이란 사회적 품위를 갖춘 사람을 말함. •비어, 속어, 은어 등은 일부 표준어이기는 해도 언어 예절에 어긋난 말들이므로, 교양 있는 사람이라면 사용을 자제해야 하는 말들임.
시대적 기준	•현대의 언어여야 함. → '현대'는 단순히 시간적으로 현재란 뜻이 아니라 역사적 흐름에서 현재와 같은 구획에 있는 시대를 말함.
지역적 기준	•서울말이어야 함. •표준어의 공용어적 성격을 가장 크게 드러내는 기준임. → 많은 지역 사람들이 모여서 공식적인 이야기를 나눌 때 각자의 지역어를 사용한다면 의사소통이 어려워질 수 있는데, 이를 방지하기 위해 표준어의 조건으로 수도의 말인 서울말을 제시한 것임.

* **적이**: 꽤 어지간한 정도로

【초성 답】 1 원형 2 거센 3 접두사

076 표준어 규정 ❷

3 발음 변화에 따른 표준어 규정 – 제2절 모음 ①

•**제8항** 양성 모음이 음성 모음으로 바뀌어 굳어진 다음 단어는 음성 모음 형태를 표준어로 삼는다.

표준어	비표준어	표준어	비표준어
–둥이 ➡ 쌍둥이, 흰둥이	–동이	오뚝–이	오똑–이
발가–숭이	발가–송이	**주추***	주초
보퉁이	보통이	뻗정–다리	뻗장–다리
깡충–깡충 ➡ 큰말은 '껑충껑충'	깡총–깡총	아서, 아서라 ➡ 금지하는 말	앗아, 앗아라

– 다만, 어원 의식이 강하게 작용하는 다음 단어에서는 (¹ ○ㅅ) 모음 형태를 그대로 표준어로 삼는다.

표준어			비표준어		
부조(扶助)	사돈(査頓)	삼촌(三寸)	부주	사둔	삼춘

•**제9항** 'ㅣ' 역행 동화 현상에 의한 발음은 원칙적으로 표준 발음으로 인정하지 아니하되, 다만 다음 단어들은 그러한 (² ㄷㅎ)가 적용된 형태를 표준어로 삼는다.

표준어			비표준어		
–내기 ➡ 서울내기, 풋내기	냄비	**동댕이–치다***	–나기	남비	동당이–치다

[붙임 1] 다음 단어는 'ㅣ' 역행 동화가 일어나지 아니한 형태를 표준어로 삼는다.

예 아지랑이(표준어) – 아지랭이(비표준어)

[붙임 2] 기술자에게는 '–장이', 그 외에는 '–쟁이'가 붙는 형태를 표준어로 삼는다.

표준어	비표준어	표준어	비표준어
미장이*	미쟁이	담쟁이–덩굴	담장이–덩굴
유기장이	유기쟁이	소금쟁이	소금장이
멋쟁이	멋장이	골목쟁이	골목장이

'–장이'는 기술자에 붙는 접미사이고 '–쟁이'는 기타 어휘에 붙는 접미사인데, 여기서 '기술자'는 수공업적인 기술자로 한정합니다. 그래서 갓을 만드는 사람은 '갓장이'이지만, 점을 치는 사람은 '점장이'가 아닌 '점쟁이'가 되는 것입니다.

•**제10항** 다음 단어는 (³ ㅁㅇ)이 단순화한 형태를 표준어로 삼는다.

표준어	비표준어	표준어	비표준어
괴팍–하다	괴팍–하다/괴퍅–하다	온–달 ➡ 꽉 찬 한 달	왼–달
–구먼	–구면	케케–묵다	켸켸–묵다
미루–나무	미류–나무	허우대	허위대
여느	여늬	허우적–허우적	허위적–허위적

개념 알통

'ㅣ' 역행 동화

•'ㅣ' 역행 동화란 뒤에 오는 'ㅣ' 모음 혹은 반모음 'ㅣ[j]'에 동화되어 앞에 있는 'ㅏ, ㅓ, ㅗ, ㅜ, ㅡ'가 각각 'ㅐ, ㅔ, ㅚ, ㅟ, ㅣ'로 바뀌는 현상이다.

예 '아비, 어미, 고기, 끓이다'를 [애비], [에미], [괴기], [끼리다]로 발음하는 경우

•'ㅣ' 역행 동화 현상을 인정하는 표준어는 최소화한다.

➡ 한 단어 안에서는 'ㅣ' 역행 동화가 자주 일어나지만, 대부분 주의해서 발음하면 피할 수 있는 발음이므로 그 동화형을 표준어로 삼기 어려우며, 'ㅣ' 역행 동화 현상은 매우 광범위하여 그 동화형을 다 표준어로 인정하면 오히려 혼란을 일으킬 우려도 있음.

***주추**: 기둥 밑에 괴는 돌 따위의 물건

***동댕이치다**: 들어서 힘껏 내던지다.

***미장이**: 건축 공사에서 벽이나 천장, 바닥 따위에 흙, 회, 시멘트 따위를 바르는 일을 직업으로 하는 사람

***유기장이**: 키버들로 고리짝이나 키 따위를 만들어 파는 일을 직업으로 하는 사람 = 고리장이

【초성 답】 1 양성 2 동화 3 모음

077 표준어 규정 ❸

4 발음 변화에 따른 표준어 규정 – 제2절 모음 ②

• **제11항** 다음 단어에서는 모음의 발음 변화를 인정하여, (¹ ㅂㅇ)이 바뀌어 굳어진 형태를 표준어로 삼는다.

표준어	비표준어	표준어	비표준어
-구려	-구료	상추	상치
깍쟁이	깍정이	주책 ➡ 주책없다	주착
나무라다	나무래다	지루-하다	지리-하다
미수 ➡ 미숫-가루	미시	**허드레*** ➡ 허드렛-일	허드래
바라다 ➡ 바람	바래다	호루라기	호루루기

• **제12항** '웃-' 및 '윗-'은 명사 '위'에 맞추어 '윗-'으로 통일한다.

표준어	비표준어	표준어	비표준어
윗-눈썹	웃-눈썹	윗-배	웃-배
윗-니	웃-니	윗-수염	웃-수염
윗-도리	웃-도리	윗-입술	웃-입술
윗-몸 ➡ 윗몸 운동	웃-몸	윗-잇몸	웃-잇몸

– 다만 1. (² ㄷㅅㄹ)나 거센소리 앞에서는 '위-'로 한다.

표준어	비표준어	표준어	비표준어
위-짝	웃-짝	위-층	웃-층
위-쪽	웃-쪽	위-팔	웃-팔

– 다만 2. '아래, 위'의 대립이 없는 단어는 '웃-'으로 발음되는 형태를 표준어로 삼는다.

표준어	비표준어	표준어	비표준어
웃-돈*	윗-돈	웃-어른	윗-어른
웃-비	윗-비	웃-옷	윗-옷

• **제13항** (³ ㅎㅈ) 구(句)가 붙어서 이루어진 단어는 '귀'로 읽는 것을 인정하지 아니하고, '구'로 통일한다.

표준어	비표준어	표준어	비표준어
구절(句節)	귀절	시구(詩句)	시귀
난구(難句)	난귀	어구(語句)	어귀
대구(對句) ➡ 대구법	대귀	인용구(引用句)	인용귀
문구(文句)	문귀	**절구**(絶句)*	절귀

– 다만, 다음 단어는 '귀'로 발음되는 형태를 표준어로 삼는다.

예 귀-글, 글-귀(표준어) / 구-글, 글-구(비표준어)

개념 알통

'웃-'과 '윗-'을 구별할 때 주의할 점

• 일반적으로 '위, 아래'의 개념상 대립이 성립하지 않는 경우는 '웃-'으로 쓰고, 그 외에는 '윗-'을 표준어로 삼는다.

예 '웃돈'과 '윗돈' 중에서는, 개념상 '아랫돈'이 있을 수 없기 때문에 '웃돈'을 표준어로 삼은 반면, '윗목'은 이에 대립하는 '아랫목'이 가능하므로 '웃목'이 아닌 '윗목'을 표준어로 삼는다.

• '윗-'이 붙은 단어가 있으면 대체로 '아랫-'이 붙은 단어도 있지만 반드시 그런 것은 아니다.

• '아랫-'이 붙은 말이 없더라도 '윗-'이 의미상 '아랫-'과 반대되는 의미를 나타내는 경우에는 '윗-'으로 쓸 수 있다.

예 '윗넓이'의 경우, '아랫넓이'라는 말은 없지만 '윗넓이'의 '윗-'이 의미상 '아랫-'과 반대되는 의미이기 때문에 '윗넓이'라고 쓴다.

'귀글'과 '글귀'의 의미는 무엇인가요?

제13항은 이전까지 '구'와 '귀'로 혼동이 심했던 '句(글귀 구/글귀 귀)'의 음을 '구'로 통일한 것입니다. 그러므로 '귀절, 대귀, 인용귀' 등은 모두 '구절, 대구, 인용구'로 써야 합니다. 다만, 예외적으로 글의 구나 절을 가리킬 때에는 '글귀'라고 하고, 한시(漢詩) 등에서 두 마디가 한 덩이씩 되게 지은 글을 가리킬 때에는 '귀글'이라고 합니다.

***허드레**: 그다지 중요하지 아니하고 허름하여 함부로 쓸 수 있는 물건

***웃돈**: 본래의 값에 덧붙이는 돈

***절구**: 한시의 근체시 형식의 하나. 기·승·전·결의 네 구로 이루어짐.

【초성 답】 **1** 발음 **2** 된소리 **3** 한자

078 표준어 규정 ④

5 발음 변화에 따른 표준어 규정 – 제3절 준말

• **제14항** 준말이 널리 쓰이고 본말이 잘 쓰이지 않는 경우에는, (¹ ㅈㅁ)만을 표준어로 삼는다.

표준어	비표준어	표준어	비표준어
귀찮다	귀치 않다	샘 → 샘바르다	새암
김 → 김매다	기음	생-쥐	새앙-쥐
따리	또아리	솔개	소리개
무	무우	온-갖	온-가지
뱀	배암	장사-치	장사-아치
빔 → 설빔, 생일빔	비음		

• **제15항** 준말이 쓰이고 있더라도, 본말이 널리 쓰이고 있으면 (² ㅂㅁ)을 표준어로 삼는다.

표준어	비표준어	표준어	비표준어
경황-없다	경-없다	모이	모
궁상-떨다	궁-떨다	벽-돌	벽
귀이-개	귀-개	살얼음-판	살-판
낌새	낌	수두룩-하다	수둑-하다
낙인-찍다	낙-하다/낙-치다	일구다	일다
돗-자리	돗	**퇴박-맞다**＊	퇴-맞다
뒤웅-박	뒝-박	부스럼	부럼 → 정월 보름에 쓰는 '부럼'은 표준어
마구-잡이	막-잡이		

[붙임] 다음과 같이 명사에 조사가 붙은 경우에도 이 원칙을 적용한다.

개념 당기는 예시

• 아래-로(표준어) / 알-로(비표준어)

→ '알로'가 일반적으로 쓰이지 않기 때문에 표준어로 인정하지 않음.

• **제16항** 준말과 본말이 다 같이 널리 쓰이면서 준말의 효용이 뚜렷이 인정되는 것은, 두 가지를 다 (³ ㅍㅈㅇ)로 삼는다.

본말(표준어)	준말(표준어)	본말(표준어)	준말(표준어)
거짓-부리	거짓-불	서투르다	서툴다
노을 → 저녁노을	놀	시-누이	시-뉘/시-누
막대기	막대	오-누이	오-뉘/오-누
망태기＊	망태	외우다	외다
머무르다	머물다	**이기죽-거리다**＊	이죽-거리다
서두르다	서둘다	찌꺼기	찌끼

본말 '머무르다, 서두르다, 서투르다'와 준말 '머물다, 서둘다, 서툴다'에는 '모음 어미가 연결될 때에는 준말의 활용형을 인정하지 않음.'이라는 단서가 붙는데, 이는 '가지다'의 준말 '갖다'의 모음 어미 활용형 '갖아, 갖아라, 갖았다, 갖으오, 갖은' 등이 성립하지 않는 것처럼, 준말의 활용형을 제한하는 것입니다.

💗 제14항은 왜 준말만 표준어로 삼는 것인가요?

제14항에서 본말이 아닌 준말을 표준어로 삼는 것은 본말이 줄어 준말이 된 경우, 본말이 이론적으로만 있거나 사전에만 남아 있고 현실 언어에서 거의 쓰이지 않기 때문입니다. '귀치 않다'나 '온가지'는 현실 언어에서 사라진 지 오래이므로 '귀찮다, 온갖'만을 표준어로 삼습니다. '생쥐'의 본말인 '새앙쥐'는 비표준어입니다. 그러나 땃쥐(동아시아 등지에 분포하며 쥐와 비슷하나 작고 주둥이가 뾰족하며 꼬리에 긴 털이 많은 포유류)과 동물인 '사향뒤쥐'를 달리 이르는 말인 '새앙쥐'는 표준어입니다. 이 말은 '생쥐'로 줄여 발음하지 않기 때문입니다.

＊ **퇴박맞다** : 마음에 들지 아니하여 거절당하거나 물리침을 받다.

＊ **망태기** : 물건을 담아 들거나 어깨에 메고 다닐 수 있도록 만든 그릇.

＊ **이기죽거리다** : 자꾸 밉살스럽게 지껄이며 짓궂게 빈정거리다.

【초성 답】 1 준말   2 본말   3 표준어

개념 트레이닝 ZONE

⟲ 문제를 풀며 개념 근육을 키워 보세요!

01 다음 설명의 알맞은 말에 ○표 하시오.

(1) 표준어 규정의 총칙에 제시된 원칙은 표준어는 (교양 / 지식) 있는 사람들이 (두루 / 일부) 쓰는 현대 서울말을 표준어로 정한다는 것이다.

(2) 표준어는 (지역 / 사회)적으로는 서울말을, 계급적으로는 교양 있는 사람들이 사용하는 말을, (상황 / 시대)적으로는 현대 국어라는 조건을 포함하고 있다.

(3) 서울말을 표준어로 삼은 것은 서울이 수도이고 지역적으로 정치, 경제, 사회, 문화의 (유적지 / 중심지)이기 때문일 뿐, 다른 지역 방언보다 언어적으로 뛰어나기 때문이 아니다.

(4) 수공업적인 기술자에는 접미사 '-(장이 / 쟁이)'가 붙고, 그 외에는 접미사 '-(장이 / 쟁이)'가 붙는다.

02 다음 표준어 규정을 고려할 때 알맞은 표준어에 ○표 하시오.

> [제8항] 양성 모음이 음성 모음으로 바뀌어 굳어진 다음 단어는 음성 모음 형태를 표준어로 삼는다.

(1)	쌍둥이	쌍동이
(2)	오똑이	오뚝이
(3)	발가송이	발가숭이
(4)	깡총깡총	깡충깡충

03 다음 표준어 규정을 고려할 때 알맞은 표준어에 ○표 하시오.

> [제12항] '웃-' 및 '윗-'은 명사 '위'에 맞추어 '윗-'으로 통일한다.
> 다만 1. 된소리나 거센소리 앞에서는 '위-'로 한다.
> 다만 2. '아래, 위'의 대립이 없는 단어는 '웃-'으로 발음되는 형태를 표준어로 삼는다.

(1)	윗돈	위돈	웃돈
(2)	윗층	위층	웃층
(3)	위쪽	윗쪽	웃쪽
(4)	윗도리	위도리	웃도리
(5)	윗어른	위어른	웃어른
(6)	윗입술	위입술	웃입술

04 다음 중 빈칸에 들어갈 알맞은 표준어를 찾아 쓰시오.

냄비	풋내기	멋쟁이	미장이	소금쟁이
시골내기	신출내기	아지랑이	유기장이	동댕이치다

(1)	서류를 바닥에 ( ).
(2)	연못 위에서 ( )가 유유하게 떠다녔다.
(3)	낭만을 즐기는 그는 ( )로 소문나 있다.
(4)	뜨거운 열기에 아스팔트에서 ( )가 피어올랐다.
(5)	산촌에서 서울로 왔더니 ( )라고 놀림을 받았다.
(6)	이제 막 화가로 등단한 그는 미술계에서 ( )였다.
(7)	신입 사원인 우리는 업무가 서툴러 ( )로 불렸다.
(8)	키버들을 엮어 물건을 만드는 사람을 ( )라고 한다.
(9)	우리는 캠핑장에서 쌀을 여러 번 씻은 뒤 ( )에 안쳤다.
(10)	( )는 건축 공사에서 흙이나 시멘트를 바르는 사람이다.

05 다음 중 표준어를 찾아 ○표 하시오.

(1)	감기에 걸려서 만사가 다 (귀찮다 / 귀치않다).
(2)	(온가지 / 온갖) 정성을 기울여 선물을 만들었다.
(3)	(장사치 / 장사아치)의 눈치만큼 재빠른 것도 없다.
(4)	나무 위에서 구렁이가 (똬리 / 또아리)를 틀고 있다.
(5)	새해에는 (설빔 / 설비음)으로 단장하고 세배를 한다.
(6)	(새앙쥐 / 생쥐)는 극지방을 제외한 전세계에 분포한다.
(7)	우리나라에서 (솔개 / 소리개)는 겨울에 흔한 나그네새이다.

06 다음 표준어 규정을 고려할 때 알맞은 표준어에 ○표 하시오.

> [제15항] 준말이 쓰이고 있더라도, 본말이 널리 쓰이고 있으면 본말을 표준어로 삼는다.

(1)	김	김새
(2)	뒤웅박	뒝박
(3)	경없다	경황없다
(4)	막잡이	마구잡이

01

〈보기〉를 참고할 때, 밑줄 친 단어의 활용이 적절하지 <u>않은</u> 것은?

〈보기〉

'다양한 기능을 갖은 물건이다.'에서 '갖은'은 '가진'을 잘못 쓴 예이다. '갖다'는 본말 '가지다'의 준말로, '갖다'와 '가지다'는 모두 표준어이다. 그런데 '갖다'는 '갖고', '갖지만'과 같이 활용할 수 있지만 '갖아', '갖으며'와 같이 활용할 수는 없는데, 이는 모음으로 시작하는 어미가 연결될 때에는 준말의 활용형을 인정하지 않기 때문이다. '내디디다/내딛다, 서투르다/서툴다, 머무르다/머물다, 서두르다/서둘다, 건드리다/건들다' 등도 모음으로 시작하는 어미 앞에서는 본말의 활용형만 쓴다.

실력 자랑 밑줄 친 단어의 활용이 적절하면 ○, 적절하지 않으면 ✕표 하세요.

① 그녀는 새로운 삶에 첫발을 <u>내딛었다</u>.　　○ ✕

② 아저씨가 농사일에 <u>서투른</u> 줄 몰랐다.　　○ ✕

③ 우리는 여기에 <u>머물면서</u> 쉴 생각이다.　　○ ✕

④ <u>서두르지</u> 않으면 출발 시간에 늦겠다.　　○ ✕

⑤ 조금만 <u>건드려도</u> 방울 소리가 잘 난다.　　○ ✕

02

다음은 '윗', '위', '웃'의 표기에 관한 탐구 과정이다. ㉠에 들어갈 조건으로 적절한 것은?

탐구 과제	'윗', '위', '웃'을 어떻게 구분하여 표기할까?	
수집 자료	윗사람, 윗집, 위쪽, 위층, 웃어른	
자료 분석	자료에서 '윗'과 '웃'의 쓰임의 차이를 확인한다. 윗사람(○), 웃사람(✕) ↔ 아랫사람(○) 윗어른(✕), 웃어른(○) ↔ 아랫어른(✕)	자료에서 '위'와 '윗'의 쓰임의 차이를 확인한다. 위집(✕), 윗집(○) 위쪽(○), 윗쪽(✕) 위층(○), 윗층(✕)

탐구 결과

실력 자랑 ㉠에 들어갈 조건으로 적절한 것에 V표 하세요.

1. 합성어인가?

2. 모음 앞에 위치하는가?

3. 울림소리 앞에 위치하는가?

4. 사물의 이름을 나타내는가?

5. 된소리나 거센소리 앞에 위치하는가?

[01] 다음 글을 읽고 물음에 답하시오.

한글 맞춤법 총칙 제1항은 '한글 맞춤법은 표준어를 소리대로 적되, 어법에 맞도록 함을 원칙으로 한다.'이다. 이는 한글 맞춤법의 대원칙을 밝히는 조항으로, 한글 맞춤법은 이 조항에 따라 표준어를 표음 문자인 한글로 올바르게 적는 방법이다.

한글 맞춤법에서는 단어의 일부분이 줄어든 준말의 표기 방법을 따로 규정하고 있다. 한글 맞춤법 제32항에서는 어근이나 어간에서 끝음절의 모음이 줄어들고 자음만 남는 경우 자음을 앞 음절의 받침으로 적는다는 것을 다루고 있다. 그 예로 '어제저녁'이 줄어들어 '엊저녁'으로도 적는 경우를 들 수 있다. '어제저녁'의 준말의 발음인 [얻쩌녁]을 소리 나는 대로 적으면 그 원래 뜻을 파악하기 어렵다. 그래서 '어제저녁'과의 형태적 연관성이 드러나도록 '엊저녁'으로 표기하는 것이다. 이는 표준어를 소리대로 적는다는 원칙만으로 충분하지 않은 경우, 어법에 맞도록 표기한 것이라 할 수 있다.

01

윗글을 바탕으로 〈보기〉의 ㉠~㉤을 '탐구 과정'에 따라 분류할 때, [A]에 들어갈 예만을 고른 것은?

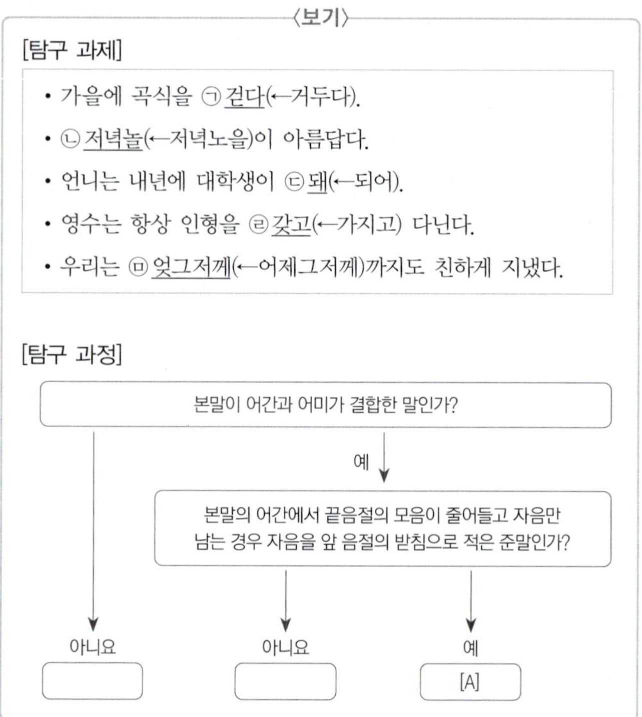

① ㉠, ㉡

② ㉠, ㉣

③ ㉡, ㉢

④ ㉢, ㉣

⑤ ㉣, ㉤

공부한 날	월	일	요일
맞은 개수		/ 28	

No	다음 빈칸에 알맞은 말을 써서 문장을 완성하시오.
01	표준어는 한 나라에서 (　　　)로 쓰는 규범으로서의 언어로, 의사소통의 불편을 덜기 위하여 전 국민이 공통적으로 쓸 자격을 부여받은 말이다.
02	우리나라에서는 표준어는 (　　　) 있는 사람들이 두루 쓰는 (　　　) 서울말로 정함을 원칙으로 한다.
03	'나팔꽃, 부엌'과 같은 단어들은 (　　　)를 가진 형태를 표준어로 삼는다.
04	'강낭콩, 사글세'처럼 (　　　)에서 멀어진 형태로 굳어져 널리 쓰이는 것은, 그것을 표준어로 삼는다.
05	수컷을 이르는 접두사는 '(　　)-'로 통일하되, '숫양, 숫염소, 숫쥐'는 '숫-'으로 적는다.
06	'ㅣ' 모음이 앞의 모음 'ㅏ, ㅓ, ㅗ, ㅜ, ㅡ'에 영향을 주어 'ㅐ, ㅔ, ㅚ, ㅟ, ㅣ'로 변하게 하는 현상인 'ㅣ' (　　　) 동화는 표준 발음으로 인정하지 않지만, '서울내기, 시골내기, 신출내기, 풋내기, 냄비, 동댕이치다' 등은 표준어이다.
07	(　　　)을 가진 사람을 가리키는 '-장이'와 '그것이 나타내는 속성을 많이 가진 사람'을 의미하는 '-(　　　)'는 의미에 따라 구분해서 쓴다.
08	'위쪽'을 의미하는 접두사는 모두 '(　　)-'으로 통일하되, 된소리나 거센소리 앞에서는 사이시옷을 쓰지 않으므로 '위-'로 쓰고, 아래, 위의 대립이 없을 때는 '(　　)-'으로 쓴다.
09	'무, 뱀, 생쥐, 똬리, 귀찮다'처럼 준말이 널리 쓰이고 본말이 잘 쓰이지 않는 경우에는 (　　　)만을 표준어로 삼는다.
10	현재는 '설겆이'를 사용하지 않아 '(　　　)'만 표준어로 삼는 것처럼 옛날에 사용되던 단어가 더 이상 쓰이지 않게 되면 새로운 단어를 표준어로 삼는다.

No	다음 뜻에 알맞은 표준어를 찾아 쓰시오.	
	맨날　복숭아뼈　세간살이　간지럽히다　남사스럽다	
11	매일같이 계속하여서	
12	집안 살림에 쓰는 온갖 물건	
13	발목 부근에 안팎으로 둥글게 나온 뼈	
14	남에게 놀림과 비웃음을 받을 듯하다.	
15	살갗을 문지르거나 건드려 간지럽게 하다.	

No	다음 뜻에 알맞은 단어를 찾아 ○표 하시오.	
16	시선을 아래로 향하다.	→ (떨구다, 떨어뜨리다)
17	손자와 손녀를 아울러 이르는 말	→ (손자, 손주)
18	사람이 살아가기 위해 먹는 온갖 것	→ (먹거리, 먹을거리)
19	어떤 대상을 바라볼 때 눈에 나타나는 표정	→ (눈꼬리, 눈초리)
20	코로 맡을 수 있는 나쁘지 않거나 향기로운 기운	→ (냄새, 내음)

No	다음 중 표준어에 ○표 하시오.	
21	남비	냄비
22	위쪽	윗쪽
23	멋장이	멋쟁이
24	오뚜기	오뚝이
25	풋나기	풋내기
26	아지랑이	아지랭이
27	옹기장이	옹기쟁이
28	숫강아지	수캉아지

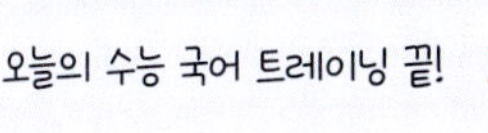

079 표준 발음법 ❶

1 총칙

• **제1항** 표준 발음법은 표준어의 실제 (¹ ㅂㅇ)을 따르되, 국어의 전통성과 **합리성***을 고려하여 정함을 원칙으로 한다.

교양 있는 사람들이 두루 쓰는 현대 서울말인 표준어의 발음을 실제 발음으로 여기고 이를 따르도록 기본 원칙을 정한 것입니다. 

2 제2장 자음과 모음

• **제5항** 'ㅑ ㅒ ㅕ ㅖ ㅘ ㅙ ㅛ ㅝ ㅞ ㅠ ㅢ'는 이중 모음으로 발음한다.

다만 1	용언의 활용형에 나타나는 '져, 쪄, 쳐'는 [저, 쩌, 처]로 발음한다. 예 가지어 → 가져[가저]　　쩌어 → 쪄[쩌]　　다치어 → 다쳐[다처]
다만 2	'예, 례' 이외의 'ㅖ'는 [ㅔ]로도 발음한다. 예 계시다[계ː시다/게ː시다]　시계[시계/시게](時計)　연계[연계/연게](連繫) 　　개폐[개폐/개페](開閉)　　지혜[지혜/지혜](智慧)　　혜택[혜ː택/헤ː택](惠澤)
다만 3	자음을 첫소리로 가지고 있는 음절의 'ㅢ'는 [ㅣ]로 발음한다. 예 늴리리　　닁큼　　무늬　　띄어쓰기　　씌어 　　틔어　　희어　　희떱다　　희망　　유희
다만 4	단어의 첫음절 이외의 '의'는 [ㅣ]로, 조사 '의'는 [ㅔ]로 발음함도 허용한다. 예 주의[주의/주이]　협의[혀븨/혀비]　우리의[우리의/우리에]　강의의[강ː의의/강ː이에]

3 제3장 음의 길이

• **제6항** 모음의 장단을 구별하여 발음하되, 단어의 첫음절에서만 (² ㄱㅅㄹ)가 나타나는 것을 원칙으로 한다.

예 눈보라[눈ː보라]　말씨[말ː씨]　밤나무[밤ː나무]　많다[만ː타]　멀리[멀ː리]　수많이[수ː마니]

다만	합성어의 경우에는 둘째 음절 이하에서도 분명한 긴소리를 인정한다. 예 반신반의[반ː신바ː늬/반ː신바ː니]　　재삼재사[재ː삼재ː사]
[붙임]	용언의 단음절 어간에 어미 '-아/-어'가 결합되어 한 음절로 축약되는 경우에도 긴소리로 발음한다. 예 보아 → 봐[봐ː]　기어 → 겨[겨ː]　되어 → 돼[돼ː]　두어 → 둬[둬ː]　하여 → 해[해ː]
다만	'오아 → 와, 지어 → 져, 찌어 → 쪄, 치어 → 쳐' 등은 긴소리로 발음하지 않는다.

4 제4장 받침의 발음 ①

• **제8항** 받침소리로는 'ㄱ, ㄴ, ㄷ, ㄹ, ㅁ, ㅂ, ㅇ'의 7개 (³ ㅈㅇ)만 발음한다.

• **제9항** 받침 'ㄲ, ㅋ', 'ㅅ, ㅆ, ㅈ, ㅊ, ㅌ', 'ㅍ'은 어말 또는 자음 앞에서 각각 대표음 [ㄱ, ㄷ, ㅂ]으로 발음한다.

┌ **개념 당기는 예시**

　• 닦다[닥따] 키읔[키윽] ➡ 대표음 [ㄱ]으로 발음함.

　• 옷[옫] 있다[읻따] 빚다[빋따] 꽃[꼳] 솥[솓] ➡ 대표음 [ㄷ]으로 발음함.

　• 앞[압] 덮다[덥따] ➡ 대표음 [ㅂ]으로 발음함.

개념 알통 

국어의 전통성과 합리성

• 전통성: 역사적으로 소리의 높이나 길이를 구별해 온 전통이 있다.

예 '음의 길이' 규정 존재

• 합리성: 국어의 규칙 내지는 법칙에 따라서 표준 발음을 합리적으로 정한다.

예 긴소리를 가진 음절이라도, 단음절인 용언 어간에 모음으로 시작된 어미가 결합되는 경우에는 짧게 발음한다.(감다[감ː따], 감으니[가므니])

개념 알통 

표준 발음법과 음운 변동

• 표준 발음법은 음운과 음운이 결합하는 과정에서 변화가 일어날 때 어떻게 발음해야 하는지를 규정해 놓은 것

• 표준 발음법에 맞는 정확한 발음을 하려면 국어의 음운 변동에 대한 이해가 바탕이 되어야 한다.

음절의 끝소리 규칙	표준 발음법 제8~11, 13~16항
구개음화	표준 발음법 17항
비음화/유음화	표준 발음법 18~20항
축약/탈락	표준 발음법 12항
된소리되기(경음화)	표준 발음법 23~28항
음의 첨가	표준 발음법 29~30항

* **합리성**: 이론이나 이치에 합당한 성질

【초성 답】 **1** 발음　**2** 긴소리　**3** 자음

080 표준 발음법 ❷

5 제4장 받침의 발음 ②

• **제10항** 겹받침 'ㄳ', 'ㄵ', 'ㄼ, ㄽ, ㄾ', 'ㅄ'은 어말 또는 자음 앞에서 각각 [ㄱ, ㄴ, ㄹ, ㅂ]으로 발음한다.

개념 당기는 예시

• 넋[넉] 넋과[넉꽈] / 앉다[안따] → 각각 대표음 [ㄱ], [ㄴ]으로 발음함.

• 여덟[여덜] 넓다[널따] 핥다[할따] → 대표음 [ㄹ]로 발음함.

• 값[갑] 없다[업ː따] → 대표음 [ㅂ]으로 발음함.

다만	'밟-'은 자음 앞에서 [밥]으로 발음하고, '넓-'은 다음과 같은 경우에 [넙]으로 발음한다. 예 밟다[밥ː따] 밟지[밥ː찌] 밟고[밥ː꼬] / 넓-죽하다[넙쭈카다] 넓-둥글다[넙뚱글다]

• **제11항** (¹ ㄱㅂㅊ) 'ㄺ, ㄻ, ㄿ'은 어말 또는 자음 앞에서 각각 [ㄱ, ㅁ, ㅂ]으로 발음한다.

개념 당기는 예시

• 닭[닥] 흙과[흑꽈] 맑다[막따] 늙지[늑찌] → 대표음 [ㄱ]으로 발음함.

• 삶[삼ː] 젊다[점ː따] → 대표음 [ㅁ]으로 발음함.

• 읊고[읍꼬] 읊다[읍따] → 대표음 [ㅂ]으로 발음함.

다만	용언의 어간 말음 'ㄺ'은 'ㄱ' 앞에서 [ㄹ]로 발음한다. 예 맑게[말께] 묽고[물꼬] 얽거나[얼꺼나]

• **제13항** 홑받침이나 쌍받침이 (² ㅁㅇ)으로 시작된 조사나 어미, 접미사와 결합되는 경우에는, 제 음가대로 뒤 음절 첫소리로 옮겨 발음한다.

예 깎아[까까] 옷이[오시] 있어[이써] 낮이[나지] 꽃을[꼬츨] 밭에[바테] 앞으로[아프로]

• **제14항** 겹받침이 모음으로 시작된 조사나 어미, 접미사와 결합되는 경우에는, 뒤엣것만을 뒤 음절 첫소리로 옮겨 발음한다.(이 경우, 'ㅅ'은 (³ ㄷㅅㄹ)로 발음함.)

예 넋이[넉씨] 앉아[안자] 닭을[달글] 젊어[절머] 핥아[할타] 읊어[을퍼] 값을[갑쓸]

• **제15항** 받침 뒤에 모음 'ㅏ, ㅓ, ㅗ, ㅜ, ㅟ'들로 시작되는 (⁴ ㅅㅈ) 형태소가 연결되는 경우에는, 대표음으로 바꾸어서 뒤 음절 첫소리로 옮겨 발음한다.

예 밭 아래[바다래] 늪 앞[느밥] 맛없다[마덥따] 헛웃음[허두슴] 꽃 위[꼬뒤]

겹받침의 발음에 대한 조항은 시험에 자주 나오는 중요한 부분이므로 잘 알아 두어야 합니다. 그리고 제13항 ~ 제15항은 '앞 음절의 끝 자음이 모음으로 시작되는 뒤 음절의 초성으로 이어져 나는 소리'인 '연음'에 대한 조항입니다.

겹받침 'ㄼ'의 탈락 자음을 단어에 따라 달리 규정한 이유는 무엇인가요?

'ㄼ'은 원칙적으로는 'ㅂ'을 탈락시켜 [ㄹ]로 발음해야 합니다. 하지만 '밟-' 뒤에 자음으로 시작하는 어미가 붙을 때에는 [ㅂ]으로 발음되고, '넓-'이 포함된 복합어 중 '넓죽하다', '넓둥글다' 등에서도 'ㄹ'을 탈락시켜 [ㅂ]으로 발음합니다. 동일한 겹받침 'ㄼ'의 탈락 자음을 일률적으로 규정하지 않고 단어에 따라 달리 규정한 것은 현실 발음을 고려한 조치입니다.

개념알통

제12항 받침 'ㅎ'의 발음

1	'ㅎ(ㄶ, ㅀ)' 뒤에 'ㄱ, ㄷ, ㅈ'이 결합되는 경우에는, 뒤 음절 첫소리와 합쳐서 [ㅋ, ㅌ, ㅊ]으로 발음한다.
2	'ㅎ(ㄶ, ㅀ)' 뒤에 'ㅅ'이 결합되는 경우에는, 'ㅅ'을 [ㅆ]으로 발음한다.
3	'ㅎ' 뒤에 'ㄴ'이 결합되는 경우에는, [ㄴ]으로 발음한다. [붙임] 'ㄶ, ㅀ' 뒤에 'ㄴ'이 결합되는 경우에는, 'ㅎ'을 발음하지 않는다.
4	'ㅎ(ㄶ, ㅀ)' 뒤에 모음으로 시작된 어미나 접미사가 결합되는 경우에는, 'ㅎ'을 발음하지 않는다.

V 어문 규정

【초성 답】 1 겹받침 2 모음 3 된소리 4 실질

081 표준 발음법 ❸

6 제5장 음의 동화

- **제17항** 받침 'ㄷ, ㅌ(ㄾ)'이 조사나 접미사의 모음 'ㅣ'와 결합되는 경우에는, [ㅈ, ㅊ]으로 바꾸어서 뒤 음절 (1 ㅊㅅㄹ)로 옮겨 발음한다.

  예 굳이[구지] 밭이[바치] 땀받이[땀바지] 벼훑이[벼훌치]

[붙임]	'ㄷ' 뒤에 접미사 '히'가 결합되어 '티'를 이루는 것은 [치]로 발음한다.
	예 굳히다[구치다] 닫히다[다치다] 묻히다[무치다]

- **제18항** 받침 'ㄱ(ㄲ, ㅋ, ㄳ, ㄺ), ㄷ(ㅅ, ㅆ, ㅈ, ㅊ, ㅌ, ㅎ), ㅂ(ㅍ, ㄼ, ㄿ, ㅄ)'은 'ㄴ, ㅁ' 앞에서 [ㅇ, ㄴ, ㅁ]으로 발음한다.

개념 당기는 예시

- 먹는[멍는] 깎는[깡는] 흙만[흥만] → 'ㄱ'이 'ㄴ, ㅁ' 앞에서 [ㅇ]으로 발음되는 경우
- 닫는[단는] 있는[인는] 꽃망울[꼰망울] → 'ㄷ'이 'ㄴ, ㅁ' 앞에서 [ㄴ]으로 발음되는 경우
- 잡는[잠는] 없는[엄ː는] 앞마당[암마당] → 'ㅂ'이 'ㄴ, ㅁ' 앞에서 [ㅁ]으로 발음되는 경우

[붙임]	두 단어를 이어서 한 마디로 발음하는 경우에도 이와 같다.
	예 책 넣는다[챙넌는다] 흙 말리다[흥말리다] 옷 맞추다[온맏추다]
	밥 먹는다[밤멍는다] 값 매기다[감매기다]

- **제19항** 받침 'ㅁ, ㅇ' 뒤에 (2 ㅇㄱ)되는 'ㄹ'은 [ㄴ]으로 발음한다.

  예 담력[담ː녁] 침략[침ː냑] 강릉[강능] 항로[항ː노] 대통령[대ː통녕]

[붙임]	받침 'ㄱ, ㅂ' 뒤에 연결되는 'ㄹ'도 [ㄴ]으로 발음한다.
	예 막론[막논 → 망논] 석류[석뉴 → 성뉴] 협력[협녁 → 혐녁] 법리[법니 → 범니]

- **제20항** 'ㄴ'은 'ㄹ'의 앞이나 뒤에서 [ㄹ]로 발음한다.

개념 당기는 예시

- 난로[날ː로] 신라[실라] 대관령[대ː괄령] → 'ㄴ'이 'ㄹ'의 앞에서 [ㄹ]로 발음되는 경우
- 칼날[칼랄] 핥는지[할른지] 줄넘기[줄럼끼] → 'ㄴ'이 'ㄹ'의 뒤에서 [ㄹ]로 발음되는 경우

[붙임]	첫소리 'ㄴ'이 'ㅀ', 'ㄾ' 뒤에 연결되는 경우에도 이에 준한다.
	예 닳는[달른] 뚫는[뚤른] 핥네[할레]

다만	다음과 같은 단어들은 'ㄹ'을 [ㄴ]으로 발음한다.
	예 의견란[의ː견난] 공권력[공꿘녁] 생산량[생산냥]
	결단력[결딴녁] 상견례[상견녜] 입원료[이붠뇨]

- **제22항** 다음과 같은 용언의 (3 ㅇㅁ)는 [어]로 발음함을 원칙으로 하되, [여]로 발음함도 허용한다. 예 되어[되어/되여] 피어[피어/피여]

[붙임]	'이오, 아니오'도 이에 준하여 [이요, 아니요]로 발음함을 허용한다.

음절의 종성 제약과 관련된 음운 변동 후에는 비음화 현상이 어떻게 나타나나요?

국어에서 비음화는 예외 없이 적용되며 서로 다른 단어 사이에서도 적용될 만큼 강력한 음운 변동 현상입니다. 비음화 현상은 음절의 종성 제약과 관련된 음운 변동 현상이 일어난 후에 적용됩니다. 홑받침의 경우 장애음이 'ㄱ, ㄷ, ㅂ' 중 어느 하나로 바뀐 후에 비음화가 적용되며 겹받침의 경우 자음 중 하나가 탈락한 후에 비음화가 적용되거나 탈락 후 홑받침의 경우와 마찬가지로 'ㄱ, ㄷ, ㅂ' 중 어느 하나로 바뀐 후에 비음화가 적용되기도 합니다. 겹받침 중 탈락 후에 남는 자음이 'ㄱ, ㄷ, ㅂ' 중 하나가 아닌 경우에는 비음화가 적용되지 않습니다. 'ㄾ, ㅀ'과 같은 겹받침은 자음 앞에서 [ㄹ]로 발음이 되므로 뒤에 비음이 와도 이 현상이 적용되지 않습니다.

개념 알통

제19항에서 유음의 비음화 환경

환경	'ㅁ, ㅇ'과 'ㄱ, ㅂ'의 네 자음 뒤에서 'ㄹ'이 [ㄴ]으로 발음됨.
환경이 국한된 이유	• 'ㄹ'에 앞서는 자음은 음절 종성에 놓이는데 음절 종성에서는 7종류의 자음(ㄱ, ㄴ, ㄷ, ㄹ, ㅁ, ㅂ, ㅇ)만이 발음될 수 있음.
	• 이 중 'ㄹ' 뒤에서는 'ㄹ'이 'ㄴ'으로 바뀌지 않음.
	• 'ㄴ' 뒤에서는 이 조항에서 규정하는 현상 이외에 유음화 현상이 적용되기도 함.
	• 이 현상은 주로 한자어에서 일어나는데 한자 중에는 그 음이 'ㄷ'으로 끝나는 것이 없음.
	→ 음절 종성에서 발음되는 7종류의 자음 중 'ㄴ, ㄷ, ㄹ'이 빠져 이 조항에서 언급한 'ㄱ, ㅁ, ㅂ, ㅇ'만이 남게 됨.

082 표준 발음법 ❹

7 제6장 경음화

- **제23항** 받침 'ㄱ(ㄲ, ㅋ, ㄳ, ㄺ), ㄷ(ㅅ, ㅆ, ㅈ, ㅊ, ㅌ), ㅂ(ㅍ, ㄼ, ㄿ, ㅄ)' 뒤에 연결되는 'ㄱ, ㄷ, ㅂ, ㅅ, ㅈ'은 된소리로 발음한다.

개념 당기는 예시

국밥[국빱]	깎다[깍따]	닭장[닥짱]
뻗대다[뻗때다]	있던[읻떤]	꽃다발[꼳따발]
곱돌[곱똘]	덮개[덥깨]	값지다[갑찌다]

> 경음화는 어떠한 예외도 없이 반드시 적용되는 국어의 대표적인 현상입니다. 'ㄱ, ㄷ, ㅂ'으로 끝나는 말 뒤에서는 물론이고 표면적으로는 'ㄱ, ㄷ, ㅂ'으로 끝나지 않아도 종성에서 대표음 [ㄱ, ㄷ, ㅂ]으로 발음되는 경우 동일한 성격의 경음화가 적용됩니다.

- **제24항** 어간 (¹ ㅂㅊ) 'ㄴ(ㄵ), ㅁ(ㄻ)' 뒤에 결합되는 어미의 첫소리 'ㄱ, ㄷ, ㅅ, ㅈ'은 된소리로 발음한다.

개념 당기는 예시

신고[신ː꼬]	껴안다[껴안따]	앉고[안꼬]	얹다[언따]
삼고[삼ː꼬]	더듬지[더듬찌]	닮고[담ː꼬]	젊지[점ː찌]

다만	피동, 사동의 접미사 '-기-'는 된소리로 발음하지 않는다.
	예 안기다　　　　감기다　　　　굶기다　　　　옮기다

- **제25항** 어간 받침 'ㄼ, ㄾ' 뒤에 결합되는 어미의 (² ㅊㅅㄹ) 'ㄱ, ㄷ, ㅅ, ㅈ'은 된소리로 발음한다.

  예 넓게[널께]　할다[할따]　훑소[훌쏘]　떫지[떨ː찌]

- **제26항** 한자어에서, 'ㄹ' 받침 뒤에 연결되는 'ㄷ, ㅅ, ㅈ'은 된소리로 발음한다.

  예 갈등[갈뜽]　절도[절또]　일시[일씨]　물질[물찔]　발전[발쩐]

- **제27항** 관형사형 '-(으)ㄹ' 뒤에 연결되는 'ㄱ, ㄷ, ㅂ, ㅅ, ㅈ'은 (³ ㄷㅅㄹ)로 발음한다.

개념 당기는 예시

갈 곳[갈꼳]	갈 데가[갈떼가]	할 바를[할빠를]
할 수는[할쑤는]	만날 사람[만날싸람]	

다만	끊어서 말할 적에는 예사소리로 발음한다.
[붙임]	'-(으)ㄹ'로 시작되는 어미의 경우에도 이에 준한다.
	예 할걸[할껄]　할밖에[할빠께]　할수록[할쑤록]　할지라도[할찌라도]

제23항과 제24항의 차이는 무엇인가요?

제24항은 비음으로 끝나는 용언 어간 뒤에 어미가 결합할 때 일어나는 경음화에 대해 규정하고 있습니다. 비음 중에서 'ㄴ, ㅁ'만 제시된 것은 'ㅇ'으로 끝나는 용언 어간이 없기 때문입니다. 이 조항의 경음화는 '용언 어간 뒤'와 '어미'라는 문법적 조건이 충족되어야 한다는 점에서 앞선 제23항의 경음화와는 차이가 있습니다.

개념 알통

제27항 경음화의 특수한 제약

환경	관형사형 어미 중 '-(으)ㄹ' 뒤에서만 일어남.
경음화 환경 제약	• 관형사형 어미라고 하더라도 '-(으)ㄹ'이 아닌 '-(으)ㄴ'이나 '-는' 뒤에서는 경음화가 일어나지 않음. • '을'과 같은 목적격 조사 뒤에서도 경음화가 일어나지 않음.

083 표준 발음법 ❺

⑧ 제7장 음의 첨가

• **제29항** 합성어 및 파생어에서, 앞 단어나 접두사의 끝이 자음이고 뒤 단어나 접미사의 첫 음절이 '이, 야, 여, 요, 유'인 경우에는, 'ㄴ' 음을 (¹ ㅊㄱ)하여 [니, 냐, 녀, 뇨, 뉴]로 발음한다.

개념 당기는 예시

- 솜-이불[솜ː니불] 막-일[망닐] 꽃-잎[꼰닙] → 뒤에 오는 첫음절이 '이'인 경우의 'ㄴ' 첨가
- 내복-약[내ː봉냑] 한-여름[한녀름] 색-연필[생년필] → 뒤에 오는 첫음절이 '야, 여'인 경우의 'ㄴ' 첨가
- 담-요[담ː뇨] 식용-유[시굥뉴] 백분-율[백뿐뉼] → 뒤에 오는 첫음절이 '요, 유'인 경우의 'ㄴ' 첨가

다만	다음과 같은 말들은 'ㄴ' 음을 첨가하여 발음하되, 표기대로 발음할 수 있다. 예 이죽-이죽[이중니죽/이주기죽] 야금-야금[야금냐금/야그먀금] 검열[검ː녈/거ː멸] 금융[금늉/그뮹]
[붙임 1]	'ㄹ' 받침 뒤에 첨가되는 'ㄴ' 음은 [ㄹ]로 발음한다. 예 들-일[들ː릴] 불-여우[불려우] 설-익다[설릭따] 물-약[물략] 휘발-유[휘발류] 서울-역[서울력]
[붙임 2]	두 (² ㄷㅇ)를 이어서 한 마디로 발음하는 경우에도 이에 준한다. 예 한 일[한닐] 옷 입다[온닙따] 서른여섯[서른녀섣] 3 연대[삼년대] 할 일[할릴] 잘 입다[잘립따]
다만	다음과 같은 단어에서는 'ㄴ(ㄹ)' 음을 첨가하여 발음하지 않는다. 예 6·25[유기오] 3·1절[사밀쩔] 송별-연[송ː벼련] 등-용문[등용문]

• **제30항** 사이시옷이 붙은 단어는 다음과 같이 발음한다.

1	'ㄱ, ㄷ, ㅂ, ㅅ, ㅈ'으로 시작하는 단어 앞에 사이시옷이 올 때는 이들 자음만을 (³ ㄷㅅㄹ)로 발음하는 것을 원칙으로 하되, 사이시옷을 [ㄷ]으로 발음하는 것도 허용한다. 예 냇가[내ː까/낻ː까] 콧등[코뜽/콛뜽] 깃발[기빨/긷빨] 햇살[해쌀/핻쌀] 뱃속[배쏙/밷쏙] 고갯짓[고개찓/고갣찓]
2	사이시옷 뒤에 'ㄴ, ㅁ'이 결합되는 경우에는 [ㄴ]으로 발음한다. 예 콧날[콛날 → 콘날] 아랫니[아랜니 → 아랜니] 툇마루[퇻ː마루 → 퇸ː마루] 뱃머리[밷머리 → 밴머리]
3	사이시옷 뒤에 '이' 음이 결합되는 경우에는 [ㄴㄴ]으로 발음한다. 예 베갯잇[베갣닏 → 베갠닏] 깻잎[깯닙 → 깬닙] 나뭇잎[나묻닙 → 나문닙]

'ㄴㄴ'이 첨가되는 경우는 앞선 1이나 2와 달리 뒷말이 '이' 또는 반모음 'ㅣ[j]'로 시작해야 한다는 조건이 있습니다. 규정에 따르면 첨가된 'ㄴㄴ'은 여러 단계를 거쳐 나오게 됩니다. '베갯잇[베갣닏 → 베갠닏]'에서 보듯이, 사이시옷이 먼저 첨가된 후 'ㄴ'이 첨가되고 다시 자음 동화를 거친 결과 'ㄴㄴ'으로 발음되는 것입니다.

개념 알통

'ㄴ' 첨가가 적용되지 않는 경우

제29항의 '다만'에 제시된 경우	• 'ㄴ'이 첨가되는 것과 첨가되지 않는 것을 모두 표준 발음으로 인정하는 경우 예 이죽이죽 • 'ㄴ'이 첨가되는 것을 표준 발음으로 인정하지 않는 경우 예 송별연, 등용문
제29항의 '다만'에 제시되지 않은 경우	• 접두사가 결합한 경우 예 몰인정, 불일치 • 합성어의 경우 예 그림일기 • 구의 구성인 경우 예 작품 이름, 아침 인사 • 한자 계열의 접미사가 결합한 경우 예 한국인, 경축일

❤ 사이시옷을 발음하지 않는 쪽을 원칙으로 삼은 이유는 무엇인가요?

사이시옷을 발음하지 않는 쪽을 원칙으로 삼은 이유는 크게 두 가지입니다. 첫째, 한글 맞춤법의 사이시옷 표기 규정인 제30항에 따르면 사이시옷을 표기하는 이유 중 하나는 합성어를 이루는 뒷말의 첫소리가 경음으로 발음되기 때문이지 음이 첨가되었기 때문은 아닙니다. 한글 맞춤법 조항과의 충돌을 피하기 위해서는 사이시옷을 발음하지 않는 형태를 원칙으로 삼는 것이 유리합니다. 둘째, 현실 발음에서 사이시옷을 [ㄷ]으로 발음하지 않는 형태가 빈번하게 나타나기 때문에 사이시옷을 발음하지 않는 형태를 원칙으로 삼은 것입니다.

【초성 답】 1 첨가 2 단어 3 된소리

개념 트레이닝 ZONE

⟶ 문제를 풀며 개념 근육을 키워 보세요!

01 다음 빈칸에 들어갈 알맞은 말을 찾아 쓰시오.

실제	원칙	발음	현대	전통성	합리성

(1) 표준어는 교양 있는 사람들이 두루 쓰는 (　　　) 서울말로 정했다.

(2) 표준 발음법은 표준어의 (　　　) 발음을 따르되, 국어의 전통성과 합리성을 고려하여 정함을 (　　　)으로 한다.

(3) 우리말은 전통적으로 소리의 길이를 구별해 왔기 때문에 표준 발음법에는 소리의 길이에 관한 규정이 포함되어 있고, 이는 국어의 (　　　)을 고려한 것이다.

(4) '맛있다'는 [마딛따]와 [마싣따]를 모두 표준 발음으로 인정하며, 이는 국어의 (　　　)을 고려한 것이다.

(5) 표준 발음법에 관한 규정을 만든 이유는 같은 단어를 서로 다르게 (　　　)함으로써 생길 수 있는 의사소통의 혼란을 없애기 위해서이다.

02 다음 표준 발음법에 해당하는 예를 찾아 기호를 쓰시오.

㉠ 꽃, 덮다	㉡ 국밥, 옆집	㉢ 밭이, 미닫이
㉣ 먹는, 옷맵시	㉤ 천리, 줄넘기	

(1)	받침소리로는 'ㄱ, ㄴ, ㄷ, ㄹ, ㅁ, ㅂ, ㅇ'의 7개 자음만 발음한다.
(2)	'ㄴ'은 'ㄹ'의 앞이나 뒤에서 [ㄹ]로 발음한다.
(3)	받침 'ㄱ(ㄲ, ㅋ, ㄳ, ㄺ), ㄷ(ㅅ, ㅆ, ㅈ, ㅊ, ㅌ, ㅎ), ㅂ(ㅍ, ㄼ, ㄿ, ㅄ)'은 'ㄴ, ㅁ' 앞에서 [ㅇ, ㄴ, ㅁ]으로 발음한다.
(4)	받침 'ㄱ(ㄲ, ㅋ, ㄳ, ㄺ), ㄷ(ㅅ, ㅆ, ㅈ, ㅊ, ㅌ), ㅂ(ㅍ, ㄼ, ㄿ, ㅄ)' 뒤에 연결되는 'ㄱ, ㄷ, ㅂ, ㅅ, ㅈ'은 된소리로 발음한다.
(5)	받침 'ㄷ, ㅌ(ㄾ)'이 조사나 접미사의 모음 'ㅣ'와 결합되는 경우에는, [ㅈ, ㅊ]으로 바꾸어서 뒤 음절 첫소리로 옮겨 발음한다.

03 다음 표준 발음법에 해당하는 예를 찾아 쓰시오.

[표준 발음법 제23항]
　받침 'ㄱ(ㄲ, ㅋ, ㄳ, ㄺ), ㄷ(ㅅ, ㅆ, ㅈ, ㅊ, ㅌ), ㅂ(ㅍ, ㄼ, ㄿ, ㅄ)' 뒤에 연결되는 'ㄱ, ㄷ, ㅂ, ㅅ, ㅈ'은 된소리로 발음한다.

[표준 발음법 제26항]
　한자어에서, 'ㄹ' 받침 뒤에 연결되는 'ㄷ, ㅅ, ㅈ'은 된소리로 발음한다.

갈등	덮개	물질	발전	일시	있던	값지다	옷고름

[표준 발음법 제23항]

[표준 발음법 제26항]

04 다음 ㉠, ㉡에 해당하는 예를 찾아 기호를 쓰시오.

　'옷이'처럼 '옷' 뒤에 모음으로 시작되는 형식 형태소가 오면 ㉠앞 음절의 받침을 제 음가대로 뒤 음절의 첫소리로 옮겨 발음합니다. 반면에 '앞앞'처럼 받침이 있는 말 뒤에 모음 'ㅏ, ㅓ, ㅗ, ㅜ, ㅟ'로 시작되는 실질 형태소가 오게 되면 그 ㉡받침을 대표음으로 바꾸어서 뒤 음절의 첫소리로 옮겨 발음합니다. 따라서 '앞앞이'의 발음은 [아바피]입니다.

(1) 겉옷	(4) 늪 앞
(2) 꽃아	(5) 덮이다
(3) 쫓아	(6) 밭 아래

05 다음 표준 발음법에 맞게 알맞은 발음을 모두 쓰시오.

[표준 발음법 제2장 제5항]
다만 3. 자음을 첫소리로 가지고 있는 음절의 'ㅢ'는 [ㅣ]로 발음한다.
다만 4. 단어의 첫음절 이외의 'ㅢ'는 [ㅣ]로, 조사 '의'는 [ㅔ]로 발음함도 허용한다.

(1) 주의	(4) 희망
(2) 무늬	(5) 우리의
(3) 씌어	(6) 늴리리

06 다음 밑줄 친 단어의 표준 발음을 쓰시오.

(1) 연락을 끊는다고 문제가 해결되지는 <u>않는다</u>.

　　　[　　　]　　　　　　　[　　　]

➡ 'ㄶ' 뒤에 'ㄴ'이 결합되는 경우에는, 'ㅎ'을 발음하지 않는다.

(2) 그것이 <u>옳은</u> 일이라면 <u>싫어도</u> 해야만 한다.

　　　[　　　]　　[　　　]

➡ 받침 'ㄶ' 뒤에 모음으로 시작된 어미가 결합되는 경우에는, 'ㅎ'을 발음하지 않는다.

(3) 여기에 <u>놓는</u> 것보다는, 저기에 <u>쌓는</u> 것이 좋겠다.

　　　[　　　]　　　　　[　　　]

➡ 받침 'ㅎ' 뒤에 'ㄴ'이 결합되는 경우에는, 'ㅎ'을 [ㄴ]으로 발음한다.

01

〈보기〉는 표준 발음법 중 '받침 'ㅎ'의 발음'의 일부이다. 이를 바탕으로 표준 발음을 이해한 내용으로 적절하지 <u>않은</u> 것은?

〈보기〉

ㄱ. 'ㅎ(ㄶ, ㅀ)' 뒤에 'ㄱ, ㄷ, ㅈ'이 결합되는 경우에는, 뒤 음절 첫 소리와 합쳐서 [ㅋ, ㅌ, ㅊ]으로 발음한다.

ㄴ. 'ㅎ' 뒤에 'ㄴ'이 결합되는 경우에는, [ㄴ]으로 발음한다.

ㄷ. 'ㅎ(ㄶ, ㅀ)' 뒤에 모음으로 시작된 어미나 접미사가 결합되는 경우에는, 'ㅎ'을 발음하지 않는다.

실력 자랑 다음 발음이 ㄱ~ㄷ 중 어느 것을 바탕으로 했는지 골라 보세요.

1. '물이 끓고 있다.'의 '끓고'는 [끌코]로 발음한다.

2. '벽돌을 쌓지 마라.'의 '쌓지'는 [싸치]로 발음한다.

3. '배가 항구에 닿네.'의 '닿네'는 [단네]로 발음한다.

4. '마음이 놓여.'의 '놓여'는 [노여]로 발음한다.

5. '이유를 묻지 않다.'의 '않다'는 [안타]로 발음한다.

02

〈보기〉의 〈표준 발음법〉을 참고할 때, ㄱ과 ㄴ의 사례가 모두 바르게 짝지 어진 것은?

〈보기〉

〈표준 발음법〉

제23항

받침 'ㄱ(ㄲ, ㅋ, ㄳ, ㄺ), ㄷ(ㅅ, ㅆ, ㅈ, ㅊ, ㅌ), ㅂ(ㅍ, ㄼ, ㄾ, ㅄ)' 뒤에 연결되는 'ㄱ, ㄷ, ㅂ, ㅅ, ㅈ'은 된소리로 발음한다.

국밥[국빱] 솥전[솓쩐] 옆집[엽찝] (ㄱ)

제24항

어간 받침 'ㄴ(ㄵ), ㅁ(ㄻ)' 뒤에 결합되는 어미의 첫소리 'ㄱ, ㄷ, ㅅ, ㅈ'은 된소리로 발음한다.

신고[신ː꼬] 얹다[언따] 닮고[담ː꼬] (ㄴ)

실력 자랑 각 항에 해당하는 사례 ㄱ, ㄴ을 구분해 보세요.

덮개[덥깨] 앉다[안따] 더듬지[더듬찌] 옷고름[옫꼬름]

제23항(ㄱ)	제24항(ㄴ)

03

〈보기〉는 표준 발음법의 일부이다. 각 항에 해당하는 사례를 바르게 짝 지은 것은?

〈보기〉

제19항 받침 'ㅁ, ㅇ' 뒤에 연결되는 'ㄹ'은 [ㄴ]으로 발음한다.

제29항 합성어 및 파생어에서, 앞 단어나 접두사의 끝이 자음이 고 뒤 단어나 접미사의 첫음절이 '이, 야, 여, 요, 유'인 경우에 는, 'ㄴ' 음을 첨가하여 [니, 냐, 녀, 뇨, 뉴]로 발음한다.

실력 자랑 각 항에 해당하는 사례를 구분해 보세요.

심리[심니] 종로[종노] 콩엿[콩녇]
두통약[두통냑] 상록수[상녹쑤] 한여름[한녀름]

제19항	제29항

04

〈보기〉의 표준 발음법을 참고하여 단어의 올바른 발음을 탐구한 내용으로 적절하지 <u>않은</u> 것은?

〈보기〉

[표준 발음법]

제13항 홑받침이나 쌍받침이 모음으로 시작된 조사나 어미, 접미 사와 결합되는 경우에는, 제 음가대로 뒤 음절 첫소리로 옮겨 발음한다.

제14항 겹받침이 모음으로 시작된 조사나 어미, 접미사와 결합되 는 경우에는, 뒤엣것만을 뒤 음절 첫소리로 옮겨 발음한다.

실력 자랑 다음 중 단어의 올바른 발음을 골라 보세요.

깎아	(까까 / 각가)
읊어	(을버 / 을퍼)
여덟을	(여덜브 / 여덜블)
덮이다	(더피다 / 덥이다)
부엌이	(부어기 / 부어키)

펌핑-UP

01

〈보기 1〉의 표준 발음법에 따라 〈보기 2〉의 ㉠~㉤을 발음한다고 할 때, 적절하지 <u>않은</u> 것은?

─────〈보기 1〉─────

표준 발음법

제9항 받침 'ㄲ, ㅋ', 'ㅅ, ㅆ, ㅈ, ㅊ, ㅌ', 'ㅍ'은 어말 또는 자음 앞에서 각각 대표음 [ㄱ, ㄷ, ㅂ]으로 발음한다.

제12항 'ㅎ(ㄶ, ㅀ)' 뒤에 'ㄱ, ㄷ, ㅈ'이 결합되는 경우에는, 뒤 음절 첫소리와 합쳐서 [ㅋ, ㅌ, ㅊ]으로 발음한다.

제14항 겹받침이 모음으로 시작된 조사나 어미, 접미사와 결합되는 경우에는, 뒤엣것만을 뒤 음절 첫소리로 옮겨 발음한다.(이 경우, 'ㅅ'은 된소리로 발음함.)

제23항 받침 'ㄱ(ㄲ, ㅋ, ㄳ, ㄺ), ㄷ(ㅅ, ㅆ, ㅈ, ㅊ, ㅌ), ㅂ(ㅍ, ㄼ, ㄿ, ㅄ)' 뒤에 연결되는 'ㄱ, ㄷ, ㅂ, ㅅ, ㅈ'은 된소리로 발음한다.

─────〈보기 2〉─────

주름이 ㉠<u>많던</u> 그 이마에는
ㄴ<u>젊어</u> 품었던 꿈들 사라졌지만
너희가 없으면 나도 ㉢<u>없단다</u>.
㉣<u>꽃처럼</u> ㉤<u>웃던</u> 우리 어머니

① ㉠은 제12항 규정에 따라 [만턴]으로 발음해야겠군.
② ㄴ은 제14항 규정에 따라 [절머]로 발음해야겠군.
③ ㉢은 제14항, 제23항 규정에 따라 [업딴다]로 발음해야겠군.
④ ㉣은 제9항 규정에 따라 [꼳]으로 발음해야겠군.
⑤ ㉤은 제9항, 제23항 규정에 따라 [욷떤]으로 발음해야겠군.

02

〈보기〉의 '표준 발음법'을 바르게 적용하지 <u>못한</u> 것은?

─────〈보기〉─────

제10항 겹받침 'ㄳ', 'ㄵ', 'ㄼ, ㄽ, ㄾ', 'ㅄ'은 어말 또는 자음 앞에서 각각 [ㄱ, ㄴ, ㄹ, ㅂ]으로 발음한다. 다만, '밟-'은 자음 앞에서 [밥]으로 발음한다.

제11항 겹받침 'ㄺ, ㄻ, ㄿ'은 어말 또는 자음 앞에서 각각 [ㄱ, ㅁ, ㅂ]으로 발음한다. 다만, 용언의 어간 말음 'ㄺ'은 'ㄱ' 앞에서 [ㄹ]로 발음한다.

제14항 겹받침이 모음으로 시작된 조사나 어미, 접미사와 결합되는 경우에는, 뒤엣것만을 뒤 음절 첫소리로 옮겨 발음한다.(이 경우, 'ㅅ'은 된소리로 발음함.)

① '넓지'는 제10항에 의거하여 [널찌]로 발음해야겠군.
② '옮겨'는 제11항에 의거하여 [옴겨]로 발음해야겠군.
③ '읽고'는 제11항에 의거하여 [일꼬]로 발음해야겠군.
④ '값이'는 제14항에 의거하여 [갑시]로 발음해야겠군.
⑤ '훑어'는 제14항에 의거하여 [훌터]로 발음해야겠군.

03

〈보기 1〉의 '표준 발음법'에 따라 〈보기 2〉의 ㉠~㉤을 발음한다고 할 때, 적절하지 <u>않은</u> 것은?

─────〈보기 1〉─────

표준 발음법

제10항 겹받침 'ㄳ', 'ㄵ', 'ㄼ, ㄽ, ㄾ', 'ㅄ'은 어말 또는 자음 앞에서 각각 [ㄱ, ㄴ, ㄹ, ㅂ]으로 발음한다.

제11항 겹받침 'ㄺ, ㄻ, ㄿ'은 어말 또는 자음 앞에서 각각 [ㄱ, ㅁ, ㅂ]으로 발음한다. 다만, 용언의 어간 말음 'ㄺ'은 'ㄱ' 앞에서 [ㄹ]로 발음한다.

제14항 겹받침이 모음으로 시작된 조사나 어미, 접미사와 결합되는 경우에는, 뒤엣것만을 뒤 음절 첫소리로 옮겨 발음한다.

제23항 받침 'ㄱ(ㄲ, ㅋ, ㄳ, ㄺ), ㄷ(ㅅ, ㅆ, ㅈ, ㅊ, ㅌ), ㅂ(ㅍ, ㄼ, ㄿ, ㅄ)' 뒤에 연결되는 'ㄱ, ㄷ, ㅂ, ㅅ, ㅈ'은 된소리로 발음한다.

─────〈보기 2〉─────

책장에서 ㉠<u>읽지</u> 않은 시집을 발견했다. 차분히 ㄴ<u>앉아</u> 마음에 드는 시를 예쁜 글씨로 공책에 ㉢<u>옮겨</u> 적었다. 소리 내어 시를 ㉣<u>읊고</u>, 시에 대한 감상을 적어 보기도 했다. 마음이 평온해지는 ㉤<u>값진</u> 경험이었다.

① ㉠은 제11항, 제23항 규정에 따라 [일찌]로 발음해야겠군.
② ㄴ은 제14항 규정에 따라 [안자]로 발음해야겠군.
③ ㉢은 제11항 규정에 따라 [옴겨]로 발음해야겠군.
④ ㉣은 제11항, 제23항 규정에 따라 [읍꼬]로 발음해야겠군.
⑤ ㉤은 제10항, 제23항 규정에 따라 [갑찐]으로 발음해야겠군.

벌크-UP

01

〈보기〉에 따라 겹받침의 표준 발음에 대하여 단계별로 학습하였다. 각 예에 적용된 내용과 그 발음이 모두 바른 것은?

〈보기〉

○ 겹받침이 모음으로 시작된 조사나 어미, 접미사와 결합되는 경우에는 뒤엣것만을 뒤 음절 첫소리로 옮겨 발음한다. 이 경우 'ㅅ'은 [ㅆ]으로 발음한다. ····················· ⓐ

○ 겹받침 'ㄳ, ㄺ' 'ㄼ', 'ㅄ'은 어말 또는 자음 앞에서 각각 [ㄱ, ㄹ, ㅂ]으로 발음한다. ························· ⓑ

이 후에는 다음과 같이 발음한다.

• 'ㄱ, ㅂ'은 'ㄴ, ㅁ' 앞에서 각각 [ㅇ, ㅁ]으로 발음한다. ········ ⓒ

• 'ㄱ, ㅂ' 뒤에 연결되는 'ㄱ, ㄷ, ㅂ, ㅅ, ㅈ'은 각각 [ㄲ, ㄸ, ㅃ, ㅆ, ㅉ]으로 발음한다. ····················· ⓓ

• 'ㄱ, ㅂ'은 'ㅎ'과 결합되는 경우, 두 음을 합쳐서 각각 [ㅋ, ㅍ]으로 발음한다. ····················· ⓔ

	예	적용 내용	발음
①	여덟 + 이	ⓐ	[여더리]
②	몫 + 을	ⓐ	[목슬]
③	흙 + 만	ⓑ, ⓒ	[흑만]
④	값 + 까지	ⓑ, ⓓ	[갑까지]
⑤	닭 + 하고	ⓑ, ⓔ	[다카고]

02

다음은 된소리되기와 관련한 수업의 일부이다. [A]에 들어갈 말로 적절하지 <u>않은</u> 것은?

선생님: 오늘은 표준 발음을 대상으로 용언의 활용에서 나타나는 된소리되기를 알아봅시다. '(신발을) 신고[신ː꼬]'처럼 용언의 활용에서는 마지막 소리가 'ㄴ, ㅁ'인 어간 뒤에 처음 소리가 'ㄱ, ㄷ, ㅅ, ㅈ'인 어미가 결합하면 어미의 처음 소리가 된소리로 바뀌어요.

학생: 아, 그렇군요. 그런데 선생님, 국어에서 'ㄱ, ㄷ, ㅅ, ㅈ'이 'ㄴ, ㅁ' 뒤에 이어지면 항상 된소리로 바뀌나요?

선생님: 항상 그런 것은 아니에요. 표준 발음에서는 용언 어간에 피·사동 접사가 결합하거나 어미끼리 결합하거나 체언과 조사가 결합하는 경우에는 된소리되기가 일어나지 않아요. 그리고 '먼지[먼지]'처럼 하나의 형태소 안에서 'ㄴ, ㅁ' 뒤에 'ㄱ, ㄷ, ㅅ, ㅈ'이 있는 경우에도 된소리되기가 일어나지 않아요. 그럼 다음 ⓐ~ⓔ의 밑줄 친 말에서 'ㄴ'이나 'ㅁ' 뒤의 소리가 된소리로 바뀌지 않는 이유를 설명해 볼까요?

ⓐ 피로를 푼다[푼다]　　ⓑ 더운 여름도[여름도]
ⓒ 대문을 잠가[잠가]　　ⓓ 품에 안겨라[안겨라]
ⓔ 학교가 큰지[큰지]

학생: 그 이유는 [A] 때문입니다.
선생님: 네, 맞아요.

① ⓐ의 'ㄴ'과 'ㄷ'이 모두 어미에 속해 있는 소리이기

② ⓑ의 'ㅁ'과 'ㄷ'이 체언과 조사가 결합하면서 이어진 소리이기

③ ⓒ의 'ㅁ'과 'ㄱ'이 모두 하나의 형태소 안에 속해 있는 소리이기

④ ⓓ의 'ㄴ'과 'ㄱ'이 어미끼리 결합하면서 이어진 소리이기

⑤ ⓔ의 'ㄴ'과 'ㅈ'이 어간과 어미가 결합하면서 이어진 소리가 아니기

🐾 두뇌 스트레칭 ZONE

된소리되기와 관련된 표준 발음법

표준 발음법 제24항 어간 받침 'ㄴ(ㄵ), ㅁ(ㄻ)' 뒤에 결합하는 어미의 첫소리 'ㄱ, ㄷ, ㅅ, ㅈ'은 된소리로 발음한다.

예 앉고[안꼬], 껴안다[껴안따], 더듬지[더듬찌]

– 다만, 피동, 사동의 접미사 '-기-'는 된소리로 발음하지 않는다.

예 안기다, 감기다, 굶기다, 옮기다

호루라기 관장님의 하드 트레이닝

No	다음 빈칸에 알맞은 말을 써서 문장을 완성하시오.
01	표준 발음법은 표준어의 실제 발음을 따르되, 국어의 (　　　　)과 합리성을 고려하여 정함을 원칙으로 한다.
02	출신 지역이나 나이에 따라 사람들은 같은 말도 조금씩 다르게 발음하는 경우가 있어, 의사소통의 혼란을 막기 위해 발음의 표준을 정한 것이 표준 (　　　　)이다.
03	조사 '의'는 [ㅢ]로 발음하는 것이 원칙이지만, [(　　　)]로 발음할 수도 있다.
04	'ㅑ, ㅐ, ㅕ, ㅖ, ㅘ, ㅙ, ㅛ, ㅝ, ㅞ, ㅠ, ㅢ'는 이중 모음으로 발음하지만, 용언의 활용형에 나타나는 '져, 쪄, 쳐'는 [(　, 　, 　)]로 발음한다.
05	'시계[시계/(　　　)]'와 같이 '예, 례' 이외의 'ㅖ'는 [ㅔ]로도 발음한다.
06	'좋아[(　　　)]'와 같이 'ㅎ' 뒤에 모음으로 시작하는 어미나 접미사가 결합되는 경우에는 'ㅎ'을 발음하지 않는다.
07	'많소[만ː쏘]'와 같이 'ㅎ(ㄶ, ㅀ)' 뒤에 'ㅅ'이 결합되는 경우에는 'ㅅ'을 [ㅆ]으로 발음하고, '놓는[(　　　　)]'과 같이 'ㅎ' 뒤에 'ㄴ'이 결합되는 경우에는 [ㄴ]으로 발음한다.
08	'겉옷[거돋]'과 같이 받침 뒤에 모음 'ㅏ, ㅓ, ㅗ, ㅜ, ㅟ'들로 시작되는 실질 형태소가 연결되는 경우에는, 대표음으로 바꾸어서 뒤 음절(　　　)로 옮겨 발음한다.
09	'맛있다, 멋있다'는 'ㅅ'이 대표음 [ㄷ]으로 바뀌어 [마딛따], [머딛따]가 되지만 많은 사람들이 [(　　　)], [(　　　)]라고 발음하기 때문에 둘 다 표준 발음으로 인정한다.
10	합성어 및 파생어에서, 앞 단어나 접두사의 끝이 자음이고 뒤 단어나 접미사의 첫 음절이 '이, 야, 여, 요, 유'인 경우에는 '(　　　)' 음을 첨가하여 [니, 냐, 녀, 뇨, 뉴]로 발음한다.
11	'물약[(　　　　)]'과 같이 'ㄹ' 받침 뒤에 첨가되는 'ㄴ' 음은 [ㄹ]로 발음한다.

No	밑줄 친 단어의 표준 발음을 쓰시오.
12	수확기에는 으레 값어치가 떨어지기 마련이다. ➡ [　　　] [　　　]
13	아름이는 안간힘을 다해 혼자서 책상을 옮겼다. ➡ [　　　 / 안간힘] 　　　 [　　　]
14	무릎을 꿇고 기도하는 모습이 무척 경건해 보인다. ➡ [　　　] [　　　]
15	지용이는 다리를 다쳐 체육 시간에 운동을 할 수 없었다. ➡ 　　　 [　　　] 　　　 [　　　]

No	표준 발음법을 참고하여 단어의 발음을 모두 쓰시오.
No	제5항 'ㅑ ㅐ ㅕ ㅖ ㅘ ㅙ ㅛ ㅝ ㅞ ㅠ ㅢ'는 이중 모음으로 발음한다. 다만 3. 자음을 첫소리로 가지고 있는 음절의 'ㅢ'는 [ㅣ]로 발음한다. 다만 4. 단어의 첫음절 이외의 '의'는 [ㅣ]로, 조사 '의'는 [ㅔ]로 발음함도 허용한다.
16	띄어쓰기
17	우리의 희망
18	의지의 한국인

No	표준 발음법을 참고하여 단어의 발음을 쓰시오.	
19	넓다 [　　　]	밟고 [　　　]
20	늙지 [　　　]	맑고 [　　　]
21	빛이 [　　　]	밭에 [　　　]
22	디귿이 [　　　]	꽃아 [　　　]
23	문법 [　　　]	꽃망울 [　　　]
24	밭길 [　　　]	입원료 [　　　]

*장음을 표시하는 기호는 생략함.

오늘의 수능 국어 트레이닝 끝!

084 한글 맞춤법 ❶

1 제1장 총칙 – 한글 맞춤법의 원칙

제1항	한글 맞춤법은 <u>표준어를 소리대로 적되</u>, <u>어법에 맞도록 함</u>을 원칙으로 한다.
	한글 맞춤법의 대상　　　표음주의　　　　표의주의

- 한글 맞춤법은 (1 ㅍㅈㅇ)를 어떻게 적을지 규정한 것임. ➡ 한글 맞춤법은 방언을 다루지 않음.

표음주의	• '소리대로' 적는다는 것은 표준어를 발음의 형태대로 적는다는 뜻임. • 우리말을 한글로 적을 때 형태소의 원형을 밝혀 적지 않고 (2 ㅅㄹ)대로 적기도 함.

개념 당기는 예시

- 구름, 나무, 바다 ➡ 표준어를 소리 나는 대로 적음.
- 드러나다 ➡ '들다'와 '나다'가 결합한 말이지만 앞말이 본뜻에서 멀어졌기 때문에 '들어나다'로 적지 않고 '드러나다'로 소리대로 적음.

표의주의	• 표준어를 소리 나는 대로 적는 경우 표기 형태가 여러 개가 생겨 의미를 쉽게 파악하기 어려운 경우가 발생함. ➡ '어법에 맞도록 함'이라는 원칙이 붙은 이유 　예 '깊다'의 경우 소리대로 적으면 '깁따', '깁꼬', '기픈', '김네' 등 여러 형태가 생김. • '어법에 맞도록 함을 원칙'으로 한다는 것은 단어의 뜻을 파악하기 쉽게 각 형태소의 (3 ㅇㅎ)을 밝혀 적는다는 의미임.

개념 당기는 예시

- 믿음, 길이
- ➡ 어근에 접미사가 결합한 파생어들로, 형태소의 원형을 밝혀 어법에 맞도록 적음.
- 넘어지다, 돌아가다
- ➡ 두 어근이 결합할 때 앞 어근의 본뜻이 유지되고 있으면 형태소의 원형을 밝혀 어법에 맞도록 적음.

2 제1장 총칙 – 띄어쓰기 원칙

제2항	문장의 각 단어는 띄어 씀을 원칙으로 한다.

- 단어별로 띄어 쓰면 글을 읽을 때 내용을 이해하기 쉽기 때문에 띄어쓰기 원칙을 규정함.
- 조사는 단어이지만 형식 형태소이면서 의존 형태소라는 점 때문에 예외적으로 앞 단어에 붙여 쓰도록 함.
- 단어는 독립적으로 쓰이는 말의 단위이기 때문에, 글은 (4 ㄷㅇ)를 단위로 하여 띄어 쓰는 것이 가장 합리적인 방식임.

개념 당기는 예시

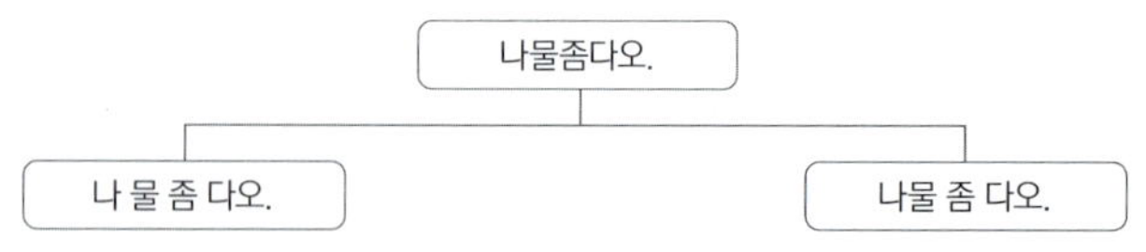

- ➡ 예컨대 '나물좀다오.'처럼 띄어쓰기를 하지 않은 문장은 그 정확한 의미를 파악하기가 쉽지 않음. 문장을 단어를 단위로 하여 띄어 쓴다면 문장이 지닌 뜻을 훨씬 쉽게 파악할 수 있고, 글을 읽는 데도 능률적임.

💗 한글 맞춤법은 왜 필요한가요?

〈한글 맞춤법〉은 한국어를 한국 언어 사회의 규범이 되도록 어법에 맞게 표기하는 방법입니다. 한글 맞춤법의 역사는 훈민정음의 창제에서 시작되었습니다. 문자를 만든 후에는 그 문자 체계에 맞춰 국어를 표기하기 위한 규칙이 필요했고, 이에 따라 한글 맞춤법이 제정되었습니다. 많은 사람이 함께 살고 있는 사회에 규칙이 없다면 혼란이 발생할 수 있는 것처럼 문자를 사용할 때에도 규칙을 정하지 않는다면 사람마다 다르게 문자를 사용하게 되어 결국 의사소통이 제대로 되지 않는 혼란이 발생할 수 있기 때문입니다.

개념 알통

한글 자모의 이름과 순서

ㄱ	기역	ㅇ	이응
ㄴ	니은	ㅈ	지읒
ㄷ	디귿	ㅊ	치읓
ㄹ	리을	ㅋ	키읔
ㅁ	미음	ㅌ	티읕
ㅂ	비읍	ㅍ	피읖
ㅅ	시옷	ㅎ	히읗

- 기본적으로 한글 자모의 이름은 '니은, 리을, 미음, 비읍' 등과 같이 'ㅣㅡ' 모음을 바탕으로 각 자음이 초성, 종성에 놓이는 방식으로 지어진다.
- ➡ 'ㄱ, ㄷ, ㅅ'의 명칭이 다른 자모의 이름과 다른 것은 한자에는 '윽, 음, 옷'과 같은 발음을 가진 글자가 없었기 때문임.

【초성 답】 **1** 표준어　**2** 소리　**3** 원형　**4** 단어

085 한글 맞춤법 ❷

3 제3장 소리에 관한 것 – 제1절 된소리

• 제5항 한 단어 안에서 뚜렷한 까닭 없이 나는 된소리는 다음 음절의 첫소리를 (¹   ㄷㅅㄹ   )
로 적는다.

1	두 모음 사이에서 나는 된소리 예 소쩍새, 어깨, 오빠, 으뜸, 아끼다, 기쁘다, 깨끗하다, 어떠하다
2	'ㄴ, ㄹ, ㅁ, ㅇ' 받침 뒤에서 나는 된소리 예 산뜻하다, 잔뜩, 살짝, 훨씬, 담뿍, 움찔, 몽땅, 엉뚱하다
다만	'ㄱ, ㅂ' 받침 뒤에서 나는 된소리는, 같은 음절이나 비슷한 음절이 겹쳐 나는 경우가 아니면 된소리로 적지 아니한다. 예 국수, 깍두기, 딱지, 색시, 갑자기, 몹시

4 제3장 소리에 관한 것 – 제2절 구개음화

• 제6항 'ㄷ, ㅌ(²   ㅂㅊ   ) 뒤에 종속적 관계를 가진 '-이(-)'나 '-히-'가 올 적에는 그 'ㄷ,
ㅌ'이 'ㅈ, ㅊ'으로 소리 나더라도 'ㄷ, ㅌ'으로 적는다.

예 맏이, 해돋이, 굳이, 같이, 끝이, 핥이다 / 걷히다, 닫히다, 묻히다

5 제4장 형태에 관한 것 – 제2절 어간과 어미

• 제15항 용언의 어간과 (³   ○ㅁ   )는 구별하여 적는다.

예 먹다, 먹고, 먹어, 먹으니

[붙임 1]	두 개의 용언이 어울려 한 개의 용언이 될 적에, 앞말의 본뜻이 유지되고 있는 것은 그 원형을 밝히어 적고, 그 본뜻에서 멀어진 것은 밝히어 적지 아니한다.	
	앞말의 본뜻이 유지되고 있는 것	예 떨어지다, 벌어지다, 엎어지다, 접어들다, 틀어지다, 흩어지다 넘어지다, 늘어나다, 늘어지다, 돌아가다, 들어가다, 되짚어가다
	본뜻에서 멀어진 것	예 드러나다, 사라지다, 쓰러지다
[붙임 2]	종결형에서 사용되는 어미 '-오'는 '요'로 소리 나는 경우가 있더라도 그 원형을 밝혀 '오'로 적는다. 예 이것은 책이오. / 이리로 오시오. / 이것은 책이 아니오.	
[붙임 3]	연결형에서 사용되는 '이요'는 '이요'로 적는다. 예 이것은 책이요, 저것은 붓이요, 또 저것은 먹이다.	

제15항에서 원형을 밝혀 적는다는 것은 '읽고, 읽지, 읽어, 읽으니'로
어간과 어미의 각 형태를 밝혀 적는 것이라고 할 수 있습니다.
이처럼 어간과 어미를 구분하여 적으면 의미와 기능을 나타내는 부분의 모양이
일관되게 고정되어서 의미 파악을 쉽게 하고 독서의 능률을 높이는 효과가 있습니다.

한글 맞춤법 제5항의 예는 왜 모두 단일 어인가요?

한글 맞춤법 제5항의 '한 단어'는 '한 형태소로 이루어진 단어'를 의미하는 것으로 풀이할 수 있습니다. 실제로 예시하고 있는 단어와 규정의 적용을 받는 부분은 모두 하나의 형태소 내부입니다. 따라서 복합어인 '발바닥[발빠닥], 잠자리[잠짜리]'와 같은 표기는 이 조항의 적용을 받지 않습니다. 또한 '믿고[믿꼬], 잊지[읻찌]'와 '낯설다[낟썰다]'처럼 앞말의 받침이 [ㄷ]으로 발음될 때 뒷말의 첫소리가 된소리로 나는 예들도 있는데, 이러한 말 역시 된소리를 표기에 반영하지 않습니다.
이는 이들이 '어간 + 어미', '어근 + 어근'과 같이 두 개의 형태소가 결합된 말이기 때문입니다.

개념 알통

조사 '요'와 관련된 추가 규정

• 제17항 어미 뒤에 덧붙는 조사 '요'는 '요'로 적는다.
- '요'는 주로 문장을 종결하는 어미 뒤에 붙어서 청자에게 높임의 뜻을 나타내는 보조사이다.
  예 읽어 – 읽어요 / 가-요 – 갈까-요
- 체언이나 부사어, 연결 어미 등 뒤에 결합하여 청자에게 높임의 뜻을 나타낼 수도 있다.
  예 어서요 조금만 드셔 보세요.

【초성 답】 1 된소리   2 받침   3 어미

086 한글 맞춤법 ❸

6 **제4장 형태에 관한 것 – 제3절 접미사가 붙어서 된 말**

•**제19항** 어간에 '–이'나 '–음/–ㅁ'이 붙어서 (¹ ㅁㅅ)로 된 것과 '–이'나 '–히'가 붙어서 부사로 된 것은 그 어간의 원형을 밝히어 적는다.

1	'–이'가 붙어서 명사로 된 것 예 길이, 높이, 먹이, 달맞이, 살림살이
2	'–음/–ㅁ'이 붙어서 명사로 된 것 예 걸음, 묶음, 믿음, 얼음, 웃음, 졸음
3	'–이'가 붙어서 부사로 된 것 예 같이, 굳이, 길이, 높이, 많이, 실없이
4	'–히'가 붙어서 부사로 된 것 예 밝히, 익히, 작히
다만	어간에 '–이'나 '–음'이 붙어서 명사로 바뀐 것이라도 그 어간의 뜻과 멀어진 것은 원형을 밝히어 적지 아니한다. 예 굽도리, 다리[髢], 목거리(목병), 코끼리, 거름(비료), 고름[膿], 노름(도박)

•**제20항** 명사 뒤에 '–이'가 붙어서 된 말은 그 명사의 원형을 밝히어 적는다.

🔛개념 당기는 예시
- •곳곳이, 낱낱이, 샅샅이, 앞앞이, 집집이 → 부사로 된 것
- •곰배팔이, 바둑이, 삼발이, 절뚝발이/절름발이 → 명사로 된 것

•**제21항** 명사나 혹은 용언의 어간 뒤에 자음으로 시작된 (² ㅈㅁㅅ)가 붙어서 된 말은 그 명사나 어간의 원형을 밝히어 적는다.

| 1 | 명사 뒤에 자음으로 시작된 접미사가 붙어서 된 것 예 빛깔, 값지다, 넋두리, 잎사귀 |
| 2 | 어간 뒤에 자음으로 시작된 접미사가 붙어서 된 것 예 낚시, 덮개, 깊숙하다, 넓적하다, 높다랗다 |

•**제25항** '–하다'가 붙는 어근에 '–히'나 '–이'가 붙어서 (³ ㅂㅅ)가 되거나, 부사에 '–이'가 붙어서 뜻을 더하는 경우에는 그 어근이나 부사의 원형을 밝히어 적는다.

1	'–하다'가 붙는 어근에 '–히'나 '–이'가 붙는 경우 예 급히, 꾸준히, 딱히, 어렴풋이, 깨끗이
[붙임]	'–하다'가 붙지 않는 경우에는 소리대로 적는다. 예 갑자기, 반드시('꼭'의 의미일 때), 슬며시
2	부사에 '–이'가 붙어서 역시 부사가 되는 경우 예 곰곰이, 더욱이, 생긋이, 오뚝이, 일찍이

•**제30항** 사이시옷은 다음과 같은 경우에 받치어 적는다.

순우리말로 된 합성어로서 앞말이 (⁴ ㅁㅇ)으로 끝난 경우	뒷말의 첫소리가 된소리로 나는 것	예 햇볕, 나룻배
	뒷말의 첫소리 'ㄴ, ㅁ' 앞에서 'ㄴ' 소리가 덧나는 것	예 빗물, 아랫니
	뒷말의 첫소리 모음 앞에서 'ㄴㄴ' 소리가 덧나는 것	예 깻잎, 나뭇잎
순우리말과 한자어로 된 합성어로서 앞말이 모음으로 끝난 경우	뒷말의 첫소리가 된소리로 나는 것	예 탯줄, 전셋집
	뒷말의 첫소리 'ㄴ, ㅁ' 앞에서 'ㄴ' 소리가 덧나는 것	예 훗날, 제삿날
	뒷말의 첫소리 모음 앞에서 'ㄴㄴ' 소리가 덧나는 것	예 훗일, 예삿일
두 음절로 된 다음 한자어	곳간(庫間), 셋방(貰房), 숫자(數字), 찻간(車間), 툇간(退間), 횟수(回數)	

개념 알통

제19항 붙임 규정

어간에 '–이'나 '–음' 이외의 모음으로 시작된 접미사가 붙어서 다른 품사로 바뀐 것은 그 어간의 원형을 밝히어 적지 아니한다.

명사로 바뀐 것	예 까마귀, 너머, 마감, 마개, 마중, 무덤, 쓰레기, 올가미, 주검
부사로 바뀐 것	예 거뭇거뭇, 너무, 도로, 바투, 불긋불긋, 비로소, 자주, 차마
조사로 바뀌어 뜻이 달라진 것	예 나마, 부터, 조차

개념 알통

제20항 붙임 규정

'–이' 이외의 모음으로 시작된 접미사가 붙어서 된 말은 그 명사의 원형을 밝히어 적지 아니한다.
예 꼬락서니, 끄트머리, 바가지, 바깥, 싸라기, 이파리, 지붕, 지푸라기

개념 알통

제21항 다만 규정

다음과 같은 말은 소리대로 적는다.

겹받침의 끝소리가 드러나지 아니하는 것

예 할짝거리다, 널따랗다, 널찍하다, 말끔하다 말쑥하다, 말짱하다, 실쭉하다, 얄따랗다 얄팍하다, 짤따랗다, 짤막하다, 실컷

어원이 분명하지 아니하거나 본뜻에서 멀어진 것

예 넙치, 올무, 골막하다, 납작하다

【초성 답】 1 명사 2 접미사 3 부사 4 모음

087 한글 맞춤법 ❹

7 제4장 형태에 관한 것 – 제5절 준말

• **제32항** 단어의 끝모음이 줄어지고 자음만 남은 것은 그 앞의 음절에 받침으로 적는다.

본말	준말	본말	준말
어제그저께	엊그저께	가지고, 가지지	갖고, 갖지
어제저녁	엊저녁	디디고, 디디지	딛고, 딛지

• **제34항** (¹ ☐○) 'ㅏ, ㅓ'로 끝난 어간에 '-아/-어, -았-/-었-'이 어울릴 적에는 준 대로 적는다.

본말	준말	본말	준말	본말	준말	본말	준말
가아	가	서어	서	가았다	갔다	서었다	섰다
나아	나	켜어	켜	나았다	났다	켜었다	켰다
타아	타	펴어	펴	타았다	탔다	펴었다	폈다

이 경우에는 두 모음이 반드시 하나로 줄어듭니다. 따라서 조항에서 '어울릴 적에는 준대로 적는다.'라고 한 것은 항상 줄어든 형태로 적는다는 뜻입니다. 즉 '따아, 따아서, 따아도, 따았다'나 '건너어, 건너어서, 건너어도, 건너었다'는 인정되지 않습니다.

• **제35항** 모음 'ㅗ, ㅜ'로 끝난 어간에 '-아/-어, -았-/-었-'이 어울려 'ㅘ/ㅝ, ㅘㅆ/ㅝㅆ'으로 될 적에는 준 대로 적는다.

본말	준말	본말	준말
보아	봐	보았다	봤다
쏘아	쏴	쏘았다	쐈다
주어	줘	주었다	줬다

• **제38항** 'ㅏ, ㅗ, ㅜ, ㅡ' 뒤에 '-이어'가 어울려 줄어질 적에는 준 대로 적는다.

본말	준말		본말	준말	
보이어	뵈어	보여	쓰이어	씌어	쓰여
누이어	뉘어	누여	트이어	틔어	트여

• **제39항** (² ○☐) '-지' 뒤에 '않-'이 어울려 '-잖-'이 될 적과 '-하지' 뒤에 '않-'이 어울려 '-찮-'이 될 적에는 준 대로 적는다.

본말	준말	본말	준말
그렇지 않은	그렇잖은	만만하지 않다	만만찮다
적지 않은	적잖은	변변하지 않다	변변찮다

• **제40항** 어간의 끝음절 '하'의 'ㅏ'가 줄고 'ㅎ'이 다음 음절의 (³ ㅊㅅㄹ)와 어울려 거센소리로 될 적에는 거센소리로 적는다.

본말	준말	본말	준말
간편하게	간편케	다정하다	다정타
연구하도록	연구토록	정결하다	정결타
가하다	가타	흔하다	흔타

개념알통

제35항 붙임 규정

붙임 1	'놓아'가 '놔'로 줄 적에는 준 대로 적는다.
붙임 2	'ㅚ' 뒤에 '-어, -었-'이 어울려 '왜, 왰'으로 될 적에도 준 대로 적는다.

본말	준말	본말	준말
되어	돼	되었다	됐다
뵈어	봬	뵈었다	뵀다
쇠어	쇄	쇠었다	쇘다
씌어	쐐	씌었다	쐤다

개념알통

제40항 붙임 규정

붙임 1	'ㅎ'이 어간의 끝소리로 굳어진 것은 받침으로 적는다. 예 않다 그렇다 이렇다 저렇다
붙임 2	어간의 끝음절 '하'가 아주 줄 적에는 준 대로 적는다.

본말	준말
생각하건대	생각건대
넉넉하지 않다	넉넉지 않다
익숙하지 않다	익숙지 않다

【초성 답】 1 모음 2 어미 3 첫소리

088 한글 맞춤법 ❺

8 제5장 띄어쓰기 – 제1절 조사

• 제41항 (¹ ㅈㅅ)는 그 앞말에 붙여 쓴다.

개념 당기는 예시

- 꽃이 꽃마저 꽃으로만 꽃이다 ➡ 체언 뒤에 오는 조사를 붙여 씀.
- 학교에서처럼 아이까지도 ➡ 조사를 연속하여 씀.
- 웃고만 오는군요 ➡ 어미 뒤에 오는 조사를 붙여 씀.

9 제5장 띄어쓰기 – 제2절 의존 명사, 단위를 나타내는 명사 및 열거하는 말 등

• 제42항 의존 명사는 띄어 쓴다.

예	아는 <u>것</u>이 힘이다. 아는 <u>이</u>를 만났다.	나도 할 <u>수</u> 있다. 네가 뜻한 <u>바</u>를 알겠다.	먹을 <u>만큼</u> 먹어라. 그가 떠난 <u>지</u>가 오래다.

• 제43항 단위를 나타내는 명사는 띄어 쓴다.

예	한 <u>개</u> 옷 한 <u>벌</u> 버선 한 <u>죽</u>	차 한 <u>대</u> 열 <u>살</u> 집 한 <u>채</u>	금 서 <u>돈</u> 조기 한 <u>손</u> 신 두 <u>켤레</u>	소 한 <u>마리</u> 연필 한 <u>자루</u> 북어 한 <u>쾌</u>
다만	순서를 나타내는 경우나 (² ㅅㅈ)와 어울리어 쓰이는 경우에는 붙여 쓸 수 있다. 예 두<u>시</u> 삼십분 오초 　　1446년 10월 9일 　　80원		삼학년 16동 502호 10개	육층 제1실습실 7미터

• 제45항 두 말을 이어 주거나 **열거**[*]할 적에 쓰이는 다음의 말들은 띄어 쓴다.

예	국장 <u>겸</u> 과장 책상, 걸상 <u>등</u>이 있다	열 <u>내지</u> 스물 이사장 <u>및</u> 이사들	청군 <u>대</u> 백군 사과, 배, 귤 <u>등등</u>

10 제5장 띄어쓰기 – 제3절 보조 용언

• 제47항 (³ ㅂㅈ) 용언은 띄어 씀을 원칙으로 하되, 경우에 따라 붙여 씀도 허용한다.

원칙	허용
불이 꺼져 <u>간다</u>.	불이 꺼져<u>간다</u>.
내 힘으로 막아 <u>낸다</u>.	내 힘으로 막아<u>낸다</u>.
어머니를 도와 <u>드린다</u>.	어머니를 도와<u>드린다</u>.
그릇을 깨뜨려 <u>버렸다</u>.	그릇을 깨뜨려<u>버렸다</u>.
비가 올 <u>듯하다</u>.	비가 올<u>듯하다</u>.
그 일은 할 <u>만하다</u>.	그 일은 할<u>만하다</u>.
잘 아는 <u>척한다</u>.	잘 아는<u>척한다</u>.

다만	앞말에 조사가 붙거나 앞말이 합성 용언인 경우, 그리고 중간에 조사가 들어갈 적에는 그 뒤에 오는 보조 용언은 띄어 쓴다. 예 잘도 놀아만 <u>나는구나</u>! 　　네가 덤벼들어 <u>보아라</u>. 　　그가 올 듯도 <u>하다</u>.	책을 읽어도 <u>보고</u>…… 이런 기회는 다시없을 <u>듯하다</u>. 잘난 체를 <u>한다</u>.

제41항은 제2항에서 벗어나는 규정인가요?

네, 맞습니다. 〈한글 맞춤법〉 제2항은 '문장의 각 단어는 띄어 씀을 원칙으로 한다.'라는 규정이었습니다. 그런데 의존 형태소인 조사는 예외적으로 단어로 인정하면서 단어는 띄어 쓴다는 원칙이 적용되지 않는 것입니다. 따라서 제41항은 제2항의 예외 규정으로 볼 수 있습니다. 보통 조사는 단어로 다루어지지만, 조사는 자립성이 없어 다른 말에 의존해서만 나타나기 때문에 앞말에 붙여 씁니다. 조사를 그 앞말에 붙여 쓴다는 말은 조사가 자립성이 있는 말 뒤에 붙을 때뿐만 아니라 조사가 둘 이상 연속되거나 어미 뒤에 붙을 때에도 그 앞말에 붙여 쓴다는 의미입니다.

개념 알통

보조 용언을 붙여 쓰는 것이 허용되는 경우

'본용언+-아/-어+보조 용언'

예 (사과를) 먹어 보았다. / 먹어보았다.

'관형사형+보조 용언(의존 명사+-하다/싶다)'

아는 체하다. / 아는체하다.

'명사형+보조 용언'

예 먹었음 직하다 / 먹었음직하다
➡ 여기 해당하는 보조 용언은 '직하다' 한 가지뿐임.

- 위와 같은 경우가 아니라면 보조 용언은 앞말과 띄어 쓰고 붙여 쓰지 않는다.
- 보조 용언 앞에 '-(으)ㄴ가, -나, -는가, -(으)ㄹ까, -지' 등의 종결 어미가 있는 경우에는 보조 용언을 그 앞말에 붙여 쓸 수 없다.
  예 책상이 작은가 싶다. 집에 갈까 보다.

[*]**열거**: 여러 가지 예나 사실을 낱낱이 죽 늘어놓음.

【초성 답】 1 조사　2 숫자　3 보조

개념
트레이닝 ZONE

문제를 풀며 개념 근육을 키워 보세요!

01 다음 설명이 맞으면 ○에, 맞지 않으면 ×에 표시하시오.

(1) 한글 맞춤법은 우리말을 한글로 적을 때 지켜야 할 기준을 정해 놓은 규범이다.　○　×

(2) 한글 맞춤법은 표준어와 방언을 소리대로 적되 어법에 맞도록 함을 원칙으로 한다.　○　×

(3) 문장의 각 단어는 띄어 쓰는 것이 원칙이므로, 조사인 단어도 앞말과 띄어 쓴다.　○　×

(4) '눈이 올 듯하다.'와 같이 본용언과 보조 용언은 띄어 쓰는 것이 원칙이나, '눈이 올듯하다.'와 같이 붙여 쓰는 것도 허용한다.　○　×

(5) 두 개의 용언이 만나서 하나의 단어가 된 경우, 앞말의 본뜻이 유지되는 것은 소리 나는 대로 적고, 앞말이 본뜻에서 멀어진 것은 원형을 밝히어 적는다.　○　×

02 다음 조항의 ㉠과 ㉡에 해당하는 예를 찾아 기호를 쓰시오.

> [한글 맞춤법 제1항]
> 한글 맞춤법은 표준어를 ㉠소리대로 적되, ㉡어법에 맞도록 함을 원칙으로 한다.

(1)	'미덥다, 우습다'는 어간을 밝혀 적지 않는다.	
(2)	'먹어, 먹은'은 어간과 어미를 분리해서 적는다.	
(3)	'굳이, 같이'는 음운 현상을 반영하지 않고 적는다.	
(4)	'노인(老人)'과 '원로(元老)'는 같은 한자를 '노'와 '로'로 적는다.	
(5)	'퍼서(푸-+-어서), 펐다(푸-+-었다)'는 어간을 원래 형태에서 벗어난 대로 적는다.	

03 다음 조항을 참고하여 빈칸에 들어갈 알맞은 말에 ○표 하시오.

> [한글 맞춤법 제5항]
> 한 단어 안에서 뚜렷한 까닭 없이 나는 된소리는 다음 음절의 첫소리를 된소리로 적는다. 다만, 'ㄱ, ㅂ' 받침 뒤에서 나는 된소리는, 같은 음절이나 비슷한 음절이 겹쳐 나는 경우가 아니면 된소리로 적지 아니한다.

(1)	너무 (짭잘한 / 짭짤한) 음식은 몸에 좋지 않다.
(2)	어머니께서는 (깍두기 / 깍뚜기)를 싱겁게 담그셨다.
(3)	나는 힘든 일을 (몽당 / 몽땅) 잊고 다시 시작하련다.
(4)	군인인 형을 위해 정성을 (듬북 / 듬뿍) 담아 요리했다.

04 다음 문장에서 한글 맞춤법에 맞지 않는 단어를 찾아 바르게 고치시오.

(1) 산 넘어에서 쑥을 뜯어서 손이 까맣니 손을 씻어라.
　➔ (　　　　　), (　　　　　)

(2) 학교에 있는 휴계실에서 우연히 녀자 후배를 만났다.
　➔ (　　　　　), (　　　　　)

(3) 유진이는 눈을 지긋이 감고 약을 다리며 노래를 들었다.
　➔ (　　　　　), (　　　　　)

(4) 이모네 마지는 궁문학을, 둘째는 영문학을 전공하고 있다.
　➔ (　　　　　), (　　　　　)

05 다음 중 한글 맞춤법 규정에 맞는 단어를 골라 ○표 하시오.

(1)	높이	노피
(2)	세방	셋방
(3)	꾸준이	꾸준히
(4)	전세집	전셋집
(5)	드러나다	들어나다

06 다음 한글 맞춤법 규정에 따라 띄어쓰기를 바르게 해 쓰시오.

> [한글 맞춤법 제2항]
> 문장의 각 단어는 띄어 씀을 원칙으로 한다.

(1) 밥은커녕죽도못먹었다.
　➔ (　　　　　　　　　　)

(2) 그가떠난지도벌써삼년이흘렀다.
　➔ (　　　　　　　　　　)

(3) 20분밖에안지났으니걱정하지마.
　➔ (　　　　　　　　　　)

(4) 서은이는벽에기댄채로잠이들었다.
　➔ (　　　　　　　　　　)

(5) 건너편에서차한대가쏜살같이달려나왔다.
　➔ (　　　　　　　　　　)

(6) 노력한만큼좋은결과를얻기를바랄뿐이다.
　➔ (　　　　　　　　　　)

01

<자료>의 밑줄 친 발음 표시 부분을 맞춤법에 맞게 표기할 때에 적용되는 원칙을 <보기>에서 찾아 바르게 짝지은 것은?

―〈자료〉―

㉠ 이것은 유명한 책이 [아니요].

㉡ 영화 구경 [가지요].

㉢ 이것은 [설탕이요], 저것은 소금이다.

―〈보기〉―

○ 용언의 어간과 어미는 구별하여 적는다.

• 종결형에서 사용되는 어미 '-오'는 '요'로 소리 나는 경우가 있더라도 그 원형을 밝혀 '오'로 적는다. ·············ⓐ

이리로 오시오. (○) 이리로 오시요. (×)

• 연결형에서 사용되는 '이요'는 '이요'로 적는다. ·············ⓑ

이것은 책이요, 저것은 붓이다. (○)

이것은 책이오, 저것은 붓이다. (×)

• 어미 뒤에 덧붙는 조사 '요'는 '요'로 적는다. ·············ⓒ

읽어 읽어요 먹을게 먹을게요

실력 자랑 ㉠~㉢의 밑줄 친 부분에 적용된 맞춤법 원칙을 ⓐ~ⓒ 중 골라 써 보세요.

㉠	
㉡	
㉢	

02

<보기>의 대화에서 ㉠~㉢에 해당하는 예끼리 묶인 것으로 적절한 것은?

―〈보기〉―

선생님: 오늘은 '한글맞춤법 제21항'에 대해 알아보도록 하겠습니다. '빛깔'처럼 ㉠명사 뒤에 자음으로 시작된 접미사가 붙어서 된 것, '덮개'처럼 ㉡어간 뒤에 자음으로 시작된 접미사가 붙어서 된 것은 그 명사나 어간의 원형을 밝히어 적습니다.

학 생: 선생님, 그럼 '널찍하다'의 경우에는 왜 어간의 원형인 '넓'을 밝히지 않고 소리대로 적나요?

선생님: '널찍하다'처럼 ㉢겹받침의 끝소리가 드러나지 않는 경우와 '넙치'처럼 어원이 분명하지 않거나 본뜻에서 멀어진 경우에는 소리대로 적습니다.

실력 자랑 다음 단어들이 ㉠~㉢ 중 어떤 것의 예인지 적어 보세요.

	굵기 낚시 값지다 넋두리 멋쟁이 얄따랗다 말끔하다
㉠	
㉡	
㉢	

03

<자료>의 ⓐ와 ⓑ는 한글 맞춤법 규정에 맞게 표기한 것이다. 적용된 원칙을 <보기>에서 찾아 바르게 짝지은 것은?

―〈자료〉―

ⓐ지붕 공사가 ⓑ마감 단계에 있다.

―〈보기〉―

〈한글 맞춤법〉

제19항 어간에 '-이'나 '-음/-ㅁ'이 붙어서 명사로 된 것과 '-이'나 '-히'가 붙어서 부사로 된 것은 그 어간의 원형을 밝히어 적는다. ·············㉠

[붙임] 어간에 '-이'나 '-음' 이외의 모음으로 시작된 접미사가 붙어서 다른 품사로 바뀐 것은 그 어간의 원형을 밝히어 적지 아니한다. ·············㉡

제20항 명사 뒤에 '-이'가 붙어서 된 말은 그 명사의 원형을 밝히어 적는다.

[붙임] '-이' 이외의 모음으로 시작된 접미사가 붙어서 된 말은 그 명사의 원형을 밝히어 적지 아니한다. ·············㉢

실력 자랑 ⓐ, ⓑ의 밑줄 친 부분에 적용된 맞춤법 원칙을 ㉠~㉢ 중 골라 써 보세요.

ⓐ	
ⓑ	

04

<보기>는 한글 맞춤법 수업 중 준말과 관련한 학습지의 일부이다. 학생의 반응으로 적절하지 않은 것은?

―〈보기〉―

제40항 어간의 끝음절 '하'의 'ㅏ'가 줄고 'ㅎ'이 다음 음절의 첫소리와 어울려 거센소리로 될 적에는 거센소리로 적는다. ·········㉠

예 간편하게 → 간편케

[붙임 1] 'ㅎ'이 어간의 끝소리로 굳어진 것은 받침으로 적는다. ··㉡

예 아무렇다, 어떻다

[붙임 2] 어간의 끝음절 '하'가 아주 줄 적에는 준 대로 적는다.

이는 어간의 끝음절 '하'가 줄어진 형태로 관용되고 있는 형식으로, 안울림소리 받침 뒤에서 나타난다. ·············㉢

예 넉넉하지 → 넉넉지

실력 자랑 준말과 관련한 설명의 적절성을 판단해 보세요.

1. '다정하다'를 '다정타'로 적는 것은 ㉠의 규정을 따른 결과라고 볼 수 있겠군. ○ ×

2. '이렇다'를 '이러타'로 적지 않는 것은 ㉡의 규정을 따른 결과라고 볼 수 있겠군. ○ ×

3. '무심하지'는 ㉢의 규정에 따라 '하'가 줄어진 형태인 '무심지'로 적을 수 있겠군. ○ ×

 **펌핑-UP**

01

〈보기〉는 한글 맞춤법 제1항이 파생어와 합성어에 적용된 예를 찾아본 것이다. ㉠~㉤에 들어갈 예로 적절한 것은?

〈보기〉

제1항 한글 맞춤법은 표준어를 ⓐ <u>소리대로 적되</u>, ⓑ <u>어법에 맞도록 함</u>을 원칙으로 한다.

	파생어	합성어
ⓐ만 충족한 경우	㉠	㉡
ⓑ만 충족한 경우	㉢	㉣
ⓐ, ⓑ 모두 충족한 경우	㉤	줄자(줄+자), 눈물(눈+물)

① ㉠ : 이파리(잎+아리), 얼음(얼+음)

② ㉡ : 마소(말+소), 낮잠(낮+잠)

③ ㉢ : 웃음(웃+음), 바가지(박+아지)

④ ㉣ : 옷소매(옷+소매), 밥 알(밥+알)

⑤ ㉤ : 꿈(꾸+ㅁ), 사랑니(사랑+이)

02

〈보기〉는 한글 맞춤법 규정의 일부를 정리한 것이다. 이를 읽고 탐구한 내용으로 적절하지 않은 것은?

〈보기〉

제16항 어간의 끝음절 모음이 'ㅏ, ㅗ'일 때에는 어미를 '-아'로 적고, 그 밖의 모음일 때에는 '-어'로 적는다. .... ㉠

제18항 다음과 같은 용언들은 어미가 바뀔 경우, 그 어간이나 어미가 원칙에 벗어나면 벗어나는 대로 적는다.
　　1. '하다'의 활용에서 어미 '-아'가 '-여'로 바뀔 적 .... ㉡
　　2. 어간의 끝음절 '르' 뒤에 오는 어미 '-어'가 '-러'로 바뀔 적 ..... ㉢

① '시계를 보다.'에서 '보다'는 ㉠에 따라 어간 '보-'에 어미 '-아'가 결합해 '보아'로 적겠군.

② '간식을 먹다.'에서 '먹다'는 ㉠에 따라 어간 '먹-'에 어미 '-어'가 결합해 '먹어'로 적겠군.

③ '마당의 눈이 희다.'에서 '희다'의 어간 '희-'에 어미 '-아'가 결합하면 ㉡에 따라 '희여'로 적겠군.

④ '민수가 공부를 하다.'에서 '하다'의 어간 '하-'에 어미 '-아'가 결합하면 ㉡에 따라 '하여'로 적겠군.

⑤ '약속 장소에 이르다.'에서 '이르다'의 어간 '이르-'에 어미 '-어'가 결합하면 ㉢에 따라 '이르러'로 적겠군.

03

〈보기 1〉을 바탕으로 〈보기 2〉의 ㉠~㉤에 대해 탐구한 내용으로 적절하지 <u>않은</u> 것은?

〈보기 1〉

〈한글 맞춤법〉

제15항 용언의 어간과 어미는 구별하여 적는다.
　　[붙임 1] 두 개의 용언이 어울려 한 개의 용언이 될 적에, 앞말의 본뜻이 유지되고 있는 것은 그 원형을 밝히어 적고, 그 본뜻에서 멀어진 것은 밝히어 적지 아니한다.

제19항 어간에 '-이'나 '-음/-ㅁ'이 붙어서 명사로 된 것과 '-이'나 '-히'가 붙어서 부사로 된 것은 그 어간의 원형을 밝히어 적는다.

제23항 '-하다'나 '-거리다'가 붙는 어근에 '-이'가 붙어서 명사가 된 것은 그 원형을 밝히어 적는다.

〈보기 2〉

• 나는 모퉁이를 ㉠<u>도라가다</u> 예쁜 꽃을 보았다.

• 바닷물이 빠지자 갯벌이 ㉡<u>드러났다</u>.

• 날씨가 너무 더워서 ㉢<u>얼음</u>이 녹았다.

• 건축 기사가 건물의 ㉣<u>노피</u>를 측량했다.

• 요새 동생이 밥을 잘 먹지 못해 ㉤<u>홀쭈기</u>가 되었다.

① ㉠은 제15항 [붙임 1]을 적용해 '돌아가다'로 정정해야겠군.

② ㉡은 제15항 [붙임 1]을 적용해 '드러났다'로 표기한 것이 적절하군.

③ ㉢은 제19항을 적용해 '얼음'으로 표기한 것이 적절하군.

④ ㉣은 제23항을 적용해 '높이'로 정정해야겠군.

⑤ ㉤은 제23항을 적용해 '홀쭉이'로 정정해야겠군.

[04] 다음 글을 읽고 물음에 답하시오.

> 어근에 접사가 붙어 새로운 말이 만들어질 때에도 소리 나는 대로 적지 않고 형태를 밝히어 적는다. 예를 들어 '삶'은 '살다'의 어간 '살-'에 접미사 '-ㅁ'이 붙어서 파생된 명사로 [삼:]이라 발음되지만 '삶'으로 적는다. 그리고 '많이'는 '많다'의 어간 '많-'에 접미사 '-이'가 붙어서 부사가 된 것으로 [마:니]라고 발음되지만 '많이'로 적는다. 이처럼 ⊙용언의 어간에 '-이'나 '-음/-ㅁ'이 붙어서 명사로 된 것과 ⓒ용언의 어간에 '-이'나 '-히'가 붙어서 부사로 된 것은 그 어간의 원형을 밝히어 적는다. 다만, ⓒ어간에 '-이'나 '-음'이 붙어서 명사로 바뀐 것이라도 그 어간의 뜻과 멀어진 것은 원형을 밝히어 적지 않는다.

04

윗글의 ⊙~ⓒ에 해당하는 예로 적절하지 <u>않은</u> 것은?

① ⊙ : 나는 고양이에게 <u>먹이</u>를 주었다.

② ⊙ : 모두들 그의 정신력을 <u>높이</u> 칭찬했다.

③ ⓒ : 나는 그 사실을 <u>익히</u> 들어 알고 있다.

④ ⓒ : 그는 상처에서 흐르는 <u>고름</u>을 닦았다.

⑤ ⓒ : 그들은 새로 만든 도로의 <u>너비</u>를 측정했다.

05

〈보기〉의 선생님의 설명을 바탕으로 할 때, ⊙에 들어갈 말로 적절하지 <u>않</u>은 것은?

> 〈보기〉
> 학 생: '되어요, 돼요, 되요' 중에서 어느 게 맞는지 궁금해요.
> 선생님: "어간 모음 'ㅚ' 뒤에 '-어'가 붙어서 'ㅙ'로 줄어지는 것은 'ㅙ'로 적는다."라는 맞춤법 규정에 따르면 '되어요'는 어간 '되-'에 '-어요'가 결합된 것이므로 '돼요'로 줄어들 수 있어. 그러니까 '되어요, 돼요'는 맞는 말이지만 '되요'는 틀린 말이지. '(바람을) 쐬다, (턱을) 괴다, (나사를) 죄다, (어른을) 뵈다, (명절을) 쇠다' 등도 이 규정에 따라 적으면 돼.
> 학 생: 아, 그러면 ________________ ⊙

① '쐬어라'는 '쐬-'와 '-어라'가 결합된 것이므로 '쐬라'로 줄어들 수 있겠네요.

② '괴-'와 '-느냐'가 결합될 때는 '어'가 들어갈 수 없으므로 '괘느냐'는 틀린 말이겠네요.

③ '죄도'는 '죄-'와 '-어도'가 결합된 말이 줄어든 것이겠네요.

④ '뵈-'가 '-어서'와 결합되면 '봬서'로 줄어들 수 있겠네요.

⑤ '쇠-'와 '-더라도'가 결합될 때는 '쇄더라도'로 적으면 틀린 것이겠네요.

06

〈보기 1〉을 바탕으로 〈보기 2〉의 ⊙~ⓜ에 대해 탐구한 내용으로 적절한 것은?

> 〈보기 1〉
> [한글 맞춤법]
> 제41항 조사는 그 앞말에 붙여 쓴다.
> 제42항 의존 명사는 띄어 쓴다.
> 제43항 단위를 나타내는 명사는 띄어 쓴다.
>   다만, 순서를 나타내는 경우나 숫자와 어울리어 쓰이는 경우에는 붙여 쓸 수 있다.
> 제46항 단음절로 된 단어가 연이어 나타날 적에는 붙여 쓸 수 있다.

> 〈보기 2〉
> • 꽃집에 꽃이 ⊙<u>안개꽃 밖에</u> 남아 있지 않았다.
> • 나도 ⓒ<u>너만큼</u> 달리기를 잘했으면 좋겠다.
> • 남은 ⓒ<u>천 원짜리</u>로 마땅히 살 것이 없었다.
> • 나는 그 사람이 그리워 ⓔ<u>어찌할 줄</u> 몰랐다.
> • 기다리던 백신이 ⓜ<u>7 연구실</u>에서 개발되었다.

① ⊙은 제41항을 적용해 '안개꽃밖에'로 정정해야겠군.

② ⓒ은 제42항을 적용해 '너 만큼'으로 정정해야겠군.

③ ⓒ은 제43항을 적용해 '천 원 짜리'로 정정해야겠군.

④ ⓔ은 제43항을 적용해 '어찌할줄'로 정정해야겠군.

⑤ ⓜ은 제46항을 적용해 '7연구실'로 정정해야겠군.

# 벌크-UP

[01~02] 다음 글을 읽고 물음에 답하시오.

말을 글자로 적을 때 사람마다 다르게 적는다면 그 뜻을 제대로 파악하지 못할 수 있다. 이런 혼란을 피하고 효율적으로 의사소통하기 위해 제정한 것이 '한글 맞춤법'이다. 한글 맞춤법 총칙 제1항은 '한글 맞춤법은 표준어를 소리대로 적되, 어법에 맞도록 함을 원칙으로 한다.'이다. 소리대로 적는다는 것은 발음 그대로 적는다는 것이다. 그런데 소리대로 적는다는 원칙이 적용되기 어려운 경우가 있어 어법에 맞도록 한다는 또 하나의 원칙이 붙었다. 예를 들어 체언과 조사가 결합한 '잎이', '잎만'을 발음대로 적으면 '이피', '임만'인데, 사람들이 다르게 적힌 형태를 보고 그 의미를 파악하기 위해 '잎'이라는 본래 형태를 떠올려야 하는 어려움이 생긴다. 따라서 형태를 '잎'으로 고정하여 적을 필요가 있는 것이다. 그리고 '먹어', '먹는'처럼 용언의 어간과 어미도 구별하여 적는다. 즉 어법에 맞도록 적는다는 것은 형태소의 본모양을 밝혀 적는 것을 말한다. 그런데 어근과 접미사, 용언과 용언이 결합하여 하나의 단어로 쓰일 때는 형태소의 본모양을 밝혀 적기도 하고 소리대로 적기도 한다.

(ㄱ) 그는 <u>웃음</u>을 지으며 <u>마감</u> 시간을 확인했다.
(ㄴ) 방에 <u>들어간</u> 그는 <u>사라진</u> 의자를 발견했다.

(ㄱ)에서 '웃음(웃- + -음)'은 접미사 '-음/-ㅁ'이 비교적 여러 어근에 결합하고 결합한 후에도 어근의 본래 뜻이 유지되므로 형태소의 본모양을 밝혀 적었다. 이와 달리 '마감(막- + -암)'은 접미사 '-암'이 일부 어근에만 결합하기 때문에 소리대로 적었다. (ㄴ)에서 '들어간'은 앞말인 '들어'에 '들다'의 뜻이 유지되고 있어 형태소의 본모양을 밝혀 적었지만, '사라진'은 앞말이 본뜻에서 멀어져 그 의미가 유지되지 않아 소리대로 적었다.

[A] 한편, 의미를 정확하게 전달하기 위해서는 띄어쓰기를 바르게 하는 것도 중요하다. 예를 들어 '지'는 어미 '-(으)ㄴ지, -(으)ㄹ지'의 일부일 때는 띄어 쓰지 않지만, 시간의 경과를 나타낼 때는 앞말과 띄어 쓴다. 또한 어떤 일을 시험 삼아 시도함을 나타내거나 어떤 행동이나 상태를 강조하는 뜻을 나타낼 때는 '한번'이라고 쓰지만, '번'이 일의 횟수를 나타낼 때는 '한 번', '두 번'처럼 띄어 쓴다.

01

〈보기〉의 ⓐ~ⓔ를 이해한 내용으로 적절하지 <u>않은</u> 것은?

〈보기〉
· 풀이 ⓐ<u>쓰러진</u> 사이로 ⓑ<u>작은</u> 꽃이 ⓒ<u>마중</u>을 나왔다.
· ⓓ<u>끝이</u> 보이지 않았지만 나는 그 ⓔ<u>믿음</u>을 잃지 않았다.

① ⓐ: 앞말이 '쓸다'라는 본뜻에서 멀어져서 소리대로 적은 것이겠군.
② ⓑ: 용언의 어간 '작-'과 어미 '-은'이 구별되도록 형태소의 본모양을 밝혀 적은 것이겠군.
③ ⓒ: 접미사 '-웅'이 여러 어근에 널리 결합하지 못하고 일부 어근에만 결합해서 소리대로 적은 것이겠군.
④ ⓓ: '끝'이라는 체언의 의미가 쉽게 파악되도록 형태소의 본모양을 밝혀 적은 것이겠군.
⑤ ⓔ: 어근에 접미사 '-음'이 결합한 후에 어근의 본래 뜻이 유지되지 않아서 형태소의 본모양을 밝혀 적은 것이겠군.

02

[A]를 참고할 때, 밑줄 친 부분의 띄어쓰기가 적절하지 <u>않은</u> 것은?

① 동네 인심 <u>한번</u> 고약하구나.
② 그를 <u>만난 지</u>도 꽤 오래되었다.
③ 무엇부터 해야 <u>할 지</u>를 모르겠다.
④ 견우와 직녀는 일 년에 <u>한 번</u> 만난다.
⑤ 얼마나 <u>부지런한지</u> 세 명 몫의 일을 해낸다.

✦ 두뇌 스트레칭 ZONE

어간의 원형을 밝혀 적지 않고 소리 나는 대로 적는 경우

· 어간에 '-이'나 '-음'이 붙어서 명사로 바뀐 것이라도 그 어간의 뜻과 멀어진 것은 원형을 밝혀 적지 않음.
　예 노름, 거름
· 어간에 '-이'나 '-음' 이외의 모음으로 시작된 접미사가 붙어서 다른 품사로 바뀐 것은 그 어간의 원형을 밝혀 적지 않음.
　예 까마귀, 마감, 너무, 부터

호루라기 관장님의
🏐 하드 트레이닝

공부한 날	월	일	요일
맞은 개수		/ 24	

No	다음 빈칸에 알맞은 말을 써서 문장을 완성하시오.
01	한글 맞춤법은 표준어를 (　　　)대로 적되, (　　　)에 맞도록 함을 원칙으로 한다.
02	문장의 각 (　　　)는 띄어 씀을 원칙으로 한다.
03	'소쩍새, 오빠, 어깨'와 같이 한 단어 안에서 뚜렷한 까닭 없이 나는 된소리는 다음 음절의 첫소리를 (　　　)로 적는다.
04	'국수, 몹시'와 같이 '(　　　), (　　　)' 받침 뒤에서 나는 된소리는, 같은 음절이나 비슷한 음절이 겹쳐 나는 경우가 아니면 된소리로 적지 아니한다.
05	'돗자리, 웃어른'과 같이 'ㄷ' 소리로 나는 받침 중에서 'ㄷ'으로 적을 근거가 없는 것은 '(　　　)'으로 적는다.
06	'의의, 무늬'와 같이 '의'나, 자음을 첫소리로 가지고 있는 음절의 '늬'는 'ㅣ'로 소리 나는 경우가 있더라도 '(　　　)'로 적는다.
07	'여자(**女子**), 연세(**年歲**)'와 같이 한자음 '녀, 뇨, 뉴, 니'가 단어 첫머리에 올 적에는, (　　　)에 따라 '여, 요, 유, 이'로 적는다.
08	'몇 리(**里**)냐?'나 '그럴 리(**理**)가 없다.'의 '리'와 같은 의존 명사는 두음 법칙을 적용하지 않고 (　　　)대로 적는다.
09	'먹다, 먹고, 먹어, 먹으니'와 같이 용언의 어간과 (　　　)는 구별하여 적는다.
10	두 개의 용언이 어울려 한 개의 용언이 될 적에, '넘어지다, 늘어나다'와 같이 앞말의 본뜻이 유지되고 있는 것은 그 (　　　)을 밝히어 적고, '드러나다, 사라지다, 쓰러지다'와 같이 그 본뜻에서 멀어진 것은 밝히어 적지 아니한다.
11	종결형에서 사용되는 어미 '-오'는 '요'로 소리 나는 경우가 있더라도 그 원형을 밝혀 '(　　　)'로 적고, 연결형에서 사용되는 '이요'는 '(　　　)'로 적는다.
12	두 음절로 된 한자어 중 '(　　　)(**庫間**), 셋방(**貰房**), 숫자(**數字**), 찻간(**車間**), 툇간(**退間**), (　　　)(**回數**)'만 사이시옷을 적는다.

No	다음 ㉠, ㉡에 해당하는 단어를 각각 쓰시오.
13	**제1항** 한글 맞춤법은 표준어를 ㉠<u>소리대로 적되</u>, ㉡<u>어법에 맞도록 함</u>을 원칙으로 한다.

꽃이	바가지	만났다	오빠	낯빛이	살짝

㉠	㉡

No	한글 맞춤법에 맞지 않는 단어를 찾아 고쳐 쓰시오.
14	옷을 깨끄시 빨아 말린 후 다리미로 달이고 입었다. → (　　　), (　　　)
15	도서관에서는 책을 대여하는 절차를 간편게 하였다. → (　　　)
16	동아리 활동으로 추억을 만듬과 동시에 책임감도 길렀다. → (　　　)

No	한글 맞춤법에 맞게 문장을 띄어 쓰시오.
17	선우가주희보다두살위이다. →
18	저이야기는아마열번도더했을것이다. →
19	학교에서만이라도지킬것은지키자. →
20	강아지가집을나간지사흘만에돌아왔다. →

No	다음 중 한글 맞춤법에 맞는 표기를 골라 ○표 하시오.
21	효신이는 어제 (덧이 / 덧니)를 뽑았다.
22	이것은 (책이오 / 책이요), 저것은 붓이다.
23	예주는 산에 가서 (뻐꾹이 / 뻐꾸기)를 보았다.
24	구름이 걷히자 산봉우리가 (들어났다 / 드러났다).

오늘의 수능 국어 트레이닝 끝!

089 외래어 표기법

1 외래어의 개념과 특징

- 외래어는 외국에서 들어와 우리말처럼 쓰이는 말을 의미함.
- 외래어는 우리말에서 널리 쓰이고, 발음이나 형태, 용법 등이 우리말의 특징을 지닌다는 점에서 (1 ㅇㄱㅇ)와 구별됨.

2 외래어 표기의 기본 원칙

- (2 ㅇㄹㅇ)를 국어로 적기 위한 규정

제1항	외래어는 국어의 **현용**[*] 24 자모만으로 적는다. → 외래어는 국어의 일부이므로 [f, v, ʧ, ɔ, ʌ]처럼 국어에 없는 발음을 적기 위한 별도의 글자나 기호를 만들지 않음.
제2항	외래어의 1 음운은 원칙적으로 1 기호로 적는다. → 외래어의 한 소리를 늘 일정하게 같은 글자로 적음. 예 'film'과 'file'을 각각 '필름', '화일'로 표기하게 되면 [f]를 'ㅍ'으로 적는 경우와 'ㅎ'으로 적는 경우를 각각 기억해야 하는 불편함이 따르므로 'ㅍ'으로 통일하여 표기함.
예외	외래어의 1 음운을 우리말에서 두 가지 이상의 기호로 대응시켜 적는 경우가 있음. 예 영어 [p]의 경우, '패스(pass)', '컵(cup)', '수프(soup)' 등과 같이 적음.
제3항	(3 ㅂㅊ)에는 'ㄱ, ㄴ, ㄹ, ㅁ, ㅂ, ㅅ, ㅇ'만을 쓴다. → 외래어의 음절 끝소리는 7개의 자음만 적는다는 의미임. 예 'coffee shop'은 '커피숖'이 아닌 '커피숍'으로, 'internet'은 '인터넽'이 아닌 '인터넷'으로 표기함. → 받침에서 'ㅍ' 소리가 날 경우는 'ㅂ'으로, 'ㄷ' 소리가 날 경우에는 'ㅅ'으로 바꾸어 적도록 함.
제4항	파열음 표기에는 된소리를 쓰지 않는 것을 원칙으로 한다. → 외래어의 무성 파열음을 표기할 때는 된소리인 'ㅃ, ㄸ, ㄲ'을 쓰지 않고 거센소리를 사용함. 예 'game'은 '께임'이 아닌 '게임'으로, 'Paris'는 '빠리'가 아닌 '파리'로 표기함.
제5항	이미 굳어진 외래어는 **관용**[*]을 존중하되, 그 범위와 용례는 따로 정한다. → 이미 오랫동안 사용하여 굳어진 외래어는 표기법에 맞지 않아도 관용을 존중하여 사용함. 이를 통해 언어 현실에 부합할 수 있으며 언어생활에서의 혼란도 예방할 수 있음. 예 'radio'는 '레이디오'라고 쓰는 것이 원음에 가까우나, 오랫동안 써 오던 현실을 고려하여 '라디오'로 표기하도록 함.

---

[*] **현용**: 현재 쓰고 있음. 또는 그런 것
[*] **관용**: 오랫동안 써서 굳어진 대로 늘 씀. 또는 그렇게 쓰는 것

【초성 답】 1 외국어 2 외래어 3 받침

090 로마자 표기법

1 제1장 표기의 기본 원칙

제1항	국어의 로마자 표기는 국어의 (1 ㅍㅈ) 발음법에 따라 적는 것을 원칙으로 한다.
제2항	로마자 이외의 부호는 되도록 사용하지 않는다. → 로마자 이외의 부호를 되도록 사용하지 않는다는 원칙의 예외로 '붙임표(-)'를 제한적으로 사용할 수 있음. 예 '중앙'의 경우, 'Jungang'으로 적으면 발음상 [중앙]과 [준강] 두 가지로 읽힐 수 있어 혼동될 수 있으므로 붙임표를 넣어 'Jung-ang'으로 적음.

2 제2장 표기 일람

제1항	모음은 다음 각호와 같이 적는다.

ㅏ	ㅓ	ㅗ	ㅜ	ㅡ	ㅣ	ㅐ	ㅔ	ㅚ	ㅟ
a	eo	o	u	eu	i	ae	e	oe	wi

ㅑ	ㅕ	ㅛ	ㅠ	ㅒ	ㅖ	ㅘ	ㅙ	ㅝ	ㅞ
ya	yeo	yo	yu	yae	ye	wa	wae	wo	we

[붙임]	'ㅢ'는 'ㅣ'로 소리 나더라도 ui로 적는다. 예 광희문 Gwanghuimun

제2항	(2 ㅈㅇ)은 다음 각호와 같이 적는다.

ㄱ	ㄲ	ㅋ	ㄷ	ㄸ	ㅌ	ㅂ	ㅃ	ㅍ
g, k	kk	k	d, t	tt	t	b, p	pp	p

ㅈ	ㅉ	ㅊ	ㅅ	ㅆ	ㅎ	ㄴ	ㅁ	ㅇ	ㄹ
j	jj	ch	s	ss	h	n	m	ng	r, l

[붙임 1]	'ㄱ, ㄷ, ㅂ'은 모음 앞에서는 'g, d, b'로, 자음 앞이나 어말에서는 'k, t, p'로 적는다. 예 구미 Gumi, 영동 Yeongdong, 백암 Baegam, 옥천 Okcheon, 합덕 Hapdeok 호법 Hobeop, 월곶[월곧] Wolgot, 벚꽃[벋꼳] beotkkot, 한밭[한받] Hanbat
[붙임 2]	'ㄹ'은 모음 앞에서는 'r'로, 자음 앞이나 어말에서는 'l'로 적는다. 단, 'ㄹㄹ'은 'll'로 적는다. 예 구리 Guri, 설악 Seorak, 임실 Imsil, 울릉 Ulleung, 대관령[대괄령] Daegwallyeong

3 제3장 표기상의 유의점

제1항	음운 변화가 일어날 때에는 변화의 결과에 따라 다음 각호와 같이 적는다.
1	자음 사이에서 동화 작용이 일어나는 경우 예 백마[뱅마] Baengma 종로[종노] Jongno 왕십리[왕심니] Wangsimni 신라[실라] Silla
2	'ㄴ, ㄹ'이 덧나는 경우 예 학여울[항녀울] Hangnyeoul 알약[알략] allyak
3	구개음화가 되는 경우 예 해돋이[해도지] haedoji 같이[가치] gachi
4	'ㄱ, ㄷ, ㅂ, ㅈ'이 'ㅎ'과 합하여 (3 ㄱㅅㅅㄹ)로 소리 나는 경우 예 좋고[조코] joko 낳지[나치] nachi
[붙임]	된소리되기는 표기에 반영하지 않는다. 예 압구정 Apgujeong 낙동강 Nakdonggang
제3항	고유 명사는 첫 글자를 대문자로 적는다. 예 부산 Busan, 세종 Sejong
제6항	자연 지물명, 문화재명, 인공 **축조물**명은 붙임표(-) 없이 붙여 쓴다. 예 남산 Namsan, 속리산 Songnisan, 금강 Geumgang, 독도 Dokdo

---

'발음 중심 표기법'이 무엇인가요?

국어의 로마자를 표기하는 방법에는 글자 중심 표기법과 발음 중심 표기법이 있습니다. 현재의 로마자 표기법은 발음 중심 표기법을 기본으로 삼고 있습니다. 이에 따라 '신라'는 글자 그대로 로마자로 적으면 'Sinra'로 적지만, 발음대로 적으면 'Silla'로 적습니다. 그리고 로마자 표기법은 음운의 변동 현상 가운데 된소리되기는 표기에 반영하지 않습니다. 예를 들어 '팔당[팔땅]'은 'Palddang'으로 적지 않고, 'Paldang'으로 적습니다. 또한 현재 국어의 로마자 표기법은 비음화된 결과와 구개음화된 결과를 표기에 반영합니다. 예를 들어 '왕십리'는 [왕심니]로 발음되므로 'Wangsipri'가 아닌 'Wangsimni'로 적고, '해돋이'는 [해도지]로 발음되므로 'haedodi'가 아닌 'haedoji'로 적습니다.

*축조물: 쌓아서 만든 구조물

【초성 답】 1 표준   2 자음   3 거센소리

개념 트레이닝 ZONE

문제를 풀며 개념 근육을 키워 보세요!

01 다음 설명의 알맞은 말에 ○표 하시오.

(1) 외래어 표기법은 외래어를 (알파벳 / 한글)(으)로 적는 방식을 정해 놓은 규정으로, 외래어를 통일된 하나의 어형으로 표기하기 위한 것이다.

(2) 외래어는 한 소리를 늘 일정하게 같은 글자로 적기 위해 외래어의 1 음운은 원칙적으로 (1 기호 / 2 기호)로 적는다.

(3) ‘ㄱ, ㄴ, ㄷ, ㄹ, ㅁ, ㅂ, ㅇ / ㄱ, ㄴ, ㄹ, ㅁ, ㅂ, ㅅ, ㅇ ’의 7개 자음으로만 외래어의 음절 끝소리를 적는다.

(4) 외래어는 무성 (파열음 / 파찰음)을 표기할 때 된소리인 ‘ㅃ, ㄸ, ㄲ’을 쓰지 않는 것을 원칙으로 한다.

(5) 이미 오랫동안 사용하여 굳어진 외래어는 표기법에 맞지 않아도 (관용 / 예외)을/를 존중하되, 그 범위와 용례는 따로 정한다.

02 다음 외래어 표기법을 고려할 때, 빈칸에 들어갈 말을 쓰시오.

> [제1항] 외래어는 국어의 현용 24 자모만으로 적는다.
> [제2항] 외래어의 1 음운은 원칙적으로 1 기호로 적는다.
> [제3항] 받침에는 ‘ㄱ, ㄴ, ㄹ, ㅁ, ㅂ, ㅅ, ㅇ’만을 쓴다.
> [제4항] 파열음 표기에는 된소리를 쓰지 않는 것을 원칙으로 한다.
> [제5항] 이미 굳어진 외래어는 관용을 존중하되, 그 범위와 용례는 따로 정한다.

(1) ‘bag[bæg]’은 [빽]으로 소리 나지만, ‘(   )’이라고 표기해야 한다.

(2) ‘Paris’의 [p]는 파열음이므로, ‘빠리’로 적지 않고 ‘(   )’로 적어야 한다.

(3) ‘mother[mʌðər]’의 [ð]는 우리말에 없는 소리이므로, 국어의 현용 (   )로 바꾸어 적어야 한다.

(4) ‘camera’는 원음이 ‘캐머러’로 발음되지만, 우리나라에서는 관용적 쓰임인 ‘(   )’로 적어야 한다.

(5) ‘coffee shop’의 받침소리 [p]는 ‘ㅍ’처럼 소리가 나지만, 받침은 ‘ㅍ’으로 적지 않고 ‘(   )’으로 적어야 한다.

(6) ‘family’와 ‘film’의 [f]는 ‘ㅎ’으로 발음되기도 하고 ㅍ으로 발음되기도 하지만, ‘family’는 ‘(   )’로 ‘film’은 ‘(   )’으로 적어야 한다.

03 외래어 표기법을 따를 때 알맞은 단어에 ○표 하시오.

(1)	주스	쥬스	(5)	까페	카페
(2)	레져	레저	(6)	인터넫	인터넷
(3)	초콜릿	쵸콜릿	(7)	커피숍	커피슙
(4)	디지탈	디지털	(8)	텔레비젼	텔레비전

04 다음 외래어 표기를 바르게 고쳐 쓰시오.

외래어	잘못된 표기	바른 표기
(1) bus	뻐스	
(2) racket	라켙	
(3) service	써비스	
(4) fantasy	환타지	
(5) ketchup	케첲	

05 로마자 표기법 규정에 따라 다음 단어의 발음과 로마자 표기를 쓰시오.

단어	발음	로마자 표기
(1) 종로	[ ]	
(2) 탐라	[ ]	
(3) 강릉	[ ]	
(4) 한라산	[ ]	
(5) 왕십리	[ ]	

06 다음 설명이 맞으면 ○에, 맞지 않으면 ✕에 표시하시오.

(1) ‘gas’는 실제 발음에 가깝게 ‘까스’로 적는다. ○✕

(2) ‘gum’은 관용을 존중하여 ‘검’이 아니라 ‘껌’이라고 적는다. ○✕

(3) ‘숭례문’에서 ‘례’의 ‘ㅖ’는 [ㅔ]로 발음해야 하므로, ‘ye’로 표기해야 한다. ○✕

(4) 받침은 소리대로 적으므로, ‘rapper’로 불리는 가수들의 음악인 ‘rap’은 ‘랩’으로 적는다. ○✕

(5) ‘광희문’에서 ‘희’는 자음을 첫소리로 가지고 있는 음절이어서 [ㅣ]로 발음되므로, ‘I’로 적는다. ○✕

(6) 된소리는 로마자 표기에 반영하지 않으므로 ‘울산’은 [울싼]으로 발음되더라도 ‘Ulsan’으로 적는다. ○✕

01

〈보기〉는 수업의 한 장면이다. 선생님의 질문에 대한 답을 바르게 짝지은 것은?

〈보기〉

선생님: 국어를 로마자로 표기할 때는 국어의 표준 발음법에 따라 적는 것을 원칙으로 합니다. 따라서 음운 변동의 결과를 표기에 반영하지요. 이때, 'ㄱ, ㄷ, ㅂ'은 모음 앞에서는 'g, d, b'로, 자음 앞이나 어말에서는 'k, t, p'로 적습니다. 'ㄹ'은 모음 앞에서는 'r'로, 자음 앞이나 어말에서는 'l'로 적으며, 'ㄹㄹ'은 'll'로 적지요.

그럼 아래의 표기 일람을 참고할 때, '독립문'과 '대관령'의 로마자 표기는 어떻게 될까요?

ㄱ	ㄴ	ㄷ	ㄹ	ㅁ	ㅂ	ㅇ
g, k	n	d, t	r, l	m	b, p	ng
ㅐ	ㅕ	ㅗ	ㅘ	ㅜ	ㅣ	
ae	yeo	o	wa	u	i	

실력 자랑 '독립문'과 '대관령'의 발음을 적고 로마자 표기를 골라 보세요.

독립문	발음 - [　　　]
	(Dongrimmun / Dongnimmun)
대관령	발음 - [　　　]
	(Daegwallyeong / Daegwanryeong)

02

(가)에 들어갈 내용으로 적절하지 <u>않은</u> 것은?

〈보기〉

선생님: 로마자 표기법은 국제화 시대에 그 중요성이 더 커지고 있습니다. 로마자 표기법을 구체적으로 배우기 전에, 다음 자료로 탐구한 내용을 발표해 봅시다.

표기	표준 발음	올바른 로마자 표기	
가락	[가락]	garak	······ ㉠
앞집	[압찝]	apjip	······ ㉡
장롱	[장ː농]	jangnong	······ ㉢

학생:	(가)

실력 자랑 (가)에 들어갈 내용으로 적절하면 ○, 적절하지 않으면 ✕표 하세요.

① ㉠에서 '가'의 'ㄱ'은 'g'로, '락'의 'ㄱ'은 'k'로 표기한 것을 보니, '가락'의 두 'ㄱ'은 같은 자음이지만 다른 로마자로 적었어요. ○✕

② ㉡에서 '앞'의 'ㅍ'과 '집'의 'ㅂ'을 모두 'p'로 표기한 것을 보니, '앞집'의 'ㅍ'과 'ㅂ'은 다른 자음이지만 동일한 로마자로 적었어요. ○✕

③ ㉢에서 장음을 표시하는 기호인 'ː'가 로마자 표기에 없는 것을 보니, 장단의 구별은 로마자 표기에 반영하지 않았어요. ○✕

④ ㉠에서 '락'의 'ㄹ'은 'r'로, ㉢에서 '롱'의 'ㄹ'은 'n'으로 표기한 것을 보니, ㉢ '장롱'의 로마자 표기는 자음 동화를 반영하여 적었어요. ○✕

⑤ ㉡에서 '집'의 'ㅈ'과 ㉢에서 '장'의 'ㅈ'을 같은 로마자로 표기한 것을 보니, ㉡ '앞집'의 로마자 표기는 된소리되기를 반영하여 적었어요. ○✕

01

〈보기〉의 ㉠~㉤에 대한 설명으로 적절한 것은?

〈보기〉

〈로마자 표기 한글 대조표〉

자음		ㄱ	ㄷ	ㅂ	ㄸ	ㄴ	ㅁ	ㅇ	ㅈ	ㅊ	ㅌ	ㅎ
표기	모음 앞	g	d	b	tt	n	m	ng	j	ch	t	h
	그 외	k	t	p								

모음	ㅏ	ㅐ	ㅗ	ㅣ
표기	a	ae	o	i

〈로마자 표기의 예〉

	한글 표기	발음	로마자 표기
㉠	같이	[가치]	gachi
㉡	잡다	[잡따]	japda
㉢	놓지	[노치]	nochi
㉣	맨입	[맨닙]	maennip
㉤	백미	[뱅미]	baengmi

① ㉠에서 일어나는 음운 변동은 '땀받이[땀바지]'에서도 일어나고, 로마자 표기에 반영되었다.

② ㉡에서 일어나는 음운 변동은 '삭제[삭쩨]'에서도 일어나고, 로마자 표기에 반영되었다.

③ ㉢에서 일어나는 음운 변동은 '닳아[다라]'에서도 일어나고, 로마자 표기에 반영되었다.

④ ㉣에서 일어나는 음운 변동은 '한여름[한녀름]'에서도 일어나고, 로마자 표기에 반영되지 않았다.

⑤ ㉤에서 일어나는 음운 변동은 '밥물[밤물]'에서도 일어나고, 로마자 표기에 반영되지 않았다.

02

〈보기 1〉은 문법 수업의 한 장면이다. 〈보기 1〉을 참고하여 〈보기 2〉를 탐구한 것으로 옳지 <u>않은</u> 것은?

〈보기 1〉

선생님: 표준 발음법에 대한 이해는 올바른 발음 생활뿐만 아니라 국어를 로마자로 표기하려고 할 때도 많은 도움을 줍니다. 국어의 로마자 표기는 표준 발음에 따라 적는 것을 원칙으로 하기 때문입니다.

[표준 발음법]

제13항 홑받침이나 쌍받침이 모음으로 시작된 조사나 어미, 접미사와 결합되는 경우에는, 제 음가대로 뒤 음절 첫소리로 옮겨 발음한다.

제15항 받침 뒤에 모음 'ㅏ, ㅓ, ㅗ, ㅜ, ㅟ'로 시작되는 실질 형태소가 연결되는 경우에는, 대표음으로 바꾸어서 뒤 음절 첫소리로 옮겨 발음한다.

제17항 받침 'ㄷ, ㅌ(ㄾ)'이 조사나 접미사의 모음 'ㅣ'와 결합되는 경우에는, [ㅈ, ㅊ]으로 바꾸어서 뒤 음절 첫소리로 옮겨 발음한다.

제18항 받침 'ㄱ(ㄲ, ㅋ, ㄳ, ㄺ), ㄷ(ㅅ, ㅆ, ㅈ, ㅊ, ㅌ, ㅎ), ㅂ(ㅍ, ㄼ, ㄿ, ㅄ)'은 ㄴ, ㅁ 앞에서 [ㅇ, ㄴ, ㅁ]으로 발음한다.

제29항 합성어 및 파생어에서, 앞 단어나 접두사의 끝이 자음이고 뒤 단어나 접미사의 첫 음절이 '이, 야, 여, 요, 유'인 경우에는, 'ㄴ' 소리를 첨가하여 [니, 냐, 녀, 뇨, 뉴]로 발음한다.

〈보기 2〉

덮이다, 웃어른, 굳이, 집일, 색연필

① '덮이다'를 로마자로 표기하려면, 표준 발음법 제13항에 대한 이해가 필요하겠군.

② '웃어른'을 로마자로 표기하려면, 표준 발음법 제15항에 대한 이해가 필요하겠군.

③ '굳이'를 로마자로 표기하려면, 표준 발음법 제17항에 대한 이해가 필요하겠군.

④ '집일'을 로마자로 표기하려면, 표준 발음법 제13항, 제18항에 대한 이해가 필요하겠군.

⑤ '색연필'을 로마자로 표기하려면, 표준 발음법 제18항, 제29항에 대한 이해가 필요하겠군.

호루라기 관장님의
하드 트레이닝

공부한 날	월	일	요일
맞은 개수		/ 34	

No	다음 빈칸에 알맞은 말을 써서 문장을 완성하시오.
01	(　　　)란 다른 나라의 언어를 뜻하는 외국어와 달리, 외국에서 생겨 전해진 말이지만 이미 우리말의 소리와 형태에 적응하고 변화한 한국어의 일부를 말한다.
02	외국에서 들어와서 우리말처럼 쓰이는 단어인 (　　　)를 한글로 적는 방식을 정해 놓은 규정을 외래어 표기법이라고 한다.
03	외래어는 국어의 일부로 쓰이고 있기 때문에 이를 표기할 때는 국어의 현용 24 (　　　)만으로 적는다.
04	외래어의 1 음운은 원칙적으로 (　　　)로 적어, 외국어 소리 하나에 대해서 국어 소리 하나로 나타낸다.
05	외래어 표기의 (　　　)에는 'ㄱ, ㄴ, ㄹ, ㅁ, ㅂ, ㅅ, ㅇ'만을 쓴다.
06	외래어 표기에서 파열음, 파찰음, 마찰음 표기에는 (　　　)를 쓰지 않는다.
07	로마자 표기법은 외국인들이 (　　　)를 발음할 수 있도록 하려고 만든 규범이다.
08	국어의 로마자 표기는 국어의 (　　　)에 따라 적는 것을 원칙으로 한다.
09	로마자 표기에서 모음 'ㅢ'는 'ㅣ'로 소리나더라도 '(　　　)'로 적는다.
10	로마자 표기에서 자음 'ㄱ, ㄷ, ㅂ'은 (　　　) 앞에서는 'g, d, b'로, (　　　) 앞이나 어말에서는 'k, t, p'로 적는다.
11	로마자 표기에서 'ㄹ'은 모음 앞에서는 '(　　　)'로, 자음 앞이나 어말에서는 '(　　　)'로 적으며, 'ㄹㄹ'은 'll'로 적는다.
12	로마자 표기에서 음운 변화에 의한 (　　　)는 표기에 반영하지 않는다.
13	로마자 표기에서 고유 명사의 첫 글자는 (　　　)로 적는다.

No	다음 외래어를 표기법에 맞게 쓰시오.
14	file
15	band
16	fighting
17	service
18	vision
19	cafe
20	chocolate
21	digital
22	racket
23	hot line
24	coffee shop
25	supermarket

No	다음 단어의 올바른 로마자 표기를 고르시오.	
	단어	로마자 표기
26	백마	(Baengma / Baekma)
27	잡혀	(japyeo / jabpyeo)
28	해돋이	(haedogi / haedoji)
29	압구정	(Apgujeong / Apggujeong)
30	낙성대	(Nakseongdae / Naksseongdae)
31	신문로	(Sinmunro / Sinmunno)
32	설악산	(Seolaksan / Seoraksan)
33	굳히다	(guchida / gudhida)
34	낙동강	(Nakttonggang / Nakdonggang)

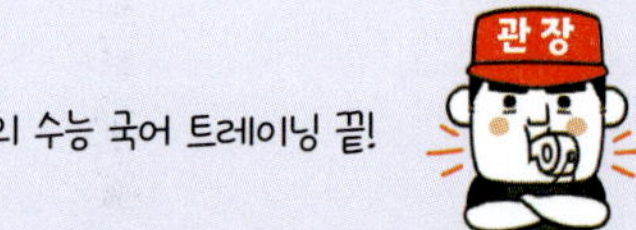

오늘의 수능 국어 트레이닝 끝!

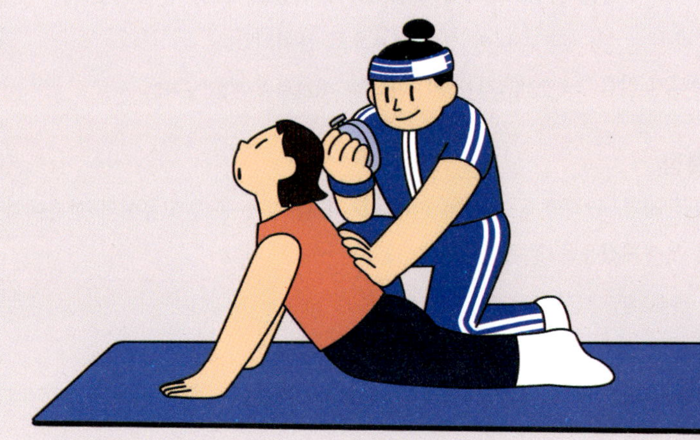

VI 국어의 역사

091 훈민정음 창제 이전 표기 방식

국어사 시대 구분

고려 건국 (918)	훈민정음 창제 (1443)	임진왜란 (1592)	갑오개혁 (1894)

고대 국어 (~10C 초)	전기 중세 국어 (10C 초~14C 말)	후기 중세 국어 (15C 초~16C 말)	근대 국어 (17C 초~19C 말)	현대 국어 (20C~)

고대 시대에는 명칭을 어떻게 적었나요?

고대의 언어생활은 전해지는 기록이 부족하여 분명히 알기는 어렵지만, 한자를 빌려서 고유 명사를 표기하는 것은 가능했습니다. 한자를 빌려 쓰는 방법은 크게 두 가지가 있었는데, 한자의 음만 빌려 표기하는 방식을 '음차'라고 하고, 한자의 뜻만 빌려 표기하는 방식을 '훈차'라고 합니다.

표기	素	那	金	川
	흴 소	어찌 나	쇠 금	내 천
훈(뜻)	희다	어찌	㉠(소)	㉡(나)
음(소리)	㉢	㉣	금	천

→ 정확한 당시의 발음을 알 수는 없으나, '소나'라는 인명을 '素那'라고 쓰고 한자의 음인 '소나'로 읽을 수도 있고, '金川'이라고 쓰고 한자의 뜻인 '쇠내'를 '소나'로 읽을 수도 있음. 즉, '素那' 또는 '金川'으로 적어도 읽을 때는 모두 '소나'로 똑같이 읽었음.

1 표기상의 특징

- 우리말의 형태와 **어순***에 맞게 한자를 빌려 적는 차자(借字) 표기법을 활용하였음.
- 훈민정음 창제 이전까지는 우리말을 표기할 문자가 없어 (1 ㅎㅈ)를 빌려 표기함.

서기체	• 한문을 우리말 어순에 맞게 변형하여 쓰는 국어 어순식 한문 표기 방식 • 실질 형태소만 표기하였으며, 신라의 '임신서기석(壬申誓記石)'에 쓰인 글이 대표적임. 예 한문 어순에 맞는 표현 - 誓(맹세할 서) 天(하늘 천) 前(앞 전) '임신서기석' 표기 - 天(하늘 천) 前(앞 전) 誓(맹세할 서)
구결	• 한문 문장의 어순은 그대로 두되 의미 단위로 나눈 후 그 사이에 문법 형태소(조사나 어미)만 한자로 토를 달아 표기하는 방식 • 훈민정음 창제 후에 한자로 달던 토를 한글로 달게 됨으로써 점차 쇠퇴함.
이두	• 한자로 문장 전체를 우리말 어순에 맞게 적고 토를 다는 방식 • 문법 형태소를 제외하면 한문 문장과 어순이 달라 뜻이 통하지 않음.
향찰	• 신라의 노래인 향가를 표기하는 데 이용한 표기 방식 • 우리말의 조사나 어미까지 기록하였으며, 어순도 우리말에 맞도록 적은 가장 발달한 한자 차용 방식

예

	善	化	公	主	主	隱
뜻	착할	될	귀인	님	님	숨을
음	선	화	공	주	주	은

→ ' '는 앞말은 음을, 뒷말은 뜻을 빌려 표기하였고, ' '은 보조사 '은'을 표기함.

개념 알통

한자 차용 표기법 비교

구결	한자를 빌려 조사나 어미를 표기함.	한문 원문은 그대로 두고 형식 형태소만 더함.	
이두	한자를 빌려 조사나 어미를 표기함.	한문의 어순을 우리말에 맞도록 배열함.	
향찰	한자를 빌려 조사나 어미를 표기함.	한문의 어순을 우리말에 맞도록 배열함.	실질 형태소를 포함하여 전면적으로 차자 표기법을 적용함.

→ 향찰은 한자의 소리와 뜻을 빌려 우리말의 형태와 의미 요소를 전면적으로 기록하는 표기 체계로서, 국어 문장 전체를 적을 수 있다는 점에서 가장 종합적이지만, 주로 향가 표기에만 사용되었기 때문에 구결이나 이두에 비해 사용된 시기가 짧음.

2 음운상의 특징

- 고대 국어의 자음 체계는 울림소리와 안울림소리 나뉘었고, 그중 안울림소리는 예사소리 'ㄱ, ㄷ, ㅂ, ㅈ'과 (2 ㄱㅅㄹ)'ㅋ, ㅌ, ㅍ, ㅊ'으로 분화되었음.
- 된소리는 발달하지 않음. → 안울림소리 자음이 예사소리와 거센소리 두 계열만 존재함.

3 단어상의 특징

- 고유어로 쓰이던 지명, 관직명 등이 점점 한자어로 바뀐 것을 통해 고유어와 한자어의 경쟁에서 한자어가 우세해졌음을 알 수 있음.

***어순**: 문장 성분의 배열에 나타나는 일정한 순서

[초성 답] 1 한자 2 거센소리

092 훈민정음 창제 원리

1 훈민정음의 창제

창제 이전의 언어생활	•고유의 문자가 없어 한자를 사용했으나 우리말을 완전히 표기하지 못함. •백성들이 한자를 알기 어려워 문자 생활에 어려움을 겪음.
창제자 및 창제 시기	•훈민정음은 세종대왕이 즉위 25년(1443)에 창제하여 즉위 28년(1446)에 반포함. •훈민정음의 글자 수는 28자이며, (¹ ㅎㄱ)의 원래 이름이 '훈민정음'임.

2 초성 제자 원리

•자음 기본자 'ㄱ, ㄴ, ㅁ, ㅅ, ㅇ'은 (²   ㅂㅇ   ) 기관의 모양을 본뜨는 **상형**[*]의 원리로 만듦.

•소리의 세기에 따라 자음 기본자에 획을 더하는 가획의 원리로 나머지 자음을 만듦.

•이체자 'ㆁ, ㄹ, ㅿ'은 제자 원리를 따르지 않고 별도로 만든 것임.

구분	상형자		가획자	이체자
어금닛소리	혀뿌리가 목구멍을 막는 모양을 본뜸.		ㄱ	ㅋ	ㆁ(옛이응)
혓소리	혀끝이 윗잇몸에 닿는 모양을 본뜸.		ㄴ	ㄷ, ㅌ	ㄹ(반설음)
입술소리	입의 모양을 본뜸.		ㅁ	ㅂ, ㅍ	
잇소리	이의 모양을 본뜸.		ㅅ	ㅈ, ㅊ	ㅿ(반치음)
목청소리	목구멍의 모양을 본뜸.		ㅇ	ㆆ, ㅎ	

3 중성 제자 원리

•중성(모음) 기본자 'ㆍ, ㅡ, ㅣ'는 자연의 모양을 본뜨는 상형의 원리로 만듦.

•나머지 모음자는 모음 기본자를 결합하는 (³   ㅎㅅ   )의 원리로 만듦.

구분	상형의 원리		합성의 원리	
	삼재(三才, 하늘과 땅과 사람)의 모양을 본뜸.		중성 기본자를 결합함.	
	기본자		초출자	재출자
			ㅡ, ㅣ에 ㆍ 결합	초출자에 ㆍ 결합
ㆍ(아래아)	하늘의 둥근 모양을 본뜸.		ㅣ+ㆍ→ㅏ ㆍ+ㅣ→ㅓ ㆍ+ㅡ→ㅗ ㅡ+ㆍ→ㅜ	ㅏ+ㆍ→ㅑ ㅓ+ㆍ→ㅕ ㅗ+ㆍ→ㅛ ㅜ+ㆍ→ㅠ
ㅡ	땅의 평평한 모양을 본뜸.			
ㅣ	사람이 서 있는 모양을 본뜸.			

훈민정음은 세종대왕이 친히 혼자 만든 문자입니다. 세종대왕이 문자를 만든 후 문자와 관련된 일을 계획하면서 이후에 집현전 학자들을 참여시켰습니다. 세종대왕이 새 문자를 창제했다는 사실이 처음 세상에 알려진 것은 세종 25년(1443)이었습니다. 당시 문자의 명칭은 '훈민정음(訓民正音)'이었고 약칭은 '정음(正音)'이었습니다. 그 무렵에 이미 속칭인 '언문'이라는 말이 '훈민정음'을 가리키는 말로 쓰였습니다. '한글'이라는 이름은 19세기 말에 지어진 일이 있으나 널리 보급되기는 국어학자인 주시경과 그의 제자들이 쓰기 시작하면서부터입니다. '한글'은 본래 한(韓)나라의 글이라는 뜻이었는데 나중에 '한'은 '큰', '유일한'의 뜻이라는 해석이 덧붙게 되었습니다.

개념 알통

종성의 제자 원리

•"종성은 초성을 다시 사용한다."라는 의미의 '종성부용초성(終聲復用初聲)'이라는 규정에 따라 종성 글자는 따로 만들지 않았다.

→ 이는 종성이 초성과 소리값이 실현되는 위치만 다를 뿐 동일한 음가를 가진다고 보았기 때문임.

---

[*] **상형**: 어떤 물건의 형상을 본뜸.

[초성 답] **1** 한글   **2** 발음   **3** 합성

093 훈민정음 운용 원리

1 훈민정음 운용 원리

• 훈민정음 28자를 만든 후 이를 운용하는 원리에 대한 규정이 명시되어 있음.

이어 쓰기 (연서)	• 자음을 밑으로, 즉 위아래로 이어서 쓰는 방법 • 입술소리(순음) 'ㅁ, ㅂ, ㅃ, ㅍ' 아래에 'ㅇ'을 이어씀으로써 순경음 'ㅸ, ㅸ, ㅹ, ㅱ'을 만드는 방법임.			
나란히 쓰기 (병서)	초성이나 종성을 합쳐 쓸 때 가로로 나란히 쓰는 방법	각자 병서	같은 (¹ ㅊㅅ)(자음) 두 개를 나란히 쓰는 방법 예 ㄲ, ㄸ, ㅃ, ㅆ, ㅉ	
		합용 병서	서로 다른 초성(자음) 두 개 이상을 나란히 쓰는 방법	ㅅ계 합용 병서 · 예 ㅅㄱ, ㅅㄷ, ㅽ ㅂ계 합용 병서 · 예 ㅂㄷ, ㅄ, ㅲ ㅄ계 합용 병서 · 예 ㅴ, ㅵ
붙여 쓰기 (부서)	• 초성(자음)에 중성(모음)을 붙여 한 음절을 만드는 방법 • 중성은 초성의 아래쪽이나 오른쪽에 놓임.			
음절 이루기 (성음법)	• 모든 글자는 반드시 합해져야만 소리(음절)를 이룬다는 규정 • 초성·중성·종성 3성을 합해야 (² ㅇㅈ)이 된다는 규정 → 우리말의 경우 '초성 + 중성'만으로도 음절이 구성됨. 이 규정에 의해 종성이 없는 글자의 종성에는 형식적으로 소릿값이 없는 'ㅇ'을 붙여 표기함. 예 虛헝[허], 世솅[세]			
방점 찍기	• 소리의 높이를 나타내는 평성·거성·상성을 표시하는 방법 • 각 음절의 왼편에 한 점, 두 점을 찍거나 또는 찍지 않음으로써 소리의 (³ ㄴㄴㅇ)를 표시함.			

성조	성격	방점 수
평성(平聲)	낮고 짧은 소리	없음
거성(去聲)	높고 짧은 소리	한 점
상성(上聲)	낮은 음에서 높은 음으로 올라가는 긴소리	두 점
입성(入聲)	소리의 높낮이와는 별도로, 종성이 'ㄱ, ㄷ, ㅂ, ㅅ'으로 끝나는 음절들을 묶은 것	점과 무관

2 훈민정음의 종성 표기법

• 중세 국어에서 종성 표기는 표의주의적 표기법과 표음주의적 표기법으로 구분됨.

• 중세 국어의 (⁴ ㅈㅅ)에는 'ㄱ, ㄴ, ㄷ, ㄹ, ㅁ, ㅂ, ㅅ, ㆁ'의 8자만 표기하는 것이 원칙임.

표의주의적 표기법	표음주의적 표기법
• 형태소의 기본형을 밝혀 적는 원칙적 표기법 • 초성(자음) 17자를 모두 종성에 쓸 수 있다는 규정인 '종성부용초성(終聲復用初聲)'은 초성과 종성이 음운론적으로 동일하다는 사실에 근거하여 종성을 따로 만들지 않는다는 제자상의 원칙임.	• 소리 나는 대로 적는 허용적 표기법 • 종성에서 소리나는 'ㄱ, ㄴ, ㄷ, ㄹ, ㅁ, ㅂ, ㅅ, ㆁ'의 8자만 받침에 표기함.

8종성	ㄱ	ㄴ	ㄷ	ㄹ	ㅁ	ㅂ	ㅅ	ㆁ
대체	ㅋ		ㅌ				ㅍ	ㅈ, ㅊ

→ 예외로 'ㅿ'은 8종성에 들어가지 않으나 종성으로 일관되게 쓰임. 예 엿의 갗(여우의 가죽), 앗이(아우가)

현재까지도 '성조'가 남아 있나요?

성조는 16세기 말엽에 완전히 소멸되었습니다. 소멸 과정에서 '거성'의 높은 소리가 점점 낮아지면서 평성과의 낮고 높음의 구별이 없어졌고, '상성'의 처음이 낮았다가 높아지는 소리가 평탄하게 되어 버렸습니다. 다만 원래 긴소리였던 상성은 현대 국어의 긴소리로 남았습니다.

개념 알통

훈민정음의 음절 표기법

이어 적기 (연철)	• 소리 나는 대로 적는 표음주의 표기법 • 한 음절의 종성을 다음 자의 초성으로 내려서 쓰는 표기법 예 니믈, 기픈
거듭 적기 (중철)	• 근대 국어 시기에 이어 적기에서 끊어 적기로 넘어갈 때 나타난 과도기적 현상 • 앞 음절의 종성 뒤에 모음으로 시작하는 조사나 어미가 이어질 때, 앞 음절의 받침을 거듭하여 뒤 음절의 초성으로 적는 방법 예 님믈, 깁픈
끊어 적기 (분철)	• 어원을 밝혀 적는 표의주의 표기법 • 여러 형태소가 연결될 때 그 각각을 음절이나 성분 단위로 밝혀 적는 표기법 예 님을, 깊은

국어의 역사 094 세종어제훈민정음

1 세종어제훈민정음 분석

• 「세종어제훈민정음」은 한문으로 쓴 훈민정음 해설서 『훈민정음』 가운데 세종이 쓴 예의를 우리말로 풀어 쓴 것임.

> 나·랏:말ᄊᆞ·미 中듕國·귁·에 달·아 文문字·ᄍᆞᆼ·와·로 서르 ᄉᆞᄆᆞᆺ·디 아·니ᄒᆞᆯ·ᄊᆡ ·이런 젼·ᄎᆞ·로
> 말쏨(체언)+이(주격 조사) → 이어 적기 / 비교 부사격 조사 / 기본형 'ᄉᆞᄆᆞᆾ다' → 8종성법 / 까닭으로
>
> 어·린 百·ᄇᆡᆨ姓·셩·이 니르·고·져 ·홇 ·배이·셔·도 ᄆᆞ·ᄎᆞᆷ:내 제 ·ᄠᅳ·들 시·러 펴·디 :몯ᄒᆞᇙ ·노·미
> 어리석다 / 주격 조사 / 두음 법칙 적용 X / 바(의존 명사)+ㅣ(주격 조사) / ᄠᅳᆮ+을(목적격 조사) → 이어 적기 / 구개음화 X / 놈+이(주격조사) → 이어 적기
>
> 하·니·라 ·내 ·이·ᄅᆞᆯ 爲·윙·ᄒᆞ·야 :어엿·비 너·겨 ·새·로 ·스·믈여·듧 字·ᄍᆞᆼ·ᄅᆞᆯ ᄆᆡᇰ·ᄀᆞ노·니 :사ᄅᆞᆷ:마
> 많다 / 나(대명사)+ㅣ(주격 조사) / 가엾게, 불쌍히 / 만드니
>
> ·다 :ᄒᆡ·ᅇᅧ :수·ᄫᅵ 니·겨 ·날·로 ·ᄡᅮ·메 便뼌安한·킈 ᄒᆞ·고·져 ᄒᆞᇙ ᄯᆞᄅᆞ·미니·라
> 하여금 / 'ᄫ(순경음 ㅂ)' 사용 / ᄡᅳ-+-움+에 〉 씀에 → 이어 적기
>
> – 『훈민정음』 언해, 세조 5년(1459)
>
> [현대어 풀이] 우리나라의 말이 중국과 달라 문자와 서로 통하지 아니하여서 이런 까닭으로 어리석은 백성이 말하고자 하는 바가 있어도 마침내 제 뜻을 능히 펴지 못하는 사람이 많다. 내가 이를 위하여 가엾게 여겨 새로 스물여덟 자를 만드니, 모든 사람들로 하여금 쉽게 익혀 날마다 쓰는 데 편하게 하고자 할 따름이다.

2 세종어제훈민정음에 반영된 중세 국어의 특징

음운	팔종성법	음절의 (1 ㅈㅅ)에 'ㄱ, ㄴ, ㄷ, ㄹ, ㅁ, ㅂ, ㅅ, ㆁ'만 표기함. 예 놉다, ᄉᆞᄆᆞᆺ·디
	중세 국어에만 있는 음운	자음 'ᄫ(순경음 비읍), ㆁ(옛이응), ㆆ(여린히읗)'과 모음 'ㆍ(아래 아)' 등이 사용됨. 예 수ᄫᅵ, 듕귁, 뼌한킈, ᄉᆞᄆᆞᆺ디
	어두 자음군	(2 ㅊㅅ)에 어두 자음군이 사용됨. 예 ᄠᅳ들, ᄡᅮ메, ᄯᆞᄅᆞ미니라
	7개의 단모음과 모음 조화	'ㆍ, ㅏ, ㅗ, ㅡ, ㅓ, ㅜ, ㅣ'와 같은 7개의 단모음이 사용되었으며, 모음 조화가 엄격하게 적용됨. 예 윙ᄒᆞ야
문법	주격 조사	주격 조사 '이'는 자음 아래에서, 'ㅣ'는 'ㅣ' 이외의 모음 아래에서 쓰였으며, 주격 조사 '가'는 존재하지 않음. 예 말ᄊᆞ미(말ᄊᆞᆷ+이), 홇배(홇 바+ㅣ)
	목적격 조사	목적격 조사는 모음 조화와 음운론적 환경에 따라 'ᄋᆞᆯ/을'과 'ᄅᆞᆯ/를'이 사용됨. 예 ᄠᅳ들(ᄠᅳᆮ+을), 이ᄅᆞᆯ(이+ᄅᆞᆯ)
	명사형 어미	명사형 어미는 주로 '-옴/-움'이 사용됨. 예 ᄡᅮ메(ᄡᅳ-+-움+에)
표기	이어 적기	'체언+조사' / '어간+어미'가 연결될 때 종성의 자음 다음 음절의 초성에 내려 적는 이어 적기가 나타남. 예 말ᄊᆞ미, ᄠᅳ들, 노미
	방점	성조를 표시하기 위해 글자 왼쪽에 방점을 찍음. 예 나·랏:말ᄊᆞ·미
의미	의미의 변화	현대 국어와 의미가 달랐던 단어가 존재함. 예 어리다(어리석다 → 나이가 적다) 어엿브다(가엾다, 불쌍하다 → 아름답다)

개념 알통

훈민정음 창제 정신

자주 정신	• 우리말이 중국과 달라 한자로는 의사소통에 어려움이 있음을 인지함. • 우리만의 고유한 언어가 필요하다고 생각하고 독창적인 글자를 만듦.
애민 정신	백성들이 글자를 읽고 쓰는 데 어려움이 많은 것을 안타깝게 여겨 백성들이 쓰기 쉬운 글자를 만듦.
실용 정신	백성들이 쉽게 익혀서 편히 사용할 수 있는 글자를 만듦.
창조 정신	백성들을 위해 이전에는 없던 28개의 문자를 새로 만듦.

음절적 원리를 따른 표기는 무엇인가요?

「세종어제훈민정음」의 '놈+이'의 실제 발음은 [노미]로, 1음절이 [노], 2음절이 [미]입니다. 따라서 [노미]라고 소리나는 것을 글자로 '노미'라고 적는 것은 각 음절을 충실히 표기한 것이며, '노'와 '미'라는 두 음절의 경계가 정확히 나타나는 것입니다. 중세 국어에서는 이러한 음절적 원리에 따라 이어 적기를 하여 음절의 경계를 정확히 나타내었습니다. 반면에 현대 국어에서는 받침 있는 체언이나 용언 어간에 모음으로 시작하는 조사나 어미가 결합할 때, 마지막 음절의 종성을 다음 음절의 초성으로 내려쓰지 않고 끊어 적습니다. '놈'과 '이'라는 형태소의 원형을 그대로 밝혀 적는 것입니다. 음절 단위로 모아쓰는 방식을 취한다는 점에서 음절적 원리를 따르고 있으나, 실제 발음에 따라 음절 경계를 정확히 나타내지는 못한다는 점에서 중세 국어에 비해 음절적 원리를 온전히 따르지 않은 것으로 봅니다.

[초성 답] 1 종성 2 초성

개념 트레이닝 ZONE

💪 **문제를 풀며 개념 근육을 키워 보세요!**

01 다음 빈칸에 들어갈 알맞은 말을 찾아 쓰시오.

가획	모음	주격	방점
소리	어두 자음군	성음법	합성

(1) 중세 국어는 (　　　) 나는 대로 적는 경향이 강했고, 받침에는 주로 'ㄱ, ㄴ, ㄷ, ㄹ, ㅁ, ㅂ, ㅅ, ㆁ'의 8개 자음을 적었다.

(2) 중세 국어에는 현대 국어에 없는 자음 'ㅸ, ㅿ, ㆆ'과 (　　　) 'ㆍ'가 있었으며, 'ㅳ, ㅴ' 같은 (　　　　)이 존재했다.

(3) 훈민정음의 초성은 상형과 (　　　)의 원리로, 중성은 상형과 (　　　)의 원리로 만들어졌다.

(4) 중세 국어는 초·중·종성을 합해야 음절이 된다는 (　　　) 규정이 있었으며, 성조를 (　　　)으로 나타내었다.

(5) 중세 국어에서는 (　　　) 조사 '이'가 쓰이고 '가'는 쓰이지 않았다.

02 다음 빈칸에 들어갈 알맞은 훈민정음 자음자를 쓰시오.

조음 위치	기본자	가획자		이체자
		1차	2차	
어금닛소리	ㄱ	(　　)		ㆁ
혓소리	ㄴ	(　　)	ㅌ	(　　)
입술소리	ㅁ	ㅂ	(　　)	
잇소리	(　　)	ㅈ	ㅊ	ㅿ
목청소리	(　　)	ㆆ	(　　)	

03 다음 빈칸에 들어갈 알맞은 훈민정음 모음자를 쓰시오.

합성의 원리	
초출자	재출자
(ㆍ)+(ㅡ)→(　)	(ㅗ)+(ㆍ)→(　)
(ㅡ)+(ㆍ)→(　)	(ㅜ)+(ㆍ)→(　)
(ㅣ)+(ㆍ)→(　)	(ㅏ)+(ㆍ)→(　)
(ㆍ)+(ㅣ)→(　)	(ㅓ)+(ㆍ)→(　)

04 다음 단어가 결합할 때 이어 적기한 형태를 쓰시오.

(1)	말씀+이 →	(4)	뿜+에 →
(2)	뜯+을 →	(5)	아둘+이 →
(3)	놈+이 →	(6)	먹-+-을 →

05 다음 단어에 쓰인 병서를 찾아 쓰고, 종류에 ○표 하시오.

구분	병서	종류	
(1) 쓰러		각자 병서	합용 병서
(2) 말씀		각자 병서	합용 병서
(3) 뿔만		각자 병서	합용 병서

06 다음 「세종어제훈민정음」에 대한 설명으로 맞으면 ○표, 틀리면 ✕ 표에 표시하시오.

> 나·랏:말ᄊᆞ·미 中듕國·귁·에 달·아 文문字·쭝·와·로 서르 ᄉᆞᄆᆞᆺ·디 아·니ᄒᆞᆯ·씨 ·이런 젼·ᄎᆞ·로 어·린 百·빅姓·셩·이 니르·고·져 ·홇 ·배이·셔·도 ᄆᆞᆺ·ᄎᆞᆷ:내 제 ·ᄠᅳ·들 시·러 펴·디 :몯ᄒᆞᆯ ·노·미 하·니·라 ·내 ·이·를 爲·윙·ᄒᆞ·야 :어엿·비 너·겨 ·새·로 ·스·믈여·듧 字·쭝·를 밍·ᄀᆞ노·니 :사ᄅᆞᆷ:마·다 :히·여 :수·비 니·겨 ·날·로 ·뿌·메 便뼌安한·킈 ᄒᆞ·고·져 ᄒᆞᆯ ᄯᆞᄅᆞ·미니·라

(1) '듕귁, 수비' 등에서 현대 국어에는 없는 자음이 사용되었다.　○✕

(2) '뜨들, 뿌메'와 같이 초성에 자음이 두 개 이상 오는 어두 자음군이 있었다.　○✕

(3) 글자 오른쪽에 방점을 찍어 성조를 나타내었다.　○✕

(4) '니르고져'와 '펴디'를 통해 두음 법칙과 구개음화가 적용되지 않았음을 알 수 있다.　○✕

(5) 'ᄉᆞ못디'와 같이 음절의 받침에는 모든 자음을 표기하였다.　○✕

07 「세종어제훈민정음」의 표기를 현대 국어로 바꾸고, 빈칸에 알맞은 말을 쓰시오.

중세 국어	현대 국어	차이점
(1) 中듕國귁에		중세 국어에서는 (　　　　) 조사로 '에'가 쓰이고, 현대 국어에서는 (　　　)가 쓰임.
(2) 니르고져		중세 국어에서는 (　　　　)이 적용되지 않음.
(3) 뜨들		중세 국어에서는 'ㅳ'과 같이 음절 초성에 (　　　　)이 사용됨.
(4) 펴디		현대 국어에서는 (　　　　)의 영향을 받아 '-디'가 '-지'로 바뀜.

워밍-UP

01

〈보기〉는 수업의 일부이다. 선생님의 설명을 참고할 때 ㉠에 해당하는 것은?

〈보기〉

선생님: 훈민정음의 초성 중 기본자는 발음 기관의 모양을 본뜨는 '상형'의 원리로 만들어졌어요. 'ㄱ'은 혀뿌리가 목구멍을 막는 모양을, 'ㄴ'은 혀가 윗잇몸에 닿는 모양을, 'ㅁ'은 입 모양을, 'ㅅ'은 이[齒] 모양을, 'ㅇ'은 목구멍 모양을 본뜬 것이에요. 기본자에 소리의 세기에 따라 획을 더하는 '가획'의 원리를 적용하여 가획자 'ㅋ, ㄷ, ㅌ, ㅂ, ㅍ, ㅈ, ㅊ, ㆆ, ㅎ'을 만들었고, 상형이나 가획의 원리를 적용하지 않고 별도로 이체자 'ㆁ, ㄹ, ㅿ'을 만들었지요. 중성은 하늘, 땅, 사람의 모양을 본떠서 기본자 'ㆍ, ㅡ, ㅣ'를 만들고, '합성'의 원리를 적용하여 초출자 'ㅗ, ㅏ, ㅜ, ㅓ'와 재출자 'ㅛ, ㅑ, ㅠ, ㅕ'를 만들었어요. 종성은 초성의 글자를 다시 사용했답니다. 그러면 선생님과 함께 카드놀이를 하며 훈민정음에 대하여 공부해 봅시다. ㉠아래의 카드 중 [조건]을 모두 만족하는 글자 카드를 찾아볼까요?

[조건]
- **초성**: 이[齒] 모양을 본뜬 기본자에 가획하여 만든 글자
- **중성**: 초출자 'ㅗ'에 기본자 'ㆍ'를 결합하여 만든 글자
- **종성**: 상형이나 가획의 원리를 적용하지 않고 별도로 만든 글자

실력 자랑 [조건]에 맞는 글자를 적어 보세요.

1. 이[齒] 모양을 본뜬 기본자에 가획하여 만든 글자
2. 초출자 'ㅗ'에 기본자 'ㆍ'를 결합하여 만든 글자
3. 상형이나 가획의 원리를 적용하지 않고 별도로 만든 글자

① 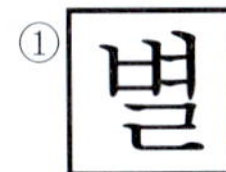 ②  ③ 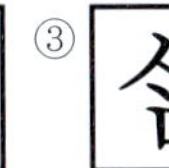 ④  ⑤ 

02

〈보기〉의 ㉠~㉤에 나타난 중세 국어의 특징을 현대 국어와 비교하여 이해한 내용으로 적절하지 **않은** 것은?

〈보기〉

나·랏:말ᄊᆞ·미㉠中듕國·귁·에 달·아 文문字·ᄍᆞ·와·로 서르 ᄉᆞᄆᆞᆺ·디 아·니ᄒᆞᆯ·씨 ·이런 젼·ᄎᆞ·로㉡어·린 百·ᄇᆡᆨ姓·셩·이 니르·고·져 ·홇 ·배 이·셔·도 ᄆᆞᄎᆞᆷ:내 제 ㉢·ᄠᅳ·들 시·러 펴·디 :몯홇 ·노·미 하·니·라 ·내 ·이·ᄅᆞᆯ 爲·윙·ᄒᆞ·야 :어엿·비 너·겨 ·새·로 ·스·믈여·듧 字·ᄍᆞ·ᄅᆞᆯ 밍·ᄀᆞ노·니 :사ᄅᆞᆷ:마·다 :ᄒᆡᆼ·ᅇᅧ :수·ᄫᅵ 니·겨 ·날·로 ·ᄡᅮ·메 便뼌安한·킈 ᄒᆞ·고·져 홇㉤ᄯᆞᄅᆞ·미니·라

– 『세종어제훈민정음(世宗御製訓民正音)』

[현대어 풀이]

우리나라의 말이 중국과 달라 한자와는 서로 통하지 아니하여서 이런 까닭으로 어리석은 백성이 말하고자 하는 바가 있어도 마침내 제 뜻을 능히 펴지 못하는 사람이 많다. 내가 이를 위하여 가엾게 여겨 새로 스물여덟 자를 만드니, 사람마다 하여금 쉽게 익혀 날마다 쓰는 데 편하게 하고자 할 따름이다.

실력 자랑 중세 국어와 현대 국어를 비교해서 적절성을 판단해 보세요.

① ㉠: 조사 '에'는 앞말이 사건의 원인이 됨을 나타낸다. ○✕

② ㉡: 현대 국어의 '어리다'와 단어의 의미가 서로 다르다. ○✕

③ ㉢: 단어의 초성에 서로 다른 두 자음자를 나란히 적었다. ○✕

④ ㉣: 현대 국어에서 사용되지 않는 자음자가 있었다. ○✕

⑤ ㉤: 한 음절의 종성을 다음 자의 초성에 옮겨 표기하였다. ○✕

01

<보기>를 바탕으로 ⓐ~ⓒ에 대해 이해한 내용으로 적절하지 <u>않은</u> 것은?

─〈보기〉─

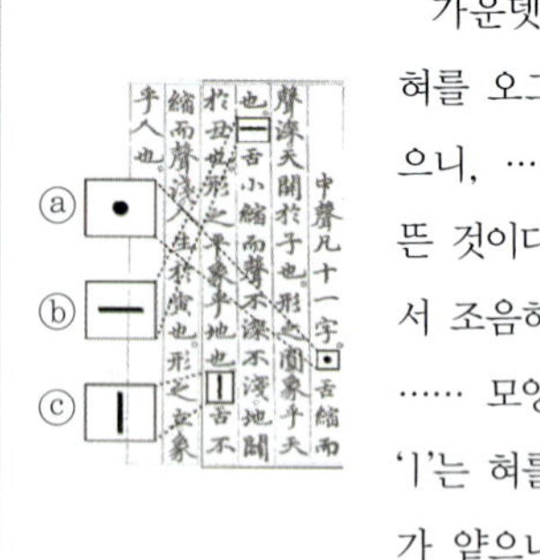

[자료]	[현대어 해석]

가운뎃소리는 모두 열한 자(字)다. 'ㆍ'는 혀를 오그라지게 해서 조음하고 소리는 깊으니, …… 모양이 둥근 것은 하늘을 본뜬 것이다. 'ㅡ'는 혀를 조금 오그라지게 해서 조음하고 소리는 깊지도 얕지도 않으니, …… 모양이 평평함은 땅을 본뜬 것이다. 'ㅣ'는 혀를 오그라들지 않게 조음하고 소리가 얕으니, …… 그 모양이 서 있는 꼴은 사람을 본뜬 것이다.

– 「훈민정음 제자해(訓民正音 制字解)」 –

① ⓐ는 ⓒ와 달리 발음할 때 얕은 소리가 나겠군.

② ⓑ는 ⓐ와 달리 글자 모양이 평평하게 생겼군.

③ ⓒ는 ⓐ와 달리 발음할 때 혀가 오그라들지 않겠군.

④ ⓐ, ⓑ, ⓒ는 모두 가운뎃소리 열한 자에 포함되는군.

⑤ ⓐ, ⓑ, ⓒ는 대상의 모양을 본뜬 것이라는 공통점이 있군.

02

<보기>를 바탕으로 중세 국어의 특징을 탐구한 내용으로 적절하지 <u>않은</u> 것은?

─〈보기〉─

㉠나랏 말싸미 中듕國귁에 달아 文문字쫑와로 서르 사맛디 아니홀씨 이런 젼차로 어린 百빅姓셩이 ㉡니르고져 홇 ㉢배 이셔도 무춤내 제 뜨들 시러 ㉣펴디 몯홇 노미 하니라 내 ㉤이롤 爲윙호야 어엿비 너겨 새로 스믈여듧 字쫑롤 밍ᄀᆞ노니 사롬마다 히여 수비 니겨 날로 뿌메 便뼌安한킈 호고져 홇 ᄯᆞᄅᆞ미니라

[현대어 풀이]

우리나라의 말이 중국과 달라 문자와 서로 통하지 아니하여서 이런 까닭으로 어리석은 백성이 말하고자 하는 바가 있어도 마침내 제 뜻을 능히 펴지 못하는 사람이 많다. 내가 이것을 위하여 가엾게 여겨 새로 스물여덟 자를 만드니, 모든 사람들로 하여금 쉽게 익혀 날마다 쓰는 데 편하게 하고자 할 따름이다.

① ㉠의 'ㅅ'은 현대 국어의 '의'에 해당하는 관형격 조사로 쓰였군.

② ㉡의 '고져'는 현대 국어의 '고자'에 해당하는 연결 어미로 쓰였군.

③ ㉢의 'ㅣ'는 주격 조사로, 모음으로 끝나는 체언에 결합했음을 알 수 있군.

④ ㉣과 현대 국어의 '펴지'를 비교해 보니 '–디'에서는 구개음화가 확인되지 않는군.

⑤ ㉤의 '롤'은 목적격 조사로, 자음으로 끝나는 체언에 결합했음을 알 수 있군.

03

<탐구 활동>의 ⓐ~ⓓ로 적절하지 <u>않은</u> 것은?

─〈탐구 활동〉─

차자 표기는 우리말을 한자로 표기하는 것이다. 차자 표기된 한자는 한자의 훈이나 음으로 읽게 된다. 이때 한자의 본뜻이 유지되기도 하고 그렇지 않기도 하다. 아래는 이러한 차자 표기 방식들을 '水(물–수)'로써 응용해 보인 것이다.

	훈으로 읽음	음으로 읽음
본뜻 유지	예) '水'를 '물'의 뜻으로 '물'로 읽음 ················· ㉠	예) '水'를 '물'의 뜻으로 '수'로 읽음
본뜻 무시	예) '水'를 '물'의 뜻과 상관 없이 '물'로 읽음 ·············· ㉡	예) '水'를 '물'의 뜻과 상관 없이 '수'로 읽음 ··············· ㉢

다음 한자(훈–음)를 이용해 차자 표기를 해 보고 그 방식을 설명해 보자.

火(불–화), 土(흙–토), 多(많다–다), 衣(옷–의), 乙(새–을)

예컨대, 고유어 표현 ⓐ의 밑줄 친 부분을 ⓑ로 표기하고 ⓒ(으)로 읽는다면 ⓓ의 방식을 이용한 것이다.

	ⓐ	ⓑ	ⓒ	ⓓ
①	불빛이 일다	火	불	㉠
②	진흙이 굳다	土	흙	㉠
③	웃음이 많<u>다</u>	多	다	㉡
④	시<u>옷</u>을 적다	衣	옷	㉡
⑤	찬물을 담다	乙	을	㉢

공부한 날	월　　일　　요일
맞은 개수	/ 26

호루라기 관장님의
하드 트레이닝

No	다음 빈칸에 알맞은 말을 써서 문장을 완성하시오.
01	한자의 음과 뜻을 빌어 우리말을 적는 것을 (　　　) 표기라고 하며, (　　　)은 한자의 음과 뜻을 빌려 국어 문장 전체를 표기한 방식이다.
02	훈민정음은 1443년에 (　　　)이 창제한 우리나라 글자이자 그 글자를 제작한 원리를 밝힌 책의 이름이다.
03	훈민정음의 자음 17자 중 현재 사용되지 않는 것은 '(　　　)(옛이응), ㆆ(여린히읗), (　　　)(반치음)'이다.
04	훈민정음 자음의 기본자는 '(　, 　, 　, 　, 　)'이며, 발음 기관을 (　　　)하여 만들었다.
05	소리가 세진다는 음성적 특징을 반영하여 원래 글자 위에 획을 더하여 자음을 만드는 원리를 (　　　)이라고 한다.
06	자음 기본자에 획을 더해서 만든 'ㅋ, ㄷ, ㅌ, ㅂ, ㅍ, ㅈ, ㅊ, ㆆ, ㅎ'을 (　　　)라고 한다.
07	'ㆁ, ㄹ, ㅿ'은 모양을 본뜨거나 획을 더해서 만든 글자가 아니라, 모양을 달리하여 만든 (　　　)이다.
08	'ㄲ, ㄸ, ㅃ, ㅆ, ㅉ' 등은 같은 자음자를 나란히 두 번씩 써서 만든 (　　　)이고, 'ㅺ, ㅳ, ㅄ' 등은 다른 자음자를 나란히 써서 만든 (　　　)이다.
09	훈민정음의 모음 기본자는 (　　　), (　　　), 사람을 본떠 각각 'ㆍ, ㅡ, (　　　)'의 상형자를 만들었다.
10	모음 기본자 'ㅣ, ㅡ'에 'ㆍ'를 결합하여 만든 모음 'ㅏ, ㅓ, ㅗ, ㅜ'를 (　　　)라고 하고, 초출자에 다시 'ㆍ'를 결합하여 만든 모음 'ㅑ, ㅕ, ㅛ, ㅠ'를 (　　　)라고 한다.
11	훈민정음 창제 당시 한글은 모두 28자였는데, 세월의 흐름에 따라 (　　　)인 'ㆁ, ㆆ, ㅿ'과 (　　　)인 'ㆍ'가 사라지면서 오늘날에는 24글자가 되었다.
12	훈민정음 창제 당시에는 소리의 높낮이인 (　　　)가 있었으며, 평성, 거성, 상성을 표시하기 위해 각 음절의 (　　　)에 점을 찍었다.
13	중세 국어에서는 (　　　)에 표기할 수 있는 받침으로 실제로 발음되는 'ㄱ, ㄴ, ㄷ, ㄹ, ㅁ, ㅂ, ㅅ, ㆁ'의 8개 자음만 받침에 표기하였다.

No	다음 빈칸에 알맞은 말을 쓰시오.

14

	기본자	가획자	이체자
(1)	ㄱ	(　)	ㆁ
(2)	ㄴ	(　)	ㅌ　　ㄹ
(3)	(　)	ㅂ	ㅍ
(4)	ㅅ	ㅈ	(　)　　ㅿ
(5)	ㅇ	ㆆ	(　)

15

기본자	상형 대상	초출자	재출자
ㆍ	(　)	ㅏ, ㅗ ㅓ, ㅜ	ㅑ, ㅛ ㅕ, ㅠ
ㅡ	(　)		
ㅣ	(　)		

No	다음 설명에 해당하는 개념어를 쓰시오.
16	소리의 세기에 따라 기본자에 획을 더하는 원리
17	기존에 만든 글자들을 세로로 나란히 쓰는 원리
18	기존에 만든 같은 글자나 서로 다른 글자들을 가로로 나란히 쓰는 원리
19	모양을 본떠서 만드는 원리로, 자음은 발음 기관의 모양을, 모음은 천지인의 모양을 본떴다.

No	단어를 이어 적기, 거듭 적기, 끊어 적기의 형태로 쓰시오.			
	단어	이어 적기	거듭 적기	끊어 적기
20	뜯+을			
21	심+이			
22	말씀+이			

No	단어의 받침을 8종성법에 맞게 고쳐 쓰시오.
23	높고　　→
24	빗곶　　→
25	놓노니　　→
26	엱의 갗　　→

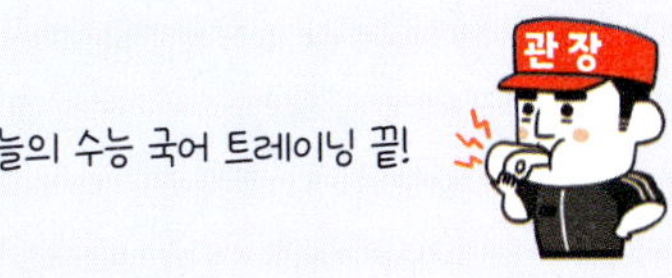

095 중세 국어의 음운

1 초성(자음)의 특징

(1) 현대 국어에는 없는 자음

자음	ㅸ(순경음 비읍)	ㆁ(옛이응)	ㆆ(여린 히읗)	ㅿ(반치음)	ㆀ(쌍이응)

(2) 어두 자음군

- 초성에 두 개 이상의 (1 ㅈㅇ)이 오는 어두 자음군이 존재함. 예 ᄡᆞᆯ(>쌀), ᄢᅢ(>때)
- 어두 자음군은 후에 된소리로 변하면서 국어에서 된소리가 발달하는 데 영향을 줌.

각자 병서	같은 자음 두 글자를 가로로 나란히 붙여 쓰는 일. 또는 그렇게 만든 글자 예 ㄲ, ㄸ, ㅃ, ㅉ, ㅆ
합용 병서	서로 다른 자음을 가로로 나란히 붙여 쓰는 일. 또는 그렇게 만든 글자 예 ㅺ, ㅼ, ㅲ, ㅄ, ㅴ, ㅵ

2 중성(모음)의 특징

(1) 현대 국어에는 없는 모음

- ·(아래아): 후설 저모음으로 발음되는 모음으로 'ㅏ'와 'ㅗ'의 중간 소리인 양성 모음

(2) 모음 조화

- 모음은 양성 모음, 음성 모음, 중성 모음으로 분류됨.

양성 모음	음성 모음	중성 모음
·, ㅗ, ㅏ(ㅛ, ㅑ, ㅣ, ㅚ, ㅘ, ㅐ)	ㅡ, ㅜ, ㅓ(ㅠ, ㅕ, ㅢ, ㅟ, ㅝ, ㅔ)	ㅣ

- 원칙적으로 양성 모음은 양성 모음끼리, 음성 모음은 음성 모음끼리 어울리는 현상임.
- 중성 모음은 두 계열의 모음을 임의로 선택할 수 있으나 음성 모음과 어울리는 경향이 강함.
- 모음 조화는 현대 국어보다 중세 국어에서 더 넓게 규칙적으로 적용됨.

3 종성의 특징

- 팔종성가족용(8종성법): 『훈민정음 해례』의 종성해에서 초성 8자(ㄱ, ㄴ, ㄷ, ㄹ, ㅁ, ㅂ, ㅅ, ㅇ)만으로도 (2 ㅈㅅ) 표기가 가능하다고 규정함.

종성의 'ㅅ'	현대 국어에서 종성의 'ㅅ'을 [ㄷ]으로 발음하는 것과 달리, 중세 국어에서는 혀끝과 윗니 부근이 닿아서 나는 소리의 특성이 있었으며 [ㄷ]의 소릿값과 구분되는 소릿값을 가졌음.

4 성조의 존재

- 소리의 높낮이를 통해 단어의 뜻을 구분했는데, 이러한 소리의 높낮이를 성조라고 함.
- 성조는 (3 ㅂㅈ)으로 표기되었음.

성조	평성(平聲)	거성(去聲)	상성(上聲)	입성(入聲)
방점	없음.	한 점	두 점	점과 무관

→ 방점은 음절의 왼쪽에 표시하였음.

개념 알통

겹자음이 모두 발음되는 어두 자음군

- 'ㅂ' 뒤에 'ㄷ, ㅅ, ㅈ, ㅌ' 등 여러 자음이 올 수 있었다.
- 근대 국어 시기를 거치면서 'ㅂ'계 어두 자음군은 'ㅂ'이 탈락하는 변화를 겪게 된다.
- 현재에는 초성에 올 수 있는 자음의 최대 개수는 1개이다.

중세 국어 표기법의 특징은 무엇인가요?

중세 국어에서는 이어 적기 표기를 사용했습니다. 이어 적기는 한 음절의 종성을 다음 자의 초성으로 내려서 적는 것을 말합니다. 이는 기본 형태를 밝혀 적는 것이 아니라 소리 나는 대로 적은 것입니다. 또한 중세 국어에서는 '제쁘들시러펴디몯홇노미하니라'와 같이 띄어쓰기를 하지 않았습니다.

096 중세 국어의 단어

1 중세 국어의 조사

- 중세 국어의 조사는 현대 국어와 달리 체언의 끝소리와 체언의 모음 성격에 따라 바뀜.
- 중세 국어의 조사는 체언과 결합할 때 (¹ □○) 조화 규칙이 적용됨.

(1) 주격 조사

조사	환경	예시
이	자음으로 끝난 체언 뒤에 쓰임.	사루미(사룸 + 이), 빅셩이(빅셩 + 이)
ㅣ	모음 'ㅣ'나 반모음 'j' 이외의 모음 뒤에 쓰임.	네(너 + ㅣ), 부톄(부텨 + ㅣ)
∅(영)	모음 'ㅣ'나 반모음 'j'으로 끝난 체언 뒤에 쓰임.	불휘(불휘 + ∅)

'∅(영)'이란 'ㅣ' 모음 아래에서 조사가 실현되지 않음을 의미합니다. 중세 국어의 조사 중에는 체언의 끝소리 종류에 따라 형태가 바뀌는 일이 있었는데, 주격 조사와 서술격 조사의 경우 'ㅣ' 모음 아래에서는 주격 조사 '이'와 서술격 조사의 일부인 '이'가 실현되지 않음을 나타냅니다.

(2) 목적격 조사

조사	환경	예시
울/을	선행 체언이 자음으로 끝날 때 쓰임.	바불(밥 + 울)
룰/를	선행 체언이 모음으로 끝날 때 쓰임. → 모음으로 끝나는 체언 뒤에서 'ㄹ'이 대신 사용되기도 함.	놀애롤(놀애 + 롤)

(3) 관형격 조사

조사	환경	예시
ㅅ	무정 명사, 높임의 유정 명사 뒤에 쓰임.	부텻(부텨 + ㅅ)
이	유정 명사, 체언 끝음절의 모음이 양성일 때 쓰임.	사스미(사숨 + 이)
의	유정 명사, 체언 끝음절의 모음이 (² ○ㅅ)일 때 쓰임.	거부븨(거붑 + 의)

(4) 호격 조사

- 높임의 뜻을 나타내는 호격 조사 '하'가 있었음. 예 님금하 아루쇼셔

2 'ㅎ' 종성 체언

환경	결과	예시
단독, 관형격 조사 'ㅅ' 앞	'ㅎ'이 나타나지 않음.	돌[돌ㅎ]
모음으로 시작하는 조사 앞	'ㅎ'을 모음에 이어 적음.	돌히[돌(ㅎ) + 이]
뒤 음절 초성 'ㄱ, ㄷ, ㅂ'의 앞	'ㅎ'과 'ㄱ, ㄷ, ㅂ'이 결합하여 'ㅋ, ㅌ, ㅍ'이 됨.	돌콰[돌(ㅎ) + 과]

모음 조화

두 음절 이상의 단어에서, 뒤의 모음이 앞 모음의 영향으로 그와 가깝거나 같은 소리로 되는 언어 현상을 말한다. 'ㅏ', 'ㅗ' 따위의 양성 모음은 양성 모음끼리, 'ㅓ', 'ㅜ' 따위의 음성 모음은 음성 모음끼리 어울린다.

예 숨어, 깎아, 졸졸, 줄줄, 알록달록, 글썽글썽

중세 국어에서 명사의 특징은 무엇인가요?

어형과 어미의 변화로써 단어가 문장 속에서 가지는 여러 가지 관계를 나타내는 언어를 굴절어라고 합니다. 중세 국어의 명사는 조사가 결합할 때 명사의 형태가 달라지는 경우가 있는 굴절적 성격이 강했다는 점이 특징입니다. 현대 국어에서 명사를 비롯한 체언은 조사가 결합하더라도 형태가 변하지 않는 불변어입니다. 즉, 현대 국어에서 명사는 뒤에 어떤 조사가 오더라도 조사와 무관하게 형태가 하나로만 쓰입니다. 하지만 중세 국어에서는 단독으로 쓰일 때나 자음으로 시작하는 조사나 '와'와 결합할 때는 '나모'로 쓰이지만, '와'를 제외한 모음으로 시작하는 조사와 결합하면 '낡'으로 쓰이는 것처럼 형태가 다르게 나타났습니다.

[초성 답] 1 모음   2 음성

개념 트레이닝 ZONE

🔹 **문제를 풀며 개념 근육을 키워 보세요!**

01 다음 설명이 맞으면 ○에, 맞지 않으면 ✕에 표시하시오.

(1) 중세 국어의 초성에는 현대 국어에는 없는 자음이 쓰였다.
○ ✕

(2) 중세 국어에서는 음절의 첫머리에 자음이 1개만 올 수 있었으나, 현대 국어에서는 최대 2개까지 올 수 있다.
○ ✕

(3) 중세 국어에는 후설 저모음으로 발음되는 'ㅏ'와 'ㅗ'의 중간 소리인 양성 모음 'ㆍ'가 있었다.
○ ✕

(4) 현대 국어에서 'ㅅ'은 종성에서 [ㄷ]으로 발음되지만, 중세 국어에서는 종성에서 'ㅅ'의 소릿값이 [ㄷ]의 소리값과 구분되었다.
○ ✕

(5) 중세 국어에서는 소리의 높낮이를 방점으로 표기하였고, 이를 통해 단어의 뜻을 구분하였다.
○ ✕

02 다음 밑줄 친 부분에 대해 빈칸에 알맞은 말을 쓰시오.

(1)	중세 국어	다시 첫소리롤 쓰ᄂᆞ니라
	현대 국어	다시 첫소리를 쓴다

→ 중세 국어에는 'ㅳ'과 같은 (   )이 있었다.

(2)	중세 국어	世間(세간)애 쉽디 몯ᄒᆞ니
	현대 국어	세상에 쉽지 못하니

→ 중세 국어에서는 (   )가 일어나지 않았다.

(3)	중세 국어	사롬마다 ᄒᆡ여 수ᄫᅵ 니겨
	현대 국어	사람마다 하여 쉽게 익혀

→ 중세 국어의 자음 (   ), (   )은 현대 국어에서는 사용되지 않는다.

(4)	중세 국어	ㅇ롤 입시울쏘리 아래 니ᅀᅥ쓰면
	현대 국어	ㅇ을 입술소리 아래 이어 쓰면

→ 중세 국어에는 현대 국어에는 없는 모음 (   )와 자음 (   )이 있었다.

03 다음 단어에 주격 조사가 알맞게 결합한 형태(이어 적기)를 쓰시오.

(1)	심+이 ➜	(4)	孔子(공자)+ㅣ ➜
(2)	부텨+ㅣ ➜	(5)	책+이 ➜
(3)	빅성+이 ➜	(6)	누+ㅣ ➜

04 선행 체언의 특성을 고려하여 중세 국어의 알맞은 목적격 조사와 그 조사와 결합한 형태를 쓰시오.

	선행 체언	목적격 조사	결합한 형태(이어 적기)
(1)	쓸		
(2)	둘		
(3)	물		
(4)	너희		
(5)	스믈여듧 자(子)		

05 다음 밑줄 친 부분에 대해 빈칸에 알맞은 말을 쓰시오.

(1) 님금하 아르쇼셔
→ 중세 국어에는 높임의 호격 조사 '(   )'가 있었다.

(2) 나롤 겨집 사ᄆᆞ시니
→ 선행 체언이 양성 (   )으로 끝날 때 목적격 조사도 '롤'이 쓰였다.

(3) 부텻 모미 여러 가짓 相(상)이 ᄀᆞ즈샤
→ 'ㅅ'이 중세 국어에서는 (   ) 조사로도 쓰였다.

06 다음 단어의 형성 과정에 알맞은 말을 빈칸에 쓰시오.

(1)	암ㅎ + 둙 ➜ ( ) ➜ (암탉)
	('ㅎ' 종성 체언) ( )로 축약 ㆍ〉ㅏ
(2)	솔ㅎ + 고기 ➜ ( ) ➜ ( )
	('ㅎ' 종성 체언) ( )로 축약 ㆍ〉ㅏ

07 다음 단어의 변천 과정에 따라 빈칸에 알맞은 형태를 쓰시오.

(1) 마ᅀᆞᆯ ➜ (   ) ➜ (   )
('ㅿ'이 소멸) (둘째 음절에서 'ㆍ'가 'ㅡ'로 변함.)

(2) 부롬 ➜ (   ) ➜ (   )
(둘째 음절에서 'ㆍ'가 'ㅏ'로 변함.) (첫째 음절에서 'ㆍ'가 'ㅏ'로 변함.)

(3) ᄀᆞᅀᆞᆯ ➜ (   ) ➜ (   )
('ㅿ'의 소멸, 둘째 음절에서 'ㆍ'가 'ㅡ'로 변함.) (첫째 음절에서 'ㆍ'가 'ㅏ'로 변함.)

(4) ᄀᆞ루치다 ➜ (   ) ➜ (   )
(둘째 음절에서 'ㆍ'가 'ㅡ'로 변함.) (첫째 음절에서 'ㆍ'가 'ㅏ'로 변함.)

01

〈보기〉를 참고하여 중세 국어를 이해한다고 할 때, ㉠과 ㉡의 사례로 바르게 짝지어진 것은?

〈보기〉

모음 조화는 ㉠양성 모음은 양성 모음끼리 어울리고 ㉡음성 모음은 음성 모음끼리 어울리는 현상으로, 중세 국어에서는 현대 국어보다 규칙적으로 적용되었다.

실력 자랑 다음 사례가 ㉠과 ㉡ 중 어디에 해당하는지 적어 보세요.

1. 나롤[나를]	
2. ·뿌·메[씀에]	
3. 뜨·들[뜻을]	
4. 도즈기[도적의]	
5. 부루매[바람에]	

03

〈보기〉를 참고할 때, ㉠과 ㉡에 해당하는 사례로 적절한 것은?

〈보기〉

중세 국어에서 '이/의'는 ㉠관형격 조사와 ㉡부사격 조사로 모두 사용되는 양상을 보인다. 대체로 높임을 나타내지 않는 유정 명사 뒤에서는 관형격 조사로 쓰이고, 시간이나 장소 등을 나타내는 일부 체언 뒤에서는 부사격 조사로 사용되었다. 한편 '이/의'는 모음 조화의 양상에 따라 '이' 또는 '의'로 실현되었다.

실력 자랑 다음 사례가 ㉠과 ㉡ 중 어디에 해당하는지 적어 보세요.

1. 겨틔 서서(곁에 서서)	
2. 바미 비취니(밤에 비치니)	
3. 사루미 뜨들(사람의 뜻을)	
4. 거부븨 터리 곧고(거북의 털과 같고)	

02

〈보기〉의 설명을 참고할 때, ㉠~㉢에 들어갈 말로 적절한 것은?

〈보기〉

일반적으로 중세 국어의 주격 조사는 앞에 결합하는 체언의 끝소리에 따라 달라졌다. 체언의 끝소리가 자음일 때 '이'가 나타났고, 체언의 끝소리가 모음 'ㅣ'도, 반모음 'ㅣ'도 아닌 모음일 때는 'ㅣ'가 나타났다. 그런데 체언의 끝소리가 모음 'ㅣ'이거나, 반모음 'ㅣ'일 때는 아무런 형태가 나타나지 않았다.

- ____㉠____ 가칠 므러
  (뱀이 까치를 물어)
- ____㉡____ 기픈 남근
  (뿌리가 깊은 나무는)
- ____㉢____ 세상에 나매
  (대장부가 세상에 나와)

실력 자랑 ㉠~㉢에 들어갈 말로 적절한 것을 골라 보세요.

㉠	(부얌 / 부야미)
㉡	(불휘 / 불휘ㅣ)
㉢	(대장뷔 / 대장뷔ㅣ)

04

〈보기〉의 ㉠~㉤에 나타나는 중세 국어의 특징을 탐구한 내용으로 적절하지 않은 것은?

〈보기〉

[중세 국어] 자내 날 ㉠향히 무으믈 엇디 가지며 나는 자내 향히 무으믈 엇디 가지던고 믜양 자내드려 ㉡내 닐오디 흔디 누어셔 이 보소 눔도 우리フ티 서르 에엿쎄 녀겨 스랑후리 눔도 우리 ㉢フ튼가 후야 자내드려 ㉣니르더니 엇디 그런 이를 ㉤싱각디 아녀 나룰 브리고 몬져 가시눈고

– 이응태 부인이 쓴 언간에서 –

[현대어 풀이]

당신이 나를 향하여 마음을 어찌 가지며, 나는 당신을 향하여 마음을 어찌 가지던가? 늘 당신에게 내가 이르되, 함께 누워서, "이 보소, 남도 우리같이 서로 예쁘게 여겨서 사랑하리? 남도 우리 같은가?" 하여 당신에게 이르더니, 어찌 그런 일을 생각지 아니하여 나를 버리고 먼저 가시는가?

실력 자랑 ㉠~㉤에 대한 설명의 적절성을 판단해 보세요.

① ㉠에서 현대 국어에 쓰이지 않는 모음이 사용되었음을 알 수 있군. ○ ✕

② ㉡에서 주격 조사가 생략되었음을 알 수 있군. ○ ✕

③ ㉢에서 이어 적기가 사용되었음을 알 수 있군. ○ ✕

④ ㉣에서 두음 법칙이 적용되지 않았음을 알 수 있군. ○ ✕

⑤ ㉤에서 구개음화가 일어나지 않았음을 알 수 있군. ○ ✕

01

〈보기〉의 '교사가 제시한 과제'에 대해 학생들이 보인 반응으로 적절하지 <u>않은</u> 것은?

─〈보기〉─

〈교사가 알려 준 내용〉

현대 국어와 마찬가지로 중세 국어에서도 어말 어미 앞에서 문법적인 기능을 하는 어미가 있었다. 그중 하나인 '-오-'는 현대 국어에서 쓰이지 않는 어미로 문장의 주어가 화자임을 표현하기 위해 쓰였는데, 음성 모음 뒤에서는 '-우-'로 나타났다. 또한 '-오-'는 과거 시제를 나타내는 '-더-'와 결합하면 '-다-'로, 현재 시제를 나타내는 '-ᄂ-'와 결합하면 '-노-'로 나타났다.

〈교사가 제시한 과제〉

※ 다음 예문들을 보고 ㉠~㉢의 어미에 대해 탐구해 보자.

• 내 어저끠 다섯 가짓 꾸믈 ㉠꾸우니

[내가 어저께 다섯 가지의 꿈을 꾸니]

• 내 이룰 爲윙ᄒᆞ야 … 새로 스믈여듧 字쫑ᄅᆞᆯ ㉡밍ᄀᆞ노니

[내가 이를 위하여 … 새로 스물여덟 자를 만드니]

• 太子ㅣ 닐오디 내 ㉢롱담ᄒᆞ다라

[태자가 말하되, "내가 농담하였다."]

① ㉠의 '-우-'는 어간 '꾸-'에 있는 음성 모음 때문에 나타난 형태이군.

② ㉡의 '-노-'는 '-ᄂ-'와 '-오-'가 결합되어 나타난 형태이군.

③ ㉢의 '-다-'는 '-더-'가 어말 어미와 결합하여 나타난 형태이군.

④ ㉡과 ㉢에는 모두 문장의 시제를 나타내는 기능을 하는 어미가 사용되었군.

⑤ ㉠, ㉡, ㉢ 모두에는 주어가 화자임을 표현하기 위한 어미가 사용되었군.

02

〈보기〉는 중세 국어를 학습하기 위한 자료이다. 〈보기〉를 바탕으로 중세 국어의 특징을 탐구한 내용으로 적절하지 <u>않은</u> 것은?

─〈보기〉─

太子ㅣ 앗겨 ᄆᆞᅀᆞ매 너교디 비들 만히 니르면 몯 삵가 ᄒᆞ야 닐오디 金으로 ᄯᅡ해 ᄭᆞ로몰 뽐 업게 ᄒᆞ면 이 東山ᄋᆞᆯ ᄑᆞ로리라 須達이 닐오디 니르샨 양ᄋᆞ로 호리이다 太子ㅣ 닐오디 내 롱담ᄒᆞ다라 須達이 닐오디 太子ㅅ 法은 거즛마롤 아니ᄒᆞ시는 거시니 구쳐 ᄑᆞ르시리이다

[현대어 풀이]

태자가 아껴 마음에 여기되 '값을 많이 이르면 못 살까.' 하여 이르되 "금으로 땅에 깔음을 틈 없게 하면 이 동산을 팔겠다." 수달이 이르되 "이르신 양으로 하겠습니다." 태자가 이르되 "내가 농담하였다." 수달이 이르되 "태자의 도리는 거짓말을 하시지 않는 것이니 하는 수 없이 파실 것입니다."

① '金으로'와 '양ᄋᆞ로'를 통해 모음 조화에 따라 형태를 달리하는 부사격 조사가 있었음을 확인할 수 있다.

② '뽐'을 통해 단어 첫머리에 자음이 연속하여 올 수 있었음을 확인할 수 있다.

③ '니르샨'을 통해 주체인 수달을 높이는 선어말 어미가 쓰였음을 확인할 수 있다.

④ '太子ㅅ'을 통해 'ㅅ'이 관형격 조사로 쓰였음을 확인할 수 있다.

⑤ '거즛마롤'을 통해 자음으로 끝나는 체언에 모음으로 시작하는 조사가 결합할 때 이어 적기를 하였음을 확인할 수 있다.

03

〈보기〉의 (가)에 들어갈 내용으로 적절하지 <u>않은</u> 것은?

〈보기〉

학습 활동	다음 자료를 보고, 중세 국어의 조사에 대해 탐구해 보자.
학습 자료	ㄱ. 둘리 즈믄 ᄀᄅ매 **비취요미** ᄀᆞᆮᄒᆞ니라 　　(달이 천 개의 강에 비침과 같으니라) ㄴ. 네 후(後)에 **부톄** 두외야 　　(네가 후에 부처가 되어) ㄷ. **부텻** 모미 여러 **가짓** 상(相)이 ᄀᆞ조샤 　　(부처의 몸이 여러 가지의 상이 갖춰져 있으시어) ㄹ. **사ᄉᆞ미** 등과 **도ᄌᆞ기** 입과 눈 　　(사슴의 등과 도적의 입과 눈) ㅁ. 사ᄅᆞ미 **모ᄆᆞᆯ** 득(得)ᄒᆞ고 **부텨를** 맛나 잇ᄂᆞ니 　　(사람의 몸을 득하고 부처를 만나 있으니)
활동 결과	(가)

① ㄱ의 '둘리'와 '비취요미'에서 '이'가 각각 주격 조사와 부사격 조사로 사용되었다.

② ㄴ의 '네'에서 'ㅣ'가 주격 조사로, '부톄'에서 'ㅣ'가 보격 조사로 사용되었다.

③ ㄷ의 '부텻'과 '가짓'에서 'ㅅ'이 모두 관형격 조사로 사용되었다.

④ ㄹ의 '사ᄉᆞ미'와 '도ᄌᆞ기'에는 '의'가 각각 기준과 조건을 나타내는 부사격 조사로 사용되었다.

⑤ ㅁ의 '모ᄆᆞᆯ', '부텨를'에는 형태가 다른 목적격 조사가 사용되었다.

04

〈보기〉의 ㉠~㉤에 해당하는 예로 적절하지 <u>않은</u> 것은?

〈보기〉

[중세 국어 조사의 쓰임]

㉠ 주격 조사 'ㅣ'는 모음 '이'나 반모음 'ㅣ' 이외의 모음으로 끝난 체언 뒤에 쓰였다.

㉡ 목적격 조사 '올' 또는 '을'은 자음으로 끝나는 체언 뒤에 쓰였다.

㉢ 관형격 조사 'ㅅ'은 사물이나 존대 대상인 체언 뒤에 쓰였다.

㉣ 부사격 조사 '로'는 모음이나 'ㄹ'로 끝나는 체언 뒤에 쓰였다.

㉤ 호격 조사 '하'는 존대 대상인 체언 뒤에 쓰였다.

① ㉠: <u>둘리</u> 즈믄 ᄀᄅ매 비취요미 [달이 천 개의 강에 비치는 것이]

② ㉡: <u>바ᄇᆞᆯ</u> 머굻 대로 혜여 머굼과 [밥을 먹을 만큼 헤아려 먹음과]

③ ㉢: 그 <u>나못</u> 불휘롤 ᄲᅢᅘᅧ [그 나무의 뿌리를 빼어]

④ ㉣: 물ᄀᆞᆫ 믈로 모슬 밍ᄀᆞ노라 [맑은 물로 못을 만드노라]

⑤ ㉤: <u>님금하</u> 아ᄅᆞ쇼셔 [임금이시여, 아십시오]

05

〈학습 활동〉을 수행한 결과로 적절하지 <u>않은</u> 것은?

〈학습 활동〉

　현대 국어와 달리 중세 국어의 관형격 조사에는 여러 형태가 있다. 선행 체언이 무정물일 때는 'ㅅ'이 쓰이고, 유정물일 때는 모음 조화에 따라 '이', '의' 등이 쓰인다. 다만 유정물이라도 존칭의 대상일 때는 이들 대신 'ㅅ'이 쓰인다. 이를 참고하여 선행 체언과 후행 체언이 관형격 조사로 연결되었을 때의 모습을 아래 표의 ㉠~㉤에 채워 보자.

선행 체언	아바님 (아버님)	그력 (기러기)	아ᄃᆞᆯ (아들)	수플 (수풀)	둥잔 (등잔)
후행 체언	곁 (곁)	목 (목)	나ᄒᆞ (나이)	가온ᄃᆡ (가운데)	기름 (기름)
적용 모습	㉠	㉡	㉢	㉣	㉤

① ㉠: 아바니믜(아바님 + 의) 곁

② ㉡: 그려긔(그력 + 의) 목

③ ㉢: 아ᄃᆞ릭(아ᄃᆞᆯ + 이) 나ᄒᆞ

④ ㉣: 수픐(수플 + ㅅ) 가온ᄃᆡ

⑤ ㉤: 둥잯(둥잔 + ㅅ) 기름

 벌크-UP

[01~02] 다음 글을 읽고 물음에 답하시오.

국어에서는 일반 어휘처럼 문법 형태소에서도 하나의 형태가 여러 의미로 쓰이거나 여러 형태가 하나의 의미로 쓰이는 현상을 발견할 수 있다. 가령, 전자로는 현대 국어에서 명사 '높이'에 쓰인 명사 파생 접사 '-이'와 부사 '높이'에 쓰인 부사 파생 접사 '-이'를 예로 들 수 있다. 명사 파생 접사 '-이'는 여러 의미로 쓰인다. 예컨대 '놀이'에서는 '…하는 행위'의 의미를, '구두닦이'에서는 '…하는 사람'의 의미를, '연필깎이'에서는 '…하는 데 쓰이는 도구'의 의미를 나타낸다. 후자로는 현대 국어의 명사 파생 접사 '-이'와 '-음'을 예로 들 수 있다.

중세 국어에서도 명사 파생 접사 '-이'와 부사 파생 접사 '-이'가 존재하였다. 가령, 현대 국어의 '길이'와 마찬가지로 '기리(길-+-이)'의 '-이'는 형용사 어간에 붙어 명사도 만들고 부사도 만들었다. 또한 '-이'는 '사리(살-+-이)'처럼 동사 어간에 붙어 '…하는 행위'의 의미를 나타내기도 하였으나, '…하는 사람', '…하는 데 쓰이는 도구'의 의미를 나타내지는 않았다.

중세 국어에서 명사 파생 접사 '-이'처럼 용언 어간에 붙는 명사 파생 접사 '-의'도 쓰였는데, 이 '-의'는 '-이'와 달리 부사는 파생하지 않았다. 또한 접사 '-의'는 모음 조화에 따라 양성 모음 뒤에서는 '-이'로 쓰였는데, 접사 '-이'는 중세 국어에서 'ㅣ' 모음이 양성 모음도 아니고 음성 모음도 아니어서 모음 조화와는 무관하게 결합하였다.

┌ 너븨(넙-+-의)도 ᄀ티 ᄒ고 [넓이도 같이 하고]
└ 노픠(높-+-이) 다ᄉ 자히러라 [높이가 다섯 자였다]

한편, 중세 국어에서는 '의'가 앞 체언에 붙어 관형격 조사와 부사격 조사로 쓰이기도 했다. 관형격 조사는 평칭의 유정 체언 뒤에 쓰였고, 부사격 조사는 서술어와 호응하여 장소나 시간을 나타내는 부사어에서 쓰였다. 그런데 이들 '의'도 모음 조화에 따라 양성 모음 뒤에서는 '이'로 쓰였다.

┌ 버믜(범+의) 쎠나 [범의 뼈나]
└ 사ᄅ미 (사ᄅᆷ+이) 무레 [사람의 무리에]

┌ 무틔(뭍+의) ᄃ니는 [뭍에 다니는]
└ 바미(밤+이) 나디 아니ᄒᄂ니 [밤에 나가지 아니하니]

01

윗글을 바탕으로 추론한 내용으로 적절한 것은?

① 현대 국어의 '책꽂이'에서 '-이'는 '…하는 행위'의 의미를 나타내는 접사이다.
② 현대 국어 '놀이'에서의 '-이'는 중세 국어 '사리'에서의 '-이'와 달리 '…하는 사람'의 의미로 쓰인다.
③ 현대 국어 '길이'처럼 중세 국어 '기릐'도 명사와 부사로 쓰였다.
④ 중세 국어에서 접사 '-이'가 붙어 파생된 단어는 두 가지 품사로 쓰였다.
⑤ 중세 국어에서 체언에 조사 '의'가 붙은 말은 관형어나 부사어로 쓰였다.

02

윗글을 바탕으로 〈보기〉의 중세 국어 자료를 이해한 내용으로 적절하지 않은 것은?

〈보기〉

㉠ 王ㅅ 겨틔 안잿다가 [왕의 곁에 앉아 있다가]
㉡ 曲江ㅅ 구븨예 ᄀ마니 ᄃ니노라
  [곡강의 굽이에 가만히 다니노라]
㉢ 光明이 ᄇᆰ기 비취여 [광명이 밝히 비치어]
㉣ 글지싀예 위두ᄒ고 [글짓기에 으뜸이고]
㉤ ᄯᄅᆡ 일후믄 [딸의 이름은]

① ㉠에서 '겨틔'의 '의'는 모음 조화에 따라 결합한 부사격 조사이군.
② ㉡에서 '구븨'의 '-의'는 모음 조화에 따라 결합한 부사 파생 접사이군.
③ ㉢에서 'ᄇᆰ기'의 '-이'는 모음 조화와 무관하게 결합한 부사 파생 접사이군.
④ ㉣에서 '글지싀'의 '-이'는 모음 조화와 무관하게 결합한 명사 파생 접사이군.
⑤ ㉤에서 'ᄯᄅᆡ'의 '의'는 모음 조화에 따라 결합한 관형격 조사이군.

🐾 **두뇌 스트레칭 ZONE**

중세 국어의 관형격 조사

· 유정물 평칭 : 이, 의 예 ᄆᆞ리 좁(말의 향기)
· 유정물 존칭 혹은 무정물 : ㅅ 예 나랏 말씀(나라의 말씀)
- 현대 국어에서는 '의'가 쓰임.

호루라기 관장님의
하드 트레이닝

공부한 날	월	일	요일
맞은 개수		/ 27	

No	다음 빈칸에 알맞은 말을 써서 문장을 완성하시오.
01	'( )'은 '安(한)'과 같이 주로 한자음을 표기하는 데에 쓰이다가 근대 국어 시기에 사라졌다.
02	'( )'은 '쉬비 → 쉬이'와 같이 'ㅗ, ㅜ' 혹은 반모음 'ㅗ/ㅜ'로 변하거나 탈락하였다.
03	'( )'은 '아수 → 아우'와 같이 소리가 탈락되거나 'ㅅ'으로 변하였다.
04	'( )'은 '즁싱 → 즁생'과 같이 초성에서는 발음과 표기가 모두 사라졌으며, 종성에서는 발음만 유지되고 표기는 'ㅇ'으로 변하였다.
05	어두 자음군은 '쁟 → 뜻'과 같이 점차 초성에서 두 개의 자음을 소리 내는 것이 불가능해지면서 ( )로 변하였다.
06	'ㆍ'는 현대 국어에는 존재하지 않는 'ㅏ'와 'ㅗ'의 중간 소리인 ( ) 모음이다.
07	중세 국어에서는 ( )에 초성 8자만으로 표기가 가능하다고 규정하였다.
08	현대 국어와 달리 음절의 종성에서 'ㅅ'은 [( )]의 소릿값과 구별되는 소릿값을 가졌다.
09	중세 국어에서 관형격 조사는 앞에 오는 체언이 유정 명사인 경우 양성 모음 뒤에서는 '( )'가, 음성 모음 뒤에서는 '의'가 쓰였고, 앞 체언이 무정 명사이거나 유정 명사이면서 높임의 대상인 경우 '( )'이 쓰였다.
10	중세 국어에서 목적격 조사는 선행 체언이 ( )으로 끝날 때는 '올/을'이 쓰였고, 선행 체언이 ( )으로 끝날 때는 '룰/를'이 쓰였다.
11	높임의 대상을 부르는 호격 조사로는 '( )'가, 일반적인 대상을 부르는 호격 조사로는 '아/야'가 쓰였다.
12	'돌ㅎ + 고 → 돌코'와 같이 단독으로 쓰일 때는 나타나지 않던 '( )'이 모음으로 시작하는 조사나 'ㄱ'으로 시작하는 조사와 결합할 때 나타나는 체언이 있었다.

No	모음 조화를 고려할 때 알맞은 표기에 ○표 하시오.
13	이런 (전추로 / 전추루) 어린 빅셩이
14	(해로온 / 해로운) 이 세 가지 벋이니
15	ᄆᆞᄎᆞᆷ내 제 (뜨돌 / 뜨들) 시러 펴디 몯홇 노미 하니라

No	어두 자음군이 소멸한 후 어휘의 변화를 쓰시오.
16	뜯(意) →
17	ᄢᅢ(時) →
18	ᄭᅮᆷ(夢) →

No	단어의 변화에 나타난 음운 변동 유형을 고르시오.
19	펴디 → 펴지 | (구개음화 / 두음 법칙)
20	텬하 → 천하 | (구개음화 / 두음 법칙)
21	님금 → 임금 | (구개음화 / 두음 법칙)

No	다음을 고려하여 주격 조사와 결합한 형태를 쓰시오.	
	이	자음으로 끝난 체언 뒤
	ㅣ	'ㅣ'나 반모음 'j' 이외의 모음으로 끝난 체언 뒤
	Ø	'ㅣ'나 반모음 'j'로 끝난 체언 뒤
22	부텨 + ( ) → ( )	
23	빅셩 + ( ) → ( )	
24	불휘(뿌리) + ( ) → ( )	

No	다음을 고려하여 관형격 조사와 결합한 형태를 쓰시오.	
	이	앞 체언이 유정 명사이면서 양성 모음 뒤
	의	앞 체언이 유정 명사이면서 음성 모음 뒤
	ㅅ	앞 체언이 무정 명사이거나 높임의 유정 명사인 경우
25	님금(임금) + ( ) → ( )	
26	거붑(거북) + ( ) → ( )	
27	사ᄉᆞᆷ(사슴) + ( ) → ( )	

오늘의 수능 국어 트레이닝 끝!

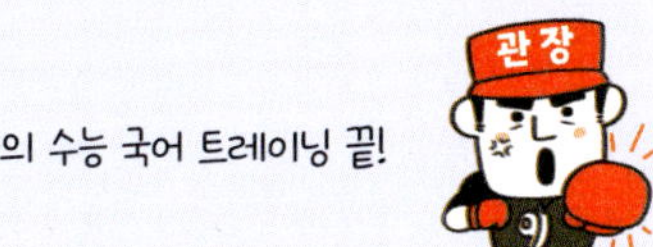

097 중세 국어의 높임법

1 주체 높임

- 주체 높임 선어말 어미 '-시-'는 현대 국어에까지 그대로 계승됨.
- 주체 높임 선어말 어미 '-샤-'는 중세 국어에만 있었으며, (1 ▢ㅁㅇ) 어미 앞에서 나타난다는 특징이 있음.

높임 대상	선어말 어미	환경	예시
주체	-시-	자음 어미 앞	가시니, 미드시니
	-샤-	모음 어미 앞	가샤, 가샴, 펴샤놀, 定(정)ᄒ산

2 객체 높임

- 객체 높임 선어말 어미 '-ᄉᆞᆸ-, -ᄌᆞᆸ-, -ᄉᆞᆸ-'을 통해 (2 ▢ㅈㅇ)나 부사어를 높이는 방법
- 객체 높임 선어말 어미 '-ᄉᆞᆸ-, -ᄌᆞᆸ-, -ᄉᆞᆸ-'은 뒤에 모음으로 시작하는 어미가 오면, '-ᅀᆞᇦ-, -ᄌᆞᇦ-, -ᅀᆞᇦ-'으로 실현됨.

높임 대상	선어말 어미	환경	예시
객체	-ᄉᆞᆸ-	ㄱ, ㅂ, ㅅ, ㅎ 뒤	닙ᄉᆞᆸ고, 막ᄉᆞᆸ거늘, 빗ᄉᆞᆸ더니
	-ᄌᆞᆸ-	ㄷ, ㅌ, ㅈ, ㅊ 뒤	듣ᄌᆞᆸ고, 듣ᄌᆞᆸ게, 묻ᄌᆞᆸ고
	-ᄉᆞᆸ-	모음, 울림소리 뒤	보ᄉᆞᆸ고져, 보ᄉᆞᆸ건대, 안ᅀᆞᆸᄫᅡ

ⓒ 개념 당기는 예시

- 돕ᅀᆞᄫᆞ니 → '돕-+-ᄉᆞᆸ-+-ᄋᆞ니'의 결합으로 '-ᄉᆞᆸ-'이 모음으로 시작하는 어미 '-ᄋᆞ니' 앞에서 '-ᅀᆞᇦ-'으로 실현됨.
- 얻ᄌᆞᄫᅡ → '얻-+-ᄌᆞᆸ-+-아'의 결합으로 '-ᄌᆞᆸ-'이 모음 어미 '-아' 앞에서 '-ᄌᆞᇦ-'으로 실현됨.
- ᄀᆞ초ᅀᆞᄫᅡ → 'ᄀᆞ초-+-ᄉᆞᆸ-+-아'의 결합으로 '-ᄉᆞᆸ-'이 모음 어미 '-아' 앞에서 '-ᅀᆞᇦ-'으로 실현됨.

3 상대 높임

- 상대 높임 선어말 어미 '-이-/-잇-'과 종결 어미를 통해 (3 ㅊㅈ)를 높이는 방법

높임 대상	선어말 어미	환경	예시
상대	-이-	평서형	ᄒᆞᄂᆞ니이다
	-잇-	의문형	ᄒᆞᄂᆞ니잇가

중세 국어의 높임 표현에서는 선어말 어미가 주체 높임법, 객체 높임법, 상대 높임법에 모두 사용되며 매우 복잡한 양상을 띠었습니다. 그러나 현대 국어에는 주체 높임 선어말 어미 '-시-'만 남아 있습니다.

개념 알통

조사에 의한 중세 국어의 높임 표현

관형격 조사 'ㅅ'	유정 명사의 경우 높임의 명사에서 관형격 조사 'ㅅ'을 사용함. 예 부텻 모미
호격 조사 '하'	높임의 명사에서는 호격 조사 '하'를, 그 밖에는 '아/이여'를 사용함. 예 님금하 하루쇼셔

개념 알통

객체 높임의 변천 과정

중세 국어 (15C)	객체 높임 선어말 어미 '-ᄉᆞᆸ-/-ᄌᆞᆸ-/-ᄉᆞᆸ-/-ᅀᆞᇦ-/-ᄌᆞᇦ-/-ᅀᆞᇦ-'이 사용됨.
근대 국어	• 'ㆍ', 'ㅸ', 'ㅿ' 등이 소실하여 객체 높임 선어말 어미의 형태가 변함. • 선어말 어미가 놓이는 순서가 어간 바로 뒤에서 어미 쪽으로 이동하였으며, 15세기 국어에서는 나타나던 환경에서 나타나지 않기도 함.
현대 국어	• '-ᄉᆞᆸ-'은 '-ㅂ니다/습니다' 등의 상대 높임의 기능을 하는 어미의 일부로 남아 있음. • '-ᄋᆞᆸ-', '-오-' 등에서와 같이 화자 겸양의 기능을 하는 어미로 변하기도 함. • '여쭙다', '뵙다', '모시다' 등 몇몇 높임의 특수 어휘로 표현됨.

[초성 답] 1 모음 2 목적어 3 청자

098 중세 국어의 의문문과 시간 표현

1 의문문

(1) 설명 의문문

- 의문사를 사용하여 일정한 대답을 요구하는 의문문

실현 방법		예시
종결 어미	-뇨, -료	므슴 마롤 니루누뇨
보조사	고/오	이 엇던 사룸고

(2) 판정 의문문

- 의문사를 사용하지 않고 단순히 (¹ ㄱㅈ)이나 부정의 대답을 요구하는 의문문

실현 방법		예시
종결 어미	-녀, -려	져므며 늘구미 잇누녀
보조사	가/아	이 ᄯ리 너희 죵가, 여희리잇가

(3) 2인칭 주어 의문문

- 높임이 아닌 **평칭**[*]에서 (² ㅈㅇ)가 2인칭인 의문문에는 '-ㄴ다', '-ㄹ다' 등을 사용하였음.

개념 당기는 예시

- 네 모루던다(너는 몰랐느냐?)
  → '네'라는 2인칭 주어가 사용된 의문문에서는 '-ㄴ다'를 사용함.

2 시간 표현

과거 시제		• 특정한 시제 표시 없이 문맥에 따라 일정한 시제가 표시되는 부정법에 의해 표현함. 예 가다가 가다가 드로라 / 네 아비 ᄒ마 주그니라 / 수달이 조차 가라 ᄒ시다
과거 회상		• 선어말 어미 '-더-'에 의해 표현함.
	-다-	주로 주어가 1인칭일 때 사용함. 예 내 보다니
	-더-	주로 주어가 2, 3인칭일 때 사용함. 예 龍과 鬼神과 위ᄒ야 說法ᄒ더시다
현재 시제		• 동사 어간 + 선어말 어미 '-누-'로 쓰임. 예 묻누다 • 형용사와 '체언 + 이다'는 시제를 표시하는 형태소가 없으며, 기본형이 현재 시제임. • (³ ㄷㅅ)의 기본형이 그대로 쓰이면 과거 시제임. 예 무정ᄒ다라 • 현재 시제 선어말 어미 '-누-'과 선어말 어미 '-오-'가 결합하면 '-노-'가 됨.
미래 시제		• 미래 시제 선어말 어미 '-(으)리-'에 의해 실현됨. 예 구두시리이다 / 어드리라 / 의논ᄒ리여 • 미래 시제 '-(으)리-'에 추측, 의도 등의 의미도 담겨 있음.

중세에는 과거 시제 선어말 어미가 없었나요?

네, 맞습니다. 중세 국어에서는 현재 시제 선어말 어미와 달리 과거 시제 선어말 어미가 존재하지 않았습니다. 현대 국어의 과거 시제 선어말 어미 '-았-/-었-'은 근대 국어 시기에 들어와서야 생겼습니다. 중세 국어의 과거 시제는 선어말 어미 없이 문맥에 따라 표시되었고, '-더-'는 과거 회상의 의미를 나타내는 선어말 어미였습니다.

개념 알통

용언·서술격 조사와 결합하는 시제 선어말 어미

- '-누-'는 동사에만 결합한다.(현대 국어에서 '-ㄴ-/-는-'이 동사에만 결합하는 것과 같다.)
- '-더-, -리-'는 동사, 형용사, 서술격 조사에 모두 쓰인다.
- 동사가 기본형 그대로 쓰이면 과거 시제이다.
- 형용사나 서술격 조사는 기본형이 그대로 쓰이면 현재 시제이다.

구분	동사	형용사 · 서술격 조사
현재	-누-	기본형
미래	-리-	-리-

[*] **평칭**: 높이지도 낮추지도 않고 범상하게 부르는 말

[초성 답] **1** 긍정 **2** 주어 **3** 동사

개념 트레이닝 ZONE

🏋️ **문제를 풀며 개념 근육을 키워 보세요!**

01 다음 설명의 알맞은 말에 ○표 하시오.

(1) 중세 국어에서는 주체 높임, 객체 높임, 상대 높임을 모두 (어말 어미 / 선어말 어미)를 통해 표현하였고, (주체 / 객체) 높임법은 현대 국어에는 없는 선어말 어미 '-숩-/-줍-/-숩-'에 의해 실현되었다.

(2) 현대 국어에서는 '-ㄴ다'가 (평서형 / 명령형) 종결 어미로 사용되지만, 중세 국어에서는 '-ㄴ다'가 (1인칭 / 2인칭)을 주어로 하는 의문형 종결 어미로 사용되었다.

(3) 중세 국어에서 현재 시제를 표현할 때 (동사 / 형용사) 어간에는 '-ㄴ-'가 연결되는 반면, (동사 / 형용사) 어간에는 특별한 어미가 연결되지 않았다.

02 다음 밑줄 친 어미의 높임 종류와 높임 대상을 쓰시오.

> 아들: 이 분이 우리 스승이니<u>이</u>다
> 어머니: 나도 이제 너의 스승니믈 보<u>숩</u>고져 ᄒ노니

구분	-이-	-숩-
높임 종류		
높임 대상		

03 다음 ㉠~㉢에 사용된 중세 국어의 높임에 대해 빈칸에 알맞은 말을 쓰시오.

> 그제사 善容이 무ᅀᆞ미 여러 ㉠<u>王끠</u> 솔ᄫᅩ디 내 王 말ᄊᆞᆷ ㉡<u>듣ᄌᆞᆸ고</u>사 내 무ᅀᆞ미 ㉢<u>ᄭᆡᄃᆞ과이다</u> 生老病死ㅣ 眞實로 슬흔 이리로소이다 ᄂᆞ를 出家ᄒᆞ야 道理 ᄇᆡ호게 ᄒᆞ쇼셔
> — 《석보상절》 권 제24

[현대어 풀이]
　그제야 선용이 마음이 열려 왕께 아뢰기를 "내가 왕 말씀 듣고서야 내 마음이 깨달았습니다. 생로병사가 진실로 슬픈 일입니다. 나를 출가하여 도리 배우게 하십시오."

구분	높임 실현 방법	높임 대상	높임 종류
㉠			
㉡			
㉢			

04 다음 설명을 참고하여 알맞은 의문형 표현을 찾아 ○표 하시오.

설명 의문문	용언 어간+의문형 종결 어미 '-뇨, -료'
	체언+의문 보조사 '고/오'
판정 의문문	용언 어간+의문형 종결 어미 '-녀, -려'
	체언+의문 보조사 '가/아'
주어가 2인칭인 경우	의문형 종결 어미 '-ㄴ다, -ㄹ다'

(1)	네 엇뎨 (안고 / 안다) (너는 어떻게 아느냐?)
(2)	比丘ㅣ 어드러셔 (오녀 / 오뇨) (비구가 어디에서 오는가?)
(3)	고원은 이제 (엇더혼고 / 엇더혼가) (고원은 이제 어떠한가?)
(4)	어마니믈 (아라보리로소니잇가 / 아라보리로소니잇고) (어머님을 알아보겠습니까?)

05 다음 밑줄 친 부분의 시간 표현을 나타내는 표지와 시간 표현을 쓰시오.

구분	예문	표지	시간 표현
(1)	내 롱담<u>ᄒᆞ다라</u>		
(2)	네 이제 ᄯᅩ <u>묻ᄂᆞ다</u>		
(3)	내 고줄 몯 <u>어드리라</u>		
(4)	그딋 ᄯᆞ를 맞고져 <u>ᄒᆞ더이다</u>		

06 다음 밑줄 친 부분에 해당하는 현대어와 시제를 쓰시오.

> ㉠ 이ᄢᅴ 아들ᄃᆞᆯ히 아비 <u>죽다</u> 듣고
> 　[현대어 역] 이때 아들들이 아버지가 죽었다 듣고
> ㉡ 내 이제 분명(分明)히 너ᄃᆞ려 <u>닐오리라</u>
> 　[현대어 역] 내가 이제 분명히 너에게 말하겠다.
> ㉢ 하ᄂᆞᆯ히며 사ᄅᆞᆷ 사는 ᄯᅡ홀 다 뫼호아 세계(世界)라 <u>ᄒᆞᄂᆞ니라</u>
> 　[현대어 역] 하늘이며 사람 사는 땅을 다 모아서 세계라 한다.

구분	㉠	㉡	㉢
현대어			
시제			

워밍-UP

01

〈보기〉의 ㉠~㉢에 들어갈 말로 적절한 것은?

〈보기〉

중세 국어에는 용언의 어간에 붙어서 실현되는 의문형 어미와는 달리, 체언 뒤에 직접 실현되어서 의문의 뜻을 나타내면서 문장을 끝맺는 조사가 있다. 이를 '의문 보조사'라고 하는데, 의문 보조사로는 판정 의문문에 실현되는 '가/아'와 설명 의문문에 실현되는 '고/오'가 있다. 그런데 '가, 고'는 모음 또는 'ㄹ' 다음에는 '아, 오'로 쓰인다.

• 얻논 藥(약)이 (㉠) [얻는 약이 무엇인가?]

• 이 ᄯᆞ리 너희 (㉡) [이 딸이 너의 종인가?]

• 엇뎨 일훔이 (㉢) [어찌 이름이 선야인가?]

실력 자랑 ㉠~㉢에 들어갈 말로 적절한 것을 골라 보세요.

㉠	(므스것고 / 므스것가)
㉡	(죵가 / 죵고 / 죵아)
㉢	(船若(선야)고 / 船若(선야)오)

02

〈보기〉의 자료에 나타나는 중세 국어의 특징을 탐구한 내용으로 적절하지 않은 것은?

〈보기〉

[중세 국어] **부텻** 뎡바깃뼈 노ᄑᆞ샤 ᄠᅳᆫ머리 ᄀᆞᄐᆞ실ᄊᆡ

[현대어 풀이] 부처님의 정수리뼈가 높으시어 튼 머리 같으시므로

[중세 국어] 大臣이 이 藥 밍ᄀᆞ라 大王ᄭᅴ **받ᄌᆞᄫᆞᆫ대** 王이 **좌시고**

[현대어 풀이] 대신이 이 약을 만들어 대왕께 바치니 왕이 드시고

실력 자랑 중세 국어의 특징이 적절한지 탐구해 보세요.

① '부텻'을 보니, 높임의 대상에 관형격 조사 'ㅅ'이 결합하였음을 알 수 있군. ⃞O⃞X

② '노ᄑᆞ샤'를 보니, 대상의 신체 일부를 높이는 간접 높임이 실현되었음을 알 수 있군. ⃞O⃞X

③ 'ᄀᆞᄐᆞ실ᄊᆡ'를 보니, 현대 국어와 같은 형태의 주체 높임 선어말 어미가 쓰였음을 알 수 있군. ⃞O⃞X

④ '받ᄌᆞᄫᆞᆫ대'를 보니, 목적어가 지시하는 대상을 높이기 위한 객체 높임 선어말 어미가 쓰였음을 알 수 있군. ⃞O⃞X

⑤ '좌시고'를 보니, 높임의 의미를 갖는 특수 어휘를 통해 주체를 높이고 있음을 알 수 있군. ⃞O⃞X

03

〈보기〉의 ㉠~㉢에 들어갈 말로 바르게 짝지어진 것은?

〈보기〉

중세 국어에서 과거 시제는 선어말 어미 '-더-'를 사용하여, 미래 시제는 선어말 어미 '-리-'를 사용하여 표현하였다. 하지만 현재 시제는 품사에 따라 다르게 표현했는데, 동사는 선어말 어미 '-ᄂ-'를 사용하였고 형용사와 '체언＋이다'는 특정한 선어말 어미를 사용하지 않았다.

• 내 (㉠) [내가 가겠습니다.]

• 사ᄅᆞ미 (㉡) [사람의 스승이시다.]

• 네 이제 ᄯᅩ (㉢) [네가 이제 또 묻는다.]

실력 자랑 ㉠~㉢에 들어갈 말로 적절한 것을 골라 보세요.

㉠	(가리이다 / 가더이다)
㉡	(스스이시다 / 스스이시ᄂ다)
㉢	(묻다 / 묻ᄂ다)

04

〈보기〉에 대한 이해로 적절하지 않은 것은?

〈보기〉

ㄱ. 羅睺羅(라후라)ㅣ 得道(득도)ᄒᆞ야 도라가ᄉᆞ **어미를** 濟渡(제도)ᄒᆞ야

(라후라가 득도하여 돌아가서 어미를 제도하여)

ㄴ. 瞿曇(구담)이 오ᄉᆞᆯ 니브샤 深山(심산)애 드러 **果實(과실)와** 믈와 좌시고

(구담의 옷을 입으시어 깊은 산에 들어 과일과 물을 자시고)

ㄷ. 南堀(남굴)ㅅ 仙人(선인)이 ᄒᆞᆫ ᄯᆞᄅᆞᆯ 길어 내니 …… 時節(시절)에 자최마다 蓮花(연화)ㅣ 나ᄂᆞ니이다

(남굴의 선인이 한 딸을 길러 내니 …… 시절에 자취마다 연꽃이 납니다.)

ㄹ. 네가짓 受苦(수고)ᄂᆞᆫ 生(생)과 老(로)와 病(병)과 死(사)왜라

(네 가지 괴로움은 태어남과 늙음과 병듦과 죽음이다.)

실력 자랑 ㄱ~ㄹ에 대한 설명의 적절성을 판단해 보세요.

① ㄱ의 '羅睺羅(라후라)ㅣ'와 ㄷ의 '仙人(선인)이'에는 주어의 자격을 부여해 주는 조사의 형태가 서로 다르게 사용되었군. ⃞O⃞X

② ㄱ의 '어미를'과 ㄷ의 'ᄯᆞᄅᆞᆯ'에는 목적어의 자격을 부여해 주는 조사의 형태가 서로 동일하게 사용되었군. ⃞O⃞X

③ ㄴ의 '瞿曇(구담)이'와 ㄷ의 '南堀(남굴)ㅅ'에는 모두 관형어의 자격을 부여해 주는 조사가 사용되었군. ⃞O⃞X

④ ㄴ의 '深山(심산)애'와 ㄷ의 '時節(시절)에'에는 모두 부사어의 자격을 부여해 주는 조사가 사용되었군. ⃞O⃞X

⑤ ㄴ의 '果實(과실)와'와 ㄹ의 '病(병)과'에는 모두 단어와 단어를 이어 주는 조사가 사용되었군. ⃞O⃞X

01

〈보기 1〉을 바탕으로 〈보기 2〉를 분석한 것으로 적절하지 <u>않은</u> 것은?

〈보기 1〉

[중세 국어의 주체 높임법과 객체 높임법]

- **주체 높임법**: 문장의 주어에 해당하는 대상을 높이는 것이다. 주체 높임법은 주로 선어말 어미 '-시-/-샤-'를 통해 실현된다. 또한 특수 어휘나 조사에 의해 실현되기도 한다.
- **객체 높임법**: 문장의 목적어나 부사어에 해당하는 대상을 높이는 것이다. 객체 높임법은 주로 선어말 어미 '-ᄉᆞᆸ-/-ᄌᆞᆸ-/-ᅀᆞᆸ-'을 통해 실현된다. 또한 특수 어휘나 조사에 의해 실현되기도 한다.

〈보기 2〉

㉠ <u>世尊(세존)ㅅ 安否(안부) 묻ᄌᆞᆸ고 니르샤ᄃᆡ</u> <u>므스므라 오시니잇고</u>
　　　　　　　　　　[A]　　　　　　　　　　　　　　[B]

[세존의 안부를 여쭙고 이르시되 무슨 까닭으로 오셨습니까?]

㉡ 네 아ᄃᆞ리 各各(각각) 어마님내 뫼ᅀᆞᆸ고

[네 아들이 각각 어머님을 모시고]

① ㉠의 [A]에서 주체 높임은 실현되었으나 그 주체가 생략되었다.
② ㉠의 [A]에서 선어말 어미를 사용하여 객체 높임이 실현되었다.
③ ㉠의 [B]에서는 주체를 높이기 위해 선어말 어미가 사용되었다.
④ ㉡에서 특수 어휘를 사용하여 주체인 '아들'을 존대하였다.
⑤ ㉡에서는 객체인 '어마님'을 높이기 위해 선어말 어미를 사용하였다.

02

〈보기〉의 ㉠과 ㉡에 들어갈 말로 바르게 짝지어진 것은?

〈보기〉

중세 국어에서는 객체를 높이기 위해 선어말 어미를 사용했는데, 이 선어말 어미는 음운 조건에 따라 다음과 같이 다양한 형태로 실현되었다.

어간 말음 조건	형태	용례
'ㄱ, ㅂ, ㅅ, ㅎ'일 때	-ᄉᆞᆸ-	돕ᄉᆞᆸ고
'ㄷ, ㅈ, ㅊ'일 때	-ᄌᆞᆸ-	묻ᄌᆞᆸ고
모음이나 'ㄴ, ㅁ, ㄹ'일 때	-ᅀᆞᆸ-	보ᅀᆞᆸ고

객체 높임 선어말 어미 뒤에 모음으로 시작하는 어미가 오면, 객체 높임 선어말 어미는 '-ᄉᆞᇦ- , -ᄌᆞᇦ- , -ᅀᆞᇦ-'으로 실현되었다.

- 아래 문장에서 객체 높임의 대상은 (　㉠　)이다.
  - 王(왕)이 부텻긔 더욱 敬信(경신)ᄒᆞᆫ ᄆᆞᅀᆞᄆᆞᆯ 내ᅀᆞᄫᅡ
    [왕이 부처께 더욱 공경하고 믿는 마음을 내어]
- 어간 '듣-'과 어미 '-ᄋᆞ며' 사이에 객체 높임 선어말 어미가 결합하면 다음과 같이 활용했다.
  - 내 아래브터 부텻긔 이런 마ᄅᆞᆯ 몯 (　㉡　)
    [내가 예전부터 부처께 이런 말을 못 들으며]

	㉠	㉡
①	王(왕)	듣ᄌᆞᄫᅧ며
②	王(왕)	듣ᄉᆞᄫᅧ며
③	부텨	듣ᄌᆞᄫᅧ며
④	부텨	듣ᄌᆞᄫᅧ며
⑤	ᄆᆞᅀᆞᆷ	듣ᅀᆞᄫᅧ며

03

〈보기 1〉의 중세 국어의 특징을 바탕으로 〈보기 2〉의 ⓐ~ⓓ를 탐구하는 활동을 수행하였다. 학생들이 탐구한 내용으로 적절하지 <u>않은</u> 것은?

〈보기 1〉

㉠ 설명 의문문과 판정 의문문에서 쓰이는 종결 어미가 서로 달랐다.

㉡ 체언에 결합하는 조사의 형태는 모음 조화에 따라 결정되었다.

㉢ 높임의 호격 조사로서 현대 국어에 없는 형태가 있었다.

㉣ 선어말 어미의 결합 순서가 현대 국어와 다른 경우가 있었다.

㉤ 듣는 이를 높이기 위한 선어말 어미가 사용되었다.

〈보기 2〉

ⓐ 므슴 마를 니르ᄂᆞ뇨 [무슨 말을 말하느냐?]

ⓑ 져므며 늘구미 잇ᄂᆞ녀 [젊으며 늙음이 있느냐?]

ⓒ 虛空과 벼를 보더시니 [허공과 별을 보시더니]

ⓓ 世尊하 내 堂中에 이셔 몬져 如來 보ᅀᆞᆸ고 [세존이시여, 내가 집 안에서 먼저 여래 뵙고]

① ⓐ의 '니르ᄂᆞ뇨'와 ⓑ의 '잇ᄂᆞ녀'를 비교해 보면, ㉠을 확인할 수 있군.

② ⓐ의 '마를'과 ⓒ의 '벼를'을 비교해 보면, ㉡을 확인할 수 있군.

③ ⓓ의 '世尊하'를 보면, ㉢을 확인할 수 있군.

④ ⓒ의 '보더시니'를 보면, ㉣을 확인할 수 있군.

⑤ ⓓ의 '보ᅀᆞᆸ고'를 보면, ㉤을 확인할 수 있군.

04

〈보기〉를 바탕으로 중세 국어의 특징을 탐구한 내용으로 적절하지 <u>않은</u> 것은?

〈보기〉

羅雲(나운)이 져머 노롤ᄉᆞᆯ 즐겨 法(법) 드로믈 슬히 너겨 ᄒᆞ거든 부톄 ᄌᆞ로 니르샤도 從(종)ᄒᆞᆸ디 아니ᄒᆞ더니 後(후)에 부톄 羅雲(나운)이ᄃᆞ려 니르샤ᄃᆡ 부텨 맛나미 **어려ᄫᅳ며** 法(법) 드로미 어려ᄫᅳ니 네 이제 **사ᄅᆞ미** 몸 得(득)하고 부텨를 맛나 잇ᄂᆞ니 엇뎨 게을어 法(법)을 아니 듣는다

– 「석보상절」 –

[현대어 풀이]

나운이 어려서 놀이를 즐겨 법을 듣기를 싫게 여기니, 부처가 자주 이르셔도 따르지 아니하더니, 후에 부처가 나운이더러 이르시되, "부처를 만나기가 어려우며 법을 듣기 어려우니, 네가 이제 사람의 몸을 득하고 부처를 만나 있으니, 어찌 게을러 법을 아니 듣는가?"

① '부톄'를 통해 모음으로 끝나는 체언에 주격 조사가 결합했음을 확인할 수 있다.

② '니르샤도'를 통해 두음 법칙이 적용되지 않았음을 확인할 수 있다.

③ '從(종)ᄒᆞᆸ디'를 통해 주체를 높이는 선어말 어미가 쓰였음을 확인할 수 있다.

④ '어려ᄫᅳ며'를 통해 현대 국어에 쓰이지 않는 음운이 존재했음을 확인할 수 있다.

⑤ '사ᄅᆞ미'를 통해 현대 국어와 다른 형태의 관형격 조사가 사용되었음을 확인할 수 있다.

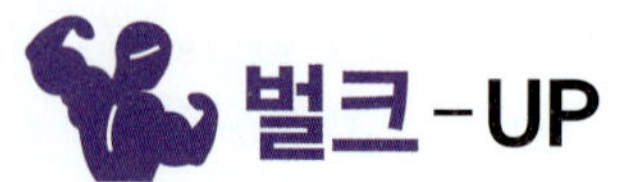

벌크-UP

[01~02] 다음 글을 읽고 물음에 답하시오.

현대 국어의 시간 표현 중 하나는 선어말 어미를 활용하는 것이다. 동사는 어간에 선어말 어미 '-는-/-ㄴ-'을 결합하여 현재 시제를 표현하는데, 동사의 어간 말음이 자음인 경우에는 '-는-'이, 모음인 경우에는 '-ㄴ-'이 결합한다. 이와 달리 형용사와 '이다'는 어간에 선어말 어미가 결합하지 않고 현재 시제를 표현할 수 있다. 동사와 형용사, 그리고 '이다'는 어간에 선어말 어미 '-았-/-었-'을 결합하여 과거 시제를 표현하는데, 어간 '하-' 다음에는 선어말 어미 '-였-'을 결합하여 과거 시제를 표현한다. 동사와 형용사, 그리고 '이다'는 어간에 선어말 어미 '-겠-'을 결합하여 미래 시제를 표현하는데, 추측이나 의지 등의 의미를 나타내기도 한다.

중세 국어의 시간 표현은 ㉠용언의 어간에 선어말 어미를 결합하여 나타내는 경우와 ㉡용언의 어간에 선어말 어미를 결합하지 않고 나타내는 경우가 있었다. 이를 살펴보면, 동사는 어간에 선어말 어미 '-ᄂᆞ-'를 결합하여 현재 시제를 표현하였고, 형용사는 어간에 선어말 어미를 결합하지 않고 현재 시제를 표현하였다. 또한 동사는 어간에 선어말 어미를 결합하지 않고 과거 시제를 표현하기도 했고, 회상의 의미가 있는 선어말 어미 '-더-'를 결합하여 과거 시제를 표현하기도 했다. 형용사도 선어말 어미 '-더-'를 통해 과거 시제를 표현하였다. 또한 동사와 형용사는 추측의 의미가 있는 선어말 어미 '-리-'를 어간에 결합하여 미래 시제를 표현하였다.

01

윗글을 바탕으로 〈보기〉를 탐구한 내용으로 적절하지 <u>않은</u> 것은?

〈보기〉
- 동생이 지금 밥을 ⓐ<u>먹는다</u>.
- 우리 아기가 무럭무럭 ⓑ<u>자란다</u>.
- 이곳에 따뜻한 난로가 ⓒ<u>놓였다</u>.
- 신랑, 신부가 ⓓ<u>입장하겠습니다</u>.
- 나는 어젯밤에 무서운 꿈을 ⓔ<u>꿨다</u>.

① ⓐ는 동사의 어간 다음에 현재 시제 선어말 어미로 '-는-'이 사용된 예에 해당한다.

② ⓑ는 동사의 어간 다음에 현재 시제 선어말 어미로 '-ㄴ-'이 사용된 예에 해당한다.

③ ⓒ는 동사의 어간 다음에 과거 시제 선어말 어미로 '-였-'이 사용된 예에 해당한다.

④ ⓓ는 동사의 어간 다음에 미래 시제 선어말 어미로 '-겠-'이 사용된 예에 해당한다.

⑤ ⓔ는 동사의 어간 다음에 과거 시제 선어말 어미로 '-었-'이 사용된 예에 해당한다.

02

〈보기〉에서 ㉠과 ㉡에 해당하는 예를 찾아 바르게 짝지은 것은?

〈보기〉
- 너도 ᄯᅩ 이 ⓐ<u>ᄀᆞᆮᄒᆞ다</u>
  (너도 또 이와 같다.)
- 네 이제 ᄯᅩ ⓑ<u>묻ᄂᆞ다</u>
  (네가 이제 또 묻는다.)
- 五百 도ᄌᆞ기 ⋯ ⓒ<u>도ᄌᆞᆨᄒᆞ더니</u>
  (오백 도적이 ⋯ 도둑질하더니)
- 이 智慧 업슨 比丘ㅣ 어드러셔 ⓓ<u>오뇨</u>
  (이 지혜 없는 비구가 어디에서 왔느냐?)
- 이 善女人이 ⋯ 다시 나디 ⓔ<u>아니ᄒᆞ리니</u>
  (이 선여인이 ⋯ 다시 나지 아니할 것이니)

	㉠	㉡
①	ⓑ, ⓒ	ⓐ, ⓓ, ⓔ
②	ⓐ, ⓔ	ⓑ, ⓒ, ⓓ
③	ⓓ, ⓔ	ⓐ, ⓑ, ⓒ
④	ⓐ, ⓒ, ⓓ	ⓑ, ⓔ
⑤	ⓑ, ⓒ, ⓔ	ⓐ, ⓓ

공부한 날	월	일	요일
맞은 개수		/ 28	

No	다음 빈칸에 알맞은 말을 써서 문장을 완성하시오.
01	중세 국어에서는 (　　　　)를 높이기 위해 선어말 어미 '-시-'가 사용되었으며, 모음 어미 앞에서는 '-샤-'로 교체되었다.
02	중세 국어에서 목적어나 부사어가 지시하는 대상인 서술의 객체를 높이기 위해 'ㄱ, ㅂ, ㅅ, ㅎ' 뒤에서는 '-(　　)-', 'ㄷ, ㅌ, ㅈ, ㅊ' 뒤에서는 '-(　　)-', 'ㄴ, ㅁ, ㅇ, ㄹ' 뒤에서는 '-ᅀᆞᆸ-'이 사용되었다.
03	객체 높임 선어말 어미 '-ᄉᆞᆸ-, -ᄌᆞᆸ-, -ᅀᆞᆸ'은 뒤에 (　　　　)으로 시작하는 어미가 오면, '-ᄉᆞᄫ-, -ᄌᆞᄫ-, -ᅀᆞᄫ-'으로 실현되었다.
04	중세 국어에서 말하는 이가 (　　　　)를 높이거나 낮추어 말하는 상대 높임법은 현대 국어와 달리 평서형 선어말 어미 '-이-'와 의문형 선어말 어미 '-잇-', 종결 어미를 통해 실현되었다.
05	중세 국어의 의문형 종결 어미는 인칭에 따라 구별되었으며, '-ㄴ다, -ㄹ다'는 문장의 주어가 평칭 (　　　　)인 경우에만 사용되었다.
06	중세 국어의 (　　　　) 의문문에는 종결 어미 '-뇨, -료'와 보조사 '고/오'가 사용되었다.
07	중세 국어의 판정 의문문에는 종결 어미 '-녀, -려'와 보조사 '(　　)/(　　)'가 사용되었다.
08	중세 국어에는 과거 회상 선어말 어미 '-(　　)-'가 있었으며, '-았/었-'은 등장하지 않았다.
09	중세 국어에서 현재 시제 선어말 어미 '-ᄂᆞ-'는 (　　　　)와만 결합하였으며, 동사의 기본형이 그대로 쓰이면 (　　　　) 시제였다.
10	중세 국어에서 형용사와 서술격 조사는 기본형이 (　　　　) 시제였다.
11	중세 국어에서 (　　　　) 시제는 '-(으)리-'에 의해 실현되었으며, '-겠-'은 등장하지 않았다.

No	밑줄 친 표현의 높임 대상을 찾고 높임 유형을 쓰시오.		
	예문	대상	유형
12	王(왕)이 모딘 도ᄌᆞᆨ 믈리<u>시</u>니이다		
13	如來(여래)가 나ᄅᆞᆯ 겨집(아내) 사ᄆᆞ<u>시</u>니		
14	내 아래브터 부텻긔 이런 마ᄅᆞᆯ 몯 듣<u>ᄌᆞᄫ</u>며		
15	우리 父母(부모)ㅣ 太子(태자)끠 드리<u>ᅀᆞᄫ</u>시니		
16	님금하 아ᄅᆞ쇼셔 落水(낙수)예 山行(산행)가 이셔 하나빌 미드니잇가		
17	善女人(선녀인)이 無量壽佛(무량수불)끠 나 정법(正法) 듣ᄌᆞᆸ고져 발원(發願)ᄒᆞ딕		

No	다음 문장이 판정 의문문인지 설명 의문문인지 구분하시오.		
18	엇던 因緣(인연)으로 得(득)ᄒᆞᆫ고	판정	설명
19	아바닚 病(병)이 기프시니 엇뎨 ᄒᆞ료	판정	설명
20	두 사ᄅᆞ미 眞實(진실)로 너의 항것(상전)가	판정	설명
21	ᄒᆞ마 주글 내어니 자손(子孫)을 의논ᄒᆞ리여	판정	설명

No	다음 문장의 시간 표현을 아래에서 골라 쓰시오.	
	과거 회상, 현재, 미래	
	예문	시간 표현
22	네 롱담ᄒᆞ다라	
23	네 이제 ᄯᅩ 묻ᄂᆞ다	
24	됴ᄒᆞᆫ 이리 ᄒᆞ리이다	
25	내 지븨 이셔도 두립더니	
26	그듸 ᄯᄯᆞ로 맛고져 ᄒᆞ더이다	
27	부텻긔 받ᄌᆞᄫᅡ ᄆᆞᄉᆞᆷᄒᆞ려 ᄒᆞ시ᄂᆞ니	
28	敬天勤民(경천근민) ᄒᆞ샤ᅀᅡ 더욱 구드시리이다	

오늘의 수능 국어 트레이닝 끝!

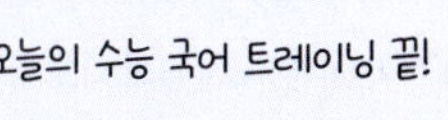

099 국어 음운의 변천

1 자음

(1) 'ㅸ'과 'ㅿ'의 소멸

• 'ㅸ(순경음 비읍)'은 후기 중세 국어부터 (1   ㅂㅁㅇ   ) ㅗ/ㅜ로 바뀌었고, 'ㅿ(반치음)'은 16세기부터 약화되다가 **근대 국어***에서 아예 그 소리가 소실되었음.

개념 당기는 예시

- 셔블 〉 서울, 더뷔 〉 더워, 쉬본 〉 쉬운 → 'ㅸ'이 반모음 ㅗ/ㅜ로 바뀜.
- ᄆᆞᅀᆞᆷ 〉 마음, 처섬 〉 처음, 아ᅀᆞ 〉 아우 → 'ㅿ'이 소실됨.

(2) 구개음화

• 근대 국어에서 모음 'ㅣ'나 반모음 'ㅣ' 앞의 'ㄷ, ㅌ'이 'ㅈ, ㅊ'으로 변하는 구개음화가 진행됨.
예 티다 〉 치다, 옮기디 〉 옮기지, 디나가는 〉 지나가는

(3) 두음 법칙

• 모음 'ㅣ'나 반모음 'ㅣ' 앞에 오는 어두의 'ㄴ'이 (2   ㅌㄹ   )되기 시작함. 예 님금〉임금

2 모음

(1) 모음 조화

• 양성 모음은 양성 모음끼리, 음성 모음은 음성 모음끼리 어울리는 현상임.
• 모음 조화는 현대 국어보다 중세 국어에서 더 넓게 규칙적으로 적용됨.

개념 당기는 예시

- 소ᄂᆞᆫ, 소ᄂᆞᆯ, 소내 / 자바, 자ᄇᆞᄂᆞ 자ᄇᆞ니 → 양성 모음끼리 결합한 예
- 브른, 브를, 브레 / 머근, 머거, 머그니 → 음성 모음끼리 결합한 예

(2) 이중 모음의 단모음화

• 'ㆍ(아래아)'의 소릿값이 소실되기 시작하면서 첫음절의 'ㆎ'가 'ㅐ'로 변한 후, 이중 모음이었던 'ㅐ'와 'ㅔ'가 단모음으로 바뀜.

'ㆍ(아래아)'의 소실 과정	• 16세기경에 둘째 음절 이하에서 주로 'ㅡ'로 바뀜. • 18세기경에 첫째 음절에서 주로 'ㅏ'로 바뀜. 예 ᄀᆞᄉᆞᆯ 〉 ᄀᆞ을 〉 가을 / ᄆᆞᄉᆞᆷ 〉 ᄆᆞ음 〉 마음 → 'ㆍ'는 'ㅏ'와 'ㅗ'의 중간음인 양성 모음으로 16세기경부터 음가가 소실되기 시작하면서 모음 조화가 파괴되는 데 결정적인 역할을 함.

• 이중 모음이던 'ㅚ'와 'ㅟ'가 현대 국어에 와서 (3   ㄷㅁㅇ   )으로 바뀜.

(3) 원순 모음화

• 순음 'ㅁ, ㅂ, ㅍ'에 결합된 모음 'ㅡ'가 순음에 동화되어 'ㅜ'로 변하는 현상으로, 18세기 말~19세기 초에 일어남.

개념 당기는 예시

- 믈 〉 물, 블(火) 〉 불, 플(草) 〉 풀 → 순음과 설음 사이에서 원순 모음화가 일어나는 경우
- 므지게(虹) 〉 무지개 → 순음과 치음 사이에서 원순 모음화가 일어나는 경우

개념 알통

근대 국어의 표기 변화

• 받침으로 8종성을 적던 중세 국어와 달리 7종성(ㄱ, ㄴ, ㄹ, ㅁ, ㅂ, ㅅ, ㅇ)만을 적었다.
• 중세의 이어 적기 표기가 끊어적기 표기로 가는 과도기로 거듭 적기 표기가 나타나기도 한다.
예 니믈(이어 적기)〉님믈(거듭 적기)〉님을(끊어 적기)

성조는 언제 사라졌나요?

성조는 소리의 높낮이를 통하여 단어의 뜻을 분별하는 말소리의 특질로, 중세 국어는 성조가 있는 언어였습니다. 성조는 16세기 중엽 이후 흔들리기 시작하다가 16세기 말엽 문헌에서부터 방점이 표시되지 않게 되었습니다. 성조는 근대 국어에 이르러 완전히 사라진 것으로 볼 수 있는데, 대체로 원래 짧은소리였던 평성과 거성은 계속 짧은소리로, 원래 긴소리였던 상성은 긴소리로 바뀌어 현대 국어에 이르렀다고 볼 수 있습니다. 그런데 지역에 따라서 성조가 완전히 소멸하지 않은 곳도 있어서 현대 국어의 경상도 방언이나 함경도 방언의 일부에서는 아직까지 성조가 남아 있습니다.

***근대 국어**: 국어를 시대적으로 구분하였을 때에, 17세기 초부터 19세기 말까지의 국어. 중세 국어의 문법 체계와 음운 체계가 많이 바뀌었음.

[초성 답] **1** 반모음 **2** 탈락 **3** 단모음

100 국어 어휘와 문법의 변천

1 중세 국어의 어휘 변화

- 고대 국어의 어휘는 한자로 기록되어 있는 땅 이름, 사람 이름, **관직**[*] 이름의 표기를 통하여 흔적을 짐작할 수 있음.
- 현대 국어에는 잘 쓰이지 않는 많은 (1 ㄱㅇㅇ)가 있었음.
- 근대 국어에서도 고유어가 많이 사용되었으나 한자어와 외래어의 계속된 침투로 고유어는 점차 줄어듦.

개념 당기는 예시

고유어	온[百]	즈믄	ᄀᆞ롬	미르
한자어	백(百)	천(千)	강(江)	용(龍)

→ 고유어 '온, 즈믄, ᄀᆞ롬, 미르'는 현대 국어에서는 사용되지 않고 사라진 단어이며, 대신 한자어 '백(百), 천(千), 강(江), 용(龍)'이 사용됨.

2 중세 국어 어휘의 의미 변화

구분	어휘	원래 뜻	바뀐 뜻
의미 확대	다리	사람이나 짐승의 다리만을 가리킴.	무생물의 다리까지 적용됨.
	영감	당상관 이상의 높은 벼슬을 지낸 사람	남자 노인들을 가리키는 말
의미 축소	즁ᄉᆡᆼ(짐승)	원래 '중생(衆生)'에서 온 말로, 살아 있는 생물 전체를 가리키는 불교 용어	인간을 제외한 동물을 가리키는 말
	얼굴	몸 전체의 형체	'낯, 안면'의 의미만 가짐.
의미 이동	어엿브다	불쌍하다	예쁘다
	어리다	어리석다	나이가 적다
	놈	'사람'을 가리키는 일반적인 말	'사람'을 낮추어 이르는 말

고대 국어 시기에는 '붇[筆], 먹[墨], 비치(白菜, 배추)'와 같은 중국말이 들어왔고, 불교의 전래와 더불어 '부텨[佛], 미륵[彌勒]'과 같은 불교 용어도 들어왔습니다. 후기 중세 국어 시기에는 '뫼'를 '산'으로 부르는 것처럼 한자어가 고유어를 대체하는 경우가 많았고, 개화기부터는 일본어나 서양의 외래어가 많이 사용되기도 했습니다.

3 중세~근대 국어의 문법 변화

조사의 변화	• 주격 조사 '가'가 출현하여 본격적으로 '이'와 구별되어 쓰임. 예 비가 세 니러셔 　두드럭이가 블의예 도라 브러 오르니 • 관형격 조사는 '의'만 쓰이게 됨.
불규칙 활용	'ㅿ'이 소실되면서 'ㅅ' 불규칙 활용으로 변함.
객체 높임 선어말 어미의 소멸	(2 ㄱㅊ) 높임 선어말 어미 '-ᄉᆞᆸ-/-좁-/-ᄉᆞᆸ-'이 점차 쓰이지 않게 됨.
명사형 어미의 변화	명사형 어미 '-옴/-움'이 '-(으)ㅁ'으로 변하고 '-기'가 활발히 쓰임.
과거 시제 선어말 어미 '-앗-/-엇-'	과거 시제 선어말 어미 '-앗-/-엇-'이 나타남.
미래 시제 선어말 어미 '-겠-'	미래 시제 선어말 어미 '-겠-'이 나타남.
평서형 어미로 바뀐 '-ㄴ다'	'-ㄴ다'는 중세 국어에서는 2인칭 의문형 어미였으나, 근대 국어에서는 평서형 어미로 사용됨.

개념 알통

중세 국어의 문장 구조 변화

| 문장 구조 | • '무엇을 누구를 주다' 구문은 현대 국어에서는 '무엇을 누구에게 주다'로 바뀜.
예 四海(사해)로 년글 주리여
→ 사해를 남에게 주겠는가
• '무엇이 무엇이 곧다' 구문은 현대 국어에서는 '무엇이 무엇과 같다'로 바뀜.
예 出家(출가)ᄒᆞᆫ 사르미 쇼히 곧디 아니ᄒᆞ니
→ 출가한 사람은 속인과 같지 아니하니 |

주격 조사 '가'는 언제 출현했나요?

주격 조사 '가'가 16세기 후반의 중세 국어 시기에 출현했다는 견해도 있습니다. 하지만 근대 국어 시기가 되어서야 본격적으로 사용되었으므로 근대 국어에 출현했다고 보고 있습니다.

---

[*] **관직**: 조선 시대에, 홍문관 부제학 이하의 벼슬아치와 성균관 대사성 이하의 벼슬아치를 통틀어 이르던 말

[초성 답] **1** 고유어 **2** 객체

개념 트레이닝 ZONE

🏋 **문제를 풀며 개념 근육을 키워 보세요!**

01 다음 빈칸에 들어갈 알맞은 말을 찾아 쓰시오.

> 과거 둘째 미래 첫째 한자어 구개음화 모음 조화

(1) 중세 국어의 (　　　　)는 현대 국어보다 더 넓게 규칙적으로 적용되었다.

(2) '·(아래아)'는 16세기경에 (　　　　) 음절 이하에서 소릿값이 소실되기 시작하여, 18세기경에는 (　　　　) 음절에서도 소릿값이 소실되었다.

(3) 중세 국어 시기에 일어나지 않았던 (　　　　)와 원순 모음화가 근대 국어 시기에 일어났다.

(4) 근대 국어 시기에는 (　　　　)와 외래어의 지속적인 유입으로 많은 고유어가 대체되었다.

(5) 근대 국어 시기에는 (　　　　) 시제 선어말 어미 '-앗-/-엇-', (　　　　) 시제 선어말 어미 '-겟-'이 나타났다.

02 다음 16세기 자료의 밑줄 친 부분에서 알 수 있는 중세 국어의 특징에 대해 빈칸에 알맞은 말을 쓰시오.

(1)	<u>아 :당ᄒ·기</u> 잘·ᄒ·ᄂ 이(아첨하기를 잘하는 이) ➡ 16세기 중세 국어에서는 (　　　) 어미 '(　　　)'가 사용되었다.
(2)	·효·도·이 <u>비·르·소</u>미·오(효도의 시작이고) ·들 :온 ·것 한 ·이(들은 것이 많은 이) ➡ 16세기 중세 국어에서는 (　　　　)가 파괴되기 시작하였다.

03 다음 자료의 ㉠~㉢에서 알 수 있는 근대 국어의 특징에 대해 빈칸에 알맞은 말을 쓰시오.

> 닷새롤 비 ㉠<u>오지</u> 아니ᄒ면 ㉡<u>보리가</u> 없고 열흘을 비 오지 아니ᄒ면 벼가 ㉢<u>업ᄂ다</u> ᄒ니

㉠	'오지'는 원래 '오디'였는데, 'ㄷ'가 '(　　　)'로 표기된 것으로 보아 근대 국어에서 (　　　　) 현상이 나타났음을 알 수 있다.
㉡	'보리가'에서 체언 '보리' 뒤에 '가'가 쓰인 것으로 보아 중세 국어 시기에는 주로 '이'가 쓰였던 (　　　) 조사가 근대 국어 시기에는 '(　　　)'도 쓰이게 되었음을 알 수 있다.
㉢	'업ᄂ다'에서 보듯이 중세 국어에서 (　　　　) 어미였던 '-ㄴ다'가 근대 국어에서는 평서형 어미로 사용되었음을 알 수 있다.

04 다음 어휘의 중세 국어와 현대 국어에서의 의미를 쓰시오.

어휘	중세 국어의 의미	현대 국어의 의미
어리다		
놈		사람을 낮추어 이르는 말
어엿브다		

05 다음 자료의 ㉠~㉤에서 알 수 있는 음운상의 변화에 대해 빈칸에 알맞은 말을 쓰시오.

> 나·랏 :말ᄊ·미 中듕國·귁·에 달·아 文문字·ᄍ·와·로 서르 ᄉᄆᆺ·디 아·니홀·ᄊ ·이런 젼·ᄎ·로 어·린 百·빅姓·셩·이 ㉠<u>니르·고·져</u> ㉡<u>·홇·</u>배이·셔·도 ᄆ·ᄎᆷ:내 제 ㉢<u>·ᄠ·들</u> 시·러 ㉣<u>펴·디</u> :몯홇 ·노·미 하·니·라 ·내 ·이·룰 爲·윙·ᄒ·야 :어엿·비 너·겨 ·새·로 ·스·믈여·듧 字·ᄍ·롤 밍·ᄀ노·니 :사ᄅᆷ :마·다 :ᄒᆡ·ᅇᅧ ㉤<u>:수·비</u> 니·겨 ·날·로 ·ᄡ·메 便뼌安한·킈 ᄒ·고·져 홇 ᄯᄅ·미니·라

	현대 국어	음운상의 변화
㉠	이르고자 (말하고자)	단어의 첫 음절의 경우 'ㅣ' 계열 모음 앞에서 'ㄴ'이 탈락하는 (　　　　)이 나타남.
㉡	하는 바가	모음으로 끝난 체언 뒤에 오는 (　　　) 조사 'ㅣ' 대신 '(　　　)'가 사용됨.
㉢	뜻을	어두 자음군 표기가 (　　　) 표기로 바뀜.
㉣	펴지	'ㅣ' 계열 모음 앞에 오는 'ㄷ'이 '(　　　)'으로 바뀌는 (　　　　)가 나타남.
㉤	쉬이(쉽게)	'(　　　　)' 표기가 사라짐.

06 다음 국어의 특징이 나타난 시기에 ○표 하고, 예를 찾아 쓰시오.

> 긋다　　둥귁　　ᄠ들　　지위

	특징	시기	예시
(1)	어두 자음군이 존재함.	중세 근대	
(2)	구개음화 현상이 나타남.	중세 근대	
(3)	구분되어 쓰이던 받침 'ㄷ', 'ㅅ'이 'ㅅ'으로 통일됨.	중세 근대	
(4)	현재 사용하지 않는 자음자(ㅇ, △, ㆆ, ㅸ)가 쓰임.	중세 근대	

 워밍-UP

01

〈보기〉를 바탕으로 현대 국어와 중세 국어의 특징을 비교한 내용으로 적절하지 <u>않은</u> 것은?

〈보기〉

• ㉠효도홈과 공슌호믈
 (효도함과 공손함을)

• 兄(형)ㄱ ㉡쁘디 일어시눌 ㉢聖孫(성손)올 ㉣내시니이다
 (형의 뜻이 이루어지시매 (하늘이) 성손을 내셨습니다.)

• 世尊(세존)ㅅ 安否(안부) ㉤묻즙고 니르샤더 므스므라 오시니
 잇고
 (세존의 안부를 여쭙고 이르시되 무슨 까닭으로 오셨습니까?)

실력 자랑 다음 빈칸을 채워 ㉠~㉤에 대한 설명을 정리해 보세요.

㉠	현대 국어와 달리 (　　　) 어미 '-옴'이 사용되었군.
㉡	현대 국어와 달리 (　　　) 자음군이 사용되었군.
㉢	현대 국어와 달리 (　　　) 조사 '올'이 사용되었군.
㉣	현대 국어와 마찬가지로 주체 높임 선어말 어미 '-(　　)-'가 사용되었군.
㉤	현대 국어와 달리 (　　　) 높임 선어말 어미 '-즙-'이 사용되었군.

02

〈보기〉를 바탕으로 중세 국어의 특징을 탐구한 내용으로 적절하지 <u>않은</u> 것은?

〈보기〉

　훌론 조심 아니 ᄒᆞ샤 브를 �<u>ᄢᅳ</u>긔 ᄒᆞ야시눌 그 아비 그 ᄯᆞ니믈 구짖고 北(북)녁 堀(굴)애 브리ᅀᆞᄫᅡ 블 가져오라 ᄒᆞ야눌 그 ᄯᆞ니미 아비 말 드르샤 北堀(북굴)로 <u>가시니</u> <u>거름</u>마다 발 드르신 싸해다 蓮花(연화)ㅣ 나니 자최롤 조차

– 「석보상절」 –

[현대어 풀이]
　하루는 조심하지 아니하시어 불을 꺼지게 하시거늘, 그 아비가 그 따님을 꾸짖고, 북녘 굴에 시켜서 불을 가져오라고 하거늘, 그 따님이 아비의 말을 들으시어 북굴로 가시니, 걸음마다 발을 드신 땅에 다 연꽃이 나니, 자취를 좇아

실력 자랑 중세 국어의 특징이 적절한지 탐구해 보세요.

1. 'ᄢᅳ긔'를 보니 현대 국어와 달리 초성에 어두 자음군이 쓰였음을 알 수 있군. 　○　×

2. '브리ᅀᆞᄫᅡ'를 보니 현대 국어와 달리 'ㅿ'과 'ㅸ'이 표기에 사용되었음을 알 수 있군. 　○　×

3. '가시니'를 보니 중세 국어에서도 주체를 높이는 특수 어휘가 사용되었음을 알 수 있군. 　○　×

4. '거름, 조차'를 보니 현대 국어와 달리 이어 적기를 하였음을 알 수 있군. 　○　×

03

〈보기〉의 ㉠~㉤에 나타나는 중세 국어의 특징을 탐구한 내용으로 적절하지 <u>않은</u> 것은?

〈보기〉

[중세 국어] 녯 마리 ㉠닐오더 어딘 일 ㉡조초미 노폰 더올옴 ᄀᆞᆮ고
[현대 국어] 옛말에 이르되 어진 일 좇음이 높은 데 오름 같고

[중세 국어] 善쎤慧� ㉢對됭答땁ᄒᆞ샤더 부텻긔 받ᄌᆞ보리라
[현대 국어] 선혜가 대답하시되 "부처께 바치리라."

[중세 국어] 烽火ㅣ ㉣석도롤 ㉤니ᅀᅦ시니
[현대 국어] 봉화가 석 달을 이어지니

실력 자랑 ㉠~㉤에 아래에서 설명하는 바가 사용되었으면 ○, 아니면 ×표 하세요.

㉠	두음 법칙	(○ / ×)
㉡	이어 적기	(○ / ×)
㉢	객체를 높이는 선어말 어미	(○ / ×)
㉣	체언에 조사가 결합할 때 모음 조화	(○ / ×)
㉤	현대 국어에서 쓰이지 않는 자음	(○ / ×)

04

〈보기〉의 중세 국어 자료에 나타난 특징을 탐구한 내용으로 적절하지 <u>않은</u> 것은?

〈보기〉

[중세 국어] 불·휘기·픈남·ᄀᆞᆫ·매아·니:뮐·씨
[현대 국어] 뿌리가 깊은 나무는 바람에 아니 움직이므로
　　　　　　　　　　　　　　　　〈용비어천가〉

[중세 국어] ·첫소·리·롤어·울·워ᄡᅳ·디·면글·바·쓰·라
[현대 국어] 첫소리를 합하여 쓸 것이면 나란히 쓰라.
　　　　　　　　　　　　　　　　〈훈민정음언해〉

[중세 국어] ·몸·이며얼굴·이며머·리털·이·며·솔·ᄒᆞᆫ
[현대 국어] 몸과 형체와 머리털과 살은
　　　　　　　　　　　　　　　　〈소학언해〉

실력 자랑 중세 국어 자료의 특징이 적절한지 탐구해 보세요.

1. '기·픈'은 '깊은'과 견주어 보니, 소리 나는 대로 적었음을 알 수 있군. 　○　×

2. 'ᄡᅳ·디·면'은 '쓸 것이면'에 대응하는 것을 보니, 초성에 서로 다른 두 개의 자음이 함께 사용되었음을 알 수 있군. 　○　×

3. '얼굴'은 '형체'라는 의미였던 것을 보니, 현대 국어로 오면서 단어의 의미가 확대되었음을 알 수 있군. 　○　×

> 정답과 해설 86쪽

01

〈보기〉를 바탕으로 중세 국어의 특징을 탐구한 내용으로 적절하지 않은 것은?

〈보기〉

녜 小學(소학)애 사ᄅᆞᆷᄋᆞᆯ ᄀᆞᄅᆞ츄ᄃᆡ 믈 **ᄡᅳ리고 ᄡᅳᆯ며** 應(ᅙᅳᆼ)ᄒᆞ며 對(ᄃᆡ)ᄒᆞ며 [應(ᅙᅳᆼ)ᄋᆞᆫ 블러든 ᄃᆡ답홈이오 對(ᄃᆡ)ᄂᆞᆫ 무러든 ᄃᆡ답홈이라] 나ᅀᆞ며 므르ᄂᆞᆫ 졀ᄎᆞ와 **어버이ᄅᆞᆯ ᄉᆞ랑ᄒᆞ며** 얼운을 공경ᄒᆞ며 스ᅌᅳᆼ을 존ᄃᆡᄒᆞ며 벋을 親(친)히 홀 道(도)로ᄡᅥ ᄒᆞ니 다 ᄡᅥ 몸표 닷ᄀᆞ며 집을 ᄀᆞᄌᆞ기 ᄒᆞ며 **나라ᄒᆞᆯ** 다ᄉᆞ리며 天下(텬하)ᄅᆞᆯ 平(평)히 홀 근본을 ᄒᆞᄂᆞᆫ 배니

[현대어 풀이]

옛날 소학에 사람을 가르치되, 물을 뿌리고 쓸며, 응하며 대하며 [응은 부르거든 대답하는 것이요, 대는 묻거든 대답하는 것이다.] 나아가며 물러나는 절차와, 어버이를 사랑하며 어른을 공경하며 스승을 존대하며 벗을 친히 할 도로써 하니, 다 그로써 몸을 닦으며 집을 가지런히 하며 나라를 다스리며 천하를 평히 할 근본을 하는 바이니

① '녜'를 보니 현대 국어와 달리 두음 법칙이 적용되었음을 알 수 있군.

② 'ᄡᅳ리고'와 'ᄡᅳᆯ며'를 보니 현대 국어와 달리 초성에 서로 다른 두 개의 자음이 함께 쓰였음을 알 수 있군.

③ '어버이ᄅᆞᆯ'을 보니 현대 국어와 달리 목적격 조사 'ᄅᆞᆯ'이 쓰였음을 알 수 있군.

④ 'ᄉᆞ랑ᄒᆞ며'를 보니 현대 국어와 달리 'ㆍ'가 표기에 사용되었음을 알 수 있군.

⑤ '나라ᄒᆞᆯ'을 보니 현대 국어와 달리 'ㅎ'을 끝소리로 가진 체언이 있었음을 알 수 있군.

02

〈보기〉를 바탕으로 중세 국어의 특징을 탐구한 내용으로 적절하지 않은 것은?

〈보기〉

王왕이 드르시고 즉자히 南남堀굻애 가샤 뎌 仙션人신ᄋᆞᆯ **보샤** 禮롕數숭ᄒᆞ시고 니ᄅᆞ샤ᄃᆡ ᄯᆞᄅᆞᆯ 두겨시다 듣고 婚혼姻인ᄋᆞᆯ 求끃ᄒᆞ노이다 仙션人신이 **ᄉᆞᆯᄫᅩᄃᆡ** 내 ᄒᆞᆫ ᄯᆞᄅᆞᆯ 뒤쇼ᄃᆡ 져머 **어리오** 아ᄒᆡ ᄢᅴ브터 深심山산애 이셔 **사ᄅᆞᄆᆡ** 이리 설우르고 플옷 **닙고** 나못 여름 먹ᄂᆞ니 王왕이 므슴 호려 져주시ᄂᆞ니잇고

[현대어 풀이]

왕이 들으시고 즉시 남굴에 가시어 저 선인을 보시어, 예수하시고 이르시되 "딸을 두고 계시다 듣고 혼인을 구합니다." 선인이 사뢰되 "내가 한 딸을 두고 있되, 어려서 어리석고, 아이 때부터 심산에 있어서 사람의 일이 서투르고, 풀을 입고 나무의 열매를 먹나니, 왕이 무엇을 하려고 따져 물으십니까?"

① '보샤'를 보니, 현대 국어와 달리 객체를 높이기 위해 선어말 어미 '-샤-'가 사용되었음을 알 수 있군.

② 'ᄉᆞᆯᄫᅩᄃᆡ'를 보니, 현대 국어와 달리 'ㆍ', 'ㅸ'이 표기에 사용되었음을 알 수 있군.

③ '어리오'를 보니, '어리다'가 현대 국어와 다른 의미로 쓰였음을 알 수 있군.

④ '사ᄅᆞᄆᆡ'를 보니, 현대 국어의 관형격 조사 '의'가 양성 모음 뒤에서 'ᄋᆡ'의 형태로 쓰였음을 알 수 있군.

⑤ '닙고'를 보니, 현대 국어와 달리 단어의 첫머리에서 두음 법칙이 적용되지 않았음을 알 수 있군.

[01~02] 다음 글을 읽고 물음에 답하시오.

현대 국어에서 사동 표현은 주동문의 동사나 형용사 어근에 사동 접미사 '-이-, -히-, -리-, -기-, -우-, -구-, -추-'가 붙거나, '-게 하다'에 의해 만들어진다.

서술어가 형용사나 자동사인 주동문을 사동문으로 바꿀 때, 주동문의 주어가 사동문의 목적어가 되며 사동문의 주어가 새로 도입된다. 이는 주동문 (ㄱ)과 사동문 (ㄴ)을 살펴보면 알 수 있는데, 서술어의 자릿수에도 변화가 일어난다.

(ㄱ) 얼음이 녹는다.
(ㄴ) 아이들이 얼음을 녹인다.

한편 서술어가 타동사인 주동문을 사동문으로 바꿀 때, 주동문의 주어는 사동문의 부사어가 되고 주동문의 목적어는 그대로 사동문의 목적어가 되며 사동문의 주어가 새로 도입된다. 이는 주동문 (ㄷ)과 사동문 (ㄹ)을 살펴보면 알 수 있는데, 서술어의 자릿수에도 변화가 일어난다.

(ㄷ) 영희가 책을 읽었다.
(ㄹ) 선생님께서 영희에게 책을 읽히셨다.

한편 주동문의 동사나 형용사 어근에 사동 접미사가 붙은 사동사에 의한 사동을 단형 사동이라 하고, '-게 하다'에 의한 사동을 장형 사동이라 한다. 사동을 일으키는 주체가 사동 행위를 받는 대상의 행위에 함께 참여하는 의미를 표현하는 경우를 직접 사동이라 하고 그렇지 않은 경우를 간접 사동이라 하는데, 단형 사동은 맥락에 따라 직접 사동과 간접 사동의 두 가지 의미를 모두 표현할 수 있으나 장형 사동은 간접 사동의 해석만을 허용한다.

15세기 국어에서 사동 범주는 주동문의 동사나 형용사 어근에 사동 접미사 '-이-, -히-, -기-, -오-/-우-, -호-/-후-, -ᄋ-/-으-'가 붙어서 만들어지거나 현대 국어의 '-게 하다'에 해당하는 '-게 ᄒ다'에 의해 만들어졌다.

01

윗글을 바탕으로 〈보기〉의 ㉠~㉣을 탐구한 내용으로 적절하지 <u>않은</u> 것은?

〈보기〉
㉠ 얼음 위에서 팽이가 돈다.
㉡ 지원이가 그 일을 맡았다.
㉢ 엄마가 아이에게 우유를 먹였다.
㉣ 엄마가 아이에게 우유를 먹게 하였다.

① ㉠을 '아이들이'를 주어로 삼는 단형 사동문으로 바꿀 때, ㉠의 주어는 목적어로 바뀔 것이다.

② ㉠을 '아이들이'를 주어로 삼는 단형 사동문으로 바꿀 때, 서술어의 자릿수가 한 자리에서 두 자리로 바뀔 것이다.

③ ㉡을 '선생님께서'를 주어로 삼는 단형 사동문으로 바꿀 때, ㉡의 주어는 부사어로 바뀔 것이다.

④ ㉡을 '선생님께서'를 주어로 삼는 단형 사동문으로 바꿀 때, 서술어의 자릿수가 두 자리에서 세 자리로 바뀔 것이다.

⑤ ㉣은 ㉢과 달리 직접 사동과 간접 사동의 의미 모두로 해석될 수 있을 것이다.

02

윗글을 바탕으로 〈보기〉의 ㉠~㉤을 이해한 내용으로 적절하지 <u>않은</u> 것은?

〈보기〉
• [15세기 국어] ᄀᆞᄅᆞ매 비 업거늘 ㉠<u>얼우시고</u>
　[현대 국어] 강에 배가 없으므로 (강물을) 얼리시고
• [15세기 국어] 목수믈 ㉡<u>일케 ᄒ야뇨</u>
　[현대 국어] 목숨을 잃게 하였는가
• [15세기 국어] 比丘란 노피 ㉢<u>안치시고</u>
　[현대 국어] 비구는 높이 앉히시고
• [15세기 국어] 나랏 小民을 ㉣<u>사ᄅᆞ시리잇가</u>
　[현대 국어] 나라의 백성들을 살리시겠습니까
• [15세기 국어] 투구 아니 ㉤<u>밧기시면</u>
　[현대 국어] 투구를 아니 벗기시면

① ㉠은 동일한 어근에 결합하는 사동 접미사가 15세기 국어와 현대 국어에서 다른 경우가 있음을 보여 주는군.

② ㉡은 현대 국어의 '-게 하다'에 해당하는 15세기 국어의 '-게 ᄒ다'가 쓰인 모습을 보여 주는군.

③ ㉢은 15세기 국어에서 어근과 사동 접미사가 결합된 형태를 소리 나는 대로 적었다는 점에서 현대 국어와는 다른 양상을 보여 주는군.

④ ㉣은 현대 국어에서 쓰이지 않는 사동 접미사가 15세기 국어에서 쓰인 양상을 보여 주는군.

⑤ ㉤은 15세기 국어와 현대 국어에서 어근 형태가 달라짐에 따라 어근에 결합하는 사동 접미사가 달라진 양상을 보여 주는군.

호루라기 관장님의 하드 트레이닝

공부한 날	월	일	요일
맞은 개수		/ 22	

다음 빈칸에 알맞은 말을 써서 문장을 완성하시오.

01 근대 국어 시기에 'ㄷ, ㅌ'이 모음 'ㅣ'나 반모음 'ĭ' 앞에서 'ㅈ, ㅊ'으로 바뀌는 구개음화가 일어나 '펴디 → (   )'가 되었다.

02 근대 국어 시기에 입술소리 'ㅁ, ㅂ, ㅃ, ㅍ' 뒤에 있던 평순 모음 'ㅡ'가 원순 모음인 'ㅜ'로 변하는 원순 모음화가 일어나 '믈(水) → (   )'이 되었다.

03 근대 국어 시기에 모음 'ㅣ'나 반모음 'ĭ' 앞에 오는 어두의 'ㄴ'이 탈락하는 현상인 (   )이 일어나 '님금 → 임금'이 되었다.

04 양성 모음은 양성 모음끼리, 음성 모음은 음성 모음끼리 어울리는 현상인 (   )가 중세 국어 시기에는 비교적 잘 지켜지다가 근대 국어 시기로 오면서 점차 파괴되었다.

05 중세 국어에서는 주격 조사로 '이'의 형태만 사용되다가 근대 국어에서는 주격 조사 '(   )'가 등장하였다.

06 모음 조화를 중시하던 중세 국어 시기에는 (   ) 조사 '올/을/롤/를'이 환경에 따라 다르게 결합하였으나 'ㆍ'가 사라지면서 '을/를'만 남게 되었다.

07 'ㆍ'의 소릿값이 소실되기 시작하면서 이중 모음이었던 'ㅐ, ㅔ'가 근대 국어 시기에 (   )으로 바뀌었다.

08 고대 국어 시기에 '붇, 먹, 비치'와 같은 중국말과 불교 용어가 들어오기 시작했으며, 전기 중세 국어 시기에는 한자어와 외래어가 (   )를 대체하였다.

09 근대 국어 시기에는 중세 국어 시기에는 없었던 (   ) 시제 선어말 어미 '-앗/엇-'과 (   ) 시제 선어말 어미 '-겟-'이 나타났다.

10 '-ㄴ다'는 주어가 2인칭인 경우에 사용된 의문형 종결 어미였으나 근대 국어 시기에는 (   ) 종결 어미로 사용되었다.

음운의 변화를 고려하여 근대 표기법으로 바꿔 쓰시오.

ㅸ(순경음 비읍)	15C 중반에 사라져 ㅗ/ㅜ로 변함.
ㅿ(반치음)	15C 후반~16C 초반에 사라져 'ㅅ'으로 변함.
ㆁ(옛이응)	16C부터 종성에서 오늘날의 'ㅇ'으로 변함.
ㆍ(아래아)	16C경 둘째 음절 이하에서 'ㅡ'로 변함. 18C경 첫째 음절에서 'ㅏ'로 변함.

No			No		
11	ᄆᆞ숨	→	15	하놀	→
12	처섬	→	16	짓다	→
13	ᄀᆞ술	→	17	쉬븐	→
14	아돌	→	18	ᄲᆞ르다	→

중세 국어와 근대 국어의 특징을 구분하여 기호를 쓰시오.

19

㉠ 주격 조사 '가'가 사용되기 시작함.
㉡ 자음 'ㅸ', 'ㅿ', 'ㆆ', 모음 'ㆍ'가 존재함.
㉢ 'ㅂ'계(ㅳ, ㅄ, ㅶ, ㅷ)와 'ㅄ'계([illegible], ㅲ)의 어두 자음군이 존재함.
㉣ 받침으로는 주로 'ㄱ, ㄴ, ㄷ, ㄹ, ㅁ, ㅂ, ㅅ, ㆁ'의 8개 자음을 적음.
㉤ 모음 조화가 현대 국어보다 잘 지켜졌고, 성조가 방점으로 표기됨.

(1) 중세 국어	(2) 근대 국어

단어에서 일어난 음운 변동을 구분하여 기호를 쓰시오.

20

㉠ 플 〉 풀	㉡ 님금 〉 임금	㉢ 고티다 〉 고치다
㉣ 디다 〉 지다	㉤ 쏘리 〉 꼬리	㉥ 니르다 〉 이르다

(1) 구개음화	(2) 두음 법칙	(3) 된소리화	(4) 원순 모음화

어휘의 중세 국어 시기의 의미를 쓰고 변화 유형을 고르시오.

No	어휘	중세 국어 시기의 의미	변화 유형
21	놈		의미 (이동, 축소)
22	어리다		의미 (이동, 축소)

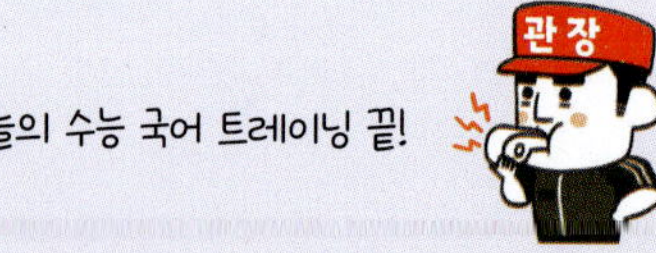

헷갈리는 우리말 ❶

1 가늠하다 / 가름하다 / 갈음하다

가늠하다	사물을 어림잡아 헤아리다.
가름하다	쪼개거나 나누어 따로따로 되게 하다.
갈음하다	다른 것으로 바꾸어 대신하다.

2 가르치다 / 가리키다

가르치다	지식이나 기능, 이치 따위를 깨닫게 하거나 익히게 하다.
가리키다	손가락 따위로 어떤 방향이나 대상을 집어서 보이거나 말하거나 알리다.

3 거치다 / 걷히다

거치다	오가는 도중에 어디를 지나거나 들르다.
걷히다	구름이나 안개 따위가 흩어져 없어지다.

4 겉잡다 / 걷잡다

겉잡다	겉으로 보고 대강 짐작하여 헤아리다.
걷잡다	한 방향으로 치우쳐 흘러가는 형세 따위를 붙들어 잡다.

5 굳다 / 궂다

굳다	무른 물질이 단단하게 되다.
궂다	비나 눈이 내려 날씨가 나쁘다.

6 그럼으로(써) / 그러므로

그럼으로(써)	그렇게 하는 것으로써
그러므로	앞의 내용이 뒤의 내용의 이유나 원인, 근거가 될 때 쓰는 접속 부사

7 껍질 / 껍데기

껍질	물체의 겉을 싸고 있는 단단하지 않은 물질
껍데기	달걀이나 조개 따위의 겉을 싸고 있는 단단한 물질

8 나가다 / 나아가다

나가다	일정한 지역이나 공간의 범위와 관련하여 그 안에서 밖으로 이동하다.
나아가다	앞으로 향하여 가다. 또는 앞을 향하여 가다.

🔗 다음 빈칸에 들어갈 알맞은 단어를 문맥에 맞게 쓰시오.

01
- 선물을 주는 것으로 인사를 (　　　　).
- 사람을 능력에 따라 (　　　　) 뽑았다.
- 동안인 그는 나이를 (　　　　)가 어렵다.

02
- 그는 그녀에게 운전을 (　　　　).
- 시곗바늘이 이미 오후 네 시를 (　　　　) 있었다.

03
- 안개가 (　　　　) 먼 산이 잘 보였다.
- 우리는 대전을 (　　　　) 부산으로 갔다.

04
- 불길이 (　　　　) 수 없이 번져 나갔다.
- (　　　　) 일주일은 걸릴 일을 하루 만에 다 했다.

05
- 비바람이 치는 (　　　　) 날씨가 계속되었다.
- 밀가루 반죽을 상온에 오래 그냥 두면 딱딱하게 (　　　　).

06
- 인간은 말을 한다. (　　　　) 동물과 구별된다.
- 성민이는 열심히 일했다. (　　　　) 성공하고자 했다.

07
- 오렌지 (　　　　)을 까서 주스를 짰다.
- 나는 굴 (　　　　)를 까서 굴만 꺼냈다.

08
- 학생들은 수업이 끝나자 모두 (　　　　) 놀았다.
- 그는 큰 뜻을 품고 관직에 (　　　　)로 결심했다.

헷갈리는 우리말 ❷

1 너비 / 넓이

너비	평면이나 넓은 물체의 가로로 건너지른 거리
넓이	일정한 평면에 걸쳐 있는 공간이나 범위의 크기

2 낫다 / 낮다

낫다	병이나 상처 따위가 고쳐져 본래대로 되다.
낮다	아래에서 위까지의 높이가 기준이 되는 대상이나 보통 정도에 미치지 못하는 상태에 있다.

3 늘이다 / 늘리다

늘이다	본디보다 더 길어지게 하다.
늘리다	물체의 넓이, 부피 따위를 본디보다 커지게 하다.

4 다르다 / 틀리다

다르다	비교가 되는 두 대상이 서로 같지 아니하다.
틀리다	셈이나 사실 따위가 그르게 되거나 어긋나다.

5 달이다 / 다리다

달이다	액체 따위를 끓여서 진하게 만들다.
다리다	옷이나 천 따위의 주름이나 구김을 펴고 줄을 세우기 위하여 다리미나 인두로 문지르다.

6 다치다 / 닫히다

다치다	부딪치거나 맞거나 하여 신체에 상처가 생기다. 또는 상처를 입다.
닫히다	열린 문짝, 뚜껑, 서랍 따위가 제자리로 가 막히다.

7 담다 / 담그다

담다	어떤 물건을 그릇 따위에 넣다.
담그다	1. 액체 속에 넣다. 2. 김치·술·장·젓갈 따위를 만드는 재료를 버무리거나 물을 부어서, 익거나 삭도록 그릇에 넣어 두다.

8 −던지 / −든지

−던지	막연한 의문이 있는 채로 그것을 뒤 절의 사실과 관련시키는 데 쓰는 연결 어미
−든지	나열된 동작이나 상태, 대상들 중에서 어느 것이든 선택될 수 있음을 나타내는 연결 어미

다음 빈칸에 들어갈 알맞은 단어를 문맥에 맞게 쓰시오.

01
- 강의 (   )가 넓어서 건너는 데 오래 걸렸다.
- 책상 (   )만 한 지도를 바닥에 펼쳐 놓았다.

02
- 책상이 (   ) 작아서 불편하다.
- 감기가 (   ) 것 같더니 다시 심해졌다.

03
- 우리는 넓은 평수로 (   ) 이사했다.
- 새로 산 바지가 짧아 바짓단을 (   ) 입었다.

04
- 나는 너와 성격이 (   ).
- 계산이 (   ) 거스름돈을 잘못 주었다.

05
- 간장을 (   ) 게장을 만들었다.
- (   ) 않은 와이셔츠라 온통 구김살이 가 있다.

06
- 무거운 짐을 들다가 허리를 (   ).
- 병뚜껑이 너무 꼭 (   ) 열 수가 없다.

07
- 쌀통에 쌀을 (   ) 보관했다.
- 계곡물에 손을 (   ) 시원하다.

08
- 얼마나 덥(   ) 땀이 계속 났다.
- 집에 가든지 학교에 가(   ) 해라.

헷갈리는 우리말 ❸

1 -대 / -데

-대	'-다고 해'가 줄어든 말 → 남이 말한 내용을 전달함.
-데	과거 어느 때에 직접 경험하여 알게 된 사실을 현재의 말하는 장면에 그대로 옮겨 와서 말함을 나타내는 종결 어미

2 두껍다 / 두텁다

두껍다	두께가 보통의 정도보다 크다.
두텁다	신의, 믿음, 관계, 인정 따위가 굳고 깊다.

3 들어내다 / 드러내다

들어내다	물건을 들어서 밖으로 옮기다.
드러내다	가려 있거나 보이지 않던 것을 보이게 하다.

4 들이다 / 드리다

들이다	밖에서 속이나 안으로 향해 가게 하거나 오게 하다.
드리다	1. '주다'의 높임말 2. 윗사람에게 그 사람을 높여 말이나, 인사, 부탁, 약속, 축하 따위를 하다.

5 들르다 / 들리다

들르다	지나는 길에 잠깐 들어가 머무르다.
들리다	사람이나 동물의 감각 기관을 통해 소리가 알아차려지다.

6 -(으)로서 / -(으)로써

-(으)로서	지위나 신분 또는 자격을 나타내는 격 조사
-(으)로써	1. 어떤 물건의 재료나 원료를 나타내는 격 조사 2. 어떤 일의 수단이나 도구를 나타내는 격 조사 3. 시간을 셈할 때 셈에 넣는 한계를 나타내거나 어떤 일의 기준이 되는 시간임을 나타내는 격 조사

7 마치다 / 맞히다

마치다	어떤 일이나 과정, 절차 따위가 끝나다. 또는 그렇게 하다.
맞히다	문제에 대한 답을 틀리지 않게 하다.

다음 빈칸에 들어갈 알맞은 단어를 문맥에 맞게 쓰시오.

01
· 그가 멀리 이사 간(　　　).
· 고향은 하나도 변하지 않았(　　　).

02
· 날씨가 추워져 (　　　) 이불을 꺼냈다.
· 오랜 친구인 우리는 친분이 (　　　) 사이다.

03
· 방에서 이삿짐을 (　　　).
· 다온이가 하얀 이를 (　　　) 웃는다.

04
· 선생님께 말씀을 (　　　).
· 손님을 가게 안으로 (　　　).

05
· 퇴근하는 길에 편의점에 (　　　) 친구를 만났다.
· 밤새 천둥소리가 (　　　) 아침에는 날이 맑게 개었다.

06
· 쌀(　　　) 떡을 만든다.
· 그것은 학생(　　　) 할 일이 아니다.

07
· 수수께끼의 답을 (　　　) 상품을 드립니다.
· 우리는 수업을 (　　　) 분식집에서 떡볶이를 먹고는 하였다.

헷갈리는 우리말 ❹

1 메다 / 매다

메다	1. 뚫려 있거나 비어 있는 곳이 막히거나 채워지다. 2. 어깨에 걸치거나 올려놓다.
매다	1. 끈이나 줄의 두 끝을 엇걸고 잡아당기어 풀어지지 아니하게 마디를 만들다. 2. 논밭에 난 잡풀을 뽑다.

2 바라다 / 바래다

바라다	생각이나 바람대로 어떤 일이나 상태가 이루어지거나 그렇게 되었으면 하고 생각하다.
바래다	1. 볕이나 습기를 받아 색이 변하다. 2. 가는 사람을 일정한 곳까지 배웅하거나 바라보다.

3 바치다 / 받치다 / 밭치다

바치다	무엇을 위하여 모든 것을 아낌없이 내놓거나 쓰다.
받치다	물건의 밑이나 옆 따위에 다른 물체를 대다.
밭치다	구멍이 뚫린 물건 위에 국수나 야채 따위를 올려 물기를 빼다.

4 반드시 / 반듯이

반드시	틀림없이 꼭
반듯이	작은 물체, 또는 생각이나 행동 따위가 비뚤어지거나 기울거나 굽지 아니하고 바르게

5 벌리다 / 벌이다

벌리다	둘 사이를 넓히거나 멀게 하다.
벌이다	일을 계획하여 시작하거나 펼쳐 놓다.

6 부딪치다 / 부딪히다

부딪치다	무엇과 무엇이 힘 있게 닿거나 마주 대다. 또는 닿거나 대게 하다. → '부딪다'를 강조한 말
부딪히다	무엇과 무엇이 힘 있게 마주 닿게 되거나 마주 대게 되다. 또는 닿거나 대게 되다. → '부딪다'의 피동사

7 부수다 / 부시다

부수다	단단한 물체를 여러 조각이 나게 두드려 깨뜨리다.
부시다	빛이나 색채가 강렬하여 마주 보기가 어려운 상태에 있다.

8 부치다 / 붙이다

부치다	1. 편지나 물건 따위를 일정한 수단이나 방법을 써서 상대에게로 보내다. 2. 번철*이나 프라이팬에 기름을 바르고 빈대떡, 전병 등의 음식을 익혀서 만들다.
붙이다	맞닿아 떨어지지 않게 하다.

다음 빈칸에 들어갈 알맞은 단어를 문맥에 맞게 쓰시오.

01
• 밥을 급히 먹었더니 목이 (   ).
• 맞은편 언덕에는 보리밭을 (   ) 농부들이 있었다.

02
• 나는 진심으로 너의 성공을 (   ).
• 오래 입은 셔츠가 흐릿하게 색이 (   ).

03
• 그는 평생을 과학 연구에 몸을 (   ).
• 점원이 쟁반에 커피를 (   ) 걸어왔다.
• 상추를 찬물에 헹군 후 체에 (   ) 놓았다.

04
• 말과 행동은 (   ) 일치해야 한다.
• 나는 (   ) 몸을 누이고 천장을 향해 누워 있었다.

05
• 그는 대학을 졸업한 후 사업을 (   ).
• 성현이는 피곤했던지 입을 크게 (   ) 하품을 했다.

06
• 그는 문을 나서자마자 손님과 (   ).
• 배가 파도에 쓸려 온 빙산에 (   ) 가라앉았다.

07
• 망치로 돌을 잘게 (   ).
• 눈이 (   ) 눈을 뜰 수가 없다.

08
• 메모지를 벽에 덕지덕지 (   ).
• 주방장이 부엌에서 감자전을 (   ) 있다.

*번철: 전을 부치거나 고기를 볶을 때에 쓰는, 솥뚜껑처럼 생긴 무쇠 그릇

헷갈리는 우리말 ❺

1 살지다 / 살찌다

살지다	1. 살이 많고 튼실하다. 2. 땅이 기름지다. 3. 과실이나 식물의 뿌리 따위에 살이 많다.
살찌다	몸에 살이 필요 이상으로 많아지다.

2 싸이다 / 쌓이다

싸이다	물건이 보이지 않게 씌워져 가려지거나 둘려 말리다.
쌓이다	여러 개의 물건이 겹겹이 포개어 얹어 놓이다.

3 썩이다 / 썩히다

썩이다	걱정이나 근심 따위로 마음이 몹시 괴로운 상태가 되게 만들다.
썩히다	유기물이 부패 세균에 의하여 분해됨으로써 원래의 성질을 잃어 나쁜 냄새가 나고 형체가 뭉개지는 상태가 되게 하다.

4 안치다 / 앉히다

안치다	재료를 솥이나 냄비 따위에 넣고 불 위에 올리다.
앉히다	사람이나 동물이 윗몸을 바로 한 상태에서 엉덩이에 몸무게를 실어 다른 물건이나 바닥에 몸을 올려놓게 하다.

5 여느 / 어느

여느	그 밖의 예사로운. 또는 다른 보통의
어느	둘 이상의 것 가운데 대상이 되는 것이 무엇인지 물을 때 쓰는 말

6 얽히다 / 엉기다 / 엉키다

얽히다	노끈이나 줄 따위가 이리저리 걸리다.
엉기다	점성이 있는 액체나 가루 따위가 한 덩어리가 되면서 굳어지다.
엉키다	실이나 줄 따위가 풀기 힘들 정도로 서로 한데 얽히게 되다.

7 잃어버리다 / 잊어버리다

잃어버리다	가졌던 물건이 자신도 모르게 없어져 그것을 아주 갖지 아니하게 되다.
잊어버리다	1. 한번 알았던 것을 모두 기억하지 못하거나 전혀 기억하여 내지 못하다. 2. 기억하여 두어야 할 것을 한순간 전혀 생각하여 내지 못하다.

8 절이다 / 저리다

절이다	푸성귀나 생선 따위를 소금기나 식초, 설탕 따위에 담가 간이 배어들게 하다.
저리다	뼈마디나 몸의 일부가 오래 눌려서 피가 잘 통하지 못하여 감각이 둔하고 아리다.

🔗 **다음 빈칸에 들어갈 알맞은 단어를 문맥에 맞게 쓰시오.**

01
- 어부는 싱싱하고 (　　　　) 물고기를 많이 낚았다.
- 너무 (　　　　) 행동이 둔해지고 건강에도 해롭다.

02
- 책상 위에 (　　　　) 먼지를 닦았다.
- 도시락은 예쁜 보자기로 (　　　　) 있었다.

03
- 음식을 (　　　　) 거름을 만들다.
- 그녀는 여태껏 부모 속을 (　　　　) 적이 없었다.

04
- 시루에 떡을 (　　　　) 부엌으로 갔다.
- 그는 딸을 앞에 (　　　　) 놓고 잘못을 타일렀다.

05
- 그가 (　　　　) 쪽으로 갔는지 말해 주십시오.
- 오늘은 (　　　　) 때와 달리 잠에서 일찍 깨어났다.

06
- (　　　　) 실타래를 풀다.
- 피가 (　　　　) 않고 출혈이 계속되었다.
- 연줄이 마당의 소나무 가지에 (　　　　) 있었다.

07
- 길에서 (　　　　) 돈을 찾지 못했다.
- 나는 졸업한 지 오래되어서 학교에서 배운 수학 공식을 다 (　　　　).

08
- 오이를 식초에 (　　　　) 오이지를 담갔다.
- 오래 앉아 있었더니 다리가 (　　　　) 아팠다.

헷갈리는 우리말 ❻

1 조리다 / 졸이다

조리다	양념을 한 고기나 생선, 채소 따위를 국물에 넣고 바짝 끓여서 양념이 배어들게 하다.
졸이다	1. 찌개, 국, 한약 따위의 물을 증발시켜 분량을 적어지게 하다. 2. 속을 태우다시피 초조해하다.

2 좇다 / 쫓다

좇다	목표, 이상, 행복 따위를 추구하다.
쫓다	어떤 대상을 잡거나 만나기 위하여 뒤를 급히 따르다.

3 주리다 / 줄이다

주리다	제대로 먹지 못하여 배를 곯다.
줄이다	물체의 길이나 넓이, 부피 따위를 본디보다 작게 하다.

4 지그시 / 지긋이

지그시	1. 슬며시 힘을 주는 모양 2. 조용히 참고 견디는 모양
지긋이	1. 나이가 비교적 많아 듬직하게 2. 참을성 있게 끈지게

5 째 / 채 / 체

째	'그대로', 또는 '전부'의 뜻을 더하는 접미사
채	이미 있는 상태 그대로 있다는 뜻을 나타내는 말
체	그럴듯하게 꾸미는 거짓 태도나 모양

6 한참 / 한창

한참	시간이 상당히 지나는 동안
한창	어떤 일이 가장 활기 있고 왕성하게 일어나는 때. 또는 어떤 상태가 가장 무르익은 때

7 홀몸 / 홑몸

홀몸	배우자나 형제가 없는 사람
홑몸	1. 딸린 사람이 없는 혼자의 몸 2. 아이를 배지 아니한 몸

다음 빈칸에 들어갈 알맞은 단어를 문맥에 맞게 쓰시오.

01
- 월드컵 결승전을 보며 마음을 (   ).
- 멸치를 간장에 (   ) 멸치조림을 만들었다.

02
- 명예보다 부를 (   ) 젊은이가 많다.
- 경찰이 범인을 (   ) 숨 막히는 추격전이 벌어졌다.

03
- 그는 집을 (   ) 이사를 하였다.
- 먹는 모습으로 보아 몹시 배를 (   ) 있었다는 것을 알 수 있었다.

04
- 그녀는 나이가 (   ) 들어 보인다.
- 그는 피곤했는지 눈을 (   ) 감았다.

05
- 잡초를 뿌리(   ) 뽑아 버렸다.
- 오빠는 벽에 기대앉은 (   )로 잠이 들었다.
- 유미는 친구를 모르는 (   )를 하며 고개를 돌렸다.

06
- 요즘 대학가에선 축제가 (   )이다.
- 재민이는 친구를 (   ) 동안 기다렸다.

07
- 그녀는 (   )이 아니라서 장시간의 여행은 무리다.
- 그는 교통사고로 아내를 잃은 (   )으로 자식들을 키웠다.

개념 트레이닝 ZONE

🔗 **다음 뜻의 단어를 찾아 ○표 하고, 빈칸에 알맞게 써 보세요!**

01 지금 바로 (금새 / 금세)
→ 약을 먹었더니 ( ) 효과가 나타났다.

02 움직이지 않거나 아무 말 없이 (가만이 / 가만히)
→ 그녀는 아무 말 없이 ( ) 앉아만 있다.

03 여러모로 깊이 생각하는 모양 (곰곰이 / 곰곰히)
→ 그는 ( ) 해결 방법을 궁리하였다.

04 무게가 일반적이거나 기준이 되는 대상의 것보다 적게 (가벼이 / 가벼히)
→ 옷 몇 가지를 빼서 가방을 ( ) 했다.

05 글이나 그림 따위를 신문이나 잡지 따위에 실음. (개재 / 게재)
→ 그는 지역 신문에 ( )를 하기 위해 글을 썼다.

06 두 눈썹 사이에 잡히는 주름 (눈살 / 눈쌀)
→ 남자의 무례한 행동은 ( )을 저절로 찌푸리게 했다.

07 상대방의 잘못이나 부족한 점을 꼬집어 말하다. (나무라다 / 나무래다)
→ 손자의 잘못을 호되게 ( ).

08 남을 단단히 윽박질러서 혼을 내다. (닥달하다 / 닦달하다)
→ 손님은 직원에게 사장을 불러오라고 ( ).

09 엉클어지거나 흐리지 않고 아주 분명하게 (뚜렷이 / 뚜렷히)
→ 언니는 두 달 전에 있었던 일을 ( ) 기억했다.

10 물건 따위가 드러나거나 보이지 않도록 넓은 천 따위가 얹혀 씌워지다. (덮이다 / 덮히다)
→ 밥상이 보자기로 ( ) 있었다.

11 매 때마다 (번번이 / 번번히)
→ 시간 약속을 ( ) 어기다.

12 소란스럽게 떠드는 모양 (법석 / 법썩)
→ 영화관에서는 유명 배우가 나타나자 갑자기 ( )이 일었다.

13 어떤 일이 이루어지기를 기다리는 간절한 마음 (바람 / 바램)
→ 나의 ( )대로 크리스마스에 눈이 오면 좋겠다.

14 몸가짐이나 언행을 조심하다. (삼가다 / 삼가하다)
→ 선생님 앞에서는 행동을 ( ) 한다.

15 말이나 행동을 선뜻 결정하지 못하고 자꾸 머뭇거리며 망설이다. (서슴거리다 / 서성거리다)
→ ( ) 말고 얼른 대답해라.

16 마음이 가라앉지 아니하고 들떠서 두근거리다. (설레다 / 설레이다)
→ 그녀를 보러 갈 생각에 벌써부터 마음이 ( ).

17 중요한 점을 말하자면 (요컨대 / 요컨데)
→ ( ) 능력이 있어야 성공한다.

18 어찌 된 일. 의외의 뜻을 나타낸다. (왠일 / 웬일)
→ ( )로 그가 제일 먼저 도착했다.

19 마음이 안타깝거나 쓰라리다. (애닯다 / 애달프다)
→ 이산가족의 ( ) 사연이 전해졌다.

20 왜 그런지 모르게. 또는 뚜렷한 이유도 없이 (왠지 / 웬지)
→ 그 말을 듣자 ( ) 불길한 예감이 들었다.

21 어떤 일을 여러 번 하여 서투르지 않은 상태에 있다. (익숙하다 / 엄숙하다)
→ 동생은 ( ) 않은 솜씨로 요리를 했다.

22 마음에 거슬림이 없이 흐뭇하고 기쁘게 (즐거이 / 즐거히)
→ 아이들은 음악 소리에 맞춰 ( ) 춤을 췄다.

23 직물의 찢어진 곳을 그 감의 올을 살려 본디대로 흠집 없이 짜서 깁는 일 (짜깁기 / 짜집기)
→ 바지의 해어진 곳에 ( )를 하다.

24 일을 치러 내는 일 (치다꺼리 / 치닥거리)
→ 잔치 ( )를 하느라 너무 힘들었다.

25 조금만 잘못하였더라면 (하마터면 / 하마트면)
→ 그는 계단을 내려가다 발을 헛딛고 ( ) 넘어질 뻔했다.

26 남을 해치고자 하는 짓 (해꼬지 / 해코지)
→ 불량배들이 ( )를 하려고 달려들었다.

호루라기 관장님의
하드 트레이닝

공부한 날	월	일	요일
맞은 개수			/ 25

No	다음 빈칸에 알맞은 말을 문맥에 맞게 쓰시오.
01	굳다, 곳다 ➡ 비가 연달아 내리는 (　　　) 날씨 때문에 바닥에 바른 시멘트가 (　　　) 않았다.
02	거치다, 걷히다 ➡ 우리가 탄 버스가 고속도로를 달려 수원을 (　　　) 대전에 도착하자 짙었던 안개가 (　　　).
03	늘리다, 늘이다 ➡ 그가 갑자기 체중을 (　　　) 몸집이 두 배로 커지자 결국 (　　　) 티셔츠만 입게 되었다.
04	다르다, 틀리다 ➡ 그는 친구과 (　　　) 답을 적어 냈는데 결국 그의 답이 (　　　) 답이었다.
05	마치다, 맞히다 ➡ 학교를 (　　　) 운동장에서 놀다가, 내가 던진 공이 조각상을 (　　　) 말았다.
06	바라다, 바래다 ➡ 아끼는 책이 오래되어 누렇게 (　　　) 때문에 책이 새로 나오기를 (　　　).
07	부치다, 붙이다 ➡ 파전을 (　　　) 팬에 반죽을 올렸는데 충분히 달구지 않아 반죽이 팬에 (　　　) 버렸다.
08	썩이다, 썩히다 ➡ (　　　) 버리게 되는 식재료 때문에 가게 주인은 속을 (　　　).
09	좇다, 쫓다 ➡ 그는 돈만 (　　　) 어릴 적 (　　　) 꿈을 모두 잃어 버렸다.
10	저리다, 절이다 ➡ 김장할 배추를 소금에 (　　　) 오래 앉아 있었더니 다리가 (　　　).
11	한참, 한창 ➡ 집앞 공원에 진달래가 (　　　)이라 친구와 함께 꽃놀이를 (　　　) 동안 했다.

No	다음 뜻과 초성에 알맞은 단어를 쓰시오.	
12	그 밖의 예사로운. 또는 다른 보통의	ㅇㅅ
13	딸린 사람이 없는 혼자의 몸	ㅎㅁ
14	속을 태우다시피 초조해하다.	ㅈㅇㄷ
15	김치·술·장·젓갈 따위를 만들다.	ㄷㄱㄷ
16	액체 따위를 끓여서 진하게 만들다.	ㄷㅇㄷ
17	겉으로 보고 대강 짐작하여 헤아리다.	ㄱㅈㄷ
18	지나는 길에 잠깐 들어가 머무르다.	ㄷㄹㄷ
19	일을 계획하여 시작하거나 펼쳐 놓다.	ㅂㅇㄷ
20	신의, 믿음, 관계, 인정 따위가 굳고 깊다.	ㄷㅌㄷ
21	재료를 솥이나 냄비 따위에 넣고 불 위에 올리다.	ㅇㅊㄷ
22	실이나 줄 따위가 풀기 힘들 정도로 서로 한데 얽히게 되다.	ㅇㅋㄷ
23	걱정이나 근심 따위로 마음이 몹시 괴로운 상태가 되게 만들다.	ㅆㅇㄷ
24	사물을 어림잡아 헤아리다.	ㄱㄴㅎㄷ
25	앞으로 향하여 가다.	ㄴㅇㄷ

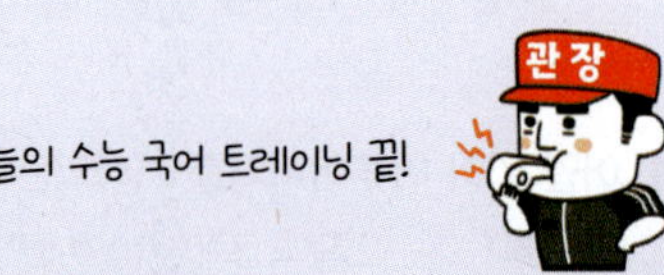
오늘의 수능 국어 트레이닝 끝!

수능 국어를 시작하는 모두의 기본서

2022 개정 교육과정

수능 국어 트레이닝북 GYM

정답과 해설

3 ZONE
3 TEACHER
3 COACHING

문법

이투스북

개념 트레이닝 ZONE   p. 020

01

(1) 일정한 뜻을 가진 가장 작은 말이라서 더 이상 나눌 수 없는 소리 단위를 형태소라고 한다. ○ ⊗
의미 단위

(2) 단어에서 실질적인 의미를 나타내는 중심 부분인 어근은 모두 실질 형태소이다. ◎ ×

(3) 모든 조사, 어간, 어미, 접사는 형식 형태소인 동시에 의존 형태소이다. ○ ⊗
어간은 실질 형태소이자 의존 형태소임.

(4) 복합어는 둘 이상의 어근이나 어근과 접사로 이루어진 단어로 나눌 수 있다. ◎ ×

(5) 어근끼리 결합하여 만들어진 단어가 새로운 뜻을 나타내는 합성어를 종속 합성어라고 한다. ○ ⊗
융합 합성어

02

	(1) 별자리 (2) 주름살 (3) 둘레길 (4) 사랑꾼

(1)	별	자리	(3)	둘레	길
(2)	주름	살	(4)	사랑	꾼

03

하늘에 꽃구름이 끼었다.

어절	하늘에		꽃구름이		끼었다		
단어	하늘	에	꽃구름	이	끼었다		
형태소	하늘	에	꽃	구름	이	끼-	-었-	-다

※ 위의 형태소를 기준에 따라 분석하시오.

자립성 유무	자립	의존	자립	자립	의존	의존	의존	의존
의미의 성격	실질	형식	실질	실질	형식	실질	형식	형식

나는 오늘 일찍 자야겠다.

어절	나는		오늘	일찍	자야겠다		
단어	나	는	오늘	일찍	자야겠다		
형태소	나	는	오늘	일찍	자-	-야	-겠-	-다

※ 위의 형태소를 기준에 따라 분석하시오.

자립성 유무	자립	의존	자립	자립	의존	의존	의존	의존
의미의 성격	실질	형식	실질	실질	실질	형식	형식	형식

04

(1) 먹이	먹-+-이	(6) 지우개	지우-+-개
(2) 웃음	웃-+-음	(7) 새빨갛다	새-+빨갛다
(3) 헛기침	헛-+기침	(8) 햇병아리	햇-+병아리
(4) 낚시질	낚시+-질	(9) 잠꾸러기	잠+-꾸러기
(5) 짓밟다	짓-+밟다	(10) 걱정스럽다	걱정+-스럽다

05

(1) 논밭	논+밭	(대등 합성어) 종속 합성어 융합 합성어
(2) 입방아	입+방아	대등 합성어 종속 합성어 (융합 합성어)
(3) 물걸레	물+걸레	대등 합성어 (종속 합성어) 융합 합성어
(4) 힘쓰다	힘+쓰다	대등 합성어 (종속 합성어) 융합 합성어
(5) 높푸르다	높-+푸르다	(대등 합성어) 종속 합성어 융합 합성어

06

(1) 들끓다	들-+끓다	(접두 파생어) 접미 파생어
(2) 선생님	선생+-님	접두 파생어 (접미 파생어)
(3) 참사랑	참-+사랑	(접두 파생어) 접미 파생어
(4) 새하얗다	새-+하얗다	(접두 파생어) 접미 파생어
(5) 멋쟁이	멋+-쟁이	접두 파생어 (접미 파생어)

07

통사적 합성어	비통사적 합성어
젊은이, 잡아먹다, 큰아버지	굳세다, 뛰놀다, 오르내리다

워밍-UP   p. 021

01 ① ○ ② ○ ③ × ④ ○ ⑤ ○

02 1. 놀이터 2. 집안일 3. 코웃음 4. 울음보 5. 내리막

03 ㉠ – 군기침, 군살 ㉡ – 빛나가다, 빗맞다

　　㉢ – 헛디디다, 헛수고 ㉣ – 수꿩, 숫양

　　㉡과 ㉣ – 새빨갛다, 샛노랗다 ⑤ ㉣

04 1. 돌다리, 하얀색, 잘생기다 2. 덮밥, 높푸르다

01 형태소 분석의 적절성

실력 자랑 형태소 분석의 적절성을 판단해 보세요.

① '비로소'와 '것'은 ㉠에 속한다. ○ ×

② '바라던'의 '바라–'와 '이루자'의 '이루–'는 ㉡에 속한다. ○ ×

③ '기쁨'과 '춤'에는 ㉠에 속하는 형태소만 있다. ○ ⊗

④ '형은'에는 ㉠, ㉢에 속하는 형태소만 있다. ○ ×

⑤ '젖어'와 '추었다'에는 ㉡, ㉢에 속하는 형태소만 있다. ○ ×

정답 코칭

① '비로소'와 '것'은 모두 실질 형태소이자 자립 형태소이므로 ㉠에 속한다.

② '바라던'의 '바라–'와 '이루자'의 '이루–'는 모두 실질 형태소이자 의존

형태소이므로 ⓒ에 속한다.

③ '기쁨'은 실질 형태소이자 의존 형태소인 '기쁘-'와 형식 형태소이자 의존 형태소인 '-ㅁ'이 결합한 것이고, '춤'은 실질 형태소이자 의존 형태소인 '추-'와 형식 형태소이자 의존 형태소인 '-ㅁ'이 결합한 것이다. 따라서 '기쁨'과 '춤'에는 ㉠이 아니라 ⓒ과 ⓒ에 속하는 형태소만 있다.

④ '형은'의 '형'은 실질 형태소이자 자립 형태소이므로 ㉠에 속하고, '-은'은 형식 형태소이자 의존 형태소이므로 ⓒ에 속한다.

⑤ '젖어'는 실질 형태소이자 의존 형태소인 '젖-'과 형식 형태소이자 의존 형태소인 '-어'가 결합한 것이고, '추었다'는 실질 형태소이자 의존 형태소인 '추-'가 형식 형태소이자 의존 형태소인 '-었-', '-다'와 결합한 것이다. 따라서 '젖어'와 '추었다'에는 ⓒ과 ⓒ에 속하는 형태소만 있다.

02 단어의 구조 파악

실력 자랑 다음 단어들의 구조를 파악해 보세요.

집안일 내리막 놀이터 코웃음 울음보	
㉠ 1. (어근＋접미사)＋어근	놀이터
2. (어근＋어근)＋어근	집안일
3. 어근＋(어근＋접미사)	코웃음
4. (어근＋접미사)＋접미사	울음보
5. 어근＋접미사	내리막

정답 코칭

'놀이터'는 어근 '놀이'와 어근 '터'로 나뉘고, '놀이'가 다시 어근 '놀-'과 접미사 '-이'로 나뉘므로 '(어근＋접미사)＋어근'의 구조로 된 합성어이다. '집안일'은 '집안'과 '일'로 나뉘고, '집안'이 다시 '집'과 '안'으로 나뉘므로 '(어근＋어근)＋어근'의 구조로 된 합성어이다. '코웃음'은 '코'와 '웃음'으로 나뉘고, '웃음'이 다시 '웃-'과 '-음'으로 나뉘므로 '어근＋(어근＋접미사)'의 구조로 된 합성어이다. '울음보'는 '울음'과 '-보'로 나뉘고, '울음'이 다시 '울-'과 '-음'으로 나뉘므로 '(어근＋접미사)＋접미사'의 구조로 된 파생어이다. '내리막'은 '내리-'와 '-막'으로 나뉘므로 '어근＋접미사'의 구조로 된 파생어이다.

03 접두사의 형태 이해

실력 자랑 다음 단어들이 ㉠~㉣ 중 어디에 해당하는지 적어 보세요.

군기침, 군살 / 수꿩, 숫양 / 빗나가다, 빗맞다 새빨갛다, 샛노랗다 / 헛디디다, 헛수고	
㉠	군기침, 군살
ⓒ	빗나가다, 빗맞다
ⓒ	헛디디다, 헛수고
㉣	수꿩, 숫양
ⓒ과 ㉣	새빨갛다, 샛노랗다

⑤ ⓒ, ㉣에 모두 해당하는 사례로는 '수꿩, 숫양'이 있다.
　　　　　　→ ㉣에 해당하는 사례

정답 코칭

'수꿩, 숫양'은 주위 환경에 따라 형태가 다른 접두사 '수-/숫-'이 결합하여 만들어진 단어로 ㉣에 해당한다. 그러나 접두사가 결합하는 단어 '꿩'과

'양'이 모두 명사이므로 둘 이상의 품사에 결합하여 새로운 단어를 만든다고 볼 수는 없다.

오답 코칭

㉠ '군기침, 군살'은 접두사 '군-'에 각각 명사 '기침'과 '살'이 결합하여 만들어진 단어이므로 ㉠에 해당한다.

ⓒ '빗나가다, 빗맞다'는 접두사 '빗-'에 각각 동사 '나가다'와 '맞다'가 결합하여 만들어진 단어이므로 ⓒ에 해당한다.

ⓒ '헛디디다, 헛수고'는 접두사 '헛-'이 각각 동사 '디디다'와 명사 '수고'와 결합하여 만들어진 단어이므로 ⓒ에 해당한다.

㉣ '새빨갛다, 샛노랗다'는 주위 환경에 따라 형태가 다른 접두사 '새-/샛-'이 결합하여 만들어진 단어로 ㉣에 해당하고, 접두사와 결합하는 단어 '빨갛다'와 '노랗다'가 형용사이므로 ⓒ에도 해당한다.

04 통사적 합성어와 비통사적 합성어 구분

실력 자랑 〈보기 2〉의 단어들을 ㉠에 해당하는 것과 아닌 것으로 구분해 보세요.

1. ㉠에 해당하는 것	돌다리, 하얀색, 잘생기다
2. ㉠에 해당하지 않는 것	덮밥, 높푸르다

정답 코칭

1. '돌다리'는 명사 '돌'과 명사 '다리', '하얀색'은 용언의 관형사형 '하얀'과 명사 '색', '잘생기다'는 부사 '잘'과 용언 '생기다'가 결합한 말이기 때문에 ㉠ '통사적 합성어'에 해당한다.

2. '덮밥'은 용언의 어간 '덮-'과 명사 '밥', '높푸르다'는 용언의 어간 '높-'과 용언의 어간 '푸르-'가 직접 결합한 말이기 때문에 비통사적 합성어에 해당한다.

펌핑-UP
p. 022

01 ⑤	02 ④	03 ①	04 ②	05 ①
06 ③	07 ③			

01 형태소의 종류 구분
정답 ⑤

정답 코칭

'찾아냈다'의 형태소는 '찾-', '-아', '내-', '-었-', '-다'인데, 어간 '찾-'과 '내-'는 실질 형태소이자 의존 형태소이므로 ⓒ에 속하고, 어미 '-아', '-었-', '-다'는 형식 형태소이자 의존 형태소이므로 ⓒ에 속한다. 그러므로 '찾아냈다'에는 ⓒ과 ⓒ에 속하는 형태소만 있다.

오답 코칭

① '우리'와 '드디어'는 모두 자립 형태소이자 실질 형태소이므로 ㉠에 속한다.

② '비를'의 형태소는 '비'와 '를'로, '길을'의 형태소는 '길'과 '을'로 형태소 단위의 분석을 할 수 있다. '비'와 '길'은 자립 형태소이자 실질 형태소이므로 ㉠에 속하고, '를'과 '을'은 형식 형태소이자 의존 형태소이므로 ⓒ에 속한다. 그러므로 '비를'과 '길을'에는 ㉠과 ⓒ에 속하는 형태소만 있다.

③ '맞고'의 어간 '맞-'은 실질 형태소이자 의존 형태소이므로 ⓒ에 속하고, '맞서다가'의 접두사 '맞-'은 형식 형태소이자 의존 형태소이므로 ⓒ에 속한다.

④ '바람에'의 '바람'은 자립 형태소이자 실질 형태소이므로 ㉠에 속하고,

'에'는 의존 형태소이자 형식 형태소이므로 ⓒ에 속한다. 그러므로 '바람에'에는 ㉠과 ⓒ에 속하는 형태소만 있다.

02 접사의 특징과 기능 파악　　　　정답 ④

정답 코칭

㉣의 파생어 중 '밀치다'의 '-치-'와 '깨뜨리다'의 '-뜨리-'는 '강조'의 뜻을 더하는 접미사로, 주동사에 결합하여 사동사를 만드는 기능을 하지는 않는다. 반면, '살리다'의 '-리-'와 '입히다'의 '-히-'는 사동의 뜻을 더하는 접미사로 주동사에 결합하여 사동사를 만든다.

오답 코칭

① '넓이'는 용언 '넓-'에 접사 '-이'가 결합하여 만들어진 명사, '믿음'은 용언 '믿-'에 접사 '-음'이 결합하여 만들어진 명사, '크기'는 용언 '크-'에 접사 '-기'가 결합하여 만들어진 명사, '지우개'는 용언 '지우-'에 접사 '-개'가 결합하여 만들어진 명사이다. 그러므로 ㉠에서 확인되는 접사의 특징은 용언에 결합하여 명사를 만든다는 것이다.

② '끄덕이다'는 부사 '끄덕'에 접사 '-이다'가 결합하여 만들어진 동사, '출렁대다'는 부사 '출렁'에 접사 '-대다'가 결합하여 만들어진 동사, '반짝거리다'는 부사 '반짝'에 접사 '-거리다'가 결합하여 만들어진 동사이다. 그러므로 ⓒ에서 확인되는 접사의 특징은 부사에 결합하여 동사를 만든다는 것이다.

③ '울보'는 동사 어간 '울-'에 접사 '-보'가 결합하여 만들어진 '걸핏하면 우는 아이'라는 의미의 단어이고, '낚시꾼'은 명사 '낚시'에 접사 '-꾼'이 결합하여 만들어진 '취미로 낚시를 가지고 고기잡이를 하는 사람'이라는 의미의 단어이다. '멋쟁이'는 명사 '멋'에 접사 '-쟁이'가 결합하여 만들어진 '멋있거나 멋을 잘 부리는 사람'이라는 의미의 단어이고, '장난꾸러기'는 명사 '장난'에 접사 '-꾸러기'가 결합하여 만들어진 '장난이 심한 아이, 또는 그런 사람'이라는 의미의 단어이다. 그러므로 ⓒ에서 확인되는 접사의 특성은 사람을 가리키는 의미의 단어를 만든다는 것이다.

⑤ '부채질'은 명사 '부채'에 접사 '-질'이 결합하여 만들어진 명사이고, '풋나물'은 명사 '나물'에 접사 '풋-'이 결합하여 만들어진 명사이고, '휘감다'는 동사 '감다'에 접사 '휘-'가 결합하여 만들어진 동사이고, '빼앗기다'는 동사 '빼앗다'에 접사 '-기-'가 결합하여 만들어진 동사이다. 그러므로 ⑩에서 확인되는 접사의 특성은 어근과 품사가 동일한 단어를 만든다는 것이다.

03 직접 구성 요소 파악　　　　정답 ①

정답 코칭

'울음보'는 ㉠ '첫 번째 단계'에서 어근 '울음'과 접사 '-보'로 분석되고 ⓒ '두 번째 단계'에서 어근 '울-'과 접사 '-(으)ㅁ'으로 분석된다.

오답 코칭

② '헛웃음'은 ㉠에서 접사 '헛-'과 어근 '웃음'으로 분석되고 ⓒ에서 어근 '웃-'과 접사 '-(으)ㅁ'으로 분석된다.

③ '손목뼈'는 ㉠에서 어근 '손목'과 어근 '뼈'로 분석되고 ⓒ에서 어근 '손'과 어근 '목'으로 분석된다.

④ '얼음길'은 ㉠에서 어근 '얼음'과 어근 '길'로 분석되고 ⓒ에서 어근 '얼-'과 접사 '-(으)ㅁ'으로 분석된다.

⑤ '물놀이'는 ㉠에서 어근 '물'과 어근 '놀이'로 분석되고 ⓒ에서 어근 '놀-'과 접사 '-이'로 분석된다.

04 단어의 구조 파악　　　　정답 ②

정답 코칭

'떠넘기면'의 어간은 '떠넘기-'이다. '떠넘기-'는 직접 구성 요소가 어근 '뜨-'와 어근 '넘기-'로 분석된다. 또한 '넘기-'는 어근 '넘-'과 접사 '-기-'로 분석되므로 '떠넘기-'는 3개 이상의 구성 요소로 이루어져 있다.

오답 코칭

① '내리쳤다'의 어간은 '내리-+치-'로 분석된다. 따라서 어간이 어근과 어근으로 분석되며 2개의 구성 요소로 이루어진 경우에 해당된다.

③ '헛돌았다'의 어간은 '헛-+돌-'로 분석된다. 따라서 어간이 접사 '헛-'과 어근 '돌-'으로 분석되며 2개의 구성 요소로 이루어진 경우에 해당된다.

④ '오간다'의 어간은 '오-+가-'로 분석된다. 따라서 어간이 어근과 어근으로 분석되며 2개의 구성 요소로 이루어진 경우에 해당된다.

⑤ '짓밟혀도'의 어간은 '짓밟히-'이다. '짓밟히-'는 직접 구성 요소가 '짓밟-(어근)+-히-(접사)'의 어근과 접사로 분석된다. '짓밟-'은 다시 '짓-(접사)'과 '밟-(어근)'으로 분석되기 때문에 3개 이상의 구성 요소로 이루어진 경우에 해당한다.

05 단어의 형성 원리 파악　　　　정답 ①

정답 코칭

'뛰노는'은 '뛰-+놀-+-는'으로 분석되는데, 용언 '뛰-'와 용언 '놀-'이 연결 어미로 이어지지 않았기 때문에 비통사적 합성어이다.

오답 코칭

② '몰라볼'은 '모르-+-아+보-+-ㄹ'로 분석되는데, 용언 '모르-'와 용언 '보-'가 연결 어미 '-아'로 이어졌으므로 통사적 합성어이다.

③ '타고난'은 '타-+-고+나-+-ㄴ'으로 분석되는데, 용언 '타-'와 용언 '나-'가 연결 어미 '-고'로 이어졌으므로 통사적 합성어이다.

④ '지난달'은 용언의 어간 '지나-'에 관형사형 어미 '-ㄴ'이 결합한 용언의 관형사형 '지난'이 체언인 '달'을 수식하는 통사적 합성어이다.

⑤ '굳은살'은 용언의 어간 '굳-'에 관형사형 어미 '-은'이 결합하여 체언 '살'을 수식하는 통사적 합성어이다.

06 합성어 유형의 이해　　　　정답 ③

정답 코칭

㉠ '이른바'는 동사의 어간 '이르-'에 관형사형 어미 '-ㄴ'이 붙은 '이른'과 의존 명사 '바'가 결합한 합성어이다. 즉 용언의 관형사형과 체언이 결합한 것인데 이러한 방식은 우리말의 일반적인 문장 구성 방식에 맞으므로 '이른바'는 통사적 합성어이다. 이렇게 만들어진 '이른바'의 품사는 부사로, 합성어를 이루는 뒤 어근인 명사 '바'와 품사가 일치하지 않으므로 [B]에 해당한다.

ⓒ '감싸다'는 동사 어간 '감-'에 동사 '싸다'가 결합하여 만들어진 합성어로, 어간과 어간이 연결 어미 없이 이어져 있다. 이러한 결합 방식은 우리말의 일반적인 문장 구성 방식에 맞지 않으므로 '감싼'은 비통사적 합성어이며 [A]에 해당한다.

ⓒ '바로잡다'는 부사 '바로'에 동사 '잡다'가 결합하여 만들어진 합성어로, 어근의 배열이 우리말의 일반적인 문장 구성 방식에 맞는 통사적 합성어이다. 합성어 '바로잡다'는 동사이며, 합성어를 이루는 뒤 어근 '잡다'도 동사이므로 [C]에 해당한다.

ⓔ '건널목'은 동사의 어간 '건너-'에 관형사형 어미 '-ㄹ'이 붙은 '건널'과 명사 '목'이 결합한 합성어이다. '용언의 관형사형+체언'의 결합 방식은 우리말의 일반적인 문장 구성 방식에 맞으며, 만들어진 합성어의 품사는 명사로, 뒤 어근의 품사와 일치하므로 '건널목'은 [C]에 해당한다.

07 복합어의 이해와 적용   정답 ③

정답 코칭

'겹(어근)＋겹(어근)＋-이(접미사)'로 어근 '겹'은 명사이지만 '겹겹이 쌓였다'에서 알 수 있듯이 '겹겹이'는 용언을 수식하는 부사로 품사가 변하였다.

오답 코칭

① '군-(접두사)＋것(어근)＋-질(접미사)'로 어근 '것'은 명사이고, '군것질'도 명사이므로 품사가 변하지 않는다.

② '바늘(어근)＋-질(접미사)'로 어근 '바늘'은 명사이고, '바느질'도 명사이므로 품사가 변하지 않는다.

④ '다듬-(어근)＋-이(접사)'로 어근 '다듬-'은 동사이고, '다듬이'는 명사이다. 어근의 품사는 변하였으나 '어근＋어근＋접사'의 결합이 아니다.

⑤ '헛-(접두사)＋웃-(어근)＋-음(접미사)'으로 어근 '웃-'은 동사이고 '헛웃음'은 명사이므로 품사는 변하였으나 '어근＋어근＋접사'의 결합이 아니다.

 **벌크-UP**   p. 024

01 ③	02 ②

01 합성어 유형의 이해   정답 ③

정답 코칭

㉠ '피땀'은 명사 '피'와 명사 '땀'이 결합한 합성 명사이고, ㉣ '송이송이'는 '송이'라는 명사 두 개가 결합한 합성 부사이므로 두 합성어의 품사는 동일하지 않다.

오답 코칭

① ㉠은 사람이나 동물의 혈액을 의미하는 '피'와 사람이나 동물의 피부에서 분비되는 액체를 의미하는 '땀'이 결합하여 문맥상 '노력과 수고'라는 새로운 의미로 사용된 융합 합성어이다.

② ㉡은 '봄'과 '비'가 결합한 합성 명사이며, 의미상 선행 어근이 후행 어근을 수식하는 종속 합성어이다.

④ ㉡은 대등 합성어이면서 합성 명사이고, ㉢은 종속 합성어이면서 합성 명사이므로 두 합성어의 품사는 동일하다.

⑤ ㉡은 대등 합성어이면서 합성 명사이지만, ㉣은 대등 합성어이면서 합성 부사이므로 두 합성어의 품사는 다르다.

02 통사적 합성어와 비통사적 합성어 구분   정답 ②

정답 코칭

'하루빨리'는 명사 '하루'와 부사 '빨리'가 결합한 비통사적 합성어이므로

㉡에 들어갈 수 없다.

오답 코칭

① '또다시'는 부사 '또'와 부사 '다시'가 결합한 통사적 합성어이므로 ㉠에는 '부사와 부사의 결합'이 들어간다.

③ '첫사랑'은 관형사 '첫'과 명사 '사랑'이 결합한 통사적 합성어이다.

④ '붙잡다'는 용언 '붙다'와 '잡다'의 어간이 연결 어미 없이 직접 결합한 비통사적 합성어이다.

⑤ '굳세다'는 용언 '굳다'와 '세다'의 어간이 연결 어미 없이 직접 결합한 비통사적 합성어이다.

호루라기 관장님의 하드 트레이닝   p. 025

01	형태소	22	볶/음/밥
02	단어	23	이야기/책
03	자립, 의존	24	뛰/놀/다
04	실질, 형식	25	굳/세/다
05	의존, 형식	26	또/다시
06	단어, 자립	27	돌/아/가/다
07	조사	28	덮/밥
08	어근	29	사랑/하/다
09	접사	30	맨/주먹
10	단일어	31	휘/날/리/다
11	복합어	32	덧/버선
12	합성어, 파생어	33	코/흘리/개
13	통사적, 비통사적	34	평화/롭/다
14	접두사, 접미사	35	반짝/거리/다
15	날/고기		
16	높/푸르/다		
17	민/소매		
18	검/붉/다		
19	풋/사과		
20	새/파랗/다		
21	꽃/답/다		

005~007 명사 / 대명사 / 수사

01
(1) 체언은 주로 (어미 / (조사))와 결합하며 형태가 변하지 않는다.
(2) 구체적인 대상의 이름을 나타내는 단어는 ((명사) / 대명사)라고 하고, 이를 대신하여 가리키는 단어는 (명사 / (대명사))라고 한다.
(3) 명사는 일반적인 대상을 나타내는 ((보통) / 고유) 명사와 특정한 하나의 대상을 나타내는 (보통 / (고유)) 명사로 나눌 수 있다.
(4) '누구'는 대상의 이름이나 신분을 모를 때 사용하는 ((미지칭) / 부정칭) 인칭 대명사이다.
(5) 수사는 ((조사) / 어미)와 결합할 수 있으며 혼자서 복수의 의미를 나타낼 수 (있다 / (없다)).

02

이름을 나타내는 말	배, 이순신, 나라
이름을 대신 나타내는 말	우리, 저기, 너, 그것
수량이나 순서를 나타내는 말	셋, 첫째

03

이름을 나타내는 말	지수, 연필
이름을 대신 나타내는 말	나
수량이나 순서를 나타내는 말	하나

04

사용 범위	고유 명사	하준
	보통 명사	동네, 서점, 책, 권, 가격, 반장
자립성 유무	자립 명사	동네, 서점, 책, 가격, 반장, 하준
	의존 명사	권

05

1인칭 대명사	나, 저, 저희
2인칭 대명사	너, 자네, 그대
3인칭 대명사	그, 이분, 이이

06

(1) 저 사람은 **누구**인가?	재귀	부정칭	(미지칭)
(2) 약속 장소에 **아무도** 오지 않았다.	재귀	(부정칭)	미지칭
(3) 재민이는 뭐든지 **자기** 마음대로 한다.	(재귀)	부정칭	미지칭

07

구분	㉠	㉡
명사	처음, 것	문제

대명사	저, 이곳	거기
수사	첫째	하나

08

고유어계 양수사	<u>하나</u>에 <u>넷</u>을 더하면 <u>다섯</u>이다.
↓	
한자어계 양수사	(일)에 (사)를 더하면 (오)이다.
고유어계 서수사	나의 꿈은 <u>첫째</u>도 자유이고, <u>둘째</u>도 자유이다.
↓	
한자어계 서수사	나의 꿈은 (제일)도 자유이고, (제이)도 자유이다.

워밍-UP   p. 030

01   자립 명사의 기능 파악

실력 자랑 밑줄 친 부분이 ㉠에 해당하는지 아닌지 파악해 보세요.

① 이 글에는 여러 <u>군데</u> 잘못이 있다.   ○ (×)
② 앉은자리에서 밥 두 <u>그릇</u>을 다 먹었다.   ○ (×)
③ 시장에서 수박 세 <u>덩어리</u>를 사 가지고 왔다.   ○ (×)
④ 할아버지께서는 밥을 몇 <u>숟가락</u> 겨우 뜨셨다.   ○ (×)
⑤ 나는 서너 <u>발자국</u> 뒤로 물러서다가 냅다 도망쳤다.   (○) ×

정답 코칭

① '군데'는 낱낱의 곳을 세는 단위로, 자립 명사가 아니다. 즉 '군데'는 자립성이 없으며 반드시 수 관형사 '여러'의 수식을 받는 의존 명사이다. 따라서 ㉠에 해당하지 않는다.
② '그릇'은 '그는 음식을 그릇에 담아 먹었다.'에서와 같이 자립 명사로 쓰이기도 하지만 수 관형사 '두' 뒤에 쓰여 밥의 분량을 세는 단위를 나타내기도 한다.
③ '덩어리'는 '덩어리가 생기지 않도록 반죽을 잘 저었다.'와 같이 자립 명사로 쓰이기도 하지만 수 관형사 '세' 뒤에 쓰여 수박을 세는 단위를 나타내기도 한다.
④ '숟가락'은 '숟가락으로 밥을 떴다.'와 같이 자립 명사로 쓰이기도 하지만 수 관형사 '몇' 뒤에 쓰여 밥의 분량을 세는 단위를 나타내기도 한다.

⑤ '발자국'은 '바닥이 발자국으로 더럽혀졌다.'와 같이 자립 명사로 쓰이기
도 하지만 수 관형사 '서너' 뒤에 쓰여 걸음을 세는 단위를 나타내기도
한다.

02 합성어의 직접 구성 성분 분석

 다음 단어들의 직접 구성 성분을 분석해 보세요.

낯설다	낯(명사)＋설다(형용사)
어느새	어느(관형사)＋새(명사)
남다르다	남(명사)＋다르다(형용사)
하루빨리	하루(명사)＋빨리(부사)

정답 코칭

- '낯설다'는 '낯(명사)'과 '설다(형용사)'가 결합하여 맨 끝 구성 성분인 '설
  다'의 품사인 형용사를 따른 것이다.
- '어느새'는 '어느(관형사)'와 '새(명사)'가 결합하여 새로운 품사인 부사가
  된 말이다. 즉 가장 뒤에 오는 어근 '새'의 품사는 명사이지만 합성어의
  품사는 부사이다.
- '남다르다'는 '남(명사)'과 '다르다(형용사)' 중 맨 끝 구성 성분인 '다르다'
  의 품사인 형용사를 따른 것이다.
- '하루빨리'는 '하루(명사)'와 '빨리(부사)' 중 맨 끝 구성 성분인 '빨리'의 품
  사인 부사를 따른 것이다.

03 대명사 사용 방식 이해

 ㉠ ~ ㉤에 대해 파악해 보세요.

㉠	(영희가 말도 없이 책을 가져갔다)는 사실
㉡	(영희 / 민수)
㉢	(특정 대상 / 불특정 대상)
㉣	지시 대상을 알고 있음. (○ / ×)
㉤	(교실)을 가리킴.

① ㉠은 '민수가 화가 많이 난 것'을 간단히 표현하려고 사용한 대명
사이다. ○ ×

② ㉡은 B가 앞서 언급한 '영희'를 도로 나타내기 위해 사용한 대명
사이다. ○ ×

③ ㉢은 화자가 불특정 대상을 가리키기 위해 사용한 대명사이다.
○ ×

④ ㉣은 화자가 지시 대상을 정확히 모르고 있어서 사용한 대명사
이다. ○ ×

⑤ ㉤은 A가 앞서 언급한 '교실'을 가리키기 위해 사용한 대명사이다.
○ ×

정답 코칭

① '그것'은 앞에서 이미 이야기한 대상을 가리키는 지시 대명사로, '영희
가 말도 없이 책을 가져갔다'는 사실을 가리키고 있다.

② '자기'는 앞에서 이미 말하였거나 나온 바 있는 사람을 도로 가리키는 재귀
대명사이다. ㉡은 앞 문장의 영희를 다시 나타내기 위해 사용한 것이다.

③ '아무나'는 어떤 사람을 특별히 정하지 않고 이르는 부정칭 대명사로,

불특정 대상을 가리키기 위해 사용한 것이다.

④ '누구'는 잘 모르는 사람을 가리키는 미지칭 대명사로, 지시 대상이 누
군지 정확히 모르기 때문에 사용한 것이다.

⑤ '거기'는 지시 대명사로, A가 앞서 언급한 '교실'을 가리키기 위해 사용
한 것이다.

펌핑－UP p. 031

01 ③	02 ③	03 ②

01 의존 명사의 이해 정답 ③

정답 코칭

의존 명사 '바'는 선행 요소로 용언의 관형사형과만 결합한다(㉡). 후행 요
소로는 다양한 격 조사와 결합하여 쓰일 수 있고(㉢), 다양한 용언과 결합
하여 쓰일 수도 있다(㉤).

02 대화 맥락의 대상 파악 정답 ③

정답 코칭

ⓑ '우리'는 담화를 나누고 있는 수빈, 나경, 세은 이렇게 3명을 가리킨다.
또한 ⓔ '우리'도 ⓑ와 같이 수빈, 나경, 세은 이렇게 3명 모두를 가리킨다.
따라서 ⓑ와 ⓔ가 가리키는 대상이 같다.

오답 코칭

① ⓐ '우리'는 담화 주체인 나경 혹은 나경과 관련된 대상을 가리키고, ⓑ
'우리'는 담화를 나누고 있는 수빈, 나경, 세은 이렇게 3명을 가리킨다.

② ⓐ '우리'는 담화 주체인 나경 혹은 나경과 관련된 대상을 가리키고, ⓓ
'우리'는 집에 일이 있어서 가지 못하는 수빈을 제외한 나경과 세은 이
렇게 2명을 가리킨다.

④ ⓒ '우리'는 담화 주체인 수빈 혹은 수빈과 관련된 대상을 가리킨다. ⓓ
'우리'는 집에 일이 있어서 가지 못하는 수빈을 제외한 나경과 세은 이
렇게 2명을 가리킨다.

⑤ ⓒ '우리'는 담화 주체인 수빈 혹은 수빈과 관련된 대상을 가리키고, ⓔ
'우리'는 수빈, 나경, 세은 이렇게 3명 모두를 가리킨다.

03 합성 명사의 발음 파악 정답 ②

정답 코칭

'옷깃'은 명사 '옷'과 명사 '깃'이 결합한 합성 명사로, [옫낃]으로 발음되며
둘째 어근의 첫소리 'ㄱ'이 된소리 'ㄲ'으로 바뀌는 현상이 나타난다. 이때
나타나는 현상은 'ㄱ, ㄷ, ㅂ'으로 발음되는 받침 'ㄱ, ㄷ, ㅂ' 뒤에서 'ㄱ, ㄷ,
ㅂ, ㅅ, ㅈ'이 된소리인 [ㄲ, ㄸ, ㅃ, ㅆ, ㅉ]으로 각각 발음되는 된소리되기에
해당하는 것으로, ㉮의 예로 볼 수 없다.

오답 코칭

① '빨랫돌'은 '빨래'와 '돌'이 결합하여 만들어진 합성 명사로, [빨래똘 / 빨랟
똘]로 발음된다. 앞 어근의 끝소리가 울림소리이고 뒤 어근의 첫소리인
안울림 예사소리가 된소리인 'ㄸ'으로 바뀌므로 ㉮의 예로 볼 수 있다.

③ '홑이불'은 발음할 때 'ㄴ'의 첨가가 나타나 [혼니불]로 발음된다. 하지만
'홑이불'은 접사 '홑－'과 명사 '이불'이 결합하여 만들어진 파생 명사이
므로 ㉯의 예로 볼 수 없다.

④ '뱃머리'는 '배'와 '머리'가 결합하여 만들어진 합성 명사로, [밴머리]로 발음된다. 'ㅁ'으로 시작하는 뒤 어근의 앞에서 모음으로 끝난 앞 어근의 끝소리에 'ㄴ'이 첨가되고 있으므로 ④의 예로 볼 수 있다.

⑤ '깻잎'은 '깨'와 '잎'이 결합하여 만들어진 합성 명사로, [깬닙]으로 발음된다. 앞 어근이 모음으로 끝나고 뒤 어근이 'ㅣ'로 시작되는데 앞 어근의 끝소리와 뒤 어근의 첫소리에 모두 'ㄴ'이 첨가되고 있으므로 ④의 예로 볼 수 있다.

💪 벌크-UP   p. 032

01 ①   02 ②

01 의존 명사의 띄어쓰기 파악   정답 ①

정답 코칭

'노력한 만큼 대가를 얻는다.'에서 '만큼'은 관형어 '노력한'의 수식을 받는 의존 명사이므로, 앞말과 띄어 써야 한다.

오답 코칭

② '나도 형 만큼 운동을 잘 할 수 있다.'에서 '만큼'은 체언 '형' 뒤에 붙는 조사이므로 앞말과 붙여 써야 한다.

③ '그 사실을 몰랐던 만큼 충격도 크다.'에서 '만큼'은 관형어 '몰랐던'의 수식을 받는 의존 명사이므로, 앞말과 띄어 써야 한다.

④ '시간이 멈추기를 바랄 만큼 즐거웠다.'에서 '만큼'은 관형어 '바랄'의 수식을 받는 의존 명사이므로 앞말과 띄어 써야 한다.

⑤ '그곳은 내 고향만큼 아름답지는 않다.'에서 '만큼'은 체언 '고향' 뒤에 붙는 조사이므로 앞말과 붙여 써야 한다.

02 의존 명사의 선행어와 후행어 이해   정답 ②

정답 코칭

ㄴ에서 의존 명사 '만'을 수식하는 관형어는 '받을'과 같이 관형사형 어미 '-(으)ㄹ'과만 결합할 수 있으므로 선행어 제약이 있다.

오답 코칭

① ㄱ에서 의존 명사 '바'는 '바를' 외에도 '바가, 바와는'과 같이 목적격 조사 이외에 다른 조사와도 결합할 수 있으므로 후행어 제약이 없다.

③ ㄷ에서 의존 명사 '무렵'은 '무렵에'와 같이 서술격 조사 이외에 다른 조사와도 결합할 수 있으므로 후행어 제약이 없다.

④ ㄹ에서 의존 명사 '리'는 '리가'와 같이 주격 조사와만 결합할 수 있으므로 후행어 제약이 있다.

⑤ ㅁ에서 의존 명사 '채'를 수식하는 관형어는 '산'과 같이 관형사형 어미 '-(으)ㄴ'과만 결합할 수 있으므로 선행어 제약이 있다.

호루라기 관장님의 🥊 하드 트레이닝   p. 033

01 품사	21 것, 나위
02 형태, 기능, 의미	22 지
03 가변어	23 뻔
04 체언	24 대로
05 의미	25 만큼
06 가변어, 불변어	26 1인칭
07 체언	27 2인칭
08 용언	28 1인칭
09 명사	29 3인칭
10 고유, 보통	30 2인칭
11 의존	31 여기
12 추상	32 거기
13 대명사	33 이것
14 지시, 인칭	34 저것, 저기
15 양수사, 서수사	35 넷이, 숲길, 수사, 명사
16 보통 명사, 추상 명사	36 우리, 도서관, 대명사, 명사
17 보통 명사	
18 고유 명사	
19 고유 명사	
20 보통 명사, 추상 명사	

개념 트레이닝 ZONE
p. 037

01

(1) 관형사와 달리 부사는 용언뿐만 아니라 같은 부사나 관형어, 문장 전체를 꾸미기도 한다. 　〇⊗

(2) 관형사와 부사는 모두 문장에서 다른 성분을 수식하는 기능을 하며 대상의 이름을 대신 가리킬 때 사용되기도 한다. 　〇⊗
　　대명사의 기능임.

(3) 부사 중에는 '겨우, 단지, 다만, 오직, 특히'와 같이 체언을 수식하는 역할을 하는 것도 있다. 　〇⊗
　　체언 수식 기능의 부사

(4) 자립성 있는 말 뒤에 붙는 조사는 문장에서 다른 단어들의 관계를 맺어 주기도 한다. 　〇⊗

(5) 조사는 체언 이외에 부사나 용언의 활용형, 문장 뒤에도 붙을 수 있지만, 같은 조사끼리는 결합하지 않는다. 　〇⊗
　　'오늘까지만이라도'와 같이 같은 조사끼리도 결합할 수 있음.

02

(1) 마라톤을 좋아하는 (모든) 사람이 이곳에 다 모였다.

(2) 우리는 정든 (이) 마을을 떠나 낯선 도시로 가게 되었다.

(3) 봄이 되자 (새) 학기가 되었고 신입생이 학교에 들어왔다.

(4) 대학교를 졸업한 언니는 사회를 향해 (한) 걸음 나아갔다.

03

(1)	오늘 새로 산 책은 총 <u>다섯</u> 권이었다.	수 관형사
(2)	<u>이</u> 복숭아는 올해 처음 딴 복숭아다.	지시 관형사
(3)	화가 난 동생은 <u>아무</u> 말도 하지 않았다.	성상 관형사
(4)	새해가 되자 헌 달력을 버리고 <u>새</u> 달력을 샀다.	성상 관형사
(5)	우리는 사람이 많은 <u>그</u> 거리에서 만나기로 했다.	지시 관형사

04

(1)	(모든)친구들이 나의 생일을 축하했다.	관형사	친구들
(2)	종이비행기가 생각보다 (멀리)날아갔다.	부사	날아갔다
(3)	개업한 가게에 손님이 (한)명도 안 왔다.	관형사	명
(4)	나는 심장이 (빨리)뛰도록 힘차게 달렸다.	부사	뛰도록
(5)	(그)소원이 이루어지기를 우리는 바랐다.	관형사	소원

05

(1)	나는 <u>오직</u> 공부만 했다.	(성상) 지시 부정 양태 접속
(2)	올 여름에는 비가 <u>자주</u> 왔다.	(성상) 지시 부정 양태 접속
(3)	가지고 온 짐을 <u>그리</u> 보내겠다.	성상 (지시) 부정 양태 접속
(4)	어제 다리를 다쳐서 학교에 <u>못</u> 갔다.	성상 지시 (부정) 양태 접속
(5)	제발 소풍 날 비만 안 왔으면 좋겠다.	성상 지시 부정 (양태) 접속
(6)	<u>과연</u> 그가 범인인지 모두들 궁금했다.	성상 지시 부정 (양태) 접속
(7)	봄이 왔다. <u>그러나</u> 저녁에는 쌀쌀했다.	성상 지시 부정 양태 (접속)
(8)	다시는 그 사람을 <u>안</u> 만나기로 결심했다.	성상 지시 (부정) 양태 접속

06

주격 조사	가, 께서, 이
목적격 조사	을, 를
관형격 조사	의
보격 조사	가
부사격 조사	로, 에게, 에서
서술격 조사	이다
호격 조사	아

07

(1) 형은 어렸을 때(부터) 축구를 잘했다.

(2) 방금 그 말은 정말 멋진 말이었어(요).

(3) 산에는 눈이 내리고, 바다에(는) 비가 내린다.

(4) 공부(만) 하지 말고 휴식도 적절히 취해야 한다.

(5) 고기만 먹지 말고 야채(도) 골고루 먹어야 몸에 좋다.

워밍-UP
p. 038

01 세 / 둘째, 여섯

02 ① 보조사 ② 보조사 ③ 보조사 ④ 보조사 ⑤ 격 조사

03 ① 〇 ② 〇 ③ ✕ ④ 〇 ⑤ 〇

04 ㄱ 부사 ㄴ 문장 ㄷ 체언 ㄹ 관형사 ㅁ 문장 ㅂ 용언

01 수 관형사 구분

실력 자랑 〈보기 2〉에서 수 관형사로만 쓰이는 단어와 아닌 단어를 구분해 보세요.

둘째 세 여섯

수 관형사로만 쓰이는 단어	세
수 관형사로만 쓰이지 않는 단어	둘째, 여섯

정답 코칭

〈보기 2〉에 제시된 단어 중 '둘째', '여섯'은 수 관형사로 쓰이기도 하고, 수사로도 쓰일 수 있는 단어이다. 따라서 수 관형사로만 쓰이는 단어에 해당하는 것은 '세'이다.

02 격 조사와 보조사 구분

실력 자랑 다음 예를 격 조사와 보조사로 나누어 보세요.

① '국수[라도] 먹으렴.'에서의 [라도] 　(격 조사 / (보조사))

② '영어[야] 철수가 도사지.'에서의 [야] 　(격 조사 / (보조사))

③ '그 과자를 먹어[는] 보았다.'에서의 [는] 　(격 조사 / (보조사))

④ '일을 빨리<u>만</u> 하면 안 된다.'에서의 <u>만</u> (격 조사 / (보조사))
⑤ '그는 아이<u>처럼</u> 순진하다.'에서의 <u>처럼</u> ((격 조사) / 보조사)

① '라도'는 체언에 결합하여 '썩 좋은 것은 아니나 그런대로 괜찮음.'의 뜻을 더해 주기 때문에 보조사이다.
② '야'는 체언에 결합하지만 자격을 한정하지 않으며 '영어'를 강조하는 '강조'의 뜻을 더해 주기 때문에 보조사이다.
③ '는'은 연결 어미 '−어'에 결합하여 앞말에 '대조'나 '강조'의 뜻을 더해 주기 때문에 보조사이다.
④ '만'은 '빨리'라는 부사에 결합하여 '강조'의 뜻을 더해 주기 때문에 보조사이다.
⑤ '처럼'은 체언에 결합하여 모양이 비슷하거나 같음을 나타내는 부사격 조사이다.

03 조사의 종류 구분

실력 자랑 다음 밑줄 친 말이 ㉠의 예로 적절하면 ○, 적절하지 않으면 X표 하세요.

① 오직 새소리<u>만</u> 들렸다. ○ⓧ
② 시험<u>까지</u> 한 달도 안 남았다. ○ⓧ
③ 나는 개<u>와</u> 고양이를 좋아한다. ○ⓧ
④ 할아버지께서<u>는</u> 신문을 보셨다. ○ⓧ
⑤ 그는 평생 가족<u>밖에</u> 모르고 살았다. ○ⓧ

① '오직 새소리만 들렸다.'에서 '만'은 '다른 것으로부터 제한하여 어느 것을 한정함.'의 뜻을 더해 주는 보조사이다.
② '시험까지 한 달도 안 남았다.'에서 '도'는 '이미 어떤 것이 포함되고 그 위에 더함.'의 뜻을 더해 주는 보조사이다.
③ 보조사는 앞말에 특별한 뜻을 더해 주는 조사이다. 하지만 '나는 개와 고양이를 좋아한다.'에서 '와'는 '개'와 '고양이'를 같은 자격으로 이어서 하나의 명사구를 형성하는 접속 조사 기능을 하고 있다.
④ '할아버지께서는 신문을 보셨다.'에서 '는'은 '강조'의 뜻을 더해 주는 보조사이다.
⑤ '그는 평생 가족밖에 모르고 살았다.'에서 '밖에'는 '그것 말고는', '그것 이외에는'의 뜻을 더해 주는 보조사이다.

04 부사의 수식 범위 파악

실력 자랑 ㄱ ~ ㅁ의 부사가 수식하는 것을 골라 보세요.

ㄱ 매우	(용언 / 체언 / 관형사 / (부사) / 문장)
ㄴ 설마	(용언 / 체언 / 관형사 / 부사 / (문장))
ㄷ 바로	(용언 / (체언) / 관형사 / 부사 / 문장)
ㄹ 아주	(용언 / 체언 / (관형사) / 부사 / 문장)
ㅁ 과연	(용언 / 체언 / 관형사 / 부사 / (문장))
ㅁ 정말	((용언) / 체언 / 관형사 / 부사 / 문장)

ㄱ '매우'는 뒤에 오는 부사 '빨리'를 수식하고 있다.
ㄴ '설마'는 '나에게 맞는 옷이 없을까?'라는 문장을 수식하고 있다.
ㄷ '바로'는 뒤에 오는 명사인 '옆'을 수식하고 있다.
ㄹ '아주'는 뒤에 오는 관형사 '새'를 수식하고 있다.
ㅁ '과연'은 '그 아이는 재능이 정말 뛰어나군.'이라는 문장을 수식하고 있고, '정말'은 뒤에 오는 형용사 '뛰어나군'을 수식하고 있다.

펌핑-UP
p. 039

01 ⑤	02 ①	03 ③	04 ③

01 관형사의 특징 파악 　　　정답 ⑤

ㄷ의 '새'는 뒤에 오는 '옷'의 상태를 분명하게 해 주는 성상 관형사가 맞지만, ㄴ의 '새로'는 동사 '사다'의 활용형인 '산'을 꾸며 주는 부사이다.

① ㄱ에서 '이'는 뒤에 오는 체언인 명사 '상점'을 지시하여 꾸며 주는 지시 관형사이다.
② ㄱ에서 '헌'은 뒤에 오는 체언인 명사 '물건'의 상태를 분명하게 해 주는 성상 관형사이다.
③ ㄴ의 '다섯'은 주격 조사 '이'와 결합하고 있는 수사이다.
④ ㄱ의 '두'는 뒤에 오는 체언인 의존 명사 '곳'을 수식하고, ㄷ의 '한'은 뒤에 오는 체언인 의존 명사 '벌'을 수식하는 수 관형사이다.

02 수 관형사와 수사의 구별 　　　정답 ①

수 관형사는 의존 명사와 어울리며 띄어쓰기를 한다. 따라서 ㉮ '다섯'과 ㉯ '팔'이 수 관형사이다. 수사는 체언으로 조사와 어울리며 붙여서 쓴다. 따라서 ㉰ '하나(목적격 조사 '를'이 생략됨.)'와 ㉱ '셋째'가 수사이다.

03 품사의 특징 파악 　　　정답 ③

'내가 친구한테 가방을 선물했다.'에서의 '한테'는 어떤 행동이 미치는 대상임을 나타내는 격 조사로, 여기에서는 부사격 조사로 쓰였다.

① '삼촌이 밤에만 글을 썼다.'에서의 '만'은 다른 것으로부터 제한하여 어느 것을 한정함을 나타내는 보조사로 쓰였다.
② '선수들이 오늘은 간식을 먹었다.'에서의 '은'은 어떤 대상이 다른 것과 대조됨을 나타내는 보조사로 쓰였다.
④ '아이들이 유치원에서 악기도 연주한다.'에서의 '도'는 이미 어떤 것이 포함되고 그 위에 더함의 뜻을 나타내는 보조사로 쓰였다.
⑤ '누나가 일기를 책으로까지 만들었다.'에서의 '까지'는 그것이 극단적인 경우임을 나타내는 보조사로 쓰였다.

04 품사의 통용 파악   정답 ③

'식구 모두가 여행을 떠났다.'의 '모두'는 조사 '가'와 결합하여 문장에서 주어의 기능을 하는 체언(명사)이고, '그릇에 담긴 소금을 모두 쏟았다.'의 '모두'는 용언 '쏟았다'를 수식하는 부사이다.

① 수사는 조사와 결합하므로 '일곱이다'의 '일곱'은 서술격 조사 '이다'와 결합한 수사이고 '일곱'은 뒤의 의존 명사 '개'를 수식하는 수 관형사이다.

② '너 커서 무엇이 되고 싶니?'에서 '크다'는 '사람이 자라서 어른이 되다.'라는 뜻을 지닌 동사이고, '가구가 커서 방에 들어 가지 않는다.'의 '크다'는 '사람이나 사물의 외형적 길이, 넓이, 높이, 부피 따위가 보통 정도를 넘다.'라는 뜻의 형용사이다.

④ '법대로'와 '것대로'의 '대로'는 체언(명사) 뒤에 결합하고 있으므로 둘 다 조사이다.

⑤ '같이'는 부사로도 조사로도 쓰이는 품사 통용의 단어이다. '모두 같이 학교에 갑시다.'에서 '같이'는 조사와의 결합 없이 서술어 '갑시다'를 꾸며 주고 있으므로 부사이다. 또 '얼음장같이 차가운 방바닥이 생각난다.'에서의 '같이'는 체언 '얼음장'에 붙어 사용되고 있으므로 부사격 조사로 쓰인 것이다.

벌크-UP   p. 040

01 ①	02 ⑤

01 조사의 종류와 특징 이해   정답 ①

㉠ '그는 보통 인물이 아니다.'에서 조사 '이'는 체언인 '인물'에 붙어 보어가 되게 하는 격 조사이다. 따라서 ㉠의 '이'가 '인물'에 붙어 주어의 자격을 갖게 한다고 볼 수는 없다.

② ㉡ '내일이 무슨 날이니?'에서 '이니'는 서술격 조사 '이다'의 활용형으로, 체언인 '날'에 붙어 서술어의 자격을 갖게 한다.

③ ㉢ '이번에 성적이 많이도 올랐구나!'의 '도'는 놀라움이나 감탄, 실망 따위의 감정을 강조하는 데 쓰이는 보조사로, 부사인 '많이'에 붙어 특별한 의미를 더해 주고 있다.

④ ㉣ '언니가 동생의 간식을 만들고 있다.'의 '의'는 체언인 '동생'에 붙어 뒤에 오는 '간식'을 꾸며 주는 관형어의 자격을 갖게 한다.

⑤ ㉤ '백화점에 가서 구두랑 모자랑 샀어요.'의 '랑'은 '구두'와 '모자'를 같은 자격으로 이어 주는 접속 조사이다.

02 조사의 기능 파악   정답 ⑤

'너는 부산에서 몇 시에 출발할 예정이냐?'의 조사 '에서'는 체언인 '부산' 뒤에 붙어 앞말이 문장에서 부사어임을 나타내는 부사격 조사로 쓰이고 있다. 그러나 '우리 학교에서 올해도 우승을 차지했다.'의 조사 '에서'는 단체를 나타내는 명사인 '학교' 뒤에 붙어 앞말이 문장에서 주어임을 나타

내는 주격 조사로 쓰이고 있다. 따라서 ⑤의 두 문장에 쓰인 조사 '에서'는 형태는 동일하지만 문장에서 서로 다른 기능을 하고 있음을 알 수 있다.

① 두 문장에 쓰인 조사 '가'는 모두 앞말을 강조하는 뜻을 나타내는 보조사로 쓰이고 있다.

② 두 문장에 쓰인 조사 '를'은 모두 체언 뒤에 붙어 앞말이 목적어임을 나타내는 목적격 조사로 쓰이고 있다.

③ 두 문장에 쓰인 조사 '에'는 모두 체언 뒤에 붙어 앞말이 부사어임을 나타내는 부사격 조사로 쓰이고 있다.

④ 두 문장에 쓰인 조사 '과'는 모두 체언 뒤에 붙어 앞말이 부사어임을 나타내는 부사격 조사로 쓰이고 있다.

호루라기 관장님의 하드 트레이닝   p. 041

01 수식언	21 활짝
02 관형사	22 매우, 빨리
03 성상, 지시	23 과연
04 수	24 못
05 부사	25 결코
06 용언	26 내일
07 성분, 문장	27 가장
08 성상	28 의, 은, 이다
09 지시, 부정	29 이
10 양태, 접속	30 는, 에게, 을
11 조사	31 가, 을
12 단어	32 마저, 에
13 격 조사	33 는, 와, 를
14 접속, 보조사	34 까지, 를
15 새	
16 모든	
17 그	
18 온갖	
19 다른	
20 여러	

011~013 감탄사 / 동사 / 형용사

개념 🔥 트레이닝 ZONE　　　　　　p. 045

01

(1) 관계　　(2) 움직임　　(3) 어간, 어미　　(4) 주어, 목적어

(5) 성질, 지시성

02

(1) 제가 하지요, (뭐)

(2) (네) 잘 알겠습니다.

(3) (아) 그렇게 하면 되는구나.

(4) (여보세요) 전화 바뀠습니다.

(5) 그게 말이지, (음) 쉽지 않을 거 같아.

03

		감정 감탄사	의지 감탄사	호응 감탄사
(1)	허허	☑ 감정 감탄사	☐ 의지 감탄사	☐ 호응 감탄사
(2)	에라	☐ 감정 감탄사	☑ 의지 감탄사	☐ 호응 감탄사
(3)	후유	☑ 감정 감탄사	☐ 의지 감탄사	☐ 호응 감탄사
(4)	여보	☐ 감정 감탄사	☐ 의지 감탄사	☑ 호응 감탄사
(5)	그래	☐ 감정 감탄사	☐ 의지 감탄사	☑ 호응 감탄사

04

주어의 움직임이나 작용을 나타냄.	주어의 성질이나 상태를 나타냄.
보고서, 웃었다, 입으니까, 어울리네	그렇게, 반가운

05

(1)	나는 우주에 외계인이 <u>있다</u>고 믿는다.	동사	(형용사)
	앞으로 이틀만 <u>있으면</u> 크리스마스이다.	(동사)	형용사
(2)	나는 머리카락이 잘 <u>기는</u> 편이다.	(동사)	형용사
	답답한 마음에 <u>길게</u> 한숨을 내쉬었다.	동사	(형용사)
(3)	우리는 바빠서 <u>늦은</u> 점심을 먹었다.	동사	(형용사)
	내 친구는 약속 시간에 항상 <u>늦는다</u>.	(동사)	형용사
(4)	시험공부를 하다가 새벽이 <u>밝아</u> 왔다.	(동사)	형용사
	<u>밝은</u> 조명 때문에 눈을 뜨기 힘들었다.	동사	(형용사)
(5)	<u>감사한</u> 말씀이지만 거절하겠습니다.	동사	(형용사)
	나를 도와준 친구에게 무척 <u>감사하고</u> 있다.	(동사)	형용사

06

(1) 잘생겨서　(2) 낡아서　(3) 잘난　(4) 못난　(5) 못생긴

07

(1)	그 마을은 겨울이면 분위기가 너무 <u>삭막했다</u>.	(형)
(2)	하교하는 길에 분식집에 <u>들렀다가</u> 친구를 만났다.	(동)
(3)	놀이동산에서 친구들과 보내는 시간이 <u>즐거웠다</u>.	(형)
(4)	인공지능은 한창 <u>크는</u> 분야라서 지원자가 많다.	(동)
(5)	아버지는 환갑이 지났지만 매우 <u>젊어</u> 보이셨다.	(형)
(6)	활처럼 <u>굽은</u> 산길을 계속해서 걸었다.	(동)
(7)	그 사람은 아주 행복해 보였다. 나도 <u>그렇다</u>.	(형)
(8)	황소들이 끙끙대며 짚단이 <u>실린</u> 수레를 끌었다.	(동)

🏋 워밍-UP　　　　　　　　　　p. 046

01 ⓐ 동사　ⓑ 형용사　ⓒ 동사　ⓓ 동사 / ⑤ ◯

02 ⓛ 체언, 관계언　ⓒ 명사, 부사, 형용사

03 ㉠ 동사　ⓛ 동사　ⓒ 동사　㉣ 동사　㉤ 형용사

04 ① ◯　② ✕　③ ◯　④ ◯　⑤ ◯

01 품사별 활용 양상 파악

실력 자랑 ⓐ~ⓓ의 밑줄 친 단어가 동사인지 형용사인지 구분해 보세요.

ⓐ 씻는다	((동사) / 형용사)
ⓑ 춥구나	(동사 / (형용사))
ⓒ 먹자	((동사) / 형용사)
ⓓ 열어라	((동사) / 형용사)

⑤ ⓔ의 '사람이냐'는 체언에 '이다'가 결합한 말이 활용한 것이다.

◯ ✕

정답 코칭

ⓐ 동사 활용에는 '-는/ㄴ다'라는 어미가 쓰인다. 따라서 '-는다'가 결합하였을 때 자연스러운 '씻는다'는 동사임을 알 수 있다.

ⓑ 형용사의 활용에는 '-구나'가 쓰인다. 따라서 '-구나'가 결합하였을 때 자연스러운 '춥구나'는 형용사임을 알 수 있다.

ⓒ 동사의 어간에는 청유형 어미인 '-자'가 결합할 수 있지만 형용사의 어간에는 결합할 수 없다. 따라서 '-자'라는 청유형 어미가 결합하였을 때 자연스러운 '먹자'는 동사임을 알 수 있다.

ⓓ 형용사 어간에는 명령형 어미 '-아라/-어라'가 붙을 수 없다. '열어라'는 용언의 어간 '열-'에 명령형 어미 '-어라'가 결합된 것이므로 '열어라'는 동사임을 알 수 있다.

ⓔ '사람이냐'는 '사람(명사)+이냐'로 분석할 수 있으며, 이때 '이냐'는 '책이냐?'와 같이 '이다'가 활용한 것이다.

02 품사의 분류

착실한, 이다	ⓐ	가변어
열, 학생	ⓛ	체언
은, 이다		관계언
아홉		수사
학생	ⓒ	명사
매우		부사
착실한		형용사

정답 코칭

ⓛ '기능'을 기준으로 할 때 '열'과 '학생'은 문장에서 주로 주체적 성분을 이루는 단어로, 조사와 결합할 수 있으며 일반적으로 형태의 변화가 없는 체언에 해당한다. '은'은 체언 '아홉'에 붙어서 어떤 대상이 다른 것과 대조됨을 나타내는 보조사이고, '이다'는 주어가 지시하는 대상의 속성이나 부류를 지정하는 뜻을 나타내는 서술격 조사이다. 즉, 보조사와 서술격 조사는 둘 다 체언 뒤에 붙어 문법적 관계를 나타내거나 의미를 추가하는 관계언에 해당한다.

ⓒ '의미'를 기준으로 단어를 9개의 품사로 나눌 때, '학생'은 사물의 이름을 나타내는 명사이다. '매우'는 용언인 '착실한'을 수식하는 부사이며, '착실한'은 주어의 성질이나 상태를 나타내는 형용사이다.

03 동사와 형용사 구분

ⓐ 던졌다	(동사) / 형용사)
ⓛ 밝는다	(동사) / 형용사)
ⓒ 아는	(동사) / 형용사)
ⓔ 입어라	(동사) / 형용사)
ⓜ 건강하자	(동사 / (형용사))

정답 코칭

ⓐ '던졌다'는 대상의 동작을 나타내므로 동사이다.

ⓛ '밝는다'는 기본형 '밝다'에 현재 시제 선어말 어미 '-는-'이 결합한 것이므로 동사이다.

ⓒ '아는'은 기본형 '알다'에 현재 시제 선어말 어미 '-는-'이 결합한 것이므로 동사이다.

ⓔ '입어라'는 기본형 '입다'에 명령형 어미 '-어라'가 결합한 것이므로 동사이다.

ⓜ '건강하자'는 기본형 '건강하다'에 청유형 어미 '자-'가 결합할 수 없어 비문이 된 것이므로 형용사이다.

04 품사의 특징 파악

① ㄱ의 '과연'은 문장 전체를 수식하는 부사이군.　◯Ⓧ

② ㄱ의 '두'는 대상의 수량을 나타내는 수사이군.　◯Ⓧ

③ ㄴ의 '웃었다'는 대상의 동작을 나타내는 동사이군.　◯Ⓧ

④ ㄷ의 '학생'은 대상의 이름을 나타내는 명사이군.　◯Ⓧ

⑤ ㄷ의 '는'은 체언에 붙어 특별한 의미를 더하는 조사이군.
　◯Ⓧ

정답 코칭

① ㄱ의 '과연'은 '두 사람이 만날 수 있을까?'라는 문장 전체를 수식하는 부사이다.

② ㄱ의 '두'는 뒤에 오는 명사 '사람'을 수식하며 '사람'이라는 대상의 수량을 나타내는 관형사이다.

③ ㄴ의 '웃었다'는 대상인 '그'의 동작을 나타내는 동사이다.

④ ㄷ의 '학생'은 듣는 대상인 청자의 이름을 나타내는 명사이다.

⑤ ㄷ의 '는'은 체언 '식사'에 붙어 대조의 의미를 더하는 조사이다.

🏃 펌핑-UP
p. 047

01 ③	02 ②	03 ①	04 ④

01 단어 분류 기준의 이해　　　　정답 ③

정답 코칭

'두'는 관형사로 문장 안에서 체언 '팔'을 수식하는 기능을 하는 단어이지만, '하나'는 수사로 문장 안에서 수식의 기능을 하지 않는다.

오답 코칭

① 조사인 '도'와 '만'은 형태가 변하지 않는 불변어이다.

② 동사인 '이루었다'와 '그린'은 형태가 변하는 가변어이다.

④ 명사인 '나무'와 '꽃'은 사물의 이름을 나타내는 단어이다.

⑤ 형용사인 '넓게'와 '희미하다'는 대상의 상태를 나타내는 단어이다.

02 단어의 품사 파악　　　　정답 ②

정답 코칭

〈보기〉에서는 지시성이라는 공통점 때문에 품사의 구별이 쉽지 않은 관형사, 대명사, 부사의 예를 들고, 이들의 품사를 파악하려면 문장 내에서의 기능을 살펴봐야 한다고 설명하고 있다. ⓐ에서 '이'는 체언인 '사과'를 수식하는 기능을 하므로 ⓐ '관형사'임을 알 수 있다. ⓑ의 '그'도 체언인 '책'을 수식하는 기능을 하므로 ⓐ에 해당한다. 한편 ⓒ '여기'는 주격 조사 '가'가 붙어 문장의 주어 구실을 하므로 ⓛ '대명사'임을 알 수 있다. ⓓ의 '이리'는 서술어인 '오게'를, ⓔ의 '그리'는 서술어인 '보내겠습니다'를 수식하고 있으므로 둘 다 ⓒ '부사'임을 알 수 있다. 따라서 ⓐ에 해당하는 것은 ⓐ, ⓑ이고, ⓛ에 해당하는 것은 ⓒ, ⓒ에 해당하는 것은 ⓓ, ⓔ이다.

03 품사의 이해 및 적용　　　　정답 ①

정답 코칭

ㄱ의 '그곳'은 어떤 처소를 지시하는 대명사가 맞지만 ㄴ의 '그'는 뒤에 오는 체언 '사람'을 수식하는 관형사이다.

오답 코칭

② ㄱ의 '아주'는 뒤에 오는 용언 '쉽다'를 수식하는 부사이고, ㄴ의 '잘'은 뒤에 오는 용언 '잤다'를 수식하는 부사이다.

③ ㄱ의 '구울'의 기본형은 '굽다'로, 어간의 받침 'ㅂ'이 모음으로 시작하는 어미와 결합하면 '오/우'로 바뀌는 'ㅂ' 불규칙 활용을 하는 동사이다. ㄷ의 '지어'는 기본형이 '짓다'로, 어간의 받침 'ㅅ'이 모음으로 시작하는 어미와 결합하면 탈락하는 'ㅅ' 불규칙 활용을 하는 동사이다.

④ ㄱ의 '쉽게'와 ㄷ의 '멋진'은 활용할 수 있고, 명령형 어미 '-아라/-어라'나 청유형 어미 '-자'와 결합할 수 없기 때문에 성질이나 상태를 나타내는 형용사임을 알 수 있다.

⑤ ㄴ의 '가'는 앞에 있는 체언 '자기'가 주어임을 나타내는 주격 조사이고, ㄷ의 '에서'는 앞에 있는 체언 '식당'이 부사어임을 나타내는 부사격 조사이다.

04 품사의 이해 및 적용   정답 ④

정답 코칭

ⓐ에서 조사는 '까지', '는', '을', '도'이며 ⓑ에서 조사는 '께서', '로', '를'이다. 따라서 조사는 ⓐ에 4개, ⓑ에는 3개가 있다.

오답 코칭

① 대명사는 명사를 대신하는 말이기 때문에 대명사 '아무'를 명사로 바꾸고, 보조사는 격을 정하지 않으니까 '도'를 격 조사 '가'로 바꾸어 보면 '아무도'의 자리가 주어임을 알 수 있다.

② '온갖'은 '이런저런 여러 가지의'의 뜻으로 뒤에 오는 체언인 '재료'를 수식하는 수식언(관형사)이다.

③ ⓒ에서 '네'는 윗사람의 부름에 대답하거나 묻는 말에 긍정하여 대답할 때 쓰는 말로 말하는 이의 응답을 나타내는 감탄사이다.

⑤ 가변어는 활용하여 형태가 변하는 말로 동사, 형용사, 서술격 조사 '이다'가 해당된다. ⓐ에서는 동사 '모르고'와 보조 동사 '있다'가 가변어이며, ⓑ에서는 형용사 '곱게'와 동사 '빚으셨다'가 가변어이다. 따라서 ⓐ와 ⓑ에는 가변어가 각각 2개씩 있다.

 **벌크-UP**   p. 048

01 ⑤	02 ④

01 품사의 유형 분류 및 적용   정답 ⑤

정답 코칭

㉠은 명사, ㉡은 동사, ㉢은 수사, ㉣은 조사, ㉤은 관형사를 의미한다. '즐거운'은 '즐겁다'에서 활용한 말로, 사물의 속성이나 상태를 나타낸다. 따라서 '즐거운'은 ㉤ '관형사'가 아닌 형용사에 해당한다.

오답 코칭

① '옛날, 사진, 기억'은 활용하지 않으며 사물의 이름을 나타내는 말로, ㉠ '명사'이다.

② '보니', '떠올랐다'는 각각 '보다', '떠오르다'에서 활용한 말로, 사물의 동작이나 작용을 나타낸다는 점에서 ㉡ '동사'이다.

③ '하나'는 활용하지 않으며 수량이나 순서를 나타내는 말로 ㉢ '수사'이다.

④ '을', '가'는 활용하지 않으며 앞말에 붙어 다른 말의 문법적 관계를 나타내거나 특수한 의미를 덧붙이는 말로 ㉣ '조사'이다.

02 품사의 특징 파악   정답 ④

정답 코칭

'나에게는 돈이 있다.', '돈이 있는 사람'에서 '있다'는 '존재', '소유'와 같이 상태의 의미를 나타내는 형용사로 쓰이고 있으며 '나에게는 돈이 없다.', '돈이 없는 사람'에서 '없다' 역시 형용사로 쓰였다. '있다'와 '없다'는 동사와 형용사로 쓰일 때 모두 관형사형 어미 '-는'이 결합할 수 있으므로 '돈이 있는(없는) 사람'이라는 문장이 성립한다고 해서 '있다(없다)'를 동사로 판단할 수는 없다. '있다'가 동사로 쓰이는 경우는 '한 장소에 머묾.'의 의미를 나타낼 때이다.

오답 코칭

① ⓐ는 형용사 '예쁘다'가 동사 '먹다'와 달리 현재 시제 선어말 어미 '-ㄴ-'과 결합할 수 없음을 보여 준다.

② ⓑ는 형용사 '예쁘다'가 동사 '먹다'와 달리 명령형 어미 '-어라'나 청유형 어미 '-자'와 결합할 수 없음을 보여 준다.

③ ⓒ는 형용사 '예쁘다'가 동사 '먹다'와 달리 의도를 나타내는 연결 어미 '-려고'나 목적을 나타내는 '-러'와 결합할 수 없음을 보여 준다.

⑤ '나무가 크다.', '머리카락이 길다.'에서 '크다', '길다'는 사물의 속성이나 상태를 나타내는 형용사이고, '나무가 쑥쑥 큰다.', '머리카락이 잘 긴다.'에서 '크다', '길다'는 상태의 변화를 나타내는 동사로, 현재 시제 선어말 어미 '-ㄴ-'과 결합할 수 있다.

호루라기 관장님의 하드 트레이닝   p. 049

01 독립언	21 작다
02 감탄사	22 따뜻한
03 불변어	23 아름답게
04 용언	24 많은
05 활용	25 새콤하게
06 어간, 어미	26 느리게
07 움직임	27 착하다
08 자동사, 타동사	28 동
09 시간, 현재	29 동
10 성질	30 형
11 성상, 지시	31 동
12 동사, 형용사	32 동
13 동사, 형용사	33 형
14 타동사	34 동
15 자동사	35 동
16 타동사	36 형
17 자동사	
18 타동사	
19 둥글다	
20 없다고	

개념쑈트레이닝 ZONE　　　　　　　　p. 053

01

(1) 용언 '읽다'가 '읽고, 읽으면, 읽는다, 읽으니'와 같이 용언의 형태
　 가 변하는 것을 '(변용 /활용)'이라고 한다.

(2) '읽-'처럼 형태가 변하지 않는 부분을 (어간/ 어미)(이)라고 하
　 고, '-고, -으면'처럼 형태가 변하는 부분을 (어간 /어미)(이)라
　 고 한다.

(3) 문장의 주체를 주되게 서술하는 용언을 (본용언/ 보조 용언)이
　 라고 하고, 이것의 뜻을 보충하는 역할을 하는 용언을 (본용언 /
　 보조 용언)이라고 한다.

(4) 용언이 활용할 때 어간과 어미가 일정한 형태를 보이는 경우를
　 (규칙/ 불규칙) 활용이라고 한다.

(5) '짓다, 짓고, 지어, 지으니'와 같이 환경에 따라 형태가 달라지고,
　 이를 일정한 규칙으로 설명할 수 없는 경우를 (규칙 /불규칙)
　 활용이라고 한다.

02

(1)	같고	(같)-+-(고)	(6)	보며	(보)-+-(며)
(2)	먹어서	(먹)-+-(어서)	(7)	이어	잇-+-(어)
(3)	입으니	(입)-+-(으니)	(8)	들은	듣-+-(은)
(4)	자거라	(자)-+-(거라)	(9)	갈아서	(갈)-+-(아서)
(5)	예쁘구나	(예쁘)-+-(구나)	(10)	지으니	짓-+-(으니)

03

(1)	침대에 눕-+-어 재미있는 만화를 보았다.	누워
(2)	밥통에서 밥을 푸-+-어 식탁으로 날랐다.	퍼
(3)	우리는 지갑을 줍-+-어 경찰서에 맡겼다.	주워
(4)	전화번호를 부르-+어 줄테니 꼭 전화해라.	불러
(5)	마른 미역이 물에 붇-+-어 양이 많아졌다.	불어
(6)	옥상에 오르-+-아 개기일식을 바라보았다.	올라
(7)	이 다리는 섬과 육지를 잇-+-어 주는 수단이다.	이어
(8)	자정에 이르-+-어서야 피곤한 몸으로 돌아왔다.	이르러서야

04

구분	㉠	㉡	㉢	㉣	㉤
품사	동사	동사	동사	동사	형용사
기본형	가다	사다	오다	놀다	싶다
어말 어미의 종류	연결 어미	연결 어미	연결 어미	연결 어미	종결 어미

05

(1) 지현이는 지금 노래를 듣고 있다.
　　　　　(본)(보)

(2) 빨래가 쨍한 햇빛에 바짝 말라 간다.
　　　　　　　(본)(보)

(3) 우리 가족은 새로 산 쇼파에 앉아 보았다.
　　　　　　　　(본)(보)

(4) 배가 고파서 밥을 남김없이 다 먹어 버렸다.
　　　　　　　　(본)(보)

(5) 나는 생선구이를 먹다가 가시를 발라서 버렸다.
　　　　　　　　(본)(본)

(6) 엄마가 손수건과 실내화를 가방에 넣어 주셨다.
　　　　　　　(본)(보)

06

(1)	떡이 굳어 보였다.	굳다	굳-+-어	규
(2)	축제 준비가 잘 되어 간다.	되다	되-+-어	규
(3)	친구의 고민을 들어 주었다.	듣다	듣-+-어	불
(4)	강물이 마을까지 흘러 왔다.	흐르다	흐르-+-어	불
(5)	친구 집에 잠깐 들러서 놀았다.	들르다	들르-+-어서	규
(6)	열심히 일을 하여 부를 이뤘다.	하다	하-+-어	불
(7)	남산의 소나무는 항상 푸르렀다.	푸르다	푸르-+-었다	불
(8)	결혼식을 치르느라 무척 바빴다.	치르다	치르-+-느라	규

워밍-UP　　　　　　　　　　p. 054

01 ① ✕ ② ✕ ③ ✕ ④ ✕ ⑤ ○
02 ㉢ ㉢ ㉠ ㉡ ㉠ / ㉠, ㉡
03 ① ⓐ ② ⓑ ③ ⓑ ④ ⓑ ⑤ ⓒ
04 ④ ㉠ ⑤ ㉡ ⓒ ㉢ ⑩ ㉣ ⓔ ㉤ / 치우고, ㉡
05 1. 꺼져 갔다 / 꺼져갔다　2. 밀어내 버렸다　3. 덤벼들어 보아라
　　4. 읽어도 보았다　5. 기록해 두었다 / 기록해두었다
06 1. ✕　2. ○　3. ✕　4. ✕　5. ✕

01　어간과 어미의 특징 파악

실력 자랑　용언에 대한 설명의 적절성을 판단해 보세요.

① 용언은 어간의 앞뒤에 어미가 결합한 단어이다. 　　○ⓧ

② 어간은 단독으로 쓰여 하나의 용언을 이룰 수 있다. 　○ⓧ

③ 어미는 용언이 활용할 때 형태가 유지되는 부분이다. 　○ⓧ

④ 어말 어미는 용언이 활용할 때 나타나지 않을 수 있다. 　○ⓧ

⑤ 선어말 어미는 한 용언에 두 개가 동시에 쓰일 수 있다. 　Ⓞⓧ

정답 코칭

① 어미는 어간의 뒤에 결합한다.

② 하나의 용언을 이루기 위해서는 어간이 단독으로 쓰일 수 없고, 어간과
　 어미가 서로 결합하여야 한다.

③ 어미는 용언이 활용할 때 형태가 변하는 부분이다. 용언이 활용할 때
　 형태가 유지되는 부분은 어간이다.

④ 어말 어미는 단어의 끝에 오는 어미로, 용언이 활용할 때 반드시 나타
나야 한다.

⑤ 선어말 어미는 어간과 어말 어미 앞에 오는 어미로, 한 용언에서 서로
다른 선어말 어미 두 개가 동시에 쓰일 수 있다. 예를 들어 '가셨던'에는
높임을 나타내는 선어말 어미인 '-시-'와 과거 시제를 나타내는 선어말
어미인 '-었-'이 결합해 있다.

02 선어말 어미 이해

 다음 예가 ㉠~㉢ 중 어디에 해당하는지 써 보세요.

'그녀는 학교 가는 길을 잘 알았다.'에서 '알았다'		㉡
'여름이 지나고 이제 가을이 왔겠군.'에서 '왔겠군'		㉢
'시골에 계시는 할머니께 편지 를 드렸다.'에서	'계시는'	㉠
	'드렸다'	㉡
'그 사건은 아직 끝난 것이 아니다.'에서 '끝난, 아니다'		㉠

② '시골에 계시는 할머니께 편지를 드렸다.'에서 '계시는', '드렸다'를
모두 ㉡의 예로 들 수 있군.
→ '계시는'을 (㉠)의 예로, '드렸다'를 (㉡)의 예로

'드렸다'는 어간 '드리-'와 선어말 어미 '-었-', 어말 어미 '-다'로 구성되어
있으므로 ㉡의 예로 들 수 있다. 그러나 '계시는'은 어간 '계시-'와 어말 어
미 '-는'으로 구성되어 있으므로 ㉡이 아니라 ㉠의 예로 들 수 있다.

- '알았다'는 어간 '알-', 선어말 어미 '-았-', 어말 어미 '-다'로 구성되어
있으므로 ㉡의 예로 들 수 있다.
- '왔겠군'은 어간 '오-', 선어말 어미 '-았-', 선어말 어미 '-겠-', 어말 어미
'-군'으로 구성되어 있으므로 ㉢의 예로 들 수 있다.
- '끝난'은 어간 '끝나-'와 어말 어미 '-ㄴ'으로 구성되어 있고, '아니다'는
어간 '아니-'와 어말 어미 '-다'로 구성되어 있으므로 모두 ㉠의 예로
들 수 있다.

03 보조 용언의 동작상 파악

 다음 예가 ⓐ~ⓒ 중 어디에 해당하는지 써 보세요.

①
┌ A : 아빠 들어오실 때 형은 뭐 하고 있었니?
└ B : 형은 양치질을 하고 있었어요.
→ (ⓐ)

②
┌ A : 오빠가 너한테 화가 많이 났나 봐.
└ B : 오빠는 지금 날 오해하고 있는 것 같아.
→ (ⓑ)

③
┌ A : 내일이 고모님 생신이라고 하네.
└ B : 아, 나 그거 이미 알고 있어.
→ (ⓑ)

④
┌ A : 너 안경 잃어버렸다며? 괜찮아?
└ B : 눈이 아주 나쁘진 않아서 안경 벗고 있어도 괜찮아.
→ (ⓑ)

⑤
┌ A : 저 중에 신입 사원이 누구야?
└ B : 저기에 있잖아. 넥타이를 매고 있네.
→ (ⓒ)

① '형은 양치질을 하고 있었어요.'는 형이 양치질을 하는 동작이 진행되고
있음을 나타내며, '형은 양치질을 하는 중이었어요.'로 교체하여도 문
장이 자연스럽다. 따라서 ⓐ에 해당하는 예로 적절하다.

② '오빠는 지금 날 오해하고 있는 것 같아.'는 오빠가 나를 오해하는 상태
임을 나타내며, '오빠는 지금 날 오해하는 중인 것 같아.'로 교체하면
부자연스러운 문장이 된다. 따라서 ⓑ에 해당하는 예로 적절하다.

③ '나 그거 이미 알고 있어.'는 내가 이미 알고 있는 상태임을 나타내며,
'나 그거 이미 아는 중이야.'로 교체하면 부자연스러운 문장이 된다. 따
라서 ⓑ에 해당하는 예로 적절하다.

④ '안경 벗고 있어도'는 안경을 벗고 있는 상태의 의미를 지닌다. 즉, 이때
의 '-고 있-'은 '어떤 상태가 지속되고 있음'을 나타내며, '안경 벗고 있
어도'를 '안경 벗고 있는 중이어도'로 교체하면 부자연스러운 문장이
되므로 ⓑ에 해당하는 예로 적절하다.

⑤ '넥타이를 매고 있네.'는 넥타이를 매는 행동이 진행되고 있음을 나타내
기도 하고, 현재 넥타이를 맨 상태임을 나타내기도 한다. 따라서 ⓐ, ⓑ
의 두 가지 의미로 해석할 수 있어 ⓒ에 해당하는 예로 적절하다.

04 본용언과 보조 용언의 연결 이해

 Ⓐ~Ⓔ의 밑줄 친 부분이 ㉠~㉢ 중 어디에 해당하는지 써 보세요.

Ⓐ 던져서 베어 버렸다	㉠
Ⓑ 먹어 치우고 일어났다	㉡
Ⓒ 깨어 있어 행복했다	㉡
Ⓓ 앉아 있게 생겼다	㉢
Ⓔ 먹고 싶게 되었다	㉢

② Ⓑ: '치우고'는 어간 '치우-'에 보조적 연결 어미 '-고'가 결합되어
'일어났다'와 연결된 형태이고 ㉠에 해당한다.
→ Ⓑ: '먹어'는 어간 '먹-'에 보조적 연결 어미 '-어'가 결합되어 '(치우고)'와 연결된 형태
이고 (㉡)에 해당한다.

Ⓑ의 '먹어 치우고 일어났다'는 본용언 '먹어', 보조 용언 '치우고', 본용언
'일어났다'의 순서로 연결된 형태이므로 ㉠이 아닌 ㉡에 해당한다.

① Ⓐ의 '던져서 베어 버렸다'는 본용언 '던져서', 본용언 '베어', 보조 용언
'버렸다'의 순서로 연결된 형태이므로 ㉠에 해당한다.

③ Ⓒ의 '깨어 있어 행복했다'는 본용언 '깨어', 보조 용언 '있어', 본용언 '행
복했다'의 순서로 연결된 형태이므로 ㉡에 해당한다.

④ Ⓓ의 '앉아 있게 생겼다'는 본용언 '앉아', 보조 용언 '있게', 보조 용언
'생겼다'의 순서로 연결된 형태이므로 ㉢에 해당한다.

⑤ Ⓔ의 '먹고 싶게 되었다'는 본용언 '먹고', 보조 용언 '싶게', 보조 용언
'되었다'의 순서로 연결된 형태이므로 ㉢에 해당한다.

05 보조 용언의 띄어쓰기 이해

실력 자랑 학습지를 풀어 보세요.

학습지
*다음은 보조 용언이 쓰인 문장이다. 띄어쓰기에 맞는 표현을 모두 찾아 ○표 하시오.
① 활활 타던 불이 (꺼져 갔다 / 꺼져갔다).
② 의자를 뒤로 (밀어내 버렸다 / 밀어내버렸다).
③ 네가 그 일에 (덤벼들어 보아라 / 덤벼들어보아라).
④ 책을 여러 번 (읽어도 보았다 / 읽어도보았다).
⑤ 공책에 (기록해 두었다 / 기록해두었다).

정답 코칭

① '꺼져 갔다'는 본용언 '꺼지다'와 보조 용언 '가다'의 결합이므로 띄어쓰기와 붙여쓰기 모두 가능하다.

② '밀어내 버렸다'는 본용언 '밀어내다'가 '밀다'＋'내다'의 합성 동사이므로, 보조 용언과 띄어 써야 한다.

③ '덤벼들어 보아라'는 본용언 '덤벼들다'가 '덤비다'＋'들다'의 합성 동사이므로, 보조 용언과 띄어 써야 한다.

④ '읽어도 보았다'는 본용언 '읽어'에 보조사 '도'가 결합되었으므로 띄어 써야 한다.

⑤ '기록해 두었다'는 본용언 '기록하다'와 보조 용언 '두다'의 결합이므로, 띄어쓰기와 붙여쓰기 모두 가능하다.

06 단어의 구조 파악

실력 자랑 다음 단어가 ㉠의 방식으로 형성되었으면 ○, 아니면 ×표 하세요.

1. 꿈꾸다	(○ / ⓧ)
2. 돌아서다	(Ⓞ / ×)
3. 뒤섞다	(○ / ⓧ)
4. 빛나다	(○ / ⓧ)
5. 오르내리다	(○ / ⓧ)

정답 코칭

1. '꿈꾸다'는 체언 '꿈'과 용언 '꾸다'가 직접 결합하여 형성된 합성어이다.

2. ㉠의 방식은 '두 단어의 어간이 연결 어미로 연결되어 형성된 한 단어'로 〈보기〉의 '뛰어가다'처럼 '뛰다'의 어간 '뛰-'에 연결 어미 '-어'가 결합하여 '가다'와 이어진 것이 이에 해당한다. '돌아서다'는 '돌다'의 어간 '돌-'에 연결 어미 '-아'가 결합하여 '서다'와 이어진 합성어로 ㉠과 같은 방식으로 형성된 단어이다.

3. '뒤섞다'는 접두사 '뒤-'와 용언 '섞다'가 결합하여 형성된 파생어이다.

4. '빛나다'는 체언 '빛'과 용언 '나다'가 결합하여 형성된 합성어이다.

5. '오르내리다'는 '오르다'의 어간 '오르-'와 '내리다'가 결합한 것으로, 어간과 어간이 직접 결합해서 형성된 단어이다.

---

01 ④	02 ⑤	03 ③	04 ②	05 ④
06 ②				

01 용언의 불규칙 활용 　　　정답 ④

정답 코칭

'치르다'는 '치르-＋-어 → 치러'로 활용하는데, 여기서 '―'가 탈락하는 것은 모든 활용에 예외 없이 적용되는 현상이므로 규칙 활용에 해당한다. 이와 비교하였을 때 '흐르다'는 '흐르-＋-어 → 흘러'로 활용하는데, 이는 모음 어미 '-어' 앞에서 어간 '흐르-'의 '르'가 'ㄹㄹ' 형태로 변한 것이다. 즉 '흐르다 → 흘러'는 어간이 바뀌는 경우인 ㉠에 해당하는 '르' 불규칙 활용이다.

오답 코칭

① '솟다'가 '솟아, 솟으니'처럼 규칙 활용을 하는 것과 비교해 보면 '낫다'는 '나아, 나으니'로 활용하며 모음 어미 앞에서 어간의 'ㅅ'이 탈락한다. 즉 '낫다 → 나아'는 어간이 바뀌는 경우인 ㉠에 해당하는 'ㅅ' 불규칙 활용이다.

② '얻다'가 '얻어, 얻으니'처럼 규칙 활용을 하는 것과 비교해 보면 '엿듣다'는 '엿들어, 엿들으니'로 활용하며 모음 어미 앞에서 어간의 'ㄷ'이 'ㄹ'로 바뀐다. 즉 '엿듣다 → 엿들어'는 어간이 바뀌는 경우인 ㉠에 해당하는 'ㄷ' 불규칙 활용이다.

③ '먹다'가 '먹어'처럼 규칙 활용을 하는 것과 비교해 보면 '하다'는 '하여'로 활용하며 어간 '하-' 뒤에 어미 '-아' 대신에 '-여'가 붙는다. 즉 '하다 → 하여'는 어미가 바뀌는 경우인 ㉡에 해당하는 '여' 불규칙 활용이다.

⑤ '수놓다'가 '수놓아, 수놓으니'처럼 규칙 활용을 하는 것과 비교해 보면 '파랗다'는 '파래, 파라니'로 활용하며 'ㅎ'으로 끝나는 어간 '파랗-'에 어미 '-아'가 올 때 어간과 어미가 모두 변해 '파래'가 된다. 즉 '파랗다 → 파래'는 어간과 어미가 모두 바뀌는 경우인 ㉢에 해당하는 'ㅎ' 불규칙 활용이다.

02 연결 어미의 의미 파악 　　　정답 ⑤

정답 코칭

'출근할 때, 일부는 버스를 이용하며 일부는 지하철을 이용한다.'의 '-(으)며'는 두 가지 이상의 동작을 나열할 때 쓰는 연결 어미일 뿐, 앞뒤 문장의 동작이 동시에 일어남을 나타내지는 않는다. 또한 '출근할 때, 일부는 버스를 이용하면서 일부는 지하철을 이용한다.'와 같은 문장은 성립하지 않으므로 '-(으)며'를 '-(으)면서'로 바꾸어 쓸 수 없다.

오답 코칭

① '우리는 함께 걸었다.'와 '우리는 희망에 대해 이야기했다.'가 '-(으)며'에 의해 연결된 문장으로, 주어가 '우리는'으로 같다. 또한 '우리는 함께 걸으면서 희망에 대해 이야기했다.'와 같이 '-(으)며'를 '-(으)면서'로 바꾸어 쓸 수 있으며, 이때 '-(으)면서'는 걷는 것과 이야기하는 것이 동시에 일어남을 나타낸다.

② '모두들 음정에 주의하자.'와 '모두들 노래를 제대로 부르자.'가 '-(으)며'에 의해 연결된 문장으로, 주어가 '모두들'로 같다. 또한 '모두들 음정에 주의하면서 노래를 제대로 부르자.'와 같이 '-(으)며'를 '-(으)면서'로

바꾸어 쓸 수 있으며, 이때 '-(으)면서'는 음정에 주의하는 것과 노래를 부르는 것이 동시에 일어남을 나타낸다.
③ '-(으)며'로 연결된 두 문장의 주어가 '아는 사람 하나'가로 같으며, '아는 사람 하나가 미소를 지으면서 내게 다가왔다.'와 같이 '-(으)며'를 '-(으)면서'로 바꾸어 쓸 수 있다. 이때 '-(으)면서'는 미소를 짓는 것과 다가오는 것이 동시에 일어남을 나타낸다.
④ '-(으)며'로 연결된 두 문장의 주어가 '마라톤 선수'가로 같고, '마라톤 선수가 가쁜 숨을 몰아쉬면서 결승선을 통과했다.'와 같이 '-(으)며'를 '-(으)면서'로 바꾸어 쓸 수 있다. 이때 '-(으)면서'는 숨을 몰아쉬는 것과 결승선을 통과하는 것이 동시에 일어남을 나타낸다.

03 선어말 어미와 어말 어미　　　　　정답 ③

'어미'는 용언이 문장에 쓰일 때 형태가 변하는 부분으로, 크게 어말 어미와 선어말 어미로 구분할 수 있다. 선어말 어미는 어말 어미 앞에 나타나는 어미로 높임 선어말 어미('-시-'), 시제 선어말 어미('-는-, -었-, -겠-' 등)가 대표적이다. 하지만 경우에 따라서 선어말 어미는 높임과 시제 이외에 '양태'의 의미를 가지기도 한다. 어말 어미는 문장을 맺어 주는 어미로 종결 어미, 연결 어미, 전성 어미로 구분한다. ⓒ에는 과거 시제 선어말 어미 '-었-'과 주체의 추측을 나타내는 선어말 어미 '-겠-'이 쓰였다. '-겠-'은 미래 시제를 나타내는 것 이외에 추측이나 의지를 드러내기도 하는데, ⓒ의 '-겠-'은 주체의 의지가 아니라 추측을 나타내는 기능을 한다.

① ㉠의 '심었구나'에 사용된 선어말 어미 '-았-/-었-'은 발화시보다 사건시가 앞서는 과거 시제를 나타낸다. 그 외에는 '예쁜 꽃들이 피었구나.'처럼 발화 시점에서 볼 때 완료되어 현재까지 지속되거나 현재에도 영향을 미치는 상황을 나타내거나, '너 이제 잠은 다 잤다.'와 같이 미래의 사건을 이미 정해진 것처럼 말할 때 사용된다. 또한 화자가 자신의 느낌을 표현하는 문장인 감탄문의 경우 감탄형 종결 어미 '-구나', '-군' 등을 사용할 수 있다.
② ㉡의 '청소하는'은 동사 어간 '청소하-'에 관형사형 어미 '-는'이 결합한 것으로, 뒤에 오는 '아이'를 수식한다. 이때 관형사형 어미 '-는'이 현재 시제를 나타내며, 선어말 어미는 쓰이지 않았다.
④ ㉢의 '읽은'은 동사 어간 '읽-'에 관형사 어미 '-은'이 결합한 것으로, 뒤에 오는 '책'을 수식한다. 이때 관형사형 어미 '-은'이 과거 시제를 나타내며 선어말 어미는 쓰이지 않았다.
⑤ '-겠-'은 미래뿐만 아니라 추측이나 의지를 드러내는 의미로도 쓰인다. 또한 둘 이상의 홑문장을 이어 주는 이어진문장은 연결 어미의 종류와 문장의 의미에 따라서 대등하게 연결된 이어진문장과 종속적으로 연결된 이어진문장으로 나눌 수 있다. ㉤은 '주말에 바람은 불겠다.'와 '비는 오지 않을 것이다.'의 두 문장이 대등적 연결 어미 '-지만'으로 이어진문장이다. 이 경우 '주말에 비는 오지 않을 것이지만 바람은 불겠다.'와 같이 선행절과 후행절을 바꾸어도 의미 변화가 없다.

04 보조 용언의 쓰임 파악　　　　　정답 ②

㉡의 보조 용언 '싶다'는 '(동사나 형용사, '이다' 뒤에서 '-을까 싶다' 구성으로 쓰여) 앞말대로 될까 걱정거나 두려워하는 마음이 있음을 나타내는 말'이므로, 화자가 뜻하는 행동을 하고자 하는 의도를 나타내는 것은 아니다. 친구들이 동작을 잊을까 걱정하는 화자의 마음이 나타난다고 볼 수 있다.

① ㉠의 보조 용언 '보다'는 '(동사나 형용사, '이다' 뒤에서 '-은가/는가/나 보다' 구성으로 쓰여) 앞말이 뜻하는 행동이나 상태를 추측거나 어렴풋이 인식하고 있음을 나타내는 말'이므로, '안무를 짠다'는 행동에 대해 추측하고 있음을 나타낸다고 볼 수 있다.
③ ㉢의 보조 용언 '버리다'는 '앞말이 나타내는 행동이 이미 끝났음을 나타내는 말'로, 그 행동이 이루어진 결과, 말하는 이가 아쉬운 감정을 갖게 되었거나 또는 반대로 부담을 덜게 되었음을 나타낼 때 쓰는 보조 용언이다. 그러므로 친구들이 포기하는 행동이 이루어진 결과에 대해 화자가 아쉬운 감정을 갖게 되었음을 나타낸다고 볼 수 있다.
④ ㉣의 보조 용언 '주다'는 '앞 동사의 행위가 다른 사람의 행위에 영향을 미침을 나타내는 말'이므로, 안무 구성이 어려워 포기하는 친구들이 많아 아쉬워하는 '세희'를 위해 안무 고치는 것을 도와주려고 하는 심리적 태도를 나타낸다고 볼 수 있다.
⑤ ㉤의 보조 동사 '하다'는 '(동사나 형용사 뒤에서 '-어야 하다' 구성으로 쓰여) 앞말이 뜻하는 행동을 하거나 앞말이 뜻하는 상태가 되는 것이 필요함을 나타내는 말'이므로, 안무 연습을 오늘까지 마치는 것이 필요함을 나타낸다고 볼 수 있다.

05 연결 어미 '-고'의 쓰임 파악　　　　　정답 ④

ⓐ의 경우 손을 쥔 동작이 이루어진 그대로 지속되는 가운데 팔씨름을 하는 동작이 일어난 경우이므로 ⓒ에 해당하고, ⓑ도 마찬가지로 업은 동작이 이루어진 그대로 지속되는 가운데 병원으로 달려간 동작이 일어난 경우이므로 ⓒ에 해당한다. 그러므로 답은 ④이다. ⓒ는 정직하다는 사실과 성실하다는 사실을 대등하게 벌여 놓는 경우이므로 ㉠에 해당하고, ⓓ는 벌에 쏘인 사실이 다리가 퉁퉁 부은 사실의 계기가 되므로 ㉡에 해당하며, ⓔ는 '그 책은 내가 읽을 책'이라는 사실과 '이 책은 내가 읽은 책'이라는 사실을 대등하게 벌여 놓는 경우이므로 ㉠에 해당한다.

06 용언의 활용 파악　　　　　정답 ②

ⓑ '걸러서'는 '거르-+-어서'의 결합으로 모음으로 시작하는 어미 앞에서 어간 마지막 음절 '르'가 'ㄹㄹ'로 바뀐 것이다. 그러나 '푸르러'는 '푸르-+-어'와 같이 어간과 어미가 결합할 때 어간 말음 '르'가 변한 것이 아니라 어미 '-어'가 '-러'로 바뀐 '러' 불규칙이므로, ⓑ에 적용된 용언 활용의 예로 적절하지 않다.

① ⓐ '담가'는 '담그-+-아'의 결합으로 모음으로 시작하는 어미 앞에서 어간 말음 'ㅡ'가 탈락한 것이다. '예뻐도'도 '예쁘-+-어도'와 같이 어간과 어미가 결합할 때 모음으로 시작하는 어미 앞에서 어간 말음 'ㅡ'가 탈락한 것이므로, ⓐ에 적용된 용언 활용의 예로 적절하다.
③ ⓒ '간'은 '갈-+-(으)ㄴ'의 결합으로 'ㄴ'으로 시작하는 어미 앞에서 어간

말음 'ㄹ'이 탈락한 것이다. '사니'도 '살-+-니'와 같이 어간과 어미가 결합할 때 'ㄴ'으로 시작하는 어미 앞에서 어간 말음 'ㄹ'이 탈락한 것이므로, ⓒ에 적용된 용언 활용의 예로 적절하다.

④ ⓓ '하얬던'은 '하얗-+-았던'의 결합으로 모음으로 시작하는 어미 앞에서 어간 말음 'ㅎ'이 탈락하고 어미 '-았던'의 형태도 바뀐 것이다. '동그래'도 '동그랗-+-아'와 같이 어간과 어미가 결합할 때 모음으로 시작하는 어미 앞에서 어간 말음 'ㅎ'이 탈락하고 어미 '-아'의 형태도 바뀐 것이므로, ⓓ에 적용된 용언 활용의 예로 적절하다.

⑤ ⓔ '저어'는 '젓-+-어'의 결합으로 모음으로 시작하는 어미 앞에서 어간 말음 'ㅅ'이 탈락한 것이다. '그은'도 '긋-+-은'과 같이 어간과 어미가 결합할 때 모음으로 시작하는 어미 앞에서 어간 말음 'ㅅ'이 탈락한 것이므로, ⓔ에 적용된 용언 활용의 예로 적절하다.

벌크-UP　　　　　　　　　　　　　p. 058

01 ⑤	02 ④

01 용언의 활용 이해　　　　　　　정답 ⑤

정답 코칭

'울렸네'는 '울리-(어간)+-었-(과거 시제 선어말 어미)+-네(종결 어미)'로 분석할 수 있으므로, 어간(X)에 선어말 어미(Y)와 어말 어미(Z)가 결합한 것이다. 따라서 ⓒ이 아닌 ⓛ에 속하며, 선어말 어미(Y) '-었-'은 과거 시제를 표현하는 과거 시제 선어말 어미이다.

오답 코칭

① '끝내겠습니다'는 '끝내-(어간)+-겠-(선어말 어미)+-습니다(종결 어미)'로 분석할 수 있으므로, 어간(X)에 선어말 어미(Y)와 어말 어미(Z)가 결합한 것이다. 따라서 ⓛ에 속하며, 이때 어말 어미(Z) '-습니다'는 대화 상대방인 '선생님'을 높이는 기능을 한다.

② '준비하기'는 '준비하-(어간)+-기(명사형 전성 어미)'로 분석할 수 있으므로, 어간(X)에 어말 어미(Z)가 결합한 것이다. 따라서 ⓐ에 속하며, 이때 어말 어미(Z) '-기'는 용언을 명사처럼 기능하게 하는 명사형 전성 어미이다.

③ '들어가신'은 '들어가-(어간)+-시-(선어말 어미)+-ㄴ(어말 어미)'으로 분석할 수 있으므로, 어간(X)에 선어말 어미(Y)와 어말 어미(Z)가 결합한 것이다. 따라서 ⓛ에 속하며, 선어말 어미(Y) '-시-'는 서술어 '들어가다'의 주체인 '선생님'을 높이는 기능을 하는 주체 높임 선어말 어미이다.

④ '계신'은 '계시-(어간)+-ㄴ(관형사형 전성 어미)'으로 분석할 수 있으므로, 어간(X)에 어말 어미(Z)가 결합한 것이다. 따라서 ⓐ에 속하며, 이때 어말 어미(Z) '-ㄴ'은 용언이 뒤의 체언 '선생님'을 꾸며 주는 관형사처럼 기능하게 하는 관형사형 전성 어미이다.

02 연결 어미에 대한 이해　　　　　정답 ④

정답 코칭

㉮의 '-고'는 본용언 '먹-'과 보조 용언 '있다'를 연결해 주는 것이므로 ⓒ '보조적 연결 어미'에 해당한다. ㉯의 '-어'는 앞 문장과 뒤 문장을 원인의 의미 관계로 이어 주는 어미이므로 ⓑ '종속적 연결 어미'에 해당한다. ㉯

의 '-고'는 앞 문장과 뒤 문장을 나열의 의미 관계로 연결해 주는 것이므로 ⓐ '대등적 연결 어미'에 해당한다. ㉱의 '-고'는 앞 문장과 뒤 문장을 배경, 이유의 의미 관계로 연결해 주는 것이므로 ⓑ '종속적 연결 어미'에 해당한다. ㉲의 '-어'는 본용언 '먹-'과 보조 용언 '버리다'를 연결해 주는 것이므로 ⓒ '보조적 연결 어미'에 해당한다. 그러므로 ⓐ에 해당하는 것은 ㉰, ⓑ에 해당하는 것은 ㉯와 ㉱, ⓒ에 해당하는 것은 ㉮와 ㉲이다.

<table>
<tr><td colspan="3">호루라기 관장님의 하드 트레이닝</td><td>p. 059</td></tr>
<tr><td>01</td><td>어간, 어미</td><td>20</td><td>○ 수리해 △ 주셨다</td></tr>
<tr><td>02</td><td>어말, 선어말</td><td>21</td><td>○쉽지 △ 않았다</td></tr>
<tr><td>03</td><td>종결, 연결, 전성</td><td>22</td><td>탈락</td></tr>
<tr><td>04</td><td>평서형, 종류</td><td>23</td><td>교체</td></tr>
<tr><td>05</td><td>종속적</td><td>24</td><td>교체</td></tr>
<tr><td>06</td><td>관형사형</td><td>25</td><td>교체</td></tr>
<tr><td>07</td><td>선어말</td><td>26</td><td>탈락</td></tr>
<tr><td>08</td><td>본용언, 보조 용언</td><td>27</td><td>누워</td></tr>
<tr><td>09</td><td>보조 동사, 보조 형용사</td><td>28</td><td>푸르러</td></tr>
<tr><td>10</td><td>규칙</td><td>29</td><td>더워서</td></tr>
<tr><td>11</td><td>불규칙</td><td>30</td><td>걸으며</td></tr>
<tr><td>12</td><td>푸다</td><td>31</td><td>하여/해</td></tr>
<tr><td>13</td><td>드높/았/다</td><td>32</td><td>들어</td></tr>
<tr><td>14</td><td>치솟/는/다</td><td></td><td></td></tr>
<tr><td>15</td><td>짓밟히/었/다</td><td></td><td></td></tr>
<tr><td>16</td><td>깨트리/었/다</td><td></td><td></td></tr>
<tr><td>17</td><td>○ 앉아 △ 있다</td><td></td><td></td></tr>
<tr><td>18</td><td>○ 가고 △ 싶었다</td><td></td><td></td></tr>
<tr><td>19</td><td>○ 풀어 △ 내었다</td><td></td><td></td></tr>
</table>

개념초 트레이닝 ZONE
p. 064

01

(1) 유의, 유의어	(2) 자질, 공통적	(3) 상의어, 하의어
(4) 동음이의어, 다의어	(5) 중심적, 주변적	

02

(1)	생각	의향	(4)	옥수수	강냉이
(2)	합하다	추가하다	(5)	즐거움	쾌락
(3)	푸르다	새파랗다	(6)	배우다	학습하다

03

	위	아래		쉽다	어렵다
(1)	☐ 정도 ☐ 상보 ☑ 방향		(5)	☑ 정도 ☐ 상보 ☐ 방향	
	할머니	할아버지		참	거짓
(2)	☐ 정도 ☑ 상보 ☐ 방향		(6)	☐ 정도 ☑ 상보 ☐ 방향	
	덥다	춥다		소녀	소년
(3)	☑ 정도 ☐ 상보 ☐ 방향		(7)	☐ 정도 ☑ 상보 ☐ 방향	
	길다	짧다		가다	오다
(4)	☑ 정도 ☐ 상보 ☐ 방향		(8)	☐ 정도 ☐ 상보 ☑ 방향	

04

단어	예문		반의어
뜨다	해가 수평선 위로 뜨고 있다.	⇨	지다
	그녀는 잠이 깨어 눈을 떴다.	⇨	감다
	오리배가 한강 수면에 떠 있었다.	⇨	가라앉다

05

상의어	단어	하의어
식물	(1) 나무	소나무
생물	(2) 동물	포유류
식품	(3) 유제품	요구르트
사물	(4) 가전제품	냉장고

06

(1)	장사꾼의 손에 놀아나 비싼 값을 주고 샀다.	
	☑ 꾀 ☐ 일손 ☐ 관계 ☐ 씀씀이 ☐ 노동력	
(2)	그는 나에게 대화에서 빠져 줄 것을 요청했다.	
	☐ 남다 ☐ 모자라다 ☐ 살이 여위다 ☑ 참여하지 않다	
(3)	좋은 습관이 들면 건강한 생활에 도움이 된다.	
	☐ 많아지다 ☑ 몸에 베다 ☐ 상태가 되다 ☐ 일이 일어나다	

07

(1)	장인이 한 땀 한 땀 정성을 들여 바느질했다.	
	☑ 실을 꿴 바늘로 한 번 뜬 자국을 세는 단위	
	☐ 사람의 피부나 동물의 살가죽에서 나오는 찝질한 액체	
(2)	우산 위에 듣는 빗소리가 듣기 좋았다.	
	☑ 눈물, 빗물 따위의 액체가 방울져 떨어지다.	
	☐ 사람이나 동물이 소리를 감각 기관을 통해 알아차리다.	
(3)	바위 아래에 몇 포기의 난초가 자라고 있었다.	
	☐ 하려던 일을 도중에 그만두어 버림.	
	☑ 뿌리를 단위로 한 초목의 낱개를 세는 단위	
(4)	당선자들은 공약이 공약이 되지 않도록 노력해야 한다.	
	☑ 헛되게 약속한 약속	
	☐ 어떤 일에 대하여 국민에게 실행할 것을 약속한 약속	

워밍-UP
p. 065

01 1. ㉢ 2. ㉤ 3. ㉠ 4. ㉠ 5. ㉢

02 ① ○ ② ○ ③ × ④ ○ ⑤ ○

03 1. ㉠ 2. ㉤ 3. ㉤ 4. ㉠ 5. ㉠ 6. ㉤

04 다의어, 동음이의어, 바르다[2]

01 중심적 의미와 주변적 의미 파악

실력 자랑 다음 밑줄 친 '코'가 ㉠~㉢ 중 어디에 해당하는지 적어 보세요.

1. 묽은 코가 옷에 묻어 휴지로 닦았다.	㉤
2. 어부가 쳐 놓은 어망의 코가 끊어졌다.	㉢
3. 코끼리는 긴 코를 자유자재로 사용한다.	㉠
4. 동생이 갑자기 코를 다쳐서 병원에 갔다.	㉠
5. 어머니께서 목도리를 한 코씩 떠 나가셨다.	㉢

정답 코칭

'묽은 코'에서 '코'는 '콧구멍에서 흘러나오는 액체'를 의미하는 말로, ㉤에 해당하는 예이다. '어망의 코'와 '한 코씩'에서 '코'는 '그물이나 뜨개질한 물건의 눈마다의 매듭'을 의미하는 말로, ㉢에 해당하는 예이다. '긴 코'와 '코를 다쳐서'에서 '코'는 '포유류의 얼굴 중앙에 튀어나온 부분'을 의미하는 말로, ㉠에 해당하는 예이다.

02 방향 반의어의 의미 파악

실력 자랑 밑줄 친 부분이 ㉠, ㉤의 예에 해당하면 ○, 해당하지 않으면 ×표 하세요.

① ㉠: 그가 머리 쓰는 게 너보다 한 수 위다. ○ ×
② ㉠: 이 회사의 기술 수준은 다른 곳에 앞선다. ○ ×
③ ㉤: 이번 행사는 치밀한 계획 아래 진행되었다. ○ ⊗
④ ㉤: 그녀는 남에게 뒤떨어지지 않고자 노력했다. ○ ×
⑤ ㉤: 우리 팀의 승률이 조금씩 뒷걸음질 치고 있다. ○ ×

① '위'는 '신분, 지위, 정도 따위에서 어떠한 것보다 높거나 나은 쪽'이라는 의미로 쓰여 '우월함'의 의미를 가진다.

② '앞서다'는 '발전이나 진급, 중요성 따위의 정도가 남보다 높은 수준에 있거나 빠르다.'라는 의미로 쓰여 '우월함'의 의미를 가진다.

③ '이번 행사는 치밀한 계획 아래 진행되었다.'에서 '아래'는 '조건, 영향 따위가 미치는 범위'라는 의미로 쓰여 '열등함'의 의미를 갖는 경우로 볼 수 없다.

④ '뒤떨어지다'는 '발전 속도가 느려 도달하여야 할 수준이나 기준에 이르지 못하다.'라는 의미로 쓰여 '열등함'의 의미를 가진다.

⑤ '뒷걸음질'은 '본디보다 뒤지거나 뒤떨어짐.'이라는 의미로 쓰여 '열등함'의 의미를 가진다.

03 단어의 의미 파악

 다음 예가 ㉠과 ㉡ 중 어디에 해당하는지 적어 보세요.

1. 창문을 <u>열어</u> 환기를 하자.	㉠
2. 회의를 <u>열어</u> 그를 회장으로 추천하자.	㉡
3. 마음을 굳게 <u>먹고</u> 열심히 연습했다.	㉡
4. 국이 매워서 많이 <u>먹지</u> 못하겠다.	㉠
5. 학교에서 버스정류장까지가 매우 <u>멀었다</u>.	㉠
6. 창밖을 내다보니 동이 트려면 아직도 <u>멀었다</u>.	㉡

1. '열어'는 '닫히거나 잠긴 것을 트거나 벗기다.'라는 중심적 의미로 사용되었다.

2. '열어'는 '모임이나 회의 따위를 시작하다.'라는 주변적 의미로 사용되었다.

3. '먹고'는 '어떤 마음이나 감정을 품다.'라는 주변적 의미로 사용되었다.

4. '먹지'는 '음식을 입을 통해 배 속에 들여보내다.'라는 중심적 의미로 사용되었다.

5. '멀었다'는 '거리가 많이 떨어져 있다.'라는 중심적 의미로 사용되었다.

6. '멀었다'는 '시간적으로 사이가 길거나 오래다.'라는 주변적 의미로 사용되었다.

04 사전 활용하기

 자료에 대한 이해로 적절한 내용을 골라 보세요.

- '바르다¹'과 '바르다²'는 모두 여러 가지 의미가 있는 ((다의어) / 동음이의어)이다.
- '바르다¹'과 '바르다²'는 사전에 각각 다른 표제어로 등재되는 (다의어 / (동음이의어))이다.
- '(바르다²① / (바르다²②))'의 예로 '마음가짐이 바르다.'를 추가할 수 있다.

'바르다¹'과 '바르다²'는 사전에 각각 다른 표제어로 등재되어 있는 동음이의어이며, 각각 여러 의미를 가지는 다의어이다. 한편 '마음가짐이 바르다.'는 '바르다²②'의 용례에 해당한다.

펌핑-UP

01 ①	02 ①	03 ⑤

01 중심적 의미와 주변적 의미의 예 정답 ①

㉠은 '낮다'가 중심적 의미로 쓰인 문장으로, '아래에서 위까지의 높이가 기준이 되는 대상이나 보통 정도에 미치지 못하는 상태에 있다.'라는 의미로 쓰였다. ㉡은 '낮다'가 주변적 의미로 쓰인 문장으로, '품위, 능력, 품질 따위가 바라는 기준보다 못하거나 보통 정도에 미치지 못하는 상태에 있다.'라는 의미로 쓰였다.

② ㉠과 ㉡의 '크다'가 모두 주변적 의미로 쓰인 경우이다. ㉠의 '크다'는 '가능성 따위가 많다.'를 의미하고, ㉡의 '크다'는 '몸이나 마음으로 느끼는 어떤 일의 영향, 충격 따위가 보통 정도를 넘다.'를 의미한다.

③ ㉠과 ㉡의 '넓다'가 모두 중심적 의미인 '너비가 크다.'라는 의미로 쓰인 경우이다.

④ ㉠과 ㉡의 '좁다'가 모두 주변적 의미인 '마음 쓰는 것이 너그럽지 못하다.'라는 의미로 쓰인 경우이다.

⑤ ㉠은 '작다'가 주변적 의미로 쓰인 경우로, '일의 규모, 범위, 정도, 중요성 따위가 비교 대상이나 보통 수준에 미치지 못하다.'라는 의미로 쓰였다. ㉡은 '작다'가 중심적 의미로 쓰인 경우로, '길이, 넓이, 부피 따위가 비교 대상이나 보통보다 덜하다.'라는 의미로 쓰였다.

02 단어의 반의 관계 파악 정답 ①

'누명을 벗다.'에서 '벗다'는 '누명이나 치욕 따위를 씻다.'라는 뜻으로, '사람이 죄나 누명 따위를 가지거나 입게 되다.'라는 뜻인 '쓰다'의 반의어이다. 한편 '배낭을 벗다.'에서 '벗다'는 '메거나 진 배낭이나 가방 따위를 몸에서 내려놓다.'라는 뜻으로, '어깨에 걸치거나 올려놓다.'라는 뜻의 '메다'와 반의어이다. 따라서 (가)에는 '누명을 벗다.', (나)에는 '메다'가 들어가야 한다.

② '안경을 벗다.'에서 '벗다'는 '사람이 자기 몸 또는 몸의 일부에 착용한 물건을 몸에서 떼어 내다.'라는 뜻으로, '얼굴에 어떤 물건을 걸거나 덮어쓰다.'라는 뜻의 '쓰다'와 반의 관계이다. 그러나 '배낭을 벗다.'에서 '벗다'는 '끼다'의 반의어가 아니다.

③ '장갑을 벗다.'에서 '벗다'는 '장갑을 끼다(끼우다).'의 '끼다(끼우다)'와 반의 관계에 있다. 한편 '배낭을 벗다.'에서 '벗다'는 '물건을 몸의 한 부분에 달아매거나 끼워서 지니다.'라는 뜻의 '차다'와 반의 관계에 있다고 할 수 없다. 배낭은 등에 질 수 있도록 만든 가방이기 때문에 '차다'보다는 '메다'로 쓰는 것이 적절하다.

④ '모자를 벗다.'의 '벗다'는 '모자 따위를 머리에 얹어 덮다.'라는 뜻의 '쓰다'와 반의 관계에 있는 것이 맞다. 그러나 '배낭을 벗다.'에서의 '벗다'와 '벽이나 못 따위에 어떤 물체를 떨어지지 않도록 매달아 올려놓다.'라는 뜻의 '걸다'는 반의 관계에 있다고 할 수 없다.

⑤ '허물을 벗다.'에서 '벗다'는 '동물이 껍질, 허물, 털 따위를 갈다.'라는 뜻으로 '쓰다'와 반의 관계에 있다고 할 수 없고, '배낭을 벗다.'에서 '벗다'

도 '아래에 있는 것을 위로 올리다.'라는 뜻의 '들다'와 반의 관계에 있다
고 할 수 없다.

03 단어의 의미 이해   정답 ⑤

정답 코칭

'굵다①'은 '물체의 지름이 보통의 경우를 넘어 길다.'라는 의미이고 '두껍
다①'은 '두께가 보통의 정도보다 크다.'라는 의미이므로, '손가락'을 이야기
할 때는 '두꺼운 손가락'이 아니라 '굵은 손가락'으로 써야 한다.

오답 코칭

① '가늘다', '굵다', '두껍다'는 모두 2개 이상의 서로 관련된 의미를 가지므
로 다의어이다.
② '열차의 기적 소리가 가늘게 들려왔다.'에서 '가늘다'는 '소리의 울림이
보통에 미치지 못하고 약하다.'라는 의미이므로, 이 문장을 '가늘다②'
의 용례로 추가할 수 있다.
③ '그 책은 수요층이 두껍다.'에서 '두껍다'는 '층을 이루는 사물의 높이나
집단의 규모가 보통의 정도보다 크다.'라는 의미이므로, 이 문장을 '두
껍다②'의 용례로 추가할 수 있다.
④ '나뭇가지가 가늘다.'에서 '가늘다'는 '물체의 지름이 보통의 경우에 미
치지 못하고 짧다.'라는 의미이므로, 이 문장을 '가늘다①'의 용례로 볼
수 있다.

벌크-UP   p. 067

01 ⑤	02 ②

01 다의어의 의미 이해   정답 ⑤

정답 코칭

주변 의미는 기존의 의미보다 추상성이 강화되는 경향이 있다고 하였다.
다의어인 '눈'의 중심 의미는 '빛의 자극을 받아 물체를 볼 수 있는 감각
기관'이다. 그런데 '눈이 나빠져서 안경의 도수를 올렸다.'에서 '눈'은 기존의
의미가 확장되어 생긴 주변 의미로, '물체의 존재나 형상을 인식하는 눈의
능력'을 뜻한다. 따라서 기존 의미보다 추상성이 강화되었다고 볼 수 있다.

오답 코칭

① 중심 의미는 일반적으로 주변 의미보다 언어 습득의 시기가 빠르다고
하였다. 따라서 대부분의 아이들은 '별'의 의미 중 주변 의미인 '군인의
계급장'이라는 의미보다 중심 의미인 '천체의 일부'라는 의미를 먼저 배
울 것이다.
② 중심 의미는 일반적으로 주변 의미보다 사용 빈도가 높다고 하였다. 따
라서 '앉다'의 의미 중 중심 의미인 '착석하다'의 의미로 쓰이는 빈도가
주변 의미인 '직위나 자리를 차지하다.'의 의미로 쓰이는 빈도보다 더
높을 것이다.
③ 다의어의 의미들은 서로 관련성을 갖는다고 하였다. '결론에 이르다.'의
'이르다'는 동사로서 '어떤 정도나 범위에 미치다.'라는 의미를, '포기하
기에는 아직 이르다.'에서 '이르다'는 형용사로서 '대중이나 기준을 잡은
때보다 앞서거나 빠르다.'의 의미로 쓰였다. 이 두 단어는 형태는 같으
나 서로 의미의 관련성이 없다는 점에서 중심 의미와 주변 의미의 관
계로 볼 수 없다.

④ 다의어가 주변 의미로 사용될 때 문법적 제약이 나타나기도 한다고 하
였다. '팽이를 돌리다.'에서 '돌다'는 '물체가 일정한 축을 중심으로 원을
그리면서 움직이다.'라는 중심 의미로 사용되었으므로 '팽이를 돌리다.'
는 어법에 맞지만, '침이 생기다.'라는 의미의 '돌다'는 주변 의미로, 사
용될 때 문법적 제약이 나타나므로 '군침을 돌리다.'로 쓰일 수 없다.

02 다의어의 의미 이해   정답 ②

정답 코칭

다의어의 의미들이 서로 대립적 관계를 맺는 경우는 '빚쟁이'와 '금방'이다.
민수의 첫 번째 발화에서 '빚쟁이'는 '남에게 돈을 빌려준 사람을 낮잡아
이르는 말'의 의미로 사용되었고, 영희의 두 번째 발화에서 '빚쟁이'는 '빚
을 진 사람을 낮잡아 이르는 말'의 의미로 사용되었다. '금방'은 '말하고 있
는 시점보다 조금 전에'라는 의미뿐만 아니라 '말하고 있는 시점부터 조금
후에'라는 의미를 가지고 있는데, 영희의 두 번째 발화에서 '금방'은 전자
의 의미로, 민수의 두 번째 발화에서 '금방'은 후자의 의미로 사용되었다.
따라서 '빚쟁이'와 '금방'은 다의어로, 의미들이 서로 대립적인 관계를 맺는
경우라고 할 수 있다. 반면 '뒤'는 영희의 두 번째 발화와 마지막 발화에서
모두 '시간이나 순서상으로 다음이나 나중'의 의미로 쓰였고, '돈'은 영희의
두 번째 발화와 민수의 두 번째 발화에서 모두 '사물의 가치를 나타내며,
상품의 교환을 매개하고, 재산 축적의 대상으로도 사용하는 물건'의 의미
로 쓰였다.

호루라기 관장님의 하드 트레이닝 p. 068

01	중심적	17	상점
02	주변적	18	허기
03	사전적	19	제자
04	함축적	20	없다
05	유의어	21	미혼
06	반의어	22	벗고
07	의미	23	결석
08	상의어, 하의어	24	아이
09	포함	25	ⓛ
10	동음이의어	26	㉠
11	다의 관계	27	ⓛ
12	다의어, 동음이의어		
13	동음이의어, 다의어		
14	ⓛ		
15	㉠		
16	㉠		

021~024 어휘 체계와 양상 / 단어의 의미 변화

개념쏙 트레이닝 ZONE
p. 073

01

(1) ✕	(2) ○	(3) ✕	(4) ✕	(5) ○

02

(1)	반찬 飯饌	고유어	(한자어)	외래어
(2)	비닐 영어 vinyl	고유어	한자어	(외래어)
(3)	감기 感氣	고유어	(한자어)	외래어
(4)	국수	(고유어)	한자어	외래어
(5)	망토 프랑스어 manteau	고유어	한자어	(외래어)
(6)	벌꿀	(고유어)	한자어	외래어
(7)	빵 포르투갈어 pao	고유어	한자어	(외래어)
(8)	양말 洋襪	고유어	(한자어)	외래어

03

(1)	새로 만든 곡에 <u>가사(歌詞)</u>를 붙였다.	노랫말
(2)	회장은 <u>집합(集合)</u> 시간을 안내하였다.	모임
(3)	문제를 해결하려고 <u>지혜(知慧)</u>를 모았다.	슬기
(4)	분단은 우리 <u>민족(民族)</u>에게 시련을 주었다.	겨레
(5)	그는 사람들의 <u>시선(視線)</u>을 피해서 숨었다.	눈길

04

(1)	'제비꽃'을 제주도에서는 '들마꽃'이라고 부른다.	지역
(2)	'피고, 원고, 기소, 재판, 미필적 고의' 등은 법률 분야의 전문어이다.	직업
(3)	한국어 '벼, 쌀, 밥'의 단어에 해당하는 말로 영어에는 'rice'만 있다.	문화
(4)	어릴 때는 '엄마'라고 말하다, 어른이 된 후에는 '어머니'라고 말한다.	연령
(5)	청소년들은 외래어나 속어를 많이 사용하지만, 노인들은 옛말이나 한자어를 많이 사용한다.	세대

05

(1) 한 언어가 산맥이나 하천 등 (지리)적 요인에 따라 분화된 말을 지역 방언이라고 한다.

(2) 전문어는 의미의 (다의성)을 갖거나 지시적 의미 외에 다른 의미를 갖는 경우가 (적다).

(3) (유행어)는 어느 한 시기에 새롭게 만들어져 널리 쓰이는 말이지만, 새말에 비해 지속성이 (짧다).

(4) (은어)는 어떤 집단에서 내부의 (비밀)을 유지하기 위해 다른 사람들이 알아듣지 못하도록 만든 말이다.

06

(1)	'놈'은 원래 사람을 의미했지만, 지금은 사람을 낮잡아 부르는 말임.	축소
(2)	'어리다'는 중세 국어에서는 '어리석다'라는 뜻이었지만 지금은 '나이가 적다'라는 뜻임.	이동
(3)	'짐승'은 본래 '생물 전체'를 뜻하는 불교 용어였으나 지금은 '사람이 아닌 동물'만을 가리킴.	축소
(4)	'바가지'는 원래 박으로 만든 것을 의미했지만, 지금은 플라스틱이나 쇠로 만든 것도 모두 포함함.	확대
(5)	'식구'는 원래 입을 의미했지만, 지금은 한집에서 함께 살면서 끼니를 같이하는 사람의 의미도 포함함.	확대
(6)	중세 국어의 '싁싁하다(씩씩하다)'는 원래 '엄숙하다'는 뜻이었지만 지금은 '굳세고 위엄스럽다'라는 뜻으로 사용됨.	이동

워밍-UP
p. 074

01 4

02 ① ○ ② ○ ③ ✕ ④ ○ ⑤ ○

03 ① ✕ ② ○ ③ ✕ ④ ✕ ⑤ ✕

01 어휘의 양상 이해

실력 자랑 (가)에서 (나)로 명칭이 변한 이유로 가장 적절한 것에 V표 하세요.

1. 언어를 간결하게 사용하고자 했기 때문이다.

2. 특정 집단의 비밀을 유지할 수 있기 때문이다.

3. 대상에 대한 친밀감을 표현할 수 있기 때문이다.

4. 직업의 전문성에 대한 의식이 강화되었기 때문이다. ✓

5. 새로운 표현을 좋아하는 심리가 반영되었기 때문이다.

정답 코칭

'복덕방이'가 '공인중개사'로, '보험모집인'이 '생활설계사'로, '간호원'이 '간호사'로 명칭이 변한 이유는 직업의 전문성에 대한 의식이 강화되었기 때문이다.

02 고유어와 한자어의 특징 이해

실력 자랑 (가)~(다)에 대한 설명의 적절성을 판단해 보세요.

① (가)는 상황에 따라 여러 가지 의미로 사용된다. ○ ✕

② (나)의 의미는 목적어에 의해서 제한적으로 해석된다. ○ ✕

③ (다)의 어휘들끼리는 문장에서 서로 바꿔 쓸 수 있다. ○ ✕

④ (다)는 문장에서 (가)로 바꿔 쓸 수 있다. ○ ✕

⑤ (다)는 (가)에 비해 세분화된 의미를 지닌다. ○ ✕

정답 코칭

① (가)는 상황에 따라 (다)와 같이 여러 가지 의미로 사용된다.

② (나)의 의미는 목적어가 무엇이 오느냐에 따라 (다)와 같은 의미로 제한적으로 해석된다.

③ (다)의 각 어휘들은 그 세분화된 의미가 모두 다르므로 문장에서 서로 바꿔 쓸 수 없다.

④ (다)는 (가)의 세분화된 의미이므로 문장에서 (가)로 바꿔 쓸 수 있다.

⑤ (다)는 (가)의 의미가 세분화된 것이므로 (가)에 비해 세분화된 의미를 지닌다.

03 어휘의 양상 파악

 대화 상황에 드러난 어휘 양상의 적절성을 판단해 보세요.

① 성별에 따라 달리 사용되는 어휘가 나타난다. ○ⓧ

② 특정 세대의 문화가 반영된 어휘가 나타난다. Ⓞ×

③ 지역적으로 격리되면서 달라진 어휘가 나타난다. ○ⓧ

④ 불쾌감을 유발하는 어휘와 이를 대신하는 어휘가 나타난다. ○ⓧ

⑤ 전문적인 일을 효과적으로 수행하기 위한 어휘가 나타난다. ○ⓧ

정답 코칭

어머니와 지영이의 대화에서는 청소년들이 사용하는 어휘인 '생선(생일 선물)', '문상(문화 상품권)'으로 인해 어머니와의 의사소통에 장애가 발생하는 상황이 드러난다. 이는 청소년이라는 특정 세대의 문화가 반영된 어휘로 인해 발생한 것이다.

펌핑-UP
p. 075

01 ③   02 ①

01 어휘적 빈자리의 개념 이해
정답 ①

정답 코칭

지금의 '돼지'가 나타내는 개념과 달리, '예전'의 '도야지'가 나타내는 개념은 '돝의 새끼', 즉 '어린 돼지'이다. 따라서 지금의 '돼지'와 '예전'의 '도야지'가 나타내는 개념은 다르다고 볼 수 있다.

오답 코칭

① '예전'의 '도야지'가 나타내는 개념은 '돝의 새끼', 즉 '어린 돼지'인데, 해당 개념은 지금도 존재하나 다만 해당 개념을 가리키는 고유어 단어가 없을 뿐이다.

② '예전'의 '돝'은 '돼지'를 의미하는 말이므로, '돝의 새끼', 즉 '어린 돼지'를 의미하는 '도야지'의 하의어라고 볼 수 없다.

④ 지금의 '어린 돼지'에 해당하는 어휘로 '예전'에는 '도야지'가 쓰였으므로, '예전'부터 지금의 '어린 돼지'에 해당하는 어휘적 빈자리가 있었다고 할 수 없다.

⑤ '예전'의 '도야지'의 개념인 '어린 돼지'를 나타내기 위한 현대 국어의 고유어 단어는 따로 없다.

02 어휘적 빈자리의 사례 파악
정답 ①

정답 코칭

ㄱ: '두 번째, 세 번째 사이를 구별하여 가리키는 단어가 없'다는 것은 개념

은 존재하지만 실제 단어가 존재하는 않는 경우인 어휘적 빈자리에 해당한다고 할 수 있다. 이를 채우기 위해 '둘째 사위', '셋째 사위'라고 입력한 것은 단어가 아닌 구를 만들어 빈자리를 채우는 것이므로, 이는 지문에서 설명한 '첫 번째 방식'에 해당한다.

ㄴ: '꿩의 새끼를 나타내는 단어'로 고유어 '꺼병이'가 있다는 것은 개념과 단어가 모두 존재하는 경우이므로, 어휘적 빈자리에 해당한다고 할 수 없다.

ㄷ: 행성을 가리키는 어휘 체계는 모두 한자어로 이루어져 있다. 따라서 지문에서 설명한 무지개 색채의 어휘 체계의 경우처럼 체계 중 일부분을 한자어나 외래어를 이용하여 채운 것으로 볼 수 없다. 또한 '금성'의 고유어로 '샛별'과 '개밥바라기'가 있다는 것은 해당 단어의 한자어와 고유어가 각각 존재한다는 것이지, 어휘적 빈자리가 존재하는 경우가 아니다.

호루라기 관장님의 하드 트레이닝
p. 076

01	어휘	20	한자어
02	고유어	21	코주부
03	한자어	22	빈대떡
04	한자어	23	전문어
05	외래어	24	은어
06	교양, 서울말	25	유행어
07	지역, 사회	26	전문어
08	유행어	27	유행어
09	은어	28	은어
10	비밀	29	축소
11	전문어	30	이동
12	전문어	31	이동
13	시간	32	축소
14	외래어	33	이동
15	고유어	34	확장
16	고유어		
17	고유어		
18	한자어		
19	외래어		

개념쏙 트레이닝 ZONE
p. 083

01

(1) 문장은 화자의 생각이나 느낌을 (완수 /(완결))된 형태로 표현하는 단위이다.

(2) 문장 안에서 일정한 ((문법)/ 의미)적 기능을 하는 부분을 문장 성분이라고 한다.

(3) 문장 성분은 문장을 이루는 데 골격이 되는 ((주성분)/ 부속 성분), 다른 것을 꾸미는 ((부속 성분)/ 독립 성분), 다른 문장 성분과 직접적인 관련이 없는 (주성분 /(독립 성분))으로 나뉜다.

(4) 둘 이상의 어절이 '주어–서술어' 관계를 (이루는 /(이루지 않는)) 문법 단위는 구이다.

(5) (구 /(절))은 주어와 서술어를 갖추었으나 독립하여 쓰이지 못하고 다른 문장의 한 성분으로 쓰이는 의미 단위를 뜻한다.

02

(1) (주어)+(목적어)+(서술어)

(2) (주어)+(서술어)+(주어)+(서술어)

(3) (주어)+부사어+(서술어)

(4) (주어)+부사어+(목적어)+(서술어)

(5) (주어)+관형어+(목적어)+(서술어)

(6) 관형어+(주어)+부사어+(서술어)

(7) (주어)+(목적어)+부사어+(서술어)

(8) 부사어+(주어)+(목적어)+(서술어)

03

(1) 어제 낮에는 유난히 (해가) 뜨거웠다.

(2) 맑은 하늘을 보니 괜히 (기분이) 좋아졌다.

(3) (나는) 버스에서 내리자마자 학교로 (뛰어갔다).

(4) 우리 학교 운동장에도 (은행나무가) 노랗게 물들었다.

(5) (나는) 어제 집에 가다가 우연히 좋아하는 (가수를) 만났다.

(6) (유빈이는) 주말에 집에서 좋아하는 (드라마를) 보며 쉬었다.

04

	문장	문장 성분	품사
(1)	<u>지금은</u> 밖에 나가기가 너무 싫다.	주어	명사+조사
(2)	우리 모임은 한라산 <u>등반을</u> 했다.	목적어	명사+조사
(3)	가수가 되려고 서울로 <u>이사를</u> 갔다.	목적어	명사+조사
(4)	인근 병원이 사람들로 <u>북새통이다</u>.	서술어	명사+조사
(5)	비행기가 엄청나게 빨리 <u>날아간다</u>.	서술어	동사

(6)	지나가는 사람들이 <u>우리를</u> 구경했다.	목적어	대명사+조사
(7)	유정란을 깼더니 노른자가 <u>샛노랗다</u>.	서술어	형용사
(8)	<u>이것은</u> 향기가 좋은 화장품이 아니다.	주어	대명사+조사

05

(1) 대상   (2) 고정적이지 않군   (3) 목적어   (4) 을, 를

워밍-UP
p. 084

01 ① ○   ② ○   ③ ○   ④ ×   ⑤ ○

02 1. ×   2. ×   3. ×   4. ×   5. ○

03 1. ㄱ   2. ㄴ   3. ㄴ   4. ㄷ

04 1. ㉠과 ㉡ 모두 충족   2. ㉠만 충족   3. ㉡만 충족

4. ㉠과 ㉡ 모두 충족

01 문장의 구조 이해

실력 자랑 (가)~(다)에 대한 설명의 적절성을 판단해 보세요.

① (가)에서 ㉠과 ㉡의 위치를 바꾸면 의미가 달라진다. [○]/[×]

② (나)에서 ㉢은 ㉣의 주어를 꾸며 주는 역할을 한다. [○]/[×]

③ (다)의 ㉤을 생략하면 전체 문장의 의미가 불완전해진다. [○]/[×]

④ (나)와 달리 (다)는 절이 전체 문장의 한 성분으로 안겨 있다.

[○]/[×]

⑤ (가), (나), (다)는 모두 '주어+서술어' 관계가 두 번 나타난다. [○]/[×]

정답 코칭

① (가)는 ㉠과 ㉡의 절이 이어져 이루어진 겹문장으로, ㉠은 ㉡에 대하여 '조건'의 의미를 갖는다. 따라서 두 절의 위치를 바꾸면 의미가 달라진다.

② (나)의 ㉢은 관형절로 ㉣의 주어인 '마을'을 꾸며 주는 역할을 한다.

③ (다)의 ㉤은 명사절로, 전체 문장의 목적어 역할을 한다. 그렇기 때문에 목적어가 생략될 경우 전체 문장의 의미는 불완전해진다.

④ (나)와 (다)에서 ㉢과 ㉤은 전체 문장의 관형어와 목적어 기능을 하며 안겨 있다. 따라서 (나)와 (다) 모두 절이 전체 문장의 한 성분으로 안겨 있음을 알 수 있다.

⑤ (가), (나), (다)는 모두 '주어+서술어'의 관계가 문장 속에 두 번씩 나타나고 있는 겹문장이다.

02 목적어와 서술어의 관계 파악

실력 자랑 '본받다'와 같은 유형에 해당하면 ○, 해당하지 않으면 ×표 하세요.

1. 동생이 형에게 혼나다. (○ /(×))

2. 조명이 환하게 빛나다. (○ /(×))

3. 오래 걸었더니 <u>힘들다</u>. (○ /(×))

| 4. 말보다 행동이 앞서다. | (○ / ⊗) |
| 5. 사자의 출현에 겁먹다. | (Ⓞ / ×) |

정답 코칭

① '혼나다'는 '혼(이)+나다'와 같이 주어와 서술어의 관계를 나타내고 있다.
② '빛나다'는 '빛(이)+나다'와 같이 주어와 서술어의 관계를 나타내고 있다.
③ '힘들다'는 '힘(이)+들다'와 같이 주어와 서술어의 관계를 나타내고 있다.
④ '앞서다'는 '앞(에)+서다'와 같이 부사어와 서술어의 관계를 나타내고 있다.
⑤ '겁먹다'는 '겁'과 '먹다'가 결합하여 만들어진 말로, 목적어 '겁(을)'과 서술어 '먹다'의 관계를 나타내고 있는 단어이다.

03 목적어의 다양한 형태 이해

실력 자랑	다음 예가 ㄱ~ㄷ 중 어디에 해당하는지 적어 보시오.
1. 이사도	ㄱ
2. 꽃구경	ㄴ
3. 배낭여행	ㄴ
4. 한길만을	ㄷ

정답 코칭

1. '이사도'는 체언 '이사'에 '역시'라는 의미를 더해 주는 보조사 '도'가 결합한 경우이므로 ㄱ에 해당한다.
2. '꽃구경'은 체언 '꽃구경'이 단독으로 쓰인 경우이므로 ㄴ에 해당한다.
3. '배낭여행'은 체언 '배낭여행'이 단독으로 쓰인 경우이므로 ㄴ에 해당한다.
4. '한길만을'은 체언 '한길'에 '단독'이라는 의미를 더해 주는 보조사 '만'과 목적격 조사 '을'이 함께 결합한 경우이므로 ㄷ에 해당한다.

04 단어의 구조 파악

실력 자랑	다음 단어들이 ㉠과 ㉡을 충족하는지 판단해 보세요.
새해맞이, 두말없이, 숨은그림찾기, 한몫하다	
1. 새해맞이	(㉠만 충족 / ㉡만 충족 / ㉠과 ㉡ 모두 충족)
2. 두말없이	(㉠만 충족 / ㉡만 충족 / ㉠과 ㉡ 모두 충족)
3. 숨은그림찾기	(㉠만 충족 / ㉡만 충족 / ㉠과 ㉡ 모두 충족)
4. 한몫하다	(㉠만 충족 / ㉡만 충족 / ㉠과 ㉡ 모두 충족)

정답 코칭

㉠은 '관형사가 후행하는 명사를 수식하는 경우'이고, ㉡은 '단어의 구성 요소들이 의미상 목적어와 서술어의 관계'를 가지는 경우이다. '새해맞이'의 '새해'는 관형사 '새'가 후행하는 명사 '해'를 수식하는 경우이고, '새해(를) 맞이하다'의 의미를 지니므로 ㉠과 ㉡을 모두 충족한다. '두말없이'의 '두말'은 관형사 '두'가 후행하는 명사 '말'을 수식하는 경우이므로 ㉠은 충족하지만 '두말(이) 없다'의 의미를 지니므로 ㉡은 충족하지 않는다. '숨은그림찾기'의 '숨은그림'은 동사의 관형사형 '숨은'이 후행하는 명사 '그림'을 수식하는 경우이므로 ㉠은 충족하지 않으나 '숨은그림(을) 찾다'의 의미를 지니므로 ㉡은 충족한다. '한몫하다'의 '한몫'은 관형사 '한'이 후행하는 명사 '몫'을 수식하는 경우이고, '한몫(을) 하다'의 의미를 지니므로 ㉠과 ㉡을 모두 충족한다. 그러므로 ㉠과 ㉡을 모두 충족하는 단어만을 〈보기〉에서 고

정답 코칭 (계속)

르면 '새해맞이'와 '한몫하다'이다.

펌핑-UP   p. 085

| 01 ④ | 02 ① |

01 서술어의 특징 이해   정답 ④

정답 코칭

© '살았다'는 '어떤 직분이나 신분의 생활을 하다.'라는 「3」의 의미를 고려할 때, 주어와 목적어를 필요로 하는 두 자리 서술어임을 알 수 있다. 그리고 어떤 직분이나 신분을 의미하는 체언하고만 어울리는 선택 자질은 부사어가 아니라 목적어 자리에 오는 단어에만 해당한다.

오답 코칭

① ⓐ '살았다'는 '생명을 지니고 있다.'라는 「1」의 의미를 고려할 때, 주어에 '생명을 지닌 존재'만을 선택하여 결합해야 서술어의 의미가 온전하게 표현됨을 알 수 있다.
② ⓑ '산다'는 주어와 부사어를 필요로 하는 두 자리 서술어이고 © '살았다'는 주어와 목적어를 필요로 하는 두 자리 서술어이다. 따라서 ⓑ와 ©는 필수적으로 요구하는 문장 성분의 종류는 다르지만, 요구하는 문장 성분의 개수는 2개로 동일하다.
③ ⓑ는 '어느 곳에 거주하거나 거처하다.'라는 「2」의 의미를 고려할 때 필수적으로 요구되는 부사어 자리에 올 수 있는 체언은 장소로 한정되고, ⓓ '산다'는 '어떤 사람과 결혼하여 함께 생활하다.'라는 「4」의 의미를 고려할 때 필수적으로 요구되는 부사어 자리에 올 수 있는 체언은 '결혼하여 함께 생활하는 사람'으로 한정된다.
⑤ ⓔ '산다'는 '과'가 나타나지 않을 때 여럿임을 뜻하는 말이 주어로 온 문장의 서술어이므로 한 자리 서술어이다. 따라서 한 자리 서술어인 ⓐ와 서술어의 자릿수가 같다.

02 서술어의 문형 정보 파악   정답 ①

정답 코칭

'되다'는 '어떤 재료나 성분으로 이루어지다.'의 의미를 지니기 때문에 주어 외에 '…으로'에 해당하는 부사어가 필수적으로 필요하다. 제시된 두 예문에서 '되다'가 필수적으로 요구하는 문장 성분은 주어인 '국토가', '지갑이'와 부사어인 '산으로', '가죽으로'이다. 따라서 주어를 제외하면 '되다'의 문형 정보로 【…으로】를 추출할 수 있다.

오답 코칭

② 제시된 두 예문에서 '아무렇지 않게', '자연스럽게'는 부속 성분으로 생략할 수 있는 부사어이며, '속임수에'와 '꾀에'는 서술어 '넘어가다'가 필요로 하는 필수적 부사어이다. 따라서 【—게】가 아니라 【…에/에게】를 문형 정보로 추출해야 한다.
③ 제시된 두 예문에서 주어를 제외한 필수적 문장 성분은 '언니와', '누군가와'이다. 따라서 서술어 '다투다'의 문형 정보로 【…와/과】를 추출해야 한다.
④ 제시된 두 예문에서 '딸리다'의 필수적 부사어는 '사은품으로', '부록으로'가 아니라 '가방에', '그 책에'이기 때문에 【…에/에게】를 '딸리다'의 문형 정보로 추출해야 한다.

⑤ 제시된 두 예문에서 '때가', '물이'라는 주어를 제외한 필수적 문장 성분은 '옷에서', '청바지에서'이기 때문에 【…에서】를 '빠지다'의 문형 정보로 추출해야 한다.

 벌크-UP

p. 086

01 ②　　**02** ②

01 단어의 구조 파악

정답 ②

정답 코칭

ⓑ의 직접 구성 요소는 '눈'과 '웃음'이므로 어근과 어근이 결합된 합성어임을 알 수 있다. 이때, '웃음'은 어간 '웃-'에 명사 파생 접미사 '-음'이 결합한 파생어이다. 따라서 ⓑ는 직접 구성 요소 중 하나가 파생어인 합성어이다.

오답 코칭

① ⓐ의 직접 구성 요소는 '나들이'와 '옷'이므로 어근과 어근이 결합된 합성어임을 알 수 있다. 이때, '나들이'는 어간 '나들-'에 명사 파생 접미사 '-이'가 결합한 파생어이다. 따라서 ⓐ는 직접 구성 요소 중 하나가 파생어인 합성어이다.

③ ⓒ의 직접 구성 요소는 어간 '드높-'과 사동 접미사 '-이-'가 붙은 '-이다'로 분석할 수 있으므로 ⓒ는 어근과 접사로 이루어진 파생어임을 알 수 있다. 이때, '드높-'은 어간 '높-'에 강조의 의미를 더하는 접두사 '드-'가 결합한 파생어이다. 따라서 ⓒ는 직접 구성 요소 중 하나가 파생어인 파생어이다.

④ ⓓ의 직접 구성 요소는 명사 '집집'과 부사 파생 접사 '-이'가 결합된 파생어이다. 이때 '집집'은 어근과 어근이 결합한(집+집) 합성어이다. 따라서 ⓓ는 직접 구성 요소 중 하나가 합성어인 파생어이다.

⑤ ⓔ의 직접 구성 요소는 명사 '놀이'와 명사 '터'로 분석할 수 있으므로 어근과 어근의 결합으로 이루어진 합성어임을 알 수 있다. 이때, '놀이'는 '놀다'의 어간 '놀-'에 명사 파생 접사 '-이'가 결합된 파생어이다. 따라서 ⓔ는 직접 구성 요소 중 하나가 파생어인 합성어이다.

02 문장의 짜임새 파악

정답 ②

정답 코칭

ⓛ은 직접 구성 요소로 분석할 때, 전체 문장의 주어는 생략된 형태이다. 따라서 '(주어)+'소포가 도착했다고 들었다'로 분석할 수 있고, 이 다음 층위에서는 '소포가 도착했다고'와 '들었다'로 분석할 수 있다.

오답 코칭

① ㉠은 직접 구성 요소로 분석할 때, 주어는 '지희는'이고 서술어는 '목소리가 곱다'이다. 이때 '목소리가 곱다'는 서술절이다.

③ ⓒ은 직접 구성 요소로 분석할 때, 주어는 '동수가'이고 서술어는 '미애에게 선물을 주었다'로 분석할 수 있다.

④ ⓔ은 직접 구성 요소로 분석할 때, 주어는 '그가 익명의 기부자임이'이고 서술어는 '밝혀졌다'로 분석할 수 있다. 이때 '그가 익명의 기부자임'은 명사절이다.

⑤ ⓜ은 직접 구성 요소로 분석할 때, 주어는 '인생은 짧고 예술은 길다는 말은'이고 서술어는 '명언이다'로 분석할 수 있다. 이때 '인생은 짧고 예술은 길다는'은 관형절이다.

호루라기 관장님의 하드 트레이닝

p. 087

01 문장	20 명사구
02 어절, 띄어쓰기	21 동사구
03 구	22 부사구
04 절	23 형용사구
05 주성분, 독립	24 관형사구
06 서술어	25 서술절
07 주체	26 부사절
08 주어	27 명사절
09 서술어	28 관형사절
10 이다	29 인용절
11 동사, 형용사, 서술격	30 음식이, 맛있다
12 서술어	31 말이, 맞았구나
13 목적어	32 소녀가, 옷을, 입었다
14 을, 를	33 나는, 당근을, 좋아한다
15 타동사	34 책이, 가득하다
16 마당에/핀/꽃이/매우/아름답다.	35 토끼가, 상추를, 먹었다
17 소가/초원에서/풀을/뜯고/있다.	36 학교에서, 운동회를, 열었다
18 요즘은/일이/바빠서/손이/많이/필요하다.	37 이슬이, 맺히다
19 개는/감각/기관/중/후각이/매우/발달한/동물이다.	38 경찰이, 단속을, 한다

개념쇼 트레이닝 ZONE　　p. 093

01

> (1) 되다, 아니다　　(2) 수식, 체언, 용언　　(3) 관형어, 문장
>
> (4) 구조적　　(5) 개수, 자릿수

02

(1) 하얀 (쌀가루가) 길쭉한 (가래떡이) 되었다.

(2) (나는) 일을 마치고 손을 씻어 (얼룩을) 지웠다.

(3) (이모는) 아끼던 가방을 잃어버려서 (속이) 상했다.

(4) (우리는) 머리를 맞대고 해결 (방법을) 진지하게 의논했다.

03

> (1) 앞　　(2) 시간　　(3) 품사　　(4) 이다　　(5) 체언

04

> (1) 형용사, 동사　　(2) 부사어　　(3) 생략
>
> (4) 전체, 성분　　(5) 문장

05

(1) 기차가 달린다.

　→ 주어만 필요로 하는 한 자리 서술어이다.　　☑ ☒

(2) 민석이가 도서관에서 책을 <u>읽는다</u>.

　→ 서술어를 제외한 나머지 문장 성분을 필수적으로 요구하는
　　세 자리 서술어이다.　　◯ ☑

(3) 어머니가 영희에게 옷을 <u>입혔다</u>.

　→ '영희가 옷을 입었다.'의 '입었다'와 서술어의 자릿수가 다르다.
　　☑ ☒

(4) 나는 너를 친구로 <u>여긴다</u>.

　→ '민지는 꽃분이를 애완견으로 삼았다.'의 '삼았다'와 서술어의
　　자릿수가 같다.　　☑ ☒

(5) 상우는 아버지와 <u>닮았다</u>.

　→ '아버지와'를 필수적으로 요구하지 않는 한 자리 서술어이다.
　　◯ ☑

06

> (1) 보어, 두　　(2) 부사어, 두　　(3) 부사어, 목적어

워밍-UP　　p. 094

> **01** 체언+관형격 조사, 관형사, 용언의 관형사형　　⑤온갖
>
> **02** 1. ×　　2. ◯　　3. ×　　4. ×　　5. ×
>
> **03** ① ◯　　② ×　　③ ◯　　④ ◯　　⑤ ◯
>
> **04** ⓐ 2　　ⓑ 2　　ⓒ 1　　ⓓ 2　　ⓔ 3

01 관형어의 특성 이해

실력 자랑 〈보기〉의 밑줄 친 관형어의 종류를 아래에서 골라 적어 보세요.

관형사, 용언의 관형사형, 체언+관형격 조사	
나의, 사춘기의	체언+관형격 조사
그, 이, 온갖	관형사
정해진, 있는, 방황했던	용언의 관형사형

⑤ '정해진', '있는', '온갖', '방황했던'은 각각 문장에서 생략할 수 없
는 필수 성분에 해당한다. (×)

　→ 밑줄 친 관형어 중 '(온갖)'은 필수 성분에 해당하지 않음.

정답 코칭

'이 구절은 온갖 시련으로 방황했던 사춘기의 나를 반성하게 만든다.'에서
'온갖'은 문장에서 생략할 수 있는 부속 성분에 해당한다.

오답 코칭

• '나의'와 '사춘기의'는 각각 대명사 '나'와 명사 '사춘기'에 관형격 조사 '의'
　가 결합하여 관형어로 쓰인 것이다.

• '그', '이', '온갖'은 관형사로, 문장에서 그대로 관형어로 쓰인 것이다.

• '정해진', '있는', '방황했던'은 모두 용언의 관형사형이 관형어로 쓰인 것
　이다.

02 필수 부사어 이해

실력 자랑 다음 밑줄 친 부분이 ㉠에 해당하면 ◯, 해당하지 않으면 ×표 하세요.

1. 철수가 <u>매우</u> 빨리 달렸다.	(◯ / ⊗)
2. 나는 <u>철수에게</u> 선물을 주었다.	(◎ / ×)
3. 그녀는 <u>마침내</u> 꿈을 이루었다.	(◯ / ⊗)
4. 정원에 장미가 <u>예쁘게</u> 피었다.	(◯ / ⊗)
5. 나는 <u>오후에</u> 할머니 댁을 방문했다.	(◯ / ⊗)

정답 코칭

서술어 '주다'는 문장을 구성하는 데 주어, 목적어와 함께 부사어를 필수
성분으로 요구한다. 따라서 '철수에게'라는 부사어를 필수 부사어로 볼 수
있다.

03 주성분의 특성 파악

실력 자랑 학생 대답의 적절성을 판단해 보세요.

① ㄱ의 '찍었다'는 '동생'의 동작을 풀이하는 서술어입니다. ○ ✕
② ㄴ의 '올해'는 '되었다'가 꼭 필요로 하므로 주성분입니다. ○ ✕
③ ㄱ에는 목적어가 있지만, ㄴ에는 목적어가 없습니다. ○ ✕
④ ㄱ과 ㄴ에는 주어가 하나씩 있습니다. ○ ✕
⑤ ㄱ과 ㄴ에는 주성분의 종류가 세 가지씩 있습니다. ○ ✕

정답 코칭

① ㄱ의 '찍었다'는 서술어로, 주어인 '동생이'의 동작을 설명하는 기능을 한다.
② ㄴ의 '올해'는 부사어로, '되었다'를 꾸며 주는 기능을 한다. 부사어는 부속 성분으로, 서술어가 꼭 필요로 하는 성분이 아니다.
③ ㄱ에서는 '사진을'이 목적어이며, ㄴ에서는 목적어가 나타나지 않는다.
④ ㄱ의 주어는 '동생이'이고, ㄴ의 주어는 '언니는'이다. 따라서 ㄱ과 ㄴ에는 주어가 하나씩 있음을 알 수 있다.
⑤ ㄱ에는 주어 '동생이', 목적어 '사진을', 서술어 '찍었다'가, ㄴ에는 주어 '언니는', 보어 '대학생이', 서술어 '되었다'가 나타난다. 즉 ㄱ과 ㄴ에는 주성분의 종류가 세 가지씩 있는 것이다.

04 서술어의 자릿수 파악

실력 자랑 다음 밑줄 친 서술어의 자릿수를 적어 보세요.

ⓐ 계절이 어느덧 가을이 <u>되었다</u>.	2
ⓑ 오빠는 아빠와 정말 많이 <u>닮았다</u>.	2
ⓒ 장미꽃이 우리 집 뜰에도 <u>피었다</u>.	1
ⓓ 아버지께서 헌 집을 정성껏 <u>고치셨다</u>.	2
ⓔ 그는 자신의 직업을 천직으로 <u>여겼다</u>.	3

정답 코칭

ⓐ '되다'라는 서술어는 주어(계절이)와 보어(가을이)의 두 가지 문장 성분을 필수적으로 요구하는 두 자리 서술어이다. '어느덧'은 '되었다'라는 서술어를 꾸며 주는 부속 성분이다.
ⓑ '닮다'라는 서술어는 주어(오빠는)와 부사어(아빠와)의 두 가지 문장 성분을 필수적으로 요구하는 두 자리 서술어이다. '많이'는 '닮았다'라는 서술어를 꾸며 주는 부사어, '정말'은 '많이'라는 부사어를 꾸며 주는 부사어로 모두 부속 성분이다.
ⓒ '피다'라는 서술어는 주어(장미꽃이)만을 필수적으로 요구하는 한 자리 서술어이다. '뜰에도'는 '피었다'를 꾸며 주는 부사어로 나머지는 모두 부속 성분이다.
ⓓ '고치다'라는 서술어는 주어(아버지께서)와 목적어(집을)의 두 가지 문장 성분을 필수적으로 요구하는 두 자리 서술어이다. '헌'은 '집'을 꾸며 주는 관형어, '정성껏'은 '고치셨다'를 꾸며 주는 부사어로 모두 부속 성분이다.
ⓔ '여기다'라는 서술어는 주어(그는), 목적어(직업을), 부사어(천직으로)의 세 가지 문장 성분을 필수적으로 요구하는 세 자리 서술어이다. '자신의'는 관형어로, '직업'이라는 체언을 꾸며 주는 부속 성분이다.

펌핑-UP
p. 095

01 ③	02 ④	03 ③	04 ⑤	05 ②

01 관형어의 특징 이해
정답 ③

정답 코칭

ⓒ에서 체언 '시골'은 관형격 조사가 붙지 않았어도 뒤에 있는 체언 '풍경'을 수식하고 있으므로 관형격 조사가 붙지 않은 체언도 관형어가 될 수 있음을 알 수 있다.

오답 코칭

① ㉠의 관형어 '파란'은 뒤에 오는 체언 '옷'의 의미 범위를 축소하고 있다.
② ㉡ '이 우산은 새 것이다.'에서 관형어 '새'가 없으면 문장이 성립되지 않아 올바른 문장이 될 수 없다.
④ ㉣ '읽은'에서 '-은'은 과거, '읽을'에서 '-을'은 미래를 나타낸다.
⑤ ㉣ '내가 읽은'은 안긴문장으로, 안은문장의 '책'을 수식하는 관형어의 기능을 하고 있다.

02 부사어의 형태 파악
정답 ④

정답 코칭

ⓓ는 관형사절 '머리가 덜 마른'이 꾸미고 있는 명사 '상태'에 부사격 조사 '로'가 붙은 형태이다.

오답 코칭

① ⓐ는 관형어 '내일의'가 꾸미고 있는 명사 '성공'에 부사격 조사 '만큼'이 붙은 형태로, '내일의'는 관형사절이 아니다.
② ⓑ는 '토마토 농사를 짓기'라는 명사절에 부사격 조사 '에'가 붙은 형태이다.
③ ⓒ는 관형사절 '너에게 주어진'이 꾸미고 있는 명사 '문제'에 보조사 '만'이 붙은 형태이다.
⑤ ⓔ는 관형사절 '열심히 공부하는'이 꾸미고 있는 명사 '친구들'에 보조사 '은'이 붙은 형태이다.

03 문장 성분의 기능 파악
정답 ③

정답 코칭

부사어 '너무'는 제시된 문장에서 서술어 '샀다'를 수식하는 것이 아니라 관형어 '헌'을 수식하고 있다.

오답 코칭

① '눈이 부시게'는 '주어+서술어'의 구성으로 이루어진 절로서, '푸른'을 수식하는 부사어로 쓰이고 있다.
② 명사와 부사격 조사가 결합한 '하늘에서'와 부사 '펑펑'은 모두 서술어를 수식하는 부사어로 쓰이고 있다.
④ ㉠의 '엄마와', ㉡의 '취미로'는 모두 부사어이다. 그러나 ㉠의 '엄마와'는 문장에서 생략이 불가능한 필수 성분이고, ㉡의 '취미로'는 문장에서 생략이 가능한 부속 성분이다.
⑤ ㉠의 '재로'는 명사 '재'에 부사격 조사 '로'가 결합한 부사어이고, ㉡의 '재가'는 '되다'라는 서술어 앞에 쓰여 바뀌게 되는 대상임을 나타내는 보격 조사 '가'가 결합한 보어이다. ㉠의 '재로'와 ㉡의 '재가'는 문장 성분은 서

로 다르지만 서술어 '되었다'가 반드시 필요로 하는 성분이라는 점에서
는 같음을 알 수 있다.

04 서술어의 자릿수 파악   정답 ⑤

정답 코칭

[B]의 두 번째 문장을 '철수가 물고기를 잡았다.'라고 써도 어색하지 않으
므로, '많이'는 생략할 수 있는 문장 성분이다. 따라서 '잡았다'는 주어와
목적어를 필요로 하는 두 자리 서술어이다.

오답 코칭

① [A]의 '콩쥐가'와 '어머니는'은 주어에 해당한다. 문장 내에서 서술어의 주
   체로 기능하는 주어는 생략할 수 없는 주성분이다.

② [A]의 '옷을'과 '아들을'은 목적어에 해당한다. 문장 내에서 서술어의 대상
   으로 기능하는 목적어는 생략할 수 없는 주성분이다.

③ [A]의 '예쁘게'와 '의사로'는 부사어에 해당한다. 이 중에서 '의사로'는 생략
   하면 문장이 어색해지는데, 이러한 부사어를 필수적 부사어라 부른다. '예
   쁘게'는 필수적 부사어가 아니므로 생략해도 문장이 어색해지지 않는다.

④ [B]의 첫 번째 문장에서 '친구는'과 '손을'은 생략할 수 없고, '내'와 '살며시'
   는 생략할 수 있다. 따라서 '잡았다'는 주어와 목적어를 필요로 하는 두
   자리 서술어이다.

05 서술어의 자릿수 파악   정답 ②

정답 코칭

ⓒ은 주어 '글이'만을 필수적으로 요구하는 한 자리 서술어이다. 부사어
'이 한 구절로'는 생략해도 문장이 성립하므로, ⓒ이 주어와 부사어를 필
수적으로 요구하는 두 자리 서술어라고 볼 수는 없다.

오답 코칭

① ㉠은 주어 '불씨가'만 필수적으로 요구하는 한 자리 서술어이다.

③ ⓒ은 주어인 '그는', 목적어인 '벼슬을'을 필수적으로 요구하는 두 자리 서
   술어이다.

④ ⓔ은 주어인 '그는', 목적어인 '일손을'을 필수적으로 요구하는 두 자리 서
   술어이다.

⑤ ⓜ은 주어인 '형은', 목적어인 '책을', 부사어인 '책상 위에'를 필수적으로
   요구하는 세 자리 서술어이다.

벌크-UP   p. 097

01 ③	02 ②

01 문장 성분과 서술어 자릿수 이해   정답 ③

정답 코칭

ⓒ의 '듣는다'는 주어 '그들은' 이외에 목적어 '농담을'과 부사어 '진담으로'
를 더 필요로 한다. 따라서 ⓒ는 주어 외에 두 개의 문장 성분을 더 필요
로 함을 알 수 있다.

오답 코칭

① ⓐ의 '듣는다'는 주어 '나는'과 목적어 '새소리를'을 필수적으로 요구하
   고 있으므로 두 자리 서술어이다.

② ⓑ이 '듣는다'는 주어와 목적어 외에 부사어 '누나에게'를 필수적으로

요구한다.

④ ⓐ는 주어와 목적어를 필요로 하는 서술어이고, ⓓ는 주어와 부사어를
   필요로 하는 서술어이므로, ⓐ와 ⓓ는 필요로 하는 문장 성분이 서로
   다르다.

⑤ ⓑ와 ⓓ는 사전적 의미에 차이가 있는 동음이의어이다. ⓑ는 주어, 부사
   어, 목적어를 필요로 하는 세 자리 서술어이고, ⓓ는 주어와 부사어를
   필요로 하는 두 자리 서술어이므로 서술어 자릿수가 같다고 볼 수 없다.

02 필수적 부사어 구분   정답 ②

정답 코칭

①, ③, ④, ⑤에서 밑줄 친 부분은 생략하였을 때 의미가 불완전한 문장이
되는 필수적 부사어이다. 그러나 ②의 '통나무로'의 경우 생략하여도 '승윤
이는 식탁을 만들었다.'와 같이 주어와 목적어, 서술어만으로도 문장이 완
전하기 때문에 필수적 부사어라 할 수 없다.

호루라기 관장님의 하드 트레이닝   p. 098

01	보어	21	필통에서
02	되다, 아니다	22	그, 화요일마다, 꼭
03	부속	23	이, 일에, 진짜로
04	관형어	24	시장에서, 정말
05	관형격	25	네
06	의존 명사	26	와, 지수야
07	앞	27	글쎄
08	부사어	28	어머
09	필수적	29	1자리
10	독립 성분	30	3자리
11	독립어	31	2자리
12	독립어	32	3자리
13	자릿수	33	2자리
14	보어, 필수적 부사어		
15	부사어, 주어, 서술어		
16	주어, 부사어, 목적어		
17	부사어, 관형어, 목적어		
18	보어, 서술어, 목적어		
19	관형어, 주어, 부사어, 부사어		
20	아주, 헌		

개념쏙트레이닝 ZONE
p. 102

01

(1) ○　　(2) ×　　(3) ○　　(4) ×　　(5) ○

02

(1) 홑　　(2) 겹　　(3) 홑　　(4) 겹　　(5) 겹

03

(1) 대　　(2) 종　　(3) 종　　(4) 종　　(5) 대

04

(1) 나열　　(2) 대조　　(3) 선택　　(4) 나열　　(5) 선택

05

(1) 오고　　(2) 오지만　　(3) 오거나　　(4) 와서　　(5) 오면　　(6) 와도

06

(1)	봄이 오면 꽃이 핀다.	**조건** 원인 의도 배경 양보
(2)	비가 많이 와서 하수구가 역류했다.	조건 **원인** 의도 배경 양보
(3)	내가 집에 가는데 누군가가 달려왔다.	조건 원인 의도 **배경** 양보
(4)	등산을 하려고 우리는 일찍 일어났다.	조건 원인 **의도** 배경 양보
(5)	사랑받고 싶다면 먼저 사랑해야 한다.	**조건** 원인 의도 배경 양보
(6)	눈이 오더라도 우리는 반드시 출발한다.	조건 원인 의도 배경 **양보**
(7)	자신은 속을지언정 남을 속이면 안 된다.	조건 원인 의도 배경 **양보**

07

(1) 나열	그 아이가 형이겠다. + 이 아이가 동생이겠다.
	→ 그 아이가 형이겠고, 이 아이가 동생이겠다.
(2) 대조	그는 키가 크다. + 그는 힘이 약하다.
	→ 그는 키는 크지만 힘이 약하다.
(3) 원인	입맛이 없다. + 점심을 먹기가 싫다.
	→ 입맛이 없어서 점심을 먹기가 싫다.
(4) 의도	집을 마련한다. + 저축을 한다.
	→ 집을 마련하려고 저축을 한다.
(5) 조건	걷는 시간이 길어지다. + 수명도 길어진다.
	→ 걷는 시간이 길어지면 수명도 길어진다.

워밍-UP
p. 103

01 ① 조건　　② 의도　　③ 양보　　④ 배경　　⑤ 인과

02 ① ○　　② ○　　③ ○　　④ ○　　⑤ ×

03 1. 종속, 조건　　2. 대등, 나열　　3. 종속, 목적　　4. 대등, 대조
　　5. 종속, 원인

01 종속적으로 이어진문장의 의미 관계

실력 자랑 다음 문장들의 의미 관계를 아래에서 골라 적어 보세요.

인과, 조건, 의도, 양보, 배경	
① 책을 많이 읽으면 생각이 깊어진다.	(조건)
② 책을 읽으려고 학교 도서관으로 갔다.	(의도)
③ 책을 아무리 읽어도 이해가 되지 않는다.	(양보)
④ 책을 읽고 있는데 친구가 나를 자꾸 불렀다.	(배경)
⑤ 책을 다양하게 읽어서 그는 지식이 풍부하다.	(인과)

정답 코칭

① '–으면'이라는 종속적 연결 어미는 '조건'을 의미한다. 즉 책을 많이 읽어야 생각이 깊어진다는 것이므로, 문장의 앞 절과 뒤 절이 조건의 의미 관계임을 드러낸다.

② '–으려고'는 의도를 의미하는 종속적 연결 어미이다.

③ '–어도/–아도'는 양보를 의미하는 종속적 연결 어미이다.

④ '–는데'는 상황적 배경을 의미하는 종속적 연결 어미이다.

⑤ '–어서'는 원인을 의미하는 종속적 연결 어미이다.

02 이어진문장과 홑문장 구분

실력 자랑 다음 문장들이 이어진문장이면 ○, 아니면 ×표 하세요.

① 나는 시와 소설을 좋아한다.　　○ ×
② 그녀는 집과 도서관에서 공부했다.　　○ ×
③ 고향의 산과 하늘은 예전 그대로였다.　　○ ×
④ 성난 군중이 앞문과 뒷문으로 들이닥쳤다.　　○ ×
⑤ 그 사람과 나는 오래 전부터 서로 사귀어 왔다.　　○ ×

정답 코칭

① 이 문장은 '나는 시를 좋아한다.'와 '나는 소설을 좋아한다.'가 결합한 이어진문장이며, 이때 쓰인 '와'는 접속 조사이다.

② 이 문장은 '그녀는 집에서 공부했다.'와 '그녀는 도서관에서 공부했다.'가 결합한 이어진문장이며, 이때 쓰인 '과'는 접속 조사이다.

③ 이 문장은 '고향의 산은 예전 그대로였다.'와 '고향의 하늘은 예전 그대로였다.'가 결합한 이어진문장이며, 이때 쓰인 '과'는 접속 조사이다.

④ 이 문장은 '성난 군중이 앞문으로 들이닥쳤다.'와 '성난 군중이 뒷문으로 들이닥쳤다.'가 결합한 이어진문장이며, 이때 쓰인 '과'는 접속 조사이다.

⑤ '그 사람과 나는 오래 전부터 서로 사귀어 왔다.'는 '과'가 사용되었지만,

두 개의 홑문장으로 나누어지지 않는다. 이 문장에 쓰인 '과'는 행위의 상대임을 나타내는 부사격 조사이다. 또 〈보기〉의 설명과 같이 문장에 서술어가 '사귀어 왔다' 하나만 나타나므로 이어진문장이 아닌 홑문장이다.

03 이어진문장의 종류와 의미 구분

실력 자랑 다음 이어진문장을 아래 기준에 따라 구분해 보세요.

종류 – 대등, 종속		의미 관계 – 나열, 대조, 원인, 조건, 목적
예문	종류	의미 관계
1. 무쇠도 갈면 바늘이 된다.	종속	조건
2. 하늘도 맑고, 바람도 잠잠하다.	대등	나열
3. 나는 시험공부를 하러 학교에 간다.	종속	목적
4. 함박눈이 내렸지만 날씨가 따뜻하다.	대등	대조
5. 갑자기 문이 열려서 사람들이 놀랐다.	종속	원인

정답 코칭

1. 앞 절인 '무쇠도 갈다'와 뒤 절인 '바늘이 된다'가 연결 어미 '-면'에 의해 이어지며, 앞 절이 뒤 절에 대해 '조건'의 종속적인 의미 관계로 해석되는 문장이다.
2. 앞 절인 '하늘도 맑다'와 뒤 절인 '바람도 잠잠하다'가 연결 어미 '-고'에 의해 이어지며, 앞 절과 뒤 절이 '나열'의 대등한 의미 관계로 해석되는 문장이다.
3. 앞 절인 '나는 시험공부를 하다'와 뒤 절인 '(나는) 학교에 간다'가 연결 어미 '-러'에 의해 이어지며, 앞 절이 뒤 절에 대해 '목적'의 종속적인 의미 관계로 해석되는 문장이다.
4. 앞 절인 '함박눈이 내렸다'와 뒤 절인 '날씨가 따뜻하다'가 연결 어미 '-만'에 의해 이어지며, 앞 절과 뒤 절이 '대조'의 대등한 의미 관계로 해석되는 문장이다.
5. 앞 절인 '갑자기 문이 열리다'와 뒤 절인 '사람들이 놀랐다'가 연결 어미 '-어서'에 의해 이어지며, 앞 절이 뒤 절에 대해 '원인'의 종속적인 의미 관계로 해석되는 문장이다.

펌핑-UP
p. 104

01 ④　　**02 ②**

01 문장 성분과 구조 파악
정답 ④

정답 코칭

ㄱ의 주어는 '그가'이고 서술어는 '되었다'이다. 따라서 ㄱ은 주어와 서술어의 관계가 한 번만 나타나는 홑문장이다. 그러나 ㄴ은 '창문이(주어) 많다(서술어)'라는 문장이 전체 문장에 서술절로 안겨 있는 겹문장이므로, 주어와 서술어의 관계가 두 번 나타났다. ㄷ은 명사절(그가 정당했음)을 안은 문장, ㄹ은 대등하게 이어진문장으로, 모두 겹문장이다.

오답 코칭

① 보어는 '되다', '아니다'가 필요로 하는 문장 성분으로 '되다', '아니다'의 앞에 쓰인다. ㄱ의 보어는 '대학생이'이고, ㄷ에는 보어가 없다.
② ㄴ에는 목적어가 없다. ㄹ의 목적어는 '부자를'과 '사람을'이다.

---

③ ㄱ의 부사어는 '마침내'이고, ㄴ의 부사어는 '아주'이다. ㄷ과 ㄹ에는 부사어가 없다.
⑤ ㄷ은 '그가 정당했음'이라는 명사절이 '우리는 깨달았다.'에 안겨 있는 문장이다. ㄹ은 '절약은 부자를 만든다.'와 '절제는 사람을 만든다.'는 두 개의 절이 대등하게 이어져 있는 문장이다.

02 이어진문장의 특성 파악
정답 ②

정답 코칭

ㄱ과 ㄷ은 각각 '암벽 등반은 재미있고 힘들다.', '암벽 등반은 재미있지만 힘들다.'로 앞 절과 뒤 절의 순서를 바꾸어도 의미에 변화가 생기지 않는 대등하게 이어진문장이다. 그러나 ㄴ의 앞 절과 뒤 절의 순서를 바꾸면 '암벽 등반은 재미있어서 힘들다.'라고 의미에 변화가 생기게 된다.

오답 코칭

① ㄱ, ㄴ, ㄷ은 '암벽 등반은 힘들다'와 '암벽 등반은 재미있다'라는 두 홑문장이 이어진문장이다.
③ 두 홑문장의 주어가 '암벽 등반'으로 같으므로, 뒤 절의 주어는 생략 가능하다.
④ ㄱ은 두 홑문장이 나열의 의미를 갖는 어미 '-고'로 대등하게 이어진문장이고, ㄷ은 두 홑문장이 대조의 의미를 갖는 어미 '-지만'으로 대등하게 이어진문장이다.
⑤ ㄴ은 두 홑문장이 원인의 의미를 갖는 어미 '-어서'로 종속적으로 이어진문장이다.

호루라기 관장님의 하드 트레이닝
p. 105

01	겹문장	18	겹
02	홑문장	19	비가 오고 바람이 분다
03	이어진문장	20	인내는 쓰나(쓰지만) 열매는 달다
04	종속적	21	내일은 도서관에 가거나 박물관에 갈 것이다
05	대등		
06	나열	22	해가 나면 빨래를 널어라
07	대조	23	눈이 와서 길이 미끄럽다
08	선택	24	내가 텔레비전을 보는데 전화벨이 울렸다
09	종속적		
10	대등	25	나는 자전거를 사려고 용돈을 모았다
11	이유(원인)		
12	양보	26	조건
13	생략	27	배경, 상황
14	홑	28	이유, 원인
15	홑	29	양보
16	겹	30	목적, 의도
17	겹		

개념쌓 트레이닝 ZONE
p. 111

01

(1) 안은문장, 안긴문장　(2) 격 조사　(3) 동격 관형절, 관계 관형절
(4) 서술어, 없다　　(5) 절, 부사격

02

(1)	막내 동생은 머리가 좋다.	서술절
(2)	오늘은 밖에 나가기가 싫다.	명사절
(3)	지아가 어디 가냐고 물었다.	인용절
(4)	어머니께서는 인정이 많으시다.	서술절
(5)	나는 발에 땀이 나도록 달렸다.	부사절
(6)	농부들이 비가 오기를 기다렸다.	명사절
(7)	나는 그가 돌아온 사실을 몰랐다.	관형절
(8)	고양이는 발소리가 없게 움직였다.	부사절
(9)	나는 서진이가 추천한 책을 읽었다.	관형절
(10)	그녀는 그가 준 선물을 열어 보았다.	관형절

03

(1) [서술절] 장훈이는 우리 반에서 가장 (키가 크다).
(2) [부사절] 태민이는 (차가 지나가게/지나가도록) 옆으로 비켰다.
(3) [간접 인용절] 현주가 나에게 (간식을 천천히 먹으라고) 말했다.

04

(1) (이 과제는 하기)가 어렵다.
(2) (색깔이 예쁜) 꽃이 향기도 좋다.
(3) 진주는 (머리카락이 휘날리게) 빨리 달렸다.
(4) 삼촌께서는 나에게 (사과를 먹으라)고 말씀하셨다.
(5) 지난주에 나는 (할머니 댁을 방문하기)로 약속하였다.

05

	절의 종류	절의 표지
㉠	명사절	명사형 어미 '-기'
㉡	관형절	관형사형 어미 '-는'
㉢	인용절	부사격 조사 '고'

06

(1)	지금은 집에 가기에 이른 시간이다.	부사어
(2)	나는 네가 영원히 행복하기를 바란다.	목적어
(3)	우리가 대단한 일을 해냈음이 분명하다.	주어

07

(1)	네가 좋아할 일이 생겼다.	일을	목적어
(2)	몸에 좋은 약이 입에 쓰다.	약이	주어
(3)	이순신 장군이 만든 거북선은 세계 최초의 철갑선이다.	거북선을	목적어

워밍-UP
p. 112

01 ㉠ 목적어　　㉡ 부사어　　㉢ 부사어　　㉣ 목적어
02 ① ○　　② ○　　③ ○　　④ ×　　⑤ ○
03 ⓐ 오늘　　ⓑ 있으라고　　ⓒ 자기의　　ⓓ 남기라고
04 1. 관형절　　2. 부사어
05 1. 명사절　　2. 부사절　　3. 인용절　　4. 관형절　　5. 관형절
06 나는 꽃이 활짝 핀 봄이 오기를 기다린다.
07 ① ×　　② ○　　③ ○　　④ ○　　⑤ ○

01 명사절의 문장 성분 파악

실력 자랑 ㉠~㉣의 밑줄 친 부분의 문장 성분을 아래에서 골라 보세요.

㉠	(목적어)/ 부사어)
㉡	(목적어 /(부사어))
㉢	(목적어 /(부사어))
㉣	(목적어)/ 부사어)

정답 코칭

㉠ '비가 오기'는 목적격 조사 '를'과 결합하여 안은문장에서 목적어로 쓰인다.

㉡ '집에 가기'는 부사격 조사 '에'와 결합하여 안은문장에서 부사어로 쓰인다.

㉢ '그는 1년 후에 돌아오기'는 부사격 조사 '로'와 결합하여 안은문장에서 부사어로 쓰인다.

㉣ '어린 아이들은 병원에 가기'는 목적격 조사가 생략된 형태로 안은문장에서 목적어로 쓰인다.

02 겹문장의 특징 이해

실력 자랑 ㄱ~ㄹ을 활용하여 만든 겹문장에 대한 이해의 적절성을 판단해 보세요.

① ○× 　② ○× 　③ ○× 　④ ○× 　⑤ ○×

정답 코칭

① '바람이 불어서 단풍잎이 흔들린다.'는 '바람이 분다.(ㄱ)'와 '단풍잎이 흔들린다.(ㄹ)'라는 두 개의 홑문장이 종속적 연결 어미 '―어서'로 연결된 이어진문장이다.

② '차가운 바람이 분다.'는 '바람이 분다.(ㄱ)'와 '바람이 차갑다.(ㄴ)'라는 두 개의 홑문장으로 나눌 수 있다. ㄴ이 ㄱ에 관형절로 안기면서 이 절의 주어인 '바람이'는 수식을 받는 단어인 '바람'과 동일하므로 생략되었다.

③ '바람이 차갑고 단풍잎이 빨갛다.'는 '바람이 차갑다.(ㄴ)'와 '단풍잎이 빨갛다.(ㄷ)'라는 두 개의 홑문장으로 나눌 수 있다. 이 두 홑문장이 이어진 겹문장은 대등적 연결 어미 '-고'로 연결된 이어진문장이다.

④ '단풍잎이 바람이 불면 흔들린다.'는 '단풍잎이 흔들린다(ㄹ)'와 '바람이 분다(ㄱ).'라는 두 개의 홑문장으로 나눌 수 있다. 이는 '-면'이라는 조건을 의미하는 종속적 연결 어미에 의해 이어진문장으로, ㄹ은 관형절로 바뀐 ㄱ을 안고 있는 문장이 아니다.

⑤ '흔들리는 단풍잎이 빨갛다.'는 '단풍잎이 흔들린다(ㄹ)'와 '단풍잎이 빨갛다.(ㄷ)'라는 두 개의 홑문장으로 나눌 수 있다. 안긴문장의 주어인 '단풍잎이'는 안은문장의 주어와 동일하므로 생략되었다. 또한 이 안긴문장이 뒤의 체언 '단풍잎'을 수식하므로 ㄹ은 관형절로 안긴문장이다.

03 인용 표현의 이해

ⓐ	((오늘) / 어제)
ⓑ	((있으라고) / 계시라고)
ⓒ	(나의 / (자기의))
ⓓ	((남기라고) / 남겨라고)

정답 코칭

ⓐ 직접 인용에 들어 있는 인용절인 "내일 사무실에 계십시오."는 어제 말한 것이므로, ⓐ는 어제 시점에서의 내일인 '오늘'이 되어야 한다.

ⓑ '계십시오'의 '계시다'는 '아들'이 화자(부모 중 한 사람)를 높이기 위해 사용한 높임 표현인데, 화자가 '아들'의 말을 간접 인용하게 되면 자신을 높이는 표현을 사용할 수 없으므로, '계시다'를 '있다'로 바꿔야 한다. 또한 '-ㅂ시오'는 명령의 뜻을 나타내는 종결 어미로, 이를 간접 인용할 때에는 '-(으)라고'를 사용하여 '있으라고'로 바꾸어야 한다.

ⓒ 직접 인용에서 대명사 '나'는 '언니'를 지칭하는 말이다. 따라서 간접 인용에서는 주어인 '언니'를 한 번 더 가리키는 재귀 대명사 '자기'가 들어가야 한다.

ⓓ 직접 인용에 들어 있는 인용절인 "나의 휴대 전화에 메시지를 꼭 남겨라."는 명령문이다. 명령문을 간접 인용으로 바꿀 때에는 명령형 어미 '-아라(어라)'를 '-(으)라'로 바꾼 다음, 간접 인용 조사 '고'를 붙여야 하므로 '남기라고'가 되어야 한다.

04 문장의 짜임새 파악

1. 관형절, 부사절, 명사절
2. 주어, 목적어, 부사어

→ ⓐ이 ⓑ에 (1. 관형절)로 안기면서 ⓐ의 (2. 부사어)가 생략되었습니다.

정답 코칭

홑문장 ⓐ이 관형절인 '철수가 산책을 한'의 형태가 되어 ⓑ에 안기는 과정에서 ⓐ의 부사어 '공원에서'가 생략되었다.

05 부사절의 이해와 적용

관형절, 명사절, 부사절, 인용절	
1. <u>이 일은 하기</u>가 쉽지 않다.	명사절
2. 빙수는 <u>이가 시리도록</u> 차가웠다.	부사절
3. 은기는 <u>꼭 꿈을 이루겠다고</u> 말했다.	인용절
4. 승희는 <u>마음이 따뜻한</u> 사람을 좋아한다.	관형절
5. 민우는 <u>우리가 어제 돌아온</u> 사실을 모른다.	관형절

정답 코칭

1. '이 일은 하기'는 주격 조사 '가'가 결합된 명사절로, 주어의 역할을 하고 있다.

2. '이가 시리도록'은 '이가 시리다'라는 문장에 어미 '-도록'이 결합한 것으로, 서술어 '차가웠다'를 수식하는 부사절이다.

3. '꼭 꿈을 이루겠다'는 "꼭 꿈을 이루겠다."라는 문장에 조사 '고'를 결합한 간접 인용절이다.

4. '마음이 따뜻한'은 관형사형 어미 '-ㄴ'이 결합된 관형절로, 명사 '사람'을 수식하고 있다.

5. '우리가 어제 돌아온'은 '우리가 어제 돌아오다.'라는 문장에 관형사형 어미 '-ㄴ'이 결합한 관형절로, 명사 '사실'을 수식하고 있다.

06 명사절과 관형절의 쓰임 파악

봄이 오면 꽃이 활짝 핀다.	
꽃이 활짝 피는 봄이 온다.	
나는 봄이 오고 꽃이 활짝 피기를 바란다.	
나는 꽃이 활짝 핀 봄이 오기를 기다린다.	○
나는 봄이 와서 꽃이 활짝 피기를 소망한다.	

정답 코칭

'나는 꽃이 활짝 핀 봄이 오기를 기다린다.'에서는 명사절 '봄이 오기'가 전체 문장에서 목적어로 쓰이고 있고, 관형절 '꽃이 활짝 핀'이 명사 '봄'을 수식하고 있다.

07 안긴문장과 안은문장의 분석

① ○ ⊗ ② ○ × ③ ○ × ④ ○ × ⑤ ○ ×

정답 코칭

① ㄱ은 '누나는 [마음이 넓다].'로 분석할 수 있다. 안긴문장의 주어는 '마음이'이고, 안은문장의 주어는 '누나는'이므로, 안은문장의 주어와 안긴문장의 주어는 동일하지 않다.

② ㄴ은 '관형어(그)+주어(배는)+부사어(섬으로)+서술어(갔다)'로 이루어진 문장이다. 주어와 서술어가 한 번씩만 나타나므로 홑문장에 해당한다.

③ ㄷ에서 안긴문장인 '형이 준'의 목적어는 '책을'인데, 안은문장의 목적어 '책을'과 중복되므로 생략되었다.

④ ㄷ에서 안긴문장인 '형이 준'은 뒤의 명사 '책'을 수식하므로 관형어의 기능을 한다. ㄹ에서 안긴문장인 '그가 학생임'은 뒤에 목적격 조사가 결합하여 목적어로 기능한다.

⑤ ㅁ은 '바람도 잠잠하다.'와 '하늘도 푸르다.'라는 두 홑문장이 나열의 의미를 가지는 대등적 연결 어미 '-고'를 통해 이어진문장이다.

p. 114

01 ①	02 ④	03 ④	04 ④	05 ③
06 ①	07 ①			

01 관형절을 안은문장의 특성 파악   정답 ①

정답 코칭

'그녀는 그가 여행을 간 사실을 몰랐다.'는 '그가 여행을 간'이 '그녀는 사실을 몰랐다.'에 관형절로 안긴문장이다. 이때 생략된 문장 성분 없이 관형절이 체언 '사실'을 수식하고 있으므로 ㉠의 예에 해당하지 않는다.

오답 코칭

② 관형절인 '내가 사는'의 부사어 '마을에'와 관형절이 수식하는 체언 '마을'이 중복되어 생략되었다.

③ 관형절인 '책장에 있던'의 주어 '소설책이'가 관형절이 수식하는 '소설책'과 중복되어 생략되었다.

④ 관형절인 '동생이 먹을'의 목적어 '딸기를'이 관형절이 수식하는 체언 '딸기'와 중복되어 생략되었다.

⑤ 관형절인 '골짜기에 흐르는'의 주어 '물이'가 관형절이 수식하는 체언 '물'과 중복되어 생략되었다.

02 문장의 짜임 파악   정답 ④

정답 코칭

㉣은 '날이 추워지다.'와 '방한 용품이 필요하다.'가 연결 어미 '-면'을 통해 조건의 의미 관계로 종속적으로 이어진문장이다.

오답 코칭

① ㉠은 명사절 '우리와 함께 일하기'가 목적격 조사 '를'과 결합하여 안은문장에서 목적어의 역할을 하고 있다.

② ㉡은 '후각이 훨씬 예민하다'가 서술절로서 안은문장에서 서술어의 역할을 하고 있다.

③ ㉢은 '그가 우리를 도와준'이 관형절로서 안은문장에서 명사 '일'을 꾸며 주는 관형어의 역할을 하고 있다.

⑤ ㉤은 '관객들이'가 주어이고 '메웠다'가 서술어로, 주어와 서술어의 관계가 한 번만 나타나는 홑문장이다.

03 안은문장과 안긴문장의 특성 파악   정답 ④

정답 코칭

ㄹ의 안긴문장인 '조종사가 된'에는 안은문장과 중복되는 필수 성분인 주어 '소년이'가 생략되어 있다. 그러나 ㄷ의 안긴문장인 '수업이 끝나기'에는 생략된 필수 성분이 없다.

오답 코칭

① ㄱ의 안긴문장인 '여행을 가기'에는 주어 '내가'가 생략되어 있다.

② ㄴ의 안긴문장은 '그녀가 착함'으로, 안긴문장의 주어는 '그녀가'이다. 그러나 안은문장의 주어는 '우리는'으로, 안긴문장의 주어와 다르다.

③ ㄴ과 ㄷ의 안긴문장은 각각 목적격 조사 '을', '를'과 결합하여 안은문장의 목적어로 쓰이고 있다.

⑤ ㄱ의 안긴문장은 명사절, ㄹ의 안긴문장은 관형사절로 종류는 다르지만, 안은문장에서의 문장 성분은 체언을 수식하는 관형어로 동일하다.

04 안은문장의 특성 이해   정답 ④

정답 코칭

ⓐ의 안긴문장인 '소리도 없이'는 용언 '나갔다'를 수식하고, ⓒ의 안긴문장인 '어머니께서 시장에서 산'은 체언 '수박'을 수식한다.

오답 코칭

① ⓐ의 안긴문장 '소리도 없이'에서는 '소리도'가 주어로, 생략되어 있지 않다.

② ⓑ의 안긴문장 '그가 이 사건의 범인임'은 목적격 조사 '을'과 결합하여 해당 문장의 목적어로 기능한다.

③ ⓒ의 안긴문장에는 용언 '사다'를 수식하는 부사어 '시장에서'가 있을 뿐, 체언을 수식하는 관형어는 없다.

⑤ ⓒ의 안긴문장에는 목적어인 '수박'이 생략되어 있지만, ⓑ의 안긴문장에는 목적어가 없다.

05 문장의 구조 파악   정답 ③

정답 코칭

ⓒ은 주어 '이곳은', 서술어 '아름답다'로 주어와 서술어 관계가 한 번만 나타나는 홑문장이다. 하나의 문장 성분처럼 쓰이는 안긴문장은 겹문장에만 나타나므로 ⓒ에는 안긴문장이 없다.

오답 코칭

① ㉠에 있는 안긴문장은 체언인 '아이'를 꾸며 주는 관형사절 '예쁜'으로, 이때 주어 '아이가'가 생략되었다.

② ㉡은 주어 '나는'과 서술어 '샀다'가 한 번 나타나는 홑문장이다.

④ ㉣은 주어 '날씨가'와 서술어 '추웠으나'로 이루어진 홑문장과, 생략된 주어 '날씨가'와 서술어 '따뜻하다'로 이루어진 홑문장이 연결 어미 '-으나'로 대등하게 연결된 이어진문장이다.

⑤ ㉤은 주어 '눈이'와 서술어 '올지라도'로 이루어진 홑문장과 주어 '우리는'과 서술어 '나간다'로 이루어진 홑문장이 종속적으로 연결된 이어진문장이다. 따라서 주어와 서술어의 관계가 두 번 이상 나타나는 문장이다.

06 문장의 짜임새 파악   정답 ①

정답 코칭

'동생은 추운 날씨에도 얼음을 먹었다.'에는 '날씨가 춥다'가 관형절로 안겨 '날씨'를 꾸며 주고 있다. 관형절 안의 성분이 수식을 받는 명사와 일치할 경우 그 성분이 생략되는데, 여기서는 '날씨가'가 생략되었다.

오답 코칭

② '형은 동생에게 불평을 했다.'에 '동생은 얼음을 먹었다.'가 안겨 있는 문장이다. 이때 '얼음을 먹는'은 관형절로 '동생'을 꾸며 준다.

③ '동생은 얼음을 먹었다.'에 '동생은 추위와 상관없다.'가 안겨 있는 문장
이다. 이때 '추위와 상관없이'는 부사절로 '먹었다'를 꾸며 준다.
④ '형은 동생에게 불평을 했다.'에 '날씨가 춥다.'가 안겨 있는 문장이다. 이
때 '날씨가 춥다고'는 인용절이다.
⑤ '형은 물을 마셨다.'와 '동생은 얼음을 먹었다.'가 연결 어미 '-지만'을 통
해 대등하게 연결된 이어진문장이다.

07 안은문장의 성분　　　　　　　　　정답 ①

정답 코칭

ⓐ는 절 마지막에 관형사형 어미 '-는'이 결합된 관형절이다. 이 관형절은
뒤에 오는 명사 '예보'를 수식하는 관형어로 쓰이고 있다.

오답 코칭

② ⓑ는 절 마지막에 관형사형 어미 '-(으)ㄴ'이 결합된 관형절이다. 이 관
형절은 뒤에 오는 명사 '도시'를 수식하는 관형어로 쓰이고 있다.
③ ⓒ는 절 마지막에 명사형 어미 '-기'가 결합된 명사절이다. 이 명사절은
뒤에 오는 명사 '전'을 수식하는 관형어로 쓰이고 있다.
④ ⓓ는 절 마지막에 명사형 어미 '-음'이 결합된 명사절이다. 이 명사절은
뒤의 목적격 조사 '을'과 결합하여 목적어로 쓰이고 있으므로, 조사와
결합하여 주성분으로 쓰이고 있음을 알 수 있다.
⑤ ⓔ는 절 마지막에 관형사형 어미 '-는'이 결합된 관형절이다. 이 관형절
은 뒤에 오는 명사 '들판'을 수식하면서 관형어 역할을 하고 있으므로,
조사와 결합 없이 부속 성분으로 쓰이고 있음을 알 수 있다.

벌크-UP　　　　　　　　　　　　　　　p. 116

01 ④　　　　**02** ②

01 현대 국어의 관형절 분류　　　　　　정답 ④

정답 코칭

㉠ '힘찬 함성이 운동장에 울려 퍼졌다.'는 '함성이 힘차다.'와 '함성이 운동
장에 울려 퍼졌다.'가 결합한 문장으로, '(함성이) 힘찬'이 관형절로 안겨
뒤에 오는 체언 '함성'을 수식하고 있다. 그런데 '함성이 운동장에 울려
퍼졌다.'의 주어 '함성'이 관형절에서도 주어로 쓰이고 있으므로, ㉠은
수식을 받는 체언이 관형절 속의 한 성분으로 쓰이는 관계 관형절이다.
따라서 ㉠은 [A]에 해당한다.
㉡ '누나는 자동차가 전복된 기억을 떠올렸다.'는 '자동차가 전복되었다.'와
'누나는 기억을 떠올렸다.'가 결합한 문장으로 '자동차가 전복된'이 관
형절로 안겨 뒤에 오는 체언 '기억'을 수식하고 있다. 이때 '기억'은 관형
절 '자동차가 전복된'의 한 성분이 아니므로, ㉡은 동격 관형절이다. 또
한 관형절이 만들어지는 과정에서 종결 어미 '-다'가 유지되지 않고 있
으므로 [B]에 해당한다.
㉢ '나는 형이 조사한 자료를 보고서에 인용했다.'는 '형이 자료를 조사했
다.'와 '나는 자료를 보고서에 인용했다.'가 결합한 문장으로 '형이 조사
한'이 관형절로 안겨 뒤에 오는 체언 '자료'를 수식하고 있다. 이때 '나
는 자료를 보고서에 인용했다.'의 목적어 '자료'가 관형절에서 목적어로
쓰이고 있으므로 ㉢은 관계 관형절이며 [A]에 해당한다.
㉣ '내가 그 일을 한다는 사실은 확실히 변함없다.'는 '내가 그 일을 한다.'

와 '사실은 확실히 변함없다.'가 결합한 문장으로, '내가 그 일을 한다는'
이 관형절로 안겨 뒤에 오는 체언 '사실'을 수식하고 있다. 이때 '사실'은
관형절의 한 성분이 아니므로 ㉣은 동격 관형절이다. 또한 관형절이
만들어지는 과정에서 종결 어미 '-다'가 유지되고 있으므로 [C]에 해당
한다.

02 안긴문장의 이해　　　　　　　　　정답 ②

정답 코칭

ⓒ은 명사절로 안긴문장으로, 절 전체가 명사처럼 쓰여 서술어 '알리며'의
목적어 역할을 한다.

오답 코칭

① ㉠은 뒤에 오는 명사 '친구'를 수식하는 관형절로 안긴문장이다.
③ ㉢은 조사 '고'를 사용하여 친구의 말을 인용하고 있는 인용절로 안긴
문장이다.
④ ㉣은 뒤에 오는 서술어 '약속해서'를 수식하는 부사절로 안긴문장이다.
⑤ ㉤은 주어 '나'의 상태를 서술하고 있는 서술절로 안긴문장이다.

호루라기 관장님의 하드 트레이닝　　　p. 117

01 서술어	**21** 국가 대표팀이 우승할 것임, 목적어
02 절	
03 안긴문장, 안은문장	**22** 재희는 키가 매우 크다
04 명사절	**23** 재희는 봄이 온 사실을 몰랐다
05 명사	**24** 재희는 날이 저물도록 집에 오지 않았다
06 주어	
07 어미	**25** 재희는 수진이에게 어서 오라고 소리쳤다
08 관형어	
09 관형절	**26** 동생이 준
10 과거, 현재, 미래	**27** 약속 시간에 늦은
11 부사어	**28** 늘 쉬던
12 인용절	**29** 형이 조사한
13 라고	**30** 비가 안 와서
14 고	**31** 빛깔도 곱게
15 서술어	**32** 사진이 멋지게
16 서술절	**33** 친구가 쉴 수 있도록
17 그것이 사실임, 주어	**34** 손에 땀이 나도록
18 방학이 끝나기, 목적어	
19 국어 공부에 매진하기, 부사어	
20 그 공룡은 오래전에 멸종했음, 주어	

개념쑥 트레이닝 ZONE　　　　p. 122

01

(1) 높임법　　(2) 주체, 화자　　(3) 목적어, 부사어
(4) 상대, 격식체　　(5) 종결

02

(1) 주체 높임, 어머니　　(2) 객체 높임, 선생님
(3) 주체 높임, 할아버지　　(4) 주체 높임, 부장님
(5) 객체 높임, 이모

03

(1) '(께서)'와 '(계시다)'를 사용하여 (주체 / 객체)인 선생님을 높이고 있다.
(2) '−(으)시−'를 사용하여 '(목소리)'를 높여 (주체 / 객체)인 교수님을 간접적으로 높이고 있다.
(3) '(께)'와 '찾아뵙다', '(여쭈었다)'를 사용하여 (주체 / 객체)인 할머니를 높이고 있다.

04

(1) 좋소, 좋다　　(2) 왔어, 왔어요　　(3) 지내게, 지내셨습니까

05

(1) 해체　　(2) 해라체　　(3) 해요체　　(4) 하십시오체
(5) 하게체

06

(1) 교장 선생님(께서) 교실에 (계신다).
(2) 삼촌(께서)는 매일 아침에 우유를 (드신다).
(3) 민정이는 할머니를 (모시고) 영화관에 갔다.
(4) 솔이는 궁금했던 것을 선생님(께) (여쭤보았다).
(5) 할머니(께서) 빵을 드시고 잠을 (주무신다).

07

(1) 과장님, 지금 시간이 계세요? ➔ (있으세요)
(2) 선생님께 묻고 싶은 것이 있어요. ➔ (여쭙고)
(3) 불편한 점이 계시면 말씀해 주세요. ➔ (있으시면)
(4) 할아버지께서는 지금 안방에 있으십니다. ➔ (계십니다)
(5) 재민아, 선생님께서 너 빨리 교무실로 오시라고 해. ➔ (오라고 하셔)

워밍-UP　　　　p. 123

01 간접 높임, ○, 높임
02 1. 주체　　2. 객체　　3. 주체　　4. 주체　　5. 주체
03 ○　　○　　×　　×　　○
04 ① ○　　② ○　　③ ○　　④ ○　　⑤ ×

01 높임의 양상 이해

실력 자랑 〈보기 2〉에 사용된 높임의 양상을 바르게 골라 보세요.

주체 높임	객체 높임	상대 높임
(직접 높임 / 간접 높임)	(○ / ×)	(높임 / 낮춤)

정답 코칭

'아버지는 허리가 아프셔서 한영이가 아버지 대신 할아버지를 뵙고 왔습니다.'에서 '허리가 아프셔서'에는 주체 높임 선어말 어미 '−시−'를 통해 높여야 할 대상인 '아버지'의 신체 일부분인 '허리'를 높이는 간접 높임이 실현되어 있다. 또한 객체인 '할아버지'를 높이기 위해 '뵙고(뵙다)'라는 특수 어휘를 사용하였으며, 청자가 드러나 있지는 않지만 '−습니다'라는 종결 표현을 사용하여 상대를 높이는 상대 높임이 실현되었다.

02 높임법의 이해와 적용

실력 자랑 다음 문장들의 높임의 양상을 파악해 보세요.

1. 주체　　2. 객체　　3. 주체　　4. 주체　　5. 주체

정답 코칭

1. '선생님께서는 댁에 계십니다.'는 문장의 주체인 '선생님'을 높이는 주체 높임이다.
2. '형은 어머니께 그 책을 드렸다.'는 부사격 조사 '께'와 높임의 의미가 있는 어휘 '드렸다'를 통해 문장의 목적어인 '어머니'를 높이는 객체 높임이다.
3. '할아버지께서는 눈이 밝으십니다.'는 문장의 주체인 '할아버지'를 높이는 주체 높임으로, 할아버지의 신체 일부인 '눈'을 간접적으로 높이고 있다.
4. '할머니, 아버지가 지금 막 도착했어요.'는 청자인 '할머니'가 주체인 '아버지'보다 높임의 대상이므로 주체에 대해 높임 표현을 사용하지 않은 문장이다.
5. '윤우야, 선생님께서 빨리 교무실로 오라고 하셔.'는 문장의 주체인 '선생님'을 높이는 주체 높임이다.

03 높임 표현의 이해

실력 자랑 〈보기 2〉에서 사용된 높임의 양상을 바르게 골라 보세요.

주체 높임			객체 높임	
선어말 어미	조사	특수 어휘	조사	특수 어휘
(○ / ×)	(○ / ×)	(○ / ×)	(○ / ×)	(○ / ×)

'어머니께서는 할머니를 모시고 공원에 가셨다.'에서는 주격 조사 '께서'를 통해 주체인 '어머니'를 높이고 있다. 그리고 '가셨다'는 '가-+-시-+-었-+-다'로 분석할 수 있는데, 여기서 선어말 어미 '-시-'가 주체인 '어머니'를 높이고 있다. 또한 '모시다'라는 높임의 의미가 있는 특수 어휘를 통해 객체인 '할머니'를 높이고 있다.

04 의문문과 청유문 이해

실력 자랑 밑줄 친 부분이 ㉠에 해당하면 ○, 해당하지 않으면 X표 하세요.

① ○ ② ○ ③ ○ ④ ○ ⑤ ✕

정답 코칭

① 화자가 청자에게 함께 기다릴 것을 요청하는 의문문이다.
② 화자가 청자에게 다친 곳을 보여 줄 것을 요청하는 청유문이다.
③ 화자가 청자에게 자신이 내리도록 비켜 줄 것을 요청하는 청유문이다.
④ 화자가 청자에게 모자를 벗어 줄 것을 요청하는 의문문이다.
⑤ '어디 보자.'는 청유형 어미 '-자'가 쓰인 청유문이지만, B의 '거기서 혼자 뭐 해요.'를 통해서 짐작할 수 있듯이 청자에게 건네는 말이 아니라 상대가 없이 혼자서 하는 말이다. 따라서 청자에게 무언가를 볼 것을 요청하는 문장이 아니므로 ㉠의 예로 적절하지 않다.

펌핑-UP
p. 124

| 01 ② | 02 ⑤ | 03 ② | 04 ② | 05 ② |
| 06 ③ | 07 ⑤ | | | |

01 높임 표현의 이해
정답 ②

정답 코칭

ㄴ에서 '데리고'를 '모시고'로 수정하면 주체인 삼촌이 아니라 객체인 할머니를 직접적으로 높이는 표현이 된다.

오답 코칭

① ㉠의 '계신가요'를 '있으신가요'로 수정하면 주체인 아버지를 간접적으로 높이는 표현이 된다.
③ ㄷ의 '이'를 '께서'로, '온다고'를 '오신다고'로 수정하면 주체인 부장님을 직접적으로 높이는 표현이 된다.
④ ㄹ의 '한테'를 '께'로, '주라고'를 '드리라고'로 수정하면 객체인 할아버지를 직접적으로 높이는 표현이 된다.
⑤ ㅁ의 '한테'를 '께'로, '물어봐'를 '여쭤봐'로 수정하면 객체인 선생님을 직접적으로 높이는 표현이 된다.

02 높임 표현의 적용
정답 ⑤

정답 코칭

'형은 동생이 찾아뵈려던 선생님을 학교에서 만났습니다.'는 관계 관형절 '동생이 (선생님을) 찾아뵈려던'이 안겨 있는 문장으로, 안긴문장에서의 객체 높임 대상인 '선생님'이 안은문장의 목적어 '선생님을'로 실현되었으므로 ㉠에 들어갈 예로 적절하다.

오답 코칭

① '편찮으시던 어르신께서는 좀 건강해지셨나요?'는 관계 관형절 '(어르신께서) 편찮으시던'이 안겨 있는 문장으로, 안은문장에서의 주체 높임 대상인 '어르신'이 안은문장의 주어 '어르신께서는'으로 실현되었으므로 ㉠에 들어갈 예로 적절하지 않다.
② '오빠는 고향에 계신 부모님을 집으로 모시고 갔다.'는 관계 관형절 '(부모님이) 고향에 계신'이 안겨 있는 문장으로, 안긴문장에서의 주체 높임 대상인 '부모님'이 안은문장의 목적어 '부모님을'로 실현되었으므로 ㉠에 들어갈 예로 적절하지 않다.
③ '나는 할아버지께서 선물을 주신 날짜를 아직도 기억해.'는 동격 관형절 '할아버지께서 선물을 주신'이 안겨 있는 문장으로, 안긴문장에서 주체 높임이 실현되었으므로 ㉠에 들어갈 예로 적절하지 않다.
④ '누나는 다음 주에 인사를 드릴 할머니께 편지를 썼어요.'는 관계 관형절 '다음 주에 (할머니께) 인사를 드릴'이 안겨 있는 문장으로, 안긴문장에서의 객체 높임 대상인 '할머니'가 안은문장의 부사어 '할머니께'로 실현되었으므로 ㉠에 들어갈 예로 적절하지 않다.

03 높임 표현의 이해
정답 ②

정답 코칭

ㄴ에서 선어말 어미 '-으시-'는 생략된 주어의 지시 대상인 '어머니'를, 조사 '요'는 상대방인 '점원'을 높이기 위해 쓰이고 있다.

오답 코칭

① ㄱ에서는 문법적 수단인 조사 '께'와 어휘적 수단인 특수 어휘 '드리다'를 통해 부사어가 지시하는 대상인 '어머니'를 높이고 있다.
③ ㄷ에서 동사 '모시다'는 목적어의 지시 대상인 '부모님'을, 조사 '께서'는 주어의 지시 대상인 '손님들'을 높이기 위해 쓰이고 있다.
④ ㄹ에서는 문법적 수단인 종결 어미 '-ㅂ니다'를 통해 대화의 상대방인 '손님'을 높이고 있다.
⑤ ㅁ에서는 어휘적 수단인 동사 '뵙다'를 통해 목적어의 지시 대상인 '어머니'를 높이고 있다.

04 높임법의 실현 파악
정답 ②

정답 코칭

조사 '께서'와 선어말 어미 '-시-'를 통해 주체인 아버지를 높이는 주체 높임이 실현되었다. 그리고 특수 어휘 '모시고'를 통해 객체인 목적어 '할머니'를 높이는 객체 높임이 실현되었다. 청자인 '영희'에게는 '해체'를 사용하여 낮추고 있다.

05 높임 표현의 이해
정답 ②

정답 코칭

ㄱ은 부사격 조사 '께'를 사용하여 문장의 객체인 '할아버지'를 높이고 있다.

오답 코칭

① ㄱ은 해라체 종결 어미 '-어라'를 사용하여 청자인 '범서'를 낮추고 있다.
③ ㄴ은 하십시오체 종결 어미 '-습니다'를 사용하여 청자인 '아버지'를 높이고 있다.
④ ㄴ은 높임의 의미가 있는 특수 어휘 '모시다'를 사용하여 문장의 객체

인 '할머니'를 높이고 있다.
⑤ ㄷ은 선어말 어미 '-으시-'를 사용하여 주체인 '어머니'와 관련 있는 대
  상인 '걱정'을 높여 주체를 간접적으로 높이고 있다.

06 의문문과 청유문의 특징 파악 　　　　정답 ③

정답 코칭

A의 말은 형식적으로는 의문문이지만 B의 말을 고려할 때 안경을 찾으면
서 하는 혼잣말이다. 그러므로 화자가 청자에게 행동을 요청하는 발화에
는 해당하지 않는다.

오답 코칭

① A의 말은 청유문이지만 B의 말을 고려할 때 영화를 볼 수 있게 조용히
  해 달라는 의미이므로, 화자가 청자에게 특정 행위를 요청하는 발화이다.
② A의 말은 청유문이지만, B의 말을 고려해 보면 창문을 열어 줄 것을 요
  청하는 발화임을 알 수 있다.
④ A의 말은 의문문이지만, B의 말을 고려해 보면 방에서 비켜 줄 것을 요
  청하는 발화임을 알 수 있다.
⑤ A의 말은 의문문이지만, B의 말을 고려해 보면 신호등 앞에서 차를 세
  워 줄 것을 요청하는 발화임을 알 수 있다.

07 문장 유형 이해 　　　　정답 ⑤

정답 코칭

'늦을 것 같으니까 어서 씻어라.'는 종결 어미 '-어라'를 통해 명령문이 실
현되고, '그 사람을 몹시도 만나고 싶어라.'는 종결 어미 '-어라'를 통해 감
탄문이 실현된다. 이를 통해 종결 어미 '-어라'는 동일한 형태가 서로 다른
문장 유형을 실현할 수도 있다는 것을 알 수 있다.

오답 코칭

① 종결 어미 '-니'를 통해 의문문이 실현된다.
② 종결 어미 '-ㄹ게'를 통해 평서문이 실현된다.
③ 종결 어미 '-구나'를 통해 감탄문이 실현된다.
④ 종결 어미 '-ㅂ시다'를 통해 청유문이 실현된다.

벌크-UP 　　　　p. 126

01 ②　　　　02 ③

01 간접 높임의 적용 　　　　정답 ②

정답 코칭

'교수님'의 소유물인 '책'을 선어말 어미 '-으시-'를 사용하여 높임으로써
높여야 할 대상인 '교수님'을 간접적으로 높이고 있다. 한편 주격 조사 '께
서'는 주체인 '교수님'을 직접적으로 높이고 있다.

오답 코칭

① 주격 조사 '께서'와 선어말 어미 '-시-'를 통해 주체인 '아버지'를 직접
  높이고 있다.
③ 주격 조사 '께서'와 선어말 어미 '-시-'를 통해 주체인 '어머니'를 직접
  높이고 있다.
④ 주격 조사 '께서'와 선어말 어미 '-시-'를 통해 주체인 '선생님'을 직접
  높이고 있다.

⑤ 주격 조사 '께서'와 선어말 어미 '-시-'를 통해 주체인 '할아버지'를 직
  접 높이고 있다.

02 높임 표현의 이해 　　　　정답 ③

정답 코칭

특수 어휘 '뵙다'를 통해 서술어의 대상이 되는 목적어인 '선생님'을 높이고
있다.

오답 코칭

① 주격 조사 '께서'와 선어말 어미 '-시-'를 통해 주체인 '선생님'을 높이
  고 있다.
② 부사격 조사 '께'와 특수 어휘 '드리다'를 통해 서술어의 대상이 되는 부
  사어인 '선생님'을 높이고 있다.
④ 종결 표현 '해요체'를 통해 청자인 '선생님'을 높이는 상대 높임법이다.
⑤ 수업 중 발표를 하는 공식적인 상황이므로 상대 높임의 종결 표현 중
  격식체인 '하십시오체'를 사용하고 있다.

호루라기 관장님의 하드 트레이닝 　　　　p. 127

01	높임	20	께, 여쭈었다
02	주어	21	하게체
03	께서	22	해요체
04	주어	23	해체
05	간접	24	하십시오체
06	목적어	25	하오체
07	께, 부사어	26	해라체
08	종결 어미	27	명령문
09	압존법	28	감탄문
10	저, 저희	29	평서문
11	종결	30	의문문
12	종결 어미, 청유문	31	청유문
13	높임	32	판정 의문문
14	주	33	설명 의문문
15	객	34	수사 의문문
16	주		
17	주		
18	께서, -시-		
19	께, 드렸다		

개념 트레이닝 ZONE

p. 130

01

(1) 어떤 동작이나 상태가 언제 일어난 일인지를 언어적으로 표현하는 것을 시제라고 한다. ◯ ⊗

(2) 시제는 화자가 말하는 시점인 <u>사건시</u>와 동작이나 상태가 일어나는 시점인 <u>발화시</u>의 관계에 따라 과거, 현재, 미래 시제로 나뉜다.
(발화시 / 사건시) ◯ ⊗

(3) 과거 시제는 발화시가 사건시보다 앞서는 시제이며, 미래 시제는 <u>발화시가 사건시보다 나중인</u> 시제이다.
(사건시가 발화시보다 앞서는 시제 / 사건시가 발화시보다 나중인 시제) ◯ ⊗

(4) 형용사와 서술격 조사에서 현재 시제는 선어말 어미 없이 실현되기도 한다. ◯ ⊗

(5) 시간의 흐름 속에서 동작의 양상을 표현하는 방법에는 동작의 진행을 나타내는 진행상과 동작의 완료를 나타내는 완료상이 있다. ◯ ⊗

02

(1) 오다	과거	어제는 비가 (왔다).
	현재	지금은 비가 (온다).
	미래	내일은 비가 (오겠다).
(2) 보다	과거	나는 어제 친구와 영화를 (보았다/봤다).
	현재	나는 지금 친구와 영화를 (본다).
	미래	나는 내일 친구와 영화를 (보겠다).
(3) 가다	과거	우리는 모레 공연을 보러 (갔다).
	현재	우리는 오늘 공연을 보러 (간다).
	미래	우리는 다음 주에 공연을 보러 (가겠다).

03

과거	(1)	나는 지난 주말에 책을 읽다 말았다.	지난, -았-
	(2)	유진이는 도서관에서 공부를 하더라.	-더-
	(3)	학생이던 사람들이 지금은 어른이 되었어.	-던, -었-
현재	(4)	우리 가족은 맛있게 요리를 먹는다.	-는-
	(5)	학생들은 지금 도서관에서 공부를 한다.	지금, -ㄴ-
미래	(6)	내일 다시 방문하겠습니다.	내일, -겠-
	(7)	그녀는 모레 떠날 사람이다.	모레, -ㄹ

04

(1) 우리는 어제 그 방송을 <u>보다</u>. ➡ (보았다)

(2) 아침에 이웃집 강아지가 <u>짖는다</u>. ➡ (짖었다)

(3) 우리가 처음 <u>만나는</u> 곳은 서울역이었어. ➡ (만난/만났던)

(4) 외투를 두고 온 재우가 학교로 <u>돌아가다</u>. ➡ (돌아갔다)

(5) 네가 <u>먹는</u> 우유는 유통기한이 지난 것이었다. ➡ (먹은)

05

(1) (오늘)이면 물건을 받아 볼 수 (있다).

(2) (오늘/지금)도 마음속이 온통 (뒤죽박죽이다).

(3) (오늘/지금) 내 모습은 누구보다 (자랑스럽다).

(4) 나는 (떠나는) 사람에게 미련을 두지 (않는다).

(5) 나는 소식을 듣자마자 눈앞이 어두워지는 걸 (느낀다).

06

(1)	어서 가자, 학교에 늦겠다.	(추측)	의지	가능성이나 능력
(2)	모레쯤 미국에 도착하겠다.	(추측)	의지	가능성이나 능력
(3)	이걸 어떻게 혼자 다 하겠니?	추측	의지	(가능성이나 능력)
(4)	내일은 낚시를 꼭 하러 가겠다.	추측	(의지)	가능성이나 능력
(5)	계약을 반드시 성사시키겠습니다.	추측	(의지)	가능성이나 능력

07

(1)	방학이 끝나 간다.	(진행상)	완료상
(2)	과자를 다 먹어 버렸다.	진행상	(완료상)
(3)	은성이가 밥을 먹고 있다.	(진행상)	완료상
(4)	판다가 나무 위에 앉아 있다.	진행상	(완료상)
(5)	밥을 다 먹고서 학교에 갔다.	진행상	(완료상)

워밍-UP

p. 131

01 1. 의지 2. 가능성 3. 가능성 4. 추측 5. 추측
02 ① × ② × ③ × ④ ○ ⑤ ×
03 ㄱ. 진행상 ㄴ. 완료상 ㄷ. 진행상 ㅁ. 완료상 ⑤ 진행되고
04 ① ○ ② × ③ ○ ④ ○ ⑤ ○

01 선어말 어미 '-겠-'의 의미 파악

실력 자랑 다음 '-겠-'의 의미를 아래에서 골라 적어 보세요.

추측, 의지, 가능성	
1. 나는 이번 시험에 합격하고야 말겠다.	의지
2. 그렇게 쉬운 것은 삼척동자도 알겠다.	가능성
3. 이 많은 일을 어떻게 혼자 다 하겠니?	가능성
4. 오늘 눈이 많이 와서 길이 미끄럽겠다.	추측
5. 지금 떠나면 내일 새벽에 도착하겠구나.	추측

정답 코칭

1. 시험에 합격하겠다는 '나'의 의지가 드러나 있다.

2. 그렇게 쉬운 것은 삼척동자도 알 것이라는 가능성의 의미를 가지고 있다.

3. 많은 일을 혼자 다 할 수 있을지 가능성을 묻고 있다.

4. 눈이 와서 길이 미끄럽겠다는 추측이 드러나 있다.

5. 내일 새벽에 도착하겠다는 추측이 드러나 있다.

02 시간 표현의 문법 요소 탐구

 ⓐ~ⓒ를 탐구한 내용의 적절성을 판단해 보세요.

① ⓐ : 발화시보다 사건시가 나중인 시간 표현이 사용되었다.

〇⊗

② ⓐ : 관형사형 어미와 선어말 어미를 활용한 시간 표현이 나타난다.

〇⊗

③ ⓑ : 발화시와 사건시가 일치하는 시간 표현이 사용되었다.

〇⊗

④ ⓑ : 시간 부사와 선어말 어미를 활용한 시간 표현이 나타난다.

〇⊗

⑤ ⓒ : 발화시보다 사건시가 앞선 시간 표현이 사용되었다. 〇⊗

정답 코칭

① '잔다'에 현재 시제 선어말 어미 '-ㄴ'이 쓰인 것으로 보아 현재 시제를 나타내고 있다. 현재 시제는 발화시와 사건시가 일치하는 시간 표현이다.

② '잔다'에서 현재 시제 선어말 어미 '-ㄴ'을 통해 현재 시제를 표현하고 있으나 관형사형 어미는 쓰이지 않았다.

③ 시간 부사 '어제'와 과거 시제 선어말 어미 '-았-'을 통해 과거 시제임을 알 수 있다. 과거 시제는 사건시보다 발화시가 나중인 시간 표현이다.

④ 시간 부사 '어제'와 '봤다(보-+-았-+-다)'에서 선어말 어미 '-았-'을 활용하여 과거 시제를 표현하고 있다.

⑤ 시간 부사 '곧'과 '내리겠습니다'에 미래 시제 선어말 어미 '-겠-'이 쓰인 것으로 보아 미래 시제를 나타내고 있다. 미래 시제는 발화시보다 사건시가 나중인 시간 표현이다.

03 동작상의 파악

 ㄱ~ㅁ의 동작상을 파악해 보세요.

문장	동작상
ㄱ	진행상
ㄴ	완료상
ㄷ	진행상
ㄹ	진행상, 완료상
ㅁ	완료상

⑤ ㄷ은 연결 어미를 통해 시간의 흐름 속에서 <u>사건이 완료되었음을</u> 표현하고 있다.

→ 사건이 (진행되고) 있음을

정답 코칭

ㄱ. '-고 있다'를 통해 동생이 책을 읽는 사건이 진행되고 있다는 진행상을 표현하고 있다.

ㄴ. '-어 있다'를 통해 꽃이 핀 후의 결과가 지속되고 있음을 나타내는 완료상을 표현하고 있다.

ㄷ. 연결 어미 '-(으)면서'를 통해 시간의 흐름 속에서 사건이 진행되고 있음을 나타내는 진행상을 표현하고 있다.

ㄹ. 그는 빨간 티셔츠를 입는 중이라는 진행상으로 해석할 수도 있지만 빨간 티셔츠를 입은 채로 있다는 완료상으로도 해석할 수 있는 중의적 문장이다.

ㅁ. '-고서'를 통해 '나'가 밥을 먹는 동작이 끝났음을 나타내는 완료상을 표현하고 있다.

04 시간 표현 탐구

 학습 활동을 수행한 결과의 적절성을 판단해 보세요.

① ㄱ은 사건시와 발화시가 일치한다. 〇⊗

② ㄴ은 사건시가 발화시보다 앞선다. 〇⊗

③ ㄴ과 ㄷ 모두 부사어를 활용한 시간 표현이 나타난다. 〇⊗

④ ㄷ과 ㄹ 모두 관형사형 어미를 활용한 시간 표현이 나타난다.

〇⊗

⑤ ㄱ, ㄴ, ㄹ 모두 선어말 어미를 활용한 시간 표현이 나타난다.

〇⊗

정답 코칭

① ㄱ에서는 선어말 어미 '-ㄴ-'을 통해 현재 시제를 표현하고 있다.

② ㄴ은 부사어 '곧'과 선어말 어미 '-겠-'을 통해 미래 시제를 표현하고 있다. 미래 시제는 발화시보다 사건시가 나중인 시제이다.

③ ㄴ에서는 부사어 '곧'을 통해, ㄷ에서는 부사어 '내일'을 통해 미래 시제를 표현하고 있다.

④ ㄷ에서는 관형사형 어미 '-(으)ㄹ'을 통해 미래 시제를 표현하고 있으며, ㄹ에서는 관형사형 어미 '-(으)ㄴ'을 통해 과거 시제를 표현하고 있다.

⑤ ㄱ에서는 선어말 어미 '-ㄴ-'을 통해 현재 시제를, ㄴ에서는 선어말 어미 '-겠-'을 통해 미래 시제를, ㄹ에서는 선어말 어미 '-더-'를 통해 과거 시제를 표현하고 있다.

펌핑-UP

p. 132

01 ①	02 ④	03 ③

01 시제의 쓰임 파악

정답 ①

정답 코칭

'먹은'에서 관형사형 어미 '-은', '맛있었다'에서 선어말 어미 '-었-'을 통해 발화시보다 사건시가 앞서는 경우인 과거 시제가 실현되었다.

오답 코칭

② 시간 부사어 '내일'과 '읽을'의 관형사형 어미 '-을'을 통해 발화시보다 사건시가 나중인 미래 시제가 실현되었다.

③ 시간 부사어 '이미'와 '도착했다'의 선어말 어미 '-았-'을 통해 발화시보다 사건시가 앞서는 과거 시제가 실현되었다.

④ 시간 부사어 '작년'과 '왔었다'의 선어말 어미 '-았었-'을 통해 발화시보다 사건시가 앞서는 과거 시제가 실현되었다.

⑤ 시간 부사어 '지금'과 '한다'의 선어말 어미 '-ㄴ-'을 통해 발화시와 사건
시가 일치하는 현재 시제가 실현되었다.

02 시간 표현의 탐구 　　　　　　　　　　　정답 ④

정답 코칭

ㄹ의 '적었었다'에 사용된 선어말 어미 '-었었-'은 과거에 발생하여 현재와
다르거나 단절된 사건을 나타내고 있다.

오답 코칭

① ㄱ에서는 시간 부사어 '어제'를 사용하여 과거를 나타내고 있다.
② ㄴ의 '춥더라'에서는 선어말 어미 '-더-'를 사용하여 지난겨울에 추웠다
　　는 과거의 경험을 회상하고 있다.
③ ㄷ의 '본'은 관형사형 어미 '-(으)ㄴ'을 사용하여 과거에 일어난 일을 나
　　타내고 있다.
⑤ ㅁ의 '잤다'는 '자다'에 선어말 어미 '-았-'을 결합하여 미래의 상황을 나
　　타내고 있다.

03 현대 국어의 시간 표현 이해 　　　　　　　　정답 ③

정답 코칭

'놓였다'는 '놓-+-이-+-었-+-다'로, '놓이다'의 어간 '놓이-' 뒤에 과거
시제 선어말 어미 '-었-'이 결합한 것이다. 즉 ⓒ에서 '놓였다'로 나타난 것
은 어간 '놓이-' 뒤에 선어말 어미 '-었-'이 와서 줄어든 형태로, '놓-' 뒤
에 '-였-'이 결합한 것은 아니다. 과거 시제 선어말 어미 '-였-'은 '하-' 다
음에 결합한다.

오답 코칭

① '먹는다'는 동사의 어간 '먹-' 뒤에 현재 시제 선어말 어미가 결합한 것
　　인데, 동사의 어간 말음이 자음 'ㄱ'이므로, '-는-'이 결합한 것이다.
② '자라다'는 동사의 어간 '자라-' 뒤에 현재 시제 선어말 어미가 결합한
　　것인데, 동사의 어간 말음이 모음 'ㅏ'이므로, '-ㄴ-'이 결합한 것이다.
④ '입장하겠습니다'는 '입장하-+-겠-+-습니다'로, 동사 '입장하다'의 어
　　간 '입장하-' 뒤에, 미래 시제 선어말 어미 '-겠-'이 결합한 것이다.
⑤ '꿨다'는 '꾸-+-었-+-다'로, 동사 '꾸다'의 어간 '꾸-' 뒤에 과거 시제
　　선어말 어미 '-었-'이 결합한 것이다.

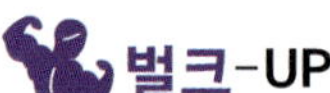 벌크-UP 　　　　　　　　　　　　　　p. 133

01 ②	02 ①

01 시간 표현의 이해 　　　　　　　　　　　정답 ②

정답 코칭

ⓒ은 부사어 '내일'과 동사의 어간 '내리-'에 관형사형 어미 '-ㄹ'과 의존 명
사 '것'이 결합한 '내릴 것'을 통해 미래 시제를 나타내고 있다. 하지만 선어
말 어미를 활용한 시간 표현은 나타나지 않는다.

오답 코칭

① ㉠의 부사어 '지금'과 '내린다'에서 선어말 어미 '-ㄴ-'을 통해 사건시와
　　발화시가 일치하는 현재 시제를 나타내고 있다.
③ ⓒ은 동사의 어간 '찾아가-'에 관형사형 어미 '-ㄴ'이 결합한 '찾아간'을
　　통해 과거 시제를 나타내고 있다.

④ ㉠에서는 부사어 '지금'을 통해 현재 시제를, ⓒ에서는 부사어 '내일'을
　　통해 미래 시제를 나타내고 있다.
⑤ ⓒ에는 사건시가 발화시보다 나중인 미래 시제가, ⓒ에는 사건시가 발
　　화시보다 앞서는 과거 시제가 나타나고 있다.

02 시간 표현의 적용 　　　　　　　　　　　정답 ①

정답 코칭

'잠시 후 결과가 발표된다.'에서 선어말 어미 '-ㄴ-'은 미래를 나타내는 경
우이고, '일찍 출발하느라 고생했겠다.'에서 선어말 어미 '-겠-'은 고생을
했을 것이라는 추측을 나타내는 경우이다.

오답 코칭

② ⓐ의 선어말 어미 '-ㄴ-'은 미래를 나타내는 경우, ⓑ의 선어말 어미
　　'-겠-'은 완곡한 표현을 나타내는 경우에 해당한다.
③ ⓐ의 선어말 어미 '-ㄴ-'은 보편적인 사실을 나타내는 경우, ⓑ의 선어
　　말 어미 '-겠-'은 화자의 의지를 나타내는 경우에 해당한다.
④ ⓐ의 선어말 어미 '-ㄴ-'은 보편적인 사실을 나타내는 경우, ⓑ의 선어
　　말 어미 '-겠-'은 화자의 의지를 나타내는 경우에 해당한다.
⑤ ⓐ의 선어말 어미 '-는-'은 현재를 나타내는 경우, ⓑ의 선어말 어미
　　'-겠-'은 추수가 끝났을 것이라는 추측을 나타내는 경우이다.

호루라기 관장님의 하드 트레이닝 　　　　　　p. 134

01 시제	19 과거
02 발화시	20 현재
03 사건시	21 ⓒ
04 과거	22 ⓔ
05 현재	23 ⓔ
06 미래	24 ㉠
07 어미, 부사	25 ⓒ
08 겠	26 ⓒ
09 동작상	27 고등학생이었다, 고등학생이겠
10 진행상	다 / 고등학생일 것이다
11 완료상	28 갔다, 갔었다 / 가겠다, 갈 것이
12 가다, 버리다	다
13 과거, 어제, -았-	
14 현재, 지금, -ㄴ-	
15 미래, 내일, -겠-	
16 현재	
17 과거	
18 미래	

049~051 부정 표현 / 피동 표현 / 사동 표현

개념쏙 트레이닝 ZONE
p. 138

01

(1) 부정문에는 부정 부사 '안, 못'을 사용한 (긴 /__짧은__) 부정문과 '-지 않다, -지 못하다'를 사용한 (__긴__/ 짧은) 부정문이 있다.

(2) '안' 부정문은 단순한 부정이나 행위를 하지 않겠다는 (상황 / __의지__)에 의한 부정이고, '못' 부정문은 행위를 할 능력이 부족하거나 자신의 의사와 상관없는 (__상황__/ 의지)에 의한 부정이다.

(3) 주어가 동작을 제힘으로 하는 것을 나타내는 문장을 (__능동문__/ 피동문)이라고 하고, 다른 주체에 의해 동작을 당하는 것을 나타내는 문장을 (능동문 /__피동문__)이라고 한다.

(4) 피동 표현은 동작의 (__대상__/ 주체)을/를 강조하고 싶을 때, 동작의 주체가 분명하지 않거나 밝힐 필요가 없을 때, 또는 동작의 주체를 (밝히려고 /__밝히지 않으려고__) 할 때 사용한다.

(5) 주어가 동작을 직접 하는 것을 나타내는 문장을 (__주동문__/ 사동문)이라고 하고, 주어가 남에게 동작을 하도록 시키는 것을 나타내는 문장을 (주동문 /__사동문__)이라고 한다.

02

(1) 의지 부정	짧은 부정	나는 그를 (안) 만났다.
	긴 부정	나는 그를 만나지 (않았다).
(2) 능력 부정	짧은 부정	나는 그를 (못) 만났다.
	긴 부정	나는 그를 만나지 (못했다).
(3) 상태 부정	짧은 부정	꽃이 (안) 예쁘다.
	긴 부정	꽃이 예쁘지 (않다).

03

(1)	문장 유형	명령문
	부정 표현	집 밖으로 (나가지 마라).
(2)	문장 유형	청유문
	부정 표현	케이블카를 타러 남산에 (가지 말자).

04

	능동문	피동문
(1)	고양이가 쥐를 물었다.	쥐가 고양이에게 물렸다.
(2)	동생이 종이를 구겼다.	종이가 동생에 의해 구겨졌다.
(3)	내가 친구의 발을 밟았다.	친구의 발이 나에게 밟혔다.
(4)	모기가 내 발바닥을 물었다.	내 발바닥이 모기에게 물렸다.
(5)	수아는 아름다운 경치를 보았다.	아름다운 경치가 수아에게 보였다.

05

		피동형	피동 표현 요소
㉠	깨다	깨져서	-어지다
㉡	쏟았다	쏟아졌다	-아지다
㉢	감지하다	감지될	-되다
㉣	흔들다	흔들렸다	-리-
㉤	담았다	담겼다	-기-

06

주동문		얼음이 녹는다.
사동문	짧은 사동	난롯불이 (얼음을 녹인다).
	긴 사동	난롯불이 (얼음을 녹게 한다).
주동문		동생이 옷을 입었다.
사동문	짧은 사동	할머니께서 (동생에게 옷을 입히셨다).
	긴 사동	할머니께서 (동생에게 옷을 입게 하셨다).

07

(1) 내가 새로운 친구를 소개시켜 줄게.
→ 내가 새로운 친구를 (소개해) 줄게.

(2) 실내를 환기시키지 않아 페인트 냄새가 심했다.
→ 실내를 (환기하지) 않아 페인트 냄새가 심했다.

(3) 사장은 물건을 생산하기 위해 기계를 가동시켰다.
→ 사장은 물건을 생산하기 위해 기계를 (가동했다).

워밍-UP
p. 139

01 1. ㉡   2. ㉠   3. ㉠, ㉡   4. ㉠
02 1. ○   2. ○   3. ×   4. ○   5. ○
03 1. ×   2. ○   3. ×   4. ×   5. ×
04 ① ○   ② ○   ③ ×   ④ ○   ⑤ ○

01 부정 표현의 파악

실력 자랑 다음 문장에서 ㉠과 ㉡의 적용 여부를 파악해 보세요.

문장	적용 여부
1. 우리가 묵은 방은 두 평이 채 못 된다.	(㉠ /__㉡__/ ㉠, ㉡)
2. 그는 용기가 없어서 발표를 잘하지 못했다.	(__㉠__/ ㉡ / ㉠, ㉡)
3. 다행히 소풍을 가는 날 비가 내리지 않았다.	(㉠ / ㉡ /__㉠, ㉡__)
4. 동생은 숙제를 한다며 놀이터에 나가지 않았다.	(__㉠__/ ㉡ / ㉠, ㉡)

정답 코칭

1. '못'을 사용하여 부정을 짧게 표현하고 있고, 방이 두 평이 채 못 된다는

단순한 사실이나 상태를 부정하는 의미를 드러내고 있으므로 ⓒ이 적용되었다.

2. '잘하지 못했다'에서 '-지 못하다'를 사용하여 부정을 길게 표현하고 있고, 용기가 없어서 발표를 잘하지 못했다는 능력 부정을 나타내고 있으므로 ㉠이 적용되었다.

3. '내리지 않았다'에서 '-지 아니하다'를 사용하여 부정을 길게 표현하고 있고, 비가 내리지 않았다는 단순한 사실이나 상태를 부정하고 있으므로 ㉠과 ⓒ이 모두 적용되었다.

4. '나가지 않았다'에서 '-지 아니하다'를 사용하여 부정을 길게 표현하고 있고, 놀이터에 나가지 않았다는 의지 부정을 나타내고 있으므로 ㉠이 적용되었다.

02 피동문의 구분

실력 자랑 다음 문장들이 피동문이면 ○표, 피동문이 아니면 ✕표 하세요.

1. 이번 시험 문제는 지난번보다 잘 <u>풀렸다</u>.	(○ / ✕)
2. 그의 글은 오직 나에게만 아름답게 <u>읽혔다</u>.	(○ / ✕)
3. 친구는 버스에서 자기 짐까지 나에게 <u>안겼다</u>.	(○ / ✕)
4. 날카로운 칼날에 무성하던 잔디가 모두 <u>깎였다</u>.	(○ / ✕)
5. 우리 학교 운동장은 가끔 주차장으로도 <u>이용되었다</u>.	(○ / ✕)

정답 코칭

① '풀렸다'의 '풀리다'는 '모르거나 복잡한 문제 따위가 밝혀지거나 해결되다.'라는 의미로, 피동 표현이 실현된 것이다.

② '읽혔다'의 '읽히다'는 '글에 담긴 뜻이 헤아려져 이해되다.'라는 의미로, 피동 표현이 실현된 것이다.

③ '안겼다'의 '안기다'는 '두 팔로 감싸게 하거나 그렇게 하여 품 안에 있게 하다.'라는 의미로, 주어가 다른 주체에 의해 동작을 당하는 피동 표현이 아니다.

④ '깎였다'는 '풀이나 털 따위가 잘리다.'라는 의미로, 피동 표현이 실현된 것이다.

⑤ '이용되다'는 '대상이 필요에 따라 이롭게 쓰이다.'라는 의미로, 피동 표현이 실현된 것이다.

03 피동 표현의 이해

실력 자랑 ㉠의 예에 해당하면 ○, 아니면 ✕표 하세요.

1. 물고기가 낚싯줄을 끊었다.	(○ / ✕)
2. 경민이가 아기의 볼을 만졌다.	(○ / ✕)
3. 민수가 동생의 이름을 불렀다.	(○ / ✕)
4. 다람쥐가 도토리를 땅에 묻었다.	(○ / ✕)
5. 요리사가 음식을 접시에 담았다.	(○ / ✕)

정답 코칭

① '끊다'는 어근에 피동 접미사 '-기-'를 붙여 '낚싯줄이 물고기에 의해 끊겼다.'와 같이 짧은 피동을 만들 수 있다.

② '만지다'는 어근에 피동 접미사 '-이-, -히-, -리-, -기-'를 붙여서 짧은 피동을 만들지 못하는 동사이다.

③ '부르다'는 어근에 피동 접미사 '-이-'를 붙여 '동생의 이름이 민수에 의해 불렸다.'와 같이 짧은 피동을 만들 수 있다.

④ '묻다'는 어근에 피동 접미사 '-히-'를 붙여 '도토리가 다람쥐에 의해 땅에 묻혔다.'와 같이 짧은 피동을 만들 수 있다.

⑤ '담다'는 어근에 피동 접미사 '-기-'를 붙여 '음식이 요리사에 의해 접시에 담겼다.'와 같이 짧은 피동을 만들 수 있다.

04 주동문과 사동문의 이해

실력 자랑 ㉠~ⓒ에 대한 설명의 적절성을 판단해 보세요.

① ㉠의 주동문은 ⓒ과 달리 사동 접미사를 활용하여 사동문을 만들 수 없다. ○ ✕

② ⓒ의 사동문에서 사동 접미사 대신 '-게 하다'를 활용할 경우 어색한 문장이 된다. ○ ✕

③ ㉠과 ⓒ은 모두 주동문의 주어가 사동문의 목적어로 바뀐 경우이다. ○ ✕

④ ㉠과 ⓒ은 모두 주동문이 사동문이 될 때, 사동문에는 새로운 주어가 생겼다. ○ ✕

⑤ ㉠, ⓒ과 달리 ⓒ은 사동문에 대응하는 주동문이 없는 경우이다. ○ ✕

정답 코칭

① ⓒ의 사동문은 '-이-'라는 사동 접미사를 활용한 형태를 보이고 있다. 하지만 ㉠은 사동 접미사를 활용한 사동문을 만들 수 없다.

② ⓒ의 사동문에서 사동 접미사 '-기-' 대신 '-게 하다'를 활용해 사동문을 만들면 '인부들이 이삿짐을 방으로 옮게 하다.'와 같이 어색한 문장이 된다.

③ ㉠의 주동문의 주어 '철수가'는 사동문에서 '철수를'이라는 목적어로 바뀌었다. 그러나 ⓒ의 주동문의 주어 '동생이'는 사동문에서 '동생에게'라는 부사어로 바뀌었다.

④ ㉠과 ⓒ은 모두 주동문이 사동문으로 되면서 '내가'와 '누나가'라는 새로운 주어가 생겼다.

⑤ ㉠, ⓒ과 달리 ⓒ은 사동문에 대응하는 주동문이 비문이다.

🏋 펌핑-UP
p. 140

01 ②　　　02 ②　　　03 ④

01 부정 표현의 용례 확인　　　정답 ②

정답 코칭

'그때 거기 소나무 한 그루가 있었잖아.'는 '있었잖아'를 통해 그때 거기에 소나무 한 그루가 있었다는 사실을 확인하는 의미를 드러내고 있다.

오답 코칭

① '달갑잖아'는 '달갑다'를 부정하는 표현으로, '흡족하지 않다.'라는 의미로 사용되었다.

③ '두렵잖아요'는 '두렵다'를 부정하는 표현으로, '마음에 꺼리거나 염려스럽지 않다.'라는 의미로 사용되었다.

④ '남부럽잖아'는 '남부럽다'를 부정하는 표현으로, '형편이 좋아서 남이

부럽지 않을 만하다.'라는 의미로 사용되었다.

⑤ '적잖아요'는 '적다'를 부정하는 표현으로, '수나 양이 일정한 기준을 넘는다.'라는 의미로 사용되었다.

02 피동 표현과 사동 표현의 이해 정답 ②

정답 코칭

㉠의 '잡혔다'에서 '잡히다'는 '말 따위가 문제로 삼아지다.'라는 의미의 피동사로 사용되었고, ㉡의 '잡혔다'에서 '잡히다'는 '담보로 맡기다.'라는 의미의 사동사로 사용되었다. 따라서 '잡다'에 같은 형태의 접미사 '-히-'가 사용되었지만 ㉠은 피동 접미사가 쓰인 경우, ㉡은 사동 접미사가 쓰인 경우라고 할 수 있다.

오답 코칭

① ㉠과 ㉡의 '불렸다'는 모두 사동 접미사가 쓰인 경우이다.

③ ㉠의 '들렸다'는 사동 접미사가, ㉡의 '들렸다'는 피동 접미사가 쓰인 경우이다.

④ ㉠의 '보였다'는 사동 접미사가, ㉡의 '보였다'는 피동 접미사가 쓰인 경우이다.

⑤ ㉠과 ㉡의 '안겼다'는 모두 사동 접미사가 쓰인 경우이다.

03 피동 표현 이해 정답 ④

정답 코칭

㉣에서 '대통령'을 뽑은 행위의 주체는 '대통령'이 아니라 '국민들'로, 행위의 주체인 '국민들'이 누구나 아는 사람일 때 피동 표현을 사용할 수 있는 경우이다.

오답 코칭

① ㉠에서 행위의 대상은 '그'로, ㉠은 쏘는 행위의 주체인 '벌'보다 행위의 대상인 '그'를 부각하기 위해 피동 표현을 사용할 수 있는 경우이다.

② ㉡에서는 피동 표현을 사용하여 '편지'를 찢은 행위의 주체인 '나'를 분명하게 밝히지 않고 있다.

③ ㉢은 행위의 주체인 '기자'가 중요하지 않을 때 피동 표현을 사용한 경우이다.

⑤ ㉤은 '날씨'를 푼 행위의 주체를 분명히 설정하기 어려워 피동 표현을 사용한 경우이다.

💪 벌크-UP p. 141

01 ②

01 부정문의 특성 이해 정답 ②

정답 코칭

㉡의 '들어가다'는 동사로, 부정 부사 '안'을 통해 짧은 부정문으로 실현되고 있다. 그런데 주어가 '물품'으로, 의지를 가질 수 있는 동작 주체가 아니므로 '의도 부정'으로는 해석할 수 없고 '단순 부정'으로만 해석이 가능하다.

오답 코칭

① '못' 부정문은 '긴 부정문'에 한해 '화자의 기대하는 기준에 이르지 못함.'의 뜻을 나타내는 경우에 쓰일 수 있다. ㉠은 형용사 어간 '넓-'에 '-지 못하다'가 결합한 긴 부정문의 형태로 '못' 부정문이 실현되어, 동아리실

의 넓이가 화자의 기내에 미치지 못한다는 의미를 드러내고 있다.

③ ㉢의 서술어 '오다'는 동사로, 부정 부사 '못'의 수식을 받아 짧은 부정문 형태로 '못' 부정문이 실현되어 있다. 이는 화자의 능력을 부정하는 의미에서 더 나아가, '내일 어때?'라는 질문에 직접적으로 거절하는 말 대신 완곡하게 거절하고자 하는 화자의 심리적 태도를 나타내고자 하는 것이다.

④ ㉣의 서술어 '내키다'는 동사이지만, '하고 싶은 마음이 생기다.'의 뜻으로 동작 주체의 능력으로는 어쩔 수 없는 심리적 상태를 나타내므로 '못' 부정문에 사용될 수 없다.

⑤ ㉤의 서술어 '덥지만 마라'의 '덥지만'은 형용사이며, 긴 부정문 형태로 '말다' 부정문이 실현되어 있다. 형용사는 청유형이나 명령형으로 쓰이지 않기 때문에 '말다' 부정문으로 실현되는 경우가 많지 않지만, 기원이나 희망을 나타낼 때는 ㉤과 같이 쓰이기도 한다.

호루라기 관장님의 하드 트레이닝 p. 142

01 부정문	22 액자가 지수에 의해 걸렸다.
02 길이	23 온 마을이 눈에 덮였다.
03 안, 못하다	24 새소리가 나에게 들렸다.
04 의지	25 동생이 고양이에게 물렸다.
05 능력	26 아기를 울렸다.
06 말자	27 나에게 시를 읽혔다.
07 능동	28 동생에게 양말을 신겼다.
08 피동	29 세아에게 간식을 먹였다.
09 되다	30 녹이다
10 부사어, 주어	31 낮추다
11 주어, 주어	32 돋우다
12 주동, 사동	33 웃기다
13 시키다	34 깨우다
14 부사어	35 입히다
15 피동	36 날리다
16 피동	
17 피동	
18 사동	
19 사동	
20 사동	
21 도둑이 경찰에게 쫓겼다.	

# 052~054 문장 성분 호응 / 중의적 문장 / 올바른 표현

01

(1)	부적절한 이유	의미가 맞지 않는 어휘 사용
	알맞은 표현	역시 이 가게 떡볶이 맛은 다른 집과 (달라)!

(2)	부적절한 이유	번역 투의 불필요한 피동 표현 사용
	알맞은 표현	오늘 토의에서 (다룰) 안건은 총 세 가지이다.

(3)	부적절한 이유	필요한 문장 성분 누락
	알맞은 표현	작품에 손을 대거나 (작품을) 파손하는 행위 금지

02

(1) 내일은 비가 (내리고) 바람이 많이 불겠습니다.

(2) 나는 어제 점심시간에 빵을 (먹고) 우유를 마셨다.

(3) 우리는 세종 대왕이 (훈민정음을) 만드신 것에 감사했다.

(4) 민지가 친구에게 이야기를 하는데, (친구가) 인사도 없이 가 버렸다.

03

(1) 나무에 열린 열매가 여간 (탐스럽지 않았다).

(2) 그 사람은 네가 (절대로) 상대해서는 안 될 사람이다.

(3) 문제는 우리 고장의 박물관에 전시되었던 유물이 낯선 장소로 (이동되었다는 점이다).

04

부정의 대상	부정문의 의미
해찬이	해찬이가 아닌 (예 다른 사람)이/가 사과를 먹었다.
사과	해찬이가 사과가 아닌 (예 다른 것)을/를 먹었다.
먹었다	해찬이가 사과를 먹지 않고 (예 다른 행동)을/를 했다.

05

(1) (세아는 하준이와) 올해 결혼하였다.

(2) (토끼가 게으른 거북이와) 경주를 한다.

(3) (수찬이는, 선배와 지도 교수를) 방문하여 진로 문제를 상담했다.

06

(1) 현대는 과학이 매우 (발달해 있다).

(2) 저출산 지원 문제는 가장 시급한 (문제이다).

(3) 이 사안은 중요하므로 전체 회의를 (할) 필요가 있다.

07

(1) 요호는 추구하는 것을 전혀 (싫어하지 않는다).

---

(2) 지구 온난화 현상의 문제점을 (파악하고) 대안을 마련한다.

(3) 이 (지역에 무단으로 들어가는 사람은) 법에 의해 처벌받게 됩니다.

# 워밍-UP　　　　　p. 147

> **01** (가) ⓑ　(나) ⓒ　(다) ⓐ
> **02** ㉠ 보어　㉡ 중의성　㉢ 서술어　㉣ 사동　㉤ 어휘
> **03** ① ○　② ○　③ ○　④ ×　⑤ ○
> **04** 1. ⓑ　2. ⓒ　3. ⓓ　4. ⓐ

01 비문의 유형과 수정

실력 자랑 (가)~(다)를 고친 이유를 ⓐ~ⓒ 중에서 골라 보세요.

ⓐ 문장의 중의성 ⓑ 주어와 서술어 간의 불호응 ⓒ 필요한 문장 성분 누락	
(가)	ⓑ
(나)	ⓒ
(다)	ⓐ

정답 코칭

(가)는 주어인 '지원이의 꿈은'과 서술어인 '되고 싶다'가 호응을 이루지 못하고 있다. (나)는 '이용하면서' 앞에 필요한 문장 성분인 '자연을'이라는 목적어가 생략된 문장이다. (다)는 '형이' 만나고 싶어 하는 것인지, '형을' 만나고 싶어 하는 것인지 분명하지 않은 중의성을 가진 문장이다.

02 어법에 맞는 문장 이해

실력 자랑 다음 중 골라 빈칸을 채워 ㉠~㉤을 올바르게 수정할 방법을 완성해 보세요.

보어　사동　어휘　서술어　중의성	
㉠	서술어가 요구하는 문장 성분인 (보어)를 추가한다.
㉡	문장의 (중의성)을 해소한다.
㉢	주어와 (서술어)가 호응이 될 수 있도록 한다.
㉣	불필요한 (사동) 표현을 사용하지 않는다.
㉤	의미가 중복되는 (어휘)를 삭제한다.

정답 코칭

㉠ '그녀는 학교에서 되었다.'라는 문장에는 서술어 '되었다'가 반드시 필요로 하는 문장 성분인 보어가 빠져 있으므로 '회장이'라는 보어를 추가해야 한다.

㉡ '그가 '나'라는 사람보다 '낚시'를 더 좋아하는 것인지, 내가 낚시를 좋아하는 것보다 더 낚시를 좋아하는 것인지 중의적인 문장이라 '내가 낚시를 좋아하는 것보다 그가 더 낚시를 좋아한다'로 의미를 분명하게 하여 중의성을 해소한 것이다.

㉢ 주어인 '우리 집의 특징은'과 서술어가 호응을 이루도록 '넓다'를 '넓다는 것이다'로 고친 것이다.

ⓔ 환경은 '개선시켜야' 할 대상이 아니라 우리가 환경을 '개선해야' 하는 것이기 때문에 지나친 사동 표현을 주동 표현으로 고친 것이다.

ⓜ '조용히'와 '조용하고 엄숙함.'을 뜻하는 '정숙'의 의미가 중복되기 때문에 '조용히'를 삭제한 것이다.

03 중의성의 원인과 해소 방법 탐구

실력 자랑 [자료]를 탐구한 내용의 적절성을 판단해 보세요.

① ㄱ은 수량과 부정을 나타내는 말이 함께 사용되어 중의성이 생겼겠군. ◯ ✕

② ㄴ은 행위의 주체가 불분명하여 중의성이 생겼겠군. ◯ ✕

③ ㄷ은 수식을 받는 대상이 불분명하여 중의성이 생겼겠군. ◯ ✕

④ ㄱ과 ㄴ은 모두 보조사 '는'을 사용하는 방법을 통해 중의성을 해소할 수 있겠군. ◯ ✕

⑤ ㄴ과 ㄷ은 모두 어순을 바꾸는 방법을 통해 중의성을 해소할 수 있겠군. ◯ ✕

정답 코칭

ㄱ은 '친구가 한 명도 오지 않았다'와 '친구 중 일부가 오지 않았다'로 해석된다. 이를 해소하기 위해 '모두'를 '아무도'나 '일부' 등의 단어로 교체하거나 '친구가 모두 오지는 않았다.'와 같이 본용언 뒤에 보조사 '는'을 사용해야 한다. ㄴ은 '울면서'의 주체가 '그'나 '그녀'로 해석된다. 이를 해소하기 위해 '그가 떠나는 그녀를 울면서 안아 주었다.'와 같이 어순을 바꿔야 한다. ㄷ은 '그녀'가 사랑스러운 것인지 '강아지'가 사랑스러운 것인지 수식을 받는 대상이 불분명하다. 이를 해소하기 위해 '나는 그녀의 사랑스러운 강아지를 보았다.'와 같이 어순을 바꿔야 한다.

04 비문의 유형 파악

실력 자랑 다음 문장이 바르지 않은 이유를 ⓐ~ⓓ 중에서 골라 보세요.

1. 예상치 못했던 결과가 나온다면 실망할 필요가 없다.	ⓑ
2. 그 복지 시설은 지금 민간에 위탁 운영되어지고 있다.	ⓒ
3. 특별한 일이 없을 때는 텔레비전이나 라디오를 듣는다.	ⓓ
4. 이것은 어머니가 외할머니한테 생신 선물로 드린 것이다.	ⓐ

정답 코칭

1. '나온다면'에 쓰인 '-ㄴ다면'은 어떠한 사실을 가정하여 조건으로 삼는 뜻을 나타내는 연결 어미이다. 따라서 뒤의 서술어와 의미상 호응되지 않으므로 '-어도/-아도'나 '-더라도'와 같은 가정이나 양보의 뜻을 나타내는 연결 어미로 고쳐야 한다. 따라서 '예상치 못한 결과가 나오더라도 실망할 필요가 없다.'와 같이 수정할 수 있으며, 1번 문장은 〈보기〉의 ⓑ '연결 어미가 의미에 맞게 사용되지 않은 경우'에 해당한다.

2. '되어지고는 '-되다'와 '-어지다'가 결합된 이중 피동이므로 잘못된 표현이다. 따라서 '그 복지 시설은 지금 민간에 위탁 운영되고 있다.'와 같이 수정할 수 있으며, 2번 문장은 〈보기〉의 ⓒ '피동 표현이 중복되어 과도한 피동이 된 경우'에 해당한다.

3. 텔레비전은 보거나 시청하는 것이기 때문에 이 문장에 쓰인 서술어 '듣는다'는 '라디오'와만 호응한다. 따라서 '특별한 일이 없을 때는 텔레비전을 보거나 라디오를 듣는다.'와 같이 수정할 수 있으며, 3번 문장은

〈보기〉의 ⓐ '목적어에 대응하는 서술어가 잘못 생략된 경우'에 해당한다.

4. 이 문장에서 '어머니'에게 '외할머니'는 높임의 대상이므로, 서술어 '드린'에 맞추어 높임의 격 조사 '께'를 써야 한다. 따라서 4번 문장은 〈보기〉의 ⓓ '높임 표현이 적절하게 사용되지 않은 경우'에 해당한다.

펌핑-UP
p. 148

01 ① **02** ① **03** ⑤

01 비문의 유형과 수정
정답 ①

정답 코칭

'상의하다'는 '어떤 일을 서로 의논하다.'라는 의미의 서술어로, 의논의 대상이 되는 부사어를 필요로 한다. 따라서 '약사께'가 아니라 공동의 의미를 지닌 부사격 조사 '와'가 결합된 '약사와'로 수정해야 한다.

오답 코칭

② ⓛ '여간'은 주로 부정의 의미를 나타내는 말과 함께 쓰여 그 상태가 보통으로 보아 넘길 만한 것임을 나타내는 말이다. 따라서 뒤에는 부정 표현이 나와야 하므로 '탐스럽다'를 '탐스럽지 않았다'로 수정한 것은 적절하다.

③ ⓒ의 주어인 '그의 장점은'과 서술어인 '성실하다'의 호응이 이루어지지 않아 비문이 된 것이므로 주어와 서술어가 호응이 되도록 '성실하다는 것이다'로 서술어를 수정한 것은 적절하다.

④ ⓔ의 접속 조사 '와'는 둘 이상의 대상을 하나로 묶는 기능을 하는데, 이 접속 조사를 잘못 사용하면 의미가 분명하지 않은 중의적 문장이 된다. 이럴 때에는 비교의 대상을 분명히 해야 하므로, '사과와 배 두 개'를 '사과 한 개와 배 한 개'로 수정한 것은 적절하다.

⑤ ⓜ은 수식어의 위치가 명확하지 않아 중의성이 발생하는 경우로, 이런 때에는 순서를 바꿔서 수식의 범위를 명확하게 함으로써 중의성을 해소할 수 있다. 따라서 '아름다운 은영이의 목소리를'을 '은영이의 아름다운 목소리를'로 수정한 것은 적절하다.

02 비문의 유형 및 해소
정답 ①

정답 코칭

㉠의 수정한 문장에 '물에'가 추가된 것을 알 수 있다. 여기서 '물에'는 목적어인 '발을'을 수식하는 관형어가 아니라, 서술어 '넣었다'를 수식하는 부사어이다.

오답 코칭

② ⓛ의 '개선된다'는 '내가 주장하는 바는'과 호응하지 않는다. 따라서 전체 문장의 주어인 '내가 주장하는 바는'과 호응하도록 서술어 '개선된다'를 '개선된다는 것이다'로 수정한 것은 적절하다.

③ ⓒ의 목적어는 '불편(을)'과 '피해를'인데, 서술어 '입었다'는 '피해를'과만 호응한다. 따라서 '불편을'과 호응하는 서술어인 '겪고'를 넣어 수정한 것은 적절하다.

④ '동참하다'는 부사어를 필요로 하는 서술어이다. '운동을'에서 '을'은 목적격 조사이므로 부사격 조사인 '에'로 수정한 것은 적절하다.

⑤ 부사 '여간'은 '아니다'와 같은 부정의 의미를 나타내는 서술어와 함께 쓰여야 하므로, '기쁜 일이다'를 '기쁜 일이 아니다'로 수정한 것은 적절하다.

③ '나는 영호와 민주를 보았다.'는 '나'가 '영호와 민주' 두 명을 보았다는 의미도 되고, '나와 영호'가 함께 '민주'를 보았다는 의미도 된다. 그런데 '나는' 뒤에 쉼표를 사용하면, '나'가 '영호와 민주' 두 명을 만났다는 의미가 되어 중의성을 해소할 수 있다.

④ '회원들이 다 오지 않았다.'는 '회원들 중 일부만 왔다'는 의미도 되고, '회원들이 한 명도 오지 않았다'는 의미도 된다. 그런데 '회원들이 다는 오지 않았다.'와 같이 보조사 '는'을 추가하면, '회원들 중 일부만 왔다'는 의미가 되어 중의성을 해소할 수 있다.

---

03 문장의 중의성 이해 　　　　　　　정답 ⑤

정답 코칭

'민우는 나와 둘이서 윤서를 불렀다.'는 '윤서'를 부른 사람이 '민우와 나'가 된다. 전달 의도에 맞게 '나와 윤서'를 부른 사람이 '민우'임을 표현하기 위해서는 '민우는 혼자서 나와 윤서를 불렀다.'와 같이 문장을 수정해야 한다.

오답 코칭

①, ② ㄱ의 중의적 문장은 '관객 중 누구도 도착하지 않음.'의 의미와 '관객 중 일부가 도착하지 않음.'의 의미 모두로 해석된다. 수정 문장은 조사 '는'을 추가하여 부정 표현의 범위를 한정한 것으로, 중의성이 해소되어 '관객 중 일부가 도착하지 않음.'으로 해석된다.

③, ④ ㄴ의 중의적 문장은 '친구가 전학 온 것이 어제임.'의 의미와 '전학 온 친구와 만난 때가 어제임.'의 의미 모두로 해석된다. 수정 문장은 '어제'의 위치를 변경해 '어제'의 수식 범위를 한정한 것으로, 중의성이 해소되어 '전학 온 친구와 만난 때가 어제임.'으로 해석된다.

벌크-UP 　　　　　　　　　　　　　p. 149

01 ③	02 ⑤

01 중의성에 대한 내용 확인 　　　　　정답 ③

정답 코칭

'구조적 중의성' 중 '수식 관계'를 통해 실현되는 중의성은 둘 이상의 수식어가 하나의 피수식어를 수식할 때가 아니라 하나의 수식어가 둘 이상의 피수식어를 수식할 때 발생한다.

오답 코칭

① 광고와 유머 등에서 표현 효과를 위해 의도적으로 중의적 표현을 사용하는 경우도 있다고 하였다.

② '차'의 경우, '車'와 '茶'라는 한자어 표기를 병행하여 동음이의어에 따른 중의성을 해소할 수 있다.

④ '수량 표현'을 통해 실현되는 중의성은 수량 표현이 영향을 미치는 범위가 둘 이상일 때 나타날 수 있다.

⑤ '비교 구문'을 통해 실현되는 중의성은 비교를 하는 특정 부분이 행위의 주체가 될 수도, 행위의 대상이 될 수도 있을 때 발생한다.

02 중의성 해소 방안의 적용 　　　　　정답 ⑤

정답 코칭

'학생들이 컴퓨터 한 대를 사용한다.'는 '학생들이 각각 컴퓨터 한 대씩을 사용한다'는 의미도 되고, '한 대의 컴퓨터를 학생들이 함께 사용한다'는 의미도 되기 때문에 중의성이 발생한다. '학생들이' 앞에 '모든'을 추가한다고 해도 중의성은 해소되지 않는다. 이러한 중의성을 해소하기 위해서는 '학생들이 컴퓨터 한 대를 함께 사용한다.'처럼 단어를 추가하거나 '학생들이 컴퓨터 각각 한 대씩을 사용한다.'처럼 다른 표현으로 바꿔야 한다.

오답 코칭

① '길'이 여러 의미를 가지는 다의어이기 때문에 '길'을 '도로'로 바꾸어 의미를 명확하게 만들면 중의성을 해소할 수 있다.

② '착한 주희의 동생을 만났다.'에서 '착한'은 '주희'와 '동생'을 모두 수식할 수 있다. 이때 '착한'과 '주희의'의 어순을 바꾸면, '착한'이 '동생'만

호루라기 관장님의 하드 트레이닝 　　　　p. 150

01 회의의 안건은	16 한 명이 있다
02 다르다고	17 발달해
03 잡담이나	18 중요하다
04 바란다는 것이다	19 할
05 낮아졌다	20 살림살이들을 나르고
06 드러내지	21 문제이다
07 얼음이	22 만났다
08 우리들에게	23 장점을 살리고
09 아버지를	24 반드시
10 자연에	25 못했다는 점이다
11 친구에게	
12 함께	
13 사람들이 노력하여	
14 나를 좋아하는 것보다	
15 현수가 아침에	

개념ᵏ 트레이닝 ZONE
p. 155

01

(1) '꽃, 향, 향수 따위에서 나는 좋은 냄새'라는 뜻을 '향기'라는 음성 언어와 문자 언어로 표현함.	기호성
(2) '맨발에 신도록 실이나 섬유로 짠 것'을 우리말을 쓰는 사람들은 '양말'이라고 부르기로 약속하고 모두 '양말'이라고 부름.	사회성
(3) '땅속으로 뻗어서 물과 양분을 빨아올리고 줄기를 지탱하는 식물의 부분'을 과거에는 '불휘'라고 했지만, 지금은 '뿌리'라고 함.	역사성
(4) '땅을 딛고 서거나 걸을 때 발에 신는 물건'이라는 뜻의 단어를 국어에서는 '신발'이라고 부르나, 영어에서는 'shoes'라고 부름.	자의성
(5) "너는 점심에 무엇을 먹었니?"라는 물음에 "나는 빵을 먹었어.", "나는 라면을 먹었어.", "나는 불고기를 먹었어." 등과 같이 무한하게 많은 말을 새롭게 만들 수 있음.	창조성

02

(1) 음운은 말의 뜻을 구별해 주는 (소리)의 가장 작은 단위이다.

(2) 음운은 음성에서 (공통적)인 요소만을 뽑아 머릿속에서 같은 소리로 인식하는 말소리이다.

(3) (음성)은 구체적이고 물리적인 말소리이고, 음운은 추상적이고 (관념적)인 말소리이다.

(4) 음운은 (분절) 음운인 자음, 모음과 (비분절) 음운인 소리의 길이로 나뉜다.

(5) '발 – 팔'은 (자음)의 차이, '발 – 볼'은 (모음)의 차이에 의해 의미가 구별된다.

03

(1) 바람 : 사람	(ㅂ) : (ㅅ)
(2) 안경 : 안광	(ㅕ) : (ㅘ)
(3) 고향 : 고형	(ㅑ) : (ㅕ)
(4) 화산 : 화살	(ㄴ) : (ㄹ)
(5) 강아지 : 망아지	(ㄱ) : (ㅁ)

04

(1) 말[馬] – 말[言]	(2) 밤[夜] – 밤[栗]
(3) 발[廉] – 발[足]	(4) 눈[雪]보라 – 함박눈[雪]

05

(1) 모음	오이, 우유
(2) 자음+모음	도로, 수리
(3) 모음+자음	약약, 영웅
(4) 자음+모음+자음	들판, 신발

06

(1) 자음은 발음할 때 공기의 흐름이 막히거나 통로가 좁아지는 등의 장애를 (받으며 / 받지 않으며) 나는 소리이다.

(2) 공기의 흐름을 막았다가 서서히 터뜨리면서 마찰을 일으켜 내는 소리는 (파열음 / 파찰음 / 마찰음)이다.

(3) 자음 중 'ㄴ, ㄹ, ㅇ, ㅁ'은 (안울림소리 / 울림소리)이고, 이 중 'ㄹ'은 (비음 / 유음)이다.

(4) 자음 중 입안의 통로를 막고 코로 공기를 내보내면서 내는 소리는 (마찰음 / 파열음 / 파찰음 / 비음 / 유음)이다.

(5) 자음 중 거센소리가 존재하지 않는 것은 (마찰음 / 파열음 / 파찰음)이다.

07

(1) ㅈ, ㅉ, ㅊ	☐ 입술소리	☐ 잇몸소리	☑ 센입천장소리
	☐ 여린입천장소리	☐ 목청소리	
	☐ 파열음	☑ 파찰음	☐ 마찰음
(2) ㅂ, ㄷ, ㄱ	☑ 파열음	☐ 파찰음	☐ 마찰음
	☑ 예사소리	☐ 된소리	☐ 거센소리
(3) ㅍ, ㅌ, ㅋ	☑ 파열음	☐ 파찰음	☐ 마찰음
	☐ 예사소리	☐ 된소리	☑ 거센소리
(4) ㄱ, ㄲ, ㅋ	☐ 입술소리	☐ 잇몸소리	☐ 센입천장소리
	☑ 여린입천장소리	☐ 목청소리	
	☑ 파열음	☐ 파찰음	☐ 마찰음
(5) ㅅ, ㅆ	☐ 입술소리	☑ 잇몸소리	☐ 센입천장소리
	☐ 여린입천장소리	☐ 목청소리	
	☐ 파열음	☐ 파찰음	☑ 마찰음

워밍-UP
p. 156

01 1. ㄱ 2. ㄴ 3. ㄷ, ㄹ ④ 내리는

02 ① × ② ○ ③ ○ ④ ○ ⑤ ○

03 1. 답, 말 2. 꿀, 풀 3. 둘

01 언어 변화 양상의 이해

실력 자랑 다음 의미가 ㄱ~ㄹ 중 어디에 해당하는지 적어 보세요.

1. 일정하게 자리 잡힌 주장이나 판단력	ㄱ
2. 일정한 줏대가 없이 되는 대로 하는 짓	ㄴ
3. 값을 내리는 일	ㄷ, ㄹ

④ ㄷ의 '에누리'는 '값을 올리는 일'의 의미로 쓰였군.
→ 값을 (내리는) 일

정답 코칭

'에누리를 해 줘야 다음에 또 온다'는 맥락으로 보아, 이 발화는 소비자의 발화임을 추측할 수 있다. 그러므로 소비자의 입장에서 '값을 내려 줘야

다음에 또 온다'로 이해할 수 있고, 이때 '에누리'는 '값을 내리는 일'의 의미로 쓰였음을 알 수 있다.

오답 코칭
1. '다른 사람의 말에 쉽게 흔들리는 것'은 판단력이 없다는 의미이므로, 이때의 '주책'은 '일정하게 자리 잡힌 주장이나 판단력'의 의미로 쓰였음을 알 수 있다.
2. '뜬금없이 그런 말을 하다니'라는 표현으로 보아, 이때의 '주책'은 '일정한 줏대가 없이 되는 대로 하는 짓'이라는 의미로 쓰였음을 알 수 있다.
3. 가게가 이윤을 많이 남기려면 값을 내리는 일이 많이 없어야 한다. 그러므로 ㄹ의 '에누리'는 '값을 내리는 일'의 의미로 쓰였음을 알 수 있다.

02 음절의 특성 파악

실력 자랑 음절에 대한 설명의 적절성을 판단해 보세요.

① 초성에는 최대 두 개의 자음이 온다.　　　　　　○ⓧ
② 중성에 올 수 있는 음운은 모음이다.　　　　　　Ⓞⓧ
③ 종성에 올 수 있는 음운은 자음이다.　　　　　　Ⓞⓧ
④ 초성 또는 종성이 없는 음절도 있다.　　　　　　Ⓞⓧ
⑤ 모든 음절에는 중성이 있어야 한다.　　　　　　Ⓞⓧ

정답 코칭
① 초성에는 하나의 자음만 올 수 있다. 초성에 올 수 있는 'ㄲ, ㄸ, ㅃ, ㅆ, ㅉ'은 두 개의 자음이 아니라, 두 개의 자음을 어울러서 적은 하나의 자음이다.
② 중성에 모음이 와서 음절이 구성된다.
③ 종성에 자음이 와서 음절이 구성된다.
④ 〈자료〉의 ㄱ, ㄴ, ㄷ과 같이 초성 또는 종성이 없는 음절도 있다.
⑤ 〈자료〉를 통해 중성 없이는 음절이 구성될 수 없다는 점을 확인할 수 있다. 이때 중성에 모음이 와서 음절이 구성된다.

03 최소 대립쌍의 이해

실력 자랑 다음 단어에서 최소 대립쌍을 찾아보세요.

답 둘 말 풀 꿀	
1. '달'과 최소 대립쌍인 단어	답, 말
2. '굴'과 최소 대립쌍인 단어	꿀, 풀
3. '달'과 '굴'과 모두 최소 대립쌍인 단어	둘

정답 코칭
1. '답'과 '말'은 '달'과 각각 [ㅂ]과 [ㅁ]의 차이가 있는 최소 대립쌍이다.
2. '꿀'과 '풀'은 '굴'과 각각 [ㄲ]과 [ㅍ]의 차이가 있는 최소 대립쌍이다.
3. '둘'과 '달'은 [ㅜ]와 [ㅏ]의 차이가 있고, '둘'과 '굴'은 [ㄷ]과 [ㄱ]의 차이가 있다. 따라서 '둘'과 '달', '둘'과 '굴'은 최소 대립쌍이다.

펌핑-UP
p. 157

01 ①　　　02 ①　　　03 ④

01 자음의 조음 방법 파악　　　정답 ①

정답 코칭
제시된 자료에서 'ㅃ'이 파열음이라고 하였으므로, 비음인 'ㅁ'이 'ㅃ'보다 강하게 파열되며 나는 소리라고 볼 수는 없다.

오답 코칭
② 자료를 통해 'ㅁ'은 울림소리이고 'ㅃ'은 안울림소리임을 알 수 있는데, 울림소리는 조음 기관을 울리면서 만들어지는 소리이다. 따라서 'ㅁ'은 'ㅃ'과 달리 목청을 울리면서 소리를 내게 됨을 알 수 있다.
③ 자료를 통해 'ㅁ'이 코로 공기를 내보내는 비음임을 알 수 있다. 반면 'ㅃ'은 나오던 공기가 막혔다가 터지면서 나는 파열음이므로, 'ㅁ'은 'ㅃ'과 달리 코로 공기를 내보내면서 소리를 내게 됨을 알 수 있다.
④ 자료를 통해 'ㅁ'과 'ㅃ' 모두 두 입술 사이에서 나는 소리임을 알 수 있다.
⑤ 자료를 통해 자음이 공기의 흐름에 방해를 받으면서 나는 소리임을 알 수 있다. 따라서 자음인 'ㅁ'과 'ㅃ'은 모두 공기의 흐름이 방해를 받는 소리이다.

02 음운의 변동 이해 및 적용　　　정답 ①

정답 코칭
〈보기〉에서 '식물'이 [싱물]로 발음되는 것은 자음 동화에 해당되는데, 이는 '식'의 끝 자음 'ㄱ'이 그 뒤에 오는 '물'의 'ㅁ'과 만나 'ㅇ'으로 변했기 때문이다. 〈보기〉에 제시된 자음 분류표를 보면 이것은 파열음 'ㄱ'이 비음인 'ㅁ' 앞에서 비음 'ㅇ'으로 바뀐 것으로, 자음의 조음 방식이 달라진 것이다. 〈보기〉에 제시된 '입는[임는]'과 '뜯는[뜬는]'도 이와 같은 경우인데, 각각 'ㅂ'이 'ㄴ' 앞에서 'ㅁ'으로, 'ㄷ'이 'ㄴ' 앞에서 'ㄴ'으로 달라졌음을 알 수 있다. 결국 세 경우 모두 두 자음이 만나서 발음될 때 앞 자음의 조음 위치는 그대로이고, 조음 방식이 파열음에서 비음으로 변한 것임을 알 수 있다. 따라서 〈보기〉의 ㉠에 들어갈 내용으로는 '앞 자음의 조음 방식'이 적절하다.

03 음운 변동의 이해　　　정답 ④

정답 코칭
㉠, ㉡에서 변동된 음운은 조음 위치는 동일하고, 조음 방법이 파열음에서 비음으로, 비음에서 유음으로 바뀌었다.

오답 코칭
① ㉠은 첫음절 '국'의 받침 파열음 'ㄱ'이 뒤 자음 'ㅁ'의 영향을 받아 비음 [ㅇ]으로 바뀌었다.
② ㉡은 비음인 'ㄴ'이 앞뒤 유음 'ㄹ'의 영향을 받아 유음 [ㄹ]로 바뀌었다.
③ ㉢은 잇몸소리 'ㄷ'이 형식 형태소 모음 'ㅣ'를 만나 센입천장소리 [ㅈ]으로 바뀌었다.
⑤ ㉡에서는 잇몸소리이자 비음인 'ㄴ'이 앞뒤 'ㄹ'의 영향을 받아 잇몸소리이자 유음인 [ㄹ]로 바뀌었다. 즉 조음 위치는 그대로이나 조음 방법만 변한 것이다. ㉢에서는 잇몸소리이자 파열음인 'ㄷ'이 센입천장소리이자 파찰음인 [ㅈ]으로 바뀌었다. 즉 조음 위치와 조음 방법이 모두 변한 것이다.

01 ④	02 ②

01 음절의 개념과 특성   정답 ④

정답 코칭

'강'과 '복'은 [강]과 [복]으로 발음되므로 발음을 기준으로 할 때 '자음+모음+자음'의 같은 음절 유형에 해당한다. '목'과 '몫'도 모두 [목]으로 발음되므로 발음을 기준으로 할 때 '자음+모음+자음'으로 같은 음절 유형에 해당한다.

오답 코칭

① '싫증'은 형용사 어간 '싫-'과 명사 '증'이 결합한 합성어로, [실쯩]으로 발음하더라도 '싫다'의 의미를 효과적으로 전달하기 위해 첫 글자의 형태를 고정하여 표기한 것이다. 그러므로 의미를 효과적으로 전달하기 위해 하나의 의미는 하나의 형태로 고정하여 적는다는 원칙에 따라 표기한 예에 해당한다.

② '북소리'는 [북쏘리]로 발음되지만 '북소리'로 표기하고, '국물'은 [궁물]로 발음되지만 '국물'로 표기한다. 따라서 표기가 실제 발음을 그대로 드러내지 않는 경우의 예라고 할 수 있다.

③ '나뭇잎'은 표기와 다르게 [나문닙]으로 발음되는데, 발음을 기준으로 끝말잇기를 한다면 '나뭇잎[나문닙]' 뒤에 '닙'으로 시작하는 단어가 와야 한다. 그러나 '잎'으로 시작하는 '잎새'를 연결하는 것은, 음절을 실제 발음이 아니라 표기된 글자 하나하나로 인식한 결과라고 할 수 있다.

⑤ 발음을 기준으로 한 '북어[부거]'의 음절 유형은 [부]의 경우 '자음+모음', [거]의 경우 '자음+모음'이므로, 표기 형태인 '북어'가 음절 유형을 그대로 나타내지 않는 경우의 예에 해당한다. 발음을 기준으로 한 '강변[강변]'의 음절 유형은 [강]의 경우 '자음+모음+자음', [변]의 경우 '자음+모음+자음'이므로, 표기 형태인 '강변'이 음절 유형을 그대로 나타내는 경우의 예에 해당한다.

02 음운의 변동 이해   정답 ②

정답 코칭

'옷만'을 [온만]으로 발음할 때는, 먼저 앞말의 받침 'ㅅ'이 종성에 올 수 없다는 음절 구조 제약에 따라 'ㄷ'으로 바뀌고, 뒷말의 첫소리 'ㅁ'의 영향으로 이 'ㄷ'이 'ㄴ'으로 바뀐다. 따라서 음절 구조 제약과 관련된 교체가 한 번 일어나고, 음절 구조 제약과 무관한 교체가 한 번 일어나는 것이다.

오답 코칭

① '굳이'를 [구지]로 발음하는 것은 받침 'ㄷ'이 뒤에 오는 형식 형태소 'ㅣ'를 만나 'ㅈ'으로 바뀌기 때문이다. 이는 지문에서 언급된 세 가지 음절 구조 제약에 해당하지 않으므로 음절 구조 제약과 무관한 교체가 한 번 일어나는 것이다.

③ '물약'을 [물략]으로 발음하는 것은 '물'과 '약'이 결합하여 합성어가 될 때, 뒷말의 첫소리에 'ㄴ'이 첨가되고 첨가된 'ㄴ'이 앞말의 받침 'ㄹ'의 영향을 받아 'ㄹ'로 교체되기 때문이다. 그러므로 음절 구조 제약과 무관한 첨가가 한 번, 음절 구조 제약과 무관한 교체가 한 번 일어나는 것이다.

④ '값도'를 [갑또]로 발음하는 것은 앞말의 겹받침 중 'ㅅ'이 탈락하여 'ㅂ'만 남고, 남은 'ㅂ'의 영향으로 뒷말의 첫소리 'ㄷ'이 된소리 'ㄸ'으로 바뀌기 때문이다. 그리므로 종성에 둘 이상의 자음이 올 수 없다는 음절 구조 제약과 관련된 탈락이 한 번, 음절 구조 제약과 무관한 교체가 한 번 일어나는 것이다.

⑤ '핥는'을 [할른]으로 발음하는 것은 앞말의 겹받침 중 'ㅌ'이 탈락하여 'ㄹ'만 남고, 남은 'ㄹ'의 영향으로 뒷말의 첫소리 'ㄴ'이 'ㄹ'로 바뀌기 때문이다. 그러므로 종성에 둘 이상의 자음이 올 수 없다는 음절 구조 제약과 관련된 탈락이 한 번, 음절 구조 제약과 무관한 교체가 한 번 일어나는 것이다.

호루라기 관장님의 하드 트레이닝   p. 159

01 기호성	16 ㄱ, ㅋ, ㅗ, ㅏ, ㅂ, ㅁ
02 자의성	17 자음, 모음, 모음, 자음, 자음, 모음, 자음
03 사회성	
04 역사성	18 ㄴ, ㄹ, 울림소리, 안울림소리
05 음성	19 파열음, 파찰음, 마찰음
06 음운	20 ㅂ, ㅊ, ㅎ, 비음, 유음
07 ㅁ, ㅂ, ㅜ, ㅏ	21 예사소리, 된소리
08 분절, 비분절	22 비분절
09 자음	23 음절
10 입술소리, 목청소리	24 소리, 모음
11 파열음	
12 유음	
13 울림소리, 안울림소리	
14 19, 4	
15 된소리	

개념 ☆ 트레이닝 ZONE
p. 163

01

(1) 모음은 소리를 낼 때 (공기)의 흐름이 발음 기관의 장애를 받지 않고 나오는 소리이다.

(2) 모음에는 발음할 때 입술이나 혀가 고정되어 움직이지 않는 (단모음)과 입술 모양이나 혀의 위치가 달라지는 (이중 모음)이 있다.

(3) 모음은 혀의 (높낮이)에 따라 고모음, 중모음, 저모음으로 나눌 수 있다.

(4) 모음은 입술을 동그랗게 오므려서 발음하는 (원순) 모음과 혀를 평평하게 옆으로 벌려 발음하는 (평순) 모음으로 나눌 수 있다.

(5) 반모음은 발음 기관의 장애를 받지 않는다는 점에서는 (모음)과 비슷하지만, 홀로 발음되지 못하고 반드시 다른 모음에 붙어야만 발음될 수 있다는 점에서는 (자음)과 비슷하다.

02

혀의 앞뒤 입술 모양 / 혀의 높이	전설 모음		후설 모음	
	평순 모음	원순 모음	평순 모음	원순 모음
고모음	(ㅣ)	ㅟ	ㅡ	(ㅜ)
중모음	ㅔ	(ㅚ)	ㅓ	ㅗ
저모음	ㅐ		(ㅏ)	

03

단어	발음	바뀐 음운
(1) 부엌	부억	(ㅋ) → (ㄱ)
(2) 무릎	무릅	(ㅍ) → (ㅂ)
(3) 밤낮	밤낟	(ㅈ) → (ㄷ)
(4) 창밖	창박	(ㄲ) → (ㄱ)
(5) 팥빵	판빵	(ㅌ) → (ㄷ)
(6) 앞쪽	압쪽	(ㅍ) → (ㅂ)
(7) 꽃팔찌	꼳팔찌	(ㅊ) → (ㄷ)

04

(1) 덮다	✔앞쪽	☐ 낚시	✔값싸다
(2) 닭다	☐ 쫓다	✔넋두리	☐ 빚쟁이
(3) 키읔	☐ 숯가루	✔새벽녘	☐ 높푸르다
(4) 웃다	✔텃밭	✔있다	☐ 읽다
(5) 새우젓	✔젖소	✔솥뚜껑	☐ 뒤집개

05

구분	단어
(1) 겹받침 'ㄳ' → [ㄱ]	넋
(2) 겹받침 'ㄵ' → [ㄴ]	앉다
(3) 겹받침 'ㅄ' → [ㅂ]	값, 없다
(4) 겹받침 'ㄼ, ㄽ, ㅀ' → [ㄹ]	외곬, 핥다

06

(1) 닭	닥	(2) 넓다	널따
(3) 여덟	여덜	(4) 않다	안타
(5) 읊다	읍따	(6) 넓죽하다	넙쭈카다

07

	문장	발음
(1)	새해를 맞아 (해돋이)를 보러 갔다.	해도지
(2)	나는 동생과 (같이) 여행을 떠났다.	가치
(3)	우리는 (굳이) 먼 길을 돌아 학교에 갔다.	구지
(4)	나는 친구의 말을 (곧이) 알아듣지 않았다.	고지
(5)	할머니는 (금붙이)를 나에게 선물로 주셨다.	금부치

워밍-UP
p. 164

01 크게, 낮추어야

02 조건 ⓐ ㅣ, ㅔ, ㅐ, ㅟ, ㅚ　조건 ⓑ ㅣ, ㅔ, ㅐ, ㅡ, ㅓ, ㅏ
　조건 ⓒ ㅣ, ㅟ, ㅡ, ㅜ / ㅣ

03 ⓐ 실질　ⓑ 고지　ⓒ 고디어

04 ① ○　② ○　③ ✕　④ ○　⑤ ○

01 단모음 체계 이해

실력 자랑 적절한 말을 골라 ㉠에 들어갈 말을 완성해 보세요.

→ '네'보다 입을 더 (작게 / (크게)) 벌려 혀의 높이를 ((낮추어야) / 높여야)겠구나.

정답 코칭

'내'의 'ㅐ'는 저모음이고 '네'의 'ㅔ'는 중모음이다. 저모음은 혀의 높이는 가장 낮고 입은 가장 크게 벌려 발음하는 모음이고, 중모음은 혀의 높이는 중간이고 입은 보통으로 벌려 발음하는 모음이다. 따라서 'ㅐ'는 'ㅔ'에 비해 입을 더 크게 벌려 혀의 높이를 낮추어 발음해야 한다.

02 단모음의 구분

 다음 조건을 만족하는 모음들을 써 보세요.

조건 ⓐ	ㅣ, ㅔ, ㅐ, ㅟ, ㅚ
조건 ⓑ	ㅣ, ㅔ, ㅐ, ㅡ, ㅓ, ㅏ
조건 ⓒ	ㅣ, ㅟ, ㅡ, ㅜ

→ 세 가지 조건을 모두 만족하는 모음은 (ㅣ)이다.

정답 코칭

〈보기〉에 제시된 놀이의 승리 조건 중 ⓐ는 혀의 가장 높은 부분을 앞쪽에 둔 상태로 발음한다고 하였으므로 전설 모음을 의미한다. ⓑ는 입술을 평평하게 해서 발음한다고 하였으므로 평순 모음을 의미하고, ⓒ는 혀가 높은 상태로 발음한다고 하였으므로 고모음을 의미한다. 이 세 가지 조건을 모두 만족하는 모음은 'ㅣ'이다.

03 구개음화 현상 파악

 ⓐ~ⓒ에 들어갈 적절한 말을 적어 보세요.

ⓐ	(실질) 형태소
ⓑ	[고지]
ⓒ	[고디어]

정답 코칭

ⓐ '끝인사'의 '인사'는 실질 형태소이다.

ⓑ '곧이'의 '-이'는 부사를 만들어 주는 형식 형태소이므로 '곧이'를 발음할 때 구개음화 현상이 일어나 [고지]로 발음된다.

ⓒ '곧이어'의 '이어'는 '앞의 말이나 행동 따위에 잇대어. 또는 계속하여'라는 뜻을 가진 부사로, 실질 형태소이다. 따라서 '곧이어'를 발음할 때는 구개음화 현상이 일어나지 않아 [고디어]로 발음된다.

04 구개음화의 특징 파악

 구개음화에 대한 설명의 적절성을 판단해 보세요.

① ㉠을 보니, 'ㄷ'이나 'ㅌ'이 끝소리일 때 구개음화가 일어나는군. ◯✕

② ㉡을 보니, 'ㅌ'이 특정한 모음과 만날 때 구개음화가 일어나는군. ◯✕

③ ㉢을 보니, 'ㄷ' 뒤에서 'ㅎ'이 탈락할 때 구개음화가 일어나는군. ◯⊗

④ ㉣을 보니, 'ㅌ' 뒤에 실질 형태소가 올 때는 구개음화가 일어나지 않는군. ◯✕

⑤ ㉤을 보니, 하나의 형태소 내부에서는 구개음화가 일어나지 않는군. ◯✕

정답 코칭

① '맏'의 끝소리 'ㄷ'이 [지]으로, '같'의 끝소리 'ㅌ'이 [치]으로 바뀐 것으로 보아 'ㄷ'이나 'ㅌ'이 끝소리일 때 구개음화가 일어남을 알 수 있다.

② '밭이'에서는 구개음화가 일어나고 '밭을'에서는 구개음화가 일어나지 않

는 것으로 보아, 구개음화는 'ㅌ'이 모음 'ㅣ'와 만날 때 일어남을 알 수 있다.

③ ㉢에서 '굳히다'는 '굳-'의 받침 'ㄷ'이 '-히-'의 첫소리 'ㅎ'과 만나 [ㅌ]으로 축약된 후 뒤에 이어지는 모음 'ㅣ'와 만나 [치]으로 변하는 구개음화가 일어난 것이다. '닫히다'는 '닫-'의 받침 'ㄷ'이 '-히-'의 첫소리 'ㅎ'과 만나 [ㅌ]으로 축약된 후 뒤에 이어지는 모음 'ㅣ'와 만나 [치]으로 변하는 구개음화가 일어난 것이다.

④ ㉣에서 '밑이'는 'ㅌ' 뒤에 형식 형태소 '-이'가 와서 구개음화가 일어난 반면에, '끝인사'는 '끝' 뒤에 실질 형태소 '인사'가 와서 구개음화가 일어나지 않고 있다.

⑤ ㉤의 '견디다'에서는 구개음화가 일어나지 않는 것으로 보아 하나의 형태소 내부에서는 구개음화가 일어나지 않음을 알 수 있다.

펌핑-UP
p. 165

01 ③	02 ⑤	03 ④

01 음운 변동의 이해 및 적용
정답 ③

정답 코칭

㉡의 '살피+어 → [살펴]'에서는 단모음 'ㅣ'와 단모음 'ㅓ'가 합쳐져 이중 모음 'ㅕ'가 된 것을, ㉢의 '배우+어 → [배워]'에서는 단모음 'ㅜ'와 단모음 'ㅓ'가 합쳐져 이중 모음 'ㅝ'가 된 것을 확인할 수 있다. 따라서 ㉡과 ㉢은 두 개의 단모음이 합쳐져 이중 모음이 되는 경우에 해당한다. 한편 ㉠의 '기+어 → [기여]'에서는 연결 어미 '-어'의 단모음 'ㅓ'가 '기다'의 어간 '기-'의 'ㅣ'의 영향을 받아 'ㅕ'로 바뀌는 것을 확인할 수 있다. 여기에서 'ㅕ'는 반모음 '[j]'와 단모음 'ㅓ'가 합쳐진 이중 모음이므로, 두 개의 단모음 사이에 반모음이 첨가된 것에 해당한다. ㉣의 '나서+어 → [나서]'에서는 '나서다'의 어간 '나서-'의 'ㅓ'가 연결 어미 '-어'의 'ㅓ'와 결합하면서 'ㅓ'가 탈락하였으므로 두 개의 단모음 중 하나가 없어지는 경우에 해당한다.

02 모음의 발음 파악
정답 ⑤

정답 코칭

㉡ '의'는 조사이므로 ㉡의 'ㅢ'가 단모음으로 발음될 경우에는 [ㅔ]로 발음되고, ㉢ '의'는 단어에서 첫음절이 아니므로 ㉢의 'ㅢ'가 단모음으로 발음될 경우에는 [ㅣ]로 발음된다.

오답 코칭

① ㉠ '의'의 'ㅢ'는 단어 '의사'의 첫음절이어서 이중 모음으로만 발음해야 하므로 입술 모양이나 혀의 위치가 바뀌면서 발음될 것이다.

② ㉡은 조사이기 때문에 ㉡의 'ㅢ'는 이중 모음뿐만 아니라 단모음 [ㅔ]로 발음하는 것도 허용한다.

③ ㉢은 단어의 첫음절이 아니기 때문에 ㉢의 'ㅢ'는 [ㅣ]로 발음하는 것도 허용한다.

④ 단모음으로 발음될 때 ㉠의 'ㅢ'는 [ㅔ]로, ㉢의 'ㅢ'는 [ㅣ]라는 서로 다른 소리로 발음할 수 있다.

03 구개음화의 적용 파악　　　정답 ④

정답 코칭

ⓔ에서 '묻-'은 받침이 'ㄷ'인 형태소이고, '-히-'는 접미사이므로 형식 형태소이다. 〈보기 1〉에 근거할 때, '묻-'의 'ㄷ'이 '-히-'의 'ㅎ'과 결합하여 거센소리되기 현상에 의해 [ㅌ]이 된 후 구개음화 현상이 일어나 [ㅊ]으로 교체되어 [무치고]로 발음된다.

오답 코칭

① ㉠은 '붙-'에 형식 형태소인 접미사 '-이-'와 관형사형 어미 '-ㄴ'이 결합된 단어이다. 따라서 '붙-'은 접미사의 모음 'ㅣ'와 만나 연음 법칙에 의해 [부티ㄴ]이 되었다가 [부친]으로 구개음화 현상이 일어난다.
② '낱낱이'의 '-이'는 접미사로 형식 형태소이므로, '낱'의 받침 'ㅌ'이 모음 'ㅣ'와 만나 [ㅊ]으로 교체되어 [난ː나치]로 발음된다.
③ '밭이랑'은 '밭'과 '이랑'이 결합한 합성어이다. 이때 '이랑'은 '논이나 밭을 갈아 골을 타서 두두룩하게 흙을 쌓아 만든 곳'을 의미하는 명사로, 모음 'ㅣ'로 시작하는 실질 형태소이다. 따라서 구개음화가 일어나지 않으며, '[밭이랑] → [받니랑] → [반니랑]'으로 발음될 때, 음절의 끝소리 규칙, 'ㄴ' 첨가, 비음화가 일어난다.
⑤ ⓜ에서 '이불'이 모음 'ㅣ'로 시작되는 실질 형태소인 점은 맞으나 구개음화 현상이 일어나는 조건에 해당하지 않는다.

 벌크-UP　　　p. 166

01 ④	02 ①

01 단모음과 이중 모음의 특성　　　정답 ④

정답 코칭

이중 모음 'ㅘ'의 발음은 반모음 '[w]'가 단모음 'ㅏ' 앞에서 결합한 소리이다.

오답 코칭

① 'ㅠ'는 이중 모음으로, 반모음 '[j]'와 단모음 'ㅜ'가 결합한 소리이다. 이중 모음은 입술 모양이나 혀의 위치가 발음 도중에 변한다.
② 'ㅐ'는 단모음으로, 발음할 때 입술 모양이나 혀의 위치가 변하지 않는다.
③ 이중 모음 'ㅖ'의 발음은 반모음 '[j]' 뒤에서 'ㅔ'가 결합한 소리이다.
⑤ 반모음인 '[w]'는 홀로 쓰일 수 없는 소리이고, 반모음은 단모음과 결합하여 이중 모음이 된다.

02 단어의 발음 이해　　　정답 ①

정답 코칭

'표준어 규정'에 따르면 'ㅚ'는 단모음으로 발음하는 것이 원칙이지만 이중 모음으로 발음하는 것도 허용한다. 'ㅚ'를 이중 모음으로 발음할 때는 반모음 '[w]'와 'ㅔ' 소리를 연속하여 발음하며, 이 소리는 'ㅞ'의 발음과 동일하다. 따라서 ㉠에는 [차뭬]가 들어가야 한다. 한편 'ㅟ'를 이중 모음으로 발음할 때는 반모음 '[w]'와 'ㅣ' 소리를 연속하여 발음하며, 이 소리는 'ㅑ, ㅒ, ㅕ, ㅖ, ㅘ, ㅙ, ㅛ, ㅝ, ㅞ, ㅠ, ㅢ'의 발음 중에 없으므로 ㉡에는 '포함되어 있지 않아'가 들어가야 한다.

호루라기 관장님의 🥊 하드 트레이닝　　　p. 167

01 모음	19 할꼬
02 단모음	20 읍찌
03 이중 모음	21 막찌
04 반모음	22 박따
05 받침	23 말꼬
06 끝소리	24 넙뚱글다
07 ㄱ, ㄹ	25 넙쩌카다
08 ㄹ, ㅂ	26 짤따
09 ㄹ, ㅂ	27 담꼬
10 구개음화	28 마지
11 실질	29 고지듣따
12 ㅌ, ㅊ	30 삳싸치
13 왼쏙	31 구치다
14 오시	32 무치다
15 오단	33 반니랑
16 목쓸	
17 안꼬	
18 끈코	

061~063 비음화 / 유음화 / 된소리되기

01

(1) 음운 동화가 일어나는 이유는 음운과 음운이 만나 소리 날 때 소리 나는 위치나 소리 내는 방법을 발음하기 (**쉽게** / 어렵게) 바꾸기 때문이다.

(2) 비음화는 비음이 아닌 음운이 (**비음** / 유음) 앞에서 비음으로 바뀌어 소리 나는 현상이다.

(3) 비음화 중에는 유음 'ㄹ'이 다른 자음 (앞 / **뒤**)에서 비음 'ㄴ'으로 바뀌어 소리 나는 현상도 포함된다.

(4) 유음화는 (비음 / **유음**)이 아닌 음운 'ㄴ'이 유음의 앞이나 뒤에서 유음 'ㄹ'로 바뀌는 현상이다.

(5) 된소리되기는 (**예사소리** / 거센소리)가 앞에 오는 소리의 영향을 받아 된소리로 바뀌는 현상이다.

02

단어	발음	바뀐 음운
(1) 맞는	만는	(ㅈ) → (ㄴ)
(2) 쫓는	쫀는	(ㅊ) → (ㄴ)
(3) 붙는	분는	(ㅌ) → (ㄴ)
(4) 집념	짐념	(ㅂ) → (ㅁ)
(5) 깎는	깡는	(ㄲ) → (ㅇ)
(6) 받는다	반는다	(ㄷ) → (ㄴ)
(7) 꽃망울	꼰망울	(ㅊ) → (ㄴ)
(8) 앞마당	암마당	(ㅍ) → (ㅁ)

03

(1) 막론	[막논] → [망논]
(2) 석류	[석뉴] → [성뉴]
(3) 협력	[협녁] → [혐녁]
(4) 법리	[법니] → [범니]

04

(1) 의견란	☑ 의·견난	☐ 의·결란
(2) 임진란	☐ 임·질란	☑ 임·진난
(3) 생산량	☐ 생살량	☑ 생산냥
(4) 결단력	☑ 결딴녁	☐ 결단녁
(5) 공권력	☑ 공꿘녁	☐ 공권녁
(6) 동원령	☐ 동·월령	☑ 동·원녕
(7) 상견례	☑ 상견녜	☐ 상견네
(8) 달나라	☐ 달나나	☑ 달라라
(9) 이원론	☑ 이·원논	☐ 이·월론
(10) 입원료	☑ 이붠뇨	☐ 입원뇨

05

단어	발음	동화 방향
(1) 난로	날로	순행 (**역행**)
(2) 칼날	칼랄	(**순행**) 역행
(3) 닳는	달른	(**순행**) 역행
(4) 핥네	할레	(**순행**) 역행
(5) 할는지	할른지	(**순행**) 역행
(6) 대관령	대괄령	순행 (**역행**)
(7) 줄넘기	줄럼끼	(**순행**) 역행
(8) 광한루	광할루	순행 (**역행**)

06

단어	발음	변동 전 → 변동 후
(1) 샀돈	삭똔	(ㄳ)+(ㄷ) → (ㄱ)+(ㄸ)
(2) 닭장	닥짱	(ㄺ)+(ㅈ) → (ㄱ)+(ㅉ)
(3) 옆집	엽찝	(ㅍ)+(ㅈ) → (ㅂ)+(ㅉ)
(4) 국밥	국빱	(ㄱ)+(ㅂ) → (ㄱ)+(ㅃ)
(5) 옷고름	옫꼬름	(ㅅ)+(ㄱ) → (ㄷ)+(ㄲ)

워밍-UP   p. 172

01 순행 동화 – 종로, 역행 동화 – 작년, 신라, 밥물, 국민

02 ㉠ – 닫는[단는], 막내[망내], 먹물[멍물], 입는[임는], 중력[중녁]

  ㉡ – 권리[궐리], 설날[설랄], 물난리[물랄리]

03 글눈[글룬] – 000100, 순행 동화 / 명랑[명낭] – 000100, 순행 동화 / 신랑[실랑] – 001000, 역행 동화 / 잡념[잠념] – 001000, 역행 동화

04 ㉠ – 국수[국쑤], 늦게[늗께], 있고[읻꼬], 옆집[엽찝]

  ㉡ – 앉다[안따], 얹다[언따]

01   동화의 양상 파악

실력 자랑 다음 단어를 동화의 양상에 따라 구분해 보세요.

종로 작년 신라 밥물 국민	
순행 동화	종로
역행 동화	작년, 신라, 밥물, 국민

정답 코칭

'종로[종노]'는 뒤의 음운 'ㄹ'이 앞의 음운 'ㅇ'에 영향을 받아 'ㄴ'으로 소리 나고 있으므로 순행 동화의 예이다. '작년[장년], 신라[실라], 밥물[밤물], 국민[궁민]'은 앞의 음운이 뒤의 음운의 영향을 받아 그와 비슷하거나 같게 소리 나고 있으므로 역행 동화의 예이다.

02 비음화와 유음화의 구분

실력 자랑 다음 단어들을 ㉠과 ㉡으로 구분해 보세요.

	권리[궐리] 닫는[단는] 막내[망내] 먹물[멍물] 설날[설랄] 입는[임는] 중력[중녁] 물난리[물랄리]
㉠	닫는[단는], 막내[망내] 먹물[멍물], 입는[임는], 중력[중녁]
㉡	권리[궐리], 설날[설랄], 물난리[물랄리]

정답 코칭

㉠ '닫는'은 뒷말의 비음 'ㄴ' 때문에 앞말의 받침 'ㄷ'이 비음 'ㄴ'으로 변하는 비음화가 일어나 [단는]으로 발음된다. '막내'는 뒷말의 비음 'ㄴ' 때문에 앞말의 받침 'ㄱ'이 비음 'ㅇ'으로 변하는 비음화가 일어나 [망내]로 발음된다. '먹물'은 뒷말의 비음 'ㅁ' 때문에 앞말의 받침 'ㄱ'이 비음 'ㅇ'으로 변하는 비음화가 일어나 [멍물]로 발음된다. '입는'은 뒷말의 비음 'ㄴ' 때문에 앞말의 받침 'ㅂ'이 비음 'ㅁ'으로 변하는 비음화가 일어나 [임는]으로 발음된다. '중력'은 앞말의 받침 'ㅇ' 때문에 뒷말의 'ㄹ'이 비음 'ㄴ'으로 변하는 비음화가 일어나 [중녁]으로 발음된다.

㉡ '권리'는 뒷말의 유음 'ㄹ' 때문에 앞말의 받침 'ㄴ'이 유음 'ㄹ'로 변하는 유음화가 일어나 [궐리]로 발음된다. '설날'은 앞말의 받침 'ㄹ' 때문에 뒷말의 'ㄴ'이 유음 'ㄹ'로 변하는 유음화가 일어나 [설랄]로 발음된다. '물난리'의 경우 유음 'ㄹ' 때문에 'ㄴ'이 유음 'ㄹ'로 변하는 유음화가 일어나 [물랄리]로 발음된다.

03 음운 동화의 특징 탐구

실력 자랑 '활동 자료'의 단어를 활동과 연결하여 탐구해 보세요.

국민[궁민]	001000	역행 동화
글눈[글룬]	000100	순행 동화
명랑[명낭]	000100	순행 동화
신랑[실랑]	001000	역행 동화
잡념[잠념]	001000	역행 동화

정답 코칭

'활동 자료'에 따르면 '000100'으로 표시하는 경우는 순행 동화이고 '001000'으로 표시하는 경우는 역행 동화이다. 이를 바탕으로 볼 때, '글눈[글룬]'과 '명랑[명낭]'은 '000100'으로 표시할 수 있으므로 순행 동화이다. 반면에 '신랑[실랑]'과 '잡념[잠념]'은 '001000'으로 표시할 수 있으므로 역행 동화이다.

04 된소리되기의 이해

실력 자랑 다음 단어들을 ㉠과 ㉡으로 구분해 보세요.

	국수[국쑤] 늦게[늗께] 앉다[안따] 얹다[언따] 있고[읻꼬] 옆집[엽찝]
㉠	국수[국쑤], 늦게[늗께], 있고[읻꼬], 옆집[엽찝]
㉡	앉다[안따], 얹다[언따]

정답 코칭

㉠ '국수[국쑤], 늦게[늗께], 있고[읻꼬], 옆집[엽찝]'은 〈보기〉의 ㉠에서 받침 'ㄱ, ㄷ, ㅂ' 뒤에 연결되는 'ㄱ, ㄷ, ㅂ, ㅅ, ㅈ'이 된소리로 발음되는 경우에 해당하는 단어이다.

㉡ '앉다[안따]'와 '얹다[언따]'는 〈보기〉의 ㉡에서 어간 받침 'ㄵ' 뒤에 결합되는 어미의 첫소리 'ㄷ'이 된소리로 발음되는 경우에 해당하는 단어이다.

펌핑-UP p. 173

01 ②	02 ⑤	03 ①	04 ④

01 음운의 동화 현상 이해   정답 ②

정답 코칭

'집안일'이 소리 날 때는, '일'에 'ㄴ' 소리가 덧나 '닐'로 바뀐다. 이는 'ㄴ' 첨가로 동화 현상에는 해당하지 않는다.

오답 코칭

① '붙이다'가 소리 날 때는, '붙-'의 'ㅌ'이 'ㅣ'를 만나 'ㅊ'으로 바뀐다. 이는 구개음화로 동화에 해당한다.

③ '권력'이 소리 날 때는, '권'의 'ㄴ'이 'ㄹ'을 만나 '궐'로 바뀐다. 이는 유음화로 동화에 해당한다.

④ '먹는다'가 소리 날 때는, '먹-'의 'ㄱ'이 'ㄴ'을 만나 'ㅇ'으로 바뀐다. 이는 비음화로 동화에 해당한다.

⑤ '굳이'가 소리 날 때는, '굳-'의 'ㄷ'이 'ㅣ'를 만나 'ㅈ'으로 바뀐다. 이는 구개음화로 동화에 해당한다.

02 음운 변동의 이해   정답 ⑤

정답 코칭

'불놀이'는 ㉡에 따라 'ㄴ'이 'ㄹ' 뒤에서 [ㄹ]로 발음되는 경우로, [불로리]로 발음한다.

오답 코칭

① '신라'는 ㉠에 따라 'ㄴ'이 'ㄹ' 앞에서 [ㄹ]로 발음되는 경우로, [실라]로 발음한다.

② '칼날'은 ㉡에 따라 'ㄴ'이 'ㄹ' 뒤에서 [ㄹ]로 발음되는 경우로, [칼랄]로 발음한다.

③ '생산량'은 ㉢에 따라 'ㄹ'이 'ㄴ' 뒤에서 [ㄴ]으로 발음되는 경우로, [생산냥]으로 발음한다.

④ '물난리'는 ㉠과 ㉡에 따라 'ㄴ'이 'ㄹ'의 앞과 뒤에서 [ㄹ]로 발음되는 경우로, [물랄리]로 발음한다.

03 음운의 변동 이해 및 적용   정답 ①

정답 코칭

'산란기'는 [살:란기]로 발음되는데, 앞에 있는 비음 'ㄴ'이 뒤에 오는 유음 'ㄹ'의 영향을 받아 'ㄹ'로 바뀌었으므로 '역행적 유음화'가 일어난 것이다. '표현력'은 [표현녁]으로 발음되는데, 유음 'ㄹ'이 비음 'ㄴ'의 영향을 받아 비음 'ㄴ'으로 바뀌었으므로 'ㄹ'의 비음화가 일어난 것이다.

오답 코칭

② '줄넘기'는 [줄럼끼]로 발음되는데 뒤에 있는 비음 'ㄴ'이 앞에 있는 유음

'ㄹ'의 영향을 받아 'ㄹ'로 바뀌었으므로 '순행적 유음화'이다. '입원료'는 [이붠뇨]로 발음되는데 유음 'ㄹ'이 비음 'ㄴ'의 영향을 받아 비음 'ㄴ'으로 바뀌었으므로 'ㄹ'의 비음화가 일어난 것이다.

③ '결단력'은 [결딴녁]으로 발음되는데 유음 'ㄹ'이 비음 'ㄴ'의 영향을 받아 비음 'ㄴ'으로 바뀌었고, '생산량'은 [생산냥]으로 발음되는데 유음 'ㄹ'이 비음 'ㄴ'의 영향을 받아 비음 'ㄴ'으로 바뀌었으므로 모두 'ㄹ'의 비음화가 일어난 것이다.

④ '의견란'은 [의:견난]으로 발음되는데 유음 'ㄹ'이 비음 'ㄴ'의 영향을 받아 비음 'ㄴ'으로 바뀌었고, '향신료'는 [향신뇨]로 발음되는데 유음 'ㄹ'이 비음 'ㄴ'의 영향을 받아 비음 'ㄴ'으로 바뀌었으므로 모두 'ㄹ'의 비음화가 일어난 것이다.

⑤ '대관령'은 [대:괄령]으로 발음되는데 앞에 있는 비음 'ㄴ'이 뒤에 오는 유음 'ㄹ'의 영향을 받아 'ㄹ'로 바뀌었으므로 '역행적 유음화'이다. '물난리'는 [물랄리]로 발음되는데 '물'의 'ㄹ'과 '난'의 초성 'ㄴ'이 만났을 때는 '순행적 유음화'가 일어나고 '난'의 종성 'ㄴ'과 '리'의 'ㄹ'이 만났을 때는 '역행적 유음화'가 일어난다.

04 된소리되기의 음운 환경 분석　　　　정답 ④

정답 코칭

'담다'는 어간 받침이 'ㅁ'인 용언의 활용 과정에서 나타나는 된소리되기의 예로, ㉠에 따라 [담따]로 발음한다. '발전'은 한자어에서 'ㄹ' 받침 뒤에 결합되는 자음 'ㄷ, ㅅ, ㅈ'에서 일어나는 된소리되기의 예로, ㉡에 따라 [발쩐]으로 발음한다.

오답 코칭

① '신다'는 ㉠에 따라 [신따]로 발음하지만, '굴곡(屈曲)'은 'ㄹ' 뒤에 결합되는 자음이 'ㄱ'이므로 ㉡의 조건에 맞지 않아 된소리되기가 일어나지 않는다.

② '앉다'는 ㉠에 따라 [안따]로 발음하지만, '불법(不法)'은 'ㄹ' 뒤에 결합되는 자음이 'ㅂ'이므로 ㉡의 조건에 맞지 않는다.

③ '넓다'는 어간 받침이 'ㄼ'이므로 ㉠의 조건에 맞지 않아 된소리되기가 일어나지 않는다. '갈등(葛藤)'은 ㉡에 따라 [갈뜽]으로 발음한다.

⑤ '끓다'는 어간 받침이 'ㅀ'이므로 ㉠의 조건에 맞지 않아 된소리되기가 일어나지 않는다. '월세(月貰)'는 ㉡에 따라 [월쎄]로 발음한다.

💪 벌크-UP　　　　　　　　　　　　　　　p. 174

　　01 ⑤　　　　02 ①

01 음운의 동화 이해　　　　정답 ⑤

정답 코칭

구개음화는 끝소리 'ㄷ, ㅌ'이 모음 'ㅣ'로 시작되는 조사나 접미사 앞에서 구개음 'ㅈ, ㅊ'으로 발음되는 현상이다. 따라서 구개음화는 동화의 결과로 모음의 소리는 바뀌지 않고 자음의 소리만 바뀌는 현상이라고 할 수 있다.

오답 코칭

① 음운의 동화는 인접한 두 음운 중 어느 한쪽 또는 양쪽이 서로 비슷하거나 같은 소리로 바뀌는 현상을 말한다.

② 비음화, 유음화, 구개음화가 일어나면 성격이 비슷하거나 같은 소리를 연속하여 발음할 때 힘이 덜 들게 된다고 하였다. 따라서 음운의 동화가 일어날 때 조음 위치나 조음 방식이 바뀌면 발음의 경제성이 높아진다고 볼 수 있다.

③ 비음화는 비음이 아닌 'ㅂ, ㄷ, ㄱ'이 'ㅁ, ㄴ' 앞에서 비음으로 바뀌는 현상이고, 유음화는 비음 'ㄴ'이 유음 'ㄹ'의 앞이나 뒤에서 유음으로 바뀌는 현상이므로 비음화와 유음화가 일어나는 인접한 두 음운은 모두 자음이다.

④ 구개음화는 모음 'ㅣ'로 시작되는 조사나 접미사 앞에 'ㄷ, ㅌ'이 인접할 때 일어나는 현상이다. 따라서 구개음화는 자음으로 시작하는 조사나 접미사 앞에서는 일어날 수 없다.

02 음운 동화의 사례 이해　　　　정답 ①

정답 코칭

㉠ '자음 체계표'를 참고할 때, a는 파열음 'ㅂ'이 비음 'ㅁ'의 영향으로 비음 'ㅁ'으로 바뀌는 비음화의 예이고, b는 비음 'ㄴ'이 유음 'ㄹ'의 영향으로 유음 'ㄹ'로 바뀌는 유음화의 예이다. 따라서 비음화와 유음화는 모두 조음 방식이 바뀌는 현상임을 알 수 있다. c는 끝소리 'ㄷ'이 접미사 'ㅣ' 앞에서 'ㅈ'으로 발음되는 구개음화의 예이다. 잇몸소리이면서 파열음인 'ㄷ'이 센입천장소리이면서 파찰음인 'ㅈ'으로 바뀌었으므로 조음 위치와 조음 방식이 모두 바뀌는 현상임을 알 수 있다.

호루라기 관장님의 🥊 하드 트레이닝　　　　p. 175

01 동화	21 종노
02 순행, 역행	22 대통녕
03 완전, 불완전	23 섬니
04 자음 동화	24 혐녁
05 비음화	25 뱅노
06 유음화	26 궁닙
07 조음 방식	27 칼랄
08 된소리되기	28 설랄
09 된소리	29 알른
10 첫소리	30 홀른
11 관형사	31 할레
12 한자어	32 대괄령
13 밤물	33 살란기
14 암날	34 국빱
15 만며느리	35 갈쯩
16 반머리	
17 궁물	
18 부엉문	
19 남누	
20 담녁	

개념쇼 트레이닝 ZONE
p. 179

01

(1) 단어의 첫머리에서 'ㄹ'이나 'ㄴ'이 오는 것을 꺼리는 현상은 한자어에서만 일어나지 않는다. ○ⓧ
두음 법칙은 한자어에서만 일어남. 고유어와 외래어에서는 일어나지 않음.

(2) 모음 동화는 모음이 주변 음운의 영향을 받아 소리 나는 방법이 달라지는 조음 방법 변화이다. ○ⓧ
소리 나는 위치가 달라지는 조음 위치 변화임.

(3) 현대 국어는 영어와 달리 단어의 첫소리에 자음이 연달아 2개 이상 오는 어두 자음군이 나타나지 않는다. Ⓞⓧ

(4) 'ㅣ' 모음 역행 동화는 전설 모음이 뒤에 오는 후설 모음 'ㅣ'의 영향을 받아 전설 모음으로 바뀌는 현상이다. ○ⓧ
후설 모음 뒤에 오는 전설 모음

(5) 두 개의 모음이 만나 축약되면 두 모음 중 하나가 반모음으로 바뀌어 나머지 음운과 결합되므로 음운 수는 변화가 없다. ○ⓧ
두 모음이 만나 하나의 이중 모음이 되므로 음운 수가 하나 줄어듦.

02

아지랭이	(멋쟁이)	손잡이	(소금쟁이)
(담쟁이덩굴)	쥐기다	(골목쟁이)	애비
(겁쟁이)	유기쟁이	동당이치다	멕이다
(신출내기)	가랭이	되련님	풋내기
괴기	에미	(시골내기)	애기

03

(1) 꼴깍 ➡ (꿀꺽) (5) 짤랑짤랑 ➡ (쩔렁쩔렁)

(2) 덜렁덜렁 ➡ (달랑달랑) (6) 중얼중얼 ➡ (종알종알)

(3) 소곤소곤 ➡ (수군수군) (7) 찰랑찰랑 ➡ (철렁철렁)

(4) 숙덕숙덕 ➡ (속닥속닥) (8) 콩닥콩닥 ➡ (쿵덕쿵덕)

04

(1)	☐ 더워	☐ 고와	☐ 골라	☑ 차가워
(2)	☐ 구름	☐ 꼴깍	☑ 말씀	☐ 철퍼덕
(3)	☐ 먹어서	☐ 돌아라	☐ 서러워	☑ 아름다워
(4)	☐ 알록달록	☐ 설렁설렁	☑ 대굴대굴	☐ 오목오목

05

(1) 녀자(女子) ➡ (여자) (6) 량심(良心) ➡ (양심)

(2) 년세(年歲) ➡ (연세) (7) 력사(歷史) ➡ (역사)

(3) 뇨소(尿素) ➡ (요소) (8) 리발(理髮) ➡ (이발)

(4) 뉴대(紐帶) ➡ (유대) (9) 례의(禮儀) ➡ (예의)

(5) 닉명(匿名) ➡ (익명) (10) 류행(流行) ➡ (유행)

06

(1)	남여	(남녀)	(5)	(선율)	선률
(2)	(나열)	나렬	(6)	(백분율)	백분률
(3)	당요	(당뇨)	(7)	역리용	(역이용)
(4)	(신여성)	신녀성	(8)	(중노동)	중로동

07

단어	발음	바뀐 음운
(1) 많다	만타	(ㅎ)+(ㄷ) → (ㅌ)
(2) 옳지	올치	(ㅎ)+(ㅈ) → (ㅊ)
(3) 쌓고	싸코	(ㅎ)+(ㄱ) → (ㅋ)
(4) 잡히다	자피다	(ㅂ)+(ㅎ) → (ㅍ)
(5) 젖히다	저치다	(ㅈ)+(ㅎ) → (ㅊ)

08

구분	모음 축약 양상	단어	축약형
(1) ㅏ + ㅕ	ㅐ	하-+-여	해
(2) ㅣ + ㅓ	ㅕ	그리-+-어	그려
(3) ㅡ + ㅣ	ㅢ	뜨-+-이다	띄다
(4) ㅚ + ㅓ	ㅙ	되-+-어	돼
(5) ㅗ + ㅣ	ㅚ	보-+-이다	뵈다
(6) ㅚ + ㅓ	ㅙ	되-+-었다	됐다
(7) ㅜ + ㅣ	ㅟ	누-+-이다	뉘다
(8) ㅜ + ㅓ	ㅝ	두-+-어	둬

워밍-UP
p. 180

01 1. 미닫이[미다지] 2. 잡히다[자피다], 빨갛다[빨가타]

  3. 굳히다[구치다]

02 ㉠ 중력, 칼날, 톱밥 ㉡ 먹물, 집념

03 ㉠ 국물, 겹눈, 백마, 작년 ㉡ 실내, 칼날, 물놀이

04 ① × ② ○ ③ ○ ④ ○ ⑤ ○

01 음운 변동의 이해

 다음 단어들에서 ㉠과 ㉡이 일어나는지 판단해 보세요.

굳히다[구치다] 미닫이[미다지] 잡히다[자피다] 빨갛다[빨가타]	
1. ㉠만 일어남.	미닫이[미다지]
2. ㉡만 일어남.	잡히다[자피다], 빨갛다[빨가타]
3. ㉠과 ㉡ 모두 일어남.	굳히다[구치다]

정답 코칭

1. '미닫이'는 'ㄷ'이 'ㅈ'으로 교체(구개음화)되어 [미다디]가 [미다지]로 발음된다.

2. '잡히다'는 'ㅂ'과 'ㅎ'이 'ㅍ'으로 축약되어 [자피다]로 발음된다. '빨갛다'는 'ㅎ'과 'ㄷ'이 'ㅌ'으로 축약되어 [빨가타]로 발음된다.

3. '굳히다'는 'ㄷ'과 'ㅎ'이 'ㅌ'으로 축약되어 [구티다]가 된 후, 'ㅌ'이 'ㅊ'으로 교체(구개음화)되어 [구치다]로 발음된다.

02 교체 현상의 분류

 다음 단어들을 ㉠과 ㉡으로 나눠 보세요.

먹물 중력 집념 칼날 톱밥	
㉠	중력, 칼날, 톱밥
㉡	먹물, 집념

정답 코칭

㉠ '중력'은 [중녁]으로 발음되어 뒤 음절의 초성 자리에 놓인 음운 'ㄹ'이 'ㄴ'으로 바뀌고, '칼날'은 [칼랄]로 발음되어 뒤 음절의 초성 자리에 놓인 음운 'ㄴ'이 'ㄹ'로 바뀌고, '톱밥'은 [톱빱]으로 발음되어 뒤 음절의 초성 자리에 놓인 음운 'ㅂ'이 'ㅃ'으로 바뀐다.

㉡ '먹물'은 [멍물]로 발음되어 앞 음절의 종성 자리에 놓인 음운 'ㄱ'이 'ㅇ'으로 바뀌고, '집념'은 [짐념]으로 발음되어 앞 음절의 종성 자리에 놓인 음운 'ㅂ'이 'ㅁ'으로 바뀐다.

03 음운의 동화 비교

 다음 단어들을 ㉠과 ㉡으로 나눠 보세요.

국물 겹눈 백마 실내 작년 칼날 물놀이	
㉠	국물, 겹눈, 백마, 작년
㉡	실내, 칼날, 물놀이

정답 코칭

㉠은 역행 동화를, ㉡은 순행 동화를 의미한다.

㉠ − '국물[궁물]'과 '백마[뱅마]'는 음운 'ㄱ'이 비음 'ㅁ' 앞에서 비음 'ㅇ'으로 바뀌므로 ㉠의 예에 해당한다. 또한 '겹눈[겸눈]'은 음운 'ㅂ'이 비음 'ㄴ' 앞에서 비음 'ㅁ'으로 바뀌고, '작년[장년]'은 음운 'ㄱ'이 비음 'ㄴ' 앞에서 비음 'ㅇ'으로 바뀌므로 ㉠의 예에 해당한다.

㉡ − '실내[실래]'와 '칼날[칼랄]', '물놀이[물로리]'는 음운 'ㄴ'이 유음 'ㄹ' 뒤에서 유음 'ㄹ'으로 바뀌므로 ㉡의 예에 해당한다.

04 거센소리되기의 적용

 ⓐ ~ ⓔ를 이해한 내용의 적절성을 판단해 보세요.

① ⓐ : '낮'과 '한때'를 이어서 한 마디로 발음한 경우이므로, ㉠에 해당하겠군. ○ ⊗

② ⓑ : 어근 '맺−' 뒤에 접미사 '−히−'가 결합한 경우이므로, ㉠에 해당하겠군. ○ ✕

③ ⓒ : 체언 '닭'에 조사 '한테'가 결합한 경우이므로, ㉡에 해당하겠군. ○ ✕

④ ⓓ : 체언 '곳'에 조사 '하고'가 결합한 경우이므로, ㉡에 해당하겠군. ○ ✕

⑤ ⓔ : 어근 '넓−' 뒤에 접미사 '−히−'가 결합한 경우이므로, ㉠에 해당하겠군. ○ ✕

정답 코칭

① ⓐ '낮 한때[나탄때]'는 받침 'ㅈ'이 'ㄷ'으로 교체되고 'ㄷ'과 'ㅎ'이 만나 거센소리 'ㅌ'으로 바뀐 경우이므로 ㉠이 아니라 ㉡에 해당한다.

② ⓑ '맺힌[매친]'은 'ㅈ'과 'ㅎ'이 합쳐져 거센소리 'ㅊ'으로 바뀐 경우이므로 ㉠에 해당한다.

③ ⓒ '닭한테[다칸테]'는 겹받침 'ㄺ'에서 'ㄹ'이 탈락하고 'ㄱ'과 'ㅎ'이 만나 거센소리 'ㅋ'으로 바뀐 경우이므로 ㉡에 해당한다.

④ ⓓ '곳하고[고타고]'는 받침 'ㅅ'이 'ㄷ'으로 교체되고 'ㄷ'과 'ㅎ'이 만나 거센소리 'ㅌ'으로 바뀐 경우이므로 ㉡에 해당한다.

⑤ ⓔ '넓히는[널피는]'은 겹받침 'ㄼ'의 'ㅂ'이 접미사 '−히−'의 'ㅎ'과 합쳐져 거센소리 'ㅍ'으로 바뀐 경우이므로 ㉠에 해당한다.

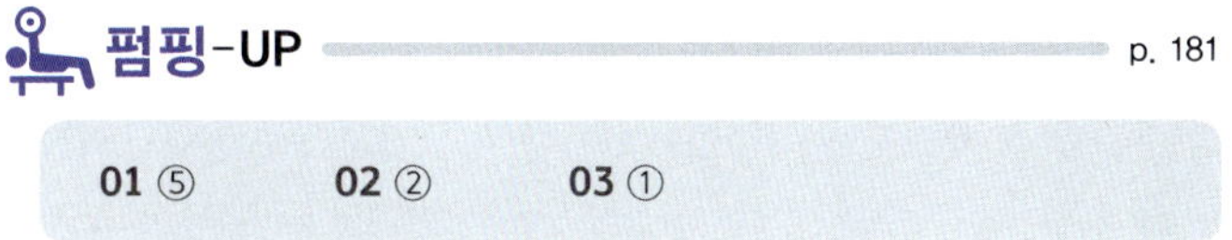

p. 181

01 ⑤	02 ②	03 ①

01 음운의 교체 이해 정답 ⑤

정답 코칭

'땀받이[땀바지]'는 앞말의 끝소리 'ㄷ'이 연음되어 뒷말의 가운뎃소리 'ㅣ'와 만나 앞의 음운인 'ㄷ'이 'ㅈ'으로 교체되는 현상이 일어난다. 따라서 ㉡이면서 ⓐ에 해당한다.

오답 코칭

① '마천루[마철루]'는 앞말의 끝소리 'ㄴ'과 뒷말의 첫소리 'ㄹ'이 만나 앞의 음운인 'ㄴ'이 'ㄹ'로 교체되는 현상이 일어난다. 따라서 ㉠이면서 ⓐ에 해당한다.

② '목덜미[목떨미]'는 앞말의 끝소리 'ㄱ'과 뒷말의 첫소리 'ㄷ'이 만나 뒤의 음운인 'ㄷ'이 'ㄸ'으로 교체되는 현상이 일어난다. 따라서 ㉠이면서 ⓑ에 해당한다.

③ '박람회[방남회]'는 앞말의 끝소리 'ㄱ'과 뒷말의 첫소리 'ㄹ'이 만나 앞의 음운인 'ㄱ'이 'ㅇ'으로, 뒤의 음운인 'ㄹ'이 'ㄴ'으로 교체되는 현상이 일어난다. 따라서 ㉠이면서 ⓒ에 해당한다.

④ '쇠붙이[쇠부치]'는 앞말의 끝소리 'ㅌ'이 연음되어 뒷말의 가운뎃소리 'ㅣ'

와 만나 앞의 음운인 'ㅌ'이 'ㅊ'으로 교체되는 현상이 일어난다. 따라서 ⓒ이면서 ⓓ에 해당한다.

02 모음의 교체 현상 이해   정답 ②

정답 코칭

'살피-+-어'가 [살펴]로 되는 음운 변동에서 'ㅕ'는 반모음 'ĭ'와 단모음 'ㅓ'가 결합된 것으로, 어간 '살피-'의 단모음 'ㅣ'가 반모음 'ĭ'로 교체되었음을 알 수 있다.

오답 코칭

① '뛰-+-어'가 [뛰여]로 되는 음운 변동에서는 반모음 'ĭ'가 어미의 단모음 'ㅓ'에 첨가되는 현상이 일어났다.

③ '치르-+-어'가 [치러]로 되는 음운 변동에서는 어간의 모음 'ㅡ'가 탈락되는 현상이 일어났다.

④ '끼-+-어'가 [끼여]로 되는 음운 변동에서는 반모음 'ĭ'가 어미의 단모음 'ㅓ'에 첨가되는 현상이 일어났다.

⑤ '자-+-아서'가 [자서]로 되는 음운 변동에서는 어간의 단모음 'ㅏ'가 탈락되는 현상이 일어났다.

03 음운의 변동 이해 및 적용   정답 ①

정답 코칭

㉠, ㉡ – ㉠의 비표준 발음은 '긁는 → [글는] → [글른]'의 과정을 거친 것이고, ㉡의 표준 발음은 '짧네 → [짤네] → [짤레]'의 과정을 거친 것이다. 즉 공통적으로 자음군 단순화(탈락)가 일어난 뒤에 유음화(교체)가 일어난 것임을 알 수 있다. 또한 ㉠의 표준 발음은 '긁는 → [극는] → [긍는]'의 과정을 거친 것이고, ㉡의 비표준 발음은 '짧네 → [짭네] → [짬네]'의 과정을 거친 것이다. 즉 공통적으로 자음군 단순화(탈락)가 일어난 뒤에 비음화(교체)가 일어난 것임을 알 수 있다.

㉢, ㉣ – ㉢, ㉣의 표준 발음은 '끊기고 → [끈키고]', '뚫지 → [뚤치]'의 과정을 거친 것인데, 공통적으로 자음군 단순화(탈락)가 일어나지 않고 거센소리되기(축약)만 일어난 것임을 알 수 있다.

호루라기 관장님의 🏋 하드 트레이닝   p. 182

01	모음 동화	22	유대
02	역행 동화	23	이불
03	표준	24	요소
04	두음 법칙	25	구콰
05	ㄹ, ㄴ	26	머키다
06	여자, ㅇ	27	마텽
07	외래어	28	실타
08	축약	29	무치다
09	ㅋ, ㅌ, ㅍ, ㅊ	30	버팍
10	조턴	31	안치고
11	다치다	32	올치
12	반모음	33	그러치
13	되여	34	노타
14	피여	35	발키다
15	이요		
16	아니요		
17	낙원		
18	내일		
19	양심		
20	요리		
21	예절		

개념쏙 트레이닝 ZONE
p. 186

01

(1) 음운 탈락은 원래 있는 음운이 다른 음운을 만난 특정한 환경에서 없어지면서 (발음되는 / ⟨발음되지 않는⟩) 현상이다.

(2) 'ㅎ'을 받침으로 가진 용언의 어간이 (⟨모음⟩ / 자음)으로 시작하는 어미와 결합하는 경우에 'ㅎ'이 탈락하고 표기에 반영한다.

(3) 합성어 및 파생어에서 앞말의 끝이 (모음 / ⟨자음⟩)이고 뒷말의 첫음절이 'ㅣ, ㅑ, ㅕ, ㅛ, ㅠ'인 경우에 'ㄴ'을 첨가하여 발음한다.

(4) (파생어 / ⟨합성어⟩)가 될 때, 앞말이 모음으로 끝나면 첨가되는 자음을 표기하기 위해 받침에 사이시옷을 표기한다.

(5) 합성어에서 뒷말이 된소리가 되거나 'ㄴ' 또는 'ㄴㄴ'이 첨가되는 현상은 규칙으로 (인정된다 / ⟨인정되지 않는다⟩).

02

단어	발음	탈락 자음	단어	발음	탈락 자음
(1) 넋	넉	ㅅ	(6) 늙다	늑따	ㄹ
(2) 흙	흑	ㄹ	(7) 읊다	읍따	ㄹ
(3) 삶	삼	ㄹ	(8) 넓다	널따	ㅂ
(4) 닭	닥	ㄹ	(9) 옮기다	옴기다	ㄹ
(5) 앉다	안따	ㅈ	(10) 넋두리	넉뚜리	ㅅ

03

단어	결합 형태	탈락 음운
(1) 울-+-는	우는	ㄹ
(2) 긋-+-어	그어	ㅅ
(3) 바늘+질	바느질	ㄹ
(4) 아들+님	아드님	ㄹ
(5) 낳-+-아	나아	ㅎ
(6) 짓-+-어	지어	ㅅ
(7) 쌓-+-이다	싸이다	ㅎ
(8) 버들+나무	버드나무	ㄹ

04

(1) 맨닙 (2) 물냑 (3) 서울녁 (4) 발냐구 (5) 불녀우
(6) 휘발뉴 (7) 설닉다 (8) 베갠닏 (9) 영엄농 (10) 그팽녈차

05

(1) 되여 (2) 피여 (3) 아니요 (4) 뛰여 (5) 휘여 (6) 베여서

06

(1) 등뿔 (2) 산쌔 (3) 술짠 (4) 길까 (5) 창쌀
(6) 문꼬리 (7) 눈똥자 (8) 발빠닥 (9) 손째주 (10) 바람껼

07

(1) 냇가	⟨내ː까⟩	낻ː까	(6) 콧날	⟨콘날⟩	콛날
(2) 깃발	⟨기빨⟩	긷빨	(7) 깻잎	깬닙	⟨깯닙⟩
(3) 콧등	⟨코뜽⟩	콛뜽	(8) 나뭇잎	⟨나문닙⟩	나묻닙
(4) 샛길	⟨새ː낄⟩	샏ː낄	(9) 아랫니	아랟니	⟨아랜니⟩
(5) 햇살	⟨해쌀⟩	핻쌀	(10) 뱃머리	⟨밴머리⟩	밷머리

워밍-UP
p. 187

01 ㉠ - 값만[감만], 밟는[밤ː는]   ㉡ - 짧지[짤찌], 흙과[흑꽈]

02 ① ㉠, ㉢   ② ㉡, ㉢   ③ ㉡, ㉢   ④ ㉡, ㉢   ⑤ ㉠, ㉣

03 ⓐ 교체 ⓑ 축약 1. 낯설고, 맞는지 2. 놓더라, 먹히는 3. 애틋한

04 (ㄱ) 첨가 (ㄴ) 교체

05 ⓐ 'ㄴ' 첨가 ⓑ 비음화 1. 담요 2. 곡물 3. 막일

06 첨가, 탈락, 축약, 교체

07 국물[궁물] - 교체 / 몫[목] - 탈락

08 ㉠ 늘어남 ㉡ 줄어듦 ㉢ 줄어듦 / ㉡, ㉢

01 음운의 변동 탐구

실력 자랑 다음 사례들을 ㉠과 ㉡으로 구분해 보세요.

값만[감만] 밟는[밤ː는] 짧지[짤찌] 흙과[흑꽈]		
㉠		값만[감만], 밟는[밤ː는]
㉡		짧지[짤찌], 흙과[흑꽈]

정답 코칭

㉠ '값만[감만]'은 'ㅅ'이 탈락하는 자음군 단순화와 'ㅂ'이 'ㅁ'의 앞에서 비음 'ㅁ'으로 바뀌는 비음화가 일어난다. '밟는[밤ː는]'은 'ㄹ'이 탈락하는 자음군 단순화와 'ㅂ'이 'ㄴ'의 앞에서 비음 'ㅁ'으로 바뀌는 비음화가 일어난다.

㉡ '짧지[짤찌]'는 'ㅂ'이 탈락하는 자음군 단순화와 두 번째 음절의 초성인 'ㅈ'이 'ㅉ'으로 교체되는 된소리되기가 일어난다. '흙과[흑꽈]'는 'ㄹ'이 탈락하는 자음군 단순화와 두 번째 음절의 초성인 'ㄱ'이 'ㄲ'으로 교체되는 된소리되기가 일어난다.

02 음운의 축약 및 탈락 이해

 다음 사례들이 ⊙과 ⓒ, ⓒ과 ② 중 어디에 해당하는지 골라 보세요.

① '싫다[실타]'는 (⊙ / ⓒ)과 (ⓒ / ②)에 해당된다.
② '좋아요[조아요]'는 (⊙ / ⓒ)과 (ⓒ / ②)에 해당한다.
③ '울-+-는 → 우는'은 (⊙ / ⓒ)과 (ⓒ / ②)에 해당된다.
④ '크-+-어서 → 커서'는 (⊙ / ⓒ)과 (ⓒ / ②)에 해당한다.
⑤ '나누-+-었다 → 나눴다'는 (⊙ / ⓒ)과 (ⓒ / ②)에 해당한다.

① '싫다[실타]'는 'ㅎ'과 'ㄷ'이 만나 'ㅌ'이 되는 축약 현상이 자음에서 일어난 경우이다(⊙, ⓒ).
② '좋아요[조아요]'는 'ㅎ'이 탈락하는 현상이 자음에서 일어난 경우이다(ⓒ, ⓒ).
③ '울-+-는 → 우는'은 'ㄹ'이 탈락하는 현상이 자음에서 일어난 경우이다(ⓒ, ⓒ).
④ '크-+-어서 → 커서'는 어간 '크-'의 모음 'ㅡ'가 탈락한 경우이다(ⓒ, ②).
⑤ '나누-+-었다 → 나눴다'는 'ㅜ'와 'ㅓ'가 만나 'ㅝ'가 되는 축약 현상이 모음에서 일어난 경우이다(⊙, ②).

03 음운 변동의 이해

 ⓐ와 ⓑ가 무엇인지 파악하고 단어들의 음운 변동을 판단해 보세요.

ⓐ	(교체 / 축약)
ⓑ	(교체 / 축약)
낯설고 놓더라 맞는지 먹히는 애틋한	
1. ⓐ만 일어남.	낯설고, 맞는지
2. ⓑ만 일어남.	놓더라, 먹히는
3. ⓐ와 ⓑ 모두 일어남.	애틋한

1. '낯설고[낟썰고]'는 받침 'ㅊ'이 'ㄷ'으로 바뀌는 교체가 일어나고, 'ㄷ' 뒤의 'ㅅ'이 'ㅆ'으로 바뀌는 된소리되기가 일어난다. '맞는지[만는지]'는 받침 'ㅈ'이 'ㄷ'으로 바뀌는 교체가 일어나고, 'ㄷ'이 뒤에 오는 'ㄴ'의 영향을 받아 'ㄴ'으로 바뀌는 비음화(교체)가 일어난다.
2. '놓더라[노터라]'는 'ㅎ'과 뒤의 'ㄷ'이 만나 'ㅌ'이 되는 축약이 일어난다. '먹히는[머키는]'은 'ㄱ'과 뒤의 'ㅎ'이 만나 'ㅋ'이 되는 축약이 일어난다.
3. '애틋한[애트탄]'은 받침 'ㅅ'이 'ㄷ'으로 바뀌는 교체가 일어나고, 앞의 'ㄷ'과 뒤의 'ㅎ'이 'ㅌ'이 되는 축약이 일어난다.

04 음운의 첨가와 교체

 (ㄱ)과 (ㄴ)에 나타나는 음운 변동을 골라 보세요.

(ㄱ)	(교체 / 탈락 / 첨가 / 축약)
(ㄴ)	(교체 / 탈락 / 첨가 / 축약)

'물약'은 합성어이며 앞말의 끝소리가 자음이고, 뒷말의 첫음절이 'ㅑ'이므

로 뒷말의 첫소리에 'ㄴ'을 첨가할 수 있다. 첨가된 'ㄴ'은 앞말의 끝소리 'ㄹ'의 영향으로 'ㄹ'이 되는 유음화가 일어난다. 그러므로 (ㄱ)은 음운의 첨가, (ㄴ)은 음운의 교체에 해당한다.

05 음운의 첨가와 비음화

 ⓐ와 ⓑ가 무엇인지 파악하고 단어들의 음운 변동을 판단해 보세요.

ⓐ	(비음화 / 유음화 / 'ㄴ' 첨가)
ⓑ	(비음화 / 유음화 / 'ㄴ' 첨가)
막일 담요 곡물	
1. ⓐ만 일어남.	담요
2. ⓑ만 일어남.	곡물
3. ⓐ와 ⓑ 모두 일어남.	막일

1. '담요'는 'ㄴ' 첨가가 적용되어 [담뇨]로 발음되므로 ⓐ만 일어난 단어이다.
2. '곡물'은 뒷말의 첫소리 'ㅁ' 때문에 앞말의 끝소리 'ㄱ'이 'ㅇ'으로 변하는 비음화가 일어나 [공물]로 발음된다. 그러므로 ⓑ만 일어난 단어이다.
3. '막일'은 'ㄴ'을 첨가한 뒤, 첨가된 'ㄴ' 때문에 앞말의 받침 'ㄱ'이 'ㅇ'으로 바뀌어 [망닐]로 발음되므로 ⓐ와 ⓑ가 모두 일어난 단어이다.

06 음운 변동의 유형 파악

 적절한 말을 골라 (가)에 들어갈 말을 완성해 보세요.

→ ⊙은 (교체 / 첨가)에 해당하고, ⓒ은 (축약 / 탈락)에 해당한다. ⓒ은 (첨가 / 축약)에 해당하고, ②은 (교체 / 탈락)에 해당한다.

⊙ '맨입[맨닙]'은 '맨-'과 '입'이 결합하면서 'ㄴ' 첨가가 일어나고, ⓒ '쌓아[싸아]'에서는 'ㅎ'의 탈락이 일어난다. ⓒ '입학[이팍]'은 받침 'ㅂ'이 뒤에 오는 'ㅎ'과 합쳐져 'ㅍ'으로 줄어드는 축약이 일어나고, ② '칼날[칼랄]'은 'ㄴ'이 'ㄹ'을 만나 'ㄹ'로 교체되는 유음화 현상이 일어난다.

07 음운 변동의 이해와 적용

 다음 단어에서 일어나는 음운 변동을 골라 보세요.

국물[궁물]	(교체 / 탈락 / 첨가 / 축약)
몫[목]	(교체 / 탈락 / 첨가 / 축약)

'국물'은 둘째 음절의 'ㅁ'의 영향으로 첫 음절의 'ㄱ'이 비음 'ㅇ'으로 바뀌는 비음화가 일어나므로 '교체'에 해당한다. '몫'은 받침의 겹받침 둘 중 'ㅅ'은 탈락하고 'ㄱ'만 남아 발음되므로, 한 자음이 없어지는 '탈락'에 해당한다.

08 음운의 변동 이해

 ⊙~ⓒ에서 음운 변동이 일어날 때 음운의 개수 변화를 파악해 보세요.

⊙	음운의 개수가 (늘어남 / 줄어듦).
ⓒ	음운의 개수가 (늘어남 / 줄어듦).
ⓒ	음운의 개수가 (늘어남 / 줄어듦).

→ (ⓒ)과 (ⓓ)은 음운의 개수가 줄었습니다.

ⓐ '꽃잎[꼰닙]'은 교체와 'ㄴ' 첨가가 일어났으므로 음운의 개수가 늘었다.

ⓒ '맑지[막찌]'는 'ㄺ'에서 'ㄹ'이 탈락하는 자음군 단순화와 'ㅈ'이 'ㅉ'이 되는 된소리되기가 일어났으므로 음운의 개수가 줄었다.

ⓓ '막힘없다[마키멉따]'는 'ㄱ'과 'ㅎ'이 결합하여 'ㅋ'으로 줄어드는 축약과 'ㅄ' 중 'ㅅ'이 탈락하는 자음군 단순화, 'ㄷ'이 'ㄸ'이 되는 된소리되기가 일어났으므로 음운의 개수가 줄었다.

펌핑-UP
p. 189

| 01 ② | 02 ⑤ | 03 ④ | 04 ① | 05 ④ |
| 06 ① | 07 ③ | | | |

01 음운 변동의 이해
정답 ②

'뚫는'은 '뚫는 → [뚤는] → [뚤른]'에서 'ㅎ'이 탈락하고 'ㄴ'이 'ㄹ'로 교체된다. 이때 'ㅎ'의 탈락으로 인해 음운 개수 하나가 줄어든다.

① '국밥[국빱]'에서 'ㅂ'이 'ㅃ'으로 교체되므로 음운 개수에는 변화가 없다.

③ '막내[망내]'에서 'ㄱ'이 'ㅇ'으로 교체되므로 음운 개수에는 변화가 없다.

④ '물약 → [물냑] → [물략]'에서는 'ㄴ'이 첨가되고 이 'ㄴ'이 'ㄹ'로 교체된다. 이때 'ㄴ'의 첨가로 인해 음운 개수 하나가 늘어난다.

⑤ '밟힌[발핀]'에서는 'ㅂ'과 'ㅎ'이 만나 'ㅍ'으로 축약되기 때문에 음운 개수는 하나가 줄어든다.

02 음운 변동의 이해
정답 ⑤

'옷 한 벌[오탄벌]'이 발음될 때에는 '옷'의 받침 'ㅅ'이 'ㄷ'으로 교체된 후 이 'ㄷ'이 'ㅎ'과 결합하여 'ㅌ'으로 축약되는 현상이 일어난다.

① '밥물[밤물]'이 발음될 때에는 'ㅂ'이 뒤에 오는 'ㅁ'의 영향을 받아 'ㅁ'으로 교체되는 현상이 일어난다.

② '광한루[광ː할루]'가 발음될 때에는 'ㄴ'이 뒤에 오는 'ㄹ'의 영향을 받아 'ㄹ'로 교체되는 현상이 일어난다.

③ '좋아[조ː아]'가 발음될 때에는 모음으로 시작되는 어미와 만나 'ㅎ'이 탈락하는 현상이 일어난다.

④ '색연필'은 '[색년필] → [생년필]'로 발음될 때 먼저 'ㄴ'이 첨가되고, 이후 'ㄱ'이 뒤에 오는 'ㄴ'의 영향을 받아 'ㅇ'으로 교체되는 현상이 일어난다.

03 음운 변동의 양상과 이해
정답 ④

'급행요금'은 첫 음절 끝소리 'ㅂ'과 뒷말의 첫소리 'ㅎ'이 축약되어 [ㅍ]으로 발음되고, '급행'과 '요금'이 결합했을 때 그 사이에 'ㄴ'이 첨가되어 [그팽뇨금]으로 발음된다. 그러므로 '급행요금[그팽뇨금]'에서는 탈락이 아닌, 축약과 첨가의 음운 변동만 일어난다.

① '물약'은 'ㄴ'이 첨가된 후 첨가된 'ㄴ'이 앞말의 받침 'ㄹ'의 영향으로 'ㄹ'로 교체되어 [물략]으로 발음한다.

② '읊는'은 먼저 앞말의 겹받침 중 'ㄹ'이 탈락하고, 남은 'ㅍ'은 음절의 끝소리 규칙을 거쳐 'ㅂ'이 된 후, 뒷말의 첫소리 'ㄴ'의 영향을 받아 [ㅁ]으로 바뀌어 발음하기 때문에 최종적으로 [음는]으로 발음한다.

③ '값하다'는 먼저 앞말의 겹받침 중 'ㅅ'이 탈락하고, 남은 'ㅂ'과 뒷말의 첫소리 'ㅎ'이 축약되어 [ㅍ]으로 발음하기 때문에 최종적으로 [가파다]로 발음한다.

⑤ '넓죽하다'는 앞말의 겹받침 중에서 'ㄹ'이 탈락하고, 남은 'ㅂ'의 영향으로 뒷말의 첫소리 'ㅈ'이 된소리 [ㅉ]으로 발음이 바뀌어 둘째 음절의 받침 'ㄱ'과 뒷말의 첫소리 'ㅎ'이 거센소리 [ㅋ]으로 축약되어 발음하기 때문에 최종적으로 [넙쭈카다]로 발음한다.

04 음운의 탈락 이해
정답 ①

㉮에는 모음이 탈락한 단어가, ㉯에는 자음이 탈락하였지만 음운 변동의 결과가 표기에 반영되지 않은 단어가, ㉰에는 자음이 탈락하였고 음운 변동의 결과가 표기에 반영된 단어가 들어가야 한다. ⓐ의 '떠서'는 어간 '뜨ㅡ'의 말음인 모음 'ㅡ'가 탈락한 모음 탈락이므로 ㉮에 들어간다. ⓑ의 '둥근'은 어간 '둥글ㅡ'의 말음인 자음 'ㄹ'이 어미 'ㅡㄴ' 앞에서 탈락하였고, 그 결과가 표기에 반영되어 '둥근'과 같이 표기하는 것이므로 ㉰에 들어간다. ⓒ의 '좋아'는 어간 '좋ㅡ'의 말음인 자음 'ㅎ'이 모음으로 시작하는 어미 앞에서 탈락하였지만 그 결과가 표기에 반영되지 않은 것이므로 ㉯에 들어간다. 따라서 ㉮에는 ⓐ, ㉯에는 ⓒ, ㉰에는 ⓑ가 들어가야 한다.

05 음운의 변동 이해
정답 ④

'해맑다'는 'ㄺ'에서 'ㄹ'이 탈락하고 'ㄷ'이 'ㄸ'으로 교체되어, 음운의 개수가 줄어들었다.

① '샅샅이'는 'ㅌ'이 'ㄷ'으로 교체되고 'ㅅ'이 'ㅆ'으로 교체되며, 'ㅌ'이 'ㅣ' 앞에서 'ㅊ'로 교체되어, 음운의 개수에는 변화가 없다.

② '넓히다'는 'ㅂ'과 'ㅎ'이 합쳐져 'ㅍ'으로 축약되었다. 두 음운이 결합하여 하나의 음운으로 축약되었으므로 음운의 개수는 줄어들었다.

③ '교육열'은 'ㄴ'이 첨가되고 'ㄱ'이 'ㅇ'으로 교체되어, 음운의 개수가 늘어났다.

⑤ '국화꽃'은 'ㄱ'과 'ㅎ'이 합쳐져 'ㅋ'으로 축약되고, 'ㅊ'이 'ㄷ'으로 교체되었으므로 축약 현상으로 인해 음운의 개수는 줄어들었다.

06 음운 변동의 이해 및 적용
정답 ①

'훑이'의 경우 앞말의 받침 두 자음 중 뒤의 자음 'ㅌ'이 모음 'ㅣ'로 시작하는 형식 형태소 앞에서 구개음화되어 'ㅊ'으로 교체된 후 연음되어 [훌치]로 발음한다. 그러므로 자음군 단순화가 일어나지 않은 것이다.

오답 코칭

② '훑어'는 모음으로 시작하는 어미, 즉 형식 형태소 '–어'가 와서 'ㅌ'이
제 음가대로 연음되므로 [훌터]로 발음한다. 그러므로 자음군 단순화가
일어나지 않은 것이다.

③ '얹는'은 앞말의 받침 두 자음 중 뒤의 자음 'ㅈ'이 탈락하고 'ㄴ'만 남아
서 [언는]으로 발음한다. 즉 자음군 단순화만 일어난 것이다.

④ '끊고'는 앞말의 받침 두 자음 중 뒤의 자음 'ㅎ'과 뒷말의 첫소리인 자
음 'ㄱ'이 'ㅋ'으로 축약되어 [끌코]로 발음한다. 그러므로 자음군 단순화
가 일어나지 않은 것이다.

⑤ '끓는'은 앞말의 받침 두 자음 중 뒤의 자음 'ㅎ'이 탈락하는 자음군 단
순화가 일어난 후 남은 'ㄹ'이 뒷말의 첫소리에 영향을 주어 'ㄴ'이 'ㄹ'로
유음화되므로 [끌른]으로 발음한다.

07 사이시옷의 표기 이해 　　　　정답 ③

정답 코칭

'콧날'은 '코'와 '날'이 결합한 형태로, [콘날]로 발음된다. 따라서 '콧날'은 뒷
말의 첫소리 'ㄴ, ㅁ' 앞에서 'ㄴ' 소리가 덧나는 경우에 해당한다.

오답 코칭

① '아랫마을'은 '아래'와 '마을'이 결합한 형태로, 뒷말의 첫소리 'ㄴ, ㅁ' 앞
에서 'ㄴ' 소리가 덧나는 경우에 해당한다.

② '고깃국'은 '고기'와 '국'이 결합한 형태로, 앞말이 모음으로 끝나고 뒷말
의 첫소리가 된소리로 끝나기 때문에 사이시옷이 표기되었다. 이와 달
리 '해장국'은 '해장'과 '국'이 결합한 형태로, 앞말이 모음이 아닌 자음
으로 끝나서 사이시옷이 표기되지 않았다.

④ '우윳빛'은 한자어 '우유'와 고유어 '빛'이 결합된 형태이고, '오렌지빛'은
외래어 '오렌지'와 고유어 '빛'이 결합된 형태이다. '오렌지빛'은 '우윳빛'
과 달리 외래어가 포함된 합성어이기 때문에 사이시옷이 표기되지 않
았다.

⑤ '모래땅'은 '모래'와 '땅'이 결합한 형태로, 뒷말의 첫소리가 본래 된소리
이다. '모랫길'은 '모래'와 '길'이 결합하여 [모래낄/모랟낄]로 발음되므
로, 뒷말의 첫소리가 된소리로 바뀌는 경우에 해당하여 사이시옷이 표
기되었다.

💪 벌크-UP 　　　　　　　　　p. 191

01 ④	02 ②

01 음운의 변동 이해 　　　　정답 ④

정답 코칭

'옛이야기[옌:니야기]'는 'ㄴ' 첨가와 교체에 해당하는 음절의 끝소리 규칙,
비음화가 적용되었다. 이때 'ㄴ'이 첨가되면서 음운의 개수는 늘어났다.

오답 코칭

① '풀잎[풀립]'은 'ㄴ' 첨가와 교체에 해당하는 유음화, 음절의 끝소리 규칙
이 적용되어 음운의 개수가 늘어났다.

② '흙투덕[흐코더덕]'은 탈락에 해당하는 자음군 단순화와 축약에 해당하는
거센소리되기가 적용되어 음운의 개수가 줄어들었다.

③ '맞춤옷[맏추몯]'은 교체에 해당하는 음절의 끝소리 규칙이 적용되어 음
운의 개수에 변화가 없다.

⑤ '달맞이꽃[달마지꼳]'은 교체에 해당하는 음절의 끝소리 규칙이 적용되
어 음운의 개수에 변화가 없다.

02 음운 변동의 표기 여부 파악 　　　　정답 ②

정답 코칭

㉠의 '떠'는 용언 어간 '뜨–'의 모음 'ㅡ'가 '–어'로 시작하는 어미와 결합하여
탈락하는 경우로, 음운 변동이 표기에 반영된 예에 해당한다. 그리고 ㉡의
'가서'는 용언 어간 '가–'의 모음 'ㅏ'가 '–아/–어'로 시작하는 어미와 결합할
때 'ㅏ'가 탈락한 경우로, 음운 변동이 표기에 반영된 예에 해당한다.

오답 코칭

① ㉠의 '서라'는 용언 어간 '서–'의 모음 'ㅓ'가 '–어'로 시작하는 어미와 결
합할 때 'ㅓ'가 탈락하는 경우로, 음운 변동이 표기에 반영된 것이다. ㉡
의 '끊어라'는 용언 어간 '끊–'의 끝소리 'ㅎ'이 모음으로 시작하는 어미
앞에서 탈락하는 경우로, 음운 변동이 표기에 반영되지 않은 것이다.

③ ㉠의 '꺼'는 용언 어간 '끄–'의 모음 'ㅡ'가 '–어'로 시작하는 어미와 결합
하여 탈락하는 경우로, 음운 변동이 표기에 반영된 것이다. ㉡의 '신고'
는 어간의 끝소리 'ㄴ' 뒤에서 어미의 첫소리 'ㄱ'이 된소리 'ㄲ'으로 교체
되는 경우로, 음운 변동이 표기에 반영되지 않은 것이다.

④ ㉠의 '마는'은 용언 어간 '말–'의 끝소리 'ㄹ'이 'ㄴ'으로 시작하는 어미 앞
에서 탈락하는 경우로, 음운 변동이 표기에 반영된 것이다. ㉡의 '쌓은'
은 어간 '쌓–'의 끝소리 'ㅎ'이 모음으로 시작하는 어미 앞에서 탈락하
는 경우로, 음운 변동이 표기에 반영되지 않은 것이다.

⑤ ㉠의 '너는'은 용언 어간 '널–'의 끝소리 'ㄹ'이 'ㄴ'으로 시작하는 어미 앞
에서 탈락하는 경우로, 음운 변동이 표기에 반영된 것이다. ㉡의 '담고'
는 어간의 끝소리 'ㅁ' 뒤에서 어미의 첫소리 'ㄱ'이 된소리 'ㄲ'으로 교체
되는 경우로, 음운 변동이 표기에 반영되지 않은 것이다.

호루라기 관장님의 🥊 하드 트레이닝 　　　　p. 192

01 탈락		19 갑또	
02 자음군		20 시러	
03 단순화		21 싸이다	
04 실질		22 넉뚜리	
05 나는		23 끄리다	
06 화살		24 옴기다	
07 조아		25 가빈따	
08 잠가서		26 봄삐	
09 첨가		27 말쏘리	
10 ㄴ		28 인몸	
11 울림소리		29 콘날	
12 한자어, 숫자		30 솜니불	
13 안찌		31 콩닙	
14 말께		32 짐닐	
15 싸타		33 아랜니	
16 마나			
17 담뇨			
18 맨닙			

개념쇼 트레이닝 ZONE

p. 199

01

| (1) ○ | (2) × | (3) × |

02

화자	도서관 관계자	발화	조용히!
청자	도서관 이용자들	맥락	(예) 도서관을 이용할 때 조용히 해 줄 것을 언어로써 당부함.

03

| (1) × | (2) ○ | (3) × |

04

㉠	'나'와 동행한 사람을 (지시)하는 표현이다.
㉡	앞의 내용과 상반되는 상황을 이어 주는 (접속) 표현이다.
㉢	그와 '나'가 가려는 목적지인 (학교)를 대신하는 (대용) 표현이다.

05

㉠	주민들을 위한 문화 시설이 턱없이 부족
㉡	사람들이 우리 고장으로 (이사를 오고 싶어도) 주민들을 위한 문화 시설이 부족하여 이사를 꺼린다는

06

| ㉠ | 그리고 | ㉡ | 그러나(하지만) | ㉢ | 그러므로(따라서) |

07

대용 표현	㉠(뒤에 나오는 담화를 대용함.) ㉡(민호의 제안을 대용함.)
지시 표현	㉢(과자를 지시함.), ㉣(물을 지시함.)

워밍-UP

p. 200

01 1. ◎   2. ㉺   3. ㉭   4. ㊀   5. ㉡   6. ㉢, ㉣
02 ㉠ 민수, 영이 ㉡ 영이, 별이 ㉢ 봄이, 솜이 ㉣ 민수, 봄이, 솜이
　　 ㉤ 영이, 별이, 민수 ㉥ 민수, 영이, 봄이
03 1. 께서 2. 께, 드리는
04 ① ○　② ×　③ ○　④ ○　⑤ ○

01 담화의 지시 표현 파악

실력 자랑 다음 설명이 ㉡~◎ 중 어디에 해당하는지 써 보세요.

1. '민재'를 가리킴.	◎	2. '물병 두 개'를 가리킴.	㉺
3. '물병'을 가리킴.	㉭	4. 화자와 청자를 모두 포함함.	㉢
5. '버스'의 상위어로서 ㉠을 가리킴.	㉡		
6. 다른 단어이지만 같은 곳을 가리키는 두 표현	㉢, ㉣		

정답 코칭

1. ◎ '자기'는 뒤에 나오는 '민재'를 가리킨다.
2. ㉺ '이'는 물병 두 개를 가리킨다.
3. ㉭ '것'은 '물병'을 가리킨다.
4. ㉢ '우리'는 화자인 '경준'과 청자인 '지현'을 모두 포함한다.
5. ㉡ '차'는 '버스'의 상위어로서 ㉠ '버스'를 가리킨다.
6. ㉢ '이곳'과 ㉣ '여기'는 다른 단어이지만 두 표현 모두 현재 대화를 나누고 있는 장소를 가리킨다.

02 대화 맥락에서의 대상 파악

실력 자랑 다음 표현이 포함하는 대상을 아래에서 골라 모두 적어 보세요.

민수, 영이, 별이, 봄이, 솜이

㉠ (민수 / 영이)	㉣ (민수 / 봄이 / 솜이)
㉡ (영이 / 별이)	㉤ (영이 / 별이 / 민수)
㉢ (봄이 / 솜이)	㉥ (민수 / 영이 / 봄이)

정답 코칭

㉠이 가리키는 대상은 '민수'와 '영이'이고, ㉡이 가리키는 대상은 '영이'와 '별이'이다. ㉢이 가리키는 대상은 '봄이'와 '솜이'이고, ㉣이 가리키는 대상은 '민수'와 '봄이'와 '솜이'이다. ㉤이 가리키는 대상은 '영이'와 '별이'와 '민수'이고, ㉥이 가리키는 대상은 '민수'와 '영이'와 '봄이'이다.

03 담화 상황에 따른 높임 표현

실력 자랑 다음 설명에 들어갈 말을 적어 보세요.

1. ㉠이 높임의 대상인 '선생님'으로 바뀌면	조사 '가'를 (께서)로 고쳐 말해야 한다.
2. ㉡이 높임의 대상인 '선생님'으로 바뀌면	'에게'를 (께)로, '주는'을 (드리는)으로 고쳐 말해야 한다.

정답 코칭

1. 문장의 주체인 ㉠이 높임의 대상인 '선생님'으로 바뀌면 주격 조사 '가'를 주체 높임 주격 조사인 '께서'로 고쳐 말해야 한다.
2. 문장의 객체인 ㉡이 높임의 대상인 '선생님'으로 바뀌면 부사격 조사 '에게'를 객체 높임 부사격 조사 '께'로, '주는'을 높임의 의미를 가지는 어휘인 '드리는'으로 고쳐 말해야 한다.

실력 자랑 ⊙ ~ ⑪에 대한 설명의 적절성을 판단해 보세요.

① ⊙은 '효준'과 '유로' 모두에게 멀리 있는 사물을 가리키는 표현이다. ◯ ✕

② ⓒ을 사용하여 '효준'이 지시한 장소는 ⑪이 나타내는 장소와 동일하다. ◯ ✕

③ ⓒ은 '유로'보다 '효준'에게 가까이 있는 사물을 가리키는 표현이다. ◯ ✕

④ ⓔ을 사용하여 '유로'가 가리킨 사물은 ⓒ이 나타내는 사물과 동일하다. ◯ ✕

⑤ ⑪은 '효준'과 '유로'의 눈에 현재 보이지 않는 장소를 가리키는 표현이다. ◯ ✕

정답 코칭

① ⊙ '저건'은 화자인 '유로'와 청자인 '효준'에게 모두 멀리 떨어져 있는 진열대의 운동화를 가리키는 표현이다.

② ⓒ '저기'는 멀리 떨어져 있는 진열대를 지칭하는 표현이고, ⑪ '거기'는 앞에서 말한 □□매장을 가리키는 표현이다. 따라서 ⓒ을 사용하여 '효준'이 지시한 장소는 ⑪이 나타내는 장소와 동일하지 않다.

③ ⓒ '이거는' 청자인 '유로'보다 화자인 '효준'에게 가까이 있는 운동화를 가리키는 표현이다.

④ ⓔ '그거는' 화자인 '유로'에게는 멀지만, 청자인 '효준'에게는 가까운 운동화를 가리키는 표현이고, ⓒ '이거'도 '효준'에게 가까운 운동화를 가리키는 표현이다. 따라서 ⓒ과 ⓔ이 나타내는 사물은 동일하다.

⑤ ⑪ '거기'는 화자인 '유로'와 청자인 '효준'이 있는 장소에서는 현재 보이지 않는 □□매장을 가리키는 표현이다.

펌핑-UP

p. 201

01 ③	02 ③	03 ⑤	04 ⑤	05 ③
06 ⑤				

01 담화의 지시 표현과 높임 표현 　정답 ③

정답 코칭

ⓔ '말씀'은 말씀하신 주체인 원장님을 높이기 위한 표현이다. 한편 ⑩ '말씀'의 주체는 학생인데, 화자인 학생 입장에서 높여야 하는 대상인 '원장님'에게 하는 말이므로 자신을 낮추기 위해 쓴 표현이다. 그러므로 ⓔ과 ⑩이 모두 화자가 자신의 행위를 낮추기 위해 사용한 표현이라고 볼 수 없다.

오답 코칭

① '뵙다'의 목적어가 앞에 있는 '원장님'이므로 ⊙ '뵈러'는 원장님을 높이는 표현이고, ⓒ '계시긴'은 서술어의 주체인 '원장님'을 높이는 것이므로 ⊙과 ⓒ은 동일한 인물을 높이기 위해 사용한 표현이다.

② ⓒ '이틀 전'은 학생이 원장님과 통화를 한 시간이다. 그리고 이 통화에서 원장님은 학생에게 오늘 오라고 말했음을 알 수 있으므로, ⓒ '이틀 전'은 전화로 약속을 한 ⓐ '지난번'과 동일한 시간이다.

④ 담화 상황에서 ⑩ '저쪽'은 화자인 직원과 청자인 학생 모두에게 먼 쪽을 가리키므로, ⑩은 화자와 청자로부터 멀리 떨어진 곳을 지시하는 표현임을 알 수 있다.

⑤ 담화 상황에서의 화자와 청자는 학생, 직원, 원장뿐이다. 그러므로 ⑪ '김 선생님'은 현재의 담화 상황에 참여하지 않는 인물을 지칭하는 표현임을 알 수 있다.

02 담화의 표현 이해 　정답 ③

정답 코칭

ⓒ '그러면'은 앞의 아버지의 말 '저 옷이랑 같이 입으면'을 가리키는 대용 표현이다. 아버지가 앞에서 한 말과 관련된 세부 사항이 뒤에 추가될 것임을 나타낸다고 볼 수는 없다.

오답 코칭

① 지시 표현 '이'는 화자에게 가깝고 청자에게 먼 것을 지칭할 때 사용한다. 그러므로 ⊙ '이거는' 화자인 아버지에게 가깝고 청자인 은주에게 상대적으로 먼 대상을 지칭하는 표현이다.

② ⓒ '저'는 화자와 청자 모두에게 먼 대상을 지칭하는 표현이며 이는 상황 맥락 속에서 그 구체적인 의미가 나타난다. 대화의 맥락상 화자인 아버지와 청자인 은주가 모두 '저'의 의미를 알고 있다는 점에서 '저'가 지시하는 대상을 청자인 은주도 볼 수 있음을 전제로 함을 알 수 있다.

④ ⓔ '그렇게'는 앞의 아버지의 말 '고모한테 고맙다고 전화 한 통 드려.'를 가리키는 대용 표현이다.

⑤ ⑩ '그런데'는 앞의 담화의 내용과 다른 내용이 이어질 것임을 나타내는 접속 표현이다. 그러므로 ⑩은 아버지가 지금까지 은주와 나눈 대화의 화제를 다른 데로 돌리는 기능을 한다고 볼 수 있다.

03 담화 표지의 기능 이해 　정답 ⑤

정답 코칭

청유형 종결 어미를 사용하여 화자가 청자에게 함께 행동할 것을 제안하거나 화자나 청자의 행동 수행을 촉구하기도 한다. ⑩ '해 보자'에서는 '엄마'가 '아들'에게 심호흡을 세 번만 해 보자는 제안을 하는 것일 뿐 함께 심호흡을 할 것을 제안하는 것은 아니다.

04 담화의 분석 　정답 ⑤

정답 코칭

ⓐ '저희'는 '우리'의 낮춤말로, 청자인 '선배'를 상대하여 화자인 '후배 2'가 자신과 '후배 1'을 가리킨 것이다. 즉 ⓐ은 화자가 자신을 낮추기 위하여 쓴 말이지 청자와 자신을 모두 낮추기 위한 말은 아니다.

오답 코칭

① ⊙ '학교에서는' '학교'라는 체언 뒤에, 앞말이 행동이 이루어지고 있는 처소의 부사어임을 나타내는 격 조사 '에서'가 붙은 형태로 부사어에 해당한다. 하지만 ⓒ '학교에서는' '학교'라는 체언 뒤에, 앞말이 주어임을 나타내는 격 조사 '에서'가 붙은 형태로 주어에 해당한다. '에서'는 부사격 조사로 많이 쓰이지만, 단체를 나타내는 명사 뒤에 붙어서 앞말이 주어임을 나타내는 격 조사로 쓰이기도 한다.

② '우리'는 말하는 이가 자기와 듣는 이, 또는 자기와 듣는 이를 포함한

여러 사람을 가리키는 일인칭 대명사이다. 따라서 ⓒ '우리'에는 화자인 '선배'와 청자인 '후배 1', '후배 2'가 모두 포함되어 있음을 알 수 있다.

③ ⓔ '자신'은 자신의 형편을 감안해 달라는 '동아리'가 한둘이 아니라는 맥락을 고려할 때 '동아리'를 지칭하는 말임을 알 수 있다.

④ ⓗ '서로'는 '학교'와 '우리'가 만족할 만한 결과를 얻기가 쉽지 않겠다는 맥락에서 쓰인 말로, ⓛ의 '학교'와 ⓜ의 '우리'를 모두 포함해서 가리키는 말임을 알 수 있다.

05 대화 맥락에서의 대상 파악 　　정답 ③

ⓑ '우리'는 담화를 나누고 있는 수빈, 나경, 세은 이렇게 3명을 가리킨다. 또한 ⓔ '우리'도 ⓑ와 같이 수빈, 나경, 세은 이렇게 3명 모두를 가리킨다. 따라서 ⓑ와 ⓔ가 가리키는 대상이 같다.

① ⓐ '우리'는 담화 주체인 나경 혹은 나경과 관련된 대상을 가리키고, ⓑ '우리'는 담화를 나누고 있는 수빈, 나경, 세은 이렇게 3명을 가리킨다.

② ⓐ '우리'는 담화 주체인 나경 혹은 나경과 관련된 대상을 가리키고, ⓓ '우리'는 집에 일이 있어서 가지 못하는 수빈을 제외한 나경과 세은 이렇게 2명을 가리킨다.

④ ⓒ '우리'는 담화 주체인 수빈 혹은 수빈과 관련된 대상을 가리킨다. ⓓ '우리'는 집에 일이 있어서 가지 못하는 수빈을 제외한 나경과 세은 이렇게 2명을 가리킨다.

⑤ ⓒ '우리'는 담화 주체인 수빈 혹은 수빈과 관련된 대상을 가리킨다. ⓔ '우리'는 수빈, 나경, 세은 이렇게 3명 모두를 가리킨다.

06 담화의 시간 표현 파악 　　정답 ⑤

ⓗ은 화자인 엄마와 청자인 아들을 제외한 제삼자인 누나를 가리키는 말이지만, ⓞ은 청자인 아들을 가리키는 말이다. 따라서 ⓞ이 화자와 청자를 제외한 제삼자를 가리킨다고 볼 수는 없다.

① ㉠과 ⓗ은 모두 청자인 아들의 관점에서 사용한 지칭어이다.

② ㉠과 ⓐ은 각각 현재의 담화 상황에 참여하고 있는 엄마와 아들을 가리킨다.

③ ⓛ과 ⓒ은 모두 옷 가게 광고판을 가리킨다.

④ ⓔ과 ⓜ은 모두 광고판에 쓰여 있는 날짜로, 2015년 12월 30일을 가리킨다.

벌크-UP 　　p. 203

01 ③	02 ②

01 담화의 높임 표현 파악 　　정답 ③

ㄷ은 화자인 '형'이 주격 조사 '께서'와 특수한 어휘 '계시다'를 사용하여 주체인 '할아버지'를 높이고 있다.

① ㄱ은 화자인 '회장'이 학급 회의라는 공적인 상황에서 종결 어미 '하십시오체'를 사용하여 '시작하겠습니다'라고 말하며 상대인 '학급 친구들'을 높이고 있다.

② ㄴ은 화자인 '언니'가 특수한 어휘 '뵙다'를 사용하여 객체인 '할머니'를 높이고 있다.

④ ㄹ은 화자인 '학생'이 '멋지십니다'에서 선어말 어미 '-시-'를 사용하여 '선생님'을 간접적으로 높이고 있다.

⑤ ㅁ은 화자인 '아들'이 부사격 조사 '께'를 사용하여 객체인 '아버지'를 높이고 있다.

02 담화의 피동 표현 이해 　　정답 ②

ⓛ '버려지는'은 동사 어간 '버리-'에 어미 '-어지다'가 쓰인 피동 표현으로, 피동 접미사 '-리-'는 결합하지 않았다.

① ㉠ '담긴'은 능동의 동사 어근 '담-'에 피동 접미사 '-기-'가 결합하여 실현된 피동 표현이다.

③ ⓒ '구조되는'은 명사 '구조' 뒤에 '-되다'가 결합하여 주어 '강아지들'이 구조 행위를 당하는 것을 표현하고 있다.

④ ⓔ '쓰인다고'를 '쓴다고'와 같이 능동 표현으로 바꾸면 '쓰인다고'의 주어인 '성금이'는 목적어 '성금을'로 바뀐다.

⑤ ⓜ '열린다는데'는 행사를 여는 주체보다 '유기견 보호 행사'가 강조되는 효과가 있는 피동 표현이다.

호루라기 관장님의 🏋 하드 트레이닝 　　p. 204

01	㉠ 학교 앞 문구점	05	그리고
	ⓛ 학교 앞 문구점	06	그래서
	ⓒ 운동장	07	그리고
	ⓔ 학교 앞 문구점	08	그러나(하지만)
02	㉠ 노란색 공책	09	따라서(그러므로)
	ⓛ 노란색 공책	10	그리고, 그런데 / 저것
	ⓒ 파란색 공책	11	하지만 / 거기, 그곳
	ⓔ 파란색 공책	12	질책
03	㉠ 서점	13	질문
	ⓛ 체험 학습 날짜가 연기	14	요청
04	㉠ 어제 방송된 한글의 우수성에 대한 프로그램	15	요청
	ⓛ 한글이 대단하다고 생각함.		
	ⓒ 한글		

개념ㅊ트레이닝 ZONE　　　　　　　p. 210

01

(1) 교양, 두루	(2) 지역, 시대	(3) 중심지	(4) 장이, 쟁이

02

(1)	(쌍둥이)	쌍동이
(2)	오똑이	(오뚝이)
(3)	발가송이	(발가숭이)
(4)	깡총깡총	(깡충깡충)

03

(1)	윗돈	위돈	(웃돈)
(2)	윗층	(위층)	웃층
(3)	(위쪽)	윗쪽	웃쪽
(4)	(윗도리)	위도리	웃도리
(5)	윗어른	위어른	(웃어른)
(6)	(윗입술)	위입술	웃입술

04

(1)	서류를 바닥에 (동댕이치다).
(2)	연못 위에서 (소금쟁이)가 유유하게 떠다녔다.
(3)	낭만을 즐기는 그는 (멋쟁이)로 소문나 있다.
(4)	뜨거운 열기에 아스팔트에서 (아지랑이)가 피어올랐다.
(5)	산촌에서 서울로 왔더니 (시골내기)라고 놀림을 받았다.
(6)	이제 막 화가로 등단한 그는 미술계에서 (신출내기)였다.
(7)	신입 사원인 우리는 업무가 서툴러 (풋내기)로 불렸다.
(8)	키버들을 엮어 물건을 만드는 사람을 (유기장이)라고 한다.
(9)	우리는 캠핑장에서 쌀을 여러 번 씻은 뒤 (냄비)에 안쳤다.
(10)	(미장이)는 건축 공사에서 흙이나 시멘트를 바르는 사람이다.

05

(1)	감기에 걸려서 만사가 다 ((귀찮다)/ 귀치않다).
(2)	(온가지 /(온갖) 정성을 기울여 선물을 만들었다.
(3)	((장사치)/ 장사아치)의 눈치만큼 재빠른 것도 없다.
(4)	나무 위에서 구렁이가 ((똬리)/ 또아리)를 틀고 있다.
(5)	새해에는 ((설빔)/ 설비음)으로 단장하고 세배를 한다.
(6)	(새앙쥐 /(생쥐) 는 극지방을 제외한 전세계에 분포한다.
(7)	우리나라에서 ((솔개)/ 소리개)는 겨울에 흔한 나그네새이다.

06

(1) 낌새	(2) 뒤웅박	(3) 경황없다	(4) 마구잡이

워밍-UP　　　　　　　　　　　　p. 211

01 ① ✕　② ○　③ ○　④ ○　⑤ ○
02 5

01　본말과 준말의 활용 이해

실력 자랑 밑줄 친 단어의 활용이 적절하면 ○, 적절하지 않으면 ✕표 하세요.

① 그녀는 새로운 삶에 첫발을 <u>내딛었다</u>.　○ ✕
② 아저씨가 농사일에 <u>서투른</u> 줄 몰랐다.　○ ✕
③ 우리는 여기에 <u>머물면서</u> 쉴 생각이다.　○ ✕
④ <u>서두르지</u> 않으면 출발 시간에 늦겠다.　○ ✕
⑤ 조금만 <u>건드려도</u> 방울 소리가 잘 난다.　○ ✕

정답 코칭

① '내딛다'는 '내디디다'의 준말이다. 〈보기〉에서 준말은 '내딛고, 내딛지' 등과 같이 자음으로 시작하는 어미의 활용형에는 쓰지만, '내딛어, 내딛으며' 등과 같이 모음으로 시작하는 어미의 활용형에는 쓰지 않는다고 하였다. 따라서 '내딛었다'는 본말인 '내디디-+-었-+-다'와 같이 활용하기에 '내딛었다'가 아닌 '내디디었다' 혹은 어간 끝 음절과 어미가 줄어든 '내디뎠다'의 형태로 활용해야 한다.

② '서투르다'는 본말로 '서투르지, 서툴러'와 같이 자음이나 모음으로 연결되는 어미의 활용형을 모두 쓸 수 있다. '서투른'은 어간 '서투르-'와 어미 '-ㄴ'의 결합형으로, 해당 어미는 자음으로 시작하는 어미이기 때문에 본말의 활용형 '서투른', 준말의 활용형 '서툰'이 모두 가능하다.

③ '머물다'는 본말로 '머무르지, 머물러'와 같이 자음이나 모음으로 연결되는 어미의 활용형을 모두 쓸 수 있다. '머물면서'는 어간 '머물-'과 어미 '-면서'의 결합형으로, 해당 어미는 자음으로 시작하는 어미이기 때문에 본말의 활용형 '머무르면서', 준말의 활용형 '머물면서'가 모두 가능하다.

④ '서두르다'는 본말로 '서두르지, 서둘러'와 같이 자음이나 모음으로 연결되는 어미의 활용형을 모두 쓸 수 있다. '서두르지'는 어간 '서두르-'와 어미 '-지'의 결합형으로, 해당 어미는 자음으로 시작하는 어미이기 때문에 본말의 활용형 '서두르지', 준말의 활용형 '서둘지'가 모두 가능하다.

⑤ '건드리다'는 본말로 '건드리며, 건드리니, 건드리어' 등과 같이 자음이나 모음으로 연결되는 어미의 활용형을 모두 쓸 수 있다. '건드려도'는 어간 '건드리-'와 어미 '-어도'의 결합형으로, 해당 어미는 '건드려도(건드리어도)'로 활용할 수 있다.

02　표기의 구분 탐구

실력 자랑 ㉠에 들어갈 조건으로 적절한 것에 V표 하세요.

1. 합성어인가?	
2. 모음 앞에 위치하는가?	
3. 울림소리 앞에 위치하는가?	
4. 사물의 이름을 나타내는가?	
5. 된소리나 거센소리 앞에 위치하는가?	✓

자료에서 '윗–'과 '위–'의 쓰임의 차이를 보면, '위–'는 '위쪽, 위층'과 같이 된소리와 거센소리 앞에 위치하지만, '위집'과 같이 예사소리 앞에서는 쓰일 수 없다. 반면에 '윗–'은 '윗집'과 같이 예사소리 앞에 위치하지만 '윗쪽, 윗층'과 같이 된소리와 거센소리 앞에서는 쓰일 수 없다. 따라서 된소리나 거센소리 앞에서는 '윗–'이 아니라 '위–'를 사용함을 알 수 있다.

펌핑–UP

p. 212

01 ②

01 준말의 표기 이해

정답 ②

㉠ '걷다'는 본말 '거두다'의 어간 '거두–'에서 끝음절의 모음 'ㅜ'가 줄어들고 자음 'ㄷ'만 남는 경우로, 자음 'ㄷ'을 앞 음절 '거'의 받침으로 적은 준말이므로 [A]에 해당한다.

㉣ '갖고'는 본말 '가지고'의 어간 '가지–'에서 끝음절의 모음 'ㅣ'가 줄어들고 자음 'ㅈ'만 남는 경우로, 자음 'ㅈ'을 앞 음절 '가'의 받침으로 적은 준말이므로 [A]에 해당한다.

㉡ '저녁놀'의 본말 '저녁노을'은 체언 '저녁'과 체언 '노을'이 결합한 말로, 본말이 어간과 어미가 결합한 말이 아니다.

㉢ '돼'는 본말 '되어'의 어간 '되–'와 어미 '–어'가 줄어든 말로, 본말의 어간에서 끝모음의 모음이 줄어들고 자음만 남는 경우가 아니다.

㉤ '엊그저께'의 본말 '어제그저께'는 체언 '어제'와 체언 '그저께'가 결합한 말로, 본말이 어간과 어미가 결합한 말이 아니다.

호루라기 관장님의 하드 트레이닝

p. 213

01	공용어	15	간지럽히다
02	교양, 현대	16	떨구다
03	거센소리	17	손주
04	어원	18	먹거리
05	수	19	눈초리
06	역행	20	내음
07	기술, 쟁이	21	냄비
08	윗, 웃	22	위쪽
09	준말	23	멋쟁이
10	설거지	24	오뚝이
11	맨날	25	풋내기
12	세간살이	26	아지랑이
13	복숭아뼈	27	옹기장이
14	남사스럽다	28	수캉아지

079~083 표준 발음법 ❶~❺

개념쇼 트레이닝 ZONE

p. 219

01

(1) 현대   (2) 실제, 원칙   (3) 전통성   (4) 합리성   (5) 발음

02

(1)	받침소리로는 'ㄱ, ㄴ, ㄷ, ㄹ, ㅁ, ㅂ, ㅇ'의 7개 자음만 발음한다.	㉠
(2)	'ㄴ'은 'ㄹ'의 앞이나 뒤에서 [ㄹ]로 발음한다.	㉢
(3)	받침 'ㄱ(ㄲ, ㅋ, ㄳ, ㄺ), ㄷ(ㅅ, ㅆ, ㅈ, ㅊ, ㅌ, ㅎ), ㅂ(ㅍ, ㄼ, ㄿ, ㅄ)'은 'ㄴ, ㅁ' 앞에서 [ㅇ, ㄴ, ㅁ]으로 발음한다.	㉣
(4)	받침 'ㄱ(ㄲ, ㅋ, ㄳ, ㄺ), ㄷ(ㅅ, ㅆ, ㅈ, ㅊ, ㅌ), ㅂ(ㅍ, ㄼ, ㄿ, ㅄ)' 뒤에 연결되는 'ㄱ, ㄷ, ㅂ, ㅅ, ㅈ'은 된소리로 발음한다.	㉡
(5)	받침 'ㄷ, ㅌ(ㄾ)'이 조사나 접미사의 모음 'ㅣ'와 결합되는 경우에는, [ㅈ, ㅊ]으로 바꾸어서 뒤 음절 첫소리로 옮겨 발음한다.	㉢

03

[표준 발음법 제23항]	덮개, 있던, 값지다, 옷고름
[표준 발음법 제26항]	갈등, 물질, 발전, 일시

04

(1) 겉옷	㉡	(4) 늪 앞	㉡
(2) 꽂아	㉠	(5) 덮이다	㉠
(3) 쫓아	㉠	(6) 밭 아래	㉡

05

(1) 주의	주의, 주이	(4) 희망	히망
(2) 무늬	무니	(5) 우리의	우리의, 우리에
(3) 씌어	씨어	(6) 늴리리	닐리리

06

(1) 연락을 <u>끊는다고</u> 문제가 해결되지는 <u>않는다</u>.

　　[끈는다고]　　　　　　[안는다]

(2) 그것이 <u>옳은</u> 일이라면 <u>싫어도</u> 해야만 한다.

　　[오른]　　　[시러도]

(3) 여기에 <u>놓는</u> 것보다는, 저기에 <u>쌓는</u> 것이 좋겠다.

　　[논는]　　　　[싼는]

워밍–UP

p. 220

01 1. ㉠ 2. ㉠ 3. ㉢ 4. ㉢ 5. ㉠

02 제23항 – 덮개[덥깨], 옷고름[온꼬름]

　　제24항 – 앉다[안따], 더듬지[더듬찌]

03 제19항 – 심리[심니], 종로[종노], 상록수[상녹쑤]

　　제29항 – 콩엿[콩녇], 두통약[두통냑], 한여름[한녀름]

04 까까, 을퍼, 여덜블, 더피다, 부어키

01 표준 발음법의 이해

 다음 발음이 ㉠~㉢ 중 어느 것을 바탕으로 했는지 골라 보세요.

1. '물이 끓고 있다.'의 '끓고'는 [끌코]로 발음한다.	㉠
2. '벽돌을 쌓지 마라.'의 '쌓지'는 [싸치]로 발음한다.	㉠
3. '배가 항구에 닿네.'의 '닿네'는 [단네]로 발음한다.	㉡
4. '마음이 놓여.'의 '놓여'는 [노여]로 발음한다.	㉢
5. '이유를 묻지 않다.'의 '않다'는 [안타]로 발음한다.	㉠

정답 코칭

1. '끓고[끌코]'는 'ㄶ' 뒤에 'ㄱ'이 결합되어 [ㅋ]으로 발음하는 경우로, 이는 ㉠에 따른 것이다.
2. '쌓지[싸치]'는 'ㅎ' 뒤에 'ㅈ'이 결합되어 [ㅊ]으로 발음하는 경우로, 이는 ㉠에 따른 것이다.
3. '닿네[단네]'는 'ㅎ' 뒤에 'ㄴ'이 결합되어 'ㅎ'이 [ㄴ]으로 발음되는 경우로, 이는 ㉡에 따른 것이다.
4. '놓여[노여]'는 'ㅎ' 뒤에 모음으로 시작된 어미가 결합되어 'ㅎ'을 발음하지 않는 경우로, 이는 ㉢에 따른 것이다.
5. '않다[안타]'는 'ㄶ' 뒤에 'ㄷ'이 결합되어 [ㅌ]로 발음하는 경우로, 이는 ㉠에 따른 것이다.

02 표준 발음법의 사례 구분

 각 항에 해당하는 사례 ㉠, ㉡을 구분해 보세요.

덮개[덥깨] 앉다[안따] 더듬지[더듬찌] 옷고름[옫꼬름]	
제23항(㉠)	제24항(㉡)
덮개[덥깨], 옷고름[옫꼬름]	앉다[안따], 더듬지[더듬찌]

정답 코칭

제23항 – '덮개'는 '덮[덥]'의 ㅂ(ㅍ) 받침 뒤에 연결되는 '개'의 1음절 첫소리 'ㄱ'을. '옷고름'은 '옷[옫]'의 ㄷ(ㅅ) 받침 뒤에 연결되는 '고름'의 1음절 첫소리 'ㄱ'을 된소리로 발음해야 하므로 ㉠의 사례에 해당한다.

제24항 – '앉다'는 어간 '앉-'의 받침 'ㄴ(ㄵ)' 뒤에 결합되는 어미 '-다'의 첫소리 'ㄷ'이 된소리로 발음되는 경우이므로 ㉡의 사례로 볼 수 있다. '더듬지' 역시 어간 '더듬-'의 받침 'ㅁ' 뒤에 결합되는 어미 '-지'의 첫소리 'ㅈ'이 된소리로 발음되는 경우이므로 ㉡의 사례로 볼 수 있다.

03 표준 발음법의 사례 구분

 각 항에 해당하는 사례를 구분해 보세요.

제19항	제29항
심리[심니] 종로[종노] 상록수[상녹쑤]	콩엿[콩녇] 두통약[두통냑] 한여름[한녀름]

정답 코칭

제19항 – 심리[심니]는 받침 'ㅁ'의 영향을 받아 'ㄹ'이 'ㄴ'으로 발음되고, 종로[종노]와 상록수[상녹쑤]는 받침 'ㅇ'의 영향을 받아 'ㄹ'이 'ㄴ'으로 발음되므로 제19항에 따른 것이다.

제29항 – 콩엿은 합성어로서 앞 단어 '콩'의 끝이 자음 'ㅇ'이고, 뒤 단어 '엿'의 첫음절이 '여'이므로 'ㄴ'을 첨가하여 [콩녇]으로 발음되고, 두통약은 합성어로서 앞 단어 '두통'의 끝이 자음 'ㅇ'이고, 뒤 단어 '약'의 첫음절이 '야'이므로 'ㄴ'을 첨가하여 [두통냑]으로 발음되므로, 제29항에 따른 것이다. 한여름 역시 파생어로서 앞 단어의 끝이 자음 'ㄴ'이고, 뒤 단어 '여름'의 첫 음절이 '여'이므로 'ㄴ'을 첨가하여 [한녀름]으로 발음되므로 제29항에 따른 것이다.

04 단어의 올바른 발음

 다음 중 단어의 올바른 발음을 골라 보세요.

깎아	(까까 / 깍가)
읊어	(을버 / 을퍼)
여덟을	(여덜브 / 여덜블)
덮이다	(더피다 / 덥이다)
부엌이	(부어기 / 부어키)

정답 코칭

'깎아'는 쌍받침 'ㄲ'이 모음으로 시작되는 어미 '-아'와 결합한 경우이므로, 제13항에 따라 [까까]로 발음해야 한다. '읊어'는 겹받침 'ㄿ'이 모음으로 시작되는 어미 '-어'와 결합한 경우이므로, 제14항에 따라 [을퍼]로 발음해야 한다. '여덟을'은 겹받침 'ㄼ'이 모음으로 시작되는 조사 '을'과 결합한 경우이므로, 제14항에 따라 [여덜블]로 발음해야 한다. '덮이다'는 홑받침 'ㅍ'이 모음으로 시작되는 접미사 '-이-'와 결합한 경우이므로, 제13항에 따라 [더피다]로 발음해야 한다. '부엌이'는 홑받침 'ㅋ'이 모음으로 시작되는 조사 '이'와 결합한 경우이므로, 제13항에 따라 [부어키]로 발음해야 한다.

펌핑-UP p. 221

01 ③	02 ④	03 ①

01 표준 발음법의 이해 정답 ③

정답 코칭

'없단다'의 '없-'의 받침 'ㅄ'은 자음군 단순화에 따라 'ㅅ'이 탈락하여 'ㅂ'만 남고, 제23항 규정에 따라 뒤에 연결되는 '-다'의 'ㄷ'과 만나 된소리되기가 일어나 [업딴따]로 발음된다. 겹받침의 뒤엣것을 뒤 음절 첫소리로 옮겨 발음하는 조항인 제14항에는 해당되지 않는다.

오답 코칭

① '많던'은 제12항에 따라 'ㄶ'의 'ㅎ'이 뒤 음절 첫소리 'ㄷ'과 합쳐져서 [ㅌ]으로 축약되어 [만턴]으로 발음된다.
② '젊어'는 제14항에 따라 겹받침의 뒤엣것 'ㅁ'만 뒤 음절 첫소리로 옮겨 [절머]로 발음된다.
④ '꽃'은 제9항에 따라 받침 'ㅊ'이 대표음 [ㄷ]으로 바뀌는 음절의 끝소리 규칙이 일어나 [꼳]으로 발음된다.
⑤ '웃던'은 제9항에 따라 '웃-'의 받침 'ㅅ'이 대표음 [ㄷ]으로 바뀌는 음절의 끝소리 규칙이 일어나고, '웃던'은 제23항에 따라 받침 [ㄷ] 뒤의 'ㄷ'이 된소리로 발음되는 된소리되기가 일어나 [욷떤]으로 발음된다.

02 표준 발음법의 적용 정답 ④

정답 코칭

'값이'는 겹받침 'ㅄ'이 모음으로 시작되는 조사와 결합되는 경우이므로 제14항의 'ㅅ'은 된소리로 발음한다는 규정에 따라 [갑씨]라고 발음해야 한다.

오답 코칭

① '넓지'는 제10항의 겹받침 'ㄼ'은 자음 앞에서 [ㄹ]로 발음한다는 규정에 따라 [널찌]로 발음해야 한다.

② '옮겨'는 제11항의 겹받침 'ㄻ'은 자음 앞에서 [ㅁ]으로 발음한다는 규정에 따라 [옴겨]로 발음해야 한다.

③ '읽고'는 제11항의 용언의 어간 말음 'ㄺ'은 'ㄱ' 앞에서 'ㄹ'로 발음한다는 규정에 따라 [일꼬]로 발음해야 한다.

⑤ '훑어'는 제14항의 겹받침이 모음으로 시작되는 어미와 결합할 때는 뒤엣것만을 뒤 음절 첫소리로 옮겨 발음한다는 규정에 따라 [훌터]로 발음해야 한다.

03 표준 발음법의 이해 정답 ①

정답 코칭

제11항 규정에 따라 겹받침 'ㄺ'은 자음 'ㅈ' 앞에서 [ㄱ]으로 발음하고, 제23항 규정에 따라 겹받침 'ㄺ' 뒤에 연결되는 'ㅈ'은 된소리로 발음하므로 ㉠ '읽지'는 [익찌]로 발음해야 한다.

오답 코칭

② 제14항 규정에 따라 겹받침이 모음으로 시작된 어미 '-아'와 결합되는 경우, 뒤엣것만을 뒤 음절 첫소리로 옮겨 발음하므로 ㉡ '앉아'는 [안자]로 발음해야 한다.

③ 제11항 규정에 따라 겹받침 'ㄻ'은 자음 'ㄱ' 앞에서 [ㅁ]으로 발음하므로 ㉢ '옮겨'는 [옴겨]로 발음해야 한다.

④ 제11항 규정에 따라 겹받침 'ㄼ'은 자음 'ㄱ' 앞에서 [ㅂ]으로 발음하고, 제23항 규정에 따라 겹받침 'ㄼ' 뒤에 연결되는 'ㄱ'은 된소리로 발음하므로 ㉣ '읊고'는 [읍꼬]로 발음해야 한다.

⑤ 제10항 규정에 따라 'ㅄ'은 자음 'ㅈ' 앞에서 [ㅂ]으로 발음하고, 제23항 규정에 따라 'ㅄ' 뒤에 연결되는 'ㅈ'은 된소리로 발음하므로 ㉤ '값진'은 [갑찐]으로 발음해야 한다.

벌크-UP p. 222

01 ⑤	02 ④

01 표준 발음법 적용 정답 ⑤

정답 코칭

'닭하고'에서 '닭'은 겹받침 'ㄺ'이 자음 앞에 나타나므로 ⓑ에 따라 [ㄱ]으로 발음한 뒤, [ㄱ]이 '하고'의 'ㅎ'과 결합되는 경우이므로 ⓔ에 따라 두 음을 합쳐서 [ㅋ]으로 발음해야 한다. 따라서 '닭하고'는 [다카고]로 발음해야 한다.

오답 코칭

① '여덟이'는 '덟'의 겹받침 'ㄼ'이 모음으로 시작된 조사 '이'와 결합되는 경우이므로 ⓐ에 따라 뒤엣것만을 뒤 음절 첫소리로 옮겨서 [여덜비]로 발음해야 한다.

② '몫을'은 '몫'의 겹받침 'ㄳ'이 모음으로 시작된 조사 '을'과 결합되는 경우이므로 ⓐ에 따라 뒤엣것만을 뒤 음절 첫소리로 옮겨 발음해야 한다. 그런데 이때, 앞말 [ㄱ] 뒤에 'ㅅ'이 연결되므로 ⓓ에 따라 'ㅅ'을 [ㅆ]으로 발음해야 한다. 따라서 '몫을'은 [목쓸]로 발음해야 한다.

③ '흙만'에서 '흙'은 겹받침 'ㄺ'이 자음과 결합되는 경우이므로 ⓑ에 따라 [ㄱ]으로 발음한 뒤, [ㄱ]이 '만'의 'ㅁ' 앞에 오므로 ⓒ에 따라 [ㄱ]을 [ㅇ]으로 발음해야 한다. 따라서 '흙만'은 [흥만]으로 발음해야 한다.

④ '값까지'에서 '값'은 겹받침 'ㅄ'이 자음과 결합되는 경우이므로 ⓑ에 따라 [ㅂ]으로 발음해야 한다. 따라서 '값까지'는 [갑까지]로 발음해야 한다.

02 된소리되기의 표준 발음 이해 정답 ④

정답 코칭

'안겨라'는 '안-+-기-+-어라'의 결합이다. 'ㄱ'이 'ㄴ' 뒤에 이어지고 있지만, 어미끼리 결합한 것이 아니라 용언 어간 '안-'에 피동, 사동 접사인 '-기-'가 결합하는 경우에 해당하여 된소리되기가 일어나지 않는다.

오답 코칭

① '푼다'는 '풀-+-ㄴ다'의 결합이다. 즉 'ㄴ'과 'ㄷ'이 모두 어미 '-ㄴ다'에 속해 있는 소리에 해당하여 된소리되기가 일어나지 않는다.

② '여름도'는 체언 '여름' 뒤에 조사 '도'가 결합한 것이다. 체언과 조사가 결합하면서 이어진 경우에는 된소리되기가 일어나지 않는다.

③ '잠가'는 '잠그-+-아'의 결합이다. 즉 'ㅁ'과 'ㄱ'은 하나의 형태소 어간 '잠그-' 안에 속해 있는 소리에 해당하여 된소리되기가 일어나지 않는다.

⑤ '큰지'는 '크-+-ㄴ지'의 결합이다. 즉 'ㄴ'과 'ㅈ'이 어간과 어미가 결합하면서 이어진 소리가 아니라, 'ㄴ'과 'ㅈ'이 하나의 어미 안에 속한 소리이기 때문에 된소리되기가 일어나지 않는다.

호루라기 관장님의 하드 트레이닝 p. 223

01	전통성	13	안깐힘, 옴견따
02	발음법	14	무르플, 꿀코
03	ㅔ	15	다쳐, 할쑤
04	저, 쩌, 처	16	띠어쓰기, 띠여쓰기
05	시게	17	우리의 히망, 우리에 히망
06	조아	18	의지의 한구긴, 의지에 한구긴
07	논는	19	널따, 밥꼬
08	첫소리	20	늑찌, 말꼬
09	마싣따, 머싣따	21	비지, 바테
10	ㄴ	22	디그시, 꼬차
11	물략	23	문뻡, 꼰망울
12	수확끼, 가버치	24	받낄, 이뿐뇨

개념쏙 트레이닝 ZONE
p. 229

01

(1) ○　(2) ×　(3) ×　(4) ○　(5) ×

02

(1) ㉠　(2) ㉤　(3) ㉢　(4) ㉠　(5) ㉠

03

(1)	너무 (짭잘한 /<u>짭짤한</u>) 음식은 몸에 좋지 않다.
(2)	어머니께서는 (<u>깍두기</u> / 깍뚜기)를 싱겁게 담그셨다.
(3)	나는 힘든 일을 (몽당 /<u>몽땅</u>) 잊고 다시 시작하련다.
(4)	군인인 형을 위해 정성을 (듬북 /<u>듬뿍</u>) 담아 요리했다.

04

(1) 산 넘어에서 쑥을 뜯어서 손이 까맣니 손을 씻어라.

→ (너머), (까마니)

(2) 학교에 있는 휴계실에서 우연히 녀자 후배를 만났다.

→ (휴게실), (여자)

(3) 유진이는 눈을 지긋이 감고 약을 다리며 노래를 들었다.

→ (지그시), (달이며)

(4) 이모네 마지는 궁문학을, 둘째는 영문학을 전공하고 있다.

→ (맏이), (국문학)

05

(1)	<u>높이</u>	노피
(2)	세방	<u>셋방</u>
(3)	꾸준이	<u>꾸준히</u>
(4)	전세집	<u>전셋집</u>
(5)	<u>드러나다</u>	들어나다

06

(1) 밥은커녕죽도못먹었다.

→ (밥은커녕 죽도 못 먹었다.)

(2) 그가떠난지도벌써삼년이흘렀다.

→ (그가 떠난 지도 벌써 삼 년이 흘렀다.)

(3) 20분밖에안지났으니걱정하지마.

→ (20분밖에 안 지났으니 걱정하지 마.)

(4) 서은이는벽에기댄채로잠이들었다.

→ (서은이는 벽에 기댄 채로 잠이 들었다.)

---

(5) 건너편에서차한대가쏜살같이달려나왔다.

→ (건너편에서 차 한 대가 쏜살같이 달려 나왔다.)

(6) 노력한만큼좋은결과를얻기를바랄뿐이다.

→ (노력한 만큼 좋은 결과를 얻기를 바랄 뿐이다.)

워밍-UP
p. 230

01 ㉠ - ⓐ　㉡ - ⓒ　㉢ - ⓑ
02 ㉠ - 값지다, 넋두리, 멋쟁이　㉡ - 굵기, 낚시　㉢ - 얄따랗다, 말끔하다
03 ⓐ - ㉢　ⓑ - ㉡
04 1. ○　2. ○　3. ×

01 어미와 조사 구분

실력 자랑 ㉠~㉢의 밑줄 친 부분에 적용된 맞춤법 원칙을 ⓐ~ⓒ 중 골라 써 보세요.

㉠	ⓐ
㉡	ⓒ
㉢	ⓑ

정답 코칭

〈자료〉에서 ㉠의 [아니요]는 문장의 종결형에서 어미 '-오'가 사용되는 경우로, '요'로 소리 나는 경우가 있더라도 그 원형을 밝혀 '아니오'로 적어야 한다(ⓐ). ㉡의 [가지요]는 어미 뒤에 조사 '요'가 덧붙는 경우로, 조사 '요'는 '요'로 적어야 하므로 '가지요'로 적어야 한다(ⓒ). ㉢의 [설탕이요]는 연결형에서 '이요'가 사용되는 경우로, 연결형에서 사용되는 '이요'는 '이요'로 적어야 하므로 '설탕이요'로 적어야 한다(ⓑ).

02 한글 맞춤법의 주요 내용

실력 자랑 다음 단어들이 ㉠~㉢ 중 어떤 것의 예인지 적어 보세요.

굵기　낚시　값지다　넋두리　멋쟁이　얄따랗다　말끔하다	
㉠	값지다, 넋두리, 멋쟁이
㉡	굵기, 낚시
㉢	얄따랗다, 말끔하다

정답 코칭

㉠ '값지다'는 명사 '값' 뒤에 자음 'ㅈ'으로 시작된 접미사 '-지다'가 붙어서 된 것이고, '넋두리'는 명사 '넋' 뒤에 자음 'ㄷ'으로 시작된 접미사 '-두리'가 붙어서 된 것, '멋쟁이'는 '멋'이라는 명사 뒤에 자음 'ㅈ'으로 시작된 접미사 '-쟁이'가 붙어서 된 것이므로 ㉠에 해당한다.

㉡ '굵기'는 형용사 어간 '굵-' 뒤에 자음 'ㄱ'으로 시작된 접미사 '-기'가 붙어서 된 것이고, '낚시'는 동사 어간 '낚-' 뒤에 자음 'ㅅ'으로 시작된 접미사 '-시'가 붙어서 된 것이므로 ㉡에 해당한다.

㉢ '얄따랗다'는 어간 원형 '얇-'의 겹받침 중 끝소리 'ㅂ'이 발음되지 않는 경우이고, '말끔하다'는 어간 원형 '맑-'의 겹받침 중 끝소리 'ㄱ'이 드러나지 않는 경우이므로 ㉢에 해당한다.

03 한글 맞춤법의 주요 내용

ⓐ	㉢
ⓑ	㉡

정답 코칭

ⓐ '지붕'은 명사 '집'과 접미사 '–웅'이 결합하여 만들어진 말로, ㉢ 규정에 따라 명사의 원형을 밝히어 적지 않았다. ⓑ '마감'은 동사 '막다'의 어간인 '막–'과 접미사 '–암'이 결합하여 명사가 된 말로, ㉡ 규정에 따라 어간의 원형을 밝히어 적지 않았다.

04 준말의 특성 파악

1. '다정하다'를 '다정타'로 적는 것은 ㉠의 규정을 따른 결과라고 볼 수 있겠군. ⃝ ✕
2. '이렇다'를 '이러타'로 적지 않는 것은 ㉡의 규정을 따른 결과라고 볼 수 있겠군. ⃝ ✕
3. '무심하지'는 ㉢의 규정에 따라 '하'가 줄어진 형태인 '무심지'로 적을 수 있겠군. ⃝ ⊗

정답 코칭

1. '다정하다'를 '다정타'로 적는 것은 어간 '다정하–'의 'ㅏ'가 줄고 'ㅎ'이 다음 음절의 첫소리와 어울려 거센소리 'ㅋ'으로 되었기 때문이므로 ㉠의 규정을 따른 결과로 볼 수 있다.
2. '이렇다'에서 'ㅎ'은 어간 '이렇–'의 끝소리로 굳어져 받침으로 적어야 한다. 따라서 '이렇다'를 '이러타'로 적지 않는 것은 ㉡의 규정을 따른 결과라고 볼 수 있다.
3. '무심하지'는 ㉠의 규정에 따라 'ㅎ'이 다음 음절의 첫소리와 어울려 거센소리로 되는 경우이므로 '무심지'가 아니라 '무심치'로 적어야 한다.

🏋 펌핑–UP   p. 231

01 ④	02 ③	03 ④	04 ②	05 ①
06 ①				

01 한글 맞춤법의 적용   정답 ④

정답 코칭

'옷소매'는 어근인 '옷'과 '소매'가 결합한 합성어로, [옫쏘매]로 소리 나지만 어법에 맞도록 '옷소매'로 적는다. '밥알'도 어근인 '밥'과 '알'이 결합한 합성어로, [바발]로 소리 나지만 어법에 맞도록 '밥알'로 적는다. 즉, '옷소매'와 '밥알'은 모두 ⓑ만 충족한 합성어이다.

오답 코칭

① '이파리'는 어근인 '잎'과 접사 '–아리'가 결합한 파생어로, [이파리]로 소리난다. 따라서 '이파리'는 ⓐ만 충족한 경우이므로 ㉠에 해당한다. 그러나 '얼음'은 어근인 '얼–'과 접사 '–음'이 결합한 파생어로, [어름]으로 소리 나지만 어법에 맞도록 '얼음'으로 적는다. 따라서 '얼음'은 ㉢에 해당한다.

② '마소'는 어근인 '말'과 '소'가 결합한 합성어로, 발음하기 편하게 '마소'로 적어 ㉡에 해당한다. '낮잠'은 어근인 '낮'과 '잠'이 결합한 합성어로, [낟짬]으로 소리 나지만 어법에 맞도록 '낮잠'으로 적는다. 따라서 '낮잠'은 ㉢에 해당한다.

③ '웃음'은 어근인 '웃–'과 접사 '–음'이 결합한 파생어로, [우슴]으로 소리 나지만 어법에 맞도록 '웃음'으로 적는다. 따라서 '웃음'은 ㉢에 해당한다. 그러나 '바가지'는 어근인 '박'과 접사 '–아지'가 결합한 파생어로, [바가지]로 소리 나는 대로 적는다. 따라서 '바가지'는 ㉠에 해당한다.

⑤ '꿈'은 어근인 '꾸–'에 접사 '–ㅁ'이 결합한 파생어로, [꿈]으로 소리 나는 대로 적으면서, 어법에 맞도록 한 것이다. 따라서 '꿈'은 ㉤에 해당한다. 그러나 '사랑니'는 어근인 '사랑'과 '이'가 결합된 합성어로, [사랑니]로 소리 나는 대로 적는다. 따라서 '사랑니'는 ㉢에 해당한다.

02 한글 맞춤법의 규정 파악   정답 ③

정답 코칭

'마당의 눈이 희다.'에서 '희다'의 어간 '희–'는 끝음절 모음이 'ㅏ, ㅗ'가 아니므로 ㉠에 따라 어미 '–어'가 결합해 '희어'로 적어야 한다.

오답 코칭

① '보다'의 어간 '보–'는 끝음절 모음이 'ㅗ'이므로 ㉠에 따라 어미 '–아'가 결합해 '보아'로 적어야 한다.
② '먹다'의 어간 '먹–'은 끝음절 모음이 'ㅏ, ㅗ'가 아니므로 ㉠에 따라 어미 '–어'가 결합해 '먹어'로 적어야 한다.
④ '하다'의 어간 '하–'에 어미 '–아'가 결합하면 ㉡에 따라 어미 '–아'가 '–여'로 바뀌어 '하여'로 적어야 한다.
⑤ '이르다'의 어간 '이르–'에 어미 '–어'가 결합하면 ㉢에 따라 어미 '–어'가 '–러'로 바뀌어 '이르러'로 적어야 한다.

03 한글 맞춤법의 규정 이해   정답 ④

정답 코칭

'높이'는 어간 '높–'에 '–이'를 결합한 명사로, 제19항을 적용해 '노피'를 '높이'로 정정해야 한다. '높이'의 어근 '높–'에는 '–하다'나 '–거리다'가 붙을 수 없으므로, 한글 맞춤법 제23항을 적용할 수 없다.

오답 코칭

① '돌아가다'는 '돌다'와 '가다'라는 두 개의 용언이 결합한 합성 동사로, 앞 말인 '돌다'의 본뜻을 유지하고 있다. 따라서 ㉠ '도라가다'는 한글 맞춤법 제15항 [붙임 1]을 적용해 '돌아가다'로 정정해야 한다.
② '드러나다'는 두 개의 용언이 어울려 한 개의 용언이 될 적에 그 본뜻에서 멀어진 합성 동사이다. 따라서 한글 맞춤법 제15항 [붙임 1]을 적용해 ㉡ '드러났다'로 표기한 것은 적절하다.
③ ㉢ '얼음'은 어간 '얼–'에 '–음'이 붙어서 만들어진 명사이다. 따라서 한글 맞춤법 제19항을 적용해 '얼음'으로 어간의 원형을 밝히어 표기하는 것이 적절하다.
⑤ '홀쭉이'는 어근 '홀쭉–'에 '–이'가 붙어 만들어진 명사로, '홀쭉–'에는 '–하다'가 결합할 수 있다. 따라서 한글 맞춤법 제23항을 적용해 ㉤ '홀쭈기'를 어근의 원형을 밝힌 '홀쭉이'로 정정해야 한다.

04 한글 맞춤법의 적용　　　　　정답 ②

정답 코칭

'높이'는 용언의 어간 '높-'에 접미사 '-이'가 붙어서 부사가 된 경우이므로 ⓒ의 예에 해당한다.

오답 코칭

① '먹이'는 용언의 어간 '먹-'에 접미사 '-이'가 붙어서 명사가 된 경우이므로 ⓐ의 예에 해당한다.
③ '익히'는 용언의 어간 '익-'에 접미사 '-히'가 붙어서 부사가 된 경우이므로 ⓒ의 예에 해당한다.
④ '고름'은 어간 '곪-'에 '-음'이 붙어서 명사가 된 것으로, 어간의 뜻과 멀어진 경우이므로 ⓓ의 예에 해당한다.
⑤ '너비'는 어간 '넓-'에 '-이'가 붙어서 명사가 된 것으로, 어간의 뜻과 멀어진 경우이므로 ⓓ의 예에 해당한다.

05 한글 맞춤법 규정의 적용　　　　　정답 ①

정답 코칭

〈보기〉에서는 "어간 모음 'ㅚ' 뒤에 '-어'가 붙어서 'ㅙ'로 줄어지는 것은 'ㅙ'로 적는다."라는 맞춤법 규정에 대해 설명하고 있다. 이에 따르면 '쐬어라'는 '쐬-'와 '-어라'가 결합된 것이므로 '쐐라'로 줄어들 수 있다. 이를 '쐬라'로 표기하는 것은 적절하지 않다.

오답 코칭

② 'ㅚ' 뒤에 '-어'가 아닌 '-느냐'가 결합된 경우는 'ㅙ'로 줄어들 수 없으므로, '괘느냐'로 적을 수 없다.
③ '죄-'와 '-어도'가 결합된 '죄어도'는 'ㅚ'와 '-어'가 'ㅙ'로 줄어지므로 '좨도'로 줄어들 수 있다.
④ '뵈-'가 '-어서'와 결합된 '뵈어서'는 'ㅚ'와 '-어'가 'ㅙ'로 줄어지므로 '봬서'로 줄어들 수 있다.
⑤ '쇠-'와 '-더라도'가 결합된 경우는 'ㅚ' 뒤에 '-어'가 붙는 것이 아니므로 'ㅙ'로 줄어지지 않으며, 따라서 '쇄더라도'로 적을 수 없다.

06 한글 맞춤법 규정의 이해　　　　　정답 ①

정답 코칭

'안개꽃 밖에'의 '밖에'는 조사이므로 제41항을 적용해 '안개꽃밖에'로 붙여 써야 한다.

오답 코칭

② '만큼'은 의존 명사가 아니라 조사이므로 제41항을 적용해 '너만큼'으로 써야 한다.
③ '천 원짜리'의 '짜리'는 단위를 나타내는 명사이지만 숫자와 어울리어 쓰이기 때문에 제43항을 적용해 '천 원짜리'로 써야 한다.
④ '어찌할 줄'의 '줄'은 의존 명사이기 때문에 제42항을 적용해 '어찌할 줄'로 써야 한다.
⑤ 제43항을 적용하면 '7 연구실'이 원칙이지만 '7연구실'로 붙여 쓰는 것도 허용된다.

벌크-UP　　　　　p. 233

01 ⑤	02 ③

01 한글 맞춤법의 이해　　　　　정답 ⑤

정답 코칭

'믿음'은 어근 '믿-'에 접미사 '-음'이 결합한 말로, 결합한 이후에도 본래 뜻이 유지되어서 형태소의 본모양을 밝혀 적었다.

02 띄어쓰기의 파악　　　　　정답 ③

정답 코칭

[A]에서 '지'는 어미 '-(으)ㄴ지, -(으)ㄹ지'의 일부일 때는 띄어 쓰지 않는다고 하였다. '무엇부터 해야 할 지를 모르겠다.'에서 '할 지'의 '지'는 어미 '-ㄹ지'의 일부이므로 '할지'라고 붙여 써야 한다.

오답 코칭

① '동네 인심 한번 고약하구나.'에서 '한번'은 어떤 행동이나 상태를 강조하는 뜻을 나타내므로 '한번'이라고 써야 한다.
② '그를 만난 지도 꽤 오래되었다.'에서 '만난 지'의 '지'는 시간의 경과를 나타내므로 '만난 지'라고 앞말과 띄어 써야 한다.
④ '견우와 직녀는 일 년에 한 번 만난다.'에서 '번'은 일의 횟수를 나타내므로 '한 번'이라고 띄어 써야 한다.
⑤ '얼마나 부지런한지 세 명 몫의 일을 해낸다.'에서 '부지런한지'의 '지'는 어미 '-ㄴ지'의 일부이므로 '부지런한지'라고 붙여 써야 한다.

호루라기 관장님의 하드 트레이닝　　　　　p. 234

01	소리, 어법	15	간편케
02	단어	16	만듦
03	된소리	17	선우가 주희보다 두 살 위이다.
04	ㄱ, ㅂ	18	저 이야기는 아마 열 번도 더 했을 것이다.
05	ㅅ		
06	ㅢ	19	학교에서만이라도 지킬 것은 지키자.
07	두음 법칙		
08	본음	20	강아지가 집을 나간 지 사흘 만에 돌아왔다.
09	어미		
10	원형	21	덧니
11	오, 이요	22	책이요
12	곳간, 횟수	23	뻐꾸기
13	㉠ 바가지, 오빠, 살짝 ㉡ 꽃이, 만났다, 낯빛이	24	드러났다
14	깨끗이, 다리고		

089~090 외래어 표기법 / 로마자 표기법

01

(1) 한글   (2) 1 기호   (3) ㄱ, ㄴ, ㄹ, ㅁ, ㅂ, ㅅ, ㅇ   (4) 파열음
(5) 관용

02

(1) 백   (2) 파리   (3) 자모   (4) 카메라   (5) ㅂ   (6) 패밀리, 필름

03

(1)	주스	쥬스	(5)	까페	카페
(2)	레져	레저	(6)	인터넽	인터넷
(3)	초콜릿	쵸콜릿	(7)	커피숍	커피슙
(4)	디지탈	디지털	(8)	텔레비젼	텔레비전

04

외래어	잘못된 표기	바른 표기
(1) bus	뻐스	버스
(2) racket	라켙	라켓
(3) service	써비스	서비스
(4) fantasy	환타지	판타지
(5) ketchup	케첲	케첩

05

단어	발음	로마자 표기
(1) 종로	[종노]	Jongno
(2) 탐라	[탐나]	Tamna
(3) 강릉	[강능]	Gangneung
(4) 한라산	[할라산]	Hallasan
(5) 왕십리	[왕심니]	Wangsimni

06

(1) ×   (2) ○   (3) ○   (4) ×   (5) ×   (6) ○

워밍-UP

p. 238

01 독립문 – 동님문, Dongnimmun
   대관령 – 대괄령, Daegwallyeong
02 ① ○   ② ○   ③ ○   ④ ○   ⑤ ×

01 로마자 표기 파악

실력 자랑 '독립문'과 '대관령'의 발음을 적고 로마자 표기를 골라 보세요.

독립문	발음 – [동님문]
	(Dongrimmun / **Dongnimmun**)
대관령	발음 – [대괄령]
	(**Daegwallyeong** / Daegwanryeong)

정답 코칭

'독립문'은 비음화 현상에 따라 먼저 받침 'ㄱ' 뒤에 연결되는 'ㄹ'이 [ㄴ]으로 발음되어 [독닙문]이 되고, 다시 받침 'ㄱ'이 'ㄴ' 앞에서 [ㅇ]으로 발음되어 [동님문]으로 발음한다. 한편 '대관령'은 유음화 현상에 따라 'ㄴ'이 'ㄹ' 앞에서 [ㄹ]로 발음되므로 [대괄령]으로 발음한다. 따라서 표기 일람을 참고할 때 '독립문'은 'Dongnimmun'으로, '대관령'은 'Daegwallyeong'으로 표기해야 한다.

02 로마자 표기의 이해

실력 자랑 (가)에 들어갈 내용으로 적절하면 ○, 적절하지 않으면 ×표 하세요.

① ㉠에서 '가'의 'ㄱ'은 'g'로, '락'의 'ㄱ'은 'k'로 표기한 것을 보니, '가락'의 두 'ㄱ'은 같은 자음이지만 다른 로마자로 적었어요. **○** ×

② ㉡에서 '앞'의 'ㅍ'과 '집'의 'ㅂ'을 모두 'p'로 표기한 것을 보니, '앞집'의 'ㅍ'과 'ㅂ'은 다른 자음이지만 동일한 로마자로 적었어요. **○** ×

③ ㉢에서 장음을 표시하는 기호인 ':'가 로마자 표기에 없는 것을 보니, 장단의 구별은 로마자 표기에 반영하지 않았어요. **○** ×

④ ㉠에서 '락'의 'ㄹ'은 'r'로, ㉢에서 '롱'의 'ㄹ'은 'n'으로 표기한 것을 보니, ㉢ '장롱'의 로마자 표기는 자음 동화를 반영하여 적었어요. **○** ×

⑤ ㉡에서 '집'의 'ㅈ'과 ㉢에서 '장'의 'ㅈ'을 같은 로마자로 표기한 것을 보니, ㉡ '앞집'의 로마자 표기는 된소리되기를 반영하여 적었어요. ○ **×**

정답 코칭

① ㉠의 '가'에서 'ㄱ'은 'g'로, '락'에서 'ㄱ'은 'k'로 다르게 적고 있다. 이는 로마자 표기법에서 'ㄱ, ㄷ, ㅂ'은 모음 앞에서는 'g, d, b'로, 자음 앞이나 어말에서는 'k, t, p'로 적는다는 규정에 따른 것이다.

② ㉡에서 '앞'의 'ㅍ'과 '집'의 'ㅂ'은 모두 'p'로 표기하는데, 이는 로마자 표기법이 국어의 표준 발음법에 따라 적는 것을 원칙으로 하기 때문이다. '앞집[압찝]'은 '앞'의 'ㅍ'과 '집'의 'ㅂ'이 모두 [ㅂ]으로 발음되기 때문에 로마자 표기 원칙에 따라 'p'로 적은 것이다.

③ ㉢에서 '장롱'은 [장:농]과 같이 장음으로 발음하지만, 로마자 표기에는 장단의 구별이 없다. 이는 로마자 표기법에서 장모음의 표기를 따로 하지 않는다는 규정에 따른 것이다.

④ ㉠에서 '락'의 'ㄹ'을 'r'로 적은 것은 로마자 표기법에서 모음 앞의 'ㄹ'은 'r'로 적는다는 규정에 따른 것이다. 한편 '장롱'은 'ㅇ' 뒤에 연결된 'ㄹ'이

자음 동화로 인해 [ㄴ]으로 발음되는데, 로마자 표기에는 자음 동화를
반영하므로 ⓒ은 'ㄹ'을 'n'으로 적은 것이다.
⑤ ⓒ에서 '앞집'은 받침 'ㅍ'이 대표음 'ㅂ'으로 바뀌고, 그 뒤에 'ㅈ'이 연결
되므로 된소리되기의 적용을 받아 [압찝]으로 발음된다. 그런데 ⓒ에서
'집'의 'ㅈ'과 ⓒ에서 '장'의 'ㅈ'을 같은 로마자('j')로 표기한 것으로 보아,
ⓒ의 '앞집'에 나타나는 된소리되기는 로마자 표기에 반영하지 않음을
알 수 있다.

펌핑-UP

p. 239

01 ①	02 ④

01 로마자 표기의 실제

정답 ①

정답 코칭

'같이[가치]'에서는 받침 'ㄷ, ㅌ'이 모음 'ㅣ'로 시작하는 형식 형태소(조사,
접미사)를 만나 'ㅈ, ㅊ'으로 바뀌는 구개음화 현상이 일어났는데 이는 '땀
받이[땀바지]'에서도 일어난다. 또한 '같이[가치]'를 'gati'가 아니라 'gachi'로
표기한 것을 통해 구개음화 현상이 로마자 표기에 반영된 것을 확인할 수
있다.

오답 코칭

② '잡다[잡따]'에서는 예사소리가 된소리로 바뀌는 된소리되기가 일어났
는데 이는 '삭제[삭쩨]'에서도 일어난다. 그런데 '잡다[잡따]'를 'japtta'가
아니라 'japda'로 표기하였으므로 된소리되기는 로마자 표기에 반영되
지 않음을 알 수 있다.
③ '놓지[노치]'에서는 'ㅎ'과 예사소리 'ㅈ'이 결합하여 거센소리 'ㅊ'으로 줄
어드는 거센소리되기가 일어났지만 '닳아[다라]'에서는 'ㅎ' 탈락이 일어
났다. 한편 '놓지[노치]'를 'nohji'가 아니라 'nochi'로 표기한 것을 통해
거센소리되기가 로마자 표기에 반영된 것을 확인할 수 있다.
④ '맨입[맨닙]'에서는 'ㄴ' 첨가가 일어났는데 이는 '한여름[한녀름]'에서도
일어난다. 그런데 '맨입[맨닙]'을 'manip'이 아니라 'maennip'으로 표기
한 것을 통해 'ㄴ' 첨가가 로마자 표기에 반영된 것을 확인할 수 있다.
⑤ '백미[뱅미]'에서는 비음이 아닌 자음이 비음의 영향을 받아 비음 'ㄴ,
ㅁ, ㅇ'으로 바뀌는 비음화가 일어났는데 이는 '밥물[밤물]'에서도 일어
난다. 그런데 '백미[뱅미]'를 'baekmi'가 아니라 'baengmi'로 표기한 것
을 통해 비음화가 로마자 표기에 반영된 것을 확인할 수 있다.

02 로마자 표기와 표준 발음법 이해

정답 ④

정답 코칭

'집일'은 '집+일'의 구조를 지닌 합성어로 앞 단어의 끝이 자음이고 뒤 단
어의 첫음절이 '이'인 경우에 해당하므로, 제29항에 따라 'ㄴ' 소리를 첨가
하여 [집닐]로 발음한다. 그리고 제18항에 따라, 받침 'ㅂ'은 'ㄴ' 앞에서 [ㅁ]
으로 발음되므로 [짐닐]로 발음된다. 따라서 '집일'을 로마자로 표기하려면
표준 발음법 제18항, 제29항에 대한 이해가 필요하다.

오답 코칭

① '덮이다'는 홑받침 'ㅍ'이 모음으로 시작된 피동 접미사 '-이-'와 결합하
는 경우에 해당하므로 제13항에 따라 'ㅍ'을 제 음가대로 뒤 음절 첫소
리로 옮겨 [더피다]로 발음한다. 따라서 표준 발음법 제13항에 대한 이
해가 필요하다고 볼 수 있다.

② '웃어른'은 받침 'ㅅ' 뒤에 모음 'ㅓ'로 시작되는 실질 형태소 '어른'이 연결
되는 경우에 해당하므로 음절의 끝소리 규칙에 따라 'ㅅ'을 대표음 'ㄷ'
으로 바꾸어서 뒤 음절 첫소리로 옮겨 [우더른]으로 발음한다. 따라서
표준 발음법 제15항에 대한 이해가 필요하다고 볼 수 있다.
③ '굳이'는 받침 'ㄷ'이 접미사의 모음 'ㅣ'와 결합하는 경우이므로, 제17항
에 따라 받침 'ㄷ'을 [ㅈ]으로 바꾸어서 뒤 음절 첫소리로 옮겨 [구지]로
발음한다. 따라서 표준 발음법 제17항에 대한 이해가 필요하다고 볼 수
있다.
⑤ '색연필'은 '색+연필'의 구조를 지닌 합성어로 앞 단어의 끝이 자음이고
뒤 단어의 첫음절이 '여'인 경우에 해당하므로, 제29항에 따라 'ㄴ' 소리
를 첨가하여 [색년필]로 발음한다. 그리고 제18항에 따라 받침 'ㄱ'이 'ㄴ'
앞에서 [ㅇ]으로 발음되므로 [생년필]로 발음한다. 따라서 '색연필'을 로
마자로 표기하려면 표준 발음법 제18항, 제29항에 대한 이해가 필요하
다고 볼 수 있다.

호루라기 관장님의 하드 트레이닝

p. 240

01 외래어	21 디지털
02 외래어	22 라켓
03 자모	23 핫라인
04 ㅣ 기호	24 커피숍
05 받침	25 슈퍼마켓
06 된소리	26 Baengma
07 한국어	27 japyeo
08 표준 발음법	28 haedoji
09 ui	29 Apgujeong
10 모음, 자음	30 Nakseongdae
11 r, l	31 Sinmunno
12 된소리	32 Seoraksan
13 대문자	33 guchida
14 파일	34 Nakdonggang
15 밴드	
16 파이팅	
17 서비스	
18 비전	
19 카페	
20 초콜릿	

개념 쾌 트레이닝 ZONE p. 246

01

(1) 소리 (2) 모음, 어두 자음군 (3) 가획, 합성 (4) 성음법, 방점
(5) 주격

02

조음 위치	기본자	가획자		이체자
		1차	2차	
어금닛소리	ㄱ	(ㅋ)		ㆁ
혓소리	ㄴ	(ㄷ)	ㅌ	(ㄹ)
입술소리	ㅁ	ㅂ	(ㅍ)	
잇소리	(ㅅ)	ㅈ	ㅊ	ㅿ
목청소리	(ㅇ)	ㆆ	(ㅎ)	

03

합성의 원리	
초출자	재출자
(·)+(―)→(ㅗ)	(ㅗ)+(·)→(ㅛ)
(―)+(·)→(ㅜ)	(ㅜ)+(·)→(ㅠ)
(ㅣ)+(·)→(ㅏ)	(ㅏ)+(·)→(ㅑ)
(·)+(ㅣ)→(ㅓ)	(ㅓ)+(·)→(ㅕ)

04

(1)	말씀+이 ➡ 말싸미	(4)	뿜+에 ➡ 뿌메
(2)	뜯+을 ➡ 뜨들	(5)	아둘+이 ➡ 아두리
(3)	놈+이 ➡ 노미	(6)	먹-+-을 ➡ 머글

05

구분	병서	종류	
(1) 쓰러	ㅺ	각자 병서	(합용 병서)
(2) 말씀	ㅆ	(각자 병서)	합용 병서
(3) 뿔만	ㅽ	각자 병서	(합용 병서)

06

(1) ○ (2) ○ (3) × (4) ○ (5) ×

07

중세 국어	현대 국어	차이점
(1) 中듕國귁에	중국과	중세 국어에서는 (비교 부사격) 조사로 '에'가 쓰이고, 현대 국어에서는 (과)가 쓰임.
(2) 니르고져	이르고자	중세 국어에서는 (두음 법칙)이 적용되지 않음.

(3) 뜨들	뜻을	중세 국어에서는 'ㄸ'과 같이 음절 초성에 (어두 자음군)이 사용됨.
(4) 펴디	펴지	현대 국어에서는 (구개음화)의 영향을 받아 '-디'가 '-지'로 바뀜.

워밍-UP p. 247

01 1. ㅈ, ㅊ 2. ㅛ 3. ㆁ, ㄹ, ㅿ / ②
02 ① × ② ○ ③ ○ ④ ○ ⑤ ○

01 훈민정음의 제자 원리 파악

실력 자랑 [조건]에 맞는 글자를 적어 보세요.

1. 이[齒] 모양을 본뜬 기본자에 가획하여 만든 글자	ㅈ, ㅊ
2. 초출자 'ㅗ'에 기본자 '·'를 결합하여 만든 글자	ㅛ
3. 상형이나 가획의 원리를 적용하지 않고 별도로 만든 글자	ㆁ, ㄹ, ㅿ

① 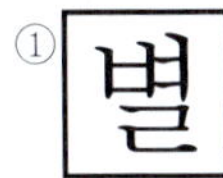 ②  ③  ④  ⑤ 

정답 코칭

훈민정음의 초성 중에서 이[齒]의 모양을 본뜬 기본자는 'ㅅ'이고, 여기에 가획의 원리를 적용하여 만든 글자는 'ㅈ, ㅊ'이다. 초출자 'ㅗ'에 기본자 '·' 를 결합하여 만든 글자는 재출자 'ㅛ'이다. 상형이나 가획의 원리를 적용하지 않고 별도로 만든 이체자는 'ㆁ, ㄹ, ㅿ'이다. 따라서 이러한 조건을 모두 만족하는 글자는 '죨'이다.

02 세종어제훈민정음의 특징

실력 자랑 중세 국어와 현대 국어를 비교해서 적절성을 판단해 보세요.

① ㉠: 조사 '에'는 앞말이 사건의 원인이 됨을 나타낸다. ○ ⊗
② ㉡: 현대 국어의 '어리다'와 단어의 의미가 서로 다르다. ○ ⊗
③ ㉢: 단어의 초성에 서로 다른 두 자음자를 나란히 적었다.
  ⊙ ×
④ ㉣: 현대 국어에서 사용되지 않는 자음자가 있었다. ⊙ ×
⑤ ㉤: 한 음절의 종성을 다음 자의 초성에 옮겨 표기하였다.
  ⊙ ×

정답 코칭

① ㉠ '中듕國귁·에'의 현대어 풀이가 '중국과'이므로 여기서 '에'는 앞말이 사건의 원인이 됨을 나타내는 것이 아니라 앞말과 비교하는 의미로 사용된 것임을 알 수 있다.
② ㉡ '어·린'의 현대어 풀이가 '어리석은'이므로 중세 국어에서 '어리다'는 '어리석다'라는 의미로 사용되었음을 알 수 있다. 이와 달리 현대 국어에서 '어리다'는 '나이가 적다.'라는 의미로 사용된다.
③ ㉢ '·뜨·들'의 초성인 'ㄸ'을 통해 중세 국어에는 단어의 초성에 서로 다른 두 자음자를 나란히 적었음을 알 수 있다.

④ ㉣ '便뼌安한·킝'의 'ㅎ'를 통해 중세 국어에서는 현대 국어에서 사용되지 않는 자음자가 있었음을 알 수 있다.

⑤ ㉤ '‧루·미니·라'에서 한 음절의 종성 'ㅁ'을 다음 자의 초성에 옮겨 표기하는 방식이 활용되었음을 알 수 있다.

펌핑-UP
p. 248

01 ①	02 ⑤	03 ③

01 훈민정음 제자해의 이해   정답 ①

정답 코칭

ⓐ '‧'는 발음할 때 소리가 깊다고 하였고, ⓒ 'ㅣ'는 발음할 때 소리가 얕다고 하였다. 따라서 ⓐ는 ⓒ와 달리 발음할 때 얕은 소리가 아니라 깊은 소리가 날 것이다.

오답 코칭

② ⓑ는 땅을 본떠 평평한 모양이지만 ⓐ는 하늘을 본떠 둥근 모양임을 알 수 있다.

③ ⓒ는 혀를 오그라들지 않게 발음하지만 ⓐ는 혀를 오그라지게 해서 발음한다고 하였다.

④ ⓐ, ⓑ, ⓒ는 모두 가운뎃소리 열한 자의 일부이다.

⑤ ⓐ는 하늘을, ⓑ는 땅을, ⓒ는 사람을 각각 본뜬 모양이라고 하였으므로 ⓐ, ⓑ, ⓒ는 대상의 모양을 본뜬 것이라는 공통점이 있다.

02 세종어제훈민정음의 특징   정답 ⑤

정답 코칭

㉤의 '를'은 목적격 조사로, 모음으로 끝나는 체언 '이'와 결합했으므로 적절하지 않다.

오답 코칭

① ㉠ '나랏'은 현대어 '우리나라의'로 풀이되므로, ㉠의 'ㅅ'은 현대 국어의 '의'에 해당하는 관형격 조사로 쓰였음을 알 수 있다.

② ㉡ '니르고져'는 현대어 '말하고자'로 풀이되므로, ㉡의 '-고져'는 '어떤 행동을 할 의도나 욕망을 가지고 있음.'을 나타내는 현대 국어의 '-고자'에 해당하는 연결 어미로 쓰였음을 알 수 있다.

③ ㉢ '배'는 모음으로 끝나는 체언(의존 명사) '바'에 주격 조사 'ㅣ'가 붙은 것이다.

④ ㉣ '펴디'는 현대 국어의 '펴지'와 달리 끝소리가 'ㄷ, ㅌ'인 형태소가 모음 'ㅣ'나 반모음 'ㅣ[j]'로 시작되는 형식 형태소와 만나서 구개음 [ㅈ, ㅊ]으로 바뀌는 현상인 구개음화가 나타나지 않은 형태이다.

03 차자 표기의 이해   정답 ③

정답 코칭

'웃음이 많다'에서 종결 어미 '-다'를 '多(많다-다)'로 표기하고 '다'로 읽는 것은 '多'를 '많다'의 뜻과 상관없이 음으로 읽는 경우이므로 ㉡이 아니라 ㉢에 해당한다.

오답 코칭

① '불빛이 일다'에서 '불'을 '火(불-화)'로 표기하고 '불'로 읽는 것은 '火'를 '불'의 뜻으로, 즉 본뜻을 유지하고 훈으로 읽는 경우이므로 ㉠에 해당

한다.

② '진흙이 굳다'에서 '흙'을 '土(흙-토)'로 표기하고 '흙'으로 읽는 것은 '土'를 '흙'의 뜻으로, 즉 본뜻을 유지하고 훈으로 읽는 경우이므로 ㉠에 해당한다.

④ '시옷을 적다'에서 '옷'을 '衣(옷-의)'로 표기하고 '옷'으로 읽는 것은 '衣'를 '옷'의 뜻과 상관없이 훈으로 읽는 경우이므로 ㉡에 해당한다.

⑤ '찬물을 담다'에서 '을'을 '乙(새-을)'로 표기하고 '을'로 읽는 것은 '乙'을 '새'의 뜻과 상관없이 음으로 읽는 경우이므로 ㉢에 해당한다.

호루라기 관장님의 하드 트레이닝
p. 249

01 차자, 향찰	18 병서
02 세종	19 상형
03 ㆁ, ㅿ	20 쁘들, 뿔들, 뽇을
04 ㄱ, ㄴ, ㅁ, ㅅ, ㅇ / 상형	21 시미, 심미, 심이
05 가획	22 말쓰미, 말쏨미, 말쏨이
06 가획자	23 놉고
07 이체자	24 빗곳
08 각자 병서, 합용 병서	25 놀노니
09 하늘, 땅, ㅣ	26 엿의 갓
10 초출자, 재출자	
11 자음, 모음	
12 성조, 왼쪽	
13 종성	
14 (1) ㅋ (2) ㄷ (3) ㅁ (4) ㅊ (5) ㅎ	
15 하늘, 땅, 사람	
16 가획	
17 연서	

개념쑥 트레이닝 ZONE — p. 252

01

(1) ○ (2) × (3) ○ (4) ○ (5) ○

02

(1) 어두 자음군 (2) 구개음화 (3) ∞, ㅸ (4) ·(아래아), ㅿ

03

(1) 시미 (2) 부톄 (3) 빅셩이 (4) 孔子ㅣ (5) 채기 (6) 뉘

04

	선행 체언	목적격 조사	결합한 형태(이어 적기)
(1)	뜯	을	뜨들
(2)	돌	올	도롤
(3)	물	을	무를
(4)	너희	를	너희를
(5)	스믈여듧 자(子)	롤	스믈여듧 자롤

05

(1) 하 (2) 모음 (3) 관형격

06

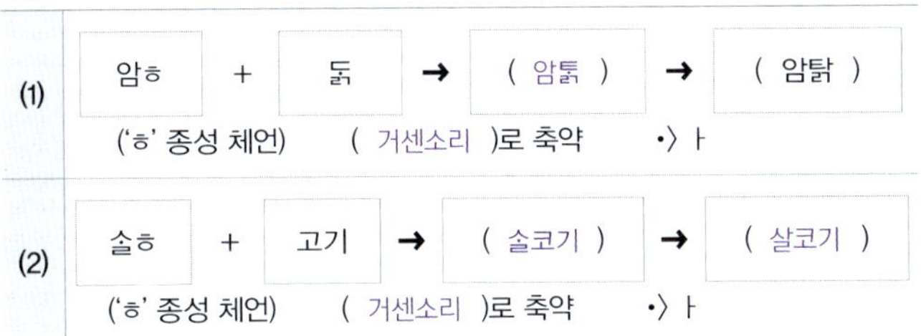

(1)	암ㅎ	+	돍	→	(암툵)	→	(암탉)

('ㅎ' 종성 체언)   (거센소리)로 축약   ·〉ㅏ

(2)	솔ㅎ	+	고기	→	(솔코기)	→	(살코기)

('ㅎ' 종성 체언)   (거센소리)로 축약   ·〉ㅏ

07

(1) 마올, 마을 (2) 부람, 바람 (3) ᄀ·을, 가을

(4) ᄀ·르치다, 가르치다

워밍-UP — p. 253

01 1. ㉠ 2. ㉡ 3. ㉡ 4. ㉠ 5. ㉠

02 ㉠ 부야미 ㉡ 불휘 ㉢ 대장뷔

03 1. ㉡ 2. ㉡ 3. ㉠ 4. ㉠

04 ① ○ ② × ③ ○ ④ ○ ⑤ ○

---

01 중세 국어의 모음 조화 이해

실력 자랑 다음 사례가 ㉠과 ㉡ 중 어디에 해당하는지 적어 보세요.

1. 나롤[나를]	㉠
2. ·뿌·메[씀에]	㉡
3. 뜨·들[뜻을]	㉡
4. 도즈기[도적의]	㉠
5. 부루매[바람에]	㉠

정답 코칭

1. '나롤'은 '나'의 양성 모음 'ㅏ'와 조사 '롤'의 양성 모음 '·'가 어울려 나타나므로 ㉠에 해당한다.
2. '·뿌·메'는 '뿜'의 음성 모음 'ㅜ'와 조사 '에'의 음성 모음 'ㅔ'가 어울려 나타나므로 ㉡에 해당한다.
3. '뜨·들'은 '뜯'의 음성 모음 'ㅡ'와 조사 '을'의 음성 모음 'ㅡ'가 어울려 나타나므로 ㉡에 해당한다.
4. '도즈기'는 '도죽'의 양성 모음 '·'와 조사 '이'의 양성 모음 'ㅣ'가 어울려 나타나므로 ㉠에 해당한다.
5. '부루매'는 '부룸'의 양성 모음 '·'와 조사 '애'의 양성 모음 'ㅐ'가 어울려 나타나므로 ㉠에 해당한다.

02 중세 국어의 주격 조사 이해

실력 자랑 ㉠~㉢에 들어갈 말로 적절한 것을 골라 보세요.

㉠	(부얌 / (부야미))
㉡	((불휘) / 불휘ㅣ)
㉢	((대장뷔) / 대장뷔ㅣ)

정답 코칭

㉠ '부얌'은 끝소리가 자음이므로 주격 조사 '이'가 나타난다. 따라서 '부얌'과 '이'가 결합하여 '부야미'가 된다.
㉡ '불휘'는 끝소리가 반모음 'ㅣ'이므로 주격 조사로 아무런 형태도 나타나지 않는다.
㉢ '대장부'는 끝소리가 반모음이 아닌 모음이므로 주격 조사 'ㅣ'가 쓰인다. 따라서 '대장부'와 'ㅣ'가 결합하여 '대장뷔'가 된다.

03 중세 국어 조사의 양상 파악

실력 자랑 다음 사례가 ㉠과 ㉡ 중 어디에 해당하는지 적어 보세요.

1. 겨틔 셔셔(곁에 서서)	㉡
2. 바미 비취니(밤에 비치니)	㉡
3. 사루미 뜨들(사람의 뜻을)	㉠
4. 거부븨 터리 ᄀ·고(거북의 털과 같고)	㉠

정답 코칭

1. '겨틔 셔셔'에서 '의'는 장소를 나타내는 부사격 조사로 사용되었고, 앞

단어 '곁'의 모음이 음성 모음이므로 '의'의 형태로 실현된 것이다.

2. '바미 비취니'에서 '이'는 시간을 나타내는 부사격 조사로 사용되었고, 앞 단어 '밤'의 모음이 양성 모음이므로 '이'의 형태로 실현된 것이다.

3. '사ᄅᆞ미 ᄠᅳ들'에서 '이'는 높임을 나타내지 않는 유정 명사 뒤에서 관형격 조사로 사용되었고, 앞 단어 '사ᄅᆞᆷ'의 마지막 음절의 모음이 양성 모음이므로 '이'의 형태로 실현된 것이다.

4. '거부븨 터리 ᄀᆞᆮ고'에서 '의'는 높임을 나타내지 않는 유정 명사 뒤에서 관형격 조사로 사용되었고, 앞 단어 '거붑'의 마지막 음절의 모음이 음성 모음이므로 '의'의 형태로 실현된 것이다.

04 중세 국어의 특징 파악

실력 자랑 ㉠~㉤에 대한 설명의 적절성을 판단해 보세요.

① ◯✕   ② ◯✕   ③ ◯✕   ④ ◯✕   ⑤ ◯✕

정답 코칭

① ㉠에서 'ㆍ'가 쓰인 것으로 볼 때, 현대 국어에 쓰이지 않는 모음이 사용되었음을 알 수 있다.

② ㉡ '내'는 '나'와 주격 조사 'ㅣ'가 결합된 형태이고, 현대 국어 '내가'는 '나'의 이형태인 '내'와 주격 조사 '가'가 결합된 형태이다. 따라서 ㉡에서 주격 조사가 생략되었다고 볼 수 없다.

③ ㉢ 'ᄀᆞᆮᄒᆞᆫ가'가 현대 국어에서 '같은가'로 쓰인 것으로 볼 때, 중세 국어에는 이어 적기가 사용되었음을 알 수 있다.

④ ㉣ '니ᄅᆞ더니'가 현대 국어에서 '이르더니'로 쓰인 것으로 볼 때, 중세 국어에는 두음 법칙이 적용되지 않았음을 알 수 있다.

⑤ ㉤ '싱각디'가 현대 국어에서 '생각지'로 쓰인 것으로 볼 때, 중세 국어에는 구개음화가 일어나지 않았음을 알 수 있다.

펌핑-UP

p. 254

| 01 ③ | 02 ③ | 03 ④ | 04 ① | 05 ① |

01 중세 국어의 어미 파악   정답 ③

정답 코칭

㉢ '롱담ᄒᆞ다라'에서 '-다-'는 '-오-'가 '-더-'와 결합하여 나타난 형태이다. 〈보기〉에서 '-오-'는 어말 어미 앞에서 문법적인 기능을 하는 어미라고 하였으므로 ㉢의 '-다-'가 어말 어미와 결합하여 나타난 형태라고 볼 수는 없다.

오답 코칭

① 〈보기〉에서 '-오-'는 음성 모음 뒤에서 '-우-'로 나타난다고 하였다. 따라서 ㉠ 'ᄭᅮ우니'에서 '-오-'는 'ᄭᅮ-'에 있는 음성 모음 뒤에서 '-우-'로 나타난다.

② 〈보기〉에서 '-오-'는 현재 시제를 나타내는 '-ᄂᆞ-'와 결합하면 '-노-'로 나타난다고 하였다. 따라서 ㉡ '밍ᄀᆞ노니'에서 '-노-'는 '-오-'가 '-ᄂᆞ-'와 결합하여 나타난 것임을 알 수 있다.

④ '-오-'가 ㉡에는 현재 시제를 나타내는 '-ᄂᆞ-'와 결합하여 '-노-'로 나타났고, ㉢에는 과거 시제를 나타내는 '-더-'와 결합하여 '-다-'로 나타났다.

⑤ 〈보기〉에서 '-오-'는 문장의 주어가 화자임을 표현하기 위해 쓰였다고

하였다. ㉠, ㉡, ㉢은 모두 '-오-'가 문장의 주어가 화자임을 표현하기 위해 쓰이고 있다.

02 중세 국어의 특징 파악   정답 ③

정답 코칭

'니ᄅᆞ샨'은 현대어 풀이의 '이르신'에 대응하며, 주체 높임 선어말 어미 '-샤-'가 사용되었다. 문맥상 '니ᄅᆞ샨'은 화자인 '수달'이 앞에서 '이르는' 행위를 한 '태자'를 높이기 위해 한 말이므로, '니ᄅᆞ샨'에 쓰인 선어말 어미가 주체인 '수달'을 높인다고 볼 수는 없다.

오답 코칭

① '금'의 모음은 음성 모음, '앙'의 모음은 양성 모음이다. 음성 모음 뒤에는 똑같이 음성 모음을 가지는 부사격 조사 '으로'가, 양성 모음 뒤에는 똑같이 양성 모음을 가지는 부사격 조사 'ᄋᆞ로'가 결합한 것으로 보아 모음 조화에 따라 형태를 달리하는 부사격 조사가 있었음을 알 수 있다.

② 'ᄢᅳᆷ'의 초성에는 현대 국어 '틈'과 달리 'ㅴ'과 같이 자음이 연속하여 나타나 있다.

④ '太子ㅅ'은 현대어 풀이의 '태자의'에 대응하므로, 이를 통해 중세 국어의 'ㅅ'이 현대 국어의 '의'와 같이 관형격 조사로 쓰였음을 알 수 있다.

⑤ '거즛마ᄅᆞᆯ'은 '거즛말(체언)+ᄋᆞᆯ(조사)'로 분석되므로, 이를 통해 자음으로 끝나는 체언에 'ᄋᆞᆯ'과 같이 모음으로 시작하는 조사가 결합할 때 앞말의 받침이 뒤의 초성으로 연음되는 것을 표기에 반영하는 방식인 이어 적기를 하였음을 알 수 있다.

03 중세 국어 조사의 이해   정답 ④

정답 코칭

'사ᄉᆞ미'는 국어에서 '사슴의'에 해당하며 뒤에 오는 체언 '등'을 수식해 주는 관형어로, '사슴'에 관형격 조사 '의'가 결합한 후 이어 적기가 된 것이다. '도ᄌᆞ기'는 현대 국어에서 '도적의'에 해당하며 뒤에 오는 체언 '입'을 수식해 주는 관형어로, '도죽'에 관형격 조사 '의'가 결합한 후 이어 적기가 된 것이다. 따라서 '의'는 둘 다 체언을 수식하는 관형격 조사로 사용되었다.

오답 코칭

① 'ᄃᆞ리'는 현대 국어에서 '달이'에 해당하므로 'ᄃᆞᆯ'에 주격 조사 '이'가 결합하여 이어 적기가 된 것이다. '비취요미'는 현대 국어에서 '비침과에 해당하므로 '비취욤'에 비교 부사격 조사 '이'가 이어 적기가 된 것이다.

② '네'는 현대 국어에서 '네가'에 해당하므로 '너'에 주격 조사 'ㅣ'가 결합한 것이고 '부톄 ᄃᆞ외야'는 현대 국어에서 '부처가 되어'에 해당하므로 '부톄'는 '부텨'에 보격 조사 'ㅣ'가 결합한 것이다.

③ '부텻'은 현대 국어에서 '부처의'에 해당하며 뒤에 오는 체언 '몸'을 수식해 주는 관형어로, '부텨'에 관형격 조사 'ㅅ'이 결합한 것이다. 또한 '가짓'은 현대 국어에서 '가지의'에 해당하며 뒤에 오는 체언 '상'을 수식해 주는 관형어로, '가지'에 관형격 조사 'ㅅ'이 결합한 것이다.

⑤ '모ᄆᆞᆯ'은 현대 국어에서 '몸을'에 해당하므로 '몸'에 목적격 조사인 'ᄋᆞᆯ'이 결합한 후 이어 적기가 된 것이다. '부텨를'은 현대 국어에서 '부처를'에 해당하므로 '부텨'에 목적격 조사 '를'이 결합한 것이다. '모ᄆᆞᆯ'은 양성 모음 'ㅗ' 뒤에 'ᄋᆞᆯ'이 결합하였고 '부텨를'은 음성 모음 'ㅕ' 뒤에 '를'이 결합하였으므로 형태가 다른 목적격 조사가 사용된 것이다.

04 중세 국어의 격 조사　　　　정답 ①

정답 코칭

'두리'는 '둘'과 '이'의 결합형으로, 주격 조사 '이'가 자음으로 끝난 체언 '둘' 뒤에 쓰인 예에 해당한다. 따라서 모음 '이'나 반모음 'ㅣ' 이외의 모음으로 끝난 체언 뒤에 주격 조사 'ㅣ'가 쓰인 예로 적절하지 않다.

오답 코칭

② '바블'은 '밥'과 '울'의 결합형으로, 자음 'ㅂ'으로 끝난 체언 뒤에 목적격 조사 '울'이 쓰인 예에 해당한다.

③ '나못'은 '나모'와 'ㅅ'의 결합형으로, 관형격 조사 'ㅅ'이 사물을 의미하는 체언 뒤에 쓰인 예에 해당한다.

④ '믈로'는 '믈'과 '로'의 결합형으로, 부사격 조사 '로'가 'ㄹ'로 끝나는 체언 뒤에 쓰인 예에 해당한다.

⑤ '님금하'는 '님금'과 '하'의 결합형으로, 호격 조사 '하'가 존대 대상인 체언 '님금' 뒤에 쓰인 예에 해당한다.

05 중세 국어의 관형격 조사　　　　정답 ①

정답 코칭

선행 체언인 '아바님(아버님)'이 유정물이고 존칭의 대상이기 때문에 관형격 조사로 'ㅅ'이 결합하여 ㉠은 '아바닚(아바님＋ㅅ) 곁'이 된다.

오답 코칭

② 선행 체언인 '그력(기러기)'이 존칭의 대상이 아닌 유정물이며 음성 모음이 쓰였기 때문에 모음 조화에 따라 관형격 조사로 '의'가 결합하여 ㉡은 '그려긔(그력＋의) 목'이 된다.

③ 선행 체언인 '아둘(아들)'이 존칭의 대상이 아닌 유정물이고 양성 모음이 쓰였기 때문에 모음 조화에 따라 관형격 조사로 '이'가 결합하여 ㉢은 '아드릐(아둘＋이) 나ㅎ'가 된다.

④ 선행 체언인 '수플(수풀)'이 무정물이기 때문에 관형격 조사로 'ㅅ'이 결합하여 ㉣은 '수픐(수플＋ㅅ) 가온디'가 된다.

⑤ 선행 체언인 '둥잔(등잔)'이 무정물이기 때문에 관형격 조사로 'ㅅ'이 결합하여 ㉤은 '둥잢(둥잔＋ㅅ) 기름'이 된다.

💪 벌크-UP　　　　p. 256

01 ⑤	02 ②

01 현대 국어와 중세 국어의 문법 형태소　　　　정답 ⑤

정답 코칭

중세 국어에서 '의'는 앞 체언에 붙어 관형격 조사와 부사격 조사로 쓰인다고 하였다. 따라서 중세 국어에서 체언에 조사 '의'가 붙은 말은 관형어나 부사어로 쓰였다고 이해할 수 있다.

오답 코칭

① 현대 국어의 '책꽂이'에서 '－이'는 '…하는 데 쓰이는 도구'의 의미를 나타내는 접사이다.

② 현대 국어 '놀이'에서의 '－이'와 중세 국어 '사리'에서의 '－이'는 모두 '…하는 행위'의 의미를 나타낸다.

③ 현대 국어의 '－이'는 명사와 부사를 파생하는 접사로, 이를 통해 파생된 '길이'는 명사와 부사로 쓰인다. 그러나 중세 국어의 '－의'는 명사 파생 접사일 뿐 부사는 파생하지 않으므로, 이를 통해 파생된 '기릐'는 부사로는 쓰이지 않고 명사로만 쓰인다.

④ 중세 국어에서 접사 '－이'는 명사만 파생하고 부사는 파생하지 않는다.

02 중세 국어의 문법 형태소 이해　　　　정답 ②

정답 코칭

'구비(굽－＋－의)'는 현대어 풀이에서 명사 '굽이'로 제시되어 있다. 따라서 이때 '－의'는 용언 어간에 붙어 명사를 파생하는 접사임을 알 수 있다. 음성 모음 'ㅜ'의 뒤에 결합하므로 모음 조화에 따라 '－이'가 아닌 '－의'가 쓰인 것은 맞으나, 그것이 부사 파생 접사는 아니다.

오답 코칭

① '겨틔(곁＋의)'는 현대어 풀이에서 '곁에'로 제시되어 있다. 따라서 이때 '의'는 장소를 나타내는 체언에 붙은 부사격 조사임을 알 수 있다. 음성 모음 'ㅕ'의 뒤에 결합하므로 모음 조화에 따라 '이'가 아닌 '의'가 쓰인 것이다.

③, ④ '불기(붉－＋－이)'는 현대어 풀이에서 '밝히'로 제시되어 있다. 따라서 이때 '－이'는 용언 어간에 붙어 부사를 파생하는 접사임을 알 수 있다. '글지싀(글＋짖－＋－이)'는 현대어 풀이에서 '글짓기'로 제시되어 있다. 따라서 이때 '－이'는 용언 어간에 붙어 명사를 파생하는 접사임을 알 수 있다. 이때 접사 '－이'는 중세 국어에서 'ㅣ' 모음이 양성 모음도 아니고 음성 모음도 아니어서 모음 조화와는 무관하게 결합하였다고 하였다.

⑤ '쏘리(쏠＋이)'는 현대어 풀이에서 '딸의'로 제시되어 있다. 따라서 이때 '이'는 평칭의 유정 체언에 붙은 관형격 조사임을 알 수 있다. 양성 모음 'ㆍ'의 뒤에 결합하므로 모음 조화에 따라 '이'가 쓰인 것이다.

호루라기 관장님의 🏋 하드 트레이닝　　　　p. 257

01	ㅎ	15	쁘들
02	ㅸ	16	뜻
03	ㅿ	17	때
04	ㆁ	18	꿈
05	된소리	19	구개음화
06	양성	20	구개음화
07	종성	21	두음 법칙
08	ㄷ	22	ㅣ, 부톄
09	의, ㅅ	23	이, 빅셩이
10	자음, 모음	24	∅, 불휘
11	하	25	ㅅ, 님긊
12	ㅎ	26	의, 거부븨
13	젼ㅊ로	27	이, 사스미
14	해로온		

개념쇼 트레이닝 ZONE
p. 260

01

(1) 중세 국어에서는 주체 높임, 객체 높임, 상대 높임을 모두 (어말 어미 /(선어말 어미))를 통해 표현하였고, (주체 /(객체)) 높임법은 현대 국어에는 없는 선어말 어미 '-숩-/-줍-/-숩-'에 의해 실현되었다.

(2) 현대 국어에서는 '-ㄴ다'가 ((평서형)/ 명령형) 종결 어미로 사용되지만, 중세 국어에서는 '-ㄴ다'가 (1인칭 /(2인칭))을 주어로 하는 의문형 종결 어미로 사용되었다.

(3) 중세 국어에서 현재 시제를 표현할 때 ((동사)/ 형용사) 어간에는 '-ᄂᆞ-'가 연결되는 반면, (동사 /(형용사)) 어간에는 특별한 어미가 연결되지 않았다.

02

구분	-이-	-숩-
높임 종류	상대 높임	객체 높임
높임 대상	청자인 어머니	목적어인 스승님

03

구분	높임 실현 방법	높임 대상	높임 종류
㉠	조사 '께'	왕	객체 높임
㉡	선어말 어미 '-줍-'	왕(왕 말씀)	객체 높임
㉢	선어말 어미 '-이-'	왕	상대 높임

04

(1)	네 엇뎨 (안고 /(안다)) (너는 어떻게 아느냐?)	
(2)	比丘ㅣ 어드러셔 (오녀 /(오뇨)) (비구가 어디에서 오는가?)	
(3)	고원은 이제 ((엇더훈고)/ 엇더훈가) (고원은 이제 어떠한가?)	
(4)	어마니를 ((아라보리로소니잇가)/ 아라보리로소니잇고) (어머님을 알아보겠습니까?)	

05

구분	예문	표지	시간 표현을
(1)	내 롱담ᄒᆞ다라	-다-	과거 회상
(2)	네 이제 쏘 묻ᄂᆞ다	-ᄂᆞ-	현재
(3)	내 고졸 몯 어드리라	-(으)리-	미래
(4)	그딋 ᄯᅩᆯ 맛고져 ᄒᆞ더이다	-더-	과거 회상

06

구분	㉠	㉡	㉢
현대어 국어	죽었다	말하겠다	한다
시제	과거	미래	현재

워밍-UP
p. 261

01 중세 국어의 보조사 파악

실력 자랑 ㉠~㉢에 들어갈 말로 적절한 것을 골라 보세요.

㉠	((므스것고)/ 므스것가)
㉡	((죵가)/ 죵고 / 죵아)
㉢	(船若(선야)고 /(船若(선야)오))

정답 코칭

㉠ 해석의 '무엇인가?'를 통해 구체적인 설명을 요구하는 설명 의문문임을 알 수 있다. 그러므로 의문 보조사 '고'를 사용한 '므스것고'가 적절하다.

㉡ 해석의 '너의 종인가?'를 통해 긍정이나 부정의 대답을 요구하는 판정 의문문임을 알 수 있으므로 의문 보조사 '가'를 사용한 '죵가'가 적절하다.

㉢ '어찌'를 통해 구체적인 설명을 요구하는 설명 의문문임을 알 수 있다. 이때 '선야'라는 이름이 모음으로 끝나므로 의문 보조사 '오'를 사용한 '船若(선야)오'가 적절하다.

02 중세 국어의 높임법 이해

실력 자랑 중세 국어의 특징이 적절한지 탐구해 보세요.

① '부텻'을 보니, 높임의 대상에 관형격 조사 'ㅅ'이 결합하였음을 알 수 있군.　○×

② '노푸샤'를 보니, 대상의 신체 일부를 높이는 간접 높임이 실현되었음을 알 수 있군.　○×

③ 'ᄀᆞᄐᆞ실씨'를 보니, 현대 국어와 같은 형태의 주체 높임 선어말 어미가 쓰였음을 알 수 있군.　○×

④ '받ᄌᆞᄫᆞᆫ대'를 보니, 목적어가 지시하는 대상을 높이기 위한 객체 높임 선어말 어미가 쓰였음을 알 수 있군.　○×

⑤ '좌시고'를 보니, 높임의 의미를 갖는 특수 어휘를 통해 주체를 높이고 있음을 알 수 있군.　○×

정답 코칭

① '부텻'은 높임의 대상인 '부텨'에 관형격 조사 'ㅅ'이 결합한 형태이다.

② '노푸샤'는 높임의 대상인 '부텨'의 신체 일부인 '뎡바깃뼈'를 높이는 간접 높임이 실현되었다.

③ 'ᄀᆞᄐᆞ실씨'의 현대어 풀이는 '같으시므로'이다. 이를 통해 'ᄀᆞᄐᆞ실씨'에는 현대 국어와 같은 형태의 주체 높임 선어말 어미 '-시-'가 사용되었음을 알 수 있다.

④ '받ᄌᆞᄫᆞᆫ대'는 목적어가 아니라 부사어가 지시하는 대상인 '대왕'을 높이기 위한 객체 높임 선어말 어미가 사용된 것이다.

⑤ '좌시다'는 현대어로 '드시다'로, 높임의 의미를 갖는 특수 어휘를 통해 주체인 '왕'을 높이고 있다.

03 중세 국어의 시제 파악

 ⑦~ⓒ에 들어갈 말로 적절한 것을 골라 보세요.

⑦	(**가리이다** / 가더이다)
ⓒ	(**스스이시다** / 스스이시ᄂ다)
ⓒ	(묻다 / **묻ᄂ다**)

⑦ 현대어 '가겠습니다'를 통해 ⑦은 동사의 미래 시제임을 알 수 있다. 따라서 ⑦에는 선어말 어미 '–리–'를 사용한 '가리이다'가 들어가야 한다.

ⓒ 현대어 '스승이시다'를 통해 ⓒ은 '체언+이다' 형태의 현재 시제임을 알 수 있다. 따라서 ⓒ에는 특정한 선어말 어미를 사용하지 않은 '스스이시다'가 들어가야 한다.

ⓒ 현대어 '묻는다'를 통해 ⓒ은 동사의 현재 시제임을 알 수 있다. 따라서 ⓒ에는 선어말 어미 '–ᄂ–'를 사용한 '묻ᄂ다'가 들어가야 한다.

04 중세 국어의 조사 파악

 ㄱ~ㄹ에 대한 설명의 적절성을 판단해 보세요.

① ㄱ의 '羅睺羅(라후라)ㅣ'와 ㄷ의 '仙人(선인)이'에는 주어의 자격을 부여해 주는 조사의 형태가 서로 다르게 사용되었군. ○ⓧ

② ㄱ의 '어미를'과 ㄷ의 'ᄯ롤'에는 목적어의 자격을 부여해 주는 조사의 형태가 서로 동일하게 사용되었군. ○ⓧ

③ ㄴ의 '瞿曇(구담)이'와 ㄷ의 '南堀(남굴)ㅅ'에는 모두 관형어의 자격을 부여해 주는 조사가 사용되었군. ○ⓧ

④ ㄴ의 '深山(심산)애'와 ㄷ의 '時節(시절)에'에는 모두 부사어의 자격을 부여해 주는 조사가 사용되었군. ○ⓧ

⑤ ㄴ의 '果實(과실)와'와 ㄹ의 '病(병)과'에는 모두 단어와 단어를 이어 주는 조사가 사용되었군. ○ⓧ

① ㄱ의 '羅睺羅(라후라)ㅣ'는 '羅睺羅(라후라)'에 조사 'ㅣ'가, ㄷ의 '仙人(선인)이'는 '仙人(선인)'에 조사 '이'가 사용되었다. 이때 'ㅣ'와 '이'는 현대어 풀이에서 각각 주격 조사 '가'와 '이'에 대응하고 있으므로 서로 다른 형태의 조사가 사용되었음을 알 수 있다.

② ㄱ의 '어미를'은 '어미'에 조사 '를'이, ㄷ의 'ᄯ롤'은 'ᄯ'에 조사 '올'이 사용되었다. 이때 '를'과 '올'은 현대어 풀이에서 각각 목적격 조사 '를'과 '을'에 대응하고 있으므로 조사의 형태가 서로 동일하게 사용되었다고 볼 수는 없다.

③ ㄴ의 '瞿曇(구담)이'는 '瞿曇(구담)'에 소사 '이'가, ㄷ의 '南堀(남굴)ㅅ'은 '南堀(남굴)'에 조사 'ㅅ'이 사용되었다. 이때 '이'와 'ㅅ'은 모두 현대어 풀이에서 관형어의 자격을 부여해 주는 관형격 조사 '의'에 대응하고 있다.

④ ㄴ의 '深山(심산)애'는 '深山(심산)'에 조사 '애'가, ㄷ의 '時節(시절)에'에는 '時節(시절)'에 조사 '에'가 사용되었다. 이때 '애'와 '에'는 모두 현대어 풀이에서 부사의 자격을 부여해 주는 부사격 조사 '에'에 대응하고 있다.

⑤ ㄴ의 '果實(과실)와'는 '果實(과실)'에 조사 '와'가, ㄹ의 '病(병)과'는 '病

(병)'에 조사 '과'가 사용되었다. 이때 '와'와 '과'는 모두 현대어 풀이에서 조사 '과'에 대응하고, 각각 '果實(과실)'과 '믈', '病(병)'과 '死(사)'라는 단어들을 이어 주고 있다.

p. 262

01 ④	**02** ③	**03** ⑤	**04** ③

01 중세 국어의 높임법 이해   정답 ④

ⓒ에서는 주체인 '아돌'을 높이지 않고 객체인 '어마님'을 높이고 있다.

① '니르샤ᄃ'의 선어말 어미 '–샤–'를 통해 주체 높임법이 실현된 것은 알 수 있지만, 주체는 생략되어 드러나지 않았다.

② '묻ᄌ고'의 선어말 어미 '–ᄌ–'을 통해 목적어를 높이는 객체 높임법이 실현되었음을 알 수 있다.

③ '오시니잇고'의 선어말 어미 '–시–'를 통해 주체를 높이는 주체 높임법이 실현되었음을 알 수 있다.

⑤ '뵈ᅀᆞᆸ고'의 선어말 어미 '–ᅀᆞᆸ–'을 통해 목적어에 해당하는 '어마님'을 높이는 객체 높임법이 실현되었음을 알 수 있다.

02 중세 국어의 객체 높임법   정답 ③

객체는 문장에서 목적어나 부사어가 지시하는 대상을 가리킨다. '王(왕)이 부텻긔 더욱 敬信(경신)혼 ᄆᆞᅀᆞᄆᆞᆯ 내ᅀᆞᄫᅡ'에서 '王(왕)이'는 주어, '부텻긔'는 부사어, 'ᄆᆞᅀᆞᄆᆞᆯ'은 목적어, '내ᅀᆞᄫᅡ'는 서술어이다. 따라서 ⑦에 해당하는 높임의 대상인 객체는 '부텨'이며 객체를 높이기 위해 객체 높임 선어말 어미 '–ᅀᆞᆸ–'을 사용하여 '내ᅀᆞᄫᅡ(내–+–ᅀᆞᆸ–+아)'로 나타낸 것이다. 한편 ⓒ이 들어가는 문장에서 어간 '듣–'과 어미 '–ᄋᆞ며' 사이에 어떤 객체 높임 선어말 어미가 실현되는지 알기 위해서는 그 음운론적 환경을 파악해야 한다. 이 경우는 어간 말음이 'ㄷ'이고 객체 높임 선어말 어미 뒤에 모음으로 시작하는 어미가 오므로, 객체 높임 선어말 어미는 '–ᄌ–'으로 실현된다. 따라서 ⓒ에는 '듣–+–ᄌ–+–ᄋᆞ며'를 이어 적은 '듣ᄌᄫᆞ며'가 적절하다.

03 중세 국어에 대한 이해   정답 ⑤

ⓐ의 '보ᅀᆞᆸ고'에 쓰인 '–ᅀᆞᆸ–'은 객체 높임 선어말 어미이다. 이는 문장의 객체(목적어)인 '如來(여래)'를 높이기 위해 사용된 것이므로, 듣는 이 '世尊(세존)'을 높이기 위한 선어말 어미가 사용되었다고 볼 수 없다.

① ⓐ는 의문사 'ᄆᆞᄉᆞᆷ'이 포함되어 일정한 설명을 요구하는 설명 의문문으로, '–ᄂᆞ뇨'가 사용되었다. ⓑ는 의문사가 없이 단순히 긍정이나 부정의 대답을 요구하는 판정 의문문으로, '–ᄂᆞ녀'가 사용되었다.

② 모음 조화는 'ㆍ, ㅏ, ㅗ'와 같은 양성 모음은 양성 모음끼리 'ㅡ, ㅓ, ㅜ'와 같은 음성 모음은 음성 모음끼리 어울리는 것을 말한다. ⓐ의 '마론(말+온)'에서는 모음 'ㅏ' 다음에 'ㆍ(아래아)'가 나타나 양성 모음끼리 어울리고 있으며, ⓒ의 '버를'에서는 모음 'ㅓ' 다음에 'ㅡ'가 나타나 음성

모음끼리 어울리고 있다.

③ ⓓ의 '世尊하'에서 '하'는 부르는 대상을 존칭하고자 할 때 사용하는 높임의 호격 조사이다. 호격 조사 '하'는 현대 국어에서는 쓰이지 않는다.

④ ⓒ의 '보더시니'는 현대 국어의 '보시더니'에 해당하는 것으로 보아 시제를 나타내는 선어말 어미 '-더-'와 높임을 나타내는 선어말 어미 '-시-'의 결합 순서가 현대 국어와는 다름을 알 수 있다.

04 중세 국어의 특징 파악　　　　　　　　　정답 ③

정답 코칭

'從(종)ᄒᆞᆸ디'의 현대어 풀이는 '따르지'이므로, '-ᅀᆸ-'은 의미상 '부처' 혹은 '부처의 말'이라는 목적어를 높이는 객체 높임 선어말 어미이다.

오답 코칭

① '부톄'의 현대어 풀이는 '부처가'이므로, 모음 'ㅕ'로 끝나는 체언 '부텨'에 주격 조사 'ㅣ'가 결합한 형태임을 알 수 있다.

② '니ᄅᆞ샤도'의 현대어 풀이는 '이르시되'이므로, 'ㅣ' 모음 앞에서 'ㄴ'을 탈락시켜 발음하는 두음 법칙이 적용되지 않았음을 알 수 있다.

④ '어려ᄫᅥ며'를 통해 현대 국어에 쓰이지 않는 음운인 'ㅸ'이 존재했음을 알 수 있다.

⑤ '사ᄅᆞ미'는 체언 '사ᄅᆞᆷ'과 관형격 조사 'ᄋᆡ'의 결합으로, 현대 국어의 관형격 조사 '의'와는 다른 형태의 관형격 조사가 사용되었음을 알 수 있다.

벌크-UP　　　　　　　　　　　　　　　　p. 264

01 ③　　　　02 ⑤

01 현대 국어의 시간 표현 파악　　　　　　　정답 ③

정답 코칭

'놓였다'는 '놓-+-이-+-었-+-다'로, '놓이다'의 어간 '놓이-' 뒤에 과거 시제 선어말 어미 '-었-'이 결합한 것이다. 즉 ⓒ에서 '놓였다'로 나타난 것은 어간 뒤에 선어말 어미 '-었-'이 와서 줄어든 형태로, '놓-' 뒤에 '-였-'이 결합한 것은 아니다. 과거 시제 선어말 어미 '-였-'은 '하-' 다음에 결합한다.

오답 코칭

① '먹는다'는 동사의 어간 '먹-' 뒤에 현재 시제 선어말 어미가 결합한 것인데, 동사의 어간 말음이 자음 'ㄱ'이므로, '-는-'이 결합한 것이다.

② '자란다'는 동사의 어간 '자라-' 뒤에 현재 시제 선어말 어미가 결합한 것인데, 동사의 어간 말음이 모음 'ㅏ'이므로, '-ㄴ-'이 결합한 것이다.

④ '입장하겠습니다'는 '입장하-+-겠-+-습니다'로, 동사 '입장하다'의 어간 '입장하-' 뒤에, 미래 시제 선어말 어미 '-겠-'이 결합한 것이다.

⑤ '꿨다'는 '꾸-+-었-+-다'로, 동사 '꾸다'의 어간 '꾸-' 뒤에, 과거 시제 선어말 어미 '-었-'이 결합한 것이다.

02 중세 국어의 시간 표현 이해　　　　　　　정답 ⑤

정답 코칭

ⓐ '곧ᄒᆞ다'는 '같다'의 뜻으로, 용언의 어간 '곧ᄒᆞ-'에 선어말 어미를 결합하지 않고 현재 시제를 나타낸 경우이다.

ⓑ '묻ᄂᆞ다'는 용언의 어간 '묻-'에 현재 시제 선어말 어미 '-ᄂᆞ-'를 결합하여 현재 시제를 나타낸 경우이다.

ⓒ '도죽ᄒᆞ더니'는 용언의 어간 '도죽ᄒᆞ-'에 회상의 의미가 있는 선어말 어미 '-더-'를 결합하여 과거 시제를 나타낸 경우이다.

ⓓ '오뇨'는 용언의 어간 '오-' 뒤에 선어말 어미를 결합하지 않고 과거 시제를 나타낸 경우이다.

ⓔ '아니ᄒᆞ리니'는 용언의 어간 '아니ᄒᆞ-'에 추측의 의미가 있는 선어말 어미 '-리-'를 결합하여 미래 시제를 나타낸 경우이다.

즉, ⓑ, ⓒ, ⓔ는 용언의 어간에 선어말 어미를 결합하여 시제를 나타낸 경우이고, ⓐ, ⓓ는 용언의 어간에 선어말 어미를 결합하지 않고 시제를 나타낸 경우이다.

호루라기 관장님의 하드 트레이닝　　　　p. 265

01	주체	17	무량수불, 객체
02	ᅀᆸ, 줍	18	설명
03	모음	19	설명
04	청자	20	판정
05	2인칭	21	판정
06	설명	22	과거 회상
07	가, 아	23	현재
08	-더-	24	미래
09	동사, 과거	25	과거 회상
10	현재	26	과거 회상
11	미래	27	현재
12	王(왕), 주체	28	미래
13	여래, 주체		
14	부텨, 객체		
15	태자, 객체		
16	님금, 상대		

개념쏙트레이닝 ZONE
p. 268

01

(1) 중세 국어의 (모음 조화)는 현대 국어보다 더 넓게 규칙적으로 적용되었다.

(2) 'ㆍ(아래아)'는 16세기경에 (둘째) 음절 이하에서 소릿값이 소실되기 시작하여, 18세기경에는 (첫째) 음절에서도 소릿값이 소실되었다.

(3) 중세 국어 시기에 일어나지 않았던 (구개음화)와 원순 모음화가 근대 국어 시기에 일어났다.

(4) 근대 국어 시기에는 (한자어)와 외래어의 지속적인 유입으로 많은 고유어가 대체되었다.

(5) 근대 국어 시기에는 (과거) 시제 선어말 어미 '-앗-/-엇-', (미래) 시제 선어말 어미 '-겠-'이 나타났다.

02

(1)	아ː당ᄒᆞ·기 잘·ᄒᆞ·눈 이(아첨하기를 잘하는 이) → 16세기 중세 국어에서는 (명사형) 어미 '(-기)'가 사용되었다.
(2)	·효·도·이 비·르·소미·오(효도의 시작이고) ·들ː온 ·것 한 ·이(들은 것이 많은 이) → 16세기 중세 국어에서는 (모음 조화)가 파괴되기 시작하였다.

03

㉠	'오지'는 원래 '오디'였는데, '디'가 (지)로 표기된 것으로 보아 근대 국어에서 (구개음화) 현상이 나타났음을 알 수 있다.
㉡	'보리가'에서 체언 '보리' 뒤에 '가'가 쓰인 것으로 보아 중세 국어 시기에는 주로 '이'가 쓰였던 (주격) 조사가 근대 국어 시기에는 '(가)'도 쓰이게 되었음을 알 수 있다.
㉢	'업눈다'에서 보듯이 중세 국어에서 (의문형) 어미였던 '-ㄴ다'가 근대 국어에서는 평서형 어미로 사용되었음을 알 수 있다.

04

어휘	중세 국어의 의미	현대 국어의 의미
어리다	어리석다	나이가 적다
놈	사람	사람을 낮추어이르는 말
어엿브다	불쌍하다	예쁘다

05

	현대 국어	음운상의 변화
㉠	이르고자 (말하고자)	단어의 첫 음절의 경우 'ㅣ' 계열 모음 앞에서 'ㄴ'이 탈락하는 (두음 법칙)이 나타남.
㉡	하는 바가	모음으로 끝난 체언 뒤에 오는 (주격) 조사 'ㅣ' 대신 '(가)'가 사용됨.

㉢	뜻을	어두 자음군 표기가 (된소리) 표기로 바뀜.
㉣	펴지	'ㅣ' 계열 모음 앞에 오는 'ㄷ'이 '(ㅈ)'으로 바뀌는 (구개음화)가 나타남.
㉤	쉬이(쉽게)	'(ㅸ(순경음 ㅂ))' 표기가 사라짐.

06

	특징	시기	예시
(1)	어두 자음군이 존재함.	ⓐ중세 근대	ᄠᅳᆯ
(2)	구개음화 현상이 나타남.	중세 ⓐ근대	지위
(3)	구분되어 쓰이던 받침 'ㄷ', 'ㅅ'이 'ㅅ'으로 통일됨.	중세 ⓐ근대	굿다
(4)	현재 사용하지 않는 자음자(ㆁ, ㅿ, ㆆ, ㅸ)가 쓰임.	ⓐ중세 근대	둥귁

워밍-UP
p. 269

01 ㉠ 명사형　㉡　㉢ 목적격　㉣ 시　㉤ 객체

02 1. ○　2. ○　3. ×　4. ○

03 ㉠ ×　㉡ ○　㉢ ×　㉣ ○　㉤ ○

04 1. ○　2. ○　3. ×

01 현대 국어와 중세 국어의 비교

실력 자랑 다음 빈칸을 채워 ㉠ ~ ㉤에 대한 설명을 정리해 보세요.

㉠	현대 국어와 달리 (명사형) 어미 '-옴'이 사용되었군.
㉡	현대 국어와 달리 (어두) 자음군이 사용되었군.
㉢	현대 국어와 달리 (목적격) 조사 '올'이 사용되었군.
㉣	현대 국어와 마찬가지로 주체 높임 선어말 어미 '-(시)-'가 사용되었군.
㉤	현대 국어와 달리 (객체) 높임 선어말 어미 '-ᅀᆞᆸ-'이 사용되었군.

정답 코칭

㉠은 '효도ᄒᆞ-+-옴'으로 분석되는데, 여기서 '-옴'은 현대 국어의 명사형 어미 '-(으)ㅁ'과 다른 형태임을 알 수 있다.

㉡의 'ᄠ'은 현대 국어에서는 'ㄸ'으로 나타난다. 따라서 'ᄠ'은 현대 국어에서는 사용되지 않는 어두 자음군임을 알 수 있다.

㉢ '성손+올'은 현대 국어의 '성손을'과 대응되므로 '올'이 현대 국어의 목적격 조사 '을'과 다른 형태임을 알 수 있다.

㉣ '내시니이다'는 문장의 주체인 '하늘'을 높이고자 현대 국어와 동일하게 주체 높임 선어말 어미 '-시-'를 사용하고 있다.

㉤ '묻ᅀᆞᆸ고'는 어간의 끝소리가 'ㄷ'이므로 객체 높임 선어말 어미 '-ᅀᆞᆸ-'을 통해 객체 높임을 실현하였다. 현대 국어처럼 '여쭙다'라는 특수 어휘를 사용하지는 않았다.

실력 자랑 중세 국어의 특징이 적절한지 탐구해 보세요.

1. 'ᄢ긔'를 보니 현대 국어와 달리 초성에 어두 자음군이 쓰였음을 알 수 있군. ⃝Ⓧ

2. '브리ᄉᄫᅡ'를 보니 현대 국어와 달리 'ㅿ'과 'ㅸ'이 표기에 사용되었음을 알 수 있군. ⃝Ⓧ

3. '가시니'를 보니 중세 국어에서도 주체를 높이는 특수 어휘가 사용되었음을 알 수 있군. ⃝Ⓧ

4. '거름, 조차'를 보니 현대 국어와 달리 이어 적기를 하였음을 알 수 있군. ⃝Ⓧ

정답 코칭

1. 'ᄢ긔'는 현대 국어와 달리 초성에 어두 자음군 'ㅴ'가 쓰였다.

2. '브리ᄉᄫᅡ'의 'ㅿ, ㅸ'은 현대 국어에는 사용되지 않는 자음이다.

3. '가시니'는 어간 '가-'뒤에 주체 높임의 선어말 어미 '-시-'를 결합하여 주체를 높이고 있을 뿐 특수 어휘는 사용되지 않았다.

4. '거름, 조차'는 '걸음, 좇아'를 이어 적기한 것이므로 현대 국어와 달리 이어 적기를 하였음을 알 수 있다.

03 중세 국어의 특징 탐구

실력 자랑 ㉠~㉤에 아래에서 설명하는 바가 사용되었으면 ○, 아니면 ×표 하세요.

㉠	두음 법칙	(○ / Ⓧ)
㉡	이어 적기	(⃝ / ×)
㉢	객체를 높이는 선어말 어미	(○ / Ⓧ)
㉣	체언에 조사가 결합할 때 모음 조화	(⃝ / ×)
㉤	현대 국어에서 쓰이지 않는 자음	(⃝ / ×)

정답 코칭

㉠ '닐오디'는 현대 국어에서 '이르되'로 쓰는 것으로 보아, 중세 국어에서는 두음 법칙이 사용되지 않았음을 알 수 있다.

㉡ '조초미'는 현대 국어에서 '좇음이'로 쓰는 것으로 보아, 중세 국어에서는 이어 적기가 사용되었음을 알 수 있다.

㉢ '對됭答답ᄒᆞ샤디'에서는 문장의 주어인 '선혜'를 높이는 주체 높임 선어말 어미인 '-샤-'가 사용되었음을 알 수 있다.

㉣ '석ᄃᆞᆯ'은 현대 국어에서 '석 달'로 쓰고 있는데, 이는 체언 '석돌'에 조사 'ᄋᆞᆯ'이 결합한 것이다. 따라서 중세 국어에서는 체언에 조사가 결합할 때 모음 조화를 지켰음을 알 수 있다.

㉤ '니쎄시니'에서 'ㅿ'은 현대 국어에서 쓰이지 않는 자음임을 알 수 있다.

04 중세 국어와 현대 국어의 비교

실력 자랑 중세 국어 자료의 특징이 적절한지 탐구해 보세요.

1. '기·픈'은 '깊은'과 견주어 보니, 소리 나는 대로 적었음을 알 수 있군. ⃝Ⓧ

2. '쓿·디·면'은 '쓸 것이면'에 대응하는 것을 보니, 초성에 서로 다른 두 개의 자음이 함께 사용되었음을 알 수 있군. ⃝Ⓧ

3. '얼굴'은 '형체'라는 의미였던 것을 보니, 현대 국어로 오면서 단어의 의미가 확대되었음을 알 수 있군. ⃝Ⓧ

정답 코칭

1. '기·픈'은 현대 국어에서는 '깊은'으로 쓰는 것으로 보아, 어간 '깊-'의 받침 'ㅍ'을 어미의 첫소리로 옮겨 소리 나는 대로 적었음을 알 수 있다.

2. '쓿·디·면'은 현대 국어에서는 '쓸 것이면'으로 쓰는 것으로 보아, 현대 국어에서 쓰이지 않는 어두 자음군 'ㅄ'이 사용되었음을 알 수 있다.

3. '얼굴'은 '형체'라는 의미를 가지고 있었으나, 현대 국어에서는 '낯'이라는 의미로만 사용되고 있어서 중세 국어보다 의미가 축소되었음을 알 수 있다.

펌핑-UP   p. 270

01 ①	**02** ①

01 중세 국어의 특징 파악   정답 ①

정답 코칭

'녜'는 현대 국어에서 '옛날'로 쓰는 것으로 보아, 두음 법칙이 적용되지 않았음을 알 수 있다.

오답 코칭

② 'ᄲᅵ리고'와 '쓸며'는 현대 국어에서 '뿌리고'와 '쓸며'로 쓰는 것으로 보아, 초성에 서로 다른 두 개의 자음이 함께 쓰였음을 알 수 있다.

③ '어버이롤'은 현대 국어 '어버이를'로 쓰는 것으로 보아, 중세 국어에는 목적격 조사로 '를'이 아니라 '롤'이 쓰였음을 알 수 있다.

④ 'ᄉᆞ랑ᄒᆞ며'는 현대 국어 '사랑하며'와 달리 'ㆍ'가 표기에 사용되었다.

⑤ '나라홀'은 'ㅎ'을 끝소리로 가진 체언 '나라ㅎ'에 목적격 조사 'ᄋᆞᆯ'이 결합한 것이므로 'ㅎ'을 끝소리로 가진 체언이 있었음을 알 수 있다.

02 중세 국어의 특징 이해   정답 ①

정답 코칭

'보샤'의 '-샤-'는 문장의 주어인 '왕'을 높이는 주체 선어말 어미로 사용되었다.

오답 코칭

② '솔보디'에서 현대 국어와 달리 'ㆍ'와 'ㅸ'이 표기에 사용되었음을 알 수 있다.

③ '어리오'의 '어리다'는 현대 국어에서 '나이가 적다'라는 의미로 사용되는 것과 달리 '어리석다'라는 의미로 사용되었다.

④ '사ᄅᆞ미'에서 현대 국어의 관형격 조사 '의'가 양성 모음 'ㆍ' 뒤에서 '이'의 형태로 쓰이고 있다.

⑤ '닙고'는 현대 국어에서 '입고'로 쓰는 것으로 보아, 현대 국어와 달리 두음 법칙이 적용되지 않았음을 알 수 있다.

벌크-UP

p. 271

01 ⑤	02 ⑤

01 중세 국어 사동 표현의 특성   정답 ⑤

정답 코칭

단형 사동, 즉 주동문의 동사나 형용사 어근에 사동 접미사가 붙은 사동사에 의한 사동은 직접 사동과 간접 사동의 두 가지 의미를 모두 표현할 수 있지만 장형 사동, 즉 '-게 하다'에 의한 사동은 간접 사동의 해석만을 허용한다. ⓒ은 사동 접미사 '-이-'가 붙은 단형 사동이므로 직접 사동과 간접 사동의 두 가지 의미를 모두 표현할 수 있다. 하지만 ⓔ은 '-게 하다'에 의한 장형 사동이므로 간접 사동의 해석만을 허용한다. 따라서 ⓔ이 직접 사동과 간접 사동의 의미 모두로 해석될 수 있다고 볼 수는 없다.

오답 코칭

① ㉠을 '아이들이'를 주어로 삼는 단형 사동문, 즉 사동 접미사가 붙은 사동사에 의한 사동문으로 바꾸면 '아이들이 얼음 위에서 팽이를 돌린다.'가 된다. 이를 통해 ㉠의 주어인 '팽이가'는 목적어인 '팽이를'로 바뀌었음을 알 수 있다.

② ㉠을 '아이들이'를 주어로 삼는 단형 사동문으로 바꾸면 '아이들이 얼음 위에서 팽이를 돌린다.'가 된다. ㉠의 서술어 '돈다'는 주어만을 필요로 하는 한 자리 서술어이지만, 바뀐 사동문의 서술어 '돌리다'는 주어와 목적어를 필요로 하는 두 자리 서술어이다.

③ ⓒ을 '선생님께서'를 주어로 삼는 단형 사동문, 즉 사동 접미사가 붙은 사동사에 의한 사동문으로 바꾸면 '선생님께서 지원이에게 그 일을 맡기셨다.'가 된다. 이를 통해 ⓒ의 주어인 '지원이가'는 부사어인 '지원이에게'로 바뀌었음을 알 수 있다.

④ ⓒ의 서술어 '맡았다'는 타동사로 주어와 목적어를 필요로 하는 두 자리 서술어이다. ⓒ을 '선생님께서'를 주어로 삼는 단형 사동문으로 바꾸면 '선생님께서 지원이에게 그 일을 맡기셨다.'가 되는데, 이를 통해 서술어의 자릿수가 두 자리에서 주어, 필수적 부사어, 목적어를 필요로 하는 세 자리로 바뀌었음을 알 수 있다.

02 중세 국어와 현대 국어의 사동 표현 비교   정답 ⑤

정답 코칭

ⓜ의 '밧기시면'은 현대 국어의 '벗기시면'에 해당한다. 즉, 어근 형태가 15세기에는 '밧-', 현대에는 '벗-'으로 서로 다름에도 불구하고 두 어근에 결합하는 사동 접미사가 '-기-'로 동일하다. 그러므로 ⓜ이, 어근 형태가 달라짐에 따라 어근에 결합하는 사동 접미사가 달라진 양상을 보여 준다고 할 수는 없다.

오답 코칭

① 중세 국어의 '얼우시고'와 현대 국어의 '얼리시고'를 비교해 보았을 때 '얼 '이라는 동일한 어근에 대해 15세기 국어에서는 사동 접미사로 '-우-'가 결합되고 현대 국어에서는 '-리-'가 결합됨을 알 수 있다.

② ⓒ에서 '일케'는 현대 국어의 '잃게'에 해당한다. 그러므로 ⓒ은 현대 국어의 '-게 하다'에 해당하는 15세기 국어의 '-게 ᄒᆞ다'가 쓰인 모습을 보

여 주는 것이다.

③ ⓒ을 통해 어근 '앉-'과 사동 접미사 '-히-'의 결합형에 대한 표기가 15세기 국어에서는 소리 나는 대로 적은 '안치-'인 반면 현대 국어에서는 '앉히-'라는 점을 알 수 있다.

④ ⓔ에서는 어근 '살-'과 사동 접미사 '-ᄋᆞ-'가 결합하여 '사ᄅᆞ-'로 나타났다. 이를 통해 현대 국어에서는 쓰이지 않는 사동 접미사 '-ᄋᆞ-'가 15세기 국어에서 쓰였음을 확인할 수 있다.

호루라기 관장님의 하드 트레이닝   p. 272

01	펴지	16	짓다
02	물	17	쉬운
03	두음 법칙	18	빠르다
04	모음 조화	19	(1) ⓒ, ⓒ, ⓔ, ⓜ (2) ㉠
05	가	20	(1) ⓒ, ⓔ (2) ⓒ, ⓑ (3) ⓜ
06	목적격		(4) ㉠
07	단모음	21	사람, 축소
08	고유어	22	어리석다, 이동
09	과거, 미래		
10	평서형		
11	마음		
12	처음		
13	가을		
14	아들		
15	하늘		

수능 국어 트레이닝북
GYM 문법
정답과 해설

부산

강현우 부산강서고등학교
김준서 수로부인국어
김혜정 아름국어
박가연 박가연국어
박경아 시너지학원
박미자 전문과외
박상준 필(必)통(通) 국어
박여진 리만국어
박은지 이투스247 해운대센텀점
박정임 올바른국어학원
배민지 허복선글샘국어전문학원
신정근 바른국어
신혜영 수오재 국어
안혜지 다이나믹학원
유정희 유정희 언어논술 교습소
유현주 대신여자중학교
임영진 초읍초등학교
정서은 정서은국어논술
홍성훈 큰뜻국어

서울

강반석 전문과외
강상훈 지성과 감성
강원준 광신고등학교
강인진 서울 광문고등학교
권로사 입시전문코벤트
김경애 책과 노니는 집
김도연 사과나무학원
김미정 김미정국어
김선아 밝음학원
김수진 브레인국어논술 공부방
김영준 김영준국어논술학원
김요섭 목동사과나무학원 강서관
김은옥 김은옥국어논술교습소
김은지 프로스D&V학원
김정관 경신고등학교
김진홍 기파랑문해원 서초반포원
김태범 강북 메가스터디학원/대치명인학원
김형준 숭의여자고등학교
노소영 전문과외
노희성 천호하나학원
박동춘 국풍학원
박소미 대치두다국어학원
박태순 참좋은학원
박하희 전문과외
백선영 명지고등학교

백현미 아로새김학원
사승훈 열매국어
송준형 전문과외
신거산 바로글논술
신준배 김상호이엠케이학원
안광규 말과글국어전문국어교습소
안민정 오름국어학원
안보람 보람국어
안상미 안상미 국어
양선희 종로학원 신촌
양은비 전문과외
오도현 송파메가스터디
오연송 송송국어(전문과외)
유은정 광문고등학교
유혜민 민국어 교습소
윤경민 윤경민국어전문학원
윤미정 천개의고원
윤은규 전문과외
윤현지 김영준 국어논술학원
이범구 세계학원
이서현 사계국어논술
이성우 오디세이국어교실
이아라 아라국어논술학원
이영준 너나교육열매국어학원
이정복 석률학원
이정선 대성고등학교
이진영 강남리더스학원
이창근 참수학뿌리국어학원
이창열 제일학원
이충환 송파 메가스터디학원
이한준 강동뉴스터디
이혜미 홍익대학교사범대학부속고등학교
이홍진 대일외국어고등학교
장정미 네오스터디학원
전서윤 누원고등학교
정민지 세라국어
정성아 성아국어
정승훈 강남하이퍼기숙학원, 피큐브아카데미
정혜채 지혜의숲국어논술
정희숙 정샘 국어
조혜정 대치 조혜정 국어
조희정 T&S STUDY
최병두 전문과외
최용수 강일연세학원
최인호 우신고등학교
최제원 최홍국어논술학원
하랑 서강학원
한기연 대치상아학원
홍혜란 대치명인학원
황창식 상승국어

세종

박태준 더플러스 입시학원
소선희 아비투스 국어학원
안솔이 혜윰국어학원
이경주 로운국어전문학원
이규혁 일취월장국어학원
이한솔 더올림입시학원
정한미 다락서원소담점
천정은 카이젠학원

울산

김진렬 국자감국어전문학원
성부경 국어여행학원
이유림 이유림국어연구소
정지혜 전문과외
조민철 생각의창국어논술전문학원

인천

강민근 강민근국어논술
강인혜 리딩엠
김석현 전문과외
김솔 전문과외
김윤정 뿌리깊은국어학원
김지은 김쌤국어전문학원
김현지 뿌리깊은국어
문미진 엠투엠수학국어학원
박가람 국어스토리학원
배성현 국어논술자신감
이유진 인천중산중학교
임희순 하나M국어
홍선희 홍쌤의 국어공부방
황재준 고대국어논술학원

전남

강수진 목포강쌤국어
김경주 김경주국어논술전문학원
박종섭 백제고등학교
안정광 안비국어
윤기한 명품국어학원
이동규 완도고등학교
정해연 책봄논술

전북

강라연 반전국어학원
고민석 전주해성중학교
김예곤 이승수국어논술학원
송미영 송미영국어전문학원
양성정 세종국어논술학원
이동익 든든한 국어
이지훈 전일고등학교
임승언 전일고등학교

제주

고영란 신성여자고등학교
김예사 샤인학원
김창우 예인학원
이예은 이예은단비국어학원
현정대 대기고등학교

충남

김영웅 생각올림국영수단과연합 학원
방제숙 전문과외
이선영 천안중앙고등학교
이예은 나성이미숙국어학원
전윤찬 천안압구정국어논술학원
조용아 서천중학교
조효준 조효준국어학원

충북

김동훈 김동훈국어학원
박규경 솔밭중학교
박대권 피디케이
이빛나 일신여자고등학교
이주현 지음국어과학전문학원
이효정 더블제이영어국어
장수진 이레국어교습소
정미향 이루다국어논술
한상철 한상철 국어

양만 많은 문제집
푸느라 부족한 시간과
수능
D-100
눈 뜨고
있어요

오?
20XX
입시 전략
매번 바뀌는 출제 경향에 생기는 혼란

험난한 수능 코스
1등급
난 늘 제자리걸음..

이렇게 된 이상
아삽에
모든 걸 건다!!!
최신 수능 경향
매년 ASAP 반영
3/6/9 모의고사
& 수능 대비
전략적 시즌제 콘텐츠
오답률 높은 문항으로
취약 유형 대비
코칭 선생님께 학습 관리 받는
느낌이 들 정도로 체계적이라
대만족이었습니다!
깔끔한 구성에 좋은 문항들이네요!

수험생 무사 입시 완봉 기원!
아삽부흥회
수능
대박
가보
자고
수능1등급
아삽
E
아삽
M
아삽
수능 실전 연습
풀 모의고사
국어 | 수학 | 영어 | 사탐 | 과탐

핵심만 뽑은
효율 甲 모의고사
아삽